本书编委会

主　　任：赵　承

副 主 任：来颖杰　　虞汉胤

成　　员：邢晓飞　　郑　毅　　郑一杰　　李　攀

本书编写组

李　攀　　郑梦莹　　王思琦　　孔　越

杨　阳

话必关风

（上）

之江轩 —— 编著

浙江人民出版社

图书在版编目（CIP）数据

话必关风 / 之江轩编著. — 杭州 ：浙江人民出版
社，2024.5（2025.4重印）

ISBN 978-7-213-11469-4

Ⅰ．①话… Ⅱ．①之… Ⅲ．①时事评论-中国-文集
Ⅳ．①D609.9-53

中国国家版本馆CIP数据核字（2024）第092912号

目录

第一站，南湖

> 南湖就像一本教科书，打开书页，是一个丰富的"红色现场"，翻动书页，字里行间交织着过往与当下，交织着初心与使命。

南湖，在很多人心中，既熟悉又陌生：熟悉，是因为南湖红船，每个中国人都知晓这艘画舫的分量；陌生，是因为南湖不止有秀水泱泱有红船，有江南形胜有烟柳画桥，还有很多故事蕴藏在风景风情中。

这里的清晨，是从欸乃的桨声中醒来的。伴随着第一缕阳光洒向湖面，排队"上岗"的渡船就在水上一字排开，不间断地将游客送往湖心岛瞻仰红船。

"七一"的前一周，南湖就会提前进入客流高峰期，游客源源不断涌来。很多游客包括领导干部在内，都把南湖作为嘉兴游的第一站。

《习近平浙江足迹》就生动记载了习近平同志多次赴南湖的故事，我们节选了以下三段——

2002年10月22日，习近平同志履新浙江的第11天，就去了嘉兴。南湖，便是第一站。

2006年6月28日，在中国共产党成立85周年前夕，南湖革命纪念馆新馆破土动工，习近平同志亲自参加奠基仪式。他深情地说，85年前，我们伟大的党从南湖红船起航。浙江人民为浙江成为党的诞生地而倍感自豪和骄傲。

2017年10月31日，党的十九大闭幕仅一周，习近平总书记带领新一届中央政治局常委，专程前往上海和浙江嘉兴，瞻仰中共一大会址和南湖红船。

红船、湖心岛、烟雨楼、南湖革命纪念馆……今天，借着"七一"这个日子，我们一起走近南湖、走进南湖。

一

在南湖景区门口的喷泉前摆着一艘镂空的红船雕塑，船上载着飘扬的党旗，寓意着中国共产党在这里诞生。此处常年有游客排队合影，不时还有成批的团队，拉着长长的横幅。

若是现在来到南湖，初印象恐怕就是"热"，既热在不断攀升的气温，也热在熙熙攘攘的人群。

有这样一组有意思的数据。有研究机构基于网络文本进行分析，为嘉兴和南湖画了像：2021年前，画像中的高频词有"嘉兴""南湖""烟雨""江南""历史"等；此后，高频词则成了"南湖""嘉兴""博物馆""文化""一大""上海"等，"红色""精神"等词汇和"董必武""王会悟"等革命前辈的名字，也新进入了高频词榜单。

毋庸置疑，"文化""一大""上海""精神"等词，反映了游客出于感受红色文化魅力来到南湖；革命前辈的姓名进入高频词榜单，则说明游客来南湖，已对红色历史有了更深层次的了解需求。

语言反映着时代，网络文本同样如此，它是人们心理的写照。笔者认为，这也是"南湖热"的重要原因：

一批批游客来到南湖，正是为了了解那段波澜壮阔的历史，感悟筚路蓝缕的复兴征程。

事实也是如此。2021年，南湖旅游区游客总人数达到331万，在当时实现了量的跃进；而今年前5个月，南湖旅游区游客量就已经达到201.96万人次，其中来到湖心岛瞻仰红船的游客量为50.11万人次，同比2019年增长38.78%。

可以说，越来越庞大的游客群、越来越年轻的红船讲解员、越来越时尚的旅游业态，正以青春和激情，点缀着这泓有故事的水。

二

习近平总书记指出，革命传统资源是我们党的宝贵精神财富，每一个红色旅游景点都是一个常学常新的生动课堂，蕴含着丰富的政治智慧和道德滋养。

至于南湖，来到这里看什么？如何游？笔者认为，游客在南湖，除了感受江南韵味的诗情画意，还可以品味出以下"双重"味道：

第一重，是感召人心的初心使命。"革命声传画舫中，诞生共党庆工农。重来正值清明节，烟雨迷濛访旧踪。"1964年春日的一天，一大代表董必武"重返"南湖，曾这样写下"读后感"。而今，当我们寻访南湖，亦能品味出诗篇中所描述的炽热初心。

比如，走进南湖革命纪念馆，在一大代表群雕旁，眼前浮现出在长夜难明的年代，他们曾在血与火的洗礼中，走出了不同的人生轨迹，交出了不同的人生答卷，我们的内心更坚定了信仰之高尚、信念之可贵。

比如，当看到展柜中展示的曾点燃马克思主义星星之火的《新青年》创刊号、把马列主义与中国革命相结合的初始文本《社会主义讨论集》……泛黄的纸页上，百年前的拳拳之心力透纸背。

第二重，是一往无前的精神伟力。南湖不大，却孕育了伟大的红船精神。漫步于此，我们常常能从这场红色之旅中感受到穿透时光的、厚重磅礴的精神力量。

在红船干部学院内，有四条主干道，分别名为初心路、首创路、奋斗路、奉献路。它们，也是红色精神之路——以"红船精神"为起点，"井冈山精神""长征精神""延安精神""西柏坡精神"等九块中国精神系列文化牌，体现了在不同时期、不同地区，中国共产党人创造的一脉相承的伟大精神。

在南湖革命纪念馆，当看到代表了从建党到新中国成立28年历史的全长28米的巨型原雕，浓缩出建党伟业的苦难辉煌，当听到高悬的490把文物级军号仿佛仍在吹奏着冲锋的号角，我们在高昂的凯歌声中穿越时空，在百年巨变中感受时代、观照未来。

嘉兴、南湖、红船，就这样成为人们心中闪亮的坐标。这是历史的坐标，更是精神的坐标，指引着一代代中华儿女弘扬伟大建党精神，劈波斩浪、奋勇拼搏向前行。

三

有作家曾这样描写南湖："1921年，嘉兴的太阳从春波门最先升起。东方旭日燃烧，有红色的船，从暮霭沉沉的旧时长河摆渡而来，从诗意跳跃的时代新曲破空而出。"

穿越百年之后的今天，一次南湖之旅，究竟意味着什么？我们看到，在南湖畔，很多面孔总是令人动容：他们或拄着拐杖，或被人搀扶着，或坐在家人推着的轮椅上，久久地凝望红船，目光中透着坚毅。

南湖革命纪念馆讲解员袁晶，曾在全国两会"代表通道"上分享过这样一个故事：一位89岁的老人曾告诉她，自己参加过解放战争，一直有个心愿，就是希望能在有生之年，能够来南湖，看看红船。

驻足红船旁，老革命、老党员们的脑海中浮现的，是那段艰辛而伟大的革命史，也是自己信仰如磐、精神永志、初心不改的一生。

以青春之名，红船再扬帆。如今，南湖游不只是老一辈的怀旧游，走进南湖的年轻人也越来越多。数据显示，其中"80后"占比41%，"90后"也达到26%。时间回到102年前，在南湖红船上举行的中共一大就是一次年轻人的会议，代表中最年长的不过45岁，最年轻的只有19岁，平均年龄约为28岁。

随着电视剧《觉醒年代》的热播，那一代年轻人的梦想起航之地——南湖，也收获了一大波流量。在"我们的觉醒年代"打卡话题上，有青年人就动情地写道："每次看这段历史都热泪盈眶，青年的觉醒是如此热血沸腾。馆内述尽风云变幻，馆外一片万里晴空，新时代青年，奔向复兴！"

在南湖畔，还有一群小小的身影格外亮眼：每逢周末、节假日，他们就会准时上岗，活跃在湖心岛、南湖革命纪念馆、新时代"重走一大路"等红色地标，为全国各地游客做讲解。这支队伍就是"红船小讲解"，自2013年成立至今已吸引390多名少先队员加入。

对于"未来一代"来说，南湖是他们最丰富而深厚的教材，而抓好青少年红色教育，也让红色基因、革命薪火代代传承。

南湖就像一本教科书，打开书页，是一个丰富的"红色现场"，翻动书页，字里行间交织着过往与当下，交织着初心与使命。

南湖烟水阔，飞过木兰舟。相信，在这个特殊的日子，说南湖、游南湖，一场红色寻访对每个人来说，都会有独一份的感悟和收获。

朱鑫　孔越　吴梦诗　执笔

2023年7月1日

一场南与北的双向奔赴

梳理"浙港澳"合作的发展脉络我们发现，如果说浙江人南下是1.0版，港澳浙籍人士北上为2.0版的话，那么，以"港澳·浙江周"为平台的"双向奔赴"则可称为3.0版。

《习近平浙江足迹》记载，2005年1月16日至22日，时任浙江省委书记习近平率领由600多人组成的浙江代表团，参加"港澳·浙江周"活动，主动"走出去"，宣传浙江、扩大影响、促进合作。

如今，"浙港澳"三地交流合作持续深入。昨天，"2023港澳·浙江周"刚刚闭幕。活动为期5天，其间举行了经贸论坛、文旅推介、亚运宣传等20多场系列活动，为"浙港澳"合作开启了新篇章。

浙江向南，港澳往北，见证了一场长达19年的双向奔赴。那么，这艘"浙港澳"联合舰队将如何更好地结伴同行、并船出海，驶向更加广阔的未来？

一

在内地诸多省份中，浙江与港澳的渊源尤为深厚。

20世纪中叶，一大批浙籍人士南下打拼，香港和澳门就是重要的落脚点。敢闯敢拼的浙江人，依靠自己的智慧和汗水，在港澳的热土上创造出了一个又一个商业传奇，也为港澳的繁荣发展作出了卓越贡献。

比如，"华人世界船王"包玉刚就来自浙江宁波。1949年，他初到香港，从经营进口贸易做起，稳扎稳打不断扩展业务，渐渐著声航运界。

改革开放后，浙江和港澳的互动更为频繁。彼时，国家经济建设需要大量资金，一些在港澳闯出天地的浙籍实业家，心怀桑梓之情，回到家乡投资。

这其中就包括香港著名的影业大王邵逸夫、捐资建造了宁波大学的包玉刚、香港钟表企业家闻儒根等人。几十年间，浙江与港澳之间形成了一条无形的纽带，并且越来越紧密。

2003年，习近平同志曾分析浙江的"短腿"——浙江民营经济很好，但利用外资方面不如江苏，不如上海，不如广东，甚至也不如山东和福建。

怎么办？怎么做？答案指向一处："跳出浙江发展浙江。"

于是，"港澳·浙江周"应运而生。2005年的那一次"港澳·浙江周"，共签订投资项目153个，总投资额62.58亿美元，其中就包括具有标志性意义的杭州萧山国际机场与香港机场管理局的合资项目。

《习近平在浙江》记载，在香港，时任浙江省委书记习近平就指出，香港作为内地经济发展所需资金、技术、管理、人才等要素的重要来源地，作为外资进入内地和内地企业走向世界的重要桥梁与平台，是浙江发展服务业的重要合作伙伴。

梳理"浙港澳"合作的发展脉络我们发现，如果说浙江人南下是1.0版，港澳浙籍人士北上为2.0版的话，那么，以"港澳·浙江周"为平台的"双向奔赴"则可称为3.0版。这一平台，使"浙港澳"合作上升到了机制化、常态化，三地之间联系日益频繁。

二

目前，香港仍是浙江第一大外资来源地，也是浙企"走出去"的第一目的地。浙江省商务厅数据显示，截至今年4月，浙江已累计使用港资达1881.7亿美元，累计对港投资备案额186.12亿美元。2022年，香港投资者在浙江共签订了906份项目合同，合同额共281.3亿美元。

笔者梳理发现，"浙港澳"三地的交流合作主要有以下特点：

关键时刻"雪中送炭"。众所周知，浙江是民营经济大省，民营经济如何健康发展、茁壮成长对浙江来说至关重要。世纪之交时，浙江许多中小微企业从劳动密集型，转向技术、资本密集型的过程中，遭遇了"营养不良"——资金供给不足、融资渠道有限。

而香港成熟的资本市场，匹配上一流的服务水平，解决了浙江民营企业"营养不良"的问题。从1994年赴港上市的镇海炼化，到1997年初上市的沪杭甬公路，再到近年来的阿里巴巴、农夫山泉、网易等一批浙江知名企业，香港这个"超级联系人"，帮助浙企吸纳优质国际资源，成功走向国际市场。至2022年底，在香港上市的浙企已有88家。

发挥优势"锦上添花"。香港、澳门背靠祖国、联通世界，都是全球服务业的发达地区。然而，局促的地理空间、有限的市场容量给港澳发展念起了"紧箍咒"。而在浙江，香港、澳门找到了一片发展的沃土。

"一带一路"、长三角经济带等区位战略优势，货物吞吐量连续14年居全球第一的宁波舟山港串联欧亚，业务辐射沿线51个国家和地区的"义新欧"中欧班列等开放基础优势……浙江这个"朋友"，值得港澳交。

交融共生"百花齐放"。"浙港澳"的合作远不止经贸，文化上的水乳交融，更使得三地"你中有我、我中有你"。

2012年6月，浙港文化交流合作协议签署，两地文化交流由此进入新阶段。这些年来，随着浙港两地京剧名家交流、浙港西泠文化交流等活动陆续举办，戏曲交流、文化遗产保护、文化产业互动等越来越活跃、频繁，三地互为重要旅游目的地和旅游市场。

三

随着时代的发展和社会的进步，"浙港澳"的合作内容和模式也发生了新的变化。回顾"港澳·浙江周"，其间共签署投资类项目52个。正如香港特别行政区行政长官李家超所说："大家都拿出最好的东西让大家分享。"

那么，为什么大家都拿出了"最好的东西"？究竟又有哪些"最好的东西"呢？不妨让我们拉近镜头，细看几个"特写"：

"制造天团"打开联手新空间。浙江作为制造业大省，此次带来了全球最大的压铸机制造商浙江力劲集团、新基建的重要代表浙建集团等，派出了一支"企业天团"。香港客商重点考察了浙江的5G通信技术、智能制造、智慧医疗、大数据等。这足以看出，在未来，双方在产业联手上还将拥有更多空间。

在"浙"里瞄准未来趋势。签约项目中的马术、金融、保险等服务业项目，表明香港坚定看好浙江相关产业配套。

本次签约会中，浙建集团与香港嘉民集团签署的价值8.77亿元的"荃湾西数据中心项目"，未来将强有力地助推香港地区数据中心建设，加快香港金融科技、通信行业的发展；在杭州，香港考察团一行走访了海康威视等，看生活品质、社区管理、城市运营，表明他们把诸多期望放在了浙江。

强强联合奏响"琴瑟和鸣"曲。香港是东西方文化交流的桥梁，而作为文化大省的浙江，也是中国影视当下最活跃的区域之一。20世纪90年代起，浙江华策影视就先后引进了50多部港剧，它们成为不少内地观众心中的经典。

此前，浙江华策影视股份有限公司和创艺国际文化有限公司（香港）签订了优秀华语影视剧"一带一路"市场开拓合作协议，寓意浙港两地在科技创新、人才培养等方面，还将实现更深层次的强强联手。

今年全省"新春第一会"上，浙江省委提出实施"地瓜经济"提能升级"一号开放工程"。地瓜的藤蔓向四面八方延伸，最终为的还是块茎能长得更加粗壮硕大。藤蔓弱，则块茎衰；藤蔓强，则块茎壮。

在"港澳·浙江周"这一平台的助力下，浙江的"地瓜经济"

将连接起浙江与港澳地区的资源优势，让双方实现更高端的合作、更深度的开放、更有效的互补。

浙江与港澳的新一轮合作已经展开，面对风高浪急的外部环境，"升级版"的"浙港澳"合作，定将为中国经济更好发展注入信心和动能。

吴洋　王超　蓝震　郑亚丽　执笔

2023 年 7 月 1 日

梅雨江南

如果说，梅雨将江南的小桥流水、粉墙黛瓦、长川柳岸涂抹成一幅幅意境空蒙的画卷，那么，咏叹梅雨的诗词就是画卷上绚丽的一笔。

一川烟草，满城风絮，梅子黄时雨。

梅雨是江南地区独有的天气现象。每年六月中旬到七月中旬前后，在西太平洋副热带高压等气候条件的影响下，冷暖气团在长江中下游流域交汇，势均力敌形成准静止锋，带来大量降水。

没有乌云翻滚、电闪雷鸣，雨水就这样绵绵密密、淅淅沥沥地垂挂在天与地之间，待到枝头黄梅被绵绵细雨浇透，发尾被无处不在的水汽沁润，衣摆与裤脚黏哒哒地垂落，伞再也遮不住那湿意……方觉江南已入梅。

恰逢江南梅子成熟，于是这雨也便有了一个诗意的名字——"梅雨"。今天，我们来聊一聊梅雨与江南。

一

江南多雨，尤以梅雨为最。每到这时，江南就幻化为梦一般的世界，含蓄朦胧、如歌如吟，可事实上，这位"梅姑娘"的脾性是很难捉摸的。

先是行踪飘忽不定。梅雨每年光顾的时日依"心情"而定，从与之相关的数个专有名词就可看出。

芒种节气之前开始的梅雨季称为"早梅"，若在6月下旬姗姗来迟，则称为"迟梅雨"；45天及以上的梅期称为"特长梅雨"，比如1954年浙江就经历了长达77天的梅雨期；雨量小、不连续且间隔时间较长的梅期则称为"短梅"，有时甚至会出现"空梅"，比如浙江1982年仅仅入梅3天后便"草草出梅了事"。这还不止，"梅姑娘"还会中途"失踪"5天及以上，后期再连续"发威"，于是又多了"二度梅""倒黄梅"的名号。

入梅和出梅时间究竟是如何确定的呢？对此古人曾有判定。清代《清嘉录》中写道："芒种后遇壬为入黴，俗有'芒种逢壬便入黴'之语。"也就是说，梅雨季节开始于芒种节气之后的第一个"壬"日。而北宋《琐碎录》中则说："闽人以立夏后逢庚日入梅。"可见，因各地气候差异，入梅时间会不一样。

现在，各地气象部门一般会按照《梅雨监测指标》国家标准，综合逐日降水量、雨日、日平均气温和西太平洋副热带高压脊线南北位置，来确定入梅、出梅的日期。

其次是强度变幻莫测。你以为梅雨都是涓涓细雨？那就大错特错了。有数据为证，1951年以来，我国梅雨量最少的三年分别是

1958年、2009年和1978年，仅为百余毫米；梅雨量最多的三年分别是1954年、2020年和2016年，最高达到789毫米，被称为"暴力梅"。比如，让我们刻骨铭心的1998年长江特大洪水，就与"暴力梅""二度梅"有关。

最后是阴晴难料。谚语说："黄梅天，十八变。"作为冷暖气团之间"战略相持"的产物，梅雨期间天气往往半湿半晴、乍寒乍热。片刻之前烈日当空，转眼下起瓢泼大雨，待你连跑带颠躲至檐下，雨竟戛然而止。故"黄梅时节家家雨"也好，"梅子黄时日日晴"也罢，都是"梅姑娘"的常规操作。

千百年来，江南人细细揣摩梅雨的脾气，摸索出很多经验，如"发尽桃花水，必是旱黄梅""三九欠东风，黄梅无大雨""小暑一声雷，倒转做黄梅"。人们通过对梅雨的强度、时长进行预判，提前做好耕作准备；通过建造出挑的屋檐和开阔的天井用于雨水的导流和收集，造就独有风景——"檐雨"。

就这样，梅雨悄然融入江南，孕育出独特的气候，成为江南独特的注解之一。

二

如果说，梅雨将江南的小桥流水、粉墙黛瓦、长川柳岸涂抹成一幅幅意境空蒙的画卷，那么，咏叹梅雨的诗词就是画卷上绚丽的一笔。

起初，梅雨多以一种单纯的自然现象出现在文献中。比如汉代崔寔所编的《农家谚》，其中有"雨打梅头，无水饮牛"的记载，西晋时期的《阳羡风土记》中也有"夏至之雨，名为黄梅雨，沾衣服皆败浣"的记载。

而梅雨真正在诗歌中的"首秀",大约是在南北朝时期庾信的诗中:"麦随风里熟,梅逐雨中黄。"到了唐宋时期,"梅"和"雨"成了一种固定的概念搭配,频频成为诗词里的主角。

梅雨,意味着一场暮春与初夏的交接。柳宗元说"梅实迎时雨,苍茫值晚春,愁深楚猿夜,梦断越鸡晨",宋代赵师秀在《约客》中写"黄梅时节家家雨,青草池塘处处蛙。有约不来过夜半,闲敲棋子落灯花"。梅熟雨落、草青蛙鸣,人们在一场场雨中等待着盛夏的来临。

梅雨时节,也折射着古人的智慧。江南遇雨,最恼人的就是无处不在的潮气。为祛除衣服潮气,人们以香熏衣,周邦彦的"衣润费炉烟"与辛弃疾的"罗衣费尽博山灰",都体现了宋人放置熏笼熏衣物的智慧。

缠绵的梅雨,还裹着悱恻的爱情。如晏几道的"梅雨细,晓风微。倚楼人听欲沾衣。故园三度群花谢,曼倩天涯犹未归"。又如程垓的"黄梅雨。新愁一寸,旧愁千缕。杜鹃叫断空山苦。相思欲计人何许"。淅淅沥沥的雨,冲刷着文人墨客内心的思念与惆怅。

多情自古江南雨,如梦如诗如歌。雨打芭蕉、雨浇荷叶、雨润竹林,独特而连续的雨声时时拨动着诗人们的心弦。不知是梅雨熏染了江南,还是诗歌定格了梅雨。总之,说起梅雨,让人最先想起的,就是那如烟似雾的江南。

三

江南水乡的人们,记忆里总是少不了雨。无论走到哪里,想起故乡，连梦都仿佛是潮湿的。

一入梅雨季，便不知"晴为何物"。然而智慧的江南人，总是善于把烦闷的雨季变成享受的事，也正是在这样的天气里，那些记忆里的家乡味道，才显得格外深刻。

"梅子黄时日日晴，小溪泛尽却山行。"拨开叶片，躲藏其中的梅子吸收了春日的缤纷，由青转黄的梅子到这时便是最佳。小时候，常能见到街边卖梅子，筐里圆滚滚的梅子沾了水汽，鲜明透亮，咬一口，酸略胜于甜。除了直接吃，在浙江一带向来有初夏泡青梅酒的传统，梅子的酸甜与酒的清冽碰撞，入喉后唇齿留香。

民间还素有储备梅雨水以供烹茶的旧俗。木心在诗集中提道，"梅雨时备缸瓮收旧雨水，供烹茶，曰梅水……南人似不以为苦"，可谓风雅。

"梅"与"霉"的双重属性，让梅雨又被称为"霉雨"，这种戏称中藏着人们对它的既爱又恨。

食欲不振的梅雨天里，江南人顺势应时把"霉食"做成人间至味。绍兴就有颇负盛名的"二霉"——霉干菜（梅干菜）和霉苋菜梗。周作人形容梅干菜"有一种旧雨之感"，香味沉郁清新。与五花肉同蒸，可烹成那家喻户晓的梅干菜扣肉。

鲁迅对故乡的梅干菜也情有独钟，每每收到老母亲寄来的梅干菜，都能乐呵几天。他常用梅干菜扣肉招待朋友，还在小说《风波》中这样写道："女人端出乌黑的蒸干菜和松花黄的米饭，热蓬蓬冒烟。"汪曾祺看完也动了心。

而霉苋菜梗，绍兴人很少拿来招待外地客人。它被称为"中国最臭的食物"，但当地人就爱这一口"软"与"臭"。剩下的卤水还能制作臭豆腐、臭冬瓜。据说，画家钱化佛就曾用这些"臭食物"

换走章太炎的书法作品。

一方水土，孕育一方滋味。无论哪一种滋味，都是江南人们朝思暮想的惦念和魂牵梦萦的乡愁，随时光流转，越酿越醇。

梅子黄时雨，梅落时雨去，不必刻意寻，雨就落到画里、诗里、茶里、酒里、心里……

林琳　施佳丽　周佩佳　沈焕娉　执笔

2023 年 7 月 2 日

"暑假焦虑"何处安放

> 学习是一辈子的事，而学会如何收放有度、劳逸结合、亲近自然、同伴交流、融入社会、热爱生命，这些特殊的"暑假补习"内容，是让孩子们终身受益的修为。

随着高考、中考、期末考陆续结束，学生们期盼已久的暑假来了。

然而连日来，在一些短视频平台上，"某年级暑假最可怕"之类的言论甚嚣尘上："一年级的暑假最可怕""二年级的暑假最危险"……高一、高二的暑假，全都"很可怕"。

"不怕同桌是学霸，就怕学霸过暑假。"当你在手机里刷到这样的短视频，刷到一个点开后又陆续刷到很多类似内容，这个时候，作为孩子家长，你会不会焦虑？有家长就说，看到满屏满眼的"暑假最可怕"，真的太令人焦虑了！

暑假是学生放松身心的好时光，也是学习提升的好时段，不论是"玩"还是"学"，本都无可厚非。然而，当原本纯粹的长假被渲染成"可怕的暑假"，当学生和家长被一些教培机构过度煽动甚至被当成"韭菜"来收割，假期就变味了。

暑假是美好的，无处安放的"暑假焦虑"才真正可怕。不禁要问：暑假为何"最可怕"？面对悠长假期，学生和家长该如何破解焦虑？

一

曾经人们心目中最快乐的暑假，怎么就"最可怕"了？

原来，这些短视频认为，暑假是个"分水岭"，是孩子成绩实现"弯道超车"不可错过的关键时期。若是冷静下来分析就会发现，一些有关"暑假最可怕"的言论，与曾经火热的教培行业进行营销的话术如出一辙：

比如，进行"夸张式"营销，挑动家长们紧张的神经。"高一的一堂课相当于初中四节课""当孩子努力了却解决不了问题，心理就会出现问题"……一则短视频中，有位自称有13年教学经验的"老师"，不断通过各类视频暗示家长，一定要抓住中考后的暑假"弯道超车"。仿佛不买上几本教辅书、不安排几门课程培训，家长就成了置孩子的未来于不顾的"罪人"。

比如，自我标榜"教育权威"，套用一些似是而非的理论。有些人搬出东拼西凑的所谓教育理论，在网络上肆无忌惮地"指点江山"，告诉家长在孩子教育的每个阶段该如何做；还有些人借着个别"牛娃"的成功个例，为家长们灌输"刷题、补课才是通向高分的唯一路径"的理念。

加之视频中博主们博眼球的话语、夸张的表情、充满紧张感的配乐，很容易戳中一些"望子成龙、望女成凤"者的软肋。

不仅如此，有人发现，很多视频下方都挂着各式各样的商品链接，主播们"侃侃而谈"之后，话锋一转，不是进行培训课程销售，就是卖力兜售教辅书籍。显而易见，"暑假最可怕"的论调，已经成为某些机构与平台冠冕堂皇的"生意经"。

种种"暑假焦虑"，在大数据时代算法推荐机制的加持之下，抵达家长的手机、言谈乃至脑海中。究其根本，这就是打着关心下一代成长的幌子，行流量带货、忽悠敛财之实。

二

毫无疑问，让学生在暑假期间保持一定量的学习是必要的。近年来，国内的学校开始普遍注重素质教育，在适量的文化课作业之余，给孩子们安排一些体育、劳动和社会实践、美育、德育等作业。

而"暑假焦虑"渲染者，却通过刻意营造成绩在一个暑假就能实现"一飞冲天"式逆袭的论调，以煽风点火式的话术贩卖焦虑，其危害不容小觑。

一是加剧"剧场效应"。按照群体心理学分析，"不能输在起跑线上"的争强好胜感，在信息轰炸的催化下，放大了"前排观众为了看得更清晰站了起来，后排观众只好跟着站起来"的剧场效应，导致部分家长产生一种想法：

别人家孩子都在提前学，我们不得不学。而这部分家长的焦虑，就会引发更多家长的焦虑，继而容易引发全社会对教育问题的焦虑，这也就是我们常说的"卷"。

同时，家长的"起跑线竞争""分水岭压力"的焦虑感也会传导给孩子，或引发一系列青少年心理问题。《中国国民心理健康发展报告（2021—2022）》显示，参加调查的青少年中有14.8％存在不同程度的抑郁风险，比例高于成年群体，需要进行有效干预和及时调整。

二是诱发高分低能。频繁刷题或是集中培训，有可能带来一时的成绩提升，却可能导致部分孩子丧失时间管理能力、自主学习意识、深度思考能力等。一旦进入需要自主学习的大学校园后，这些孩子的能力薄弱之处就很可能暴露出来。

事实上，除了应试教育能力外，孩子的其他能力也很重要。正如有网友说："一个小孩的成长和发展是多元的，除了学习，人格、情商、阅历的拓展健全都很重要。前者靠上学的时候提高，而后者就靠放假期间提升。"

三是歪曲教育本质。把"教育"二字拆开来看，除了教书，还要育人。中国人历来说，"重精神，贵德育""养体开智以外，又以德育为重"。而长期营造分数焦虑、文凭焦虑的氛围，则有可能让更多的人陷入"唯分数论"，使教育走向极化，脱离教育"以一个灵魂唤醒另一个灵魂"的内核。

因而，将求学的所有阶段都描述成"可怕的分水岭"，这种"喊话式""洗脑式"甚至接近于"传销"的商业模式，显然是畸形的。

此外，如今制造焦虑已经成了屡试不爽的营销手段，短视频里或语重心长或激情澎湃地说着"×年级的暑假最可怕"的所谓"老师"，其真实身份未必是自我标榜的名校名师，也可能是营销博主。家长盲目通过报班来消解自身焦虑，可能导致孩子成绩未能得到提升，自己却充了课时费，交了"智商税"。

三

当笔者就"最可怕的暑假"这一话题与多位教育专家开展对话时，他们有的感慨"暑假焦虑是社会焦虑的一种，这个话题太复杂"，有的感叹"家长们真的太可怜了，既备受焦虑营销的困扰，又忍受着各类排行榜单的折磨"。

那么，如何来消解家长和孩子的焦虑，让暑假变得不那么"可怕"？

加强"家长心理学"教育尤为重要。《我们时代的神经症人格》一书中提道，焦虑实质上是一种恐慌，是一种对于危险的无能为力感。人到中年的家长，往往会在"上有老、下有小"的情境下，把自己的恐慌无力感、怅然若失感，转移到对孩子的期待上。

事实上，除了单纯看成绩，陪伴孩子成长、和孩子共同成长，才是更为健康的家长心态。如今，与家长、学生相关的心理健康讲座越来越多，其初衷正是让"培育孩子健全人格、陪伴孩子共同成长"成为应有的心态，真正走进家长心中。

在"双减"语境下，媒体应以正确导向引导社会舆论。近年来，主流媒体已经开始避免渲染哪所高中有多少学生考上清北，以及中高考状元、高分考生等，然而自媒体追分追星现象仍络绎不绝。"高考666分全家齐喊666""恭喜小区某某某喜获高分"等消息，每到毕业季便会不断刷屏社交平台。

事实上，无论是主流媒体还是自媒体，都更应关注考生如何进行志愿填报、如何做好人生规划等服务性选题，帮助考生和家长打破信息壁垒；同时，多关注、宣传孩子们的心理健康，以及他们在其他方面的优秀品质。

从规范教培机构的角度看，线下治理之外，还要提升线上巡查力度。不久前，教育部就发布《关于做好2023年暑期校外培训治理有关工作的通知》，要求严厉打击各种隐形变异的学科类培训。

与此同时，平台也应肩负起监管、治理的责任。对于制造焦虑等宣传营销手段，要坚决进行遏制，严格审查自媒体账号的所谓"名师"身份，对违规发布行为该删除的就删除、该封号的就封号。据报道，抖音平台已发布公告，贩卖暑期"教育焦虑"内容已成为其近期治理重点。

从修正社会认知的角度看，我们需要回归对暑假、对教育的"初心"。炎炎酷暑，为何要设置暑假？就是让孩子们可以充分休憩、尽情玩耍、拓展视野、接触自然。学习是一辈子的事，而学会如何收放有度、劳逸结合、亲近自然、同伴交流、融入社会、热爱生命，这些特殊的"暑假补习"内容，是让孩子们终身受益的修为。

"暑假焦虑"何处安放？不妨从让"暑假"前的定语重新变回"快乐"开始。

童颖骏　祝融融　胡婧妤　朱戈倩　刘维佳　执笔

2023年7月2日

《小强热线》如何把"小"做"强"

> 以百姓百心为己心，以凡人凡事为己事，街头巷尾、寻常阡陌，都将是媒体人的"铁肩道义、妙手文章"。

浙江的电视新闻节目《小强热线》，在今年迎来了20岁生日。对这档节目，全省乃至全国的好多观众都不会感到陌生，不少浙江的年轻人就是看着《小强热线》长大的。

《小强热线》走过的20年，也是媒体行业快速发展的20年。面对来自移动互联网的考验和挑战，它"冻龄保鲜"的秘诀是什么？

一

一档节目的成功，很大程度上取决于它的灵魂人物。《小强热线》能够行稳致远，和主角小强身上的三点品质息息相关。

先说"钻到底"的专业精神。《小强热线》能坚持20年，离不开小强对专业的坚持。小强1999年大学毕业后进入浙江电视台教科频道，至今没有换过工种、栏目，也没有换过部门、频道，这在有数千人的浙江广电集团中是不多见的。

常有人说："小强，你报道的都是民生小事，一地鸡毛，干点别的吧？"可他扎根民生不挪窝，一句"大事小事，有事您说话"说了20年。事实证明，坚持在"小"处着眼，做精做专，也能把"小"做"强"。

再说"不怕事"的胆气豪情。"舆论监督就如走钢丝"，针砭时弊、曝光问题，啃的是硬骨头，拼的是铁头功。

2017年，有一次，为撕开"杀猪盘"骗局，小强带着团队卧底一个多月，犯险取证，协助警方端掉了波及全国各地、涉及金额上亿元的数百人的犯罪团伙。正因为这一次次挺身而出，在大家心目中，小强敢说话、不怕事。

最后说"不避难"的职业精神。好新闻是跑出来的，好记者是苦出来的，民生新闻更是"体力活"。

2002年教科频道计划开辟热线栏目，让主持人走街串巷报道民生新闻。彼时主持人大多是端坐演播室念稿，谁都不想做这既辛苦又似乎显得"掉价"的差事。只有小强硬着头皮上了。2003年1月1日《小强热线》开播，节目组算上小强一共就3个人。记者、摄像、司机、配音、主持，小强啥都干。每天扛着摄像机、举着话筒，开着一辆破旧越野车满浙江跑，跑出了浙江民生新闻的第一步。

现在，尽管小强成了频道的"强总"，他依然奔波在一线，每年防汛防台期间他还是和年轻人一起"追风"，被人戏称是"最老"的"追风少年"。

二

虽然小强是荧幕中的主角，但这档节目从来不是一个人的"独舞"，它背后凝聚着一群人的倾心倾力。

转眼20年，这个曾经只有3个人的小团队，如今已经发展为有近100名"小小强"的大战队。2008年汶川地震，小强与摄像两人第一时间赶赴震区。半个多月里，他们在前方克服种种困难深入采访，后方几十人的策划团队随时开会、夜以继日远程支援，在悲恸中一起完成了20篇客观冷静又有温度的报道。

而更多的时间里，节目组奔波于各个城市的角落。就像有网友说："那辆穿梭在大街小巷的橙色面包车，成了一代人的记忆，见证了一代新闻人的坚守。"

团队奋力奔跑，平台也倾力支持。《小强热线》成立之初，浙江广电集团和教育科技频道就将其作为重点扶持对象，给予这个"新生儿"极大的支持。2006年起，浙江广电集团将小强作为品牌"四大主持"之一，将其量身打造成浙江第一代电视主持明星。近几年广电集团又把"小强说"确定为首批重点培育的新闻类个人账号，集团和频道拨专项扶持资金、配置专班运营，将其打造成"广电名嘴"核心IP。

直到现在，浙江广电集团每年新招的毕业生中，最优秀的一部分人都会被安排到《小强热线》等几档主要新闻节目中去，频道更是投入最好的记者编导、最强的资源力量。

平台的支持还不止于此。作为一档舆论监督类栏目，《小强热线》常常会遇到各种各样的阻挠和风险。比如投诉方通过各种关系

"走后门",希望节目组"手下留情"不要曝光。这时,浙江广电集团总是充分尊重新闻事实,不随意干预报道、"和谐"片子,为节目撑腰。另外,也充分加强对记者的保护,比如2009年,广电集团专门为小强上了1.2亿元的保险,这也是全国媒体人中的最高保额。

三

在浙江,像《小强热线》一样"长寿"的新闻节目还有好几档,比如浙江电视台的《经视新闻》22岁了,《1818黄金眼》《范大姐帮忙》19岁了,《新闻深一度》也13岁了。

放眼全省和全国,杭州的《民情观察室》、宁波的《讲大道》、温州的《百晓讲新闻》、安徽的《第一时间》、河南的《小莉帮忙》、山东的《小溪办事》等,都是坚持了10多年的民生新闻节目。

它们之所以能历经大浪淘沙而长盛不衰,笔者认为,秘诀有三方面。

民生新闻就是朝着解决问题去的。有人说,这类民生节目是在医治社会的"牙疼",因为"牙疼不是病,疼起来要人命"。民生节目就是要体会群众冷暖,实打实地帮助他们解决问题。

2004年,台州一对小夫妻怀上了罕见的四胞胎,但因经济困难,夫妻俩来到杭州求助小强。小强马上帮忙联系医院,给予他们最好的医疗团队支持。经过一场艰难的手术,这位妈妈最终平安诞下"奇迹四胞胎"。得知母子平安的那一刻,一直守在产房门口的小强也激动不已,热泪盈眶。此后,小强一直与四胞胎一家保持联络,关注和鼓励孩子们成长。

正是这样的将心比心，才让各方与节目组建立深厚共情和信任，浙江很多群众遇到困难，总会想到《小强热线》。

民生节目也应融入媒体深度融合的浪潮。在日新月异的融媒体时代，民生节目不能守着电视频道的"一亩三分地"，只有主动开发出融媒体产品，才能向更广泛的受众群体深入。

比如《小强热线》在移动端打造短视频IP"小强说"，迅速发展成覆盖十个播发平台、2100万粉丝的融媒矩阵，每天网络互动量将近100万人次。相似的，还有《1818黄金眼》与B站"牵手"，在年轻人中赚了一波流量，全网粉丝超过3000万，年均阅读量超200亿。不久前，浙江的"视听新物种""Z视介"上线，这些节目也将在新平台上谋篇布阵。

在解小难题里看见大时代。民生的"鸡毛蒜皮"里映射着时代的发展变迁。这些节目跳出"小""碎""散"的窠臼，从小视角看大发展。《小强热线》曾访谈了200多位浙江的"最美人物"，包括时代楷模陈立群，全国道德模范吴菊萍、姚玉峰等，一个个故事折射出时代的亮点、人性的光华、社会的进步。

这些民生新闻节目，既是主流媒体积极参与社会治理的有效载体，也是观察记录我国经济社会发展的独特样本。它们伴随一代人的成长，日复一日传递民生进步的点点滴滴。

民生无小事，关键在用情。以百姓百心为己心，以凡人凡事为己事，街头巷尾、寻常阡陌，都将是媒体人的"铁肩道义、妙手文章"。

胡意轩　执笔

2023年7月3日

"科特派"的田野和远方

> "科特派"不是随便派，而是要遵循市场化资源配置规律，哪里需要人才，就往哪里派人才，需要什么样的人才，就选派什么样的人才，用"派得准"破解农村人才短缺问题。

《习近平浙江足迹》记录了这样一个情景：2003年4月，时任浙江省委书记习近平同志来到下姜村调研。调研中，村民们汇报了村里有"三缺"，有说缺人才的，有说缺资金的，也有说缺技术的。

习近平同志问："你们村有没有科技特派员？"村民们听到这个词，挠着头，都笑了。在他们看来，这是很遥远的事。"省里研究一下，给你们村派一名科技特派员来。"习近平同志也笑着回应。

没几天，真的来人了。来者是浙江省中药研究所高级工程师俞旭平。驻村第一个月，他让村民们在低坑坞种上了500亩黄栀子。两年后，这片黄栀子每年给每一个种植户带来了4000多元的收入。下姜村，这个"梦开始的地方"，正是科技特派员为浙江广袤乡野带来改变的一个缩影。

日前，习近平总书记给浙江省科技特派员代表回信，满怀深情地肯定浙江推行科技特派员制度取得的成效，并着眼未来提出殷切期待。

当农业有了科技的加持，究竟发生了什么奇迹？而今，着眼未来，"科特派"如何再为田野和远方带来新变化？

一

"特派员"是指带着一项特别的任务，为了达成一个目标而身负使命的人，而"科技"则意味着，他们带来的是科学知识的力量、技术赋能的翅膀。

科技特派员制度是习近平总书记在浙江工作期间亲自倡导、亲自部署、亲自推动的一项重要制度。在习近平总书记的关怀和推动下，科技特派员制度在浙江率先得到全省域系统广泛深入的实践。

科技成果走出实验室，"种"在了浙江大地上。2003年4月，全省首批101名科技特派员踏上征程。20年来，浙江已累计派出科技特派员3.9万人次。他们躬身田间地头，为基层送去了实实在在的服务，给乡村带来了实实在在的改变。笔者认为，这其中最直观的是两条"链"：

一条是科技赋能的价值链。"七山一水二分田"的浙江从体量上看属于"农业小省"，但浙江的茶叶、蚕桑、食用菌、水产养殖等特色产业却在全国占有较大份额。新世纪之初，浙江农村科技力量不足和科技服务缺位的问题日益凸显，多元而分散的农业问题，亟须专业人才用专业的技术方法去解决。

如何才能打通真题真解的"最后一公里"？科技特派员制度成

为科技和"三农"结合的有效载体。科技特派员走出实验室和课堂，在田间地头找到了科学研究的新需求、新方向，成为接地气的"香榧教授""茶教授""竹博士"……可以说，这一制度，让"三农"零距离接上科技的"天线"，产生了裂变性力量。

一条是助农增收的驱动链。那些年，每个科技特派员都深知：自己首要而急切的任务，就是千方百计发展农业生产，帮扶农民脱贫致富。从"科研高"到"应用好"，再到"产业实"，科技特派员制度打开了农业高质量发展的通道，成为农民群众依靠科技持续增收致富的有效路径。

比如，在金华武义，省农业科学院蔡为明研究员带领的"食用菌团队科技特派员"，以企业运营的方式，解决了农民自发生产菌棒中的重大技术难题。当前，该县的这项技术已惠及全县90%以上菇农，累计节支增收超亿元。当地菇农钱包也鼓了起来，"穿着皮鞋采香菇，开着汽车卖香菇"。

有这样一组数据值得关注：20年来，浙江省级科技特派员共实施科技项目4700项，推广新品种新技术超过3.8万项次，实现经济效益98.58亿元。

二

20年来，广大科技特派员穿梭山林、躬耕乡野的实践，以及之江大地上取得的发展成效都说明，这项制度里藏着许多思维和法宝。对此，笔者总结了以下几点。

一个方法：精准定位，让硬核实力匹配实际需求。

科技特派员制度本质上是依托高校和科研院所的科研实力，针对需求端困境，驻点开展以满足现实生产需求为导向的农业科技创新及推广工作。这个过程中，"针对性"是关键。

"科特派"不是随便派，而是要遵循市场化资源配置规律，哪里需要人才，就往哪里派人才，需要什么样的人才，就选派什么样的人才，用"派得准"破解农村人才短缺问题。

在实际工作中，浙江始终围绕基层科技需求，建立"省级科技管理部门搭台，派驻地、派出单位、科技特派员三方唱戏"的选派工作机制，真正形成派驻地、派出单位和特派员"三赢"的良好局面。

一片阵地：农村是充满希望的田野，广袤乡村大有可为。

习近平总书记历来重视乡村的发展。科技特派员制度凝结着习近平总书记对"三农"工作的深邃思考和战略考量。

浙江科技特派员制度推行20年来，坚持人才下沉、科技下乡、服务"三农"，让科技特派员一头连着科技，一头连接生产。他们在笃行"乡村立大志，农业创大业"的决心与实践中，为农业插上科技翅膀，用智慧和汗水，创造了一个个山乡海岛的奇迹。

一种情怀：把农民的事当作自己的事来做，百姓和土地就会回馈于你。

有这样一句话在浙江的乡亲们中间很流行："钱支援，物支援，不如来位科技特派员。"科技特派员制度，问民所需、纾民之困，让人才踏上农田、让技术长进土里，也得到了百姓的认可。

起初，乡亲们对新品种、新技术难免心有顾虑，科技特派员就手把手带着农民干、做给农民看。他们用扎实的增收成效获得了老百姓的认可，成了农民朋友的自己人和贴心人，这也让特派员获得了自我实现的成就感。

正如有人说，"科特派"，是纵横山野田地的豪放派，是流向农民心田的婉约派，是以科技让农业更美的偶像派，更是助力乡村振兴的实力派。

三

随着科技特派员制度的深入推进，之江大地发生了一场深刻的变革。但面对乡村振兴中更加多元化、个性化的发展诉求，这一制度在走深走实的过程中可能面临一些挑战。

站在乡村振兴的新风口上，我们要不断感悟这项制度蕴含的战略思维、为民情怀、创新理念、系统方法、务实作风，鼓励科技特派员更好地"沉下去"，引领更多乡村尽显"科技范儿"。笔者认为，有三个问题值得思考。

融合如何更有深度？有人将浙江科技特派员制度的实行总结为三个"一"：专业技术有一套，深入农村第一线，长年累月在一起。笔者认为，聚焦产业兴旺、生态宜居、乡风文明、治理有效、生活富裕等乡村振兴新需求，今后要推进科技与农业农村更深度地融合。

比如，新型农业是一二三产业融合发展的综合业态。推动科技特派员专业服务领域从农业领域向制造业、电子商务、规划设计、法律金融、文化卫生等多元领域拓展，可以更好助力农业全产业链发展。

服务体系如何再升级？科技特派员在落地的一刻，就给乡村带来了科技服务农业的新模式，但如果只着眼当下的需求，仍存在一些问题。比如驻点服务具有阶段性特征，且农业科技的迭代升级速度较快，如何保证科技效益的长效性？再如，农业生产环境经常受到多种偶发性因素影响，如何让专业帮扶更加适时精准？

在服务模式上，现阶段"科特派"已从起初的"单兵作战"与"需求供给"，发展到"组团服务"和"深度对接"。接下来，这一模式如何持续迭代深化，发挥组团效应，把优质创新资源集聚起来，仍需进一步探索和实践。

激励保障如何更有效？乡村振兴要抓住"人"这个关键因素，只有让科技特派员更有发挥空间、更受尊重、更得实惠，才能让更多优秀人才自愿下沉、尽心服务。

比如，持续强化政策引导，在工作经费、项目开展、福利待遇、评奖评优、职称评定等方面向科技特派员倾斜；比如，进一步发挥市场杠杆作用，鼓励科技特派员以技术转让、许可，成果作价入股等形式与服务对象结成利益共同体，给特派员吃下"定心丸"。

"科特派"，是一种能力、一种精神，它映照着科技工作者躬身为民的初心；它也是一种信心、一份信任，为农民对美好生活的期待、农村对发展前景的期许鸣响前行的汽笛；它更是一项制度、一个战略，推动乡村振兴、助力高质量发展，用科技力量推动"三农"事业腾飞。

我们期待更多科技特派员坚定行走在这片温暖的土地上，播撒科技的种子，在乡村催生更多精彩蝶变。

曾福泉　屠春飞　杨金柱　姜周轶　蒋铢　执笔

2023 年 7 月 3 日

莫让"复制粘贴"伤害文化产业

在推动中华优秀传统文化创造性转化、创新性发展这篇大文章中,我们向侵权盗版刺出的每一支"矛",都将成为保护文化产业健康发展的"盾"。

要说文化产业发展的灵魂是什么,"创意"肯定是重要的关键词。无论是影视广播、动漫游戏,还是图书出版、文博文创,都离不开创意。

然而我们也发现,文化产业发展中的侵权现象屡见不鲜。广大消费者在正版与山寨之间,常常感到"乱花渐欲迷人眼"。事实上,文化产业苦侵权之害久矣。

不禁要问,在文化产业这一领域,侵权乱象为何比较普遍?此类乱象又该如何规避?今天,我们来找找答案。

一

随着文化产业与互联网、数字技术等深度融合,其灵活性和衍生性强的特点逐渐凸显。与丰富的新业态相伴相生的，是一些利用新业态特点"搭便车""走捷径"的侵权行为。

比如，素材重组。一批自媒体博主们未经授权，对影视剧素材进行删减、拼接、重组，当起了视频"搬运工"，从而用以在不同平台传播"变现"。"偷"走了原创作品的流量，也就等于"偷"走了创作者的利润空间，长此以往，创作者积极性必然受损。

2021年9月，腾讯以《云南虫谷》遭大量抖音用户剪辑上传起诉抖音，去年10月，抖音被判赔偿超3200万元，说明了此类侵权可能造成的损失之大。

比如，山寨盗版。近年来不少"爆火"文创产品被仿制的现象层出不穷。去年，甘肃省博物馆"铜奔马"文创玩偶在一夜走红的同时也遭遇了盗版侵权，一些不法商家趁机在电商平台售卖盗版产品，有的堂而皇之标注"官方正品"，有的肆意盗用正版产品宣传图片，让消费者一时难辨真伪。

"设计3个月，抄袭3分钟"，原创团队花费的心血、劳动与时间成本在盗版面前毁于一旦，导致正版文创品牌的利润被仿冒的劣质商品"收割"。

比如，恶意抢注。一些人被"蹭热度"的利益所诱惑，希望能靠商标来坐收渔利。比如电视剧《人世间》"出圈"后，很多人就盯上了它，就连乐器、酒类、服装等都纷纷抢注"人世间"商标；电影《长津湖》甚至被举报商标侵权，差点面临"下架"。

文博领域也是恶意抢注的"重灾区"，三星堆考古发掘阶段性成果揭晓后，"三星堆"这一名称就受到大量毫无关联的商品与服务的抢注。这种现象既是对消费者的一种误导，也容易让创作者受到商标恶意抢注者的投诉袭扰。

二

一方面是"复制粘贴"行为猖獗，另一方面我们也发现文化知识产权保护仍面临着诸多梗阻：

其一，事前"没想到"。一些创作主体知识产权意识不强、风险预判不足，往往在产品上市了甚至发现被侵权后才想起来申请注册登记，给了不法分子可乘之机。

以著作权为例，在我国现行著作权法律体系下，版权登记是自愿行为。在具体的维权实践中，《作品登记证书》这张小小的证书在"我有你没有"的情况下，往往能发挥大大的作用。

其二，事后"耗不起"。被侵权后，当事人往往在维权过程中面临调查取证难、权属认定难、侵权界定难的问题，需要花费大量人力、财力和精力，一般人实在等不起、拖不起、耗不起。

比如，一部电影制作周期可能在一两年甚至十数年，而一般在院线仅上映一个月左右。一些不法分子在影院盗录电影并上传网络，几分钟就能迅速传播开来，即使迅速切断传播链接，也已经给这部电影带来了实质性伤害。等深挖查清后，电影早已下映。再比如，2017年至2021年这五年期间，我国网文行业因盗版损失达300余亿元。

与盗版猖狂一样令原创者饱受困扰的是维权难。根据一项调查，96.6%的作家认为盗版会影响创作动力，但是有45.5%因维权过程坎坷、维权成本过高而遭"劝退"。

其三，免费"不香吗？"大多数情况下，买盗版、看盗版、听盗版的人都知道这是错误的选择，也了解盗版对原创作品的"致命"伤害。但是一部分人在"免费"和"买单"两者之间，往往选择有利于自己的一面，出现选择性"失明"，造成盗版需求旺盛、供给不断。

当然，不可否认，一些文创产品定价确实偏高，让消费者觉得"价超所值"，导致一部分消费者倾向于购买价格更低的山寨产品。

三

文化产业是朝阳产业，发展空间和潜力巨大。以浙江为例，文化产业增加值已经从2004年的442亿元增至2021年的5145亿元，占GDP比重从3.8%增至6.95%。

正值"青春"的文化产业，绝不能被侵权之风带歪带偏。笔者认为可以从以下三方面着力：

主动占"C位"。对文化企业来说，一方面，要强化知识产权意识，通过自主创新，提升产品的独创性和高品质，同步及时申请注册登记；另一方面，当被侵权时，要秉持"不能惯着"的态度，拿起法律武器，"该出手时就出手"。

前不久，国家版权局公布了新一批的全国版权示范名单，浙江4家企业、1个园区入选，都是深化版权价值、推动自身发展的典型。比如，奥光动漫将版权资产作为企业的核心资产，完成作品登记1000余件，版权转化值高达5亿元。

唱好"红黑脸"。这是对政府部门而言的。所谓唱"红脸"，就是又帮又扶。比如浙江设立全国首个省级政府知识产权综合奖，将文学、艺术等类别纳入，就是在这方面的积极探索；再如要加强价格引导，推动文创产品价格回到合理区间，压缩盗版产品生存空间。

而唱"黑脸"，就是严打严罚。浙江以"剑网"、亚运知识产权保护等行动为抓手，构建跨地区跨部门联合执法协作机制，全力破解维权难题，让侵权无所遁形、藏无可藏。比如宁波"3·10"案件，对电影盗录传播者作出罚款25万元的顶格处罚；嘉兴"12·28"案件，受到易中天等著作权人由衷点赞。

奏响"大合唱"。从创意制作到推广保护，光靠创作主体和政府显然是不够的，还需要全社会共同守护。如今，在文化产业知识产权保护中，区块链等新技术被广泛应用，文创IP授权专员等新职业应运而生，社会各界要一起规范引导、合理利用。而我们每个人，也要把尊重原创和保护版权作为一种自觉，不给盗版"破壳"的机会。

莫让"复制粘贴"伤害文化产业。在推动中华优秀传统文化创造性转化、创新性发展这篇大文章中，我们向侵权盗版刺出的每一支"矛"，都将成为保护文化产业健康发展的"盾"。

沈桢东　桑隽漾　执笔

2023年7月4日

七问改文风究竟难在何处

> 给人杯水者，必心怀江河。好文风不仅是改出来的，更是学出来的、积累出来的。

文风问题是一个老生常谈的话题，也是一道自古以来的难题。

文风体现作风、反映党风。有人回忆新中国成立前听国民党官员和共产党人讲话的差别后，发出感慨："前者官声官气、空洞苍白，后者为民立言、充满希望，一看语言文字，就知道谁战胜谁了。"

重视文风是我们党的优良传统。特别是党的十八大以来，以习近平同志为核心的党中央把改文风列为作风建设的重要内容。在中央八项规定中，改进文风就是其中一项。

但也要看到，虽然党中央对改进文风的要求一以贯之，文风问题却一直以来未曾断绝。

那么，文风问题缘何没有得到有效解决？又到底有何解？在全党深入开展主题教育的今天，笔者认为，党员干部不妨问问自己这七个问题。

一问：积累是不是厚实了？

文风好坏，其实与每个人的综合素养、学养密切相关。脑子里不装点东西、肚子里没有点墨水，写出来的东西难免枯燥干瘪，说出来的话自然空洞乏味。

习近平同志在浙江工作期间，就曾对部分干部提出批评："现在有些同志与新社会群体说话，说不上去；与困难群众说话，说不下去；与青年学生说话，说不进去；与老同志说话，给顶了回去。""说不上去""说不下去""说不进去""顶了回去"，生动形象地反映了少数党员干部工作中存在不严不实的问题，其深层次缘由就是学习没跟上，亟须克服"本领恐慌"。

给人杯水者，必心怀江河。好文风不仅是改出来的，更是学出来的、积累出来的。只有当我们的理论功底扎实了，知识储备夯实了，才能做到厚积薄发、融会贯通，下笔如有神助；当真实表达、真情流露成为顺理成章的事，文风自然也就有了温度。

二问：话语是不是转化了？

一篇文章、一部作品能不能被受众认可和喜爱，内容主题固然重要，但表达方式是否接地气、聚人气也很关键。

在日常工作中，我们经常会看到有些文章或作品大话多多，"官腔"浓浓。比如，过于雕琢文字，时不时用一些大而空的词汇、浮夸的文笔进行"点缀""升华"。像我们创作的一些歌曲，歌词老套、话语僵硬，一开口就是"奉献""辉煌""奋进"，很难激起听众的共鸣。如此文风，让写的人写不下去，也让看的人看不下去，产生陌生感、距离感。这也折射出话语方式转变的迫切。

1957年，毛泽东同志在与新闻出版界的谈话中指出："报上的文章要'短些、短些、再短些'是对的，'软些、软些、再软些'要考虑一下，不要太硬……"这实质上就是在话语表达上提出要求。对阅读规律尊重不够，对话语表达创新不够，对鲜活的故事素材掌握不够，对群众想听的爱听的了解不够，都可能导致写文章时陷入生硬僵化表达的圈圈。

努力转话语，其实是努力讲实话、真话、明白话。转变文风，需要我们学会多说人话，说老百姓听得懂的话，用浅浅的话语讲述深深的道理，用通俗的文字阐发晦涩的理论，这样才能使群众愿意听、喜欢听、真接受。

此外，在互联网时代，还要善于用一些"网言网语"来表达表述，让年轻人爱听爱看、形成同频共振。

三问：调研是不是深入了？

好文章、好讲话应该是"择高处立，就平处坐，向宽处行"，做到言之有理、言之有物、言之有据。"有理""有物""有据"，前提就是做好调查研究。

现实中，有些文章是"闭门造车"的产物。少数干部"拿着手机做调研"，坐在办公室里凭空套观点、编事例，写出来的东西一看就是靠扒文件和材料东拼西凑出来的"文件体"；有些文章习惯于讲"大道理"，既做不到"上接天线"，也做不到"下接地气"，还充满说教式、命令式的"爹味"语言，容易引起群众反感。

"调查就像'十月怀胎',解决问题就像'一朝分娩'"。没有调查就没有发言权,更没有决策权。调查研究是做好一切工作的基础,也是历练好文风最重要的一环。当调查研究到位了,有了一手"活鱼",行文自然就言之有物、抓住人心,也省却了闭门造车、生搬硬造的"煎熬"。

四问:思考是不是用心了?

语言文字是表意的工具、思想的外壳,有什么样的思想高度就会有什么样的文章深度。八股文风的一个主要特点,就是缺少学习和思考,从概念到概念,从材料到材料,缺乏对某个问题的深刻分析、对某项工作的深入研究,文章陷入官言官语、讲话多半照本宣科,实际价值荡然无存。

比如,有些文章"浅"得很,习惯讲众人皆知的大道理、写放之四海皆准的"大路货",照搬政治术语、文件语言,洋洋洒洒一大段,缺乏个人的语言和见解;有些文章"虚"得很,通篇没有实质性的意见建议,东拉西扯、绕来绕去,提供不了太多信息增量,让人看完没有半点收获。缺少思考的文章,"肥肉"太多,"瘦肉"太少,让人看了发腻。

好文风重在出思想、出观点,思想的力量既无穷又永恒。把形势任务分析透、把问题本质点到位,切中要害、直击靶心,然后一针见血地提出对策,给人以"醍醐灌顶"之感,这样方能让读者读起来解"惑"、解"渴"。

五问：思维是不是固化了？

网上曾流行这样一段话："开会没有不隆重的，鼓掌没有不热烈的，领导没有不重视的，看望没有不亲切的，接见没有不亲自的。"这类官话套话，实际上反映的正是少数党员干部思维固化的现象。

不可否认，这种过于拘泥于形式，认为"写文章"就是"做文章"，在固有套路模式当中越陷越深的现象如今依然存在。比如，有的依照套路化、模板化表述，毫无新意，根本无法击中人心；有的只是套套上级的、抄抄别人的，最终把文章写成了僵硬死板的八股文。

思维决定行为，很多时候，阻碍我们的并不是所处的环境，也不是能力问题，而是固化的思维模式。写文章一旦陷入思维定势，困于方寸之间，就很难写出好文风。正所谓"文无定法，诗无达诂"。只要能把道理说透、把意思讲清，让读者读了感觉到有深度、有温度的，都是好文章，这也是"文无第一"的道理所在。

六问：态度是不是端正了？

一篇文章、一次讲话，一头连着撰写者，另一头连着群众。文风问题实质上是对党的事业、对人民群众的态度问题。如果在出发点上出现认识偏差、立场走形，难免会有哗众取宠之心、无实事求是之意。这样一来，文风岂能端正得了？

比如，有的媒体报道讲成绩长篇大论，说问题只字不提，或者浅表式地点一点，甚至任意拔高、贻人口实，像撰写题为"某国害怕了""××紧张了"之类文章，其实就是一种态度不正的浮夸风。

还比如，有的专家学者刻意用晦涩难懂的词汇来表达观点、撰写文章，以示自己在某一领域内掌握了学术解释权，这就必然陷入"写谁谁看、谁写谁看"的怪圈，拉开了自己和公众之间的距离。

"长假空"的文风，某种意义上而言，正是形式主义和官僚主义在文稿上的映射。改进文风，关键要在端正出发点上"动手术"。只有起笔前把"为何写、为谁写"想清楚，落笔后才能将"写什么、怎么写"把到位。

七问：顾虑是不是太多了？

现实工作中有一个现象：少数党员干部往往出于种种顾虑，不敢写真话、说实话。

比如，有的干部自我捆绑、自我设限，认为一个领导一种风格，过多的创新不符合领导的喜好，可能被指责表达过于随意、不够严肃；还有的骨子里就不想创新，奉行照抄文件上的话、报刊上的话，认为写这些话都是有依据的，总不会出错。久而久之，改进文风就流于形式、成为口号。

2016年，在党的新闻舆论工作座谈会上，习近平总书记强调，"要转作风改文风，俯下身、沉下心，察实情、说实话、动真情，努力推出有思想、有温度、有品质的作品"。

事实上，在文风方面，习近平总书记为全党树立了典范。总书记的许多讲话、文章善用比喻，让人容易理解；善讲俗语，拉近与老百姓的距离；善讲故事，与人共情共鸣；善说新话，让人耳目一新；善用哲学，使内容含义深刻。这样的讲话，这样的文章，老百姓才真正爱听易懂。

说到底，改文风不是"一阵风"，而是一次次刀刃向内的党性锤炼、一番番自我革命的作风坚守。当我们每个人的自觉汇聚成一股洪流，清新质朴、求真务实的文风才能蔚然成风，改文风这道难题自然也就不难了。

洪敏　执笔

2023 年 7 月 4 日

35岁不该被定义

> 年龄应该是一枚"勋章",而不是一道"硬伤"。

35岁是一个频繁出现在热搜上的年纪。"35岁定律""35岁就业门槛""35岁在职场还有竞争力吗"……与35岁相关的话题似乎自带流量,每每出现必会引发社会的广泛关注与讨论。

不知从何时开始,35岁成了很多人生大事的"分水岭":职场内有35岁"荣枯线",婚恋观中有35岁"警戒线",甚至女性生育也有35岁"高龄线"……35岁,仿佛成了一道无形的坎。

可倘若我们再进一步思考,一个本该干事创业的黄金年龄,怎么就和"危机"这个词绑定在了一起?"35岁危机"究竟该如何破局?

一

"35岁现象"之所以引起公众讨论,直接导火索来自于招聘市场的年龄限制。很长一段时间,一些单位、企业对招聘人员年龄的上限要求就是35岁。

如今，一些互联网大厂更是将35岁作为"优化"员工的年龄红线，这进一步引发了大家对"35岁危机"的讨论。《中国人口普查年鉴（2020）》显示，在信息传输、软件和信息技术服务业，35岁以下从业人员占比达到了64.6%，其中细分行业互联网和相关服务更是高达70.4%，明显高于35岁以下就业人口32.9%的比例。

我们不妨来做个假设：一个普通人23岁本科毕业后顺利参加工作，积累了3至5年的职场经验后，才真正摸索到人生方向；再经过一番探索，年近30岁好不容易实现了职业赛道的转换；又过两年，正是有空琢磨如何再上一层楼的时候，却发现过了而立之年，35岁"大限"已然到来。

这极有可能就是你我的职场路径、人生路径。对于徘徊在35岁年龄分界线上的求职者来说，"上有老下有小"的家庭角色，"高不成低不就"的心理，让他们难以轻易降低对工作的期待值，在买方市场的大格局下又无能为力，于是只能陷入35岁的群体焦虑中。

事实上，一些用人单位之所以设置35岁年龄"门槛"，无外乎以下几个原因：

其一，35岁后，人体各项生理机能开始下降，一般来说接受能力、学习能力以及大脑活跃度都不如以前；其二，年轻的新人对工资、待遇等方面的要求更低。有用人单位认为，员工过了35岁，"人力资源"便会逐渐垮塌为"人力成本"；其三，一些35岁还未上升到管理层、仍在做"大头兵"的人，往往会被打上"能力不足"和"缺乏潜质"的标签，随时有被取代的风险。

用人单位以自认为的"优中选优"的原则来用人固然有合理性，企业从降低人力成本这一出发点来考虑问题也没有错，但在此过程中，强行将人的能力与年龄绑定，仅用一个数字就决定人的发展上限，未免太过片面与草率。

二

35岁真的就"老了"、该被职场淘汰了吗？

"人口红利"一直被视为我国几十年来经济腾飞的重要因素。高等教育的规模扩张使得优秀年轻人供过于求，存量时代下劳动力价值被稀释。因此，一些用人单位开始了以"掐尖"的选拔方式来收割"青春红利"。部分公司甚至将"员工平均年龄低于××岁"作为宣传亮点，试图吸引更多年轻生力军加入。

实际上，35岁及以上年龄的人群，或许会受到一些主客观因素制约，但他们在职场中的优势不容低估。

一般而言，相较于初出茅庐的年轻人，更年长的他们经过时间的积累与沉淀，具备相对丰富的实践经验、更强大的心理韧性，少了些莽撞尝试，能够以更成熟更全面的方式处理问题。此外，很多人虽已步入中年，但依然体力充沛、斗志昂扬，对单位的忠诚度也相对较高。

而针对医生、律师、教师等行业，社会大众也普遍认同"越老越吃香"的观点。在这些领域，从业年限成了判断专业技术精湛与否的重要依据。

更何况，随着老龄化、少子化挑战加剧，渐进式延迟退休的政策实施在即，年轻劳动力资源的减少将成为不争的事实。不论从哪个层面来考虑，35岁以上的中青年群体都是社会不可或缺的中坚力量。以绝对年龄为"一票否决"的用人标准，不仅缺乏了对求职者的尊重和关怀，还将寒了该年龄段人群的心。

本质上，市场真正想要排斥的并非35岁以上的人，而是那些"到了35岁仍重复做着25岁基础工作"的躺平族。从这个意义上来说，"35岁危机"本身就是个极具迷惑性的伪命题。

可偏偏一些营销号等自媒体乐于抓住流量话题制造噱头，硬是拗曲作直，无限放大年龄增长带来的弊端。狡猾的算法机制一遍遍推送着容易让人感到焦虑的内容，不断冲击着人们的心理防线，直到这种焦虑情绪成功"植入"目标受众的大脑。

等到这种认知日益固化，人们开始习惯于将生活、工作中遇到的不顺心的事、承受不住的压力，通通归咎于"中年危机"。年龄，似乎成了一切矛盾的根源。

三

想要破除年龄歧视，真正为35岁"解套松绑"，还需举全社会之力。多管齐下，方能标本兼治。

首先，政府引导是"指挥棒"。2022年政府工作报告中明确提出，"坚决防止和纠正性别、年龄、学历等就业歧视，大力营造公平就业环境。加强劳动保障监察执法，着力解决侵害劳动者合法权益的突出问题"。一方面，严格依据《劳动法》《劳动合同法》等法律抓好落实，引导全社会构建更加包容开放的就业观念，还有待相关部门持续努力。另一方面，进一步建立相关监督机制，畅通劳动者反映问题和维护平等就业权利的渠道，这也很有必要。

值得欣喜的是，超过35岁不能报考公务员这条限制如今正在"松绑"。在近年来的全国和地方两会上，多位代表、委员呼吁机关单位取消"35岁门槛"。据统计，2023年的公考招录公告中，已有河南、贵州、天津等10个省、市将部分岗位年龄限制调整为"40周岁以下"。这无疑是从官方层面释放出的积极信号，为逐步消除职场年龄歧视"打了个样"。

其次，任人唯贤是"硬标尺"。从用人单位角度来说，准确把握政府的政策导向，从岗位实际出发，综合考量不同工种特性和年龄的匹配度，有助于充分盘活人才资源、吸引更多优秀人才。正如不久前，有媒体在评论"相关企业拒聘川大学生"事件时所言，"企业将更多精力用在识才、引才上，而不是将时间花在设限、添堵上，才能更好选拔理想的求职者"。虽是两码事，说的却是一样的道理。

与此同时，平台、自媒体等也需要更好地肩负起社会责任，拒绝追求眼球效应，让贩卖年龄焦虑的内容失去市场，加强对职业价值观的正向引导，与政府、企业同向发力，多方联动打造"不拘一格降人才"的良好局面。

最后，自我提升是"硬通货"。过度焦虑大可不必，但有危机意识也不是坏事。信息化时代，知识更迭速度之快远超我们想象，未雨绸缪的长线规划已然是一项基础性工作。摒弃"职场老人"的优越感，警惕成为"温水中的青蛙"，时刻保持高度的敏锐性与执行力，不断学习充电……这些都是职场修炼的基本素养。增强自己的不可替代性，就是在构建属于自己的"护城河"。

总有人正年轻，但没有人永远年轻。"前浪"所面临的职业未来，同样会影响"后浪"的就业选择。年龄应该是一枚"勋章"，而不是一道"硬伤"，35岁的人生不该被定义。

林奕琛　执笔

2023 年 7 月 5 日

大运河如何流向更远方

> 我们期待，这一方活水承载的历史与文化，能不断得到"创造性转化、创新性发展"，流向更远、更广阔的前方。

有人说，京杭大运河，一半姓"京"，一半姓"杭"。京杭大运河杭州段是大运河的重要组成部分。在元代大运河截弯取直之后，南端城市杭州的名字落在了大运河之上。大运河与杭州城，两者的联系可见一斑。

2014年，蜿蜒流淌3200多公里、2500多年的大运河申遗成功。"大运河是祖先留给我们的宝贵遗产，是流动的文化，要统筹保护好、传承好、利用好。"对于大运河，习近平总书记始终深深牵挂。

如今，当我们驻足运河之畔，究竟可以从流水迢迢当中读出什么？又该如何让大运河汇入新时代、流向更远方？

一

大运河，是中国古代举足轻重的漕运通道和经济命脉，也是南北文化交融的纽带。

受技术条件限制，古代中国大规模运送人员和物资，最经济、高效、便捷的方式就是水运。《说文解字》道："运者，迻徙也。"大运河开凿的初衷，就是为了解决南粮北运、商贸流通的难题。

进入近代，伴随着铁路等新交通运输方式的陆续出现，河运的光环逐渐褪去。但作为一部流动着的活的历史，大运河除了继续发挥着运输功能，还承载了厚重而又独具特色的历史文化。

比如，杭州的拱宸桥有"一座拱宸桥，半部杭州史"之说。这座石桥，在日新月异的时代变迁中保存着一份古朴和素雅，串起了两边的巷弄、茶馆、商铺、手作馆，成为运河之上一处繁华许久的地标。

运河不仅是物理意义上的河流、历史维度中的河流，更是一条文化之河。波光云影、千帆过尽的大运河，孕育出了多姿多彩的漕运文化、非遗文化、戏曲文化、美食文化，等等。一路穿行于燕冀平原、齐鲁大地、江南水乡的运河水，联通了不同的地域文化、特色风情，乃至中外文化，都得以在此交融汇合。

不仅如此，我们熟知的一大批文人墨客，都曾在大运河畔留下千古名句，比如杜牧的"二十四桥明月夜，玉人何处教吹箫"等。此外，中国古代的四大名著均产生于运河流域，还有像《三言二拍》《聊斋志异》等经典中也都含有运河元素。更不用说，多少人在运河边出生、成长，运河成了他们一生当中难以忘却的记忆。

正如学者梅新林提到的那样："黄河、长江、珠江、运河四大流域轴线三横一纵展开，犹如四大动脉贯通于中国文学版图之上，彼此在伴随中国文学地理自西北向东南的依次移位中相继发挥主导作用。"

可以说，大运河是一条"运输之河"，也是文人墨客抚今追昔的"诗性之河"。它就像一本读不完的书，等待着后人不断去探寻。

二

《习近平浙江足迹》记载了这样一个情景：2006年的一天，时任浙江省委书记习近平登上杭州水上巴士"西湖"号，从拱宸桥到艮山门码头，行船中，他仔细询问运河保护和建设情况。

结束水上巴士的考察时，习近平同志希望杭州能再接再厉，继续做好运河综合保护工作，使城市的经济和自然环境和谐发展。

这条历史文化长廊，没有辜负期待。2014年以来，进入"后申遗时代"的大运河，站在文旅融合发展的风口，迎来了华丽转身。

比如，文化更丰富、更青春。如今的大运河融汇南北特色民俗风情，两岸散布的街巷里弄、古寺古桥、特色博物馆等串珠成链，开放包容的运河文化随之嵌入当地人的骨髓里。

在嘉兴王江泾镇，由旧粮仓变身的"运河·陶仓理想村"，因集合了陶仓艺术中心、咖啡轻食空间、青年公寓等，"圈粉"不少，成为举办青年艺术家作品展览、国潮生活节等文化艺术活动的好地方。

比如，古镇更年轻、业态更多元。大运河孕育的沿线众多独具特色的古镇古街，洗去历史尘埃，在新时代里绽放新的华彩，越来越成为与市民游客生活不可分割的部分。运河沿线城市，依托运河文化催生出多种文旅商业形态和模式，推动着区域经济发展。

以杭州为例，在"老杭州、新六艺"概念的指引下，一些历史街区在硬件改造提升的同时，还引入手作集合店、书画店、创意茶吧等商家，"慢生活""乐活""绿色环保"等现代生活理念在古街上拓展出一块块新的样板。

比如，联动更密切、资源更共享。当下，大运河国家文化公园正在建设中。这个非同一般的公园，包括京杭大运河、隋唐大运河、浙东运河3个部分及其10个河段，涉及北京、天津、河北、江苏、浙江、安徽、山东、河南8个省市。沿线璀璨文化带、绿色生态带、缤纷旅游带建设持续加码，市民公园、文创园区等多元文化空间不断增加。

但同时，大运河的保护利用也面临着一些新挑战、新问题。比如，部分古镇、历史街区业态同质化较为严重，售卖的食品、旅游产品等千篇一律，缺乏内涵特色，缺少文化底色。比如，沿线一些旅游景点基础设施仍相对薄弱，配套不够完善，没有从产业开发视角对大运河文旅资源进行整体规划等。

此外，古镇景区单打独斗、形象塑造较分散、文旅产品服务质量待提升等问题，也考验着每一座运河沿线与运河相伴相生的城市。

三

习近平总书记指出，千百年来，运河滋养两岸城市和人民，是运河两岸人民的致富河、幸福河。希望大家共同保护好大运河，使运河永远造福人民。

作为中华民族优秀的历史文化遗存，大运河是中国的，也是世界的，这就要求我们始终以更高的标准来传承和发展大运河文化。

那么，该如何"共同保护好大运河，使运河永远造福人民"？笔者认为，至少可以从三方面考虑：

打造一个时尚的"大公园"。据统计，大运河流域居住着中国近八分之一的人口。正如有专家指出，在入选世界文化遗产的项目当中，中国大运河以其时间跨度之长、辐射面积之广、牵涉人口之多，居于独一无二地位。

打卡、休闲、学习、社交、体验、购物……如今，人们对运河的依赖和需求正变得越来越多样、时尚。人们期待运河沿线的广场、博物馆、历史街区、文创园区、非遗体验区等文化空间能够更多元，文化休闲配套设施能够更完善。

在京杭大运河杭州段西岸，小河公园成了新晋"网红打卡地"。这个公园由新中国成立后浙江省建设的第一座油库——小河油库改建而来。设计师采用新的艺术手法对旧遗存进行了保护性改造和利用，独特的造型和功能吸引了一众年轻人。

拓展一个更大的"朋友圈"。聚则利，合则兴。大运河地跨8个省市，是世界上距离最长、规模最大的运河。运河的保护和利用，既要沿线各地统筹运河及沿线文物保护单位、非物质文化遗产等文化资源，也要沿线各地共同开展运河生态保护、治理管护，共同推进运河的文旅融合和文化宣传。

以古镇为例，要想"出圈"，就需要深挖资源特色，以聚合之力组建"朋友圈"，建立交流发展新平台，以此求同存异、同频共振、互利互惠，共同谋求转型发展。

目前，运河沿线仍有众多资源可以共用共享，建议通过体制创新等方式，充分调动各地积极性，实现平台共建、产业共兴、品牌共塑，让运河的文化价值与人的价值有机结合。

激活一个智慧的"新引擎"。运河文化的挖掘传承，离不开科技、文创等各类元素的加持，从而实现运河资源重组与价值放大，催生出更多新产品、新业态、新体验。

比如，杭州市临平区抢抓机遇，在大运河边打造了"大运河科创城"，持续聚焦招引文旅、大健康等新兴产业，目前已经吸引了清大文产杭州数字产业研究院、智屏时代（北京）文化传播有限公司等陆续入驻。

在文化传承发展座谈会上，习近平总书记指出，只有全面深入了解中华文明的历史，才能更有效地推动中华优秀传统文化创造性转化、创新性发展，更有力地推进中国特色社会主义文化建设，建设中华民族现代文明。

悠悠运河，汩汩流淌；千年文脉，奔涌不息。我们期待，这一方活水承载的历史与文化，能不断得到"创造性转化、创新性发展"，流向更远、更广阔的前方。

陆遥　许雪娟　祝融融　执笔

2023 年 7 月 5 日

MBTI何以让年轻人上头

相信很多人心里也清楚，MBTI不是神指标，只是了解人的一个工具，更关键的是，要用心去认识真实的个体，爱具体的人。

最近，综艺《五十公里桃花坞》中的一个片段在网络流传，在云南丽江群山环抱中，当早起等待日出的演员王传君看到日照金山时，不禁湿了眼眶。对这个场景，弹幕大军铺天盖地评论：只有INFP能共情王传君。

什么是INFP？为什么INFP能共情王传君？如果你发出这样的疑问，或许会被身边年轻人调侃是"2G冲浪选手"。INFP是风头正劲的MBTI人格类型之一，所谓MBTI，简单说就是用4个字母描述一个人的性格，INFP代表的就是安静、诗意的那类人。

当下，如果打入年轻人内部就不难发现，类似INFP这种由4个字母组成的"神秘代码"，就像他们的手机号后4位一样频繁出现，MBTI近乎让星座"一夜过气"，成为当代年轻人的社交新名片。

我们不禁要问，作为已经诞生近百年，此前一直被用于企业招聘的 MBTI 人格测试，为何能在当下再度翻红？我们又该如何看待 MBTI？

—

这已经不是 MBTI 第一次上热搜了。2015 年，在广东某个寺庙出圈的招聘公告中，除了要求应聘者写出一篇相关文案外，还明确规定他们要做 MBTI 职业性格测试，就此引发不小关注。

事实上，职场正是 MBTI 最初的主场。这套指标全称"迈尔斯-布里格斯类型指标"（Myers-Briggs Type Indicator），简称 MBTI，是美国一对母女凯瑟琳·布里格斯和伊莎贝尔·迈尔斯在荣格心理类型理论的基础上，开创的一个人格评估模型。关于其来由，有一个说法是，第二次世界大战期间，大量男性奔向战场，女性走出家门参加工作，为了帮助进入劳动力市场的女性找到适合其性格的工作，二人研究出该指标，试图为女性提供就业指导。

MBTI 将人格特质分为：内倾（I）—外倾（E）、感觉（S）—直觉（N）、思维（T）—情感（F）、判断（J）—感知（P）4 组相互独立的倾向，在此基础上排列组合形成 16 种类型，每个类型分别用 4 个字母标示。

比如，ISTJ 就代表内倾感觉型人格，按照伊莎贝尔·迈尔斯在《天生不同》一书中的说法，ISTJ 重视逻辑、分析和决断，善于处理细节问题，可成为尽职尽责的律师，也是做会计的好材料。

而从职场选拔工具到"万物皆可 MBTI"，不过最近一两年时间。2022 年，冬奥冠军谷爱凌在接受采访时，透露自己是 INTJ 人格，开启了 MBTI 新一轮流行。这一次，MBTI 不再限于职场，MB-

TI恋爱、MBTI穿搭等构造出了"MBTI宇宙"。笔者以为，MBTI之所以能出圈契合了三方面因素。

契合人们偏爱分类的天性。从中国五行学说到西方十二星座的分类，人们不断创造对人群进行分类的方式，试图通过分类帮助人们节省注意力资源，让脑子"不费电"。MBTI把千人千面归纳为16个面，每种类型只用4个字母一语道尽，简洁明了。

契合青年社交认同的需求。无论是写在微博、小红书上的一串字符，还是作为聚会团建时的破冰开场白，MBTI已然成为当代年轻人社交时的"接头暗号"。比如对照MBTI内倾（I）与外倾（E）的区别，青年群体正在形成I人与E人的二分法，相当于是"社恐还是社牛"更新潮的表述，一句"你是I人还是E人"能迅速帮助他们找到组织。

契合网络制造流行的逻辑。"认识你自己"不仅是2000年前刻在古希腊德尔菲神庙上的古老神谕，更是当前互联网的流量密码，"测测你的性格颜色""听歌测你的恋爱人格"等小测试不断引发裂变式传播。MBTI正是"认识你自己"的加强版，也自然能从流量池中分一杯羹。

二

"因为我是ENTJ，所以拿不到offer""过去相亲讲八字合不合，现在只看四字合不合"……

面对MBTI的爆火，上述争议也在网络出现。MBTI究竟是科学还是玄学，是依据算法推演的性格解码还是招摇撞骗的连篇鬼话，两种观点都有人站队。

一方面，我们要看到MBTI的合理价值，它以荣格心理学为理论基础，经过了一定的测量学检验，在某种程度上有科学依据。况且，相比"命中注定"的血型、星座，MBTI更重视性格，很大程度上能够促使青年人认识自我、塑造人格。

但另一方面，当这样一个原本作为职业参考工具的测试，成为了包打一切的标尺，我们就不得不重新审视它的科学性了。笔者看来，MBTI测试有几点值得商榷：

测试并不一定精准。MBTI标榜自己的理论来源是"荣格八维"，但即便荣格自己也承认他的理论只是一种观察，没有经过实证检验。而其在测试中采用的也是"二选一"模式，但现实中很多人并没有明显偏好，一个人完全可能既喜欢思考又喜欢感受，这种迫选法与心理学提倡的"中间人格优势"也相悖。

理论基础不扎实，测验不够科学，自然使MBTI信效度较低，也就使得结果不稳定，测一次MBTI如拆一次盲盒。当然，这种不准确也来自个人测试时会倾向于选择"理想人格"而非"真实人格"。

话术具有迷惑性。相声大师刘宝瑞的单口相声《黄半仙》描述了旧社会天桥算命先生说话含糊、可进可退的伎俩。实际上，无论是旧式算命还是血型、星座等"赛博占卜"，都把握了心理学的"巴纳姆效应"，就是人会倾向于相信笼统的人格描述是为自己量身定做，但事实上这些描述放之四海而皆准，MBTI也不例外。

另外，MBTI也拿捏了人性偏爱被褒奖的心理，其给出的测试结果几乎都是正面词汇，它本质就是一个"赞美量表"，如INTJ是富有想象力和战略能力的策略家、ENTP是聪明好奇的发明者等，对这样的描述谁能不上头。

容易自我标签化。这世界有那么多人，但在 MBTI 这里只有 16 种，MBTI 试图用 4 个字母读完人的一生。很多年轻人的初心是认识自我，最后却被 MBTI 反向控制，对自己或他人有了刻板印象，甚至在自我标签化后形成性格鄙视链，导致群体极化。

比如处女座被污名化就是性格鄙视链的典型，目前 MBTI 似乎也正在建立这样的鄙视链，在网络流传的 MBTI 金字塔图片中，站在顶端的是 INTJ，而底端的则是 ISFJ（母亲型守卫者人格）。

三

在 MBTI 横扫年轻群体的背景下，我们该如何看待它的走红？笔者有三点看法：

可以上头，但别盲目。对个体来说，MBTI 作为一种社交工具，有独特价值，它准确与否另说，起码开启了话题。但也要认识到，MBTI 社交属性显然盖过了测试本身，过度放大 MBTI 标签，会带来自我固化和群体极化。

可以参考，但别滥用。对企业来说，MBTI 可以为招聘人才或团队组建提供参照，但不能滥用，甚至有针对性地歧视。从职场胜任特征来看，性格仅是其中一种影响因素，生活中有不少内向的"销冠"，也有不少"人来疯"在研发领域做得风生水起。

可以营销，但别过度。对 MBTI 测试本身来说，它的成功首先是营销上的成功。据媒体报道，以该项测试作为核心产品的迈尔斯–布里格斯公司，每年估计能够从这项测试中赚取 2000 万美元。但作为一门生意，在 MBTI 测试产业化的过程中，不可避免地出现营销推广的情况，测试效果也可能被夸大、神化，使其走向玄学化，甚至被吹捧成为一种金科玉律。

对MBTI的风行，不能简单视为"个人主义"的胜利，也不能归结为"科学主义"的式微，或许可以理解为当下青年人寻找确定性的一些尝试。相信很多人心里也清楚，MBTI不是神指标，只是了解人的一个工具，更关键的是，要用心去认识真实的个体，爱具体的人。

戴硕　陈瑜嘉　执笔

2023年7月6日

"去风险"的陷阱，你get到了吗

无论怎么机关算尽，逆历史潮流的政治操弄阻碍不了中国的发展崛起之路。

近期，"去风险"成为美西方国家继"对手""竞争""脱钩"等之后的又一个对华"热搜词条"。

比如，当地时间7月1日，美国中情局局长伯恩斯在英国智库迪驰力基金会发表演讲，他指出，鉴于美中两国经济高度相互依赖，与中国"脱钩"将是愚蠢的。但他话锋一转，又称美国应努力使供应链多样化，实现"去风险"。再往前，5月底，美国国务卿布林肯出席一次会议后对记者称，美欧对华不寻求对抗、冷战或"脱钩"，而是聚焦"去风险"。可以说，在欧盟委员会主席冯德莱恩首次提出对华"去风险"后，该词迅速成为许多西方政客的口头禅。G7广岛峰会更是将对华"去风险"写入公报，公开掀起炒作热潮。

在普通人的认知中，"风险"是一个负面词汇，发现了"风险"就应该努力避免可能导致的危险后果。为管控"风险"而多做一些努力、多做一些尝试，是应有之义。因此有的人可能会讲，"去风险"相较于冷冰冰的"脱钩"，反映了欧美在对华语气上的软化，显示出美国对华政策的务实转变。

事实果真如此吗？我们该如何看待美西方的所谓"去风险"？

—

回顾近现代国际关系史，美国向来是炒作概念、创造语汇的高手，以此来服务美国私利、维护美国霸权。

比如，20世纪60年代中期以后，面临从世界权力顶峰到地位相对削弱的转折时期，美国就采取以退为进的"缓和战略"，取代难以为继的遏制战略，用外交手段拉拢盟友、维护自身利益，来达到和苏联竞争的目的。

再如，20世纪70年代，美国卡特政府提出"人权外交"，宣称美国的使命是要在世界塑造一个人道主义的社会，将人权问题与国家关系、经贸关系等挂钩，以"人权教师爷"的姿态动辄对别国指手画脚。

冷战结束后，当中国日益走近世界舞台中央，美国针对中国也开始不断抛出层出不穷、花样翻新的概念。"亚太再平衡""价值观同盟""基于规则的国际秩序"……

细究美国提出的各种新概念，从一开始就"动机不纯"。"表面缓和"为的是服务背后竞争，强调人权是作为纠集盟友和干涉他国的借口，用小圈子的规则来取代国际秩序则是为"建小群"打掩护，都是服务于遏制和打压竞争对手这一压倒性目标。

太阳底下没有新鲜事。近期，美国炒作"去风险"，声称要"减少在关键供应链上的对华过度依赖"。这不过是拿着"去风险"

的新瓶装上"脱钩"的旧酒。这些概念看似人畜无害，却被美国拿来用于掩盖它们遏制和打压中国的政策，本质上还是企图继续构筑"小院高墙"，阻挠中国科技进步和经济发展。

二

大肆炒作"去风险"，暴露了当前美国对华的矛盾心态：既要享受中国发展带来的好处，又要在关键领域堵住中国崛起的通道。

一方面，"脱钩"不得人心。中国拥有14亿人口、4亿中等收入群体的超大规模市场，过去多年对全球经济增长的贡献率超过30%，每天有3.2亿美元中国直接投资走向世界，2022年中美货物贸易总额更是以6906亿美元再次突破历史高点。通过行政手段，美国对中国强推"脱钩"，既不切实际、无法做到，自身也将付出巨大代价。不管是美国国内的商业主体还是国际上的盟友，纷纷用脚投票反对。据报道，欧洲外交关系委员会对11个欧盟成员国进行的民意调查显示，74%的受访者认为欧洲应该减少对美国的军事依赖，而应对自身的防御能力进行投资；43%的受访者将中国视为欧洲应与之"战略合作"的"必要伙伴"。

另一方面，遏制中国要有新借口。一直以来，美国试图通过削弱中国在全球产业链和供应链中的地位，来打压和遏制中国。对此，美国媒体说得十分直接。*Foreign Affairs*（《外交事务》）杂志近期刊文指出，美国力推"去风险"概念，实际上就是要在芯片、关键原材料等重要领域限制中国发展，同时限制中国市场在世界范围内的影响力。

与美国此前的各种对华论调相比，"去风险"更具迷惑性。

首先，用"去风险"之名粉饰"去中国化"之实。美国用貌似理性的话语体系，把"风险"的帽子扣在中国头上，试图在更大范围内鼓吹"中国威胁"。有论者一针见血地指出，通过渲染"跟中国合作就是风险""过度依赖中国市场就是风险""过度依赖中国供应就是风险"等观念，美国逐渐强化"中国=风险"的认知。中国外交部美大司司长杨涛就指出，不管怎么包装，美方的"去风险"仍是"脱钩断链"，本质上是"去中国化"，最终是去机遇、去合作、去稳定、去发展。

其次，用"国家安全"名义掩盖、维护霸权行径。在"去风险"语境下，美国强调维护国家安全和经济安全，声称"去风险"意味着美国"保持有韧性、有效的供应链"，确保不受他国"胁迫"。美国甚至抛出强化"团结"盟友、聚焦产业政策并超越传统自由贸易政策等论点。然而，美国的话说得再漂亮，也掩盖不了"美国优先"的本质。"国家安全泛化"扰乱了全球产业链供应链安全稳定，阻碍了世界经济复苏，损害着世界各国的共同利益。

三

面对美国炮制的"去风险"陷阱，我们必须开展有理有节有针对性的斗争。笔者认为至少可以做到以下几点：

底线思维是应对一切风险挑战的重要法宝。风险无时不在、无处不在，我们需要居安思危，凡事从最坏处着眼、向最好处努力。习近平总书记强调，我们要靠高水平科技自立自强、构建新发展格局来攻克科技难关。构建国内大循环是为了保证极端情况下国民经济能够正常运行，这同参与国际经济循环是不矛盾的。同时，习近平总书记还强调，我们坚定不移实行高水平对外开放，敞开大门搞建设，一起合作实现共赢。面对风高浪急甚至惊涛骇浪的重大考验，我们坚持底线思维，不抱任何幻想、敢于善于斗争，才能从容化解风险。

打扫干净屋子，就不怕没有客人来。当今世界，许多国家陷入政治动荡、经济停滞之中，而中国一直发挥着全球经济增长稳定器和发动机的作用，中国的制造业在全球的占比和贡献超过了后面美、德、日等六国的总和。前段时间，包括苹果、特斯拉、星巴克、摩根大通等美企巨头都来华访问，纷纷表示要扩大对中国的投资，可见中国市场的吸引力十足。不论西方是要"去风险"还是硬"脱钩"，只要中国集中精力把自己的事情做好，稳固发展态势，持续营造市场化、法治化、国际化的营商环境，我们就能"任凭风浪起，稳坐钓鱼台"，使"去风险"成为一句美西方的空谈。

国际舆论场的阵地你不去占领，别人就会去占领。"去风险"之后，美西方可能还会造出新概念。在国际舆论场上，我们失语就会陷入被动。中国的发展成就是我们的最大底气，我们应该有理直气壮讲述中国故事、展示中国形象的自信，帮助世界人民辨别真正的"机遇"和"风险"。比如，外交部部长助理、发言人华春莹在社交媒体晒出一组对比图：一边是 TikTok 首席执行官周受资在美国听证会面对长枪短炮，一边是美国苹果公司 CEO 库克来华出席活动受到热烈欢迎的场景。孰为机遇，孰为风险，一目了然。

无论怎么机关算尽，逆历史潮流的政治操弄阻碍不了中国的发展崛起之路。"脱钩"也好，"去风险"也罢，如果美国在遏制打压中国的道路上一意孤行，那么笔者想把华春莹在推特上的一句敬告送给他们："这就像几条溪流偏要绕过并孤立长江和黄河一般——它们最终只会干涸。"

王云长　倪佳凯　执笔

2023 年 7 月 6 日

浙江之路

> 岁月无声，却最有分量。拉长时间轴，我们更能认识思想的力量和战略的能量。

2003年7月10日，时任浙江省委书记习近平同志在省委十一届四次全体（扩大）会议上，全面系统阐释了浙江发展的"八个优势"，鲜明指出了指向未来的"八项举措"，这就是"八八战略"。从此，浙江开启伟大变革之路。

一路走来，浙江的山更绿、水更清、天更蓝、地更净、城乡秀美、处处如画、步步见景，浙江人民的生活越来越美好，浙江发展的道路越走越宽广。

今天上午，浙江省委举行新闻发布会，省委书记易炼红、省长王浩向社会各界讲述"'八八战略'20年"的精彩故事。回首过去、展望未来，浙江之路是一条什么路？

—

时间回到本世纪之初，彼时的浙江正面临双重发展压力，一是

"先天的不足"，二是"成长的烦恼"。

为啥有"先天的不足"？"七山一水二分田"的浙江，是一个资源小省，真正可开发的空间不大；而所谓的"成长的烦恼"，则因为浙江的工业化程度已经发展到一定阶段，面临资源制约、环境制约等瓶颈，发展后劲不足。

如何"爬坡过坎"、回答转型之问？人们渴求一个能够穿透迷雾、制胜未来的战略打法。

习近平同志到浙江工作后，在10个月时间里走遍了全省11个市，经过深入调查研究和系统谋划，最终提炼形成了"八八战略"。

岁月无声，却最有分量。拉长时间轴，我们更能认识思想的力量和战略的能量。"八八战略"直面"浙江怎么了""我们怎么办"等时代之问，给出了"形势怎么看""路子往哪走"的"世纪之答"。之江大地由此发生了系统性、整体性的精彩蝶变，实现了四个"历史性跃升"。

一是由资源小省到经济大省。在"腾笼换鸟、凤凰涅槃""立足浙江发展浙江、跳出浙江发展浙江"等理念指引下，浙江"小个子"迸发"大能量"，经济社会发展打开新局面：全省地区生产总值从2002年的8000亿元跃升至2022年的7.77万亿元，奠定了全国"挑大梁"经济大省的地位；人均GDP增加到1.76万美元，接近中等发达国家水平；专精特新"小巨人"和单项冠军企业数量连续3年位居全国第一；2022年数字经济增加值占GDP比重居全国省区第一。

二是由外贸大省到开放强省。在"八八战略"指引下，浙江跳出"浙江"、打破"围城"，进入天高地阔、任尔翱翔的新境界：全省进出口总额从2002年的3472.4亿元增至2022年的46826.2亿元，跃居全国第三；2022年，浙江出口对全国出口增长贡献率达18.5%，居全国首位；义乌小商品交易额连续多年居全国专业市场第一；宁波舟山港货物吞吐量连续14年居全球第一，被习近平总书记誉为"服务国家战略的硬核力量"。

三是由环境整治到美丽浙江。告别"致富靠开采"，迎来"种树能赚钱"；告别"出门闻臭气"，迎来"出门享空气"，每个浙江人都是"绿水青山就是金山银山"的亲历者、见证者和受益者。一组数据勾勒了浙江发展越来越动人的底色——绿色：地表水省控断面Ⅰ-Ⅲ类水质比例由2002年的42.9%提升至2022年的97.6%；城市空气质量优良天数比例由2013年的68.4%升至2022年的89.3%；全省城乡垃圾分类实现全覆盖，率先成为生活垃圾"零增长""零填埋"的省份。

四是由总体小康到高水平全面小康。"八八战略"指引浙江念好"山海经"、唱响"共富曲"。20年来，城乡居民收入差距从2.37缩小到1.9，地区居民收入最高最低倍差缩小到1.58；全省人均预期寿命提高7.33岁，达到82.3岁。群众精神文化生活丰富多彩，"最美浙江人"效应持续放大，城市有书房、农村有文化礼堂，"15分钟品质文化生活圈"已建成8000多个，现在的乡村让城市更向往。

如今，习近平总书记为浙江倾情擘画的宏伟蓝图正一步一步变成现实存在，富民强省、均衡发展、绿色发展、共治共享、勤廉奋进的五联"图景"铺陈之江大地。

二

回顾"八八战略"在浙江的生动实践，笔者认为，"八八战略"之所以能，是因为遵循了规律之道、把握住了多对重要关系：

比如，守正与创新。20年来，从"千村示范、万村整治"到"乡村振兴"，从全省"城乡区域协调发展"到"共同富裕示范区"，从"块状经济"到"415X"先进制造业集群，浙江既锚定目标、正道直行，又应势识变，不断添砖加瓦、迭代升级。

比如，整体推进与重点突破。20年来，浙江在系统推进以公有制为主体、多种所有制经济共同发展的进程中，突出发挥民营经济活力和创造力，实现了"两翼齐飞"；在系统提高对内对外开放水平的进程中，牢牢把握接轨上海、融入长三角这个重点方向。以重点突破牵引整体推进，在多目标中求动态平衡，这是"八八战略"的智慧之一，也是浙江之所以能的宝贵经验。

比如，锻长与补短。长短板的辩证思维，让浙江之路更具内涵和竞争力。在"八八战略"指引下，浙江成功推动两项"转化"：围绕实施"腾笼换鸟、凤凰涅槃"、统筹推进城乡融合发展、加快生态文明建设等重点发力，努力把长板做得更长，将比较优势转化为发展胜势；与此同时，又将科技创新作为必须补齐的"第一短板"，把原有的劣势不断转化为新的优势。

比如，市场有效与政府有为。从"世界小商品市场"义乌到"中国第一座农民城"龙港，浙江推动"莫名其妙、无中生有、点石成金"的发展持续焕发生机；从全国市场到国际市场，支持引导"地瓜经济"的根在浙江越扎越深、枝叶在省外海外愈发繁盛。营商环境没有最好，只有更好。浙江持续迭代"人人都是投资环境"的"效能革命"，努力让"软环境"成为"软黄金"。

再如，物质富裕与精神富有。共同富裕的内涵中，既包括了物质生活的改善，也包括了精神世界的提升。20年来，从红船精神到"求真务实、诚信和谐、开放图强"的浙江精神，从"义在利先"的经商哲学到"四千精神"，浙江以主动迸发的精神力量，促进物的全面丰富和人的全面发展，不断打开事业发展新天地。

三

"用'欣赏'的眼光看别人、用'挑剔'的心理看自己"，我们认识到，当前浙江经济社会发展的总体势头良好，但与江苏、上海、广东等地相比，仍存在一些差距和不足。

比如，创新平台能级还不够高，目前浙江仅拥有2个国家"大科学装置"，也就是重大科技基础设施，少于北京（20个）、上海（17个）、广东（8个）；浙江全社会研发经费投入强度为3.02%，低于上海、广东，研发总支出也低于江苏；再如，缺少像进博会、服贸会、广交会等高能级展会平台；此外，浙江"双一流"高校数量仅有3家，远远少于江苏、广东、上海；等等。

对标先进"坐不住"，突围突破"等不起"，浙江如何用好"八八战略"这一"思想富矿""战略资产"，以"两个先行"发挥示范引领作用？这场发布会给出了清晰答案：

比如，强化贯通一切的战略体系，把各项工作都放到创新、改革、开放的轨道上去思考、谋划和推进，鼓励基层探索、基层首创，不断激发新活力、增添新动力、抢占新赛道。

　　比如，强化一体推进的战略优势，坚持系统观念，推动战略目标、战略任务、战略举措一体部署，形成"1＋1＋1＞3"的集成效应、裂变效应、倍增效应。

　　再如，强化三个"一号工程"突破带动的战略格局，大力实施数字经济创新提质"一号发展工程"、营商环境优化提升"一号改革工程"、"地瓜经济"提能升级"一号开放工程"，充分释放三个"一号工程"牵一发动全身的强大作用，打造高水平创新型省份、高质效改革先行省、高能级开放大省。

　　每一个节点，都是新的起点。接下来，持续推动"八八战略"走深走实，努力在推动共同富裕和中国式现代化建设中发挥示范引领作用，浙江又将演绎怎样的精彩？我们拭目以待。

徐伟伟　杨昕　执笔

2023 年 7 月 6 日

"营销有道"更需"创作走心"

> 对影视作品而言，在检验营销策略有效性的"考试"上，没有固定的解题思路，观众的反馈是最重要的打分标准。如何让自己被看到、受欢迎，关键还要花心思、下功夫、走正路。

最近，电影《消失的她》凭借极高的剧情讨论度强势出圈，《我爱你!》等影片也借助直播对谈等方式引发关注热度。如今，"酒香也怕巷子深"，恰如其分的营销手段能让更多优质影视作品的光芒被看到，是创作者与观众都喜闻乐见的。

但在一些网友看来，"营销"是个敏感词，电视剧、电影一旦跟营销沾上边，大家对它的印象可能就会打个折扣，甚至会引起警惕，"评分是不是含有水分?"这种猜测也不无道理，其很大程度上源于当下一些影视作品"剑走偏锋"，以非正常方式频繁"刷脸"、扰乱市场、引发争议。

如果营销不讲"基本法"，伤害的不仅是作品的观感，也是大众对作品的认可度、好感度。总结起来，影视作品营销需要谨防陷入几大误区。

一、只讲流量不讲质量。不可否认，近年来，流量已逐渐成为衡量影视作品吸引力的一道"硬杠杠"，更成为助推观众发现好作品的"加速器"。但这也导致部分制作方走上"唯流量论"的歧途，认为只要作品有了所谓的流量，就等于获得了大众喜爱。

于是，有的项目还在拍摄阶段就开始策划如何以剧组隐私、网友爆料的人为手段制造没有营养的话题，从而在热搜上频繁"刷脸"，企图未播先红；还有片方奉行"黑红也是红"的营销观念，一边大幅增加宣传经费，一边压缩必要的拍摄制作经费，导致作品剧情平淡、细节粗糙。殊不知，如果质量不够硬，再大的流量也不过是过眼烟云。

二、干货不足，盲目出招。随着观众对各种社会话题的关注度越来越高，不少影视作品希望搭上热点的"快车"，或探讨家庭氛围，或反映职场现实，希望引发观众共情，从而助推作品走进更多人的视野。但不少作品的打法却令人啼笑皆非。如将剧集内容断章取义，用截图或拼接的视频东蹭一下"原生家庭"的话题，西插一脚"职场歧视"的热点，反而引发观众抵触。

实际上，如果作品本身没有对这些内容进行深度呈现，做的某些努力实属枉然。因为制作方很有可能陷入了盲目营销的怪圈，只想着引发话题热度，却没有找到作品自身核心的价值内涵，没有提供可供深入讨论的干货硬货。对观众而言，这些作品仍然是不会被拿出来反复回味的平庸之作。

三、弄虚作假难以维系。播放数据造假、水军刷评、虚抬作品评分等营销手段，是令观众对一些影视作品产生反感心理的重要原因。有的剧作才刚刚定档，有眼尖的网友就发现在豆瓣专区、微博话题上已经出现一片"看了，真的不错"的好评。有人对此辛辣评论称"开播时间没通知水军"。

作品是好是坏，评论是真是假，观众心中自有一杆秤。带有目的性的"安利"、强行刷出来的"好评"，只会令人大呼上当受骗。

四、目光短浅，攀比拉踩。少部分作品为了抬高"身价"，或有意制造一些话题来夹带私货、鼓吹自我，或热衷于让营销号以看似有理有据的话术贬低其他作品，把同类型作品，甚至一些经典之作当成自己的"垫脚石"，更有甚者找到假粉丝跑到其他作品评论区"闭眼打一星"。

这种手段，一方面容易在网上掀起舆论纷争，另一方面也践踏了观众审美，反而会弄巧成拙，最终遭到反噬。

五、制造噱头"预支"期待。近年来，"熬过前两集就好看了"成为一些影视作品新的营销话语。有人说，其潜台词是，剧是好剧，只是现在的观众缺乏耐心，差点错过了这部好剧，往下看了才知道它的好。这样一来，观众看剧成了"开盲盒"，由于对剧作产生期待，为了验证其是否可追，就必须得看完或套路、或平淡的"前两集"。

这种"预支"观众期待的营销手段，某种意义上说是一种强盗逻辑，将观众推入"不该立即对作品作出评判"的被动境地，本质是作品从一开始就欠缺讲好故事、引人入胜的能力。

还有的作品打着"十年力作""历史情怀"等旗号，在拔高观众的预期值后，又不能以优秀的内容加以支撑，其结果必然是"用自己的子弹射中自己"，成为作品营销的反面案例。

以上种种误区值得我们深思。营销尽管是影视剧"出圈"必不可少的手段，但只关注眼前的热度却不走正道坦途，选择"竭泽而渔式"的歪门邪道，绝不可能推动作品真正赢得观众、获得好评。

一言以蔽之，营销还得讲"基本法"。一些既拥有大流量、又能获得真认可的作品，或许能给我们一些启示。

把"内功"修炼到家，让营销有"话"可说。俗话说"巧妇难为无米之炊"，营销手段再五花八门，如果作品自身缺乏吸引受众的内核，那么最终产生的不过是流于表面、浮光掠影的话题。相反，如果作品本身"内力"深厚，在题材、内容、形式、细节等方面下足功夫，就能赋予宣传方无限的发挥空间，甚至能把观众变成自己的"宣传队"。

比如，《流浪地球2》的科技感、剧情线、人情味，甚至是隐藏其中的笑料包袱，都能带给观众源源不断的探索空间。片方借势而为，正向的讨论热度便随着有意思、有价值的话题滚滚涌来，将电影送上新台阶。

文艺作品只有敢于挑战创新题材，用观点充实内容，用追求艺术的真诚之心打磨细节，让故事由头到尾气质连贯，才更能让观众有真情的共鸣、谈论的空间，营销也自然更有底气、有话可说。

求新求变，对热度"取之有道"。营销打法不能一成不变，相同的手段用千遍，再好的故事在人们眼中也会打上折扣。不妨用一些新的宣传方式，如跨剧联动、参考B站影视up主的专用话语解析剧情、发起线下场景打卡、二次创作征集等，让观众产生观剧观影的兴趣。

比如，电影《中国机长》曾选择将首映礼办在由北京飞往重庆的飞机上，让现实与虚拟重叠，观众仿佛从剧情空间中穿越而来，切身感受到影片情节的跌宕起伏，这种新奇的方式引发了较好的宣发反响。

　　摆正心态讲真实，让观众坐上"评审席"。有些营销行为之所以引起观众反感，是因为营销者试图"既做运动员，又做裁判员"，将关于作品的审美印象直接灌输给观众，而非把观众当评委，真诚接受他们的审视。

　　好的营销者，往往能摆正心态、坐好位置，拒绝"睁眼说瞎话"，还能真正走到观众观看、评论的一线去，顺应评论动态及时调整宣传方向，用观众的眼光来做宣传。

　　总而言之，对影视作品而言，在检验营销策略有效性的"考试"上，没有固定的解题思路，观众的反馈是最重要的打分标准。如何让自己被看到、受欢迎，关键还要花心思、下功夫、走正路。

　　期待，好的营销能将更多好作品带到我们面前，带来更丰富、更精彩的精神盛宴。

邵琼楠　孟非凡　执笔

2023 年 7 月 7 日

假如"江南忆"是一篇命题作文

> 这就是杭州的"江南忆",也是浙江的"江南忆",并正在通过杭州亚运会这个重大契机,努力成为世界上越来越多人心中的"江南忆"。

假如以"江南忆"为题写一篇作文,你会想到什么?

相信每个人心中都有自己的江南印记,比如小桥流水、粉墙黛瓦、文人墨客等。的确,这些都有浓郁的江南气息,从每一点切入都能形成很好的构思。而在唐代诗人白居易心中,最深的江南印记当属杭州,他曾直抒胸臆地表示:"江南忆,最忆是杭州。山寺月中寻桂子,郡亭枕上看潮头。何日更重游!"

白居易留下的这一千古名句,为杭州写好"江南忆"这篇命题作文提供了解题思路——大家知道,在"寻桂子""看潮头"的最美季节,杭州将举办第19届亚运会,而三个吉祥物"琮琮""莲莲""宸宸"的组合名就叫"江南忆"。

那么,这组"江南忆"究竟蕴含了哪些历史人文记忆、自然生态价值和创新基因?笔者认为,在作答过程中,至少有五种解题思路。

思路一：三大文化标识

杭州亚运会的三个吉祥物"琮琮""莲莲""宸宸"，是三只充满活力的萌宝，它们的内涵可不一般，分别代表着坐落在杭州的三大"世界文化遗产"——良渚古城遗址、西湖和大运河。

"琮琮"代表着良渚古城遗址，它的名字源于良渚文化的代表性文物——玉琮。被誉为"中华第一城"的良渚古城，是实证中华五千多年文明史的圣地，代表着中华文明起源阶段稻作农业的最高成就。除了名字以外，"琮琮"身上还有不少良渚元素，比如它身上的纹理，形态取自良渚稻作文化中的稻穗。这些都是对生生不息的中华文明的一种符号化表达。

"莲莲"代表着西湖，它的名字源于西湖"接天莲叶无穷碧"的美丽景色。"莲莲"的纹理是无数圆润的菱形图案，也代表着西湖湖光潋滟、波光粼粼的唯美画面。西湖，既是杭州的耀眼明珠，也被很多人认为是这座城市的灵魂。"未能抛得杭州去，一半勾留是此湖"，这座城市最美的风景、最传奇的故事，大多都与它有关。

"宸宸"则代表着大运河，它的名字源于京杭大运河杭州段的标志性建筑——拱宸桥。京杭大运河已有2500多年的历史，是世界上最古老的运河之一。悠悠运河深度融入了古代中国的经济发展、社会进步和文化繁荣，也见证了杭州这座城市的沧桑巨变。"宸宸"身上的纹理是无数圆形水滴组成的浪花，可以说，每一滴都代表着在运河水、钱江潮中奔涌翻腾的浪花。

思路二：三个传奇故事

精彩的故事是亚运记忆的重要组成部分。"浙江宣传"曾提到，赛事更是故事。如何讲好亚运故事？我们也不妨从三只吉祥物的故事里寻找一些灵感。

"琮琮"的故事，给我们带来的是一种穿越五千年的神秘感。在良渚古城遗址发掘出的玉器和祭祀遗址中，有大量天地日月、龙凤的形象，这些形象延续至今，依然是中国人心目中高贵的图腾，也是中华民族的文化象征。可以想象，在先民的生活中，面对大自然的未知力量，玉琮等玉器在祭祀中发挥着何等重要的作用。

"莲莲"的故事发生在西子湖畔，是极具浪漫色彩的。不论是梁山伯与祝英台，许仙与白娘子，还是西湖三大"情人桥"——断桥、长桥、西泠桥，都蕴含着动人的爱情故事。比如，如今在西泠桥头还能看到苏小小之墓。相传苏小小与阮郁一见倾心、两情相悦，便写下一首诗："妾乘油壁车，郎跨青骢马。何处结同心，西陵松柏下。"

大运河畔"宸宸"的故事，则充满了烟火气。且不说古代运河两岸的繁华，近代就有很多名人在此留下足迹。比如拱宸桥，是鲁迅兄弟第一次离开浙江外出求学的起点，也是郁达夫人生经历的重要主场之一。据鲁迅先生的管家王鹤照回忆，在拱宸桥，鲁迅带他到店里吃茶、吃点心、理发。可见当时，拱宸桥一带就是杭州的CBD，很多民间的传奇故事都与这里有关。

思路三：三抹神奇色彩

色彩有种神奇的作用，通过不同的色彩特征，吉祥物能够承载更多寓意，给人留下更深的印象。像 2008 年北京奥运会的"福娃"，就分别以蓝、黑、红、黄、绿的"五环色"为主色调，通过色彩巧妙传递了奥林匹克精神。那么，杭州亚运会吉祥物的三种颜色，又蕴含着哪些奥秘？

"琮琮"的黄色，象征着扎根乡土的农耕文明。黄色源自大地、代表丰收，正如良渚文化中的稻作农业，至今深远影响着亚洲乃至世界。黄土地、黄皮肤是中华文化和中国人的象征，黄色的主色调赋予了"琮琮"一份古老文明的历史厚重感。

"莲莲"的绿色，象征着万物和谐的生态文明。"莲莲"无疑是最具山水诗气质的吉祥物，从它的身上，我们能够联想到一个绿水青山、诗意盎然的江南。正如杭州西湖被称作"三面云山一面城"，自古以来就是人与自然和谐共生的典范。

"宸宸"的蓝色，则象征着拥抱未来的数字文明。蓝色是海洋和天空的颜色，也是代表未来的颜色。浙江向东是大海，也勇于拥抱新蓝海。"宸宸"的蓝色是数字经济大省的鲜亮底色，展现出浙江在数字文明这片"蓝海"中奋勇前进的形象。

思路四：三个特殊头饰

这次亚运会吉祥物的设计中，一个突出特点就是用最能代表、最能传递城市文化内涵和个性的符号，来体现博大精深、源远流长的地域文化。这个"符号"的秘密，就藏在"三小只"的头上。

"琮琮"的头饰最为醒目，有着与众不同的造型和瑰丽奇特的纹路。实际上，它头部装饰的纹样取自良渚文化的标志性符号"神人兽面纹"。在良渚古城遗址出土的最大玉琮——"琮王"上，就雕刻有这一图案。这一特殊纹样，像人又像兽，复杂、精密又神秘，给人带来无限遐想。

"莲莲"的头饰最容易分辨，但其中的细节却最容易被人忽视。它头上顶着的正是西湖十景之一的"三潭印月"，而覆盖在头上的一整片莲叶也是西湖的"特产"，莲叶的茎脉还象征着"万物互联"。杭州这座城市既有美丽的自然生态，也有发达的互联网科技，"莲莲"的头饰体现的，既是人文自然与科学技术的融合，也是杭州拥有的这一独特气质。

"宸宸"的头饰也有着别致的造型，三朵浪花代表着钱塘潮涌，额头上的对称造型则是拱宸桥与水中倒影的结合。前者象征着在时代浪潮中拼搏向上的浙江人民，蕴含着蓬勃的生机和能量；而后者则代表着贯通古今、跨越边界的连接、沟通和交汇。

思路五：三种时代精神

杭州亚运会吉祥物是弘扬奥林匹克精神、宣传赛事理念以及主办城市历史与文化的"图腾"，它承载着时代精神和社会价值。

"琮琮"作为良渚文化的标志性符号，寓意着不畏艰险、超越自我、不屈不挠的创新精神。试想，五千多年前，如果没有先民在体制、机构、礼仪制度等方面的探索和创新，想要设计并修建这样一座举世罕见的古城，是绝不可能的。这种制度、理念上的创新力量，传承至今，为推动当下经济社会发展注入了强劲动力。

"莲莲"寓意着热情好客、精致和谐、海纳百川的开放精神，传递着共建人类命运共同体的理念。"我见青山多妩媚，料青山见我应如是。"从拆围墙，到免门票，世人眼中的西湖就是开放的西湖、大气的西湖、自信的西湖。正因如此，西湖日益走到了全球聚光灯下，成为亚洲和世界人民的"同心湖"。这次杭州筹办亚运会，本身就是推动开放的一段重要进程，也是为了进一步擦亮浙江在国际上的"窗口"形象。

"宸宸"头顶的钱江潮和拱宸桥，则寓意着机智勇敢、聪慧灵动、向上进取的改革精神。浙江是靠吃改革饭起家的，京杭大运河从"漕运之河"到"文化之河"的变迁，发展从"传统经济"到"数字经济"的升级，再到今天大力推动干部敢为、地方敢闯、企业敢干、群众敢首创，都体现了浙江勇敢立潮头、永远立潮头的追求和境界。

这就是杭州的"江南忆"，也是浙江的"江南忆"，并正在通过杭州亚运会这个重大契机，努力成为世界上越来越多人心中的"江南忆"。

当亚运"三小只"映入眼帘，你还会想到什么样的"江南忆"？

倪海飞　云新宇　谢滨同　执笔

2023 年 7 月 7 日

江南的河

> 河中流淌的不仅是水，还有延绵不绝的文化和情怀。即使现代交通工具替代古老的舟船，河流发挥的作用减弱，但人们与河流的情感联系从未中断。

《越绝书》记载，越人"以船为车，以楫为马，往若飘风，去则难从"。千百年来，在水网密布的之江大地上，人们择河而居，依河而兴。

河流之于浙江的意义，早已超出了地理和水文范畴。无论是"芦花两岸晴山雪"的苕溪还是"帆蒲挂暮烟"的飞云江，抑或是"至今千里赖通波"的大运河……江南的河流景致各异，它融入生活，孕育文化，连接着过去、现在与未来。

无河不江南，在你的记忆里是否也有这样一条意义非凡的河？

一

江南水乡，河流恣意流淌，画出纵横交错的水网，或是蜿蜒于山川之间，或是串联起城镇乡野，有的胜在壮阔宏大，有的美在诗意婉约。若把河流比作人，每个人遇到的或许都是不一样的河流。

有人遇到的是性情豪放的侠客。浙江的母亲河——钱塘江，经杭州湾汇入大海，大潮之波澜壮阔，历来引得世人称奇。千里奔腾，潮水乘风而至，顷刻间便能掀起高耸的巨涛，让人望而生畏。潮水退去时，水波流速放缓，江面渐渐平静，但是水流涌动间的浪声依旧盈满耳畔。苏轼写道："八月十八潮，壮观天下无。鲲鹏水击三千里，组练长驱十万夫。红旗青盖互明灭，黑沙白浪相吞屠。"短短几句话，将钱塘江的汹涌澎湃展现得淋漓尽致。

有人遇到的是旷达潇洒的隐士。公元422年，谢灵运自京都赴永嘉任太守，泛舟瓯江之上，望山水无边，感慨"云日相辉映，空水共澄鲜"。无独有偶，同为元嘉三大家之一的颜延之也钟情于这条河流，他以文字为画板，保留了永嘉山水的清灵隽秀和灵动飘逸，朝闻早霞、夜赏夜色、春听烟雨、冬观雪影。九百多年后，黄公望则结庐富春江畔，群山环绕下，富春江水波泱泱，水天交接处鲜有人迹，唯烟雨托着远山，真是"人在舟中坐，仿若画中游"。

有人遇到的则是婉约如画的江南女子。诗人李珣曾写词描述水畔生活："云带雨，浪迎风，钓翁回棹碧湾中。春酒香熟鲈鱼美，谁同醉？缆却扁舟篷底睡。"桌上鲈鱼鲜美，呷一口春酒，醉倒在乌篷船中，是属于水乡的柔情与惬意。小桥流水的乌镇，也是尽显水乡的娟秀温婉，一艘艘摇橹船缓缓行进，河面涟漪荡漾，光影交接处，倒映出另一个世界——游人如织夜如梦。

二

"唯有门前镜湖水，春风不改旧时波"，夹城作河、临水置居的城市空间让人与河流的关系尤为密切。

流经山川，连接城市，江南的河流展现了自然力量与人文社会间深厚的联结。甬江、瓯江、婺江分别是宁波、温州、金华的母亲河，故甬、瓯、婺也成了城市的代名词。兰溪因兰江而得名，泗安溪对应长兴泗安镇，温岭泽国镇因水网密布而称为泽国……先有地名还是先有水名已经很难辨清了，但河流滋养土地，人们依河而兴成了不争的事实。

河流，润万物、通八方、兴城邦、利民生。比如，京杭大运河孕育了沿岸城市的繁荣，串起杭州、宁波、湖州、嘉兴、绍兴这五座省内城市。"北通涿郡之渔商，南运江都之转输""商旅往返，船乘不绝"，四通八达的河流盘活浙江资源，商贸繁盛至今。

人们依着河流生活，烟火气沿河而生。溪涧旁洗衣、洗菜是江南乡野常见的景象，江河行船曾经是主要的交通方式。沿河而居，人们对河流有一种亲近感。出生在桐乡的丰子恺一辈子没忘记家乡的河。走了五省，经过几百数十个码头，他仍然惦念着那掩映在运河桨声中的石门湾。还有鲁迅、郁达夫笔下随处可见的乌篷船、河埠头，将故乡水系变成文学的河，流淌在现当代文学史中。

生于斯，长于斯，在与河流的相处过程中，浙江人的性情不免受到河流的影响。比如，灵活应变的鲜明个性。在"西则迫江、东则薄海"的浙江，自古便有先民渡江渔猎，近海航行。新石器时期，跨湖桥先民"刳木为舟，剡木为楫"。八千年后，一艘船头上翘、船身狭窄、大致可以坐下四人的独木舟被发掘出来，成为世界上出土最早的独木舟之一。面对风浪，浙江人顺水推舟、遇风转向，自古便养成了精于感知、善于识变应变的禀赋。

又如，开放包容的人文特质。伴随京杭大运河的开凿竣工，"接运河、通大海、纳百川"的广阔格局，让浙江成为沟通四方的重要桥梁。伴随商品货物在此中转，吴越文化、南宋文化、西湖文化和水运文化等多种文化类型在此孕育、繁盛，形成包容共生的文化生态。

可以说，河流既影响江南人的衣食住行，也早已融入江南人的骨血之中。

三

有一则视频在网上热传，让很多人热泪盈眶，视频中一个国外乐团在演奏《我的祖国》时，台下的中国观众突然开口合唱："一条大河波浪宽，风吹稻花香两岸。我家就在岸上住，听惯了艄公的号子，看惯了船上的白帆……"

河中流淌的不仅是水，还有延绵不绝的文化和情怀。即使现代交通工具替代古老的舟船，河流发挥的作用减弱，但人们与河流的情感联系从未中断。

"风景不殊乡邑远，梦归夜夜浙江船"，这是台州籍史学家陶宗仪的乡愁，年少离家，因战乱客居他乡，思乡之时写下这句诗。夜夜梦归，一棹孤舟载着思念，飘荡于河流之上。在这个极具柔性与灵性的地理空间中，乡愁的忧郁蔓延无边。

长于江南的吴冠中曾回忆："从我家出门，有一条小道，一条小河,小道和小河几乎并行着通向远方,那远方很遥远,永远吸引我前往。"他沿着这小河与小道,走出了家乡,走到塞纳河畔汲取艺术养分,但是兜转半生,画的最多的仍然是故乡纵横的河道、水田、桑园、古村落。

对于大多数70后、80后而言,河流构成了他们的童年记忆。盛夏午后,穿过高可及身的禾林,蹿入冰冰凉的河流,摸岸边石头底的鱼虾,看河畔榕树古老的枝桠。河流成为他们童年记忆中不可磨灭的元素。每当远离家乡,河流经常成为浙江人寄托思念的实体。

作为更宏大的存在,长江、黄河、汨罗江、湘江……它们成为万千文人思考人生、命运的载体。浙东唐诗之路、大运河诗路、钱塘江诗路、瓯江山水诗路,以纵贯交错的河流为经纬,以"诗"串文,让山川河流有历史的厚度,有人文的风度。

江南的河蕴含着深远而宏阔的文化情怀,比血管更古老的河流,静静地流淌在这古老的土地上,最终漫漫涌向人们文化上的故乡。我们当以河为媒,继续创造更加绚烂多姿的文化,讲好江南故事。

叶倍　刘亚文　执笔

2023年7月8日

夏鼐的选择

> 见出以知入，观往以知来。夏鼐用一生告诉我们，只要踏踏实实走过，人生的每一步，都算数。

又逢暑期，多少毕业生站在了人生的岔路口。然而懵懂少年时，一些人却找不到自己为什么出发、为什么奋斗。

同样的感慨与自问，也发生在93年前的夏鼐身上。

1930年夏天，这位后来的中国考古学奠基人之一、"良渚文化"的命名者，此时刚从光华附中毕业，往何处去亦是前路茫茫。但在一次次对时代的关注和对自我的叩问中，他逐渐坚定了以考古为毕生事业。

习近平总书记强调，认识中华文明的悠久历史、感知中华文化的博大精深，离不开考古学。今天，我们回溯夏鼐的求学之路，从他躬身于中国现代考古所取得的开创性成就着笔，思索人生路上的选择与坚持。

一

夏鼐生于1910年，童年和少年时代在家乡温州度过，年少的他以读书之"勤、广、精"闻名，陈寅恪先生曾赞许他读书细心。

但即便是学霸，他的求学之路也不是一帆风顺。从1930年至1940年，时局动荡、烽烟四起，夏鼐的求学之路一波三折。

夏鼐高中毕业时，正值"五卅惨案"和北伐战争之后，20岁的他眼见民生凋敝、社会困顿，意图探求救国之策，但置身书海却毫无头绪。寻寻觅觅中，他拒绝上海光华大学免试直升的机会，考进北平燕京大学入读社会学系，想从"站在十字街头"的社会调查中寻得良策。

可就读一年后，他觉得仅仅以社会学救社会，还远远不够。这期间，他一度对生物学产生兴趣，但转念又想，学生物学在一时半刻之间难以解决社会问题；后又考上清华大学二年级插班生，转入历史学系。

夏鼐在写给同窗的信中，这样描述自己的学术志向：

> 我初入大学的一年是弄社会学的，后来转入历史系，已经是十字街头钻入古塔中，但是对于十字街头终有些恋恋不舍，所以要攻中国近代史，以便进一步剖析当前的社会。

至1934年大学毕业时，夏鼐再度面临抉择，就业或继续求学？思忖再三，他仍期待以学术救国，遂奋力考取留美公费生。但那年的公费生专业只有考古学，他再次陷入犹豫不决，在日记中袒露心迹：

> 这次突然考上了考古学，这样便要改变我整个一生的计划，对于这样一个重大的改变，我并没有预料到，我有些彷徨无主。

处在茫然与焦灼中的夏鼐，如何在冷僻的考古学中安放一颗澎湃的心？徘徊中，幸得时任辅导老师傅斯年、李济、梁思永的开导，中华民族需要历史考古学之大义，令夏鼐决定"咬牙硬干"考古学。

1935年9月，清华大学以公费派他前往伦敦大学。夏鼐谨记负笈求学的初衷，是为了习得当时最先进的考古学研究方法，从而为我所用。1936年9月，他从艺术研究所转入大学学院，攻读最难学的埃及考古学，学习了大量田野考古发掘技术和研究方法，更深入研究古埃及象形文字。

回顾他的三次选择，初学社会学，为在"十字街头"洞察世事；后转历史学，"从十字街头钻入古塔中"，为进一步求解社会方略；转入考古学，"到古塔顶部找古董"，誓以考古实证中华文明起源。

三次选择，肇始于学术救国的信念，矢志于追求中华民族的崛起。

二

1940年，夏鼐学成归国，两年后便一头扎入祖国大西北考古，此后经年，他毕生所求皆为探源中华文明，虽历经战乱与浩劫，始终坚定不渝。

或许有人会说，他的三次选择似是偶发，但偶然进入蚌中的一粒沙，若无日日磨砺之心，不会成为温润赛玉的珍珠。偶然中的必然，是夏鼐日复一日的严谨治学，每学一门便攻一门，从人文历史到自然科学均潜心钻研。

彼时，来自瑞典的地质学家安特生从仰韶文化遗址推断出"中华文明西来说"。他认为，仰韶文化晚于甘肃齐家文化，而齐家彩陶又来自更早的西方彩陶，由此得出，中华文明由西方传入。

此论断一石激起千层浪，令当时的国人百味杂陈。夏鼐并不轻信于此，他在甘肃几乎重访了安特生到过的每一处遗址，终于找到了齐家文化年代晚于甘肃仰韶文化的地层学证据，纠正了安特生对中国史前文化年代排序的失误。安特生言之凿凿的"中华文明西来说"被打断了最关键的一环证据，"中华文明西来说"不攻自破。

夏鼐以此研究成果形成论文《齐家期墓葬的新发现及其年代的改订》，向世界证明"中华文明是在中国土地上土生土长的"，被学界视为中国史前文化研究的圭臬。

终其一生，夏鼐都在溯源中华文明，他的田野考古调查，足迹跨越敦煌莫高窟、汉唐长安城、明代十三陵，又到南越王墓、马王堆汉墓。

学者阎文儒曾撰文回忆，夏鼐于1943年入河西走廊考古，过山丹县、入祁连山，走32天，至山顶入雪山，沿途或黄沙漫天、或白雪皑皑，环境极为恶劣，"能在此环境中每日穿行，诚非所易，（夏公）实为中国考古家之先驱者"。

三

我们追忆夏鼐，是追溯他的学术思想，亦是探讨如何面对人生中的迷茫。在关键时刻，究竟应如何做出抉择？夏鼐的考古人生，或许可以给我们一些启示。

多保留不怕吃苦的纯真。1985年3月，夏鼐在中国考古学会第五次年会上发表了题为《考古工作者需要有献身精神》的讲话，勉励大家"一心一意提高考古学科的水平，不要计较个人的经济利益""保持田野工作的好传统，有'不怕苦'的精神""把我国考古学的水平提高到新的高度，这便需要我们有献身的精神"。

当时正值改革开放初期，社会上涌动着下海经商的热潮，而考古工作环境艰苦、生活清贫，不可避免地面临市场大潮的冲击。夏鼐既勉励年轻人要吃苦，又将国家补发给他的3万元工资全部交给考古所，建立了国内第一个考古学研究奖励基金，期望年轻人干好事业。

多保留"知难而进"的执着。翻看《夏鼐日记》，求学路上他也屡经波折，也常常彷徨。得知公费留学专业只有考古学时，他曾多次与校方商议调整专业，校方均未予同意。没有谁能一帆风顺，夏鼐亦如此。但当他明白考古学亦能助力民族大义时，就坚定了"咬牙硬干"的决心。

在伦敦大学期间，他曾选定"古代埃及串珠"这个极具难度的埃及考古学关键性课题作为他的博士论文主题。有人说，夏鼐研究这一课题的难度，好比让一个外国人研究中国全时段的铜镜。夏鼐的这篇博士论文也花费了近十年时间，制作了几千张串珠卡片，80

多年过去了，夏鼐的《古埃及串珠》一文仍具有重要学术价值。而这段经历，也对夏鼐回国后研究国内的珠饰品提供了极大的裨益。

多保留严谨勤奋的精神。纵观夏鼐的学术人生，都在最"古"的专业里探索最"新"的研究。1971年，震惊世界的马王堆汉墓启动挖掘，特别是保存完好的2000多年前的古尸出土，科研意义非比寻常。但当时的技术条件下，要不要解剖、如何解剖，都是前所未有的难题。负责解剖的彭隆祥曾回忆："夏鼐先生特意准备了一张写满古病理学文献目录的纸条交给我，甚至注明此文献可在哪所图书馆查阅。"

正是凭借如此严谨缜密的意识，中国考古人才得以一点点揭开中华文明生生不息的密码。

见出以知入，观往以知来。夏鼐用一生告诉我们，只要踏踏实实走过，人生的每一步，都算数。

张佳玮　执笔

2023年7月8日

隧道尽头真的有光

对生活葆有好奇、热情和信念，就能看得到阴霾背后的阳光普照，听得见雷声隆隆后的鸟叫蝉鸣，尝得到生活中的悠然甘甜。

"有些人那么爱笑，怎么也会得抑郁症？"在传统印象中，抑郁症总是与丧气、负能量、郁郁不得志联系在一起。所以人们会疑惑，为何它还会"突袭"那些看上去乐观积极的人？

实际上，这是俗称的"阳光型抑郁症"，又称"微笑抑郁症"，是抑郁症中常见的一种类型。虽然这并不是一种临床诊断的称谓，但很多专家对这一人群的特点描述却大同小异：

在旁人眼中，他们总是面带笑容、乐观向上，但其实他们的内心却充满悲伤，感到空虚、孤独甚至绝望。可以说，微笑只是一层"保护色"。

那么，"微笑抑郁症"的背后究竟是什么？又该如何被治愈？今天我们来聊聊这个话题。

一

在电视剧《我在他乡挺好的》中，胡晶晶这个角色就曾引发关注。在朋友眼里，她是小太阳一般乐观开朗的女孩：表姐得了子宫癌，她始终鼓励陪伴在侧；朋友被黑中介骗钱，她勇敢为姐妹出头；甚至路上遇见老人不会用手机支付，她都会热情帮忙。然而，就是这样一个元气女孩，却选择在生日那天自尽。

这让很多人感到讶异，甚至无法理解，"她明明笑得那么开心，为何要走上绝路？"事实上，"微笑抑郁症"比一般抑郁症更容易被忽视，因为患者将真正的情绪藏匿在微笑之下。

微笑，可能是为了瞒过别人。因为"面子的重要""礼节的必要"，也可能出于工作和社交的需要，他们往往长时间强颜欢笑，内心却疲惫不已。他们非常担心旁人会看穿自己的心事，更加假装若无其事。真实的情绪长期无法畅快表达，从而导致内心抑郁。

微笑，可能是无法面对自己。很多人不愿承认自己有痛苦，也不愿接受自己可能抑郁，只能佯装岁月静好。长时间的情绪压抑，会让他们心理失调，变得越来越找不到自己，也变得越来越不快乐。

微笑，还可能是掩盖"习得性无助"。心理学家塞利格曼提出，"习得性无助"是指一个人觉察到自己的行为不可能达到特定的目标，产生的一种无能为力或自暴自弃的心理状态。这类人群一旦有无力感时，只能习惯性地笑笑。然而坏情绪并没有彻底消解，反而深植于内心，并可能诱发心理疾病。

正如有专家分析，普通的重度抑郁患者因体力和思维严重衰退，病情严重时可能都无力下床；而相比之下，"微笑抑郁症"患者往往精力更充沛，一旦产生绝望自尽的念头，将会有更大的可能付诸行动。

二

抑郁症的发病机理非常复杂，至今还没有非常明确的定论。但有研究表明，遗传因素、神经生化因素和心理社会因素等，对抑郁症的发生均有明显影响。

那么，哪些人群更容易患"微笑抑郁症"？笔者综合了一些专业人士的见解后，总结了以下几类：

相比之下，完美主义者更容易被"微笑抑郁症"袭击。原因在于他们不仅事事都对自己严格要求，而且更容易因为道德感和责任感，时常感到受挫和自责，从而总是试图用过度的工作和学习，来证明自己的优秀、强大。久而久之，压力和情绪就会积压，而他们一般不会轻易表露自己内心的脆弱和无助。

善良、内向的人，也较为容易被"微笑抑郁症"盯上。善良的人更容易感知到他人心中的痛苦，愿意做亲友的"情绪垃圾桶"。如果他们在牺牲自己、接受他人倾诉的同时，却没有强大的内心去消解负能量，反而更容易深陷其中。而内向的人，往往难以开口去和别人讨论自己的情绪，而是选择一个人默默硬扛，被问起也只会笑着回答："我没事，谢谢。"

从社会文化角度看，人们对心理问题普遍不够理解和宽容，这也加剧了"微笑抑郁症"的发生概率。比如，"男儿有泪不轻弹"，宣泄情绪会被视为"不够坚强"；"叽叽喳喳不成熟"，性格活跃，则会被视作浮躁、浅薄。

有心理学家认为，许多改变不了的思维观念背后，其实都有伦理意识的牵涉。把心理问题视作伦理问题进行判断，也是"微笑抑郁症"产生的重要原因之一。

据世界卫生组织（WHO）统计，全球约10亿人正在遭受精神障碍困扰，每40秒就有一人因自杀而失去生命。《2022年国民抑郁症蓝皮书》指出，我国抑郁症患者人数已超过9500万。还有数据显示，我国有九成抑郁症患者未去诊治。

可见，对于抑郁症患者，不管是抗抑郁的药物治疗、心理治疗、物理治疗等，还是在整个社会文化层面，都需要引起足够重视。

三

有人把抑郁症形容为一场"心灵感冒"，但很多人的无声崩溃都在说明，抑郁症，包括"微笑抑郁症"，不是一场简单的"感冒"，也绝不仅仅是情绪问题。

"微笑抑郁症"该如何被治愈？笔者认为，这些尝试或许会起到一定效果：

比如，正视"微笑抑郁症"，让患者不用活成一座"孤岛"。关注和理解"微笑抑郁症"患者，就要认真倾听他们的心声，必要时及时伸出援助之手，因为他们所经历的困难，或许外人很难想象。

网上有这样一个案例：英国一名16岁女孩，曾在一张纸条上写下"I'm fine"。但直到这个一向乖巧听话的女孩因为抑郁症离世后，家人才发现，那张纸条倒过来看，写的其实是"help me"。

事实上，不管是有意还是无意，如今依然有不少人对抑郁症患者抱有偏见，甚至认为"乐观开朗"或是"爱笑"的人，不应该与"抑郁"有所牵扯。"微笑抑郁症"本身并不可怕，可怕的是偏见、误解与轻视。只有给予正视与重视，鼓励患者采用积极、正规、科学的治疗方式，才能帮助那些戴着"阳光面具"的人，走出"心灵孤岛"，回归日常。

比如，学会接受、倾听和关注身边人，给他们更多支持。歌曲《光圈》的歌词写道："一句振作，心就掉落黑洞；一句加油，心就蔓生更多愧疚；不要对我说抱歉，只要拥抱我久一点。"面对"微笑抑郁症"患者，我们也可以尝试不去评判他们的状态，而是"拥抱他们久一点"。

眼下，已有不少人探索用戏剧表演的方式疗愈患者，也有人通过绘画、音乐、舞蹈、陶瓷手工创作等非语言方式，或是沉浸式疗愈艺术展览等，推动"艺术疗愈"，为受伤的心灵开出一张张"爱的药方"。

就个体而言，对于沉重的心理负荷，该抛却时就要抛却，试着与自己的情绪和解。《蛤蟆先生去看心理医生》一书写道：有位深陷抑郁无法自拔的蛤蟆先生。作为"富二代"的他，从小到大都在绞尽脑汁期待别人的认可，但在众人眼中，他乖张浮夸又虚荣自大，是个长不大的孩子。于是，蛤蟆先生抑郁了。

在接受心理咨询后，蛤蟆先生逐渐认识到：与其取悦他人，不如取悦自己。正如有网友也这样鼓励患者：你那么好，请多在意一下自己的感受。对生活葆有好奇、热情和信念，就能看得到阴霾背后的阳光普照，听得见雷声隆隆后的鸟叫蝉鸣，尝得到生活中的悠然甘甜。

　　而在《相约星期二》一书中，老师问米奇："你能和你的心灵和平相处吗？"这个问题，我们同样可以问问自己。如果不能与自己的情绪和解，无论拥有得多或是少，无论身处何时何地，我们依然会产生痛苦和无意义感。不妨尝试与内心达成共识。当发觉自己正承受着难以消解的情绪时，也请勇敢地寻求专业帮助。

　　"没有什么会一成不变。现在这种痛苦不会永远持续。如果痛苦告诉你它会持续，是它在撒谎。其实痛苦是一笔债，可以用时间偿清。"

　　在这里，笔者想把这段话送给所有受"微笑抑郁症"困扰的朋友。这本叫《活下去的理由》的书，作者是马特·海格，他也曾是一名抑郁症患者。而最终，他通过写作实现了自我救赎，他说，"时间会疗愈，隧道尽头真的有光，乌云背后也总有一线曙光"。

童颖骏　胡婧妤　祝融融　孟婧　楼冰莼　执笔

2023 年 7 月 9 日

老街的"唤醒"与"焕新"

> 作为一地的文化特征和象征，历史文化街区如果脱离了"历史"与"文化"，就失去了它的独特价值。同样，得不到现时代的创新与发扬，它们也终将湮灭于历史的尘烟。

有人说，每一条老街都是有生命的。一条老街，浓缩着一份记忆，潜藏着一种情怀。布满青苔的青石板路，亭亭如盖的老树，悬挂着酒旗的店铺，褪了色的木拱与横梁，以及斑驳的墙……老街散发着岁月的独特韵味，总能让人流连忘返。

比如在杭州，我们可以在清河坊、小河直街感受江南古韵、水乡风情；想要领略京味生活、胡同文化，北京的南锣鼓巷、五道营便是好选择；成都的宽窄巷子也是很多人旅行必到的"打卡地"之一。

打开相关社交平台，关于各地历史文化街区的旅行测评和攻略铺天盖地袭来，当下"街区经济"的火爆可见一斑。但"避雷""踩坑"等负面评价也屡见不鲜，一些街区令游客兴致勃勃去，失望扫兴归,逐渐从"网红街"沦为"过气街"。

不禁要问:记忆中的老街、老宅、老树都去哪儿了?沉睡的历史记忆如何"唤醒"?历史文化街区又该如何"焕新"?

一

几天前,习近平总书记来到位于苏州古城东北隅的平江历史文化街区考察,并强调对平江历史文化街区"要保护好、挖掘好、运用好,不仅要在物质形式上传承好,更要在心里传承好"。

习近平总书记始终牵挂着历史文化街区的保护传承。拉萨八廓街、潮州牌坊街、福州三坊七巷、平遥古城……这些古城老街上,都曾留下总书记的足迹。

据报道,在浙江工作期间,习近平同志多次到访乌镇,鼓励当地干部坚持"以保护历史遗产来开发旅游"的发展理念不动摇。而今,这座江南古镇已然惊艳世界,成为"世界互联网大会""乌镇戏剧节"等品牌活动的永久举办地。

如今,全国各地的一片片历史文化街区不仅成为本地市民放松的好去处,也成为八方游客耳熟能详的旅行"打卡地"。数据显示,到2021年底,全国共划定历史文化街区超1200片。

从20世纪80年代开始,国家就建立了历史文化名城保护制度,随着时代发展、城市变迁,又相继印发了《关于在城乡建设中加强历史文化保护传承的意见》等文件;于地方而言,历史文化街区的改建和活化,不仅是政策指引,更是提升城市形象、发展区域经济的关键一招。很多地方都掀起了老街开发热潮。

在新消费趋势下,古今融合的历史文化街区自然得到新消费群体的青睐。比如，当前"特种兵式旅游"风靡网络，历史文化街区成了"特种兵"们的目的地，古色古香的老街，满足了他们"微度假"的需求。

可以说，历史文化街区的"井喷式"发展并非偶然，各级政府的重视和支持，加之大众对传统文化的认同和尊崇、网络平台的传播等，都推动着"古街区"迎来"新春天"。

二

历史文化街区热度居高不下，令人欣喜。因为老街的存在，一代代人的记忆有了载体，一个个美丽的故事有了见证。不知不觉间，老街的一角一隅、一砖一瓦，逐渐成为我们生活的一部分。

可令人担忧的是，对不少历史文化街区而言，过度的商业化开发侵蚀着街区的历史文化和生态环境，老街区保护与开发之间的矛盾日益凸显，历史文化价值与商业价值之间逐渐失衡。

比如，很多街区正在沦为单纯的"吃喝玩乐一条街"。走在全国一些地方的历史文化街区，烤肠、竹筒奶茶、老酸奶这"街区三剑客"想必大家都不会陌生，给家人朋友带点纪念品，可供选择的大都是丝绸、牛角梳、佛珠……想打卡拍照，必有"想你的风吹到××"的路牌入镜。单一的发展业态和商业低端布局等，使得名城名镇变了味。

在特色面貌传承上，一些街区在开发之初就忽视了对传统文化、特色文化的挖掘和继承，有的简单以某个历史时期的仿古建筑或零星分布的纪念馆、博物馆作为所谓的代表，而整体上新建的仿古商业街外观却十分单一，失去了"本源性"的文化底色。

在游客体验上，部分历史文化街区不愿意敞开怀抱，在本就为数不多的历史遗存、人文景点前设置围栏和门禁，让游客"敬而远之"，与游客之间的互动交流活动更是寥寥。这样的街区，必然吸引力不足，"流量"难变"留量"。

此外，作为活态文化遗产，历史街区原住居民"主体"的缺失也须引起关注。在大拆大建的更新模式下，一些历史街区只保留了"躯壳"，出现街区"绅士化""空心化"的现象，老街遭到破坏的同时，也丧失了滋养传统民风韵味的土壤，导致人气和活力不足，甚至成为冷冰冰的"陈列馆"。

三

作为一地的文化特征和象征，历史文化街区如果脱离了"历史"与"文化"，就失去了它的独特价值。同样，得不到现时代的创新与发扬，它们也终将湮灭于历史的尘烟。

如何把"活化石"做成"金名片"，实现"文化再生"？笔者认为，要从"物质"与"非物质"的双重属性进行切入。

"物质"文化如何"兴"起来？不可否认，保护传统风貌是历史文化街区的首要任务。面对老街过度商业化现象，社会上出现了不少"停止开发"的喊话。当然，也应清楚地认识到，单纯地把老街"围"起来、"关"起来，能够创造的社会效益、经济效益十分有限。

实际上，保护和利用不该是有你无我的单选题，而是要"鱼"和"熊掌"兼得。大多数备受好评的历史街区，往往能够很好地发挥现有建筑的功能性，延续历史街巷的风格，创造尺度适宜的开放空间，通过引入适配的商业元素等，打造出宜居宜游、汇古融今的整体效果。

拿杭州来说，大运河边的桥西、大兜路、小河直街三大历史街区在打造之初就强调"综合保护开发利用"，保留街区肌理、修旧如旧，基本承继了民国时期运河百姓传统居住文化，保留了运河早期航运风貌。现在，人们漫步河边，既能看到河埠码头等历史遗存保护完好，又能看到各类店铺所体现的经济业态欣欣向荣，两者相得益彰。

"非物质"文化如何"活"起来？不少历史文化街区在开发利用过程中忽视了"非物质"文化的重要性。实际上，古镇老街在长时间发展中所形成的社会结构、文化气质等，是构成其完整鲜活面貌的重要部分。失去了这块内容，就等于失去了"灵魂"。

为了激活文化基因，各地出了不少妙招，在引进老字号、非遗等优质文化业态的基础上，植入现代文旅思路，融入创意元素，既恢复了昔日烟火气、市井味，又营造出别样的文化体验。

在探索"文化密码"利用方面，不妨看看西安的大唐不夜城。虽为仿唐建筑群落，但它利用唐朝文化元素打造了一个又一个文化IP，独具标识。例如火爆的互动节目"盛唐密盒"等，既生动普及了历史文化知识，又形成与游客间的亲密互动，广受好评。

又如杭州的清河坊历史文化街区，以"宋韵文化""茶文化"为主打牌，举办"宋韵文化节""南宋斗茶会"等创意民俗活动，还开发出南宋书房艺术与考古、朱炳仁非遗技艺等多条研学路线，在适度商业化的同时，打造了一座"没有围墙的博物馆"。

笔者认为，当各级政府兼顾到旅游开发、业态招商、环境整治、社区管理等多方面因素，当街区的管理、保护、活化利用等能够达到动态平衡，破解历史文化街区"千街一面"就有了"千街千解"。

可以说，正是五千多年的中华文明赋予了古镇老街持久的生命力。一条条老街从漫漫历史长河中走来，走到21世纪与你我相见，又发展出多种多样的呈现形态，彰显了中华优秀传统文化突出的连续性和创新性。

而只有历史文化街区用好了"历史"与"文化"，方能恢复昔日繁华，"想你的风"才能真正吹到游客的心坎上。

叶蓉　刘召鑫　执笔

2023年7月9日

"美的流量"从何而来

> "美的流量"能让人们欣赏到美，体会到爱，感受到人文的深度、人性的温度、人间的温暖。这样的流量，最能转化成"留量"，许多人愿意为产生"美"的城市停驻，甘心在这座城市奋斗。

什么样的人和事能成为"网红"？在众声喧哗的互联网时代，有人拿低俗恶趣味博眼球，有人却用美的流量，让人心中一"净"、眼前一亮。近年来，全国各地频频出现各种"美"出圈的故事。

以杭州为例，跳江救人的外卖小哥彭清林，西湖边穿着汉服送荷花的"卖花姑娘"和"挑花郎"，为户外工作者免费送水、摆放"爱心冰柜"的普通市民……

他们都是日常生活中名不见经传的普通人，因为做了触动人心、彰显美好的事情，意外走红。有许多网友评论道，"像这样的网红越多越好""就喜欢这种美的流量"。

这一现象不禁引发思考：流量因何分美丑，"美的流量"又从何而来？

一

始于观感，终于情感，能带来流量的美，都是触动了我们对美好事物发自内心的热爱和追求。美的人和事，各有各的美。

比如，自然的生机与活力之美。夏天的一支荷花，秋天的一树桂香，西溪的鸟飞鱼跃，钱塘江的奔涌潮水，"诗画江南"的独一无二，让每一份美都有在下一刻成为网红的基因。

比如，生活的风雅与烟火之美。喝一杯清明时分的茶，赏一场与你共白头的雪，"四时之美"其本质是对生活之美的向往，那些融于日常的风雅，能在一瞬间击中人们内心的柔软。烤得滋滋冒油的五花肉，配上一段又嫩又脆的小葱，裹上一张小饼……淄博烧烤的烟火气，点燃一场流量"烈火"。成都、重庆、顺德等美食之城长期活跃在短视频中，正是因为质朴的平民美食、寻常的市井烟火，藏着生活之美，往往最抚人心。

比如，文化的传承与创新之美。在河南洛阳，街头巷尾身着汉服的年轻人，是古都的一道风景线，也在网络平台上成为"新晋顶流"。近年来，洛阳、西安等历史文化积淀深厚的城市，在传承与创新、古老与年轻的平衡间下功夫，用古迹、古风与古韵做文章，俘获了无数热爱传统文化的年轻人。

一首歌《早安隆回》，让隆回这个原本名不见经传的小县城，在全网刷了一波存在感；一部剧《狂飙》，让取景地广东江门吸了不少粉，一时间游客如织。文艺作品是地方的最佳代言，文艺与地方一次次产生奇妙的"化学反应"，碰撞出流量的火花。

比如，植根民间的运动之美。继贵州台江的"村BA"出圈之后，它隔壁的一座小城榕江，又因"村超"火爆全网。白天忙于生计、晚上汗洒球场的草根球员们，激起了人们内心深处的共鸣。从他们身上，我们感受到了体育运动最本真的快乐，也看到了不屈的精神。

再如，人性之美。前段时间，为救一名跳江女子，外卖小哥彭清林从十多米高的桥上一跃而下，被无数网友点赞。从"最美妈妈"吴菊萍到彭清林，这群特殊的"网红"，成了崇德向善的最佳注脚、文明底色的"最美"标识。

"美的流量"能让人们欣赏到美，体会到爱，感受到人文的深度、人性的温度、人间的温暖。这样的流量，最能转化成"留量"，许多人愿意为产生"美"的城市停驻，甘心在这座城市奋斗。

二

每个城市都有独特的自然风貌和历史文化，以及由此产生的独特城市气质，因此，让一座城市出圈的美各不相同，而由美带来的愉悦感却殊途同归。

美的愉悦，有来自视觉上的震撼，如看到泰山时，惊叹于自然界的造化钟神秀；也有来自精神上的满足，如欣赏一件艺术品时，心理上暂时忘却营营的轻松自适；还有来自情感上的共鸣，如一座城市"不以善小而不为"，这份人与人之间纯粹而真实的情感，让人产生心灵共鸣。

我们常说，流量就是人心，对一座城市来说也是如此。"美的流量"与城市之美紧密关联，在某种程度上代表着这座城市的文明程度、文化底蕴和市民生活品质。

正是通过一件件活生生的事物，城市之美才得以显性地反映出来，城市的品牌也在网友的心目中日益鲜活和丰富。

美不美，大家说了才算，只有当美融入生活日常，才真正拥有生命力。因此，在策划和推广城市"美的流量"的过程中，需要从百姓的生活出发，为市民和游客打造日常生活的"小确幸"。

近年来，越来越多的城市意识到形象宣传的重要性，重视有影响力有流量的网络传播作品。正所谓爱美之心人皆有之。每一次"美的流量"出圈，都是一次城市形象的正面传播。

但我们也应看到，"美的流量"仍是当下各大城市稀缺的资源。有的城市试图砸钱买流量，"硬广"遍地飞，却因为缺乏"网感"而打了水漂；有的城市盲目跟风，照搬照抄"网红城市"，反倒失了自己的特色，泯然于众"城"；还有的城市为追求流量刻意炒作，有时热点没蹭到，作秀姿态却引人反感。

比如，前几年"公园城市"成为一个热门词，国内一些城市盲目跟风，脱离现实需求大规模"造园"，出现过度密植、大树进城等现象，不仅没能在对外宣传上给城市形象加分，还导致了另一种生态破坏。

三

如何激发出更多"美的流量"，又如何将流量转化为"留量"，蕴养出更有内涵、更深层次、更丰富的"美"？笔者认为，可以从三个方面考虑。

一静不如一动。在"人人都有麦克风"的时代，一厢情愿地单向输出已经不管用，如何通过创新表达、创意传播，让城市"活"起来，让受众"动"起来，激发每个人主动传播的欲望，这是需要思考的问题。

比如，南京熙南里历史文化街区上演沉浸式互动演出《南京喜事》，观众不只是简单的看客，还会换上传统服饰，与演员一同入戏，体验非遗技艺。这也是一种让文化之美"动"起来的探索。

底气源于文化。试想一下，卖花姑娘的场景，如果不是放在西湖边，其传播的效果肯定要大打折扣。西湖的风情与风骨，传承千年的宋韵文化，给了这场"秀"出彩的基因。可见，一个文化爆款的诞生，需要城市历史人文底蕴"撑腰"，在合适的舞台上才能爆发出更大的能量。

古都西安的"不倒翁姐姐""盛唐密盒"也是同理，它的流量密码，藏在大唐不夜城的唐风古韵里，传统文化之美像一块"磁铁"，吸住了全国无数游客的目光。

年轻人更懂流量。有人说，互联网时代，没有网感的传播，只是小圈子里的自娱自乐。如今90后、00后已经成为舆论的主角、消费的主力，年轻人才更懂年轻人。各大城市不妨借力敢想、敢为的年轻人，鼓励、支持他们打造品牌IP，为城市代言。

比如，四川理塘就果断将意外走红的丁真聘为"文化旅游宣传推广大使"，又邀请他参与各类非遗特色产品的直播，可谓"蹭"足了热度，拉足了流量。

走红有偶然也有必然，流量有涨也有落，但城市之美带给人们的幸福感却是实实在在的。在关注流量之余，城市经营者更需要关心一个常问常答的话题：城市之美，该如何各美其美？

茹雪雯　钱伟锋　徐霞　执笔

2023年7月10日

为何既要勇立潮头，还要永立潮头

> 勇敢立潮头、永远立潮头，不是一句空喊的口号，也不仅仅是目标定位，而是一种要时刻保持的奋发状态，是在实干奋进中淬炼着的新时代浙江人的精神与品格。

1903年，留学日本的浙江青年创办了进步刊物《浙江潮》。其创刊词中这样写道——

可爱哉！浙江潮，可爱哉！浙江潮。挟其万马奔腾排山倒海之气力，以日日激刺于吾国民之脑，以发其雄心，以养其气魄……我愿我青年之势力，如浙江潮。我青年之气魄，如浙江潮。我青年之声誉，如浙江潮。

在120年前的救亡图存中，浙江青年向世界发出了排山倒海式的"潮音"。

浙江因钱塘江而得名，这条江又因"天下第一潮"而享誉世界。古往今来，钱塘江大潮从未失约，浙江人亦如奔腾不息的潮水般奋勇向前。2016年，G20杭州峰会期间，时值农历八月钱江潮澎湃之时，习近平总书记对浙江提出"秉持浙江精神，干在实处、走在前列、勇立潮头"的要求和嘱托。2018年，在"八八战略"实施15周年之际，习近平总书记对浙江提出了"干在实处永无止境，走在前列要谋新篇，勇立潮头方显担当"的新期望。

"勇立潮头"从字面上理解，就是勇敢地站立于浪潮之上。可以说，今天的浙江踏浪而行，凭借着一股开拓进取、敢为人先的"弄潮"精神，在不少领域已然立于潮头。但浪潮激荡，想要永远立于潮头，这并不是件容易的事。保持"先行"的姿态，就意味着一方面要勇敢立潮头，另一方面还要努力做到永远立潮头。

—

钱塘江两岸的老百姓之间流传着一句话："抢潮头鱼靠拼命。"意思是说翻滚的大潮会把鱼卷上岸，"弄潮儿"只有敢于追浪、瞅准时机，才能收获江河的馈赠。

浙江人喜欢观潮，也善于弄潮。在很多人眼里，浙江人不怕苦、不怕累、敢闯敢拼，不达目标不罢休，"弄潮"精神深深地刻在浙江人的文化基因里。

读懂浙江人的"弄潮"精神，在一定程度上就能读懂浙江。《习近平浙江足迹》记载，习近平同志在浙江工作时就曾指出："浙江老百姓聪明，干部精明，出的招数很高明。其背后是浙江的人文优势，是深厚的文化底蕴和'浙江精神'在起作用。"他还说："浙江人的这种'文化基因'，一旦遇到改革开放的阳光雨露，必然'一有雨露就发芽，一有阳光就灿烂'，迸发出巨大的创造力，极大地推动浙江社会生产力的解放和发展。"

作为经济大省，浙江吸引了不少省外的领导来考察。看过工厂，走过企业，习近平同志还会告诉兄弟省区市的同志，学浙江的经济，其中很重要的是要分析浙江的文化，不然学不到的。

一部浙江发展史，就是一部勇立潮头的精神文化史、创业创新史。特别是改革开放以来，浙江人凭着"四千精神"，创造了一个个"无中生有""有中生奇""又好又快"的发展奇迹。

比如，第一批个体工商户、第一批私营企业等数量众多的"全国第一"；比如，义乌小商品市场、海宁皮革城等享誉海内外的专业市场；还有鲁冠球、徐文荣、南存辉等昔日"泥腿子"通过打拼逆袭成为商海风云人物；更有600多万浙江人像地瓜藤一样延伸到世界各地，"无浙不成商""无浙不成市"成为浙江的鲜明标识。

这些年，浙江围绕群众的美好生活，锚定建设"重要窗口"、高质量发展建设共同富裕示范区，干字当头、干字当先，在体制机制上不懈创新，一些工作走在了全国前列。比如城乡居民收入已经分别连续22年、38年居全国省区第一，群众安全感、营商环境满意度等都领跑全国，居民主要健康指标更是接近高收入经济体水平……

对于今天的浙江来说，想要勇立潮头，就得乘风破浪、披荆斩棘，永不懈怠、永不自满。冲破因循守旧的条条框框、破除惯性思维的束缚、挣脱墨守成规的牢笼，是各项工作争取出新出彩的必然要求。

二

"浙江宣传"曾在《"干在实处，走在前列"，为何还要"勇立潮头"》一文中写道：勇立潮头，则意味着这是一条新的赛道、这是一片新的蓝海、这是一项前所未有的开创性工作。

换句话说，干在实处、走在前列不一定能够勇立潮头。而实际上，勇立潮头也不一定能够永立潮头。

立于潮头，意味着会面临风高浪急，危险挑战随时可能会袭来。再加上前进道路上仍然会出现复杂的矛盾和问题，没有一劳永逸的成功，没有一成不变的胜势。立于潮头的弄潮者，就有可能被"后来者"取而代之。

比如改革开放之初的海盐衬衫总厂，打破了"大锅饭""铁饭碗"，一系列大刀阔斧的改革后，一个濒临倒闭的小厂摇身变成了产值超千万元的企业，成为一个时代的符号。但这个红极一时的企业后来因为盲目扩张、经营不善等种种原因走向没落，消失在历史的烟尘里。

事实上，不仅是经济发展领域，任何一个领域都是如此。对于各个领域的先行者而言，"勇立潮头"之后，如何才能"永立潮头"是需要直面和回答的时代命题。

勇立潮头本来就不容易，永立潮头更是难上加难。在笔者看来，永立潮头是在勇立潮头基础上，自我加压提出的更加高远的目标，永立潮头是一种需要奋力追求的境界和格局。

在这个过程中，不仅需要放开手脚去做别人做不了的事情、不敢做的事情、没做过的事情，甚至是做了可能会撞南墙的事情，还需要继续保持改革创新的韧劲和永不服输、永不满足的意志，在危险和未知面前勇往直前，蹚出一条新路来，这才是弄潮儿的时代担当。

此外，永远立潮头，更需要居安思危、居危思进，随时保持战斗的姿态、向上的状态。就拿全省营商环境优化提升"一号改革工程"来说，浙江的营商环境虽然已经进入了全国第一方阵，但省委还是提出，营商环境优化提升没有终点，永远都是起点。在这个赛道上，浙江必须永不满足、勇立潮头、永争第一。

三

潮起潮落，变化万千。勇立潮头不是一个静止不变的过程，想要永立潮头更加需要因时而变、因势而动。在笔者看来，如何在中国式现代化的"蓝海战略"里，让勇于探索的"勇"，成为永远探索的"永"，还需做到以下三点：

一需直面荆棘。永立潮头不是轻轻松松就能实现的，任何一个先发展起来的地方，一定会碰到"成长的烦恼"，一些问题可能前所未有，甚至没有任何成型的经验可以借鉴，这就需要继续拿出弄潮儿的胆识和勇气，中流击水、迎接风浪。就拿科技创新来说，浙江在这方面就面临着创新链产业链深度融合不够的问题，如何把"链"串起来，把标签做成品牌，把价格做成价值，就需要我们去探索和突破。

正如习近平同志在浙江工作时指出，困难之"困"，围住的是失去生命的"木"而不是充满活力的"树"；困难之"难"，动动"点"子、用用脑子就可能迎来"又"一"佳"境。

二需放眼世界。过去发展得好不等于以后也能发展得好，某些领域在全国领跑也不等于在世界就处于先进。今天的浙江与世界同行，想当先行者就必须到世界的大海里游泳，游得快不快、游得好不好，要用国际的标准来评价和衡量，这就需要跳出浙江看浙江、跳出中国看中国，自我逼迫、自我重塑，不断向更高的目标迈进。

三需握拳发力。正如肥沃的土壤才能长出参天大树，形成万木竞秀的景观，勇立潮头从来不只是个体胆识、勇气的外在体现，更是一种生态和环境孕育的产物。因此，要实现永立潮头的"永"，光靠个体自觉还不够，还需要整个社会握指成拳，特别是政府部门需要大力营造干事创业的发展环境和社会生态，让各种创新创造的源泉充分涌流，让"干部敢为、地方敢闯、企业敢干、群众敢首创"蔚然成风。以环境优势、生态优势来应对外部变化的不确定性，才能塑造"永立潮头"的确定性。

勇敢立潮头、永远立潮头，不是一句空喊的口号，也不仅仅是目标定位，而是一种要时刻保持的奋发状态，是在实干奋进中淬炼着的新时代浙江人的精神与品格。

王人骏　执笔

2023 年 7 月 10 日

从"八八战略"中找答案

> 对浙江来说，勇立潮头还不够，一路走在前、一直走在前，永远立潮头才是方向和目标，这就意味着要把浙江人的拼搏精神最大限度地激发出来，永争一流、永不满足。

2003年7月10日，时任浙江省委书记习近平同志在省委十一届四次全体（扩大）会议上，系统阐释了浙江发展的"八个优势"和"八项举措"，"八八战略"正式作为引领浙江省域发展的全面规划和顶层设计登上历史舞台。

20年来，在"八八战略"指引下，浙江发生了翻天覆地的变化，实现了从资源小省向经济大省、外贸大省向开放强省、环境整治向美丽浙江、总体小康到高水平全面小康的历史性跃迁，"五位一体"和党的建设各领域全方位整体性提升。浙江人民的腰包更鼓了、生活体验更丰富了，幸福感也随之噌噌上升。

20年后的今天，在"八八战略"实施20周年之际、全党深入开展主题教育期间、中国式现代化新征程开局起步的关键节点，浙江省委召开了十五届三次全会。面向未来，在新征程上续写"八八战略"成功篇章，既是酌水知源，探究过去为什么能够成功，也为开拓新局，明晰将来该如何才能继续成功。

所谓知其既往，方能识其所在，才能明其将往。要读懂"八八战略"这篇大文章，不妨将视线放回浙江，仔细思考以下三个问题。

——

20年不长，一个省份却完成了一次次华丽转身、逆袭迭代，冲破了土地资源"少"、环境承载能力"弱"、企业转型内生动力"不够"等一系列发展"天花板"，向着"经济大省""开放强省"尽情奔赴。

让我们拿起历史的"显微镜"，仔细看看"八八战略"扎根浙江的20年里，到底给浙江带来了什么，赋予了浙江什么样的硬核力量？

锲而不舍、久久为功的战略定力。"八八战略"在浙江施行以来，历届省委坚持一张蓝图绘到底，一任接着一任干，以钉钉子精神接续奋斗。践行"八八战略"本身，不仅作为推动各项工作质变跃升的战略谋划，亦成为一个精神标签、一项重要的政治检验标准，让最讲党性、最讲政治、最讲忠诚、最讲担当成为浙江的鲜明标识。

廓清迷惘、明辨真理的认知张力。"八八战略"讲求从实践中来、到实践中去，其不断发展完善的过程，就是一个从理论到实践、再理论再实践的螺旋上升的过程。"八八战略"的实践探索，不仅为习近平新时代中国特色社会主义思想的萌发与形成提供了"源头活水"，也为浙江深入理解党的创新理论，运用马克思主义观察社会、把握时代提供了源源不断的生动案例和鲜活教材，思维方法愈加科学有效。

谋划长远、危中见机的锐利眼力。"八八战略"是在新形势下，浙江在省域层面对如何推进经济社会发展和社会主义现代化建设重大命题的先行探索，极具开创性和前瞻性。它指引浙江拿出壮士断腕的勇气，坚持"腾笼换鸟、凤凰涅槃"，也放眼广阔天地，推动浙江"立足浙江发展浙江、跳出浙江发展浙江"，还立足人类未来，倡导"绿水青山就是金山银山"，让浙江率先走出绿色发展之路，从根本上重塑了思路理念，拓宽了浙江发展的眼界和格局。

统揽全局、上下同心的强大合力。"八八战略"强调要发挥好党的表率和总揽作用，以党建统领省域治理。在其指引下，浙江坚持以党的自我革命引领社会革命，谋划实施"红色根脉强基工程"等，勤廉并重、主动担当作为的理念逐渐深入人心；先后部署"四张清单一张网"、"最多跑一次"、数字化改革、营商环境优化提升等，机关效能逐步提升；大力推进"平安浙江""法治浙江"建设，使浙江成为群众最有安全感、司法文明指数最高的省份之一，干群之间联系紧密、齐心合力，制度优势日益彰显。

逢山开路、遇水搭桥的奋进活力。习近平总书记在浙江工作时，高度重视人的全面发展，强调要抓实做细事关群众切身利益的每项工作，努力办实每件事，赢得万人心。在"八八战略"指引下，浙江既建立起为民办实事长效机制，勠力满足人民群众对美好生活的向往，也弘扬企业家精神和新时代浙商精神，在尊重群众首创中最大限度保护激发人的主动性创造性，在共建共治共享中凝聚群众的智慧力量。浙江实干争先、以文化人，人民群众在潜移默化中不断生长出闯荡世界、创造奇迹的强大力量。

二

总结"八八战略"实施 20 周年的经验，不是自我满足、沾沾自喜，而是为了站在新的起点眺望远方。

20 年来，浙江是靠着"八八战略"走过来的，"一张蓝图绘到底"的精彩蝶变，证明"八八战略"指引的方向是对的，这不仅是浙江走在前列的一把"密匙"，也是制胜未来的一大"法宝"。

过去先行不代表将来还是先行，更不代表永远先行。当前，跑在共同富裕和中国式现代化的赛道上，浙江该如何书写省域精彩篇章？继续沿着"八八战略"指引的道路往前走，就能找到答案。

不管形势怎么变，战略方向不能变。浙江一路走来最大的经验就是"一张蓝图绘到底"，战略的"不变"是应对形势"多变"的最大常量。习近平总书记为浙江确定的这个总纲领总方略是管长远的，在方向的问题上，需要全省上下始终保持清醒、坚定意志，只有瞄着这个航标灯前进，才不会偏航、迷航。

示范引领是使命，更是担当。在实现中华民族伟大复兴的大场景中，共同富裕和中国式现代化是"新蓝海"，浙江认领的"角色"是先行者、示范者。这就意味着，浙江需要有"尖刀连"的担当，不惧艰难、冲锋在前，所有的工作都需要拉高标杆，与世界一流对标。

创新从无止境可言。习近平同志在浙江工作时就结合各地的特色优势，创造性地推动了很多工作，比如"千万工程"、科技特派员制度等。20年来,浙江用实践证明,浙江是有创新基因、创新能力的。站在新的起点上,习近平总书记的嘱托不能忘,工作创新更不能停,要推动"八八战略"创造性贯彻落实、创新性转化运用。

不仅要干在实处、走在前列,还要勇敢立潮头、永远立潮头。对浙江来说,勇立潮头还不够,一路走在前、一直走在前,永远立潮头才是方向和目标,这就意味着要把浙江人的拼搏精神最大限度地激发出来,永争一流、永不满足。

三

日新二十载。如何持续推动"八八战略"走深走实、一张蓝图绘到底?历史的接力棒交到了我们的手里,考验着我们每一个人的智慧、胆识和担当。

答案还是在"八八战略"中。复盘二十载,最鲜明的标识还是"创新",最澎湃的动能来自"改革",最广阔的格局就是"开放"。

正如省委在全会上提出,创新改革开放是内核相通、机制相连的有机整体,唯有创新破难、改革破题、开放破局,才能发扬优势、再塑优势、放大优势。没错,持续推动"八八战略"走深走实,续写"八八战略"新篇章的基本路径,就是强力推进创新深化、改革攻坚、开放提升。

"他山之石,可以攻玉"。想成为武林高手,自然要向"第一"对标,找准"参照系"。既然是强力推进,那就必须牢固树立"不在上游、就是下游,不争第一、就是落后"的争先理念和卓越意识,摒弃"差不多、过得去"的思想,敢于与最好的比、跟最强的赛，勇当最好、成为最强。

比如，创新深化方面，浙江仅有2个国家大科学装置，远少于北京、上海、广东；我们共有高新技术企业3.6万家，只有广东的52%、江苏的82%。我们需要看到差距，找到目标，才能奋起直追，跑出加速度、形成"推背感"。

"落一子而满盘活"。瞄准关键性问题，找到牵动性抓手，才能打通"任督二脉"，迎来"开挂的人生"。省委提出数字经济创新提质"一号发展工程"、营商环境优化提升"一号改革工程"和"地瓜经济"提能升级"一号开放工程"，这三个"一号工程"实际上就是抓手，要依靠高能级的平台来承载，找到牵动性项目才能真正落地。

比如，在推进"一号改革工程"中，我们就要聚焦打造最优政务环境、最优法治环境、最优市场环境、最优经济生态环境和最优人文环境，从而发挥营商环境改革牵一发而动全身的作用，加快打造高质效改革先行省。

"十个指头弹钢琴"。就像练武要内练功法、外强技法，才能做到内外兼修、独步天下，高水平"走出去"闯天下需要与高质量"引进来"强浙江有机统一。此外，创新深化、改革攻坚、开放提升是一个系统，得坚持系统观念，强化制度供给、政策引导、一体推进，更快形成集成效应、裂变效应、倍增效应，以最快速度打出"江湖地位"。

对浙江来说，"八八战略"是取之不尽、用之不竭的巨大宝藏。认识永远在路上，创新永远在路上。

王云长　王人骏　张俊　执笔

2023年7月10日

乡村文体的"看头"

> "村BA"们来自乡村，也服务着乡村，诠释了"群众敢首创"激发出的活力。

近段时间，乡村文体活动频频"出圈"。贵州台江的"村BA"、内蒙古鄂尔多斯的"牧民排球"、广东佛山的"龙舟狂飙"……它们看似"土味"十足，却成为村民们喜闻乐见的"顶流"，让沉寂的乡村一次次沸腾。

这让我们看到，即使没有一流的设备，没有高大上的场馆，没有星光熠熠的专业选手，"草根"们的狂欢也能构建出现象级的社会景观，打开乡村繁荣发展的另一扇窗。

那么，乡村文体活动为何如此有"看头"？从中能挖掘出哪些乡村发展"密码"？未来乡村文体之路又该怎么走？

一

这把乡村文体的"火"，得从贵州小山村里的篮球赛说起。

去年7月，贵州台盘村的"村BA"成了全网关注的焦点，小山村里篮球赛流露出的那股子"纯粹",感染了无数人;而后,与之相隔160公里的榕江县"村超"又爆红,全网浏览量超200亿人次。

篮球之外,贵州之外,全国各地乡村的文体活动也摸索出了可能性。比如江苏八堡村村民在泥地上踢出了村里的"世界杯"——他们的"村界杯"从大年初一踢到初七,每天都有十里八乡的村民前来观赛;比如内蒙古昂素镇,这个常住人口不到8000人的小镇,由农牧民自发组织的排球队却多达49支。

生于乡间、长于乡间的文化体育活动,摇身一变成了网民眼中的"宝藏活动",它们的魅力究竟在哪?

先说浓浓的乡土气。乡村文体活动最大的"看点"之一,就在于其中的"农民印记",而这种"土味"最能激发浓浓的乡愁。比如,舟山普陀展茅邻里文化节"村BA",冠军奖励一头猪,亚军奖励两只羊,季军奖励一只林地鸡……从队伍名称到比赛奖励,文体活动全流程都十分接地气,农味十足的乡村体育从"出生"起就让村民们乐在其中。

再说厚重的历史文化味。不少乡村文体活动是几代人坚持守护、持续传承结出的乡土文化硕果。比如,以"银河唯一的漂移龙舟"之称爆红全网的广东佛山"叠滘龙舟",历史最早可追溯至明代。同时,乡村体育也承载着民俗风情和地方特色。比如贵州榕江县,侗族、苗族等少数民族人口占全县总人口超80%,每场球赛的比赛间隙都有当地群众上演民俗风情秀。

最后说直播时代的全民参与。技术的发展让乡村赛事通过平台直播从"线下"走到"线上",从"幕后"走到"台前",让手机小屏前的观众"不在现场,胜似在现场"。在主流媒体的密集宣传和社交自媒体的接力传播下,"土味"赛事带来的快乐更是得到"病毒式传播"。

比如,在端午龙舟赛期间,"房东又掉水里啦""抓拍赛龙舟靓照可免半个月租金"等"房东梗"冲上热搜,引发全民热议。

二

"村BA"们来自乡村,也服务着乡村,诠释了"群众敢首创"激发出的活力。然而,与城市相比,乡村文体事业的发展进程仍较为滞后。

比如,有"硬件"缺"软件"。提到乡村文体活动,不少人想到的可能仍然是"一个健步机、两个扭腰器"。原因在于,当下许多农村的文体供给还是仅限于健身器材、场地等,而与之相关的健身指导、赛事活动等配套服务供给不足。

一方面,农村居民缺乏科学锻炼、损伤预防等指导;另一方面,对于不少常年将体力劳动视为体育锻炼的村民而言,光是冷冰冰的体育设施很难唤起大家的运动热情。"软件"的缺乏,导致"硬件"功能难以被充分挖掘,村民体育活动的自发性与积极性难以被"唤醒"。

比如,有"共性"缺"个性"。我国"农民体育健身工程"实施近17年来,乡村体育基础建设的触角延伸广泛。然而,村民对于运动场地有限的"抱怨"依旧存在。试想,如果每个村的文体场馆只有健身步道、篮球场,那"在篮球场上跳广场舞"的现象自然无法避免。

其根源在于,不少地区在设施项目与活动的选择上不够合理,没有结合本地村民的特点和需求，更无法体现所在村庄的历史文化脉络、乡村人文气质、特色生活方式等，导致"村村一个样"。

再比如，有"体量"缺"流量"。球场变晒谷场，健身广场用来停车……近年来，"有场馆没人去"成了部分乡村文体场馆共同的"尴尬"。"体量"有了，但多半"流量"不多、热度不高，来的往往是"老面孔"，如同"村BA""村超"般的火爆场面更无从谈起。这也凸显了部分乡村文体发展基础不足，村民主体作用难发挥的困境。

部分乡村人口不断外流到城市，作为农村文体中坚力量的青壮年劳力长期在外；而场馆开放时间与村民空闲时间错位等问题也导致村民的需求难以得到满足。"空心化"的场馆最终只能带来"空心化"的乡村文体。

三

有人说，中国人的根与魂在农村。乡村文体活动不仅能提升居民健康水平，更对重塑乡村文明和农民精神风貌有着不可替代的作用。

今年5月，国家体育总局等十二部门联合印发《关于推进体育助力乡村振兴工作的指导意见》，提出"发展繁荣乡村文体事业，助力乡村文化振兴"。那么，具体该怎么做？笔者认为，可以从以下几条路径发力。

强服务才能进"心头"。文体空间的意义在于"人"，使用率就是生命力，人流量就是影响力。因此，乡村文体发展需要以人的体验和参与为核心，想方设法引流量、聚人气。

设施有了，场地有了，硬件相对完备了，但是单双杠上晒棉被、体育馆里搓麻将的现状何解？破题关键在于增强服务供给。

比如，组织真正有专业本领的人才下沉乡村文体一线，对村民们进行运动指导，组织有趣、有味、有体验的赛事活动，让服务真正跟上设施，让文体场馆在声声喧闹中永不退场。

塑内涵才能有"搞头"。"村BA""赛龙舟"等之所以被大众认可，根本原因就在于活动始终贴近大地、贴近群众。从广东的赛龙舟、舞狮，到内蒙古的摔跤、骑马，乡村体育与乡土文化相结合，既是传统习俗的成功"二创"，也成为振兴乡村文化的点睛之笔。

诸暨赵家拳棒、嘉兴船拳、义乌叠罗汉……目前，浙江拥有12项国家级、78项省级传统体育非遗项目，如能用好这些得天独厚的体育遗产，推动其形成具有当地特色的，融健身性、娱乐性、观赏性于一体的体育文化活动，就能吸引村民愿意参与、乐于参与。

会运营才能出"花头"。做强乡村文体产业，运营是关键。"村BA"的火爆绝非偶然，从比赛到场外活动，从网络直播到二次传播，从民宿、餐饮到特产销售，有的出圈现象背后不乏专业团队运营。

爆火虽有运气成分，但模式并非无法复制。主动"招兵买马"吸纳人才运营赛事活动，主动接轨互联网将"线下"搬至"线上"，主动开放时间空间链接群众需求，主动盘活村内旅游、民宿等既有资源……只有广泛整合社会资源、跟上当下最热"频率"，才能让乡村文体活动成为乡村产业发展、村民精神富裕的源泉。

去年，习近平总书记在中央农村工作会议上强调，要"让农民就地过上现代文明生活"。乡村文体的蓬勃发展，正是乡风文明、精神富有的应有之义。

文体活动绝不是城市居民的专利，乡土文体之中自有生动的乡村、生动的中国。愿我们在田野上、村庄中找回纯粹的快乐，也找寻到乡村文体发展的"密码"。

桑隽漾　苏畅　执笔

2023 年 7 月 11 日

"一张蓝图绘到底"为何是最佳路径

> "一张蓝图绘到底"，集中体现了正确的政绩观，要求跳出个人的小框框，处理好大我和小我的关系，长远利益、根本利益与个人抱负、个人利益的关系。

在"八八战略"实施20周年之际，浙江省委十五届三次全会围绕坚定不移深入实施"八八战略"作出全面部署。笔者发现，"一张蓝图绘到底"的出现频率很高。

20年来，不管形势怎么变、任务怎么变，浙江始终忠实践行"八八战略"，坚定不移沿着习近平总书记指引的方向奋勇前进。一张好的蓝图，管全局管长远，浙江实现精彩蝶变，展现出富民强省、均衡发展、绿色发展、共享共治、勤廉奋进的生动图景，离不开"一张蓝图绘到底"。

那么，"一张蓝图绘到底"为何是浙江实现精彩蝶变的最佳路径？在未来，"蓝图"怎么绘才能引领浙江走出新高度？

一

"八八战略"不是拍脑瓜的产物，而是经历了"十月怀胎"才提出来的发展战略。习近平同志到浙江工作后，在10个月时间里走遍了全省11个市，经过深入调查研究和系统谋划，最终提炼形成了"八八战略"。

"八八战略"能够经受住历史的检验，其中关键的一点就在于它是在奔赴"山海"一线，打捞实情"活鱼"中孕育产生的，是在"一张蓝图绘到底"中深化发展、贯彻落实的。

习近平总书记曾指出，一张好的蓝图，只要是科学的、切合实际的、符合人民愿望的，大家就要一茬一茬接着干。

"八八战略"就是这样一张"好的蓝图"。这张蓝图为浙江新世纪的发展下了一盘很大的棋，把浙江发展的过去、现在、未来，经济、政治、文化、社会、生态文明和党的建设等，有机地联系起来，防止工作单打一，防止顾此失彼，防止"单向度"的发展。

20年来，历届浙江省委把"八八战略"作为全面建成小康社会、推进社会主义现代化建设的根本遵循，让"八八战略"在浙江大地落地生根、开花结果，实现了从资源小省向经济大省、外贸大省向开放强省、环境整治向美丽浙江、总体小康到高水平全面小康的历史性跃升，"五位一体"和党的建设各领域全方位整体性提升。一个又一个突破性跨越，都是沿着"八八战略"的思想轨迹，"一张蓝图绘到底"的实践成果。

沿着从一省到全国的脉络循迹，"好的蓝图"的理论逻辑、历史逻辑、实践逻辑更加清晰。从"千万工程"到乡村振兴战略、从创建生态省到建设美丽中国，从"平安浙江"到平安中国，从"法治浙江"到法治中国，从文化大省到文化强国……跨越时空的战略思想，一脉相承，遥相呼应，展现出这张宏伟蓝图历久弥新的全局意义、时代价值。

二

古人说，"政贵有恒，治须有常"。"一张蓝图绘到底"，集中体现了正确的政绩观，要求跳出个人的小框框，处理好大我和小我的关系，长远利益、根本利益与个人抱负、个人利益的关系。

一方面，是"政声人去后，民意闲谈中"的清醒认识。为民造福就是最大的政绩。"八八战略"涉及方方面面，但归根结底关心的是群众的衣食冷暖，解决的是群众的所思所盼，凝结的是群众的智慧力量。把群众的"呼声"变成持续的"掌声"，需要精心谋事、潜心干事，把成绩留给历史和人民来评价。

比如，在谋划推动"千万工程"时，时任浙江省委书记习近平同志强调："要把农村人居环境整治工作放在非常重要的位置，这是涉及民生的大事。我们生活在城市的小区里，如果生活垃圾成堆，我们会是什么感受？"

从"千万工程"启动开始，浙江每年召开一次高规格现场会，每五年出台一个行动计划，每个重要阶段出台一个实施意见。坚持不懈20年，"千万工程"造就了千万美丽乡村，造福了万千农民群众，充分彰显了一项民生工程、民心工程的强大生命力，这也说明了，群众的获得感是"一张蓝图绘到底"的初衷和初心。

另一方面，是"胸中有大局，眼中有大我"的思想境界。"八八战略"实施20周年的成功实践，反复印证了"功成不必在我"和"功成必定有我"的辩证统一。久久为功才能干成大事。许多工作都是牵一发而动全身的系统工程，不可能一蹴而就，这就要求各级领导干部心中有本"大账"，一棒接着一棒跑。

《习近平浙江足迹》中有一个细节。2003年11月，习近平同志接受中央电视台访谈时，说了这么一段大白话：我们现任都是站在前任的肩膀上工作的。很多事业，它是一任接着一任干的，它是要锲而不舍、一以贯之才能实现的。你再好的主意也经不起折腾。我们在做前人没有完成的事情，希望后人也接着我们的事业干下去。

比如，在浙江工作期间，习近平同志亲自谋划文化建设"八项工程"，其中的文化研究工程就是一项需要耐得住寂寞、沉得下心来的长期工程。工程实施以来，一直由省委书记亲自担任指导委员会主任，产生了"中国历代绘画大系"等一系列标志性成果。如果没有十数年如一日的坚持，就不可能在文化传承发展上取得泽被后世的成绩。

三

站在新的历史起点上，坚持"一张蓝图绘到底"，坚定不移深入实施"八八战略"依然是我们制胜未来的法宝。

《之江新语》中有一段论述："抓好任何一项工作，都要处理好三对关系：一要善作善成，处理好部署与落实的关系；二要再接再厉，处理好坚持与深化的关系；三要统筹兼顾，处理好当前与长远的关系。"

笔者认为，处理好这三对关系，就是今后我们持续推动"八八战略"走深走实的"金钥匙"。

"善作善成"的行动再实一些。在浙江工作时，习近平同志曾形象地把抓落实比作在墙上敲钉子：钉不到点上，钉子要打歪；钉到了点上，只钉一两下，钉子会掉下来；钉个三四下，过不久钉子仍然会松动；只有连钉七八下，这颗钉子才能牢固。"一张蓝图绘到底"不是一句空洞的口号，而要体现在实实在在的行动上，重在实干，如钉钉子般下功夫。

比如，浙江每年都对"八八战略"实施情况开展年度评估，把评估与督导、考核结合起来，构建了可量化的"八八战略"抓落实长效机制，推动"八八战略"一贯到底、步步为营、年年有成。

"再接再厉"的谋划再深一些。面临新形势、新问题，需要我们在应变局、开新局中坚持和深化"八八战略"。当年，在提出"八八战略"之后，习近平同志以一年一个重大主题的节奏，亲自制定实施了创建生态省、建设"平安浙江"、加快建设文化大省、建设"法治浙江"，以及加强和改进党的建设等重大决策部署，有力推动了"八八战略"的贯彻落实。

当前，浙江如何在共同富裕和中国式现代化建设中发挥示范引领作用？如何以创新深化、改革攻坚、开放提升扬优势补短板？这些都是浙江坚持和深化"八八战略"的重点方向，也是续写"八八战略"精彩篇章的关键所在。

"统筹兼顾"的眼光再远一些。"一张蓝图绘到底"，不只是绘到今天，更应该绘到明天、后天，乃至更加长远的未来。这就要求我们既要大胆去做当前有成效、长远可持续的事，也要努力去做当前不见效却利在长远的事；既不超越发展阶段拔苗助长，又不滞后于发展阶段原地踏步。总而言之，求真务实的作风、只争朝夕的紧迫、久久为功的耐心，缺一不可。

20年生动实践充分证明，"一张蓝图绘到底"是成功的秘诀，也是继续走向成功的必由之路。像接力赛跑那样把"八八战略"一棒一棒地传下去，锚定目标、接续奔跑，就能不断打开发展思路、找到突围出路、拓宽前进道路，不断将美好蓝图变为现实。

谢滨同　周天津　胡祖平　执笔

2023年7月11日

Citywalk 为何成为新宠

> 当物质生活渐渐富足，人们精神生活的需求日益迫切，开始渴望真正地阅读城市，参与到城市的深度互动中去。

又到暑期出游时。有人奔赴山海，从名胜古迹到网红打卡地，开启"特种兵"之旅；也有人漫步城市，从凉亭长廊到历史古街，追求"松弛感"出行。他们常常头戴渔夫帽、身着"户外风"，在北京五道营、上海七宝老街、广州同福西等地走出一条条别样小径，感知传统与现代的交融，沉浸式"阅读"城市。

这种"轧马路式"的旅行方式被网友们称为城市漫步（Citywalk），形式看起来"平平无奇"，在网上却有着超高人气。DT 财经和 DT 研究院联合发布的《2023 旅游调研报告》显示，82％的人想尝试 Citywalk，在几种新型旅游方式中排名第一。小红书平台上相关笔记超过 42 万篇，"每个 city 都在被 walk"话题一度冲上热搜第一。抖音上带有 #Citywalk# 标签的视频播放量达到 2.6 亿次。

Citywalk 逐渐成为潮流，反映的是我们更加追求精神文化享受，开启一段感官全开之旅，在特色街区感受城市文化，细嗅时代气息。

一

Citywalk 发源于英国伦敦，几个人在专业领队的带领下，以徒步的方式，围绕城市街道，游览一条旅游路线，从历史、地理、人文等各方面，了解一座城市的文化底蕴。走完全程之后，大家还会交流所思所想。有观点认为，从深层意义上来说，这是一种知识分享和社交行为。

主打一个慢节奏。与"特种兵"旅游不一样的是，Citywalk 无须计划，没有沉重的行囊，只需要一个周末甚至两三个小时，来一场说走就走的旅行。它过滤掉纷繁信息，更大程度上节约时间成本。在这个过程中，参与者更加注重旅游体验，强调用具身感受来理解这座城市。

探寻街头巷尾的文化宝藏。重视探讨城市演变史、进行文化交流，是 Citywalk 另一独特之处。放在历史坐标系中，一座城市在你抵达之前就已存在，在你离开之后继续繁荣，那些遗留的文化古迹，以跨越时空的视角让我们触摸到历史沧桑。

曾经，杭州因为遍地诗意地名，被一些网友称为终极浪漫的"天花板"。栖霞岭、半道红、河罕上、定墨弄……字字透着诗情画意。散落在杭城的地名，有的与美食有关，有的与古建筑有关，还有的与历史人物有关，都是这座城市的文化基因。将它们串珠成链，便是一条经典的 Citywalk 路线。

遇见城市的各个侧面。常规的旅游团有固定景点，避免不了陷入"上车睡觉、下车方便、景区拍照"的乏味模式，而且好多导游讲解通常千篇一律。而 Citywalk 完全根据参与者自身需要，深入社区街道，去发掘当地人的生活面貌，感受一座城市既可以是繁华"高大上"的，也能是亲民"接地气"的。

当你抛开游客身份，像当地人一样潜入城市的隐秘角落；当你穿梭于市井小巷，周边小菜摊、杂货店、苍蝇馆子扎堆，混合着街边商贩带着浓浓方言的叫卖吆喝，还有小猫在青石板上慵懒自得……原来城市不止有 A 面，还有 B 面、C 面、D 面，这些都是社交平台的推荐榜单上发现不了的风景。

二

Citywalk 能够成为人们特别是年轻人的新宠，其实不难解释。在各种旅游方式日渐丰富的今天，常规旅行团的模式已经不能满足人们，他们开始寻觅更加个性化、差异化的旅游体验，希望以更沉浸的方式，深入城市的边边角角。

过去，随着国家城市化进程的推进，邻里关系变得比较淡漠。当物质生活渐渐富足，人们精神生活的需求日益迫切，开始渴望真正地阅读城市，参与到城市的深度互动中去。于是，短暂的网红打卡热情逐渐褪去，取而代之的是探究文化底蕴的"城市考古"。

起初，Citywalk 在一线城市流行开来，在这拼搏的年轻人，工作压力大、生活节奏快。他们只能利用周末碎片时间，抽身出来喘口气，给日常的忙碌按下暂停键。比如笔者参加的杭州 Citywalk，多以游戏类为主。去五柳巷扫街、到孩儿巷玩捉迷藏，恰恰是这种日常的、身边的、坊间的"小确幸"，使生活节奏被主观放慢，让人感到亲切放松。

Citywalk 有助于年轻人打破人际孤岛，获取"归属感"。对于不少"北漂""沪漂""杭漂"等城市新人来说，每天上班下班"两点一线"，就像困在冷冰冰的水泥"森林"，对城市缺乏真正意义上的了解，也不存在情感归属和认同。而通过Citywalk，挖掘每一处城市建筑、街道甚至商店的文化内涵，让新人们获得更多精神层面的城市认知。

有城市学家曾提出，一个有活力的街区，关键是成员之间保持互动，并形成情感联结。这个理念与Citywalk不谋而合，大家在活动中共同探讨线路，分享城市生活故事，成员之间能够快速"破冰"社交，还因此找到了"约饭搭子""摄影搭子""健身搭子"，延展出更多社交圈子，提供了快速融入城市的可能。

三

每座城市都有自己独特的历史记忆、文化遗产、风俗民情等，理论上都可以进行文化内容的挖掘，再转化成文旅产品。但业内资深人士表示，目前国内Citywalk市场，仍然只是初具雏形，尚处于起步阶段。

这几年，"城会玩"的年轻人，从露营、飞盘到骑行，玩得不亦乐乎。Citywalk会不会像有的"爆款"一样昙花一现？其实就城市本身来说，就像有句电影旁白说的那样，城市创造了剧场，而它本身也是剧场，永不落幕。人们与城市互动对话始终会持续，所以有理由相信，Citywalk在未来将被更广泛地接受，我们需要思考的是当下如何让其成熟发展。

比如，硬件方面，walk什么？作为Citywalk的对象，城市中的自然资源和人文印记怎么盘活就显得尤为重要。一方面，既要保留历史风貌，对古建筑、古街、古迹等记忆点进行保护与修复；另一方面，又要注入时代活力，与城市风貌整治、界面更新一起改装升级，包装成新的地标。

像杭州德寿宫，它的很多装饰和构件，都有某种历史依据。同时，兼顾游览需要，用数字化手段将考古发掘、探索的过程演绎出来，让其成为"可阅读、可沉浸、可体验"的文化空间。当人们以它为起点，从凤凰山脚走到鼓楼，途经临安城遗址、凤山门、太庙广场等遗迹，仿佛穿梭时空。

比如，软件方面，怎么walk？"城市是一本打开的书，不同的人有不同的读法。"这时候，领队便是核心。周密策划整合步行路线，深度挖掘城市记忆点，将文史知识灌入鲜活生动的解说体系，同时抓住新潮文化传播趋势，拓展新的活动形式，这或许才是成为爆点的"密钥"。

去年，杭州启动 Citywalk 第一季，以"跟着名家、漫步杭州"为主题，每场活动都邀请行业学术专家作为领队，用"文化分享＋现场体验"的方式，与大家共享传统文化、红色历史、自然科学知识，赢得了年轻人的追捧。

作为参与者，只要我们静下心来，穿梭在城市角落，浸润于市井烟火，或古今融合、或海纳百川、或浪漫文艺，真正用足迹触碰城市肌理，用探索视野挖掘城市秘境，相信就能感受到 Citywalk 的魅力。

郑黄河　执笔

2023 年 7 月 12 日

"虚热"的研讨会该降降温了

> 开会不是目的，解决问题才是。一场研讨会下来，真正值得总结的，不是那些华而不实的面上观点，而是通过研讨究竟取得了哪些共识、厘清了多少问题、掌握了哪些前沿对策，搞清楚不同观点争而未决的症结何在。

近期，11部门联合出手，在全国范围内部署开展论坛活动专项清理整治，引发业界和社会关注。

一方面，研讨会、论坛、学术会议等"虚热""泛滥"现象近年来颇有扩大之势，有知名学者感慨，如果所有在国内召开的"国际会议"的邀请函，他都一一接受的话，一年到头恐怕不是在会场，就是在赶往会场的路上。

另一方面，"虚热"的表象下隐藏的问题不少，比如随意冠以"全国""国际""高峰"等字样，名不符实；主题交叉重复、内容空泛、导向有偏差；变相公款消费、旅游；等等。

我们不禁思考，究竟什么样的研讨会才有必要开？我们又该如何开好有意义的研讨会?

一

开门搞研讨,交流出真知。举办研讨会的目的,本是邀请业内专家学者一起头脑风暴,总结经验拓展思路,为事业发展把脉开方,以便抓准问题对症下药。

但实际情况是,研讨会水平层次良莠不齐,有的紧凑别致、精彩纷呈,称得上思想盛宴;也有的表面热闹风光却内涵空洞,更有甚者单调乏味,使人昏昏欲睡。

综观各类研讨会,笔者发现了以下几类"泛滥"下的怪相:

攀比嘉宾式。有的地方热衷做表面文章,片面追求"研讨会"的光环效应,在领导嘉宾的"咖位"上较劲,把能否邀请到"有头有脸的大人物"撑场面作为会议举办是否成功、有没有影响力的第一标准。

内容雷同式。有的论坛、研讨会年年举办,主题却换汤不换药,总是"相同的配方相同的味道",专家念着没有新意的讲稿,办会条件倒是一年比一年豪华。即使拿不出多少研究新成果的"干货",也要邀请媒体发一波通稿,影响力却始终局限在小圈子,无法真正出圈。

交际演出式。有些研讨会主办方按照"演出"标准来筹划,凡是"看得见"的效果必定做足功夫。比如会场大屏够不够气派、场地上不上档次、礼袋够不够精美、媒体摄影摄像架势足不足……还有的研讨会过分讲究客套寒暄,把本应聚焦问题、针砭时弊的学术研讨,变成了迎来送往、请客聚会的"交际场"。

完成任务式。也有部分研讨会的目的并非出于学术交流，而是为了完成"学术KPI"。随意邀请几位相熟的专家学者，拉一些学生充当观众，用办会这种"烧钱快"的方式完成指标、经费等"绩效"考核。有的研讨会为了"升格"，还象征性地邀请几位海外华人或者外国友人，或者拉几位留学生，就披上了"国际研讨会"的外衣。

二

研讨会的本质是"研究"与"讨论"。而"怪相"之下的研讨会，既浪费了宝贵的学术资源，又助长了不良的学术习气，沦为装点门面的"面子工程"，被诟病为形式主义也不难理解。

不禁要问，研讨会的种种怪相究竟为何产生？

一些学术考核、评价将有无论坛、研讨会，及其规模数量等作为评价学术机构水平、学科建设质量的指标，办研讨会成为必须打卡完成的指标任务；一些研讨会成了学术圈联络"感情"的利器，一年换一个地方轮流做东，为的是结交学术大咖和期刊编辑，巩固圈内的人缘地位；还有些是为了执行"预算"，课题经费论坛预算按规定只能"专款专用"，无奈之下只能仓促办会，突击使用经费。

凡此种种为了办会而办会的"注水式"研讨，既不追求高质量，也不考虑做好研讨的后半篇文章，自然也就虚有其名、其实难副。

笔者认为，一场"研讨会"有没有必要召开，还是要回归其本质来分析。

比如，出于制定行业战略政策的需要。特定领域专业门槛较高的研讨会，不面向一般公众，就不一定需要过度考虑传播效果的问题，而更需要关注邀请的权威专家研究领域是否契合、分析论证是否全面，业内资深人士的意见是否考虑充分、各方面的风险是否研判到位。

又如，出于总结经验提升认识的需要。地方党政部门举办研讨会，希望借助专家学者的力量将实践经验上升为理论体系，就需要与会的专家学者深入调查研究，事前做足功课。哪些专家能给出真知灼见，哪些仅仅是站台捧场的夸夸其谈，一听便知。

开会不是目的，解决问题才是。一场研讨会下来，真正值得总结的，不是那些华而不实的面上观点，而是通过研讨究竟取得了哪些共识、厘清了多少问题、掌握了哪些前沿对策，搞清楚不同观点争而未决的症结何在。

把握学术前沿，增进交流合作，推动成果转化，才是研讨会召开的"刚需"。

三

学术成果的讲评展示、学术观点的对话交锋、学术思想的碰撞融合，决定了一场研讨会"学术含金量"的成色。

在研讨会"虚热""泛滥"的当下，怎样办好一场研讨会，从而实现办会价值的最大化？

研讨议题的精准设置是决定一场研讨会精彩不精彩的基本要素。比如，世界互联网大会乌镇峰会每年都会设置多场不同主题的分论坛，主办方充分考虑学术效果、社会效益与国际影响的平衡，从学界研究热点、业界公认难题、公众关注度最高话题中精心挑选设置议题，诸如网络空间国际规则、网络谣言共治、人工智能与数字伦理等主题分论坛，切题深刻、针砭时弊，很多引发了热烈反响。

一场好的研讨会，必定在会风上体现出尊重知识、尊重专家的导向。比如，一些研讨会尝试以"插花式"座位摆放，让专家学者与领导干部交叉坐在一起，方便对话交流；一些研讨会在议程上不唯专家头衔论，而是根据报告的重要性、新颖性进行排序。比如一场在上海举办的教育研讨会，主办方为了提高交流效率，尝试淡出行政色彩，成了一场没有开幕式、没有闭幕式，也没有领导讲话的"三无"研讨会，纯专家研讨的极简模式受到了学界的关注点赞。

好的研讨会之所以具备常办常新的生命力，终究离不开"台下十年功"的积淀。研讨会举办的时间很短，从主办方到嘉宾乃至每一位与会者都需要提前下足功夫，才能在会上亮出真材实料的思想"干货"，使研讨取得与时俱进的重要成果，持续擦亮研讨会的品牌。比如博鳌亚洲论坛自2001年成立以来，为政府、企业及专家学者等提供了一个高层对话平台。其深远的社会影响，离不开一直以来聚焦重大议题、发表真知灼见的专业精神与百花齐放、推陈出新的观点输出。以博鳌亚洲论坛2023年年会为例，50多个国家和地区的约2000名代表线下参会，大家聚焦发展与普惠、治理与安全、区域与全球、当下与未来等议题深入探讨，一个个"最强大脑"碰撞出璀璨的思想火花。

于地方发展与文化繁荣而言，研讨会在精不在多。事实证明，办会千场不如惊艳一场。高质量的论坛、研讨会等，可以成为一座城市的"勋章"，赋予城市鲜明的气质特色，甚至成为撬动转型发展的引擎。比如，2022年的世界阳明学大会，在王阳明诞辰550周年之际，集中展示、研讨阳明文化的历史意义、当代价值和世界影响，成为从浙江走向世界的一张重要文化名片。

观点交锋、激发灵感、启迪新知、传承文化、推动进步，是研讨会的魅力和价值所在。少些浮夸的"表演"，多些真诚的发问，撇去虚热的"泡沫"，回归办会的初心，我们才能迎来更多真正有价值的研讨会。

沈於婕　执笔

2023 年 7 月 12 日

解码江南"红旗渠"

"乌引",更是一座凝聚万人付出的精神丰碑,碑上铭刻着那一代人的不屈脊梁。

乌溪江引水工程展览馆中陈设着一张旧照片。如今,从胶片的颗粒感中,我们依然能感受到画面中的一丝艰涩。照片拍摄于1990年,彼时,后来获评"义乌小商品市场的催生培育者"的谢高华,已从义乌回到家乡衢州工作,担任衢州市乌引工程建设总指挥部总指挥。

照片中,谢高华眉头紧蹙,在乌引工程建设现场与神色凝重的干部们相对而坐。围坐着的所有人,似乎都心事重重、一言难发。一场"工地午餐会",吃出了无尽惆怅味。

让谢高华一筹莫展的,正是工程量之浩大、状况之复杂、难度之艰巨的乌引工程。它也因灌区面积、总干渠的长度、工程量、流量,以及倒虹吸和渡槽长度,都超过河南省林州市的"红旗渠"工程,且建设背景相似、意义同样重大,被称为江南"红旗渠"。

今天,跟随这张老照片,我们回到激情燃烧的江南"红旗渠"建设现场,瞻仰一座跨越时空的丰碑。

一

"我们衢州农民穷在缺水，苦在缺水，特别是衢南更为突出。所以要下大决心解决我们衢州，特别是衢南缺水的问题。"

1989年1月10日，在衢州乌引工程总指挥部成员第一次会议上，还有6年就要退休的谢高华向困扰衢州千年的干旱宣战。

衢州市地处亚热带季风湿润气候区，平均年降雨量并不少，但全年几乎一半的雨量集中在汛期。梅汛期后晴热高温少雨，易干旱。

历史上，衢州曾有"一年一小旱，三年一大旱"的说法。衢州市志中，一条条关于干旱的记录触目惊心：宋建中靖国元年，衢州旱；明正统三年，浙江旱，金、衢亢旱无收；清顺治四年，衢州大旱，饥；民国三年，衢县6月不雨至8月……

抗旱也是衢州记忆的一部分。已故的衢州籍学者叶廷芳回忆起家乡时，就常会想起枯槁的禾苗、焦急的农民，无奈的村民成群结队跑到几十里外的山中一个深不可测的"龙洞"里去求水，而旱情却年复一年出现。

衢州人，多么渴望有那么一渠碧水！而这种渴望，谢高华深知。1970年，乌引工程第一次获批，但因故未能实施。直到1985年，谢高华调任衢州市委常委、常务副市长，在他的力推下，乌引工程被重新提上议程，1988年第二次获批，1989年正式开工。

这座长80公里许，跨越衢州、金华两地的江南"红旗渠"，利用乌溪江湖南镇、黄坛口两大水库发电尾水，拦江筑坝、开渠引水，为沿线65万居民、54.65万亩农田提供生产生活用水。

1989年8月8日，乌引工程正式开工，衢州人终于盼到了！"退休也要退在工地上！"乌引渠首枢纽工程的开工典礼上，谢高华含着热泪激动地说，"有生之年，我要同大家一起为工程建设作最后的冲刺！"

二

千难万难，但硬骨头再硬也要啃。

乌引工程项目规模巨大，跨过10条溪流，穿过18座山，建成30多处大型建筑物和340多处小型建筑物，仅衢州段53公里就搬动土石方750万立方米，相当于铺一条宽、高各1米的道路7500公里，可以从衢州通到北极。

当时，省里要求乌引工程5年建成，但衢州市委、市政府决定，苦战3年建成总干渠。早一天建成，少一天成本，就早一天缓解农民干旱之苦。

缺钱，怎么克服？衢州段79％的投资额由彼时新设立的衢州市自己解决。政府的财力有限，于是，从市委书记到普通农民，大家纷纷慷慨解囊。

衢县下张小学的小学生们，在市政府门口拦住谢高华，将放学后捡破烂换得的55元分币和角票递给他，"这是我们为乌引工程出的一份力"；龙游县的个体户捐款11万元；一位在重庆服役的衢州籍军人捐出1个月的津贴；衢县大洲林业站的一名干部两次捐款100元……乌引工程总投资2.8亿元，除省补助12031万元，市、县（区）地方自筹7933万元，农民以劳代资8036万元。

缺工，怎么克服？一线党员干部身先士卒。谢高华在办公室常备解放鞋、斗笠、雨伞、套鞋,干在泥地、吃在田头、住在工棚。一位干部带头跳入近1米深的泥浆中代替出故障的水泵,用脸盆拼命往坝外舀水,连续人工作业4小时。

群众的自发付出也让人感动。在"乌引"柯城段大会战打响的当天,大雨如注,尽管指挥部不让农民上工地,但是成千上万的民工却在工地上干得热火朝天。衢县、龙游、柯城、金华几十公里长的工地上,6万多民工挥锹、挑土,汗流不息。这样的会战,一共开展了6次。

不知多少人推婚期、弃蜜月、搁农活、捐积蓄,义无反顾投身数十公里长的建设工地,喊出"有钱出钱,有物出物,有力出力,勒紧裤带,背水一战"的口号。众志成城、全民鏖战下,衢州段主干渠得以在1992年8月7日通水。1994年8月4日,乌引工程正式通水到金华。

三

"乌引"的工地上曾流传着一首歌谣:"竖立起!一千年前,大诗人白居易不敢想象的丰碑。"把时间再往前推1200多年,白居易作诗,"是岁江南旱,衢州人食人",描绘出一幕衢州大旱、饿殍遍野的景象。

而后,"乌引"引来了当地农民和农业的生命之水,实实在在地造福了一方百姓。没有乌引水,难有好收成。

"大诗人白居易不敢想象的丰碑",是一座怎样的丰碑?

"乌引",是一座功在千秋的水利丰碑,碑上铭刻着水利事业的代代传承。千年抗灾辛酸,衢州人从未向旱情妥协;建堰引水灌溉，衢州人从不对困难言弃。历代有识之士以治水兴利除弊，南宋时就有县丞张应麒在今天乌引工程渠首的附近建石室堰。

新中国成立后，党和政府高度重视水利工程建设。乌溪江上建起新中国最早的一座"自行设计、自行建造、自行施工的"黄坛口水电站，被誉为"新中国水电摇篮"。"乌引"这项集农业、工业、生态、发电、旅游和人民生活用水于一体的工程，在当时成为新中国成立后浙江省最大的水利工程，一个"最"字刻在这座丰碑上，自豪感在衢州人心中油然而生。

"乌引"，更是一座凝聚万人付出的精神丰碑，碑上铭刻着那一代人的不屈脊梁。数十公里长的建设工地上，有着一种强大的精神力量，这种精神力量让数万人在人力物力财力严重不足的情况下，风雨兼程战山河、双手凿开千层岩，在浙江大地留下了"自力更生、艰苦奋斗、团结协作、无私奉献"的"乌引精神"。

正如习近平总书记所说的："只要有愚公移山的志气、滴水穿石的毅力，脚踏实地，埋头苦干，积跬步以至千里，就一定能够把宏伟目标变为美好现实。"无论是花甲之年依然奋斗在工程一线的谢高华，还是自发来到工地义务劳动的机关干部、企业职工、芸芸百姓，衢州人用脚踏实地埋头苦干让一渠碧水润万顷。

"乌引"，引来了源源活水，也引来了无尽甘甜。如今，乌引工程主干渠已通水30多年，时光让照片发黄、报纸变脆，但乌溪江的碧水依旧沿着渠道，润物无声。

不久前，"浙中城市群水资源配置工程"前期工作全面启动，在设计中，乌引工程担负着往金华市区、兰溪、义乌和永康等地供应优质用水的任务，江南"红旗渠"的故事将一代一代地传承下去……

【档案资料】

《乌引工地午餐会》拍摄于1990年3月，照片收录于乌引工程展览馆等各类"乌引"主题、谢高华事迹的展览和书籍。彼时，工程刚启动半年，工程建设面临很多困难，谢高华和干部们借着吃饭时间坐在田埂上商量起工作来。1998年2月，乌引工程被省委、省政府命名为"浙江省爱国主义教育基地"。

谢高华（1931年11月—2019年10月），男，汉族，浙江省衢州市横路乡贺邵溪人。1952年2月参加工作，1953年5月加入中国共产党。曾任浙江省义乌县委书记，衢州市常务副市长，衢州市人大常委会副主任，衢州计生协会名誉会长等职。2018年12月18日，党中央、国务院授予谢高华同志改革先锋称号，颁授改革先锋奖章，谢高华获评"义乌小商品市场的催生培育者"。

注：本文相关资料由乌引工程展览馆、衢州市档案馆提供。

余慧仙　于山　执笔

2023年7月13日

人文经济的"六个赛道"

> 我们期待，人文经济的各个赛道共同发力，文化传承的"薪火"烧得更旺，文化发展的"灯火"点得更亮，人的主体作用充分发挥，人民的精神世界得到更丰厚的滋养，一切创造社会财富的源泉充分涌流。

曾有人认为，人文与经济就像在两条道上跑的车，互不逾越中间那条"实线"。事实上，人文与经济之间有着千丝万缕的密切联系。

"苏州在传统与现代的结合上做得很好，这里不仅有历史文化的传承，而且有高科技创新和高质量发展，代表未来的发展方向。"最近，习近平总书记在江苏考察时的一席话，为我们描绘了一座城市乃至一个国家，人文与经济共生共荣、共享共融的"图景"。

翻开《之江新语》，在《"文化经济"点亮浙江经济》一文中，习近平同志曾论述："所谓文化经济是对文化经济化和经济文化化的统称，其实质是文化与经济的交融互动、融合发展。"2006年9

月27日，习近平同志给浙大师生作报告时，讲过这样一句话："浙江的发展之所以取得如此辉煌的成就，取决于很多因素，最根本的还是人的因素，确切地说是文化的因素在起作用。"

可见，在研究经济高质量发展时，我们不仅要从土地、资本等物质资源层面考虑，还应多从人文视角去考察，努力探察人文经济相融相生的规律。那么，人文经济有哪些赛道，我们该如何奋力驰骋？

赛道一：精神力量驱动经济发展

精神的力量是无穷的，蕴含着推动高质量发展的澎湃动能。改革开放以来，许多地方发展的成功与教训都表明，哪个地方有着昂扬向上的精神力量，哪个地方的发展就比较好。反之，埋怨、"等靠要"等负能量则会阻碍发展。

比如，没有"金饭碗"，很多浙江人就发扬"四千精神"，选择创办乡镇企业和个私企业，努力造一个"泥饭碗"。从正泰集团、万向集团等知名浙江企业，到分布在人工智能、电商、大数据等领域的浙江独角兽，都体现了浙江人创新创业的精神。比如，面对资源小省的"先天不足"，浙江人坚信生意无地域、市场无疆界，以"浙江人经济"拓展浙江经济，把生意做到了全球。

《干在实处 走在前列》一书记载，习近平同志在一次讲话中指出，浙江在没有特殊政策、没有特殊资源的情况下，之所以能取得今天这样的成就，一个很重要的原因就在于，浙江有着深厚的文化底蕴，而且浙江的文化传统非常适应市场经济的要求。

站在新征程的"风口"上，用红船精神、浙江精神等力量持续激励人，支持、放手发展各类市场主体，更充分地激发人的主动性创造性，对于未来浙江经济能否持续高质量发展至关重要。

赛道二：传统文化催生发展动能

文化的影响力无远弗届。优秀传统文化作为一个地方的"金名片"，是向世界展示自我的鲜明标识，会不同程度地在经济发展和城市建设中"投射"，影响着人们是否愿意近悦远来。

比如，2002年启动的西湖综合保护工程，修复、重建了180多处人文景点，挖掘和还原了许多西湖周边的历史文化景观，300年前的"一湖二塔三岛三堤"西湖全景重现，令无数国内外游客神往。

然而，在现代化进程中，"千城一面"现象也"抹杀"着城市的个性，隐藏着文化遗产遭破坏的危险、地方文脉断裂的风险。就拿眼下来说，"想你的风"吹遍大江南北，古镇从旅游纪念品到特色小吃，大多都是一样的"配方"，这些"复制粘贴"，让不少游客感慨"我可能去了一个假古镇"。

实际上，在现代化进程中，无论是对城市的亮化还是美化，背后还得是"文化"。保护好文物古迹、历史文化名城名镇名村、工业遗存、非物质文化遗产，做足创造性转化、创新性发展这篇文章，才能凸显文化特色，避免同质化竞争。

赛道三：人文环境优化营商环境

好的营商环境吸引着企业、资金、人流、物流"纷至沓来"，有助于让"外地企业"更好地融入"本地"。而高品质的人文环境也是优质营商环境的重要体现，它彰显着一座城市对人才和企业的尊重与爱护。那么，如何打造以人为本、同频共振、和谐舒心的人文环境？

比如，落实一流的引才政策，吸引人才"来之"。像嵊州深入实施"剡溪英才计划"，设立人才发展基金，引进和培养企业高层次人才、高技能人才、高校毕业生等紧缺急需人才。"真金白银"饱含的是当地的真心实意。再如，打造一流城市环境，让企业"安之"。温州曾先后出台尊商、爱商、亲商、安商系列政策举措，设立"民营企业家节"等。浙江还"圈"出8288个"15分钟品质文化生活圈"，打造城市书房、文化驿站等新型文化空间。企业对营商环境的"好感度"，往往就藏在城市的细节中。

浙江把民营企业家当成自己人，高看一眼、厚爱三分，这样的人文环境一直是浙江民营经济健康发展的重要保证。今年以来，浙江大力实施营商环境优化提升"一号改革工程"。进一步增强人文环境的"软实力"，用人文的"阳光雨露"滋润企业和企业家成长，自然是题中之义。

赛道四：文化产业推动经济跃升

文化产业是朝阳产业，做成了就是看得见的软实力、"摸得着"的GDP。《干在实处　走在前列》一书记载，2005年6月1日，在省宣传文化系统调研座谈会上，习近平同志指出："发展文化产业，首先是文化本身发展的必然要求，当代文化竞争在很大程度上取决于文化产业的竞争，软实力、文化力必然要通过文化产业的竞争力来加以体现。同时，这也具有促进经济结构调整和增长方式转变的意义。"

"八八战略"实施20年来，浙江文化及相关产业增加值，从2002年的233亿元增长到2021年的5145亿元，占GDP的比重从2002年的2.9%增长到2021年的6.95%，成为国民经济的重要支柱产业。文化产业发展的背后，是日益丰富的文化产品、不断兴起的文化风尚。

但与此同时，也存在着一些短板和不足，如数字文化产业的潜力尚未充分挖掘，能在人心中留下"种子"的文创产品还可以更多，文化产业对制造业、服务业等的赋能作用还可以进一步发挥等。未来，如何以更高质量的文化供给满足群众美好生活需要，让每一个人的心灵富裕充实，值得深入思考谋划。

比如，在文化数字化中寻找新机遇，让流传千年的传统文化"穿屏而出"，进一步消弭城乡、地域之间的"数字文化鸿沟"；在文旅融合中找到新路径，把"好风景"讲出"好故事"，把"好故事"做成"好产品"，收获更长久的生命力；在精神富有中找到新定位，将宋韵文化、运河文化等进一步融入服务业、制造业之中，塑造一批更有辨识度的文化IP；等等。

赛道五：文化互鉴深化经贸往来

随着中国日益走近世界舞台中央，希望和中国人交朋友、做生意的外国人士越来越多。而无论交朋友还是做生意，相互了解、彼此信任是重要前提。这里面，文化就发挥了独特的"黏合"作用。

据《习近平在浙江》一书记载，2004年，习近平同志率浙江省代表团出访法国，同法国阿尔卑斯滨海省签订了文化、经贸合作交流协议。根据协议，次年10月，浙江到法国举办"感受浙江——法国·中国浙江文化周"活动。后来，这个活动改名为"浙江文化节"，持续加以推进，并在近20个国家和地区举办多次系列活动，成为浙江文化"走出去"的一张"金名片"。

文化无形，不能果腹，却能直抵人心、打破壁垒。当然，文化"走出去""走进去"，更需要"润物细无声"的方式。比如，浙江小百花越剧团创排《寇流兰与杜丽娘》，把莎士比亚和汤显祖笔下两部戏的两个主要人物跨越时空合编到同一个舞台上，远赴莎翁故乡演出，剧场里掌声雷动，观众迟迟不愿离去。再如，在今年香港国际影视展上，60余家浙江影视文化企业带着优质项目组团参展，《去有风的地方》《良渚寻梦夜》等一批优秀剧目以及云交易平台亮相，海内外观众通过影视作品看见"诗画江南、活力浙江"。

可以说，文化蕴藏着一个国家的性格禀赋、处事秉性，文化交流则是打破"滤镜"、拉近距离的最佳方案。当文化的种子在人们心中埋下，假以时日，定会促成文化、经贸等多方面合作。

赛道六：经济品牌沉淀人文标识

一个地方的人文标识有哪些来源？比较容易想到的是老街旧巷、历史建筑乃至工业遗存。而不可忽视的还有经济品牌，它们生动诠释着经济和人文共同绽放的夺目光彩。

比如苏州的"姑苏八点半"、杭州的河坊街夜市、西安的风味小吃街等夜经济品牌，比如胡庆余堂、稻香村、北平制冰厂等百年老店，比如大白兔奶糖、回力运动鞋等几代中国人的"儿时记忆"……这些都逐渐沉淀为地方的一张张人文"名片"，不仅与消费者建立了"经济链接"，也建立了长久的情感链接、记忆链接、文化链接，不断激发着年轻一代的文化自信。

这些经济品牌之所以能够赢得市场、获得认同，究其原因，或是秉持"百年大计、质量第一"，或是坚持诚信经营、童叟无欺，或是主动拥抱潮流重现魅力，或是发掘工艺实现技术创新，或是把握时代趋势乘势而上，讲述着一个个"经济故事"，也讲述着一个个"文化故事"。

习近平同志曾说："文化的力量深深熔铸在人民群众的生命力、创造力和凝聚力之中，与经济发展交融贯通、相得益彰，影响着浙江经济社会发展的方方面面。"可以说，人文经济的本质在于文化与经济融合发展，归根到底在于一个"人"字。

我们期待，人文经济的各个赛道共同发力，文化传承的"薪火"烧得更旺，文化发展的"灯火"点得更亮，人的主体作用充分发挥，人民的精神世界得到更丰厚的滋养，一切创造社会财富的源泉充分涌流。

郑思舒　执笔

2023 年 7 月 13 日

谢晋"雕刻时光"的启示

> 为什么谢晋直到今天还被人们怀念着、致敬着？只因他的作品合于时代、追求艺术、讴歌人民。

有人说，电影的本质，是雕刻时光。回首中国电影走过的近两个甲子，如果说有谁能将这种"雕刻时光"的本领，忠实地形成一种行动自觉，让光与影、人与事、时代与梦想自然巧妙地演化为一种传奇，那么，谢晋，注定是一个绕不开的名字。

今年是电影艺术家谢晋诞辰一百周年。他在半个多世纪的创作生涯中，为我们留下了《女篮5号》《红色娘子军》《天云山传奇》《牧马人》等36部优秀影片。相信很多人至今难忘，1961年，电影《红色娘子军》上映时那举国轰动的场景，连影片中的《娘子军连歌》也唱遍了大江南北。

如今，无论是各类影视活动上的高密度座谈研讨，还是各年龄层次观众高频次的回顾纪念活动，都在不断提醒我们去探寻这背后的原因：为什么一代代观众对谢晋如此深爱？他的电影对当下又有哪些启示？

一

1923年，在浙江绍兴上虞人谢洪绪的眼里，中国的面貌依然没有实现多年前他与好友秋瑾、徐锡麟所憧憬的那般模样。怀抱着家族新生儿，他想到了1500多年前以淝水之战力保东晋国脉的先祖谢安，于是为孙儿取名：谢晋。

受到爱国家风千丝万缕的影响，谢晋的作品始终融汇着浓郁纯粹的国家和民族理想。在他执导的电影《鸦片战争》的片头，就打出了"只有当一个民族真正站起来的时候，才能正视和反思她曾经屈辱的历史"的字幕，从某种意义上而言，这也是他对先辈一生理想的告慰。

结缘电影，同样与他的家庭氛围有关。幼时，谢晋常随母亲看戏文，对"的笃板""乱弹""调腔"都来者不拒。我们对照鲁迅笔下《社戏》的情景，约莫能想象出一个孩子在柱台下看戏追戏的模样，耳濡目染之下，他对演艺艺术渐渐产生兴趣。

稍长大些，谢家举家迁居上海。彼时的上海被称作"电影天堂"：京剧南下、电影西来，一派南北荟萃、东西交融的繁华景象。谢晋又跟着母亲几乎看遍了能看到的所有电影和戏剧作品，这也成为他那一时期极为宝贵的光影记忆。

然而，平静文艺的生活终究还是被"八一三"事变的隆隆炮声所打破，文化战线上的斗争也随之打响。在那段"孤岛"时期，一部部抗日救亡题材的电影作品又给谢晋留下了难以磨灭的印象。

青年马克思曾写道："人们只有为同时代人的完美、为他们的幸福而工作，才能使自己也达到完美。"青年谢晋，就这样在时代大潮和自身热爱中，考入了四川江安国立戏剧专科学校话剧科，并先后受教于洪深、曹禺、焦菊隐、马彦祥等名家，逐步确立了向导演专业发展的艺术志向，开始了他与时代同步的光影之旅。

二

"老许，你要老婆不要？"前不久，1982年上映的谢晋电影《牧马人》，突然在社交平台、短视频平台上被广泛传播，与年轻观众重新建立了心灵链接，电影中的一些经典台词甚至成了年轻人的口头禅。而事实上，从过去到现在，几代观众都钟情于谢晋的电影。

我们不禁要问，是什么让谢晋的电影有了超越时代的魅力？笔者认为，这离不开谢晋在"雕刻时光"时的三个度：

主流叙事的精度。作为一位成长于旧社会、创作在红旗下的新中国导演，谢晋成功搭建起了一座从旧时代到新中国的艺术桥梁。

新中国成立后，谢晋创新性地将西方电影中的故事结构、人物形象和剪辑手法与中国传统电影叙事方式结合，真切反映被压迫者的苦痛与迷茫，以极富浪漫气息的方式，为他们在新社会大家庭找到归属感。

他也不忘将镜头对准身边的点滴变化，比如《水乡的春天》刻画了如火如荼的土改运动，《大李小李和老李》则讲述了肉联厂生产建设的情形，生动地展现出了新中国建设时期独特的时代风貌。

人文思考的深度。谢晋经历过常人难以想象的坎坷，这也让他在直面苦难的同时，能以更为悲悯的态度、更为深刻的同理心和共情力，抚慰不幸，赞美真情。

1981年5月，金鸡奖在浙江诞生。当年已年逾五十的谢晋，用一部《天云山传奇》迎来了改革开放后中国电影的第一声"鸡啼"。

《天云山传奇》连同后来的《牧马人》《芙蓉镇》，成就了谢晋导演生涯中著名的"反思三部曲"，无论是《芙蓉镇》对极左路线的深刻反思与批判，还是《牧马人》对个人与社会责任的辩证把握，都代表了中国电影对那段历史进行回看和思考的高水平。

担当使命的态度。谢晋曾说："如果20世纪中国电影还没有美好的形象留下来，并且被全世界都能接受的话，那我们这一代电影人就没有尽到责任。"

从横向上讲，无论是早期的《女篮5号》，还是后来的《鸦片战争》，谢晋在自成体系的电影叙事结构里融入了最为典型和具有普遍意义的民族情感：用影视作品弘扬民族精神。

从纵向上看，谢晋选择与时代同频共振。他说，要像太史公写《史记》那样，要像屈原、司马迁、杜甫、曹雪芹，一直到当代的巴金那样，对民族充满了责任感、忧患感、使命感。于是我们看到，在他的镜头里，普通人的际遇同整个社会时代的变迁被巧妙地结合在了一起，历史不再是一堆干柴，而是燃烧后可以温暖当下、照亮前路的焰火。

三

直至今日，谢晋的博学广识与灵感，以及他不断为艺术燃烧生命的情怀、对待电影创作细致而认真的态度，让银幕之花仍能常开不败，并被行业奉为标杆、被影迷视作高峰。那么，当代影视工作者能从谢晋身上得到哪些启示？

比如，重视剧本、细磨角色。近年来，青年在网络"疯狂囤老片"的现象引发关注，这背后折射出的，是国产电影数量不断增加，但能让人回味的经典却没有同步增多的现实。

当前，不少电影一味追逐流量明星、特效场景、疯狂宣推等噱头，却无法掩盖作品内容的空洞和逻辑的混乱。

好故事永远是优秀电影作品的内核。"导演接受剧本首先必须爱它，拥抱它"，这是谢晋等老一辈电影人的坚持。也因此，谢晋对演员的要求非常严格，他常说："演员自己要主动准备戏，临到现场再挤感情是不行的。"他还说："大家一起研究剧本，谁都可以说'不好'，但是你要告诉我，怎么样才能'更好'。"

比如，注重细节、严谨考证。谢晋电影的出彩之处，就在于对细节的高度重视和细致把控。比如《天云山传奇》中角色的道具眼镜，谢晋要求一副一副递进式地做旧，至角色弥留之际，眼镜腿上已缠上了碎旧布条，以此反映岁月的打磨、时光的流逝。这就是属于谢晋电影的细腻与真实。

反观当下，不少影视作品存在粗制滥造的情况。试想，如果我们的影视工作者能够注重细节、严谨考证，也许就不会出现"同志们，八年抗日战争马上就要开始了"这样的荒唐台词。

比如，追求艺术、尊重市场。谢晋五捧"百花"，两唱"金鸡"，七次在国际影坛摘冠，还荣任奥斯卡、威尼斯、东京等国际电影节专业评委，而且在电影票只要几角钱的年代，创造了票房破亿的奇迹。凭借着敏锐的导演"嗅觉"，谢晋总能兼顾作品的市场效益与艺术效果。

而当下一些影视作品，则走向了两个极端：要么一切向票房看齐，不顾作品的艺术性，一味哗众取宠；要么脱离时代与群众，甚至只能顾影自怜、自我感动。可见只注重市场效应，内涵不足，则作品难免会像"暴发户"，上映火不过几天；而只注重追求高雅，不顾时代需求，就难免"曲高和寡"、无人问津。

为什么谢晋直到今天还被人们怀念着、致敬着？只因他的作品合于时代、追求艺术、讴歌人民。

陶佳楠　许正　张国威　孟非凡　孔越　执笔

2023年7月14日

"文明养犬"为何那么难

> 在宠犬的同时，如何强化规则意识，如何唤起文明共识，是当下每个人都应该认真思考的问题。

提倡"文明养犬"，其实不是什么新话题。一直以来，它是广大群众发自心底的一项诉求，也是社会文明程度的一个缩影。

但现实中，总有些人文明意识、规则意识淡薄，对宠物犬过度放任和纵容，时常给身边人造成困扰，由此还引起了不少争议和冲突。近日，就有一起"强迫老人给狗道歉"的闹剧，在网络上引发热议，最后警方介入，明确对这一无理要求不予支持。

对宠物的喜爱本无可厚非，可是如果人与犬的矛盾事件频出，这一问题就值得深思。"文明养犬"究竟难在何处？我们该如何破题？

一

很多人把狗称作人类最忠诚的朋友，它给人们的生活带来许多快乐，也成为当下不少人的精神寄托。

不仅如此，狗是人类最早驯养的动物之一，在人类历史上扮演着重要角色。有资料显示，大约在 4 万年至 1.5 万年前的狩猎采集时代，狗就从野生种群驯化为了家畜，化身人类狩猎时的助手。在古代中国，狗与马、牛、羊、猪、鸡并称为"六畜"，是重要的家畜之一。现如今，人类对狗的饲养和利用更加广泛，狗已成为越来越多家庭的伴侣动物。

据《中国宠物行业白皮书》显示，2021 年，我国城镇饲养宠物犬数量已达 5429 万只，同比增长 4%。另一项数据也显示，在养犬家庭中，大型犬最受欢迎，占比达到 56%。这些数据表明，受消费能力提升、消费观念转变、社交媒体宣传、"孤独经济"发酵等因素的影响，我国城镇饲养宠物犬数量逐年增多，越来越多的城镇家庭有着饲养宠物犬的热情和习惯。

这些行为是个人喜好、情感需求和爱心的体现。但是随着"宠物热"不断升温，相应的问题不断显现。一些小区、公园、街路等公共场所"狗满为患"，随地便溺、到处"埋雷"，放任犬吠、噪声扰民，不顾禁令、随意进出等不文明养犬现象时有发生。

特别是有一些大型犬、烈性犬的主人，习惯"自由式"遛犬。遛犬时不束犬绳、不戴嘴套，有的还随意携犬闯入明令禁宠的公共场所，给他人带去不适与惊吓，也增加了宠物犬伤人的风险。近年来，"×岁小孩被烈狗撕咬""×地发生宠物犬伤人事件"等报道不绝于耳，令人十分痛惜和揪心。

笔者认为，不论是宠物犬伤人的问题，还是随地排泄、扰民的问题，抑或是由此引发的一系列冲突，宠物犬本身并没有罪，解题的关键还在于人。

二

破解"文明养犬"之难，首先要理一理有哪些不文明养犬的行为。通过分析近年来发生的一些典型案例，有四种不文明养犬行为和表现，值得我们重视和警惕。

表现一：盲目自信，总觉得爱犬"与众不同"。作为宠物犬的主人，一般总是会认为自己的爱犬和别人想象中的不一样，平时调教得都很好。相信很多人都听到过这类说辞，"我们家的狗狗不咬人""我们家的狗狗教得很乖，很安全"等。

据《钱江晚报》报道，杭州某小区的王大叔遛狗时，解开狗绳和附近的熟人聊天，当时还有邻居提醒，"最好还是把狗拴在皮带上""我家狗很听话，不咬人"，王大叔很有信心地回了一句，结果没多久，狗就将另一位邻居咬伤，伤口暴露三级，深达肌肉层。最后，王大叔被吊销养犬证，并罚款3500元。

动物被驯化的程度再高，也没有谁可以打包票，正所谓"不怕一万，就怕万一"。

表现二：心存侥幸，缺乏规则意识。有的人轻视养犬相关法律规定，认为牵绳遛狗、户外清理宠物粪便等太过麻烦，况且举证比较难，所以抱着侥幸心理放任不管；也有的人则认为即使真被罚了也微不足道，这点钱无所谓。

缺乏规则意识的背后既有法律意识淡薄的原因，也有对危害性认识不足的因素。就拿宠物犬随地排泄为例，可能很多人不知道，宠物粪便里的细菌含量极高。有研究表明，仅1克宠物犬粪便里，就有2300万的大肠杆菌。这些细菌不仅会弥漫到空气中，还会通过水循环影响整个生态环境。

表现三：以犬为主，不替他人考虑。有人感慨，"现在狗享受的待遇和地位比人还高""宠物犬是主人，人成了仆人"等。比如，有的宠物犬主人甚至在餐前把宠物犬直接放上桌子，让狗先吃，这样的"殊荣"让人匪夷所思。

如果一些宠物犬主人觉得"千金难买我愿意"，那过于强调宠物犬的某种"自由"和"权利"，而损害他人利益则实属不该。前些年曾在公交车上出现过荒诞一幕，有人给宠物犬独占一个座位，而一旁许多乘客却只能站着，在社会上引起了不小争议。

我们相信这一类极端事件只是个例，但"以犬为中心"的现象却一定程度存在。比如，有的人为了让爱犬享受自由和美好的时光，遛犬时总是不情愿把狗绳拴上，认为宠物犬的感受很重要，却将旁人的安全置之不理。

表现四：道德绑架，别人说不得。现实中，有些宠物犬主人非但对爱犬比较纵容，而且听不进别人的提醒和劝说，不能接受一丁点针对爱犬的批评。但凡有人提出意见，就感觉自身受到冒犯，直接给对方扣上"漠视生命""缺乏爱心""欺负小动物"等帽子。

前些年就有人因提醒小区内一对遛狗的母子牵好狗绳，结果言语间引发争吵，被指责未尊重宠物犬的天性，还被用斧头威胁，最终在警方的介入下事态才得到控制。

三

以上列举的这些现象，虽然存在于少数不文明养犬的人群之中，但是很多群众都比较关注，有些问题甚至困扰已久，需要引起我们高度重视，各个方面共同努力解决好。

其一，多一些敬畏之心。"文明养犬"首先要依法养犬。实际上，国家和很多地方政府都出台了相关法律法规，比如，《中华人民共和国动物防疫法》明确规定，"携带犬只出户的，应当按照规定佩戴犬牌并采取系犬绳等措施，防止犬只伤人、疫病传播"。

这些不是可做可不做的"软约束"，而是必须严格执行的"硬杠杠"。社会各方面要合力加强监督，对违法者该提醒的就提醒，该处罚的就处罚，尤其要注意防止"破窗效应"，共同维护法律的严肃性和权威性。

对于宠物犬主人来说，更要始终保持敬畏之心，在决定饲养之前，必须要了解相关法律规定。特别是那些禁止个人饲养的烈性犬，攻击性强、难以驯服，脾气往往又很暴躁，发作的时候谁也控制不了。千万不要拿别人的生命安全作赌注、开玩笑。

其二，多一些规则意识。如果说养犬是个人选择或者是权利，那么"文明养犬"就是一项必须尽到的义务，不能够光享受权利却不尽义务。该上的证照要上，该打的疫苗要打，该拴的绳子要拴紧，这是每一位宠物犬主人的责任和义务。

比如说遛犬，大家关注最多的就两个问题：一是怕宠物犬伤人，二是随地排泄。前者要做的是，拴紧绳子、戴上嘴套，确保任何情况下都安全可控；后者要做的是，随身带个小铲子、垃圾袋，有粪便排泄及时清理，特别是在电梯、楼道等公共场所，宠物犬随意排泄会引起公众不满。

其实这些操作起来并没有特别难的地方，只要思想认识上重视。这些既是良好习惯，更是一项项规则。据媒体报道，今年台州市因不清理犬只排泄物，就有51人次受到行政处罚，为的就是强化规则意识，不让遛犬"遛走"文明。

其三，多一些换位思考。很多时候，在主人眼里，宠物犬都是无比乖萌的，但在旁人特别是小孩子眼里，它可能就是随时会发起攻击的"危险物"。为此，在让宠物尽情撒欢的同时，要想到有人可能正为此提心吊胆。

凡事多站在别人的立场和角度，这样才会有理解，才会有包容。比如，携犬进电梯前先问一问里边的人，"你们怕狗吗？"如果对方介意，不妨怀抱起来或者等下一班电梯，宠犬要有度，这并不丢面儿。

还有防止犬吠扰民的问题，这些细节都是社会文明程度、个人文明素质的体现，因为"文明养犬"不是一件小事，也不是一件私事。

我们相信，宠物犬的聪明和灵性，以及它们给予人类的陪伴和慰藉，都是弥足珍贵的。在宠犬的同时，如何强化规则意识，如何唤起文明共识，是当下每个人都应该认真思考的问题。

倪海飞　徐婷　王瞻　执笔

2023 年 7 月 14 日

戚继光的台州往事

> 他紧握利剑，巍然屹立，目光凝视着曾经保卫过的土地；他甘把心血洒千峰，依然征尘未洗、碧血丹心。

明万历十三年（1585年），57岁的戚继光被罢官回乡。

彼时的他尘面鬓霜、身形佝偻。他回想起一生的戎马倥偬、飒沓流星，在沙场南征北战时，在卫所操练浙军时……一幕幕场景倏地在脑海中闪回。

不过，他念念不忘的，也许莫过于在东南沿海抗倭的日子。戚继光在沿海平倭13年，其中在台州防守7年有余。铁马冰河入梦，最忆难免有台州。那么，他在台州都经历了什么？

一

1523年，"争贡事件"让浙东人民惨遭祸害，明世宗下令撤销市舶司，禁止对日本通商。这种措施堵死了正当的通商途径，让海上非法贸易愈演愈烈。一时间，倭寇与海盗勾结，侵袭内地日益猖獗。

1555年，一股100余人的倭寇，直入浙、皖、苏三省，逼至南京城，令满朝震惊。最终，明军历时近三月，死伤四五千人才将之围歼。

彼时，嘉靖皇帝方从长生仙道中陡然惊醒，也从严嵩父子粉饰太平的美梦中看到，除了北方鞑靼叩关，东南沿海倭患亦来势汹汹。每到春秋两季，大批倭寇以浙江沿海为跳板侵入内地，抢夺财物、掳掠人口。"台郡一府六邑，沿海三五百里，悉为倭穴"。

不到而立之年的戚继光因在山东备战倭寇有功，被朝廷当作"灭火队"调浙江任都司佥事，次年任宁绍台参将。戚继光来台州后，实地踏看了海防卫所，发现卫所组织涣散、军官指挥才能低下、士兵疏于训练、武器防具粗制滥造……

成堆的难题摆在面前，血气方刚的戚继光采取了一系列最有效的办法——因症施策。

兵弱于外，他就另起炉灶，招募浙军。1559年，在义乌县令赵大河的帮助下，戚继光赶赴义乌，募得四千吃苦耐劳的农民矿工组成戚家军。训练其耳目、手足和心志，并教授文字、讲解战法，增强他们的战斗力。

战法不敌，他就因地制宜，发明阵法。臃肿笨拙的平原大兵团作战阵法，很难适应浙江水网密布的地形，也对倭寇小团体偷袭的"猥琐"打法束手无策。于是戚继光结合台州山水地形，独创了鸳鸯阵，兼防御、冲锋为一体，有机结合不同武器，有效克制倭寇偷袭。

兵器落后，他就博采众长，研制武器。戚继光针对倭刀专门研发了冷兵器狼筅、镗钯，防具藤牌，还研发了便携式的虎蹲炮和

"六和铳""赛贡铳"等火器。

在磨快"兵、阵、器"这三把剑后，戚继光在台州九战九捷，并以此为大本营，驰援福建等地，使倭寇遭到毁灭性的打击，演绎了古代中国军事史上波澜壮阔的"荡寇风云"。

二

史书轻轻翻过一页，就是很多人的一生。在台州的7年，戚继光完成了从将领到军事家的角色转变。这7年，他的军事才华、军事思想都得到了充分展示。

他总结台州抗倭和练兵的经验，写就《纪效新书》。这本兵书内容丰富、干货满满，从扎营布阵到军备保养，甚至连军粮制作都有阐述。

为劝士兵练武，他说："武艺高，决杀了贼，贼如何又会杀你？你武艺不如他，他也决杀了你。若不学武艺，是不要性命的呆子。"

为做到赏罚分明，他说："若该赏处，就是平时要害我的冤家，有功也是赏，有患难也是扶持看顾；若犯军令，就是我的亲子侄，也要依法施行，决不干预恩仇。"

从这些浅显易懂的言语中，我们看到一位苦口婆心、严管厚爱的将领形象跃然纸上。四千农民矿工原非善战王牌，却能在戚继光的军事培养之下，蜕变成仁义善战之师。

戚继光还是一位才华横溢的文人，他一生写了两百余首诗词，书法造诣也很高深，与当时大文宗王世贞、戏曲家汪道昆交往甚密，被称为"词宗先生"。习近平总书记在两院院士大会上引用的"繁霜尽是心头血，洒向千峰秋叶丹"，便来自戚继光的《望阙台》。

台州人也无比敬仰戚继光。400多年后，号令声、冲锋声都已在历史的硝烟中消散，戚继光带领将士们守卫的身影，穿透云烟、拨开雾霭，仍矗立在我们身边。

对台州来说，他是伟大的民族英雄，更是保境安民的守护者。纵使沧海桑田，戚继光的印记仍有处可寻。

在台州民间，戚继光被称作"戚老爷"，有民谣唱道："天皇皇，地皇皇，莫惊我家小儿郎，倭寇来，不要慌，我有戚爷会抵挡。""肚脐饼，甜又香，送给戚军当干粮，继光将军爱百姓，百姓敬他如天长。"

在当地，戚公祠敬谒者络绎不绝，摆酒营、继光街等地名仍在沿用，戚继光筑城等传说也流传至今。这些文化传承了数百年仍然鲜活。

有人说戚继光晚景悲凉，是一名悲情英雄。但人之一生，万事顺遂者有几何？这7年的高光时刻，让戚继光的人生极尽升华，在历史上留下了浓墨重彩的一笔。

三

到今日，冷兵器时代已经过去，军事战法也已推陈出新，但戚继光身上优秀的品格，那些精神遗产仍可追可念，仍不过时。

笔者认为，他身上的闪光点可以总结为三句话。

"苟利国家生死以，岂因祸福避趋之"。所谓民乃国本，戚继光也认为"卫国保民，其责非轻"。因此，他的一生都在挽救百姓于水深火热，并将此作为使命。青年时，戚继光便立志"封侯非我意，但愿海波平"；在30多岁，他写下《望阙台》，一首"老怀欣慰、满腹沧桑"的报国诗。

一己一时之悲欢穷达，从来都不是他考虑的问题。在他看来，精忠报国、救万民于水火是天经地义的事，自己不做谁来做？"南北驱驰报主情，江花边草笑平生。一年三百六十日，多是横戈马上行。"这首《马上作》，是戚继光戎马半生的见证。

"长太息以掩涕兮，哀民生之多艰"。戚继光17岁时便担任一方军政要职，但他没有居庙堂之高而忘了百姓疾苦，在其位谋其政，"管屯而俗弊悉除，奉职而操持不苟"。

比如，在浙江抗倭期间，他始终做到"冻死不拆屋，饿死不掳掠"，把士兵当作手足，将民心视为海防，留下了"台民共倚为长城，东浙实资其保障"的军民一家亲的佳话。

"巧者善度，知者善豫"。戚继光善于从不同角度去思考问题，非常注重实践出真知，并不因循守旧，比如当时大多数军队都是统一配给装备，戚家军分配装备却因人而异，根据实际情况来作决策。此外，他生平历经百战，战前他都会把能想到的所有战况预演一遍，战后进行全军总结，查漏补缺。

有人将戚继光抗倭表现出的民族精神总结为"卫国安民，惟实创新，勠力同心，战务必胜"。短短十六个字的气势，恰好呼应了如今台州府城墙上戚继光身披战袍的塑像形象：

他紧握利剑，巍然屹立，目光凝视着曾经保卫过的土地；他甘把心血洒千峰，依然征尘未洗、碧血丹心。

刘亚文　执笔

2023 年 7 月 15 日

"回忆杀"为何总能击中人心

> 潮流总是暂时的，对往事的追索，却是人类亘古不变的本能。但一代人有一代人的"回忆杀"，我们拿什么留给未来，始终是一个值得思考和重视的命题。

前段时间，一场"湾区升明月"电影音乐晚会受到广泛关注。不少老牌港星出场献唱大家记忆中的影视金曲，冲上热搜的同时，也让网友们感叹"爷青回"。

这几年，一阵"怀旧风"吹得猛烈。无论是去年的张国荣线上纪念演唱会、崔健线上音乐会等，引发了一次次全民情感共振，又或是今年周杰伦、五月天、刘若英等一众歌星在全国多地陆续开唱，很多人不远百里甚至千里奔赴而去，只为圆一场青春之梦。"怀旧"，成了大家共同的主题。

一波又一波"回忆杀"高频来袭，不禁令人好奇：它究竟是什么？这一文化现象从何而来，又带给我们哪些启迪和思考？

一

"回忆杀"是人们一种独特的情感体验，饱含着对美好回忆的怀念。一首歌、一部动画片、一部影视剧，甚至一个老物件，就会撩起一片回忆的涟漪。

比如，对摇滚爱好者来说，每一次《海阔天空》响起，都让人不禁感怀泪目；曾经，每到暑假，电视里总会准时开播《西游记》，如今一听到它的片头曲，大家一下子就能被拉回到那个无忧无虑的夏天；还有风靡一时的《双截棍》《江南》《黄昏》等，曾经青涩的少年或许已经人到中年，但留在脑海中的旋律却总能超越时间，打开尘封的记忆。

和歌曲一样，儿时看过的那些经典动画片和影视剧，也是让人能一秒回到过去的"时光穿梭机"。

在前不久举办的中国国际动漫节上，国漫《秦时明月》甫一出场，就触动了不少动漫迷的DNA。这部诞生于2007年的国产动画片，以春秋战国历史为背景，凭借浓郁的中国风"圈粉无数"，成为不少人心目中的"童年神作"。

这几年，不少综艺节目也抓住了"回忆杀"这个流量密码。音乐类节目《声生不息》，以不同年代的港台音乐作为竞演曲目，既打情怀牌，又有创新演绎；室内综艺《王牌对王牌》则邀请原班人马"复刻"《西游记》《铁齿铜牙纪晓岚》《喜剧之王》《武林外传》等影视剧，深深戳中了观众的泪点、笑点。

与此同时，很多品牌也是靠着回忆和情怀"出圈"，用"更懂你"的产品和创新营销方式，与消费者共鸣，不断变"潮"。童年的辣条、金属青蛙、大白兔奶糖等，都不断以新的面貌出现在今天的商品列表中，吸引着不少人为"情怀"买单。

二

在知乎上，有网友问："为什么人们喜欢怀旧？"有回答写道："因为人们习惯在回忆里寻找逝去的青春。"

当下，"回忆""怀旧"已不再是中老年群体的专属名词，"80后""90后"甚至"00后"也纷纷开始加入到队列中来。一项针对"80后"的调查显示：有43.7%的人偶尔怀旧，37.5%的人经常怀旧。

"回忆杀"这股风，从网络端吹来，从大街小巷吹来，渗透到我们的日常生活中，一下一下敲击着我们的心。那么，它为何总能在不经意间打动人心？或许，可以从这样几个方面来理解。

其一，互联网的盛行，让怀旧风潮愈演愈烈。伴随着B站、抖音、快手、小红书等平台的崛起，众多活跃在20世纪70—90年代的文化形态、文化记忆得以重回大众视野，并经由互联网文化的二次解读与演绎，焕发出新的光彩。

在一些短视频平台上，经常能看到十几年前的歌曲重新翻红。自从有歌手在某综艺节目中演唱了《快乐指南》后，全网很快就掀起了"快乐指南舞蹈挑战"。要知道，这首歌最开始发行于1999年，如今借助短视频又重新火了一把。

还有的短视频博主模仿起上世纪八九十年代的生活方式，梳着中分的发型，骑着老旧的自行车，听着收音机里传来的邓丽君的歌声……这些视频之所以能够一跃成为网络平台的"新宠儿"，道理也是如此。

其二，"回忆杀"正在日益成为社会新型社交方式。社会学家哈布瓦赫提出，人们通常正是在社会之中获得他们的记忆的。这意味着，记忆本身就离不开社会情境。当一群人共同拥有某种回忆，或者陷入同样的回忆当中时，这一共情与共享的过程，将在无形中大大拉近彼此的距离。

也正因此，在一些初次相识的场合，共同回忆某位歌手、某段岁月，总是更容易打破初识时的尴尬。

其三，"回忆杀"成为现代人的"情绪出口"。心理学研究表明，适当的回忆可以带来快乐并储存正能量，由此更加积极乐观地面对当下和未来的生活。特别是随着"90后""00后"走入社会、进入职场，面对着来自各方面的压力，以及飞速变化的社会环境，就更加渴望通过熟悉的事物找寻过去的舒适感和美好记忆，用温暖回忆来治愈心灵，为自己打打气、充充电。

很多时候，触发"回忆杀"的开关是相同的，打开的回忆却是每个人专属的。就像在手机拍摄早已十分普及的今天，许多人偶尔还会怀念那个用胶卷相机的年代。

其实，每个人心里难以忘怀的，正是那卷胶卷当中记录着的独属于自己的故事和情感。或许这就是"回忆杀"能够穿透人心的密码。

三

如何辩证看待"回忆杀"？笔者认为，这几个方面值得思考。

"回忆杀"不能变成"杀"回忆。经典之所以能成为经典，持久地留在人们心中，是因为它们在丰富精神生活的同时满足了个人的情绪价值。"回忆杀"是一张好牌，一次两次是致敬，可若是批量产出，过度消费，把什么都当成"回忆杀"，回忆恐怕迟早会"贬值"。

在从"回忆杀"中感受美好体验的同时，还要警惕掉入"贩卖情怀"的陷阱和套路。特别是某些商家为了赚快钱，针对那些明明不能够带来实质性情感共鸣或价值的回忆，强行来一波"回忆杀"，结果反而"翻了车"，毁了经典也毁了记忆中那份曾经的美好。

一时的"流量密码"不是永久的"成功秘诀"。近年来，各种经典作品翻拍成风，以《射雕英雄传》为例，从1976年第一版出现在观众面前算起，到今天已经翻拍了7次，其中尤以83版的最为经典。到后面再重新翻拍时，观众的评论已经呈现两极分化，不少人表示反感，认为反复翻拍只会"毁经典"。

"回忆杀"灵，但不是永远灵。随着时间流逝，边际效应很可能会迅速递减。更不消说，大量的翻拍、炒作，容易造成审美疲劳。退一万步讲，哪怕是"老调重弹"，也要弹出新的表达或内涵，挖掘经典沉淀下来的动人底色，而不是单纯地依赖情怀，套上回忆的外套，让观众来买单。

回忆过去之外，更重要的是创造未来。"回忆杀"的盛行，一定程度上也反映了当下优质文化产品的欠缺，同时更彰显了一个颠扑不破的真理：好的内容可以超越时间限制，深深印刻在人们心中。

回过头去看，能被我们留在记忆中的经典作品，无一不是凭借过硬的质量。而那些盲目追求标新立异，忽略大众接受度的"快餐式内容"，褪去流量泡沫，很快就无人问津，迅速被人遗忘。

似水年华可追忆。回忆中的人和事，都在不期而遇中成为珍贵时光。正如歌词中所唱的，"无论相遇还是不相遇，都是献给岁月的序曲"。这或许就是"回忆杀"成为无数人心目中"白月光"的原因。

潮流总是暂时的，对往事的追索，却是人类亘古不变的本能。但一代人有一代人的"回忆杀"，我们拿什么留给未来，始终是一个值得思考和重视的命题。

李戈辉　周霞　周志跃　执笔

2023 年 7 月 15 日

江南度"三伏"

三伏天，度苦夏，觅清凉。热烈的七月，也能有一份怡然自得。

"小暑大暑，上蒸下煮。"这几天，令人"谈热色变"的三伏天正式拉开了火红的大幕。火辣辣的太阳炙烤着大地，伴随着田里的老泥鳅翻白了肚子，树上的蝉叫哑了嗓子，全国各地仿佛"千里蒸笼""万里烧烤"。

无论南北，从古至今，三伏天都让人畏之如虎。惯会静心养气以求"自然之凉"的古人聊起这个来，也免不了一番"抱怨"。

比如，白居易就曾直白地吐槽"是时三伏天，天气热如汤"；杜甫无奈于三伏天的夜太短，感慨"仲夏苦夜短，开轩纳微凉"；"赤日满天地，火云成山岳。草木尽焦卷，川泽皆竭涸。"王维描写的三伏天，更是"威力"十足……

江南地区一般"出梅"后便"无缝"进入三伏天，晴热相伴时，热上加热。那么，江南一带的人，是怎么度伏的？

一

这阵子,放眼全国各地的气温图,真是"红"了一大片。浙江几天前也发布了今年首个高温红色预警,最高温突破40℃。与此同时,关于高温的各种段子也开始在网络上流行起来:

"刚才在街上遇到一个生人,转眼变成熟人了!"

"三伏天里,命是空调给的。"

"夏天来得太快,就像龙卷风。离不开高温圈,来不及逃。我不能再想,我不能再想,我不,我不,我不能……"

何谓"三伏"?《说文解字》中这样解释"伏"字:"伏,司也。从人,从犬。"意思是人像犬那样趴着,引申为降服、顺服。古人对天时的敬畏可见一斑。

老话说:"头伏日头二伏火,三伏天无处躲。"所谓的"三伏",就是初伏、中伏和末伏的统称。按照"干支纪日法",可以用"夏至三庚"来推算,也就是从夏至算起的第三个庚日,是初伏开始的时间,第四个庚日为中伏,立秋后第一个庚日为末伏。

那么问题来了:三伏天为什么这么热?原因就在于夏季昼长夜短,地表吸收的太阳热量远大于散发的热量,到了夏至之后,又在副热带高压的控制、影响下,热量不断积累,并在三伏天期间达到高峰。于是,三伏天就成了酷热夏日的"代言人"。

从气象预测和民间算法来看,今年的"三伏"不一般——

又是"加热加长版"三伏天。从初伏7月11日开始,到末伏8月19日结束,今年三伏天总长度达40天,比普通年份多了整整10天。事实上,这是我们自2015年以来连续第九年迎来"加长版"

三伏天了。

"母伏"来临，怎一个"热"字了得？民间流传着这样一句俗语："公伏热，母伏闷。"古人以入伏农历的单数日为阳，双数日为阴。今年入伏时间是农历五月廿四，故而为"母伏"，因此今年的三伏天主打一个闷热。

"处暑出伏后，遍地是黄金"。这也是一句民间俗语，意思是处暑节气出现在出伏之后，这是个好兆头，寓意将迎来丰收。

二

三伏天虽"霸道"，但古人也未全然屈服，一个个避暑小妙招被创造出来，同时也衍生出了包罗万象的饮食文化、避暑文化等，让今天的我们不得不惊叹。

比如，"科技感"满满。在江南的一些明清建筑内保留着一种神奇的设计，被人们称为"古代的中央空调"。一般在房屋大厅的正中央，会有一个四方形的石面，通过钻孔与地下暗河相通，清凉的地下水流带来的凉风就会被引入屋内，从而起到降温作用。

古人还掌握了冰块的储藏技术，酷寒时节采冰，然后码到冰窖储藏。等到暑天来临，这些冰块既能吃又能用，派上了大用场。

比如，舌尖上的"浪漫"。三伏天又被称作"苦夏"，这段时日，人们常常食欲不振。不过，聪明的古人依然能通过美食来化解这份"苦"。清凉爽口的绿豆汤就是南方度伏的一大"利器"，软糯的绿豆加入清凉的薄荷水和满满的小料，味道好极了。

古人还推崇"以热制热""使气得泄"，这也在江南吃食中得以体现。比如，"头伏火腿二伏鸡三伏金银蹄"，三伏天，火腿是"老杭州"的"心头爱";嘉兴人度伏则喜食藕片,糖醋藕丝、糯米灌藕等,*丝丝缕缕*牵系着浓浓的乡愁,还有解暑清热的功效。

比如,在"风雅"上做足文章。正如老话说:"凉风何时来,须得问天;盛夏风雅事,还得问人。"闷热之际,也能从容过夏,且过出诗意。

假如穿越回宋代的江南,泛舟湖上赏荷,或许可偶遇苏东坡,感受"菰蒲无边水茫茫,荷花夜开风露香"的美;亦可跟着杨万里的脚步,看"芭蕉分绿与窗纱";还可以手持"摇风"和"凉友",写诗作画,在诗情中寻觅风雅,在点滴中陶冶性情,古人真的很可以。

读书消夏也是古人雅趣之一。"书千卷,文百家;坐苍苔,度长夏。"一杯茗,一卷书,在书中神游四方,平心静气。昏昏欲睡时,枕上瓷枕,拥"竹夫人"入眠;八面来风时,竹簟生凉,在一片蝉鸣声中度过长夏。

三

古人的"避暑智慧"给我们打开了许多新思路。其实现代人也可以打破"枯藤老树昏鸦,空调 Wi-Fi 西瓜,夕阳西下,我往床上一趴"的避暑惯性思维,尝试走出空调房,去寻找别样的夏日精彩。

去寻觅一份"人间烟火"。白天太热不想出门,也可以像古人一样,享受盛夏夜晚的绚丽多彩。

当下,一些城市也捧出了精心烹调的"夏夜大餐",比如杭州推出了让江南"嗨"起来的湘湖国潮夜游汇灯光节,嘉兴的"船游嘉兴",则让市民、游客褪去疲惫,悠然泛舟,领略夜色衬托下的运河、南湖之美。寻一处路边烧烤摊,冒油的肉串滋滋作响,配以清爽的冰饮，也可以让烦闷焦躁悉数消散，只留快乐升腾。

去体验一把"夏日限定"。大自然中有独属于盛夏的美好，等待着我们去寻找。

比如，湖州安吉的"大竹海"，可以让你开启清凉解压之旅，尽享竹林摇曳、山风轻拂，感受"独坐幽篁里，弹琴复长啸。深林人不知，明月来相照"的恬静与清爽。不少地方的荷花也到了一年一度的最佳观赏季，荷叶随风摇曳、荷花尽情绽放，绘就一幅夏日独有的清新画卷。

去感受向往已久的"田园风情"。盛夏时节，瓜果飘香，江南乡村的田间地头洋溢着丰收的喜悦，人们往往可以在这里体验夏日最朴实的浪漫：滚圆的水蜜桃、饱满的蓝莓、翠绿的西瓜、多汁的葡萄……七月的风裹挟着夏日的香甜，总有一款能抚慰人心。

夏日也是"双抢"时节，农民们抢抓农时，收割早稻、播种晚稻，"田田秧稻半青黄，比屋人家煮茧香"，一派繁忙景象。三伏天虽"苦"，却承载着农人一年的期许。

在城市大街小巷、建筑工地、工厂车间，快递小哥、环卫工人等依然顶着炎炎烈日，坚守在各自岗位上，奋斗的双手、奔波的脚步不停歇。

炎热酷暑，仍有人埋头苦干"全副武装"，有人背起行囊奔赴远方。真正的清凉，从来不全在自然的恩赐，更多来自辛勤创造，来自用心生活。

三伏天，度苦夏，觅清凉。热烈的七月，也能有一份怡然自得。

吴梦诗　孔越　叶倍　执笔

2023 年 7 月 16 日

只此敦煌

让敦煌的风，吹得更远。千方百计去守护，为的是让世人记住她的美，让更多人能在驼铃声中听到历史的回响，把敦煌的故事讲给世界听。

暑期来临，各地旅游旺季如约而至。近日，"敦煌又'堵骆驼'了"的词条冲上热搜，网友笑称："这是丝绸之路盛况再现！"

有人说，一生中一定要去一次敦煌，看莫高窟的信仰，看沙与泉的厮守，看春风不度的玉门关，看大漠孤烟长河落日，看曾经的汉唐遗风……

近期，"2023丝绸之路周"拉开帷幕，配套展览"文明大观：丝绸之路上的敦煌"也来到了杭州。这次的敦煌展，展出了敦煌文物100余件，其中包括众多"国宝级"展品。

在家门口"遇见"敦煌，令人兴奋，也令人好奇：为何世人皆称"只此敦煌"？我们这一代人又该如何保护发展好独一无二的敦煌艺术？今天，穿越大漠黄沙和历史的烟尘，我们一起去探寻。

一

123年前的1900年，6月22日深夜，敦煌，一名道士意外挖开了一道有裂缝的墙。微光当中，他看见一个洞窟，再一细看，眼前的景象让他不知所措。

他的墓志上记载了所见："沙出壁裂一孔，仿佛有光，破壁，则有小洞，豁然开朗，内藏唐经万卷，古物多名，见者多为奇观，闻者传为神物。"这就是举世瞩目的莫高窟藏经洞。

可以说，莫高窟一"面世"就夹杂着喜悦与悲凉。喜的是，尘封千年的宝库得以重现世间，敦煌的神秘面纱也由此被揭开；悲的是，疯狂的"掠夺者"使得其中的很多文物不幸流散到世界各地，被专家称为"中国文化史上的空前浩劫"。

敦煌，为什么会留有如此之多的珍贵文物？此后，东西方学者又为何竞相研究，甚至形成了一门"敦煌学"？

这就要从这里的地理位置和历史地位说起了。地处河西走廊西端的敦煌，是莫高窟和汉长城重要关隘玉门关、阳关的所在地。阳关可谓中国最早的"海关"，"诗佛"王维曾留下"西出阳关无故人"的千古绝唱。

汉武帝"列四郡、据两关"，派遣张骞出使西域，打通了丝绸之路。丝路自长安始发，经河西走廊到敦煌，出玉门关和阳关。敦煌作为中西交通中转站和西域门户，据丝绸古道要冲，成为咽喉锁钥。

在贸易繁盛的年代，"使者相望于道，商旅不绝于途"，使得敦煌成为"华戎所交一都会"。

汉代以后，敦煌文化在凝聚、传承中华传统文化精华的同时，不断吸收各地域和民族的文明成果，与古印度文明、古波斯文明、古希腊文明等长期交流融汇。

以此为背景，在敦煌发现浩如烟海的珍贵文物也就不足为奇了。

二

古往今来，世事几经浮沉，可敦煌的漫漫黄沙，始终陪伴着辉煌与深邃的文明，也让无数人心向往之。

世人对敦煌的爱，最直接地体现在对它的命名当中。东汉应邵注《汉书》时，将其解释为，"敦，大也；煌，盛也"，也就是盛大辉煌、繁荣昌盛的意思。敦煌之美，到底意蕴几何？

来到这里，首先映入眼帘的是苍茫壮阔的塞上风光。大漠戈壁苍茫无垠，湖泊绿洲镶嵌其间，丝路驼铃声声入耳，时而出现的海市蜃楼幻景，更增添一抹奇幻神秘的色彩。

"鸣沙山怡性，月牙泉洗心。"相依相偎了千年的鸣沙山和月牙泉，是独属于西北的浪漫。清风吹拂，胡杨林沙沙作响，仿佛在与灿烂悠远的历史展开美妙的对话。

美妙瑰丽的石窟艺术，震撼人心。在敦煌，古人日复一日、年复一年地凿窟、造殿、塑像、绘制壁画，最终形成了莫高窟，因而莫高窟被称为"大漠里的美术馆"。

由于西接西域，敦煌壁画也出现了许多富有西域特色的人物形象及服饰特征，其线条、色彩、纹饰之美，令人心醉。余秋雨曾感叹："看莫高窟不是看死了一千年的标本，而是看活了一千年的生命。"

蔚为大观的文物，展现敦煌文化的精彩绝伦。有诗人吟说，"插架森森多于笋，世上何曾见唐本"。唐人书法过去只在碑刻中出现，敦煌写卷却让南北朝及唐、五代、宋的书法重现。

除了6万卷的写本，绢画、挂幡、刺绣等前所未见的艺术品也让人赞叹不已。此外，《敦煌曲谱》等更是千古绝唱。

让人感动与钦佩的，还有敦煌守护人的坚守。敦煌曾历经劫波，而一代代"敦煌守护人"无私无畏、用心用情，燃烧青春和热血，守护着他们心中的至宝。

1935年，巴黎塞纳河畔，一位来自杭州的青年画家在旧书摊被《敦煌图录》大大震撼。8年后，已在法国声名鹊起的他，跨越大半个地球，抵达魂牵梦萦的敦煌。他就是日后被称为"敦煌守护神"的常书鸿。在时局多艰的日子里，他以壁画中的舍身饲虎者勉励自己，直到90岁高龄病逝。

在敦煌研究院，有一座名为"青春"的雕像——短发少女拿着草帽，昂首前行。她的原型正是"敦煌的女儿"樊锦诗。今年是樊锦诗心归敦煌的第六十年。当年，北大考古学专业毕业后，娇小瘦弱的她来到大漠深处，与丈夫彭金章两地分隔19年后才最终相守莫高窟。

三

然而，风沙危害、雨水入侵、自然坍塌、生物虫害等的侵蚀，让这丝路上的艺术瑰宝岌岌可危。有考古学者认为，莫高窟正以比古代快100倍的速度走向"死亡"。

樊锦诗也曾感叹："莫高窟的最终结局是不断毁损，我们这些人毕生所做的一件事就是与毁灭抗争，让莫高窟保存得长久一些，再长久一些。"

2019年8月19日，习近平总书记在视察莫高窟时强调，要十分珍惜祖先留给我们的这份珍贵文化遗产，坚持保护优先的理念，加强石窟建筑、彩绘、壁画的保护，运用先进科学技术提高保护水平，将这一世界文化遗产代代相传。

如今，我们该如何留住敦煌之美？笔者认为，可从以下几个方面来答卷。

比如，让敦煌的风，吹得更远。千方百计去守护，为的是让世人记住她的美，让更多人能在驼铃声中听到历史的回响，把敦煌的故事讲给世界听。

而讲好敦煌的故事，不仅要从校园讲到街头，从剧院讲到影院，还要走出大漠、走到世人面前。就像这次敦煌展，跨越3000多公里，在"浙"里与我们相遇，让观众和文物面对面，感受来自敦煌的呼吸。一眼千年，胜过万语千言。

比如，让敦煌在数字时空里永葆青春。沙漠中的千年瑰宝是脆弱的，前辈们不遗余力去守护，他们有的终其一生在洞窟中进行复原性临摹，在早期让敦煌文化有了向外传播的可能；有的与时俱进，创造了边采集边应用的"数字敦煌"，成为全球最早通过数字化应用保护和利用文化遗产的典范之一。

如今，数字洞窟游览方式，一定程度上解决了客流量过载的问题；游戏"数字藏经洞"也上线入"云"，破屏"出圈"，在数字空间里，人们能沉浸式感受敦煌文化。

再如，继续把"莫高精神"一代一代传承下去。"历史是脆弱的，因为她被写在了纸上，画在了墙上；历史又是坚强的，因为总有一批人愿意守护历史的真实，希望她永不磨灭。"这是写在敦煌研究院墙上的一段话。

扎根大漠，从青丝到白发，谈何容易？"劝君更尽一杯酒，西出阳关无故人"写出了千里边关的孤寂；"羌笛何须怨杨柳，春风不度玉门关"道尽了万古大漠的荒凉。而几代敦煌守护人却做到了"一生择一事，一事终一生"，支撑他们前赴后继的，正是薪火相传的"莫高精神"：坚守大漠、甘于奉献、勇于担当、开拓进取。

敦煌，诉说着"何以中国"，展现着中国文化的源远流长和中华文明的博大精深。而续写"只此敦煌"的大漠传奇，需要代代相传的热忱和执着。

张雯　俞姝辰　孔越　执笔

2023 年 7 月 16 日

不该给教师暑期"朋友圈"设限

> 每个行业背后都有不为人知的酸甜苦辣，没有经历过是不好轻易作评判的。

暑假的大幕已经拉开。近期，"教师该不该在朋友圈晒生活"这一话题却冲上热搜。起因是有作为教师的网友反映：学校领导在暑假前最后一个例会上强调，不要在微信"朋友圈"等个人社交媒体上晒暑假旅游照片，怕引起其他行业的不适和非议。

这一则在外人看来有些"凡尔赛"的通知，的确有教师行业不得已的苦衷，学校的"好言相劝"也不无道理。

近年来网上对教师寒暑假带薪休假有一些不友好的声音，比如"为什么只有教师行业有寒暑假""应该取消教师寒暑假工资"等。不过，也有网友认为，学校连教师的私人社交空间都插手，是不是管得有点太宽了？教师如何安排假期是个人自由，暑假旅游、拍照分享都是个人的正当权益，没必要藏着掖着、瞻前顾后。

给教师暑期"朋友圈"设限，到底合不合理？"靠谨慎低调来降低存在感"真的有必要吗？事情恐怕没有那么简单。

一

"老师们假期出去旅游，招谁惹谁了？""该不该晒"的背后，是关于教师"凭什么能这么玩儿"的讨论。

教师由于职业的特殊属性，的确享有其他行业人员不曾享有的寒暑假，与其说是福利，更确切地说，是法定权利。《中华人民共和国教师法》明确规定，教师按时获取工资报酬，享受国家规定的福利待遇以及寒暑假期的带薪休假。

在国外，教师享有带薪休假也是通行做法。比如日本一般一年中有暑假、寒假和春假3次假期，教师还有被称为"海上研修"的带薪休假，通过在航行中的研读及靠港后的考察、参观开阔视野；法国教师每年有大大小小5个带薪假期，还专门立法设立带薪学习假期，为教师继续教育买单；德国教师全年的假期约12周，放假时间和长度比较固定。

回到国内，我国的寒暑假也是有一定历史渊源的，其伴随晚清学制改革一起出现，最早对寒暑假进行明文规定的是1901年的《山东大学堂章程》："每年春季，以正月二十前后开学，小暑节放学，给暑假；休息至立秋后六日开学，十二月十五以前放学，给年假。"新中国成立后，陆续出台一系列新规定，调整了各类学校的学期与寒暑假制度，寒暑假一直延续至今。学生要放假，教师也需要休整。

二

放假了，教师的工作就跟着结束了，就可以轻松"躺平"了吗？不得不说，部分网友对教师这个行业存在一些偏见和误解。

比如有教师反映，假期前有期末复习、监考、改卷、赶材料"四件套"，一连几个星期忙得像转圈的陀螺；等学生一散学，就要接着开会、家访、培训，也一刻都闲不下来；再加上假期值班、写教案、为下学期备课、出开学卷子等，教师的"暑期作业"一点也不少，真正能休息的时间屈指可数。

且从笔者窥见的当前教师行业的困境与压力，"关掉滤镜"来了解一下这个行当：

情感疲劳累积。这一触及灵魂的职业需要持续不断的情感输出，在心灵交融、情感传递中为学生传道授业解惑。然而作为输出者，教师本身的工作却相对单调重复——固定的教学内容、校园生活，长期处在家长、学生、学校各方"拉锯"之中，再加上职称评聘、绩效考核、教学评估等压力，这就决定了教师更加需要及时地调整心态、放松状态。

职业能力焦虑。在这个高速发展的时代，职场竞争越来越激烈，包括教师行业在内的不少行业都在"卷"。教师也只有不断提升技能，才能跑赢职场。因此，不少教师利用寒暑假期，默默努力，增加自己的竞争砝码。

比如在一些社交平台中搜索"教师暑期"，各种各样的暑期教师成长计划、假期自我提升计划、假期教师逆袭的笔记层出不穷，涵盖备课、读书、研学等。

社会期待走偏。古往今来，教师都被比作"春蚕""蜡烛""园丁"，赞誉教师的无私奉献、辛勤劳动，但是这样的夸赞讲多了，有时反而变成了甜蜜的"负担"、无形的"压力"。有人甚至把教师视作不食人间烟火的"圣人"，放到道德制高点去审视，过度期待甚至到了苛责的地步，有教师坦言：只要有一丁点的过错，漫天铺地的指责就会把你给淹没，甚至让你不能喘息。

三

俗话说，"读万卷书，行万里路"，出门旅行同样也是一个求知识、长见闻的有效途径。对于"教师该不该在朋友圈晒生活"这样的讨论，我们如何更理性地看待？对此，笔者想到三句话。

把窗户打开，阳光才能照进来。冲破迷雾、消除偏见最快的方式就是开诚布公，摆事实、讲道理，发挥各方之力，"打开天窗说亮话"。教师工作的特殊性、带薪休假的必要性、假期安排的合理性等，不能靠网民去揣测，而是要教育部门、学校、教师等多主动作答，给公众还原一个真实、客观、立体的教师形象，特别是面对一些不合理的质疑甚至是恶意攻击时，用正面回应为教师撑腰鼓劲，而不是简单地要求"不发"或"屏蔽"了事。

有劳才有逸，有劳更需逸。休假是为了调整状态，整装再出发。有人说，工作越努力，休假才能休得"更香"，该奋斗的时候努力工作，该休息时就尽情放松，才是最好的状态。带薪休假的制度被提出来很多年，但距离它在各行各业得到全面落实，还有一定差距。

今年全国两会上就有政协委员提出让带薪年休假制度真正落实

落地的提案，建议强制实施带薪年休假相关政策。在政府、企业、个人等多方努力下，期待能够尽早推动带薪休假制度真正落实，让更多人享受到休假的甜头。

多一些尊重和理解，就能少一些委屈和辛酸。如果只盯着教师超长假期、社会地位高、福利待遇较好等光鲜美好的一面，而忽略了他们也会有教不完的学、熬不完的夜、批不完的卷子等苦恼，那么就会产生更多的误会。

其实，每个行业背后都有不为人知的酸甜苦辣，没有经历过是不好轻易作评判的。网上有个很形象的段子：寒暑假其实是用来给老师疗伤的，在老师快要抓狂之前，必须放假；在家长快要抓狂之前，必须开学。

一位哲学家曾说过，教育的本质是一棵树摇动另一棵树，一朵云推动另一朵云，一个灵魂唤醒另一个灵魂。当教师可以在路上见识更广阔的天地，吸纳更多新鲜养料，不断充实和发展自己，他们的学识、眼界和格局，将深深影响我们的下一代。

应明君　钱义　王云长　执笔

2023 年 7 月 17 日

"一棵树"的力量

> "我有一棵树,长在阿克苏",朗朗上口的"口号"表达出了浙江人与阿克苏百姓的亲和近。

盛夏的阿克苏,北起天山,南至塔里木河,郁郁葱葱的林海护佑着一片片绿洲。其中一片占地超过200亩的"浙江听友林"里,近3万株苹果树经过3年的培育,有的已经长至一人高,在这夏日中结满圆珠般的小果实,预示着秋季的丰收。这是阿克苏冰糖心苹果初生的模样。

这片冠以浙江之名的果林,寄托了数百万浙江百姓的爱心。从2020年起,随着"我有一棵树,长在阿克苏"援疆助农行动的开展,一棵棵苹果树扎根于此、生长于此、葱郁于此。

如今,"我有一头牛,云养在青海""我有一头牦牛,长在阿坝州""我有一只羊,云养在内蒙"等,一批认种认养活动不断在各个对口支援地区被复制,渐渐形成现象级的对口支援工作品牌。

那么,"一棵树"究竟有怎样的力量,让相隔4600公里的浙江与新疆心手相牵?

一

"我有一棵树，长在阿克苏"这一活动，最早源于25年前浙江对绿色发展的一次倾情呼唤。

1998年，中国刚进入汽车时代，浙江一家新成立的交通电台抓住倡导绿色发展的主题，在全省发起"我为汽车种棵树"活动，呼吁大家为自己的汽车种一棵树。从1998年到2019年这22年间，浙江的汽车保有量从48万辆猛增至1800万辆，这一项种树活动也从未间断，数十万棵树苗种遍了浙江大地。

与此同时，4600公里外的新疆阿克苏，始于1986年的柯柯牙荒漠绿化工程正在接续进行，五个百万亩生态修复及荒漠化治理工程相继启动实施，让戈壁变绿洲、荒漠变果园。

在维吾尔语中，柯柯牙意为"青色的崖壁"。但地处塔克拉玛干沙漠北缘的阿克苏地区是新疆重点风沙策源地，曾经，沙漠离城区只有6公里，且以每年5米的速度逼近城区。在近40年里，一代又一代阿克苏人在荒滩戈壁上建成了南北长25公里、东西宽4公里的防风治沙"绿色长城"，使阿克苏的沙尘天气从每年100天左右减少至20天左右。

2020年，这两股为绿色生态奋斗的力量交汇到了一起。这一年，正逢浙江对口支援新疆阿克苏地区和兵团第一师10周年，"我为汽车种棵树"活动首次走出浙江，蜕变为"我有一棵树，长在阿克苏"援疆品牌。浙江百姓出资种树，阿克苏果农代为植树养树，等到秋收之际，果农会拿出部分成熟的果子回馈认种人。

新疆流传着一句歌谣："吐鲁番的葡萄哈密的瓜，阿克苏的苹果人人夸。"阿克苏海拔高、日照长，阿克苏苹果经过沙性土壤栽培和冰川雪水浇灌，拥有了晶莹剔透的果核和高甜绵密的口感。苹果树耐低温、耐干燥，既能防风固沙，又扶农助农，这一跨区域植树造林行动可谓一举两得。

3年来，阿克苏原本荒芜的戈壁滩上长出了近3万株苹果树幼苗，带动了数百万浙江人参与其中。破荒造林的柯柯牙精神在"一棵树"的力量中得以接续传承。

二

"我有一棵树，长在阿克苏"，朗朗上口的"口号"表达出了浙江人与阿克苏百姓的亲和近。

每年果树开种之时，柯柯牙林管站第一任站长依马木·麦麦提，都会带着同为护林员的儿子和孙女，三代"护林人"与来自浙江的朋友一起种下苹果树苗。云认种果树以后，浙江的参与者也可以通过包机游活动，去阿克苏看望认领的小树苗。

这份亲和近的背后，映射着浙江延续了20多年的援疆使命。

1997年，按照党中央、国务院的部署，浙江选派干部支援新疆和田地区。2010年，在新一轮对口支援中，调整为支援南疆腹地阿克苏地区和兵团第一师，13年来，浙江累计已有4000多名干部人才接力援疆。

在阿克苏流传着这样一句话，"浙江最好的教师在阿克苏，最好的医生在阿克苏，最好的企业也来到了阿克苏……"倾力援疆，浙江的优势某种程度上也成了阿克苏的优势。

习近平总书记高度重视对口援疆工作。去年7月，他在新疆考察调研时强调，做好新疆工作事关大局，是全党全国的大事。全党都要站在战略和全局高度认识新疆工作的重要性，加大对口援疆工作力度，完善对口援疆工作机制，共同把新疆的工作做好。

他还深情回忆道："说起来和新疆的联系，在浙江工作期间，我曾就浙江对口支援和田地区建设、推进浙江和新疆两省区经济合作同新疆的同志多次交流和探讨。2003年8月，我带领浙江省党政代表团在新疆考察了8天，那次走的地方比较多。"

一路走来，最初的"输血式"支援，已经逐渐发展到如今的产业帮扶、劳务协作、项目建设、技术引进、人才支援等"造血式"支援。

在浙阿的故事里，有累计救助视听疾患儿童348人的浙江援疆儿童"启明行动"，有圆了33290名新疆小朋友微心愿的"点亮万个微心愿"爱心行动，有让浙阿两地492所学校、26万人次学生结对同上一堂课、同过一个节、同读一本书的浙阿"百校十万'石榴籽'青少年融情工程"，还有歌剧《红船》、历史京剧《班超》、实景剧《丝路爱情故事》等文艺作品在两地展演，以及"诗画浙疆""书香浙疆"等各式各样的文化交流活动，"我爱浙疆"文化润疆品牌被越来越多的浙阿两地群众知晓。

今天再看这片"浙江听友林"，它不仅帮助了阿克苏地区进一步抵抗风沙的侵袭，还助力当地果农增收致富，实现资源的优势共享，更重要的是，它促进了浙江和新疆人民"像石榴籽一样紧紧抱在一起"。

三

"我有一棵树，长在阿克苏"援疆助农行动是浙江对口援疆工作的一张"金名片"，锻造出"一棵树"的力量，也为接下来的对口支援工作带来了诸多启示。在笔者看来，至少有以下三点比较重要。

"独木难成林"。阿克苏地区果农曾这样描述超乎想象的"开荒"之难：在戈壁滩上种一棵树，必须先用挖掘机把大石头挖出来，再用钉耙筛出小石头，然后再一车车拉来大量羊粪，改善盐碱地寸草不生的土质，这样才有可能种活一棵树。即便在这样困难的条件下，浙阿仍旧携手种出了郁郁葱葱的"浙江听友林"。

除了种植养护，杭州市援疆指挥部还举办电商培训班"蒲公英培训计划"，帮助新疆果农把阿克苏苹果销售到全国各地。现在，阿克苏苹果已形成果品生产、加工、保鲜、仓储、批发零售、物流运输的全产业链条，助力当地累计销售苹果超过100万公斤、认种资金超2000万元。

就像这片林子，一棵树也许力量很小，但千千万万棵树就能抵御一方风沙；一个人的力量也许很小，但千千万万爱心汇聚，也能让戈壁长出"冰糖心"。

"到什么山上唱什么歌"。"援疆干什么？就是要实实在在干成几件事。"这是很多援疆干部人才的心声。

在浙江对口支援的阿克苏地区，援疆干部人才善于变优势资源为优势产业。比如，让拥有高甜绵密口感的阿克苏苹果形成产业链，走进千家万户；面对占全国1/6的棉花种植面积，他们协助当地在工业城内建起工厂，覆盖纺织产业各个环节；利用途经阿拉山口的"义新欧"中欧班列和规划中的中吉乌国际铁路等，着力招引浙商，建设各类专业市场，等等。精准"嫁接"双方优势，"1＋1＞2"的效果自然水到渠成。

"大处着眼，小处着手"。"一棵树"的故事，缘起于浙江和阿克苏两地对绿色发展共同的初心，但能擦亮品牌、做出实效、形成风尚，离不开两地持之以恒地完善优化项目细节，从而让更多人从中获得幸福感。

春种树、夏探园、秋采摘，在阿克苏俨然成了一种时尚。今年的认种活动还设计了"家庭树""爱情树""友情树""公益树"等六大认种主题，参与者可以单独认种整棵树，也可以发动亲朋好友一起合种，"玩法"上更具新意和参与感。截至上个月，今年已新认种100亩。

今年4月，第十一批浙江援疆干部人才正式到岗开启新一轮援疆工作。进入全面提升阶段，他们的援疆任务依然艰巨和繁重，如何因地制宜挖掘新优势，作出新贡献，考验着每一个人。

相信浙江援疆人在这片土地上挥洒过的汗水、奋斗过的身影、上演过的暖心故事、留下来的产业和希望，会像坚韧的苹果树一样，深深扎根、茁壮成长、枝繁叶茂。

冯仁方　叶舒　林非　朱晓杨　执笔

2023年7月17日

"标题刺客"刺伤了谁

> 走"标题刺客"的捷径也许会快人一步，但终究不能走得更远。

"浙江人被确诊为孙悟空！"看到这个标题，你能想到，文章讲的是浙江进入持续高温天吗？"刚刚！重磅官宣！"你曾被这样的标题"骗"进去过吗？

一段时间以来，有关"标题刺客"的讨论持续在媒体从业者的朋友圈内流传。《重磅！火了！定了！……"标题刺客"正在抹杀新闻学？》《这三种新闻，用户为什么深恶痛绝？》等文章都认为，新闻标题与选题方向正在变化，有专家甚至忧心"新闻学不存在了"。

新媒体作品的评价指标一直是个业内难题。随着一味追逐流量倾向的不断强化，"标题刺客"的现象也越来越普遍。在当前的新媒体环境下，如何制伏"标题刺客"，是个值得思考的大问题。

一

和早前风靡一时的"震惊体"相比，"标题刺客"有所不同。在内容上，它们多为政府部门发布或媒体现场采访来的稿件，并不弄虚作假；发布平台上，"标题刺客"从自媒体账号延伸到权威新闻媒体的新媒体账号，甚至在政务发布号上也有出现。

事实上，两者的内在逻辑是一致的，都希望通过夸张、悬疑等手法，吸引用户点击进入，从而获取流量。从本质上来说，"标题刺客"也属于标题党的一种表现形式。

天下熙熙，皆为流量。相比传统媒体时代，新媒体的特征之一就是流量数据很显性，一篇稿子，一个视频，有多少人看过，一目了然。也正因如此，点击量、爆款量也成为最便捷、最简单的衡量指标。在流量指挥棒之下，出现"标题刺客"也不足为奇了。

就表现形式而言，"标题刺客"主要有三个方面的特征：

短句扎堆。"定了""重磅""官宣"……打开社交平台搜索这些关键词，会跳出来一大堆相似的标题，比如"刚刚，紧急删除！""定了！降""重磅发布！"。这些标题使用的多为短句，用词直接，语气强烈，让人一眼扫过就记忆深刻。当用户一下子看不明白讲的是什么，就有了点进去看个究竟的欲望。

掐头去尾。在新闻学的概念里，何时何地何人等是非常重要的新闻元素。但一些创作者认为，如果把这些元素都放在标题里，受众对内容一目了然，那么很多对此不感兴趣的用户也就不会再点开文章。

因此，有些新媒体账号的稿件标题故意掐头去尾，甚至直接用省略号作为标题，就是为了制造悬念，引诱人们贡献点击量。比如，有人就把马上要下大暴雨这件事，"包装"成"突发！事关所有人！"，让看到的人不明就里，忍不住点开。

挑动情绪。动不动就"震惊全国"，时不时来个"大转折"，再加上大量的感叹号等，都是"标题刺客"常用的方式。其目的就是挑动用户情绪，吸引他们点击阅读。更有甚者，为了迎合某个热点，故意从文章中断章取义，得到了想要的效果，却影响了新闻的可信度。

"标题刺客"的出现，是在新的传播形态下，由于传播技术、传播媒介、评价体系等变化带来的新问题。这其中，既有传播者本身的原因，也有传播环境的影响。

在显性流量的新媒体环境下，对于部分新媒体账号运维者来说，迎合用户的情绪至关重要，只要有人点进去了，就产生流量，至于这个传播是不是有效，内容是不是能够打动人，就不是他们所关心的了。

二

经常有记者抱怨，辛辛苦苦采写的稿子，做个规规矩矩的标题，发在平台上才一两千的阅读量，实在没什么成就感。

在信息爆炸的互联网上，用户的注意力是稀缺资源，如果新媒体标题不能一下子抓住用户的注意力，的确很容易被滑过。俗话说："题好一半文。"在媒体融合过程中，传统新闻学意义上的新闻标题，不一定都适应新媒体时代的要求。

客观来说，适当的标题创新，的确是助力文章传播的加分项。

但当创新变成了故意吊人胃口、博人眼球，看着满屏的"重磅"，用户的心理也会从喜欢变成厌倦甚至厌恶。那么，"标题刺客"刺伤了谁？

首先被"刺伤"的是用户。好比"狼来了"的故事，一次次的上当受骗，让用户的感情逐渐变得麻木，对社会公共话题或许也会变得越发冷漠。如某些公号一次次用"巨星陨落"做标题报道公众人物离世的消息，用户看得多了，反而产生了逆反和调侃的心理，对公众人物去世的痛惜感却被减弱了。

被"刺伤"的还有新闻专业性。筛筛选选网上的内容，再做个有噱头的标题，就能获得不错的流量。在"劣币驱逐良币"效应之下，真正愿意沉下心来做优质原创内容的人越来越少，愿意深入现场核查的人越来越少，新闻专业主义频频受到质疑。

被"刺伤"的，最终是媒体的形象和公信力。公信力是媒体的生命线，在互联网时代，媒体既要聚流量也要聚人心，如果失去了用户的信任，也就失去了立身之本，在重大事件的报道中，便无法起到引导舆论、发出主流声音的作用。

无论这类标题"刺伤"了谁，究其根本，这是媒体融合大潮冲击下，新媒体评价体系不完善、不精准所导致的怪象。起一个"不带刺"的新媒体标题，从小处说，关系的是一篇稿子的阅读量；往大了说，关系的却是新媒体时代新闻专业主义的建构。

三

习近平总书记多次对媒体融合发展提出明确要求，他指出，要把握正确舆论导向，提高新闻舆论传播力、引导力、影响力、公信力，巩固壮大主流思想舆论。

在笔者看来，标题非小事。提高新闻舆论的"四力"，离不开好作品，而标题就像是一个作品的"眼睛"。流量汹涌的环境下，没有谁能置身事外，关键是如何做到善用流量，让流量真正能够发挥凝聚人心的作用，这需要从业者自身付出努力，也需要媒体、新媒体平台等发挥合力、相向而行。

专业"定心"。风物长宜放眼量，媒体在舆论场的得失，不在一篇稿子，也不在一时，对媒体来说，不能为了迎合而迎合，而是要通过优质的内容获得用户的认可，涵养一批具有忠诚度的粉丝，凭实力引领大众。

移动互联网时代的竞争，传统媒体和自媒体处在同一个层面，面对自媒体利用"标题党"收割流量，传统媒体从业人员难免会有心理失衡的时候。但一场有智慧的比拼，要以己之长攻人之短。相比自媒体，主流媒体的优势在于专业和权威，如果丢了这两大法宝，相当于弃了武器上阵，难免会败下阵来。

对于媒体来说，还是要坚持内容为王、移动优先的原则，精准的、有效的阅读量才是值得尊重的流量。

考核"宽心"。数据是显性的，但也是有局限的，无法完全反映一篇稿子的质量和影响力。新媒体时代，不讲流量是自娱自乐，只讲流量容易罔顾是非。

考核时，将流量作为新媒体评价指标的同时，也要考虑稿件的引导力、公信力，形成多元化的评价体系，从质量和传播效果等多个维度来评价稿子的优劣，从而缓解运维者的流量焦虑。

比如，中国新闻奖的评选办法中，对融合报道评奖的标准，采用的是"主题鲜明、内涵丰富、形式新颖，传播效果较好"，并不

"唯流量是从"。

平台革新。对于新媒体平台来说，可以通过技术革新、制度创新，在常规的转、赞、评等要素之外，形成更科学的评价数据体系，为营造优质内容生态贡献一份力量。比如，前段时间，b站将视频的前台显示数据，用完播率取代播放量的尝试，就引发了网民的热烈讨论。再如，邀请专业的资深媒体人成为把关人，对标题进行把关、审核。对于"标题刺客"，应该减少推荐量、曝光率，甚至采取处罚措施，等等。

此外，引导之外还需有治理。对于各种"标题党"，有关部门该出手时还得出手。

"流量密码"人人想要，"流量思维"无可厚非，但获取流量的途径不应该是"标题刺客"。制作一个好标题，需要在文化的积淀、经验的累积、专业的学习中慢慢领会，走"标题刺客"的捷径也许会快人一步，但终究不能走得更远。

钱伟锋　执笔

2023 年 7 月 18 日

"在心里传承好"的深沉力量

> 电影中的故事虽然距离我们很远，但里面的诗、里面的人，仍能够穿越千年击中我们每个人的内心，这便是文化传承的力量。

这段时间，动画电影《长安三万里》热映，里面不少唐诗名句引发观众共鸣，一些影院甚至变成了"大型背诗现场"。电影中的故事虽然距离我们很远，但里面的诗、里面的人，仍能够穿越千年击中我们每个人的内心，这便是文化传承的力量。

习近平总书记在苏州平江历史文化街区考察时，说的一句话令人印象深刻："平江历史文化街区是传承弘扬中华优秀传统文化、加强社会主义精神文明建设的宝贵财富，要保护好、挖掘好、运用好，不仅要在物质形式上传承好，更要在心里传承好。"

何为"物质形式上"的传承，何为"在心里传承"？要真正让中华优秀传统文化"在心里传承好"，我们还有多长的路要走？

一

几千年文化的流芳与传承，让我们如今的生活丰满而富有诗意。外出旅行，博物馆、古迹遗址、历史文化街区是热门打卡地；历史题材的小说、影视剧、舞台剧、古风歌曲等，总能圈得一大波忠实粉丝；近年来，中式婚礼、中式茶饮、中式服装等，更是在年轻人中刮起了一阵"国潮风"。

这些历史文化元素之所以仍能俘获人心，本质上是无形的文化观念在起作用。如今，一些"老古董"或许不再是我们生活的必需品，但它们却是永久地成了我们心灵的寄托，成为另一种不可或缺的存在。

中国人对历史文化传承的重视，见于从《春秋》《史记》到《资治通鉴》的史学传统，见于从太学、国子监到书院的教育传统，见于从《永乐大典》到《四库全书》的修典传统，等等。

政治家们以史为鉴求索盛衰兴替，在历史文化中找到治国理政的良方；文人士大夫积累前人留下的知识财富，创造属于自己时代的文化瑰宝；市井百姓将历史文化作为茶余饭后的谈资，经由代代相传成为一个个经典故事……

举个例子，为什么江南民居的黑瓦白墙一看就是中国人的审美？有学者就认为，黑色和白色是墨和纸的颜色，把房子设计成黑白色，正是中国古代文人崇尚自然、追求雅致与从容的理念在建筑建造上的体现。这种追求久而久之成为一种精神底色，传承至今。

追根溯源来看，正如习近平总书记指出的，中华优秀传统文化代代相传，表现出的韧性、耐心、定力，是中华民族精神的一部分。不论是"苟利国家生死以，岂因祸福避趋之"的豪情，还是"王师北定中原日，家祭无忘告乃翁"的悲壮，一脉相承的民族精神、接续传承的民族文化，是最为坚固的堡垒，让中华文明在一次次挫折和危难中屹立于世界民族之林。

文化的物质载体或许会在历史中逐渐磨灭，但优秀文化的精华神髓必将在人们的内心永久留传。守护好、传承好中华民族共同的历史文化记忆，是这个时代文化工作者义不容辞的责任。

二

对于一个地方的领导者和文化工作者来说，有没有发自内心地重视文化，并且进一步推动大家"在心里传承好"历史文化，是其善不善抓文化工作的标尺，也是文化建设能不能取得更好成色的要素。笔者认为，现实工作中有四种倾向值得警惕。

倾向一：重经济、轻文化。有的地方认为，经济发展是硬任务、硬指标，文化建设是软任务、软指标，或者认为文化建设就是花钱的，只投入、不产出的，赚不了什么大钱，因此多多少少存在"说起来重要、干起来次要、忙起来不要"的现象。其背后，是重"显绩"而轻"潜绩"，是对文化建设的战略性意义认识的不足。

倾向二：重开发、轻保护。随着城市化脚步加快，土地资源已经成为一些地方政府依赖的重要资产。越是要开发建设的区域，文化遗址的保护压力越大。在一些地方的城镇化进程中，推平城市历史街区和传统古村落的现象时有发生，令人扼腕痛惜。据第三次全国文物普查统计，我国30年间消失的4万多处不可移动文物中，有一半以上毁于各类建设活动。

倾向三：重当前、轻长远。文化最大的特质，就是像空气一样无处不在，影响深远持久。文化有其自身的内在规律，是看不见的GDP。但一些地方简单地用抓经济工作那一套来抓文化，用评价经济产出标准来衡量文化效益，重视眼前利益而轻视长远价值，无疑是本末倒置。

倾向四：重表面、轻内涵。有的地方虽然搞了几个文化项目、文化工程，但徒有光鲜亮丽的外表而缺乏内容，文化设施成了一般消费场所，或是缺少人气、空空荡荡，使得"大众文化"沦为自娱自乐的"小众文化"。

以上种种表现，归根到底是对文化仅重视物质形式上的传承，而不重视在心里传承的结果。

三

有人说，文化包括知识的内容，因而需要理解；更包括情感的内涵，也就需要热爱。历史文化的传承要"发乎内而形于外"，只有真正理解了、热爱了，才能铭刻于心、表迹于形。

笔者认为，推动全社会"在心里传承好"优秀传统文化，有几种要素必不可少：

坚定文化自信是根本。中国人认同一个道理，对一个人、一个家族来说，要寻根问祖；对一个民族、一个国家而言，更不能数典忘祖。回答好"我是谁、来自哪里、去向何方"，是每个民族不容回避的"灵魂拷问"。

曾经有些人秉持"文化劣根性论"，认为中华文化以糟粕居多，宣扬所谓"全盘西化"，也有些人对本民族文化抱有盲目自大心态，拒绝与其他民族优秀文化进行交流互鉴，这些态度都是对本民族文化认知不足的表现。只有充分地认识历史、自信地面对历史，才能自信地看待"自我"和"他者"，才能自信地走向未来。

凝聚社会共识是前提。俗话说，"独木难支，孤掌难鸣"。一个人形成不了文化发展的良好环境，一群人才能营造共建共享的文化生态。

比如，21世纪初，开山炸石曾经一度严重破坏了良渚遗址的生态环境。在时任浙江省委书记习近平同志的推动下，周边的石矿场彻底关停，良渚遗址保护工作才渐入佳境。这充分说明，保护和传承文化遗产是每个人的事，既需要领导干部的魄力和决心，也需要社会各界在共识中凝聚合力。

形成正向循环是关键。在心里传承的历史文化虽然是无形的，却也有章法可循。文化传承仅靠部分人的热忱和情怀作支撑，是难以为继的；唯有做好"文化＋"的文章，让传统文化与现代文明相互兼容，才能形成正向循环的良好局面。

比如，浙江松阳发起的"拯救老屋行动"，让大量老屋居民尝到了文旅融合发展的甜头，更有动力和愿望继续保护好传统古村落。同时，随着保护和开发的推进，人们对这类文旅产品的需求也在迭代升级，反过来推动文化传承保护的提升，进而形成一种良性循环。

培养人才梯队是基础。人是文化传承发展重要的载体、主体。比如，非遗的活态传承依靠人也作用于人，而由于一些老师傅年纪渐大，身心乏倦和精力不足，导致代表性技艺濒临失传，甚至已经失传。

近年来，浙江制定发布了《浙江省非物质文化遗产保护发展

"十四五"规划》等政策，通过组织研习培训、技能大赛等活动，发现培养一批有能力有潜力的非遗传承人，从而让一些濒临灭绝的非遗项目得到拯救。

历史文化的传承，归根到底是人们内心认同和自信的一种延伸，它承载着一份责任、一种情怀、一份担当。发自心底的那份文化认同，像一根风筝线般牵连着历史与现实。

期待在未来，更多历史文化的精神标识屹立于故乡的土地上，闪耀在我们每个人的日常生活里。

汤敏　谢滨同　洪敏　执笔

2023 年 7 月 18 日

研学怎样真"研"真"学"

> "到此一游"不可为，真"研"真"学"取"真经"。

暑假，"出笼"的"神兽们"怎么度过才更有意义？相信这是众多家长近期尤为关心的话题之一。

笔者关注到，除了传统项目如完成暑假作业、和同学们一起玩耍、出门旅游等，研学已然成为家长、孩子们的暑期"新宠"。

早在四五个月之前，笔者在朋友圈、公众号、短视频平台甚至是小区电梯间，就已经看到了研学广告的身影。随着假期到来，"抢空了""卖爆了""仅剩最后两席"的字眼越来越多，颇有"不抢一个就亏大了"之势。

然而，也有不少家长反映，当下研学游市场存在着种种问题，令人忧心。或许，研学"热"背后，我们需要一些"冷"思考。

—

回望历史，古代文人雅士游历四方求知求学，就是研学的前身。早在春秋战国时期，以孔子为首的新兴士人阶层就已拉开"研学"的序幕，在与外界广泛的交流中求得进一步的教育和修养；南宋时期，武义才子巩丰在诗中也曾说："一旦远游学，如舟涉江湖。"

可以发现，无数喜欢远游的读书人或是览名胜古迹、寄情于山水之间，或是结良师益友、探索社会真谛，在游学的过程中实现了精神的自足、人生的通达。

再把目光转向国外。在中世纪的欧洲，游学更多依托于宗教而展开，朝圣活动成为游学的一种形式。到了18世纪，随着人文主义重焕生机，贵族、学者纷纷踏上实现博学广识的欧陆各地游学之旅。

游学的传统延续至今，仍然是一种重要的学习教育形式。不过，如今这一概念已然"转型升级"，"研学"应运而生。从字面意思来说，"研学"更加注重研究和探索特定的领域或主题，可谓一场内涵丰富的实践之旅。

比如，以中华优秀传统文化为内核，绍兴和西安分别打造了以"跟着课本游绍兴"和"跟着唐诗读长安"为主题的研学品牌；云南腾冲以自然和文化为题材，开展劳动实践活动，让研学沾上"泥土味"；四川夹江依托核科技发展史推出研学活动，擦亮"工业旅游"的名片，在孩子们心中播下科技梦的种子。

一次好的研学对孩子来说是大有裨益的。研学能提供"自主式"学习空间，锻炼孩子自主思考、沟通交流和团队协作的能力，还能提供"实践性"学习平台，提升孩子对新环境的适应能力和对新事物的接受能力，更能提供"沉浸式"学习体验，让孩子在跨文化、多学科的环境中迸发出别具意义的感知。

二

然而，在当下关于研学的各类负面新闻屡见不鲜的情况下，要把孩子一个人送进研学团度过几天乃至数周时间，而且花费不菲，相信很多家长像笔者一样，心里难免有些担忧。

一忧"货不对板"。当下，研学的名目众多，或是野外探险徒步、军营生活体验，或是探访名校校园、感悟中外文化……只要是孩子喜欢的、家长感兴趣的，市场上就会有相应的产品。

然而，有些研学团的"里子"却与华丽的外表包装相去甚远。有的"只游不学"，变成了带着孩子观光、打卡、拍照的"走马观花"式旅行团；有的"只学不游"，挂着研学的帽子却干着补课刷题的"老行当"；有的更是"不游不学"，孩子们只是换了个地方打起了手游、刷起了短视频。对家长来说，原本希望让孩子通过研学有所获、有所得，到头来却可能"赔了时间又烧钱"。

二忧"安全漏洞"。许多研学项目都要求孩子"单飞"，也就是不允许家长陪同。一旦把孩子送进研学团，就意味着要把孩子的安全整个交到带队老师的手中。

现实中，不同研学机构的带队老师资质和素养良莠不齐，有的机构在寒暑假等研学高峰期招聘大量的兼职人员、临时工，有的甚至直接将项目外包给当地的旅行社或是其他机构，还有的研学项目则在合同中直接注明，参加研学的学生需要为自身的人身和财产安全负全责。如此"甩手掌柜"般的机构，怎能让家长放心安心地将孩子托付？

三忧"价格虚高"。有网友戏称，游学的利润就在于"花头精"特别多。比如，博士教师带队、中英双语教学、名校课程体验等，都是显眼的"加钱项"。简单一对比就不难发现，目的地、行程、时长都类似的项目，只要加上"研学"字样，价格便会高出不少。

不仅如此，作为疫情后的第一个暑假，国外研学团已然呈井喷状。但是据参加过国外研学团的孩子反馈，有人来回坐的是廉价航班、住的是便宜旅舍、吃的是简单快餐，费用却是从万元起步。如此性价比，也难怪许多家长直言"报不起"。

四忧"助长攀比"。"暑假我去国外研学，你去哪里？"炫目的行程、不菲的价格，使得研学成为有些家庭和孩子之间相互攀比的筹码。

在挑选研学项目时，一些家长和孩子比路线名气、比报价档次、比交通工具、比出国次数，盲目陷入"烧钱大战""家境比拼"，却忽视了真正应该从研学中获取的东西。家长无节制地高投入、高预期，反倒可能助长孩子的虚荣心、膨胀感，不利于价值观的塑造。

研学，到底是"圆梦"还是"砸钱"？当它成为一种盲目的攀比，就变了味、失了色，更谈不上发挥出本应有的作用。

三

在寒暑假期间，孩子需要且应该走出去，到广阔的自然和社会的大课堂中去增长见识、开阔视野、丰富眼界。那么，怎么样才能为我们的孩子提供真正有益、有趣又有味的研学项目呢？笔者有三点建议。

"到此一游"不可为，真"研"真"学"取"真经"。研学机构应该以教育从业者来定位自身，履行社会责任、践行教育情怀，打造真正将"读万卷书"和"行万里路"融合的研学产品。

一个优质的研学项目，应该具备三个"度"：有细度，为不同年龄段、不同兴趣点、不同目标值的孩子设计更为个性化的产品；有深度，从帮助孩子树立理想、净化心灵、感悟人文、磨炼意志等目标入手，打造充裕的研学人才队伍，让项目真正有意义；有温度，像对待自己孩子一样保障好研学学生的行程。

攀比心理不可取，注重研学"兴"价比。扎实的研学能够用不长的时间，给孩子提供一次前所未有的教育体验，是一场"行可兼知，行高于知"的探索之旅。对家长而言，着眼于当前，可以根据孩子个人兴趣和学习目标进行选择，放眼于长远，甚至可以与孩子的职业生涯规划串联在一起。

研学项目的价格也好，前往国家的数量也罢，都不应该成为研学的"指标"，更不应该衍化为攀比的筹码。关注研学质量和个人兴趣、个体成长的"正相关"，对于孩子来说才能真正"研"有所得、"学"有所获。

监管主体不可缺，杜绝研学存"漏洞"。针对当前尚处于多头管理的研学市场，教育、文旅、工商等部门亟须进一步出台一系列政策"组合拳"，保障市场的规范化运行和高质量发展。

比如，把好"准入关"，严格审核从业企业的相关资质；把好"内容关"，制定研学项目的定价标准和评价指标体系；把好"售后关"，为购买研学服务的家庭提供有力的消费者权益保障，等等。

边走边学、边学边悟，寓教于乐、融学于趣，让旅程变成课程，让自然和社会成为课堂，研学打开的正是实践教育这扇窗。而研学市场的健康发展，需要多方共同努力，如此方能使研学之旅真正成为锻炼孩子能力、丰富孩子成长经历的美好体验。

许小伟　执笔

2023 年 7 月 19 日

"观中国"该有怎样的"中国观"

> 了解中国，既需要远见的引领，更需要用心去看见的行动。

"了解中国是要花一番功夫的，只看一两个地方是不够的。中国有960万平方公里，56个民族，13亿人口，了解中国要切忌'盲人摸象'。"2013年3月，习近平主席在接受金砖国家媒体联合采访时说。

一年后，在德国柏林会见德国汉学家、孔子学院教师代表和学习汉语的学生代表时，习近平主席再次强调，一些人对中国有偏见，主要是源于陌生、隔阂和不了解。了解中国，不能只看一个点、一个面，切忌"盲人摸象"。

自1840年以来，中国努力"开眼看世界"，现在早已能够"平视"世界、直面世界眼光的检视。但如今，美西方一些国家仍然未能"开眼看中国"，导致对中国形成错误认知。

"观中国"该有怎样的"中国观"？我们自身又该如何发力，以尽力避免"他者"陷入"盲人摸象"的误区？

一

面对"返场中国",一些西方国家既有主观上的"不愿看清",也有客观原因导致的"看不清"。笔者试着理出了几种形式:

垂着眼的"傲慢"。"浙江宣传"曾刊发文章《让西方文明的傲慢低下头来》,细数"文明等级论"的产生原因和危害。美西方国家这种傲慢的俯视姿态,使得他国感受不到尊重和信任,甚至引发国家间的误解、冲突。

比如疫情期间,美西方政客炮制"中国病毒论""华为5G基站会传播病毒"等匪夷所思的谣言,令不少西方民众信以为真。这正是反智主义盛行之下,以"盎格鲁-撒克逊"文明的傲慢打量中国的荒诞写照。

斜着眼的"偏见"。随着苏联解体、冷战结束,1992年,西方学者弗朗西斯·福山宣称,自由民主资本主义成为人类政治制度的最终形态,是人类历史的终点。"历史终结论"虽很快走向"终结",但这种"非此即彼"的制度偏见,却时常遮蔽不同历史文化、社会结构和政治体制的差异性。

不仅如此,不少美西方国家民众还存在认知偏见和刻板印象,认为中国的产品质量不可靠,认为中国依赖价格优势挤入海外市场,等等,难以真正认识中国。

捂着眼的"恶意"。正如西班牙记者、《中国:威胁还是希望》一书作者哈维尔·加西亚所说,借助强大的议题设置和主导能力,美国政府与媒体"引领"着其他西方媒体,在全球范围内发起针对中国的"舆论战",其做法是"好的一律不报""不好的添油加醋"。

比如，2008年西藏拉萨"3·14"打砸抢烧事件，美国CNN作了移花接木、张冠李戴式报道，让"做人不要太CNN"成为当年热词；近些年，受逆全球化思潮影响，美西方个别媒体蓄意抹黑诋毁中国，谎称"西藏在中国统治下面临缓慢死亡"；在推特、脸书等海外平台搞起"大翻译运动"，刻意将中文社交媒体中的一些极端言论翻译成外文，进行标签化。

种种事件，让西方一些媒体所谓客观公正的"面纱"一次次被撕破，其中的恶意很难掩饰。

眯着眼的"近视"。在今天这个讲求高效、"快消"的新媒体时代，"后真相"的情绪惯性、"流量为王"的KPI导向，使得一些海外媒体偏向于以碎片化信息迎合受众。

一些海外媒体甚至简单粗暴"操作"，把关于中国的个别负面事件夸大为常态性事件，导致海外民众常常"雾里看花""如坠烟海"，难以找到清晰完整的中国镜像。

二

笔者认为，把握中华文明的突出特性，有必要这样三"观"中国。

以"大历史观"看"万古江河"的中国。放眼世界，曾经大放异彩的四大文明古国中，唯有中华文明从未断流，如长江、黄河般滔滔不绝。不同于短短百年历史的民族国家，绵延数千年的历史形塑着中国人的时间哲学。

习近平总书记说："我们对于时间的理解，不是以十年、百年为计，而是以百年、千年为计。"中国人具有更加长远的历史观和规划视野，经常以百年为时间刻度丈量一个时代的兴衰荣辱，由此便能理解中国"两个一百年"奋斗目标的深沉力量，感受中国人"留取丹心照汗青"的精神追求。

以"革新观"看"苟日新，日日新，又日新"的中国。在数千年历史长河中，中华文明跌宕变化，郡县制、科举制、行省制等持续更新，儒、道、墨等思想和佛教、基督教、伊斯兰教之间碰撞交融。近代以来，面对民族救亡图存的命题，中国共产党基于历史文化、国情实际和社会主义发展规律，求新求变，最终踏出一条路来。在新的起点上，我们又有了用新的伟大奋斗创造新的伟业的使命。

正如菲律宾前驻华媒体人所说："中国唯一不变的就是一直在变。"守正不守旧、尊古不复古的中国，必然日日新，也要求外界以"新"眼光相视相待。

以"天下观"看"九州四海"的中国。中国历史上有分有合，但中华民族的统一性一以贯之。对"统一"的追求，远不是单一的地缘问题、力量博弈，而是根植于血脉、人心、基因的"天下观"。

这种"天下观"，容纳九州四夷，超越种族差异，造就巍巍华夏，熔铸中华文明的开放包容气质。相较于一些西方国家的外部争雄逐鹿、内部冲突撕裂，中华文明信奉"亲仁善邻、协和万邦"，追求"天下一家、世界大同"，并于当代创新提出"构建人类命运共同体"等全球治理理念。

三

跳出"盲人摸象"的误区，了解一个真实全面的中国，确实并非易事。面对当前中国国际形象仍然存在显著的"逆差""落差"问题，也亟待我们发挥主观能动性，以自身为出发点来发力作为。

"求同"但也"释异"，向世界说明中国。一段时间内，国内流行用西方概念来解读中国问题，用中国事实、数据来迎合西方理论。这样做多了，就意味着我们主动放弃了思考的自主性和解释中国的话语权。专家学者不能成为西方话语的"搬运工"，中国实践更不能成为西方理论的"试验田"。

"思想舆论工作也要久久为功，我们的观念和主张要经常说、反复说，不能长在深山无人知。"增强"四个自信"，必须加快建设立体的对外话语体系，不卑不亢、有理有据地回应曲解错讹、阐释理念观点，让中国话语融入并穿透世界话语体系。

比如，针对美西方炮制的"自由主义人权观"，结合中国发展实践和成效，我们提出的"生存权和发展权是首要的基本人权"话语新范式，得到国际社会的广泛认同。

多元叙述，全面讲好中国故事。中国春节、汉字书法、太极武术、中药针灸等传统文化标识，已经广为世界知晓。但一个现代化的中国，在"民族性与世界性"的不断杂糅中展现传承变革，这需要政府、企业、媒体、智库、个人等群策群力，以形成"人人都是代言人"的多元叙事局面。

这方面，中国也不乏成功案例：前几年的"李子柒"现象，让我们看到个体叙述、东方美学借助社交网络所能产生的全球传播力量；网络游戏《原神》，用虚拟场景、剧情引导展示中式世界观，同时让全球"Z世代"直观感受桂林龙脊梯田、苗族吊脚楼之美。

以心交心，走近才能看清，了解才会理解。1992年，习近平同志在福州市委书记任上，促成美国加德纳夫人代已故丈夫回中国故园看看的夙愿，成就中美民间"鼓岭缘"的佳话；美国人史明智花了三年时间，在上海长乐路上来来回回，与各种人交朋友，被称作"半条马路知中国"。

国与国相交贵在诚，人与人相交贵在真。以民相亲促国相知，是中华的"和合之道"。事实证明，各国人民完全可以跨越制度、文化、语言等差异而相知相亲。

此外，我们不能局限于走马观花式的"打卡"外宣，满足于"外媒关注""大咖点赞"，还要通过数字传播、体验互动等新打法增进共识共情，以细水长流、功在涓滴的努力，生成久远绵延的民间友谊，并让这份友谊成为看清中国的"平光镜"、牵连彼此的"金纽带"。

"每个伟大成就在成为现实之前都是一种远见。在这种意义上，它产生于勇于担当，而不是听天由命。"基辛格在《论中国》一书中这样写道。了解中国，既需要远见的引领，更需要用心去看见的行动。

徐伟伟　郭璇　蒋盈盈　执笔

2023年7月19日

乡村集市凭啥"圈"住人气

> 它之所以能重焕新生，源于其在城乡社会之间、在人与人之间，重新建立起有温度的链接。

最近，在丽水市缙云县壶镇，一场大集点燃了小镇夏日的"烟火气"。沾着泥土带着露水的瓜果蔬菜、新鲜出炉冒着热气的糕点小吃、五颜六色便宜实惠的服装鞋帽……不仅唤来了十里八乡的村民，还引来了五湖四海的游客。

今年以来，全国很多地方的乡村集市红火开张，一跃成为新晋"顶流"。打开社交平台，多的是自嘲"没见过市面"的年轻人，或者已经赶完集，或者正在赶集的路上。一位去过北京沙河大集的网友，如此形容集市的人流量："你随便被绊一下，都会立马踩到另一个人的脚后跟。"

乡村集市凭啥"圈"住了人气，火出了乡村？

一

"东市买骏马，西市买鞍鞯，南市买辔头，北市买长鞭。"一首《木兰诗》，描绘出古人在集市上"淘货"的热闹景象。

有观点认为，中国最古老的集市，可以追溯至神农时代。《周易·系辞》记载："日中为市，致天下之民，聚天下之货，交易而退，各得其所。"在特定的时间和场所进行物物交换，这便是集市的由来。

最初集市只在都城开办，随着民间商贸和交通的发展，天南海北的人们在城郊村镇、交通要道自发汇集成市，有按照季节时令划分的一月灯市、二月花市、三月蚕市等，也有售卖单一物品的专门集市，如渔市、茶市、马市等。

集市，不仅是乡镇的"商业CBD"，也是村民社交的大型"派对"。以前，大家每月数着日子，满怀期待地揣着自己攒下的积蓄去赶集。等到花了钱、装满了袋，又将村里村外的消息听了个遍，这才心满意足地回家，盼着下一次集市的来临。

乡村集市里没有光鲜的品牌包装，有的是刚从地里摘的、从河里捞的农货土产；没有令人心惊的"价格刺客"，有的是遇上熟客抹个零、再添把葱的热心小贩；没有带着疏离的客套，有的是从街头暴走巷尾，一路"剁手"、一路唠嗑的热情奔放。

进入21世纪，随着我国城镇化的快速推进、互联网电商的高度普及，传统的乡村集市似乎不再是人们生活的必需，甚至被贴上"老土""过时"的标签，变得冷清。而如今重回大众视野的乡村集市，除传统的物资交流外，还玩出了很多新花样——

比如主打自然野趣的农夫集市，称得上是"低配版"菜市场，卖的大多是有机绿色的小众蔬食、城里人吃不到的"奇珍异果"；主打民俗风情的非遗集市，不仅能淘到制作精美的国潮文创产品，还能跟着非遗手艺人现场DIY；主打新潮时尚的露营集市，把汽车后备箱改造成摊位，用一杯现磨咖啡、特调鸡尾酒搭配音乐，烘托郊野的浪漫星空氛围。

这些乡村集市的参与者不仅有当地村民，还有从城里驱车赶来的"90后""00后"。新一代赶集人，用镜头记录下他们眼中的乡村美好生活，在网络平台上点燃一场盛大的流量"烟火"。"20块钱衣服随你挑""100元赶集能买到什么"……小红书上，"赶集"相关笔记超6万条；抖音上，有关"农村赶集"话题的视频播放量高达百亿次，带动全国各地的网友"云赶集"。

二

乡村集市的回归与"出圈"，是民俗传统与现代生活的结合、乡土文化与乡村经济的碰撞，也是人文经济学的生动诠释。

在笔者看来，它之所以能重焕新生，源于其在城乡社会之间、在人与人之间，重新建立起有温度的链接。

链接记忆，牵住乡愁。有网友说，乡村集市让自己的乡愁如风中飘浮的蒲公英种子，终于落地生根。在大型商超、综合体遍地开花，手指一点就能送货上门的时代，买卖变得极为便利，却不免让人觉得有些"冷冰冰"。很多人开始怀念儿时赶集的那份期待，怀念听得见的喧闹、闻得着的饭香，怀念人挤人、肩并肩的车水马龙、你来我往。比如有的地方打造乡愁集市，再现童年最爱的捏泥人、炒苞谷、搅搅糖，儿时缠着妈妈买东西的记忆便被瞬间勾起。

链接"附近"，回归生活。有学者曾提出"附近的消失"这一概念，指的是现代人对于自己所在的环境缺乏感知，"附近"正在逐渐消失。平日里过着"两点一线"的生活、在都市中忙碌打拼的年轻人，如今奔赴乡村集市寻找丢失的"附近"。

在一声高过一声的吆喝里，在大伯大妈的热情招呼里，在摩肩接踵和人声鼎沸里，集市以一种质朴、温暖的方式包裹着身在其中的人。在浓浓烟火气和暖暖乡土情中，赶集人得以放下满身的疲倦与焦虑，享受一场直抵心灵的"精神按摩"，获得一份属于自己的"小确幸"。

链接流量，点亮乡村。乡村集市作为一种商业形态，也日渐成为乡村文旅融合的创新载体。它既能展销乡村的特色农产品，又能推广当地的非遗文创，更是繁荣乡村夜经济、夜生活，让游客住下来、创客留下来的关键"密码"。

依托短视频的传播，乡村集市激活的流量，有希望转化为激活乡村的能量。比如宁波深溪村开办乡村集市，游客们不仅在露营地娱乐消费，还会把当地农副产品带回家，一场乡村集市能让参与的村民增加收入，大家都尝到了流量的甜头。

三

值得注意的是，当下，全国各地的乡村集市仍处在探索期，出现一些"割裂"现象，比如有的乡村集市为了迎合潮流舍本逐末，将乡土文化、乡里乡亲排除在外，反倒失了特色、"不土不洋"；有的"网红"集市红火一时，却只是昙花一现、不成气候；有的乡村人来人去，并未将流量转化为"留量"。

如何让乡村集市持续"圈"住人气？笔者认为，至少可以从以下三方面着手：

深挖文化这口"井"。乡土文化是乡村集市的鲜明标签，也是乡村集市得以生生不息的基因密码。如何避免"特色小吃都是淀粉肠"的尴尬？破题关键还在于深挖在地文化这口"井"，从当地的历史人文、民俗风情、非遗技艺等特色文化中汲取养分，让乡村集市成为文化交互交流的新场景。

比如在云南，乡村集市往往与传统节日庆典结合在一起，形成独具特色的"民俗狂欢"，比如苗族的"踩花山"、傣族的"泼水节"、哈尼族的"黄饭节"等，每年都能吸引成千上万的游客，既带动了当地的旅游业，也让民风民俗搭载着集市平台的流量得到传承和弘扬。

"旧瓶"也要装"新酒"。乡村集市作为一种传统民间风俗，要吸引新一代年轻赶集人，除了保留原汁原味的乡土味、烟火气，也要契合现代人的生活方式与审美需求，在视觉设计、品牌包装、打卡玩法、传播方式上创新升级，线上线下玩转属于乡村集市的"土潮风"。

比如缙云的这次"五·廿八"大集，既有传统的戏台表演，又引进了电音泼水节，还找来本地村民扮演"卖货郎"和"王婆"，与赶集人互动问答壶镇的历史人文故事，答对了就能获赠文创产品。这些新玩法，吸引了不少年轻人。

"尽精微"方能"致广大"。尽管乡村集市已然迎来"又一春"，但环境卫生脏乱差、"三无"产品泛滥、售后服务与维权不便等问题，或多或少还存在。要想寻求长远而健康的发展，让更多人为乡村集市停驻，就得不断完善细节、补齐短板，提升服务质量。比如，加强市场监管、改善基础设施、优化乡村环境，建立更多长效机制，为乡村集市的繁荣提供"硬支撑"。

比如有的乡村依托集市这一平台打造创意园区，吸引大学生创客入驻；有的乡村出台助农政策，鼓励支持当地农户进场交易；还有的乡村特别设立"共富摊位"，通过直播带货带动当地特色农产品销售，让乡民成为"共富合伙人"。

有人说，市井长巷，聚拢来是烟火，摊开来是人间。但愿乡村集市归来以后，就不再远走。

茹雪雯　赵淑洁　执笔

2023 年 7 月 20 日

逐梦长安何惧三万里

文脉不断，中国精神就不会断。

最近《长安三万里》火了，上映11天票房就突破8亿元，豆瓣评分从上映之初的8.0上升到8.2，成为目前暑期档评分最高的国产院线影片，这对于一部国风动漫电影来说尤为不易。很多人感叹，"现在国漫已经能做得这么好，既自豪又感动"。

该片以高适和李白的友情为主线，引出了众诗人追逐理想、跌宕起伏的一生。随着人物的经历沉浮和心境变化，影片吟诵了48首诗词，尤其是到了《将进酒》这一段，瞬间将盛唐的绚烂和浪漫拉满，很多影厅还成了"大型背诗现场"。

光靠画面和氛围，显然不足以撑起一部优秀作品。笔者认为，《长安三万里》引发热议的关键在于它的"共情力"，大唐群星的人生沉浮，就像一梭梭穿越时空的子弹，精准击中了千年以后普通人身上的焦虑、迷茫、彷徨，令人产生强烈共鸣。比如，当看到暮年高适与小书童骑马偕行、吟诗怀旧的那一刻，很多观众不由陷入了深思，"原来小时候背过的诗，都是长大后才懂的人生""突然共情了高适李白的人生""连名留千古的诗人们都如此坎坷，又何况我们普通人呢"……

一、每个时代都有它的不容易

在我们心中，李白是"大鹏一日同风起，扶摇直上九万里"的天纵奇才，是"安能摧眉折腰事权贵"的谪仙人。然而在《长安三万里》中，李白因为出生于商贾之家，连参加科举考试的资格都没有，只能拜谒名人以求推荐。同期的王维为了向皇上举荐自己，也要通过弹琴献艺以博公主青睐。

电影中还刻画了一位奇女子——裴十二。她尽得裴家剑法真传，一柄长剑舞得飒飒生风，然而只因是个女子就被挡在功名之外，去边关建功更是天方夜谭。

盛唐年代，已经是古代中国乃至世界思想最为开放、社会最为包容的一个时期，但仍然存在诸多无法跨越的鸿沟，让青年才俊们留下一声声"壮志难酬"的叹息。

大唐盛世是泱泱中华万古江河中的惊艳一笔，但身处其中的人们依然有着自己的痛苦和矛盾。其实每个时代都有不尽如人意的地方，每个人也都有他的不容易。尽管我们现在的社会也并不完美，但我们该庆幸的是，只要努力，每一个追梦人都有机会，去改变命运、去实现理想、去报效祖国。

二、成功不该只有一种定义

狂放不羁的李白与严肃沉稳的高适，身世、性情、才华完全不一样，最终选择了两条截然不同的人生道路。

李白和高适相逢了很多次，也告别了很多次，这些场景清晰勾勒出二人志向和选择的迥异。每次相见，李白的生活永远是把酒言欢、洒脱肆意，对此高适是无法融入的，他心中是否有过彷徨，我们不得而知，但最后高适选择了为追逐自己的理想奋进不止，以十年作为一个标尺丈量人生际遇。

没有最好的选择，只有自洽的人生，成功不该被定义。如果没有李白，流光溢彩的大唐盛世将失去一半色彩。而略显执拗笨拙的高适，既壮志凌云又踏踏实实，其实更接近于当下正在逐梦的年轻人。

不管怎样，他们都是成功的。因为衡量成功不存在唯一标准，财富不是，功名不是，别人的评价更不是。我们相信，只要精神上是富有的，向前的每一步是自信从容的，那每个人就都是成功的，也都能够抵达自己心中的"长安"。

三、跌跌撞撞后记得往前走

"原来光彩夺目的他们，一生也都坎坷。"这是很多人观影后留下的感叹。的确，少年的志，青年的闯，中年的坚，暮年的惑，谁又曾不一样呢？

李白，即使商贾出身、家财万贯，即使才华横溢、性格豁达，逐梦长安之路一样坎坷，到了晚年以为投奔永王可以报国，最后落得"参与叛乱"险些丧命；高适，祖父是战功赫赫的唐朝名将，然而家道中落的他、壮志凌云的他，同样仕途不顺、充满艰辛。

面对时间流逝的无奈，面对事业无成的无力，面对人生沉浮的无助，或许大部分人都曾有过犹豫、有过彷徨、有过挣扎，在时代的洪流里总有起起落落，这些都在所难免。

而李白和高适的一生启示了我们，不管处在哪个行业领域、承担什么样的社会角色，所有怀揣着的理想抱负，都少不了被现实撞击。只要坚守本心、拼尽全力，曾经不可逾越的挫折，都将化为"轻舟已过万重山"的超逸。

四、心中的锦绣终有脱口而出的一日

高适出身寒门，虽然心有一腔热血与抱负，但在那个"神仙打架"的时代里一度被埋没。苦苦练就的高家枪法，却还不如王维抚琴一曲，几次到长安都处处碰壁。然而，高适从没有放弃梦想，经过几十年如一日的沉潜和努力，终于在中年厚积薄发，可谓大器晚成。

谁曾想到，高适后来的诱敌之计，与年少时李白教他的相扑之术异曲同工。就像我们的人生，你永远不知道何时会用上那些曾经认为"无用"的本领，或许只是时机未到。正如年轻的李白在和高适第一次分别时说："高三十五，你心中的一团锦绣，终有脱口而出的一日。"这个预言终被证实。

倘若在年轻时暂未找到一展拳脚的机会，抱怨无济于事，只会白白浪费自己的光阴和才华。毕竟，人生是一次长跑，心中的锦绣又何必一出生就绽放。每一次深蹲都在为跳跃积蓄能量，每一次努力都在为成功埋下伏笔。

五、诗词赋予了中国人独有的浪漫

诗词筑就了中国人独有的情感空间。在诗人辈出的盛唐，既有"昔人已乘黄鹤去，此地空余黄鹤楼"的惆怅，"战士军前半死生，美人帐下犹歌舞"的愤懑，也有"仰天大笑出门去，我辈岂是蓬蒿人"的洒脱，"银鞍照白马，飒沓如流星"的豪迈。

"只要黄鹤楼的诗在，黄鹤楼就在；只要长安的诗在、书在，长安就在。""长安城"的那些诗和人，烙印在中国人的基因中，延绵不绝千年。

"出世"与"入世"的中华文化母题，造就了丰富的诗意想象。正因如此，诗人既能在诗词中为心灵留下一方净土，也能在诗词中重拾建功立业的抱负。

如今我们很多人都不去写诗，但向往诗意的栖居，向往如诗的生活，仍然是中国人的精神底色。诗词打开了从现实短暂抽离的通道，让我们在迷茫困惑之时，情有所寄、心有所归；诗词也打开了与历史对话的通道，让我们在时代的激荡之中，不忘自己从何而来、去往何方。

文脉不断，中国精神就不会断。

六、个人命运与家国兴衰紧紧相连

电影前半段繁华气派的都城长安、风光旖旎的烟花扬州，流光溢彩的夜宴、风流绰约的诗人，满足了国人对盛唐的所有想象。但安史之乱后，国家动荡、社会离乱，曾经载歌载舞的亭台楼阁在战火中化为残垣断壁。没有强大国家、繁盛时代的支撑，诗人们遭遇了各自的坎坷。

比如杜甫，年轻时有着"致君尧舜上，再使风俗淳"的宏伟抱负。然而，在迄今所能见到的他的最后一首诗《风疾舟中伏枕书怀三十六韵奉呈湖南亲友》中，他写道："战血流依旧，军声动至今。"这位生于开元盛世的诗人，不会想到自己将死于一望无际的烽火之中。

可见，个人命运与家国命运休戚与共，如果国家落后、山河破碎，承受痛楚的将是每一个国民，哪怕再超脱的诗人也无法幸免。只有把自身前途命运同国家民族前途命运，紧密相连、融为一体，个人才能在时代浪潮中找到自己的价值。

如果说，长安三万里，是人生之路的三万里，是现实与理想之间的三万里。那么，只要我们与这个时代同频共振，迎着朝阳出征，笃定信念前行，逐梦长安，又何惧三万里！

倪海飞　谢滨同　云新宇　执笔

2023 年 7 月 20 日

四问"山河大学"

每一份期待都值得被认真对待。

"上床下桌，独立卫浴，空调Wi-Fi全覆盖。"

"山东、山西、河南、河北四省高考生可直接报名，其他省考生需达到700分……"

近段时间，一所名为"山河大学"的"高校"在网络上引起热议，在它的"招生简介"中，几乎列举了所有学子理想中的大学模样，但也因特别关照"山河四省"考生而让人心生疑惑。神秘的"山河大学"到底是何来头？又为何在舆论场上激起强烈反响？

一问："山河大学"从何而来？

事情得从今年6月27日说起。高考已经结束，炎夏悄然来临，不少考生和家长正处于如何择校和选专业的焦灼中。

一名网友"脑洞大开"，在社交平台发布了一条视频称：如果"山河四省"的343万考生一人拿出1000元，总共是30多亿元，足够办一所综合性大学，地点选在四省交界，争取一年内赶超清北。

这一看似荒诞的想法,却在短时间内引起了广大网友,特别是山东、山西、河北与河南四省网友的关注。他们并没有投之以鄙夷和嗤笑,反而表现出极大的兴趣和热情,很快接连"入戏",参与到如校园选址、校徽设计、录取通知书设计和校长提名等一系列问题的讨论中。

时至今日,虚拟的"山河大学"各项"建设"已初具规模,在其曾经上线的"官网"中,不仅可以看到"文学院""哲学院""法学院""管理学院""艺术学院"等精细的"院系"划分,还能一览"校园平面图",欣赏"教学楼"和"学生宿舍"的新锐设计。除此之外,如何竞聘宿管和保安等一些学校职位,也成为诸多网友乐此不疲的话题。

有人把这看作一场闹剧,认为"山河大学"是众多经历过升学艰难的学子在致力于搭建一个精神上的"乌托邦"。然而,事情总不像表面看起来的那么简单,潜藏在喧闹与狂欢背后的,也有可能是心酸与无奈。

二问:"山河大学"何以引起众多考生期待?

国外有一部改编自真实事件的喜剧电影,讲述的是主人公因多次申请大学无果,在他人目光的压力之下,无奈联合朋友一起开办了一所"假冒大学",却在无意中帮助了许多失学者,最终得到了社会认可。

与电影中主人公囿于个人因素无法上大学不同的是,来自山东、山西、河北与河南四省的考生,则有着另外一个心结:他们在学业上付出了同等甚至更多的尝试与努力,很多人却难以考入心仪的好大学。

　　人口多、学校少，优质高等教育资源匮乏，是"山河四省"长期以来面临的困境。早在多年前，这些省份就被网友戏称为高考难度的"地狱区块"。以2023年的数据为例，公开报道显示，山东、山西、河北的高考报名人数分别为98万、34.47万、86.2万。作为人口大省，河南高考报名人数历来很多，达百万之巨。然而，总人口加起来逾2亿的山西、河北、河南三省中没有一所985高校，总人口数近1亿的河南，本省也仅有郑州大学一所211大学。

　　高考人数与优质高校资源的不平衡，让许多来自"山河四省"的考生虽有一番凌云志，但最后只能独自洒下"一把辛酸泪"。在参与"山河大学"讨论最热烈的人群中，有今年高考，分数优异却焦虑于填志愿之难的考生；也有往届曾"淋过雨"，愿意捐款支持的老学长；至于那些还未参加高考的"后辈"，在谈及"山河大学"时，流露出更多的期盼和冀望。

三问："山河大学"何以引发教育部关注？

　　每一份期待都值得被认真对待，更何况这场看似年轻人的"赛博自嗨"，折射出的却是心酸的现实，寄托了"山河四省"莘莘学子对优质教育资源的殷殷企盼，而教育资源地域性平衡早已成为许多人发自内心的呼喊。正因如此，"山河大学"才强势出圈，还得到了教育部的回应。

　　7月6日，在国新办"权威部门话开局"系列主题新闻发布会上，教育部副部长吴岩回应了关于"山河大学"的问题，他表示，教育部将不断优化高等教育资源的布局结构，支持中西部地区，特别是人口大省扩大高等教育资源规模，优化类型结构和区域结构。

也许你会说，"山河四省"的同学们完全可以凭借高分去考取别的省份的大学啊，或者像网友建议的，政府直接建一所高校不就可以了吗？

事实上，高校招生名额的区域差异是客观存在的。这也是为什么有网友在上了外省的大学之后，惊讶地发现自己的分数线居然比当地考生的分数高。此外，高校布局调整不是想调就能调的，也不是政府想在哪里办一所高水平大学就可以马上办起来的，这与当地的物质文化基础，特别是与当地高等教育的自身历史积累有着密切关系。

毋庸讳言，不独"山河四省"，我国的确存在高校数量和质量分布不均衡的问题。解决这一现实问题，需要保持历史耐性、发展定力，也需要国家的"顶层设计"。

四问："山河大学"何时能照进现实？

随着"山河大学"的爆火，"折耳根大学"紧随其后，"江湖大学"正在崛起，"陕甘宁大学"也在冉冉升起……

正如"山河大学办校宗旨"所表达的，"让每一个'山河四省'的学子都有学上"。正是考生们想上一个心仪大学、为自己拼得一份好未来的朴素心愿，才会让他们有对"山河大学"的关注和讨论。

"山河大学"或许是个暂时难以实现的梦，但"山河大学"背后所承载的大家对优质教育资源和教育公平的渴望和追求，不正是我们一直在努力的方向吗？尽管我们知道，这还有很长的一段路要走，但路再长、再难走，都不是我们裹足不前的理由。

事实上，我们看到，网友线上24小时紧急创办"山河大学"背后的初衷，与我们国家正在推进的教育改革步伐是同向同行的。

比如，政策"工具箱"越来越充实了。早在2016年6月，国务院办公厅就曾印发《关于加快中西部教育发展的指导意见》，旨在从学前教育到高等教育对中西部教育发展形成全覆盖。2020年9月，中央深改委第十五次会议审议通过了《关于新时代振兴中西部高等教育的若干意见》，进一步强调要激发中西部高等教育内生动力和发展活力，推动形成同中西部开发开放格局相匹配的高等教育体系。

再如，"资源包"正在持续加强投入。"十三五"期间，累计安排中央预算内投资107亿元，实施"一省一校"和"一校一案"。深化对口支援工作，119所部属和东部高水平大学参加支援103所中西部高校，实现西部12个省（区、市）和新疆生产建设兵团全覆盖。去年，教育部曾对2022年普通高校招生工作作出部署，要求普通高校招生计划向中西部地区和考生大省倾斜。

《基督山伯爵》里写到，等待和希望，人类全部的智慧就包含在这五个字里面。恰如"山河大学校训"中所言："千秋为卷，山河作答，许你一诺，山河见证。"

王云长　张俊　陈培浩　执笔

2023年7月21日

给党员干部的这场考试圈重点

> 下访效果好不好，群众心里有杆"秤"。

近期，中考高考成绩的揭晓将"考试季"的火热氛围传导开来。网络上常有评选最难考试的榜单，司法考试、CPA等因极高的难度系数和不高的通过率令人望而生畏。那么，对于党员干部而言，公认的最难考试是什么？很多人可能都会想到信访工作。

"浙江宣传"曾提到，吃力不讨好的信访工作堪称"天下第一难事"。党员干部面对信访案件这道考题，如何找到最优解？深化运用践行"领导干部下访接访制度"无疑是解题的秘籍所在。今天，我们就如何解好"天下第一难事"来圈一圈重点。

一

"领导干部下访接访制度"是习近平同志在浙江工作期间形成的好经验好做法。习近平同志曾指出，下访接待群众是考验领导干部能力和水平的大考场，来访群众是考官，信访案件是考题，群众满意是答案。

"下访接待群众"考的是领导干部，这场考试难在何处呢？在笔者看来，至少有以下三点。

一考知识储备。与经济社会发展相伴而生的各类矛盾纠纷与利益诉求复杂多变，征地拆迁、企业改制、行政诉讼、劳资纠纷、邻里关系……"试题库"是滚动更新、动态变化的，考题也是盲盒式、随机性的，领导干部在日常工作当中，如果对社会治理相关的法律法规、政策制度没有一定的储备，要在短时间内厘清解题思路并作出合格应答的难度不低。虽然现在接访都有专业律师、信访负责人等"智囊团"共同出谋划策，但寄希望于"临时抱佛脚"冲刺高分，依然不现实。

二考临场应对。面对数量众多的群众考官，领导干部的话语方式、行为表现能否赢得群众认可，对沟通应变能力是很大的考验。身处接访考场，一举一动、一言一行都会成为群众考官的评分点。群众来信访，有时就为了顺一口气。以前受"冷落"，上门为的是被"尊重"、被"听见"，这就需要领导干部以心换心，用老百姓易于接受的方式做工作、想对策。接访态度真诚、实打实解决问题才能既可以消气，也可以通气；反之，如果只是满口"漂亮话"，定个高调子，打几套"太极拳"应付了事，定会招致反感。

三考全局意识。信访考题多是"疑难杂症"，需要系统辨证施治，下访接待只是梳理问题的第一站，领导干部不能满足于解决一时一事，更关键的是要通盘考虑、举一反三。习近平总书记指出，有些事情是不是好事实事，不能只看群众眼前的需求，还要看是否会有后遗症，是否会"解决一个问题，留下十个遗憾"。一些信访积案借助接访撬动实现了特事特办、急事急办，但很多深层次难题仍要依靠信访制度高效运转、借助"情理法"来综合解决。

二

自 2003 年习近平同志到浦江接访之后,"变上访为下访"便在浙江立下了规矩,省、市、县三级领导都把信访工作作为重中之重,各级党政"一把手"亲自抓信访、带头搞下访,这一制度 20 年来雷打不动。有人会追问这样的问题:领导干部下访接访会不会"管得太宽",基层干部又该如何做好自己的事情?换言之,基层干部要答好什么题?

习近平同志在浙江工作时就强调,变群众上访为领导下访,不是信访工作的唯一形式,也不是越俎代庖,取代基层工作,而是一种思想观念的转变,一种工作思路的创新,一种行之有效的机制,一种发扬民主、体察民情、联系群众的重要渠道。他还指出,在信访工作中,基层干部应该把好第一道岗。

信访这场大考,不仅考领导干部,也考验着基层的党员干部。信访的第一道岗该怎么站呢?

信访工作从来不是洪水猛兽,要解决信访问题,关键看能不能了结群众心头的事。基层是社会矛盾的源头,也是解决问题的茬口,问题能不能很好地解决,关键看有没有站在群众的立场上。维护好广大人民群众的正当利益是我们工作的"靶心"所在,党员干部做的所有工作都是迎着老百姓去的,工作干得好不好,群众说了才算数。因此,基层干部日常在面对群众的信访时,不妨多一些同理心,不以事小而不问,不以事难而回避,唯有以真心换取真心,才能把矛盾在基层化解掉。

当然，信访工作也需要以法律法规为准绳。对于群众而言，上访是权利，依法信访则是一种义务，如果二者没有统一，合理诉求就可能会变成无理取闹，甚至还会被一些别有用心的人所利用。基层干部在做信访工作时，既要能吃软，也要不怕硬，始终坚持依法办事，在原则性的问题面前，坚持一个标准立到底，一把尺子量到底，对那些无理的缠访和闹访，也要旗帜鲜明、义正词严、敢于说"不"。

基层的难题纷繁复杂，基层干部有时也会因为思想方法不当，或是掌握政策不够，不一定能把所有的问题解决掉。领导干部下访除了帮助解决问题，其实也可以看作是以身作则的传帮带，上下联动起来，很多困难和问题也就迎刃而解了。

三

下访效果好不好，群众心里有杆"秤"。在笔者看来，领导干部在下访接访中要想答好"考题"，让"考官"满意，至少要完成三个"KPI"：

比如，疏通群众的心结。来访的群众往往心里有气，有些还是长期积累形成的"怨气""怒气"，要想解开群众心中的"疙瘩"并不是一件容易的事。领导干部下访接访时首先要变成一块强大的"海绵"，把群众的诉求、苦水、委屈、怒气全部吸进去，耐心倾听群众的吐槽、抱怨和诉苦，自觉站在群众角度去思考问题、处理问题，真正解开群众的"心锁"。

比如，解开矛盾的事结。领导干部下访接访要把工作落脚点放在"事要解决"上，关键是为群众化解矛盾，群众对此也抱有很大的期待。但如果下访一趟，"光挂号不看病"，只是搞形式，做表面文章，实际什么问题都没解决，反而可能把"伤风咳嗽"硬生生拖成"疑难杂症"，产生更大的负面影响，甚至引起更多的越级上访。

再如，找准难题的症结。信访问题的产生和存在具有一定的复杂性，有的矛盾一时间解决了，将来又可能以新的由头和形式出现；有的矛盾本身尚未解决，次生问题就跟着出现了。因此，不仅要解决一个矛盾，更要找准信访事项的"病灶"，精准把脉"挖病根""治未病"。领导干部下访接访就需要练就管控源头、防患未然的"眼力"，举一反三、以点带面，从个案办理中梳理共性问题、把握普遍规律，以"一件诉求"推动解决"一类事情"，切实把矛盾纠纷化解在基层、化解在萌芽状态。

说一千道一万，解决问题是关键。将心比心、以心换心，真解决问题、解决真问题，这是"领导干部下访接访制度"的真谛所在。

王人骏　陈培浩　沈於婕　钟旭妙　执笔

2023 年 7 月 21 日

它山堰的千年守护

> 它山堰，一直都像一位守城将士，屹立于四明大地，与洪水猛兽为战，与宁波城相望相守。

"浙江"，两个字都带水，足见这片土地与水的渊源——因水而兴，与水共生。

从良渚先民在古城外围修筑的水利工程，到钱塘江两岸抵御潮汐之患的明清古海塘，再到如今从全省系统谋划实现水资源互调互济，浙江人的"治水记"，已经延绵了数千年。

说起治水，一定绕不开"一座古代超级水利工程"——它（tuō）山堰。始建于833年的它山堰，位于如今的宁波海曙区，它至今堰身稳固，风貌依然。

它山堰有何"治水经"？又何以坚守超千年？今天，我们来聊聊它山堰与治水的故事。

一

它山堰，因建于它山之侧而得名。

在唐代之前，鄞西平原仅是当时的"东南一隅"，西倚四明山。在四明山东麓，樟溪、鄞江水系，江河不分。雨季洪涝频发，旱季海水倒灌，以致"田不能稼，人渴于饮"，百姓深受其苦。

公元833年，祖籍山东琅琊的王元暐来到鄞县任县令。到任后，他四处调研走访，不过月余，便摸清了四明山水和当地的民情风俗。面对咸潮倒灌、农田时有灾荒的实情，这位清廉刚正、勤政务实的山东汉子提出了"筑堰截流，阻咸引淡"的治水思路，并决定在鄞江上游择址筑堰坝。

挡咸潮、蓄溪水、引水灌溉，是王元暐对这座堰的"功能性定位"。经过反复勘察、试验，他将堰址选在了樟溪出口"两山夹流，铃锁两岸"的它山之侧。

3年后，它山堰建成。堰全长113.7米，用长2—3米、重约1吨的条石砌筑，左右各36级，"涝则七分水入于江，三分入溪，以泄暴流；旱则七分入溪，三分入江，以供灌溉"，鄞江两岸，始得安定。

《四明它山水利备览》中，宋人魏岘如是说："由是溪江中分，咸卤不至，清甘之流，输贯诸港。入城市，绕村落，七乡之田，皆赖灌溉。"

它山堰，一直都像一位守城将士，屹立于四明大地，与洪水猛兽为战，与宁波城相望相守。

1967年，宁波大旱，它山堰工程阻挡了倒灌的海水；2009年

"莫拉克"台风来势汹汹，四明山来水从这里顺利排出，保住了鄞西农田……正因如此，有人将它山堰称为宁波的"生命之堰"。

二

一座堰坝，何以守护宁波城千余年？

这首先得益于它山堰的科学性。结构奇特、建造精密是它山堰的主要特征。这条从现代视角看来平平无奇的古堰坝，其拦河堰体的设计和建设，却代表了当时大型砌石结构水利工程建设的最高成就，有许多原理是直到20世纪才被发现的。

比如，它山堰是我国水利史上首次出现由块石砌筑的重力型拦河滚水坝，堰底倾向上游，倾度为5—10度，大幅提升了水平抗滑稳定性，较近代坝基倾斜理论早了1000多年。

其次，设计之周详，也在其堰体建筑上展现得淋漓尽致。比如，横跨河床的堰体采用弓形坝体，平面采用略向上游鼓出的弧形，可减少洪水对两岸河床的冲刷。另外，堰体中央厚、两边呈阶梯式变薄，使堰体沉陷均匀，防止其断裂，增加中央堰体刚度，令它山堰历经风雨而保存完好。

当然，这一工程在后世经过多次修理、疏浚、增筑，更臻完善。我国水利水电事业的主要开拓者之一张光斗教授赞誉它山堰是"河之脊""海之床"。

见证山河岁月，它山堰如今虽老未衰，仍旧发挥着灌溉、泄洪排涝、提供城市环境用水等功能。古老的它山堰，与皎口水库等水利工程，上下联动、互相配合，形成了首尾相应、引泄完整、滞蓄有制的鄞西平原水利网络。

清雍正年间的《浙江通志》留下"治水秘籍":"故善治水者,不惟享其利,兼宜防其害;贵顺其性而使之流,亦贵遏其势而使之止。"说的是因地制宜的治水之法。

要问它山堰所蕴含的"治水经"是什么?笔者认为正是"因地制宜,因时而动,实干为民"。一千多年前的工艺与如今的力学原理,在许多地方不谋而合,让人不得不为先人的治水智慧叹服。

三

从古至今,它山堰和宁波的故事,一直被赋予着和美期待。2014年,国际灌溉排水委员会设立世界灌溉工程遗产名录,次年,它山堰被认定为"第二批世界灌溉工程遗产"。

有水利专家曾如此赞美道,它山堰是世界水利建筑史上的一朵奇葩,历经千年以上,任由水涨水落侵蚀、水流泥沙冲刷,它依旧屹立于东海之滨。

因为它山堰,宁波拥有了蓬勃生长的底气。它的建成化水害为水利,涓涓清流一年四季未曾断过,民可饮,田可灌。宁波人常把这份感恩放在嘴边,当地老话说"堰成成甬",指的便是它山堰的建成,造就了宁波城。当江河不再肆虐,鄞西平原成为浙江重要产粮区之时,也是城中人口增多,商贸、社会、经济蓬勃发展之时,宁波最初的城市格局由此形成。

因为它山堰,宁波也浸润出山明水秀的生气。它山堰的建成还此处以平静,宁波西部生态资源丰富的优势逐渐凸显出来,比如有着"四明锁钥"之称的鄞江镇,小桥流水映衬出别样的江南韵致。

这里，有唐代僧人宗亮笔下"叠石横铺两山嘴，截断咸潮积溪水"的雄浑壮观，有宋代诗人史弥宁眼中"云峦著色四时画，石濑有声千古诗"的湍流澎湃，有清代史学家万斯同卷中"善政祠前岩壑幽，一村佳趣此全收"的乡趣幽静……

如今，它山堰和周边古村更成为旅游休闲胜地，在它山庙会、古建筑群、非遗特色街区内，市民可以肆意沉浸式体验"活"的它山堰水利文化。

它山堰，更涵养了宁波人勤劳勇敢的精气神。它山堰与都江堰、郑国渠、灵渠，合称为"中国古代四大水利工程"。有人认为，与倾全国之力而建的后三者相比，作为地方水利工程的它山堰之所以能与它们相媲美，主要在于其工程的科技含量。"它山"之石，可以筑堰。历千余年而不衰的它山堰，凝结着古人治理生态、改造自然的集体智慧。

古人在那样的时代能够极尽所能，这种"打不倒、压不垮、磨不败"的精神也是当今宁波人敢闯敢拼敢奋斗的不竭动力之源。可以说，宁波人传承的，不单是"吃水不忘挖井人"的惦念感恩，更是其所彰显的勇敢无畏、实干为民的精神气质。

习近平总书记强调："让收藏在博物馆里的文物、陈列在广阔大地上的遗产、书写在古籍里的文字都活起来。"

时至今日，每逢它山堰开工日"十月十"、淘沙日"六月六"、竣工日"三月三"，当地百姓都会自发举行鄞江庙会，纪念王元暐和当时的修堰人。为了感念他们的治水之功，人们穿着古老的戏服，举着红黄各式大旗，舞龙、腰鼓戏、唱戏等民俗活动络绎不绝。

历史总是悄无声息地给我们留下很多很多。而放眼未来，希望这座凌驾于一江碧水、一江安澜之上的古堰坝能够更好地"活"起来、"活"下去，让千百年来浙江人治水的智慧得到传承，也为后世留下一种精神寄托、一道文明之光。

张子琪　张弛　王心怡　胡琳芸　执笔

2023 年 7 月 22 日

让民营企业免受谣言困扰

> 对民营企业来说，除政策、资金支持以外，良好的网络舆论环境同样重要。

今年以来，全国各地密集"出招"优化营商环境，提振民营企业发展信心。对民营企业来说，除政策、资金支持以外，良好的网络舆论环境同样重要。

近日公开发布的《中共中央　国务院关于促进民营经济发展壮大的意见》（下称《意见》），就强调要培育尊重民营经济创新创业的舆论环境，指出要建立部门协作机制，依法严厉打击以负面舆情为要挟进行勒索等行为，健全相关举报机制，降低企业维权成本。

一个不容忽视的事实是，网上针对民营企业和民营企业家的各类虚假不实信息时有出现：捏造事实的有之，歪曲解读的有之，恶意抹黑的也有之。这些谣言借助网络平台迅速传播扩散，让很多民企频频"受伤"。

不禁要问，这些令企业苦不堪言的谣言是怎样炮制的？又该如何帮助民营企业摆脱谣言困扰？

一

一段时间以来，网络舆论环境对民营企业和民营企业家并不十分友好，一些谣言通过"爆黑料""泼脏水""蹭热点"等方式呈现裂变式传播，给企业造成很大影响。归结起来，既有"明枪"也有"暗箭"：

比如，丑化个人。一些自媒体热衷于臆测部分企业家的私生活，编排企业家家族故事，污蔑企业家"跑路"，冒用企业家名义发表污辱、诽谤等言论，或是将他们在某些场合的言论断章取义后予以发布，以此挑起广大网民的热议和批评。

近年来，民营企业起诉自媒体和网站的案例不在少数，其中不少索赔金额巨大。尽管法律对不实信息的治理力度越来越大，但谣言带来的伤害一度成为企业"不能承受之重"。不仅如此，在经过大肆炒作后，一些民营企业家的真实形象很容易与舆论形象"绑定"，进而影响企业正常发展。

比如，抹黑产品。这种情况常见于对食品生产和工业制造企业的抹黑上，有的打着"科普"旗号，抛开安全剂量标准不谈，纯粹在理论层面大谈产品某成分可能"致癌"；还有的大玩移花接木之法，在披露食品安全或质量问题等文章中，用不相干的企业产品作配图，故意引发网民误解；等等。

比如，诋毁对手。还有一些自媒体惯于从公开的经营信息中胡乱延伸拓展，臆测企业经营状况，并且肆意增添博人眼球的内容，比如"夫妻失和""高管反目""资不抵债"等，令迫切需要投融资的民营企业在资本市场上步履维艰。

而这其中少不了"黑公关"的"围剿"。他们往往与一方企业达成协议,"拿人钱财,替人消灾",向竞争对手发起舆论攻击,以达到损害对方企业形象、诋毁其商业信誉的目的。

再如,捏造新闻。有的大型民营企业因自带流量,常成为虚假新闻的攻击对象。比如,"某互联网大厂要把全球总部搬到新加坡""某企业要跑路了,供应商拿不到钱来堵门讨债"等虚假信息,就曾在网上被传得有鼻子有眼,一些别有用心的人甚至将其作为"大型民企跑路"的强力佐证。

二

毛主席曾说:"问题就是事物的矛盾。哪里有没有解决的矛盾,哪里就有问题。"那么,网络谣言"乘虚而入"攻击抹黑民营企业,背后究竟有着怎样的"矛盾点"?

某些外媒居心叵测,将矛头对准中国民企。某些外媒臆造或传播一些故意抹黑、诋毁、唱衰国内民营企业的谣言信息,试图重创中国企业,从而达到各种不可告人的目的。

2018年,彭博社造谣称中国企业在销往美国的服务器中植入芯片后门,导致多家芯片企业股价大跌;去年9月,该社故伎重施,编造"中国监管部门要求银行和部分国企摸底与某某系企业往来敞口"的假新闻,给企业带来极大的不利影响。随后,该企业紧急辟谣,并宣布起诉彭博社。

谣言背后,有人"经济算盘"打得叮当响。尽管"黑公关"这种披着媒体外衣的违法犯罪行为屡被打击,但仍有人在经济利益的诱惑下铤而走险,甚至与违法违规机构"合谋"操纵舆论,企图通过"黑稿"讹取企业的"公关费""封口费"。

另外，也有自媒体及其背后的运营公司，试图通过争议性话题获取流量，什么能热就"炒"什么。在网上炮制大量关于企业和企业家的不实文章，就是他们的吸粉手段之一。他们或许无意具体针对谁，却也成了网络环境的重要"污染源"。

平台"用户保护主义"倾向。一方面，一些平台存在一定竞争焦虑，担心过严的管理尺度会导致用户向其他平台迁移，于是在处置相关账号时，总是"下不去手"，导致违规账号"下次还敢""一犯再犯"，有的平台还享受着流量分成，自然也就睁一只眼闭一只眼；另一方面，平台在依托技术手段识别"网络坏人"的过程中存在一定审核盲区，导致溜出"漏网之鱼"。

企业应对"谣言攻击"的"粮草"不足。一些企业在面对网络谣言攻击时显得手足无措，害怕"硬刚"会引发"舆情海啸"，于是选择保持沉默；有的甚至抱着"多一事不如少一事""给钱了事"的心态，"心甘情愿"接受勒索。

还有的企业自认为产品质量过硬、经营状况良好，无惧抹黑，便置之不理，这也助长了某些自媒体的气焰，他们甚至专找大型公司下手，认为"大公司一般不愿意找事儿"。

不容忽视的是，企业有时就算出手维权、处理谣言也会比较麻烦，成本较高，然而谣言却像"打不死的小强"。当然，也有一些企业确实存在这样或那样的问题，底气不足，只能息事宁人。

三

曾有企业呼吁，网络谣言已不仅是针对一家企业、毁掉一个行业的问题，更日益成为误导社会公众、危害公共安全的源头之一，应该像治理雾霾一样治理"网络雾霾"。如何治理？笔者有几点想法。

企业自身过硬是前提。优化营商环境并不意味着公共舆论要放弃对企业的监督，一切保护企业发展的政策措施都是建立在其合法经营基础之上的。只有"腰杆挺得直"，才有不怕被抹黑的底气。此外，善于回应网友关切，面向社会讲好自己的故事，树立良好的社会形象，也是很有必要的。面对谣言的最佳武器，就是迅速呈现真相、采取法律手段。

平台不能助纣为虐。说到底，很多网络平台并不是单纯的技术公司或文化企业，而是具有鲜明媒介属性的公共领域，这就决定了其自身对内容有着不可推卸的把关责任，不能任利益驱动、唯流量是从。

平台可以尝试通过寻求技术解决方案，完善算法识别机制，减少不实信息的传播，还可以通过优化用户账号管理惩戒制度、流量分配规则、举报受理机制等，让不法账号真正"无利可图"并"付出代价"。

管理部门善用"手术刀"而不是"大锤"。世界各国的很多治网经验表明，监管网络谣言需要精细化的措施，简单粗暴很难取得效果。监管部门该执法就要执法，该精细就要精细。要重拳打击造谣者和"做局者"，即便是尚未构成重大危害的"小恶"也不能听之任之，也要做到合理监管，管理有力度，监督有尺度。

7月21日，公安部召开新闻发布会通报网络谣言打击整治专项行动成效情况时表示，对于编造网络谣言的违法行为，不仅要追究违法人员的责任，也要严肃追究网络谣言发布传播的相关方责任。

今年以来，浙江针对造谣诋毁浙商浙企等行为也采取了及时有效的监管措施，向社会释放了"互联网不是法外之地"的鲜明信号。

广大网友培育"谣言抗体"。作为网上舆论场主要参与者，每个网民在面对纷繁复杂的信息时都应保持一定的批判性思考：不被"标题党"带入歧途，不为"黑公关"呐喊助威，也不因少数人的"仇富"心理而对民营企业家"喊打喊杀"，要提升"谣言免疫力"，避免成为谣言的"传声筒"。

《意见》中提到，民营经济是推进中国式现代化的生力军，是高质量发展的重要基础，是推动我国全面建成社会主义现代化强国、实现第二个百年奋斗目标的重要力量。

让民营企业和民营企业家免受谣言的干扰和伤害，更加旗帜鲜明地维护好他们的合法权益，是全社会应有的态度。正如有人说，企业是社会创新的主体，企业家是创造社会财富的发动机。营造清朗的营商网络环境，让企业"轻装上阵"，才能不断凝聚发展共识、提振发展信心，激发更大的创新创业创造活力。

徐岚　蔡盛展　执笔

2023 年 7 月 22 日

"少儿更宜"的漫画从何而来

> 少一些经营，多一些经典，少一些流量霸道，多一些内容王道，才是出路和正解。

暑假是孩子们课外阅读的黄金时间。图书馆和书店里，到处都是少年儿童的身影。而要问哪类书籍最受欢迎，少儿漫画定有一席之位。

数据显示，2023年5月，国内图书线上市场中，少儿读物类占比达33.10％，雄踞第一；在今年5月份线下、线上市场热销的头部百种图书中，漫画书《如果历史是一群喵》系列就有多部上榜。

"读图时代"的到来和科普漫画的创新等，悄然推动少儿图书市场刮起新一轮"漫画风"。但不少家长仍不免担忧，孩子看漫画书是学习知识还是沉溺娱乐？少儿漫画又该如何更适合少儿？

一

中国人对漫画一直有着深厚情感。20世纪八九十年代，从中小学生的书桌里总能找到一本"小人书"，巴掌大小的册子里，画满了一代人的童年乐趣。随后，海外动画片渡海而来，《猫和老鼠》《机器猫》《七龙珠》等风靡一时，一些漫画书也开始席卷市场。再往后，国产漫画遍地开花，报刊亭上堆满了五颜六色的漫画杂志，孩子们的选择也越来越多。

当前，我国少儿漫画图书市场主要还是以连环叙事类漫画为主，大体可分为改编类、科普类、故事类。

改编类漫画包括热映动漫改编、热销故事书改编和经典名著改编等等。因IP本身自带流量，这类漫画宣发成本低，经营风险小。譬如《喜羊羊与灰太狼》漫画版、《漫画中国古典名著》等，大家耳熟能详。

当少儿出版的黄金时代赶上"读图时代"，漫画改编顺理成章地成为内容行业拓展营销的重要"跑道"。

科普类漫画则主打"知识至上"，正从"引进大潮"进入"原创热潮"。近几年，科普漫画读物像"雨后春笋"一样冒了出来，漫画历史、漫画地理、漫画成语、漫画物理……有人戏称，漫画就像一个"筐"，什么都可以往里装。

譬如，二十一世纪出版社2002年起从韩国引进的《我的第一本科学漫画书》系列，连续数年跻身少儿科普类畅销书排行榜；2022年，该社原创的《内蒙古寻宝记》则创造了上市百天销售百万册的业绩。

此外，故事类漫画这一门类也不乏经典之作，如德国漫画《父与子》、比利时漫画《丁丁历险记》等，还有我国读者喜爱的连环漫画《老夫子》等。

漫画陪伴了一代人的成长，曾经在课堂上悄悄看小人书的经历已成了许多人常常回味的记忆。而这一代的孩子们，也正在漫画书的陪伴中，创造着独属于自己的童年记忆。

二

但当孩子们沉浸于五花八门的漫画书中时，家长们不免会有些警惕：漫画书质量是否过关？内容是否适合孩子阅读？

担心不是没有道理的。在竞争激烈的少儿读物"江湖"，出品方追求销量无可厚非，但如果在经济效益和社会效益、长远效益和短期效益之间没把握好平衡，在内容管理上就容易"失之于宽"。

比如，把握不好"趣味性"的边界。漫画的魅力，就在于巧妙运用夸张、比喻、象征、寓意等手法描绘世间百态，或幽默，或诙谐，或辛辣。但市场上，一些少儿漫画把喜剧性奉为教条，情节设计求新、求奇、求特，甚至用装疯卖傻、钻营讨巧、花言巧语的"人设"刻意制造笑点。

比如，"适读年龄"被忽视。留心一下市面上的漫画书，会发现很多都不标注"适读年龄"，书店也往往把大大小小的漫画书一股脑堆到"少儿读物区"。但一些漫画书，特别是一些热映动漫的改编漫画书，其实更适合成年人阅读。

譬如一些漫画书中，暴力、恋爱、恶作剧等内容经常"冒头"，甚至混入"擦边"内容，导致少儿不宜。

比如，漫画内容"大水漫灌"。如今科普类漫画可谓迎来了春天，但一些科普类漫画专业性不足，重"漫话"而轻科普，简单拼接即讲完一个故事，配上几页知识点，实际起不到科普的作用。

还有一些漫画要么东拉西扯，述事不缜密、情节不连贯，要么平铺直叙，情节平淡，漫画"分镜手法"应用也不够熟稔，人物形象很难生动饱满，不能引起孩子的阅读兴趣。

这些漫画也许一时不会造成严重的后果，但鱼目混珠、以次充好，时间久了，难免会影响孩子们的阅读质量和身心成长。

三

但换个角度看，少儿漫画市场的鱼龙混杂，看似危机，也未尝不是新的商机。少一些经营，多一些经典，少一些流量霸道，多一些内容王道，才是出路和正解。如何让少儿漫画"更宜少儿"，笔者认为以下几个方面值得注意。

把"趣味性"扎根在生活的沃土中。搞笑幽默不一定要挺立在最前面，温情哲理同样可以有笑点、哭点和卖点。不是只有能引人发笑的作品才算有漫画精神，能见人见事见生活、能带来思想启迪的作品，才会赢得市场和人们的尊重。

比如丰子恺以一颗赤子之心表现童真童趣，其《锣鼓响》《爸爸回来了》《瞻瞻的车》等漫画作品都体现了儿童视角，既幽默风趣，又富有诗意与哲思，"观之使人明目，读之使人畅怀，品之使人醒脑、舒心"。

练好漫画创作的真本事。上海美术电影制片厂的老厂长周克勤曾在采访中回忆，上美影曾有两条创作宗旨，一是"探民族风格之路，敲喜剧样式之门"，二是"不模仿别人，不重复自己"。这样的理念放在今天依旧适用。

少儿漫画可以多尝试传统文化资源的开发与创新，培养更多画风、文风两手都硬的漫画创作人才，探索创作更具中国特色、中国味道的儿童漫画。

用制度把好内容关。在内容细节的把关上，政府相关部门和出版社都担负着相应的职责。

从出版社角度来说，"不能把不成熟的思考传递给还没有甄别能力的未成年人"，因此，就要从出版机制上下功夫，从选题、组稿、编辑、出版等各个环节入手，最大限度地保证作品价值观、思想性和文学性的统一。而从有关部门的角度来说，则应用好制度武器，加强对出版机构和漫画市场的监管，避免劣质漫画书流入市场。

家长不当"甩手掌柜"。在国内，动漫平台有"青少年模式"，儿童绘本则常常由家长伴读，也可算是一种"刹车机制"。家长可以通过看出版社、看画风文风等方式来甄别漫画书质量，还可以采用"一周一本""一月一本"的形式来进行阅读密度控制。

一部好的漫画作品，能给人以绘本般美的享受，能让人体会读小说般的畅快，还能让人领悟到回味无穷的道理。

而少儿漫画，无论对少年儿童价值观树立还是出版行业发展，都扮演着重要角色。把控好漫画市场这匹"快马"的奔跑方向，守护好少儿图书市场的朗朗晴空，需要倍加重视、付诸行动。

胡伟俊　执笔

2023 年 7 月 23 日

短视频不"短视"才能进阶

> 人们喜欢看短视频,其中一个重要原因就是它能打动人、感染人,能给人带来美好的体验。

一滴水怎样才能不干涸?通常的答案是"把它放进大海里",而"小水滴"却告诉同伴"萌芽熊",要"让它融入生命里"。

看完《萌芽熊》这则不足3分钟的动画短视频后,网友刷屏留言:"创作者真的厉害,很会""只看画面就已经被治愈了""呜呜呜打工人的疲劳都被治愈了"……

这是中央广播电视总台《中国短视频大会》节目中的一幕。去年9月,在该节目启动之初,我们曾发布《中国短视频今日"西湖论剑"》一文对此进行了分析介绍。

最近这档节目"出圈"了。节目在以全新表达讲述中国故事、带给观众视听新体验的同时,也带给我们更多思考:短视频这么火,魅力究竟何在?短视频如何不"短视",从而走得更"长"?

一

马克思说，人的本质"是一切社会关系的总和"。与他人分享信息、建立联结，是人与生俱来的本能。正是因为这种需求，媒介诞生并发展变迁，不断扩展着人们信息交流的时间和空间。

在古代，人们通过题诗、日记、绘画、刻碑等方式，记录生活，分享信息，交流情感。电影《长安三万里》中，黄鹤楼内的题诗板给人留下深刻印象。在唐代，许多名胜古迹、大型客栈，都会挂上一块题诗板，供诗人们"发帖""读帖""跟帖""转帖"。

从"铅与火"到"光与电"，再到"数与网"，人类媒介技术加速演进，信息传播方式不断迭代变迁。进入移动互联时代，随着5G等技术的广泛应用，短视频的触角全方位嵌入人们的日常。

据《2023中国网络视听发展研究报告》，截至2022年12月，我国网络视听用户规模达10.40亿，其中短视频用户规模达10.12亿。短视频为什么能火？主要是供需两端双重作用的结果。

在需求端，对观众而言，相比文字、图片，短视频这一表现方式更直观生动、更具冲击力，沉浸感更强。现代社会生活节奏快，不少人最缺的是时间，时常忙碌，偶尔偷闲，短视频正好契合人们的娱乐需求，一得闲便可随手拿起手机，利用碎片化时间来观看。

而从供给端，对生产者而言，相比电视、电影等，短视频更易上手，无需专业摄影设备，也不用精通专业剪辑软件，一个手机App就能剪辑，一个平台就能发布，制作、传播门槛较低。借助短视频，普通创作者施展才华、各显神通，得以被大众看见，短视频成为他们创业的载体和挣钱的渠道。

此外，短视频的社交性、互动性等特点，也正好迎合了部分人群表达个人想法、展示个人生活的需求。通过短视频，人们结交新朋友、扩大社交圈。

可以说，时至今日，短视频已成为万物互联的"新基建"应用，它联结着你我他，也联结着大千世界与火热生活。

二

人们喜欢看短视频，其中一个重要原因就是它能打动人、感染人，能给人带来美好的体验。比如，《中国短视频大会》设置的美食、动漫、视界、剧作、探索、运动、时尚、律动等8个赛道，无不与"美好"息息相关。这种美，可以瞬间直达人心，唤起精神上的共鸣。

通过梳理，笔者总结了以下四种"美"：

发现生活之美。"红楼宴"的创作者郝振江从古籍中汲取创意，复刻出《红楼梦》里的名菜茄鲞；"魔鬼厨房"的创作者黄志宇认真烹饪，用精心制作的夜宵彰显"一个人也要好好生活"的积极态度……在《中国短视频大会》"美食"赛道，创作者们通过短视频把食物烹调成诗，邀请读者一同在一日三餐中品味生活意趣。

传递真情之美。从《中国短视频大会》节目作品中的"萌芽熊""小水滴"给予人们温暖柔软的治愈力量，到"美丽浙江"短视频矩阵发布的"杭州外卖小哥跳江救人"等正能量爆款……一帧帧画面中，有催人奋进的热血，有感人至深的善良，都是美好生活的缩影、社会向善的写照。

传播知识之美。文化博主意公子、诗词博主戴建业、科普博主吴於人……他们制作知识类短视频,把高深的专业知识、冷门的乡村技艺变得通俗有趣,推动了"冷"知识的"热"传播。

比如,在短视频平台上走红的戴建业教授就认为,现在视频这种传播工具也分短视频和中视频,它的优点是可以激发人的兴趣。短视频如果能激发大家学习古典诗歌和古代文化的热情,肯定不是坏事。

展现乡村之美。短视频已成为助力乡村振兴的新"农具"、新"农资"。比如,一段时间以来,各地文旅干部通过短视频推介当地的美食、美景,让越来越多的乡村之美被感知,这些乡村也因此成为"网红打卡地"、获得新的生命力。

三

我们也要看到,如火如荼发展的短视频在传递美好的同时,也带来了一些问题,如低俗、劣质、炫富、抄袭、虚假营销等。"浙江宣传"就曾发文指出短视频领域"谁红蹭谁""直播求红"等乱象。

笔者认为,单从短视频的生产端而言,要实现长远发展,就不能"短视"。那么,短视频该如何走好进阶之路?笔者概括了这样三句话:

第一句,善于"螺蛳壳里做道场"。经常写文章的人会感慨"短文难写",立意选材、起承转合都要用心。制作短视频也一样,"随手拍"看起来是"随手"的事儿,但想引起关注、触发共鸣,绝不是容易的事情。必须有相当的发现力、表达力和感染力,才能在短短数分钟内演绎精彩,必须创造更多高品质原创内容,才能收获观众的长久关注。

一则短视频要在"大浪淘沙"中"杀出重围"，须在主题、创意、内涵、表达等某个方面有所长，甚至是这些特质的综合比拼。如"西湖卖花郎"系列短视频之所以受到网友喜欢，正是通过国风、汉服等细节，传递出属于西湖的浪漫、属于中国的浪漫。

第二句，要流量，更要正能量。短视频的发展与壮大，同样也是社会经济发展的重要内容，它的价值绝不限于供人娱乐消遣，也在创造更大的社会价值。比如，一些历史片段通过短视频传播，成为全民记忆的"名场面"；深入浅出、生动有趣的科普短视频，助推科学知识传播、全民素养提升；在解读时事政策、开展直播助农等领域，短视频一样能大显身手。

充分发挥短视频所长，提供充足的信息增量、情感增量，在纷繁复杂的网络环境中弘扬主流价值、凝聚社会共识，这也是短视频的价值所在。

第三句，短视频是一种"打开方式"，生生不息的永远是生活。生活远比戏剧更精彩，而"每个人都是生活的导演"。如同古人通过毛笔与古籍"写生活""看世界"，现代人借助短视频，同样看到并呈现更多、更远的美好。最动人的、最让人难以忘怀的，永远是热气腾腾的生活。

"短视频里看中国，烟火气里观时代"。《中国短视频大会》首期节目，让我们领略到美食背后的文化内涵与人文魅力；第二期节目，又带领我们走入绚烂温暖、独具韵味的中国动漫世界。看似一实一虚，聚焦的始终是美好生活与人间真情。

当然，除了摆正创作理念、完善生产体系外，监管和治理的健全也必不可少，如此才能共同营造好的环境，一起提供美的体验。

浙江与中央广播电视总台联手打造国家（杭州）短视频基地，就是努力探索"短视频之可能"，让更多优质短视频在互联网大海"乘风破浪"。

作家帕乌斯托夫斯基在《金蔷薇》中这样写道："每一分钟，每一个在无意中说出来的字眼，每一个无心的流盼，每一个深刻的或者戏谑的想法，人的心脏的每一次觉察不到的搏动，一如杨树的飞絮或者夜间映在水洼中的星光——无不都是一粒粒金粉。"

文学家们努力将这些"金粉"聚拢起来，锻造成一朵"金蔷薇"。对我们每个人来说，短视频的意义或许就在于记录每一个闪闪发光的瞬间，保留每一份弥足珍贵的情感，让其免于消散，最终在这世间绽放一朵朵"金蔷薇"。

徐伟伟　张诗妤　执笔

2023 年 7 月 23 日

旅游预约不该这么难

往小了说，旅游预约关系着每个人的体验感，往大了说，这关系着人民群众的精神文化需求能否得到满足。

来一场说走就走的旅游，是很多人理想中的生活和关于生活的理想。

对于计划今年暑假出游的家庭来说，除了预定车票酒店之外，还有最重要的一件事，就是预约好旅游目的地的门票。如果没有预约，也许到了景点门口却只能吃"闭门羹"。

然而，"数万张门票秒空！""未来3天全部约满！"热门景点、博物馆的门票，到了"一票难约"的程度。当预约成为旅游的规定流程，不禁要问，是不是所有景点都适合预约制？预约何时不用这么难？

一

实际上，旅游预约并不是最近才有的新兴事物。比如，早在2014年，敦煌莫高窟景区就全面启动了线上门票的预约制，其初衷是为了保护文物。

由于莫高窟景区内部空间有限，如果同一时段有过多游客涌入，很可能会对壁画、彩塑等珍贵文物造成破坏。而预约制能有效控制各时段的游客总量，让游客不用拥挤在一起，提升大家的旅游体验。

在法律层面上，2013年实施的《中华人民共和国旅游法》明确规定，景区接待旅游者不得超过景区主管部门核定的最大承载量。可以采取门票预约等方式，对景区接待旅游者的数量进行控制。

虽然有先例也有相关规定，但不少游客还是习惯先到景区门口，再排队买票。到了2020年，在疫情防控的大背景下，预约制逐渐成为各景区的常态化管理措施。

适当的旅游预约，好处是显而易见的。理想情况下，对游客来说，通过预约可以提前定好行程，不用面对临时买不到票的不确定性；对景区来说，也更便于控制景区的承载量，更好保护景区的生态环境和文物展品，同时提升服务质量，保障游客安全。

然而，遭遇今年夏天爆发的旅游热潮，预约制暴露出不少"痛点"。在社交平台上，广大网友对旅游预约吐槽不断。比如随着《长安三万里》热映，原本就很难预约的陕西历史博物馆更火爆了，以至有些旅行社悄悄地将其从行程中去掉了，参加旅行团的游客，到了西安却无奈进不去博物馆的大门。也有部分游客早早预约了门票，却因各种原因没能按约到场，已经预约的名额却没有取消，从而造成一部分资源的浪费。

预约考验手速，还考验心态。为了抢到门票，有人长时间守着电脑、手机不停地刷新；有人拼技术，在网上寻找各种各样的抢票软件，家有程序员的甚至自己写起了抢票代码。抢票伤身，抢不到票伤心。更考验耐心的是，千辛万苦预约成功，却还要在景区门口经历漫长的排队，要付出的情绪成本太高。

热门景点的门票有多难抢？看网上各种抢票攻略就知道了：定几点的闹钟？遇到卡顿怎么办？哪个点容易捡漏？每个景区放票的时间、提前预约时间不尽相同，抢票之前必须研究得十分透彻。对于手机操作不熟练的老年群体来说，旅游预约成了一道"数字围墙"，阻碍了他们的出行计划。

二

暑期旅游热开始于高考结束之后。据旅游网站及杭州本地旅行社的预订监测数据，7月1日—8月31日杭州出发的暑假跟团游订单量，较去年同期平均增长10倍。

旅游市场的强势复苏、暑期出游旺季带来的人流剧增，都加剧了旅游景区的预约之难。深究"一票难约"的原因，笔者认为，还有这三个方面值得注意。

首先，部分热门景区应对大流量的准备不足。疫情防控期间，不少景区调低了最大游客承载量。在疫情过后，受到接待能力、生态文化保护等诸多原因影响，相关部门没有准确评估暑期旅游的热度，最大游客承载量没有及时调整，也是导致出现预约难的原因之一。

旅游预约同时也考验着景区的数字化水平。一些景区的线上预约已经比较复杂，但在线下又需要经历烦琐的人工检票流程。特别是高温天气，排队入场时间过长，有些孩子热得直喊想回家。这些场面在社交媒体上传播，进一步放大了公众对旅游预约的负面情绪。

其次，黄牛"加塞"扰乱了旅游预约秩序。由于有些景区预约程序存在漏洞，给了黄牛用技术手段刷票的机会。这些门票被加价卖出，不仅缩减了面向普通游客的门票供应，还导致了旅游市场的不公平。

找黄牛买票，成为一些游客拼手速和技术之外的另一种抢票途径。但骗局也由此滋生。前段时间，故宫博物院门口，就出现了网上高价买的黄牛票，到了现场无法进入的情况，而收了钱的黄牛，早已联系不上。

最后，扎堆、跟风的旅游习惯。近年来，博物馆被加入了许多人的旅游清单。博物馆热的出现，一方面折射出社会对优秀传统文化的推崇和越来越强的文化自信，另一方面也给博物馆带来了新课题。很多时候，哪个景点越难约，约的人反而越多。扎堆、跟风的旅游习惯，让热门博物馆预约难上加难。

三

正如不少网友所呼吁的，"'一票难约'，不能无解！"往小了说，旅游预约关系着每个人的体验感，往大了说，这关系着人民群众的精神文化需求能否得到满足，笔者认为，可以从"扩容""增效""提质"三个关键词上寻求解决之道。

先说扩容。当前，"一票难约"的现象主要存在于热门景区和博物馆，旅游目的地冷热不均的特征明显。因此，旅游资源的扩容，一方面是热门旅游目的地的进一步挖潜，另一方面是发掘和培育更多优质旅游资源，让游客有更多地方可以打卡。

以博物馆为例，通过增强服务力量，延长服务时间，增加每日游客接待量。如杭州德寿宫遗址博物馆根据游览需求大增的情况，适当增加了每日预约名额；7月16日起，陕西历史博物馆在每周日延长了开放时间。

再说增效。管理手段更新了，技术保障也要更新。不要让预约旅游成为黄牛和商业网站的牟利手段，对囤票倒票的行为，除了技术手段的防范外，有关部门还要及时出手治理。比如，国家博物馆对同一账号一周内多次预约且未履约率超过50%的给予限制预约30天，这些技术上的更新都是值得借鉴的。

对景区管理部门来说，还要及时将退票、爽约票回填票池，方便游客预约或线下购买。

最后说说提质。数字化的本质是为了更好地服务生活，不应该让旅游预约成为新的"数字围墙"。本着旅游预约制的初衷，其流程和规则要应时应地而动。如针对老年人、青少年等群体，景区也应留一部分门票，供线下销售。旅游预约不应该"一刀切"，景区不妨根据实际情况调整预约流程，方便临时过来的游客进场游览。

此外，对于带着孩子旅游的家长，面对暑期旅游的高峰，不妨放平心态，不要将眼光只放在热门景区上。无论是打卡为主的"特种兵式旅游"，还是慢慢感受烟火气的"Citywalk"，旅游方式可以不同，但在孩子们眼里，旅游过程中的见识比知识更重要，陪伴比物质更珍贵。

钱伟锋　执笔

2023年7月24日

温州再燃激情靠什么

> 这座蕴含着"创新基因"的城市，正是靠着创新因势而谋、乘势而上，创造了一个又一个神话。

熟读《之江新语》的朋友一定知道，232篇短评署名"哲欣"，取"浙江创新"之意。

2002年12月23日在温州调研时，习近平同志系统阐发了"创新观"。在这次调研中，他明确提出推进创新需要从"理论创新、制度创新、科技创新、文化创新"四个层面着力。近日，"八八战略"在温州的生动实践理论研讨会在温州举行，主题正是"敢为天下先 续写创新史"。

创新是温州最大的城市IP。改革开放以来，温州正是靠着创新异军突起的。如今，温州拿什么继续修炼创新气质？前行路上，温州如何继续用好这张"王牌"，让城市再迎高光时刻？

一

2002 年，中国"入世第一案"发生在温州。《习近平浙江足迹》一书中这样记载这段往事——

当年，欧盟提出对中国出口的打火机进行反倾销立案调查。调查起因是温州打火机过于便宜，一个温州产的金属外壳打火机在欧洲最低售价只要 3 欧元。在"入世第一案"中，温州烟具行业协会就发挥了不可替代的作用，最终官司取得全胜。

习近平同志说，在改革发展到进一步向完善的市场经济体制迈进，与世贸规则和国际惯例接轨的新阶段，我们要继续发扬敢闯、敢冒、敢干的创新精神，坚决冲破一切妨碍发展的思想观念，坚决改变一切束缚发展的做法和规定，坚决革除一切影响发展的体制弊端。

敢字当头、无中生有，创新是一条遍布激流险滩的河，但温州蹚过来了。这座蕴含着"创新基因"的城市，正是靠着创新因势而谋、乘势而上，创造了一个又一个神话。

这种创新，是自下而上、全员上场的"全民创新"。20 世纪 80年代，社会学家费孝通先生在温州调研考察时发现，温州走了一条与众不同的发展路子：家家户户做生意，人人争相当老板。

民营经济说白了就是"老百姓经济"。有这样一组数据体现着"草根温商"的活力：形容全国民营经济，有个特征是"56789"，而形容温州民营经济，有个特征则是"99999"，即民企数量比重、民营经济对 GDP 的贡献率、工业增加值占比、从业人员占比、税收占比均超过 90%。

这种创新，是敢为人先、大胆突破的"示范性创新"。有人说，温州人打了一个改革开放的"时间差"，赢得了先发性优势。改革开放以来，别人还在彷徨观望时，温州则早早行动，在许多方面先人一步、先人一招。比如，全国第一张个体工商业营业执照、开展全国金融改革综合试点、龙港国家新型城镇化综合试点、农村"三位一体"综合合作改革等等。

这种创新，是不吝做小事、善于谋实事的"务实创新"。秉承"永嘉学派"文化基因，温州人重利不守财。在温州人的头脑里，靠勤劳赚钱是光荣的事情，能多赚一分钱也是好的，不少温商就是靠一分一厘地赚来发家致富的，不少乡镇就是靠小商品生产发展起来的，这也是改革开放初期温州经济以轻工为主的一个重要原因。

当然，务实还体现在温州人的团结共赢观中。有人这样比喻：一片森林有大树，也有灌木、小草，在生态上相互联系和支持，远比单打独斗更有活力。对温州来说，也是如此。

"走遍千山万水、说尽千言万语、想尽千方百计、吃尽千辛万苦"，可以说，走南闯北的温州人就是"四千精神"的典型代表之一；特别能创业、特别能创新，是温州人的真实写照，也集中体现了浙江精神。

二

任何发展方式在到了某个阶段后，都会碰到瓶颈，这是不可否认的事实，但关键在于：内生动力在哪？创新活力还有没有？

去年浙江省党代会报告对于温州的城市定位，有这样一句话：支持温州提升"全省第三极"功能。作为"全省第三极"，温州的发展动能依旧强劲。从数据上看，2012—2022年的十年间，温州全市GDP翻了一番，2022年达到8029.8亿元；全市经济总量排名上升到全国第30位。

但随着标兵渐远、追兵渐近，需要正视的是，温州的创新发展确实还存在一些短板和不足。比如温州在企业规模体量、新动能培育引进、人才和创新支撑等方面都还有待强化提升，民营经济和温州人经济的优势有待更充分地释放，等等。

如果说，改革开放初期，温州之所以能创造风向标式辉煌，是把握住了创新的风口，那么，今天的温州依然要遵循此道，继续磨砺"创新"这把宝剑。笔者认为，需要着重处理好几对关系：

新与旧。在新赛道不断涌现、新业态方兴未艾的当下，温州作为传统制造业之都，将走向何方？产业转型的新旧迭代，激荡的是发展动能。比如，近年来，温州实施"双轮驱动"战略，除立足传统产业优势外，还在新能源、数字经济、生命健康等新兴产业上进行布局，就是一种创新尝试。

大与小。随着"草根经济"进化为"雨林经济"，量大面广的民营企业已形成"草灌乔"的生态样本，亟须构建起"雨林式"的创新生态。大企业"顶天立地"，中小微企业"铺天盖地"，这一经济生态的营造需要"两只手"一起发力。从2003年率先开展"效能革命"到"两个健康"先行实践，温州营商环境优化的"颗粒度"在不断细化。未来，如何为大中小微各类市场经营主体提供更加公平优质的营商环境，还有待继续深化。

内与外。温州民营经济创新的经典打法之一，就是"走出去"与"引进来"的双向互动。作为"地瓜经济"的典型区域样本，温州需要在"走出去"与"引进来"双向往来间充分汲取养分，走出高效的"双循环"之路。有句话说，"招得来女婿，留得住儿子"，内外互动是温州创新发展的经验、智慧，也是一种能力、境界。

三

"我对温州有一个很大的希望，就是希望温州把这部创新史继续写下去，探索新的规律，创造新的业绩，总结新的经验，为全省带好头，也为全国作示范。"习近平同志21年前的深情嘱托，是温州一路走来最宝贵的财富。未来，"创新史"该如何续写？笔者有三点看法。

让"高精尖"做主角。作为浙江两大"龙头"城市，杭州聚力打造"数字经济第一城"，宁波大力发展智能制造。而温州要制胜未来，不能仅停留在40年前的"温州模式"，建设高质量的教育体系、高能级的创新平台、高素质的人才队伍才是"撒手锏"。

当前，营造一流引才育才环境，打造更多创新联合体，努力让更多"高精尖"人才挑大梁，让更多"新生代"成为续写创新史的主角，让更多的"温州制造"向"温州创造"升级，对温州而言很有必要。

让"世界的温州"更开放。《习近平在浙江》记载，2006年5月，习近平同志到美国访问，在美国肯恩大学即席讲话时，特别讲了温州人这个群体。他说，在国外，浙江知名度比较高的有四个地方：一是部分人知道有个杭州西湖；二是部分人知道有个宁波港；三是不少人知道有个义乌小商品市场；四是大多数人都知道温州人。

温州的每一次突破，都离不开全球视野。这些年来，250多万在外温州人在全国建立了268家异地温州商会，相当于在温州之外再造了一个温州。如何把人的优势转化为创新的优势、发展的优势依然是一个大课题。既要保持"跳出温州看温州，着眼全球发展温州"的气魄，又要有"来了就是温州人"的胸怀，让更多人成为创新创业的"先行军"。

让"四千精神"的光芒永驻。文化是根、是魂，是区域发展最重要的精神力量。温州人精神深植于永嘉学派。发展到今天，历久弥新的"四千精神"仍是眼下推进创新发展的刚需。守好用好温州的文化资源，把文化精神的魅力转化为全民创业创新的活力，这也是温州创新突围的关键打法。

只要保持"闯"的劲头、"拼"的精神、"创"的勇气，创新的火花就依旧耀眼、创新的动能就依然强劲，温州就依旧是改革创新的开路先锋。

王人骏　王丹容　执笔

2023年7月24日

乡村阅读的"困"与"破"

> 变"漫灌"为"滴灌",乡村阅读还有很长的路要走。

有人说,人生最好的状态是晴耕雨读。诸葛亮"乐躬耕于陇亩兮,吾爱吾庐;聊寄傲于琴书兮,以待天时",陶渊明"采菊东篱下,悠然见南山",羡煞多少人。

7月24日,丽水市青田县坐忘谷书屋也迎来了一场特别的活动——全省"新时代乡村阅读季"启动仪式。在接下来的数月中,多项阅读活动将在浙江乡村掀起一轮又一轮阅读热潮。

近年来,乡村阅读逐渐成为"书香中国"的亮丽一景。数据显示,目前全国各地已建成"农家书屋"约60万家,配送图书超过13亿册,但与此同时,2022年我国城镇居民图书阅读率为68.6%,农村居民图书阅读率为50.2%。这表明我国城乡居民阅读水平还存在差距。

借着此次乡村阅读季活动,我们不妨捋一捋:在今天,推动乡村阅读有何深意?乡村"阅读"又如何走向"悦读"?

一

《习近平的七年知青岁月》记载了这样一些细节：据村里人说，习近平同志从北京来的时候，就带来沉甸甸的两大箱子书。收到家里寄来的包裹，里面除了一些衣服就是书。

劳动再苦再累，习近平同志每天也要抽时间看书，上山劳动的时候也总是带着书，利用生产劳动的间隙时间看；晚上吃饭的时候，他一边吃饭一边看书，嘴里吃着饭，眼睛盯着书本。

当乡村遇上阅读，总能构成一幅励志而又诗意的画卷。耕读传家是中国传统文化的重要价值理念之一，乐于阅读和学习，让中华民族不断汲取向上的精神力量。

在乡村，阅读何以重要？笔者认为，还有一条，就是能够打开通往"外面世界"的可能。"读万卷书，行万里路"。在普遍认知里，阅读是联系外界最直接、性价比最高的方式，可以知天下、成事业。正因如此，阅读的故事，一直在滋养着一代代读书人的心灵。

在1945年的中国共产党第七次全国代表大会上，毛泽东同志就指出："农民——这是现阶段中国文化运动的主要对象。所谓扫除文盲，所谓普及教育，所谓大众文艺，所谓国民卫生，离开了三亿六千万农民，岂非大半成了空话？"

时代虽已不同，但如今的乡村阅读，舞台依然在农村，主角依然是农民。回首改革开放以来这几十年间，广大农民群众的文化需求，已经从基本的学认字、学知识，转变为今天的追求视野开阔、精神富足。

中国历来是农业大国，农民的教育和阅读问题，一直牵动着国家的心。比如，2007年，"农家书屋"工程已经全面推开。这项国家级基础公共文化设施建设工程，投入之大、下沉之深、覆盖之广、规模之大，都是空前的。

可以说，一方小小的乡村文化空间，是乡村振兴和书香中国建设中需要深耕的一片沃土，我们不应忽视，更不能轻易舍弃。

二

喜不喜欢阅读，虽然是个人选择，但只有无数个体跃升了，方有从"阅读"到"悦读"的蝶变，而这离不开政府的作为和社会的推动。然而，不可否认的是，如今的乡村阅读在推广和提升上依然面临不少挑战。

比如，需要面对"读了书，有啥用"的质问。但凡书籍，都分为不同种类，其中有"经世的方法"，有"真理的味道"，也有"诗和远方"。但不少村民开卷前都会问上一问："读了它，有啥用?"对他们来说，"星辰大海"是什么，"诗和远方"在哪里？部分人的答案或许并不明晰。

这给我们带来了新的思考。事实上，阅读不仅是找到解决实际问题的方式，更是找到解决思想问题的钥匙，而回答"为什么要阅读"，逻辑也是如此，解决观念问题是当务之急。"强硬推送"不好使，摸清为什么要读、什么样的书才被村民所喜欢与认可是关键所在。

比如，需要面对"硬件有余，利用不足"的困境。不容忽视的是，目前广大乡村的一些阅读阵地如农家书屋等，不同程度存在

"有场地、缺人气",图书内容不合口味、开放时间不贴合群众实际等问题。有的农家书屋,长期"铁将军"把门,甚至书上的灰都堆起来不少。

林林总总的问题,究其原因,既有时代变迁带来的影响,也有部分农家书屋自身运行管理的不足。比如,一些农家书屋建设标准不高,服务功能性和针对性不强,既没有持续的经费和资源投入,也缺少能当好农家书屋"操盘手"的管理员,对群众的吸引力自然就不够。

比如,需要面对"阅读需求不一样"的问题。公共图书服务体系给乡村送去了一批批书籍,解决了许多人的阅读需要。但如果细分来看,情况各种各样:老年人可能喜欢听有声的,中年人或许更渴望看人文社科,少年则对动漫充满了无尽的兴趣。阅读服务如何满足不同群体的实际需要?

不仅如此,不同发展阶段,村民的阅读需求也有不同。比如,过去农村发展经济较为迫切,群众对农业科技、种植养殖、医药卫生的图书较为需要。而随着乡村振兴的推进和生活品质的提升,群众对文化文艺、亲子阅读、休闲康养等个性化需求则日益突出。

笔者发现,目前乡村阅读工作还面临着推广专业人员稀缺、缺少针对性阅读服务等短板。如果不能注意到这些变化,始终用旧眼光、老套路对待新需求、新情况、新农村,读者必然会越来越少。

三

变"漫灌"为"滴灌",乡村阅读还有很长的路要走。如何尽快补齐短板?笔者认为,这"三招"不妨一试。

一是坚信"大力出奇迹"。2012年，"开展全民阅读活动"写入党的十八大报告；2022年，党的二十大报告写入了"深化全民阅读活动"，从"开展"到"深化"，"全民阅读"不断进入新境界。

我们欣喜地看到，全国各地纷纷制定全民阅读地方性法规和规章，其中乡村阅读也越来越受到重视，在经费投入、设施布局、活动安排等方面享受利好、提升水平。

如何让流失的读者、路过的群众，到基层阅读阵地坐下来、看起来？如何推动资源整合，让遍布乡村的农家书屋用起来、火起来、热起来？这些问题，需要主管部门、广大乡村和每一个潜在的读者共同回答。

"浙江宣传"在《他们的阅读不应是"孤读"》中提出，面对"为乡村儿童打造阅读的奇妙世界"这一重大命题，不能仅靠某个人或某一方，而是要所有环节共同努力。对乡村阅读工作的整体推进来说，道理也是如此。

二是探索"社会化市场化新路"。在推广乡村阅读方面，一方面政府投入必不可少，另一方面，引导社会资源、市场资金深入乡村，也成为重要路径。

像南京先锋书店，在浙江、安徽的乡村开设"分号"，满足当地村民的阅读需求，打造出了文旅亮点。这些探索对乡村阅读助益良多，成为乡村阅读推广和提升的重要补充。

三是以数字化满足阅读"刚需"。第二十次全国国民阅读调查数据显示，2022年我国成年国民数字化阅读倾向进一步增强，有71.5%的成年国民进行过网络在线阅读。这也启发我们进一步思考乡村阅读工作。

互联网时代，"云阅读"成为乡村阅读的重要方式之一，提升农村网络基础设施、降低网络资费等措施，将有利于为乡村振兴积蓄阅读的力量。在资源配置上，也可以多提供数字阅读平台、智慧书屋等"云服务"，促进新时代乡村阅读新发展。

习近平总书记在首届全民阅读大会贺信中指出，希望全社会都参与到阅读中来，形成爱读书、读好书、善读书的浓厚氛围。

乡村阅读，阅读乡村。期待田间地头洋溢的书香可以让乡村"阅"来"悦"精彩，滋养每一片我们深爱的欣欣向荣的乡土。

邓其锋　朱少平　执笔

2023 年 7 月 25 日

别让"厌童症"成为话语陷阱

> 我们要做的不是任由矛盾激化、事态升级，而是相向而行，在公共空间寻求互相谅解、互相包容的"最大公约数"。

暑假期间，高铁、飞机等公共场所"长"出了不少"熊孩子"。随之发生了多起因孩童吵闹引发家长与乘客之间冲突的事件。在这些新闻下面，有人说"孩子还小，不懂事"，有人反驳"管不住就别带出来""家长不教育，我来教育"。

网友不禁调侃：明明"六一"儿童节人人都想当儿童，可当儿童节一过，人们突然都站到了对立面。

有媒体引述心理学的概念，将当前社会上对儿童的抵触心理统称为所谓的"厌童症"，这个称谓还上了热搜。如果说对"熊孩子"的"讨伐"还带着那么一点善意的调侃，那么将对待儿童的态度与一种心理病症联系起来，则反映出更加明显的焦虑和撕裂。

"厌童"这股风从何而来？我们又该如何理性看待"厌童"情绪、对"症"下"药"？有必要聊一聊这个话题。

一

关于"厌童"这个话题，当下的网络空间分成了不同阵营。讨厌孩子的人和宠着孩子的人之间出现了一道鸿沟，双方站在各自的立场上争执不休。

"沟"的这一边，讨厌"熊孩子"的人表示：家长为什么不能立即安抚孩子，让他停止哭闹？我为什么要向小孩子妥协？必须"敢与妇孺争高下，不向顽童让半分"。他们聚集到豆瓣"讨厌小孩"小组等网络社区，分享与"熊孩子"斗智斗勇的绝招，或是在抵制"熊孩子"的新闻评论区"抱团取暖"，吐槽身边的"小恶魔"。

而另一边，许多人认为现在的环境对带幼童出行的家长来说过于苛刻。前几天，有作家就在微博上分享了个人经历，带娃坐高铁时被乘务员反复提醒让孩子保持安静，"只要有哼唧声，甚至没有大声哭闹、尖叫，马上被乘务员要求去车厢连接处。10 个小时的旅程，绝大多数时间家长抱着孩子在车厢连接处度过"。这条微博下面一下子成了宝妈们的"诉苦大会"，大家争着分享在公共场合曾遭受的"隐性歧视"。

从 5 月份的"高铁掌掴事件"到 6 月份的"热水泼小孩事件"，再到 7 月份的"熊孩子揪乘客头发反被家长怒怼事件"，我们看到，近段时间，所谓"厌童症"甚至成了贴在部分年轻人身上的"标签"，一些社交媒体的博主还发起了相关话题的直播，热度在各大平台不断发酵。

笔者认为，有两个认识需要厘清：

其一，一些人"厌童"，厌的不是所有的儿童，而是那些在公众场合因为出格的言行举止影响到其他人的"熊孩子"。

其二，不能把"厌童"的人群仅限定在小年轻。有人说，小年轻没有抚养小孩的经历，缺乏同理心，因此会对孩子特别没有耐心，此话不假。然而面对一个"熊孩子"，相信不仅年轻人，甚至任何年龄段的人都可能心生厌烦情绪，包括"熊孩子"家长自身。

二

世界上没有无缘无故的爱，没有无缘无故的厌憎。小小年纪的孩童何以招致这么多敌意？我们曾经对待孩童的无限温柔什么时候演变成了满腹怨气？翻开所谓"厌童症"的"病历本"，笔者认为，病因主要有三方面。

一是"家长滤镜"下的敷衍了事。面对孩子的顽皮吵闹，家长本应起到关键性引导作用。但部分家长对自己的孩子无限度包容，认为做什么都是对的，自家的孩子，别人说不得，用一句"ta还是个孩子"，就想试图消解掉所有责任。

本来对方或许还存有一些宽容度，但一看到家长的敷衍态度，矛盾就进一步激化了。有网友直言：不是讨厌"熊孩子"，而是讨厌"熊孩子"背后的"熊家长"。

二是"自我视角"下的不情不愿。对很多人来讲，催婚催育、职场"求生"等负面能量已使得自身血压飙升、自顾不暇，当出行时、购物时原本应该舒适的小环境里再闯进"不速之客"，各种压抑已久的小情绪便会裹挟而来。

与此同时，不可否认，一部分未经历过婚育的群体对带娃的苦衷的确难有切身体会，难以产生共情，也就不想花费精力去体谅和忍受别人家的小孩。

三是"流量狂欢"下的推波助澜。受"流量为王"的驱使，一些媒体和平台为了博眼球、赚点击，打着维护社会秩序、道德规范的旗号，刻意炒作"熊孩子""熊家长"等话题，甚至炮制假新闻，人为制造冲突、对立。

比如前阵子网上流传着一张幼儿园老师给班级里的孩子"下药"的微信截图，事后就被证明是刻意制造的假新闻。在算法加持下，此类事件造成局部矛盾不断升级，从而促使对立情绪加剧。

三

面对"厌童"情绪，我们能做点什么？如何让这一现象带来的伤害降到最低？笔者认为可从以下几点破题。

试着从"1米高度"的视角看看世界。教育学上有一句话："孩子越不可爱的时候越需要爱。"与其斥责"熊孩子"是公共秩序的"破坏者"，不如把目光移到孩子眼中的世界，以此来改善我们的公共空间。

早在2021年，国家发改委等23部门印发的《关于推进儿童友好城市建设的指导意见》中就引入了"1米高度看城市"的理念，意思是城市规划建设应体现儿童视角，推进儿童友好理念融入城市规划建设。

不光是基础设施等硬环境，公共政策、人文关怀等软环境也应当如此。去年底，《浙江省推进儿童友好城市建设实施方案》印发，在社会政策、公共服务、权利保障、成长空间、发展环境等多个方面体现了这一视角。

多些换位思考，事情也就没有那么糟。在笔者看来，所谓"厌童症"，其实是一个话语陷阱，它将所有孩童天然划入了"麻烦制造者"的角色，但是换位思考就可以发现，我们身处的世界，绝不是一个必然"几败俱伤"的"无解世界"。

我们都从婴幼儿时期慢慢过来，经历包容而长大，绝大部分人将来也要面临抚育幼童、带娃出行的情境。不少新手妈妈感慨，生娃前，看哪个小孩都是"熊孩子"，有娃后才发现称得上"熊孩子"的并不多，多的是拿成人的标准评判孩子的大人。

而每一位家长如果仔细回想，肯定也都有过被孩子折磨到崩溃的"至暗时刻"，就会对年轻人的处境有所共情。比如2020年，那对担心孩子吵闹、为同机乘客准备耳塞和糖果的上海夫妇，受到媒体点赞；再如今年，因为担心影响其他乘客，一名年轻男子在高铁车厢连接处陪娃待了1小时，网友评论：就很棒！

"熊孩子"要管，"仇童"戾气则要治。无论是"厌女""憎男""仇老"，还是现在的"厌童"，舆论场上的爆点一个接一个，背后都离不开网络推手。多数情况下，他们的目的是在线上发泄情绪、吸引流量，这不仅放大了线下的焦虑，且无益于问题的解决。

近日，中央网信办开展自媒体整治行动，为"自媒体"划定了13条红线，这对理清"厌童"乱象也有一定针对性。在此背景下，无论是自媒体平台，还是属地管理者，需要共同建立起高效的监管机制，尤其面对制造焦虑、塑造对立的无良自媒体，更是不能手软。

总而言之，抚育后代不仅仅是家庭内部的责任，更是一项社会化的事业。比如《中华人民共和国未成年人保护法》就规定，"全社会应当树立关心、爱护未成年人的良好风尚"。一味指责"厌童"人群是无济于事的，人为制造、放大人与人之间的冲突、对立更是不可取，社会事业的进步必然需要多方面的共同努力。

面对"厌童症"这一话语陷阱，我们要做的不是任由矛盾激化、事态升级，而是相向而行，在公共空间寻求互相谅解、互相包容的"最大公约数"。

倪佳凯　应明君　王超　执笔

2023 年 7 月 25 日

"提笔忘字"为何令人担忧

> 神州也好，中国也好，变来变去，只要仓颉的灵感不灭，美丽的中文不老，那形象磁石般的向心力当必然长在。

你有多久没有提起笔写字了？近段时间，"互联网不能成为错别字的温床""账与帐很多人分不清"等话题在网络上持续升温。有网友接茬，"登陆和登录，也让人很抓狂"，还有人感同身受，表示遇到过"字在脑海里呼之欲出，抓耳挠腮就是写不出来"的情况。

有媒体做过关于"你是否有写字困难"的调查，两千多名受访者中，有83％的人认为曾遇到过写字困难。大家纷纷调侃，思念是一种病，"提笔忘字"也是一种病。

当键盘代替纸笔、字母取代笔画，"提笔忘字"现象逐渐变得普遍，其背后所反映出的文化现象和特征，值得深思。

一

有人做过一个街头挑战，找路人听写"尴尬""迁徙""螃蟹"等词语，结果10位挑战者中仅3人全部写对，其中包括两名初中生。测试结果让大家哭笑不得，明明这些字都认识，但提起笔却写不出，这就是典型的"提笔忘字"。据笔者观察，常见的"提笔忘字"主要有以下几种表现形式：

"最熟悉的陌生人。"尽管对一些字如数家珍，但真正要下笔时，总觉得脑海中浮现出了字形的轮廓或一鳞半爪，可就像蒙上了一层轻纱，始终不见其形、写不完整。如，单独写"烨""圳"，觉得无比陌生，一旦放在"易烊千玺"和"深圳"这两个词组里，却马上恍然大悟。

"张冠李戴，将错就错。"第12版《新华字典》共收录一万余字，其中有大量同音字、多音字。很多人在面对这些情况的时候，不加辨别，拿来即用。

比如，"的、地、得"三个字读音相同，但用法迥异，日常中很多人都会混用；相似字也经常错用、滥用，以"赢"和"羸"为例，二字虽然形似，但其音义均有明显不同；受方言、发音等影响，"拖孩（鞋）""蓝瘦（难受）"等错词也成了网络热词。

"养在深闺人未识。"据统计，目前收录汉字最多也是最全的字库中，有出处的汉字超过9万多个，而实际上，中国人日常生活常用汉字仅为2500个。这就使得一些汉字因使用频率低、适用场景少，加之字形复杂，而成为生僻字、生僻词，如"耄耋""饕餮""矍铄"等。

发行于2017年的歌曲《生僻字》曾引发热议，网友表示头一次不认识歌词。这些"难认又难写"的字，就属于"提笔忘字"重灾区。

"信笔涂鸦鬼画符。"唐代卢仝在《示添丁》中写道："忽来案上翻墨汁，涂抹诗书如老鸦。"汉字本为方块字，书写起来要么一笔一画、工整有序，要么笔走龙蛇、行云流水。倘若与笔墨"暌违已久"、日渐生疏，抬笔时七歪八扭，忘字时或是找个相近的字代替，或是干脆涂抹几笔应付了事，时间久了，就陷入了不会写、不想写、提笔忘的恶性循环。

老祖宗传下来的笔墨不该被束之高阁。"提笔忘字"戳中了当下的汉字书写困境，若任其发展，影响的将是优秀传统文化的传承和文化软实力的构建，很难不令人担忧。

二

过去，人们往往认为上了年纪才容易"提笔忘字"，但如今，年轻人越来越依赖键盘鼠标，拿笔的机会越来越少，出现不会写现象的人群也日渐低龄化。这一现象背后的原因，值得我们探究。

首先是"输入"代替了"书写"。网络时代，敲字如飞的输入法极大地方便了人们的交流与记录，逐渐替代了一笔一画的汉字书写。在高效快捷的输入模式下，人们"能语音就不打字，能打字就不写字"。

但作为一种象形表意文字，汉字需要被不断复写才能让人们加深印象，而长期拼音输入，让人们渐渐忽视笔画顺序、偏旁部首和结构特征，从而慢慢遗忘汉字的写法。

其次是"标准化"代替了"个性化"。告别学生时代后，手写汉字的机会越来越少。不论是求职简历，还是工作中的各种企划文案、档案报表，大都要求清一色的打印体，连字体、字号、行间距、页边距都有明确的要求和标准化模板。曾经的"鸿雁传书""展信开颜"，如今变成了千篇一律的A4打印纸，久而久之，人们就可能缺少对汉字形式美、意境美的品味。

最后是"网络梗"代替了"规范性"。一些网络热梗刻意制造标新立异的字眼，如"报giao（报告）""泰裤辣（太酷了）"等被智能输入法记录，使得部分误用因互联网而加剧传播。一些自媒体语言表达过于追求"网感"，错字连篇、乱改成语等现象时有出现，难免会干扰人们对汉字的正确认识。

从殷墟甲骨到篆隶行楷，汉字文化始终与时俱进、不断创新，而贯穿其中的，是代代中国人对汉字文化的尊重和敬畏。汉字，不应被随意篡改、解构。

三

当我们欣赏颜真卿的《祭侄文稿》，能体会到书者力透纸背的悲痛之情；看到林觉民的《与妻书》，诀别不舍之感久久穿越时空。汉字，在文明长河中漂流，承载着浓烈的情感，是中华文明的重要标志、文化自信的重要基石。

纵使"驿寄梅花、鱼传尺素"的"从前慢"已然过去，我们也不能"握着鼠标"而忘了"拿起笔杆"。如何激活"书写"，赋予其更强的生命力与时代感？笔者认为，可以从以下几个方面着手。

比如，多给自己一些手写的机会。避免"提笔忘字"，最简单的方法就是多写多看，遇到不会写的词，多翻翻字典，多上手写几遍。要多写，也要多用，不妨重拾手写日记、手写笔记的习惯，让书写体的适用环境多一点。

如陕西师范大学17年来坚持用毛笔手写录取通知书，带有温度的手写体配上汉泥封印，尽显中华民族特有的文化风骨，可谓"上新"更"走心"。

比如，多为汉字创造亮相的平台。要多给汉字展示的机会，让全社会关心关注汉字。如举办全民汉字书写大赛、记忆汉字大赛、手写三行情诗等活动，鼓励更多的人关注汉字、书写汉字。

近年来，《中国汉字听写大会》《汉字英雄》等节目日益红火，究其原因，是这些节目通过挖掘展示汉字的魅力，寓教于乐，吸引公众参与，让汉字的历史意义与文化价值得以激活。

比如，多讲讲汉字背后的故事。正如流沙河先生所言："看见一个字，能够写出字形，读出字音，解释字义，还得要知道这个字在古代是怎么样写的、古音是怎样的、后来怎样变化的、本意是什么，这样才算真正认识了一个字。"

在央视开播的《中国书法大会》上，通过音乐、舞蹈、戏剧等现代艺术形式和科技手段，中国书法史上极具代表性的一系列作品的故事得以立体呈现，让书者与观者共赴一场"游目骋怀"的心灵之约。类似的文化节目值得借鉴。

比如，多跟汉字"较较真"。《咬文嚼字》主编、语言学家郝铭鉴曾说，语言是社会公器，需要大家约定俗成形成共识，彼此的交流才会有效。新兴的网络语言进入日常生活，导致很多人在交流中跟风使用网络烂梗、错词错句，逐渐形成"不好好说话"的坏习惯。

对于那些错用误用的文字，需要拿出些"较真"精神。比如曾有网友针对是"天将降大任于斯人"还是"天将降大任于是人"展开了辩论，对这一字之差的"斤斤计较"，体现的是人们对汉字文化的严谨态度。

如诗人余光中在散文《听听那冷雨》中所写："神州也好，中国也好，变来变去，只要仓颉的灵感不灭，美丽的中文不老，那形象磁石般的向心力当必然长在。"愿我们多铺纸执笔，让汉字之美尽绽光华。

刘亚文　施佳丽　梁力　执笔

2023 年 7 月 26 日

理论学习的"登山路"怎么走

> 学习道路上没有"终南捷径",但在学习方法上应该"多辟蹊径"。

热搜上曾出现过这样一个词条:"泰山会制服每一个嘴硬的人"。这说的是有人用视频拍下了众人爬完泰山返程一幕,几乎所有人都东倒西歪、低头睡觉,让人忍俊不禁。

泰山是五岳之首,从红门到玉皇顶,共有6000多级台阶,如果没有坚韧不拔的毅力、持之以恒的决心,很难登顶领略"一览众山小"的壮美风光。

当下,学习贯彻习近平新时代中国特色社会主义思想主题教育正如火如荼开展,相信不少人有感,理论学习亦如"徒步登山"。说实话,理论读本相较小说、杂志等,读起来的确容易产生"爬坡"的疲惫感。但啃完一本"大部头"的快感,与登顶泰山的喜悦,都只可意会不可言传。

那么,究竟如何才能走好理论学习的"登山路",看到别样精彩的风景呢?今天,就让我们去这条"登山路"上走一走。

一

《之江新语》中有一篇短论——《理论学习要有三种境界》，以"三种境界"比拟理论学习的不同心境、不同阶段，把劝学的道理寄予晏殊、柳永、辛弃疾的优美词句中，意味深长。

首先，理论学习上要有"望尽天涯路"那样志存高远的追求，耐得住"昨夜西风凋碧树"的清冷和"独上高楼"的寂寞，静下心来通读苦读；其次，理论学习上要勤奋努力，刻苦钻研，舍得付出，百折不挠，下真功夫、苦功夫、细功夫，即使是"衣带渐宽"也"终不悔"，"人憔悴"也心甘情愿；最后，理论学习贵在独立思考，学用结合，学有所悟，用有所得，要在学习和实践中"众里寻他千百度"，最终"蓦然回首"，在"灯火阑珊处"领悟真谛。

重视学习、善于学习，是中国共产党人的优良传统，也是我们党永葆青春活力的基因密码。延安时期，中国人民抗日军政大学、陕北公学、延安马列学院等干部学院陆续创立，许多党员干部沐浴在马克思主义的"阳光""雨露"下，迅速成长，为日后我们党走向胜利打下了坚实基础。

新中国成立后，党中央多次要求全党学习马列著作。1962年，邓小平在扩大的中央工作会议上的讲话中讲道："我们忙于事务，不注意学习，容易陷入庸俗的事务主义中去。"他指出，我们还是要造成一种学习的空气，学习理论的空气。

时代变化、社会变迁，学习理论的"空气"应该更加浓厚。在那样艰苦的条件下，广大党员干部尚能如饥似渴、不舍昼夜地"攻书"，那么今天，置身百年未有之大变局，奔跑在民族伟大复兴的道路上，我们更应该把理论学习作为一种习惯、一种必需、一种责任，往深里学、往实里学、往心里学。

二

党的十八大以来，我们党先后组织开展了一系列主题教育活动，全党上下的学风和作风都发生了根本性转变，学理论的氛围日益浓厚、行动更加自觉。但也有一些同志反映，学如登山，难以行远。出现这种情况，原因各有不同。

比如，因"山高水远"而畏难。在实际工作中，有小部分人刻板地认为，理论知识"高高在上""晦涩难懂"，与实际工作有距离感，心里难免产生畏难情绪，要么逃避、拖延，要么兴致索然、神游"书"外，高山在前而不敢攀。

其实，当下不少理论读本的笔法颇为生动活泼，像"之江轩"编写的理论读本《解码："八八战略"为什么行》近期已出版发行，为解读"八八战略"提供了更有趣、更接地气的叙述方式。"登山"过程是艰辛的，但也是一种"精神享受"。迈开第一步，一步一步走下去，就会发现其实没有那么难。

比如，因"不得要领"而沮丧。"驴友祖师爷"徐霞客总结了一套"塞者凿之，陡者级之，断者架木通之，悬者植梯接之"的登山秘籍，踏遍无数山川奇峰。

学习道路上没有"终南捷径"，但在学习方法上应该"多辟蹊径"，比如联系实际、矛盾分析、辩证对比、抓住重点、举一反三、思维导图等，用得对的话都是事半功倍的"内功心法"。想要提升理论水平，正确的方法和不懈的努力同样重要。

比如，因"走马观花"而浮躁。登顶时刻固然令人兴奋，但向上攀登的过程也同样是愉悦身心、增长见识的过程。悉心观察沿途的风景、深入了解周边的民俗，有品鉴、有感悟、有收获，才算不虚此行。

读理论书籍也一样，同样是方块字，如果只是"走马观花""蜻蜓点水"式翻阅，厚厚的马克思主义原著从头翻到尾也只需几分钟，但这就失去了阅读与思考的真义，这样虚浮的"攀登"不要也罢。

比如，因"半路歇脚"而发懒。泰山山腰有段平路叫"快活三里"，不少人喜欢在这里歇歇脚。但挑山工少有在此久留的，因为他们知道，腿"发懒"了，再上"十八盘"就难了。

其实，理论学习也是一样，有时候想起来就学一学、学一阵子就放下，觉得有用的就学、觉得没用的就不学，"三天打鱼两天晒网"，这些都是"似学非学"的"懒病"使然，想学出真义就难上加难了。

三

那么，如何走好理论学习的"登山路"，真正让党的科学理论入脑又入心？笔者认为，以下三点缺一不可。

首先是正心静读，把"厚的读薄，薄的读厚"。理论学习，仅用眼睛看、耳朵听是不够的，关键要入脑、要走心。需要读原著、学原文、悟原理，需要深入学、持久学、反复学，唯有铢积寸累、日就月将，才能把书"读薄"又"读厚"。"读薄"，就是即便这本书是大部头，也能够抓住精髓；"读厚"，就是融会贯通、水到渠成，读出无尽言外韵味。

据《人民日报》报道，1985 年冬天，时任福建厦门市委常委、副市长的习近平同志结识了就读于厦门大学经济系的张宏樑。当听说经济系开了《资本论》原著课程时，习近平同志仔细询问："学的是哪个版本？同学们都感兴趣吗？学起来是否吃力？知道为什么要开这门课吗？"张宏樑十分惊讶："您怎么对《资本论》这么熟悉？"

习近平同志说，自己下乡时在窑洞的煤油灯下通读过三遍《资本论》，记了很多本笔记，还读过几种不同译本，最喜欢厦大老师郭大力、王亚南的译本。他还分享了自己的研读体会："学原理、读原著是接触马克思主义的最佳方式，也是学习马克思主义方法论最有效的方式""要反复读，用心读，要把马克思主义原著'厚的读薄，薄的读厚'"。

其次是深思明理，知其然、知其所以然、知其所以必然。党的创新理论包含着我们党治国理政的思想和方略，是科学的方法论，更是高远的思想境界。学理论显然不能停留在知字面、作注释上，更不能浅尝辄止、一知半解。要"挤"进去、"钻"进去，多问几个"为什么"，把"所以然"想通透了，很多问题自然会豁然开朗，体悟到"所以必然"。

延安时期，我们党在学理论上有一句生动的话，"吃小米饭，攻理论山"。所谓"攻理论山"，指的就是要拿出"攻山头"的精神，切实下一番苦功夫，掌握理论精髓、领悟真理力量。今天我们早已不用"吃小米饭"，但"攻理论山"的精神依旧宝贵。

比如，对于中华民族现代文明，除了读懂其特性、意义，更要搞明白"两个结合"的理论基础、内在逻辑、发展规律和未来趋势。

最后是践悟笃行，源于实践、扎根实践、指导实践。习近平总书记曾这样解释理论与实践的辩证关系："理论一旦脱离了实践，就会成为僵化的教条，失去活力和生命力。实践如果没有正确理论的指导，也容易'盲人骑瞎马，夜半临深池'。"

党的创新理论并非来自坐而论道、凌空蹈虚，而是深耕于实践又指导着实践，因此"理论创新每前进一步，理论武装就要跟进一步"。面对新形势、新挑战，一些党员领导干部常常碰到"本领恐慌"的问题，说到底，就是不能实现理论创新和实践创新良性互动。

今年是浙江深入实施"八八战略"20周年。"八八战略"正是习近平同志在浙江工作期间，将理论与实践相结合，经过深入调查研究和系统谋划后作出的省域发展全面规划和顶层设计，是习近平新时代中国特色社会主义思想在浙江萌发与实践的集中体现，闪耀着与时俱进的马克思主义真理光芒。

当下，实现中华民族伟大复兴正处在爬坡过坎、登高望远的关键时期，更需要每位党员干部以学铸魂、以学增智、以学正风、以学促干，把理论学习的成果落实到干好工作中、汇聚到推动发展上，走好这条"登山路"。

朱越岭　执笔

2023 年 7 月 26 日

古籍不能"孤身走暗巷"

> 那些卷帙浩繁的故纸，那些在考古堆里泛黄的卷册，那些穿越历史的文字，是中华文明绵延数千年的重要见证。

今年6月，习近平总书记考察中国国家版本馆，走进保藏古籍版本的兰台洞库。"兰台"出自《汉书·百官公卿表》中的"一曰中丞，在殿中兰台，掌图籍秘书"，是收藏典籍的府库之意。9年前，习近平总书记曾专程到北京大学看望主持编纂《儒藏》的汤一介教授，并指出编纂《儒藏》是很有意义的事业。

可见，古籍事业一直牵动着习近平总书记的心。那些卷帙浩繁的故纸，那些在考古堆里泛黄的卷册，那些穿越历史的文字，是中华文明绵延数千年的重要见证。

不过，一组数据着实让人揪心。目前，我国现存约20万种古籍，超过5000万册（件），有1000多万册（件）亟待抢救性修复，大批弥足珍贵的文献资料湮没在历史烟云中，岌岌可危。不禁想问，古籍的保护利用到底难在何处？

一

古籍是小众的，大部分人对它的认知和理解都相对有限。一般认为，古籍是古代书籍的简称，主要是指"书写或印刷于1911年以前、反映中国古代文化、具有古典装订形式的书籍"（国家标准局《古籍著录规则》，1987年）。

在文化传承发展座谈会上，南京大学人文社会科学资深教授莫砺锋呼吁，让古籍走出学术"象牙塔"，走入千家万户。不管是从承载价值，还是其本身特性来看，保护利用古籍的重要性都不言而喻。

一方面，作为优秀传统文化的重要载体，古籍是一汪涵养智慧的清泉。从古老的甲骨卜辞、钟鼎金文，到简册帛书、线装书册，古籍记录着我们民族的历史、文化、思想、军事、艺术等各个方面，汇聚起先贤智慧，滋养现代人的精神血脉。求木之长者，必固其根本；欲流之远者，必浚其泉源。只有全面挖掘古籍中的文化价值，才能更有效地推动古籍的传承、转化、发展与创新。

曾经的古希腊文明、苏美尔文明、古巴比伦文明，已然消失在历史长河之中。而中华文明从古至今没有中断，古籍功不可没。比如农部的《农政全书》教会后人种田、养蚕、修水利、牧牛羊，工部的《天工开物》记载纺织、机械、火药、制盐等130多种生产技术，医部的《本草纲目》《黄帝内经》帮助我们识得古人中药治疗的智慧。又比如科学家屠呦呦推进抗疟药青蒿素的发现和研制，获得诺贝尔医学奖，也是从中医古典《肘后备急方》中得到的启发。

另一方面，古籍又相当脆弱，是不可再生的文化遗产。古籍本身具有文物属性，其载体和传播方式的演进，反映了历代知识生产方式的变化。有的因为朝代更替或战火摧残，或散佚、或消亡；有的由于水浸风蚀或虫蛀鼠啮，失去了原貌；还有的因保存技术条件所限，造成纸张霉蚀、酸化，轻轻翻动都可能让书页散碎。

曾有一档节目《我在故宫修文物》，让文物修复师走进了大众视野。古籍也有修复一说，以宁波天一阁古籍修复为例，它基于江南独特的湿润气候，针对古籍虫蛀、霉变、水渍、板结等问题，提炼出古籍修复的28道工序，是江南地区古籍修复高水准的代表。修复师们"化腐朽为神奇"，使一册册古籍重现往日风采。

二

古籍蕴含古文奥义，加之排版、文字、语法不同于今天的白话文，所以读起来非常吃力。从"小众"走向"大众"，需要我们对古籍进行校勘、标注、今译等加工整理。只有将这些文本进行有效注释，用通俗易懂的语言诠释，才便于大家阅读和理解。

1952年9月，人民文学出版社推出《水浒》整理本，被认为是新中国古籍整理出版事业的开端。随后，古籍整理在全国轰轰烈烈开展起来，像点校本《二十四史》、"七全一海"、《古本戏曲丛刊》十集、《中华再造善本》正续编等一大批大型古籍整理重点工程，推出的皇皇巨著令人叹为观止，而《千首唐人绝句校注》、"古典文库"等小而美的普及读本，更让读者意犹未尽。

古籍从"小众"走向"大众"，似乎已经迈出了一大步。但冷静下来思考，古籍整理工作距离"让书写在古籍里的文字活起来"的目标还比较远，在研究利用上仍存在诸多障碍。在笔者看来，至少有以下三个方面。

观念上的"无用论"。认识有偏差,把古籍简单等同于文物,忽视其重要的文献价值、学术价值、社会价值,导致一些古籍被"束之高阁",成了摸不到、看不着、读不懂的"死书"。有的地方涉及古籍的部门分散独立、各自为政,藏用"两张皮",把古籍抢救保护和开发利用片面对立起来,反而成为发展阻碍。

质量上的"无关论"。有的整理机构和整理者抱着"完成任务"的态度赶项目,认为反正没人看,质量过得去就行,整理归整理,使用归使用。抛开认字不准等明显的问题不说,乱改体式、删改原文的情况更为严重。比如句读,这在目前古籍整理中出错率最高。曾有某知名出版社出版《梁佩兰集校注》,因书中错误频出,最终发公开信向读者道歉。

成效上的"速成论"。古籍修复和整理利用是苦活、细活,投入大、成效慢,耗时又耗力。有业内人士指出,一个较为熟练的专业古籍修复师最多一年可以修100册。此外,标准化的古籍书库对温度、湿度等外在条件都有严苛要求。有的地方抱有速成心态,认为古籍修复三年五载也不能见成效,也就不愿意过多投入,忽视了人才队伍建设和相关政策保障。

此外,古籍保护还面临着多重难题。比如,保护任务繁重而保护队伍人才不足、保护资金缺乏,古籍保护不够规范化、法制化,等等。

三

习近平总书记在文化传承发展座谈会上强调的"第二个结合",

其中"优秀"是不可或缺的关键词。

中华文明绵延不绝，古籍浩如烟海。古籍经典里蕴含的一些思想观念，比如自强不息、厚德载物、讲信修睦等，和当今时代价值观念具有高度契合性，需要对其进行充分阐释转化。保护只是第一步，普及古籍知识、演绎古籍内容，让古籍鲜活灵动起来，真正走近大众，才是题中应有之义。

深入浅出，曲高也能"和者"众。顺应当下审美理念，丰富出版形式，从简体字文本到节选注译或名家演播的读本，从大字本到口袋本，从而满足不同层次读者的需求。像《史记》《论语》这样的古籍，有几十种整理版本并不算多。读者囊括学生、白领、学者等多个群体，他们的理解能力和实际需求不尽相同，因而在内容的深浅、说解的难易程度、资料的详略等方面，也各具特色、百花齐放。

多元表达，"拥抱"新媒介。随着移动互联网的发展，多渠道、多媒介、立体化的普及，古籍的大众化传播效率大大提升。比如用短视频、直播这种更新颖、直观、生动的传播方式，连通古老文字与现代生活；通过多元艺术手法进行解读，将古籍演化成戏剧、影视、趣味视频，赋予时代新义。

央视推出的《典籍里的中国》，借助舞台话剧和古今对话手法，将《论语》《道德经》《尚书》等22部经典书籍呈现在观众面前，讲述了典籍成书、核心思想以及流转中的故事，第一季便创下了同类型题材节目的收视新高，全网话题阅读量及播放量超60亿次，俘获了年轻人芳心，被盛赞"传播文化自信""震撼人心"。

善用科技，走出"深闺"让人识。借助数字扫描、人工智能、缩微技术，对古籍文字进行精准识别、自动标点、繁简转换，简化人工流程，让读者动动手指，就能在"指尖"共享古籍数字资源。

古籍抵达读者心中，这条路还很长，靠"孤身走暗巷"远远不够。这一册册历经岁月沧桑、承载文化厚重的书简能否真正穿越时光隧道，与当下的我们产生心灵共振，还需要社会、行业、政府各方共同探索、一起努力。相信有一天，我们能架起与古代圣贤跨时空对话的桥梁，在时光印记中畅游，找到中华文明的那方精神源流。

郑黄河　郑林红　刘雨升　执笔

2023 年 7 月 27 日

我们为何追怀"最可爱的人"

> "气多钢少"战胜"钢多气少",正是
> 因为志愿军有着气壮山河的崇高信仰。

军旅作家王树增写过这样一个故事,大意是说,1953年7月27日,一名志愿军战士奉命前往前沿阵地,送一张记录着特殊命令的纸条。当天的炮火异常猛烈,在接近阵地时,这名战士被炮弹炸倒。醒来时,他发现自己的腿被炸断。

战士一只手用力,另一只手抱着自己的那只断脚,艰难地向阵地爬去。黄昏时分,他爬上了阵地,在他昏迷前,指导员从他手里拿到了那张纸条。纸条上写着,"命令:今晚二十二时正式停战。届时不准射出一枪一炮"。此时距离朝鲜战争正式停战仅有两个小时。

这个发生在停战前的故事,深刻地说明了一个道理:和平不是从天而降的,而是用鲜血换来的,靠斗争赢来的。

回想70年前,1953年7月27日,在位于北纬38度线以南5公里的朝鲜半岛板门店,《朝鲜停战协定》签署,抗美援朝战争胜利结束。根据停战协定,当天22时,双方在朝鲜的一切战斗行动完全停止。今天，是抗美援朝战争胜利70周年纪念日，我们再次走近这群"最可爱的人"。

一

为什么志愿军这么能打？这一直是西方军事界百思不得其解的问题。他们称志愿军有着"谜一样的东方精神"。

内蒙古的"孤胆英雄"刘光子，单枪匹马在雪马里战斗中俘获英军王牌"格洛斯特营"63人；在第五次战役千佛山阻击战中，浙江余姚的余新发忍着一天拉痢10余次的病痛，坚持指挥战斗，歼敌120余人；来自四川的柴云振在朴达峰阻击战中，带领3名战士连续夺取3个山头，捣毁敌人营指挥所1个……

就是这群来自五湖四海的中国年轻人，让五星上将麦克阿瑟的"圣诞节回家"成了历史笑话，让不可一世的范佛里特弹药量成了失败的代名词。都说志愿军打的就是士气仗，这群年轻人夺取胜利的底气从何而来？

首先是保家卫国的强烈共识。笔者走访了十多名志愿军老兵，当提及志愿军超乎常人的战斗意志时，几乎所有老兵都会提到一句话：我们不想中国人再遭罪，不想我们的老家再遭遇战火。不想再受欺负，是当时饱受战火摧残的中国人最朴素的心愿。在抗美援朝战场上，涌现出杨根思、黄继光、邱少云等30多万名英雄功臣和近6000个功臣集体。

历史无数次证明，只要中国人那股同仇敌忾的精气神被激发起来，我们总能够所向披靡。

其次是敢于亮剑、敢于胜利的自信与胆识。面对悬殊的物质基础，没有足够的胆量和自信，就不可能完成逆袭。"出国第一仗就试出了美军的斤两，王牌也不过如此，中国必胜！"云山战斗中，志愿军首次和美军交手，上演的都是残酷的肉搏战，志愿军战士在胜利后留下了这样的豪言壮语。

高扬的民族自信，在志愿军战士身上外化出了惊人的勇气，带来了一人缴获坦克等一系列堪称奇迹的胜利。

最后是坚定信仰淬炼出来的人性光辉。高尔基说过，信仰是伟大的情感，一种创造力量。"气多钢少"战胜"钢多气少"，正是因为志愿军有着气壮山河的崇高信仰。从井冈山斗争到长征之路，从抗日战争到解放战争再到抗美援朝战争，崇高信念如灯塔般指引着人民军队。他们不相信有完不成的任务，不相信有克服不了的困难，不相信有战胜不了的敌人。

在一些美国士兵的日记里，他们把从火海和雪地里冲出来的志愿军战士描绘成了殉道者。清澈的眼神、决然的气质，让这些在冰天雪地里瑟瑟发抖的美国人又害怕又不解。有美军指挥官曾在回忆录里提出这样的疑问："如果我们的士兵弹药短缺、缺少补给，是否还能如志愿军那样英勇地战斗呢？我认为这很难。"

二

志愿军留给了我们什么？这是网络里经常讨论的话题。在这个特殊的纪念日，也值得我们好好说道说道。笔者认为，至少有以下三点。

志愿军带给我们最直接的遗产是长期的和平。和平从来都不是在空口白话、高谈阔论中得到的。志愿军在抗美援朝战争中夺取胜利，让西方列强对新中国刮目相看。帝国主义直接武装侵略的风险随着志愿军的胜利彻底烟消云散。曾经全力主张把战火燃烧到中国的麦克阿瑟就在晚年表示，谁要是和中国陆军开战，那是脑子有问题。

还有中华民族自信心的增强。从1840年鸦片战争开始，中国就陷入了半殖民地半封建社会的深渊。民族被不齿于异邦、轻视于列强成了常态。甚至很多国人都对民族前途产生了怀疑。中国还有救吗？前途在哪里？这些问题困扰了很多中国人一百余年。

志愿军在朝鲜战场上的英勇表现，让更多的中国人看到了民族复兴的希望，也彻底扭转了全世界对中国人的评价，让世界知道了"现在中国人民已经组织起来了，是惹不得的。如果惹翻了，是不好办的！"

1951年，中国人民志愿军在抗美援朝战争第三次战役中大获全胜。经历过甲午战争战败屈辱，已经93岁高龄的萨镇冰闻讯后，即兴写诗一首："五十七载犹如梦，举国沦亡缘汉城。龙游浅水勿自弃，终有扬眉吐气天。"几十年郁结之气，一朝消散。

再者就是破除了西方侵略者降维打击的神话。从殖民时代就压在发展中国家头上的"西方无敌论"，在志愿军身上彻底破产，鼓舞了很多亚非拉国家走上了民族解放的道路。

回顾抗美援朝，中国人民志愿军司令员彭德怀曾作出过非常精辟的总结："西方侵略者几百年来只要在东方一个海岸上架起几尊大炮就可霸占一个国家的时代是一去不复返了。"

三

"亲爱的朋友们，当你坐上早晨第一列电车走向工厂的时候，当你扛上犁耙走向田野的时候，当你喝完一杯豆浆、提着书包走向学校的时候……朋友，你是否意识到你是在幸福之中呢？"这是战地通讯《谁是最可爱的人》中的一段话。

是的，无数革命先烈抛头颅、洒热血，换来了今天的和平与发展。我们习以为常的一切，来之不易。然而，时至今日，网络上仍有针对志愿军的奇谈怪论。有人选择性地放大志愿军在战场上遇到的挫折，污蔑志愿军是靠"人海战术"取得的胜利；有人异化抗美援朝的意义，大谈不打这一仗、中国早就发达了的谬论；有人诋毁革命英烈；更有人歪曲篡改历史，罔顾事实，渲染美国不可战胜论，散布得罪美国就要挨打的恐慌……

无论从中外战史的记载还是历史发展的轨迹来看，这些奉行历史虚无主义的观点，不仅是否定志愿军的历史功绩和精神遗产，也是妄图解构中国的社会共识和民族精神，企图打断中华民族的伟大复兴进程。

志愿军击退16国联军，从鸭绿江边打到三八线，志愿军的胜利毋庸置疑。志愿军面对极端悬殊的武器差距、严酷的自然环境，仍然书写了诸多载入军史的传奇战绩，志愿军的精神力量不可否定。志愿军保家卫国，爱护朝鲜人民，志愿军的正义不容亵渎。

志愿军精神永不过时，因为抗美援朝是我们的立国之战，没有志愿军在朝鲜半岛拼来的胜利，新中国的崛起、民族的复兴，就没有底气。志愿军的精神，是我们克敌制胜的宝库。今天，西方极端力量鼓动极限施压和全面围堵的叫嚣已在耳边，这座宝库里的神兵利器、军魂傲骨，需要我们一直铭记在心、传承下去。

2020年10月23日，习近平总书记在纪念中国人民志愿军抗美援朝出国作战70周年大会上鲜明指出："抗美援朝战争伟大胜利，是中国人民站起来后屹立于世界东方的宣言书，是中华民族走向伟大复兴的重要里程碑，对中国和世界都有着重大而深远的意义。"

70年后的今天，我们站在了先辈的肩膀上，已能望到民族复兴的曙光。追怀志愿军的精神，我们会发现，只要足够坚强和团结，我们也将创造史无前例的胜利。新中国的逆袭之路还远远没到终点，继续走下去，握好强国建设、民族复兴的接力棒，这是我们这代人的使命。

徐健辉　陈培浩　执笔

2023年7月27日

如何打破"二次元"文化的"次元壁"

> 在"二次元"文化的背后，是一个个有血有肉的人。

近日，两则有关Cosplay的新闻引发广大网友热议。

同样是身穿cos服（角色扮演服装）的女孩，一个在公交车上被老人怒斥"穿出来就是给人骂"，另一个则因冒雨跪地救人而被网友称赞为"二次元华佗"。

两极评价的背后是一连串值得思考的问题：Cosplay在受到一些年轻人特别是"Z世代"追捧的同时，为何却受到一些老年人的鄙视和斥责？今天我们该怎样看待Cosplay背后的"二次元"文化？

一

Cosplay指"扮装表演"行为，即通过服装、配饰、道具以及妆容等方式，来模仿动漫、游戏、电影以及古代人物的角色形象，玩Cosplay的人通常又被称为Coser。

有人认为，Cosplay在国内还只是小众事物，其实不然。在国内外各类动漫展、游戏展中，Coser已经成为展会的主角之一。

比如，在一些马拉松赛事中，就经常能看到Cosplay爱好者们的身影。孙悟空、鲁智深、江南四大才子、蜘蛛侠等总会成为赛道上靓丽的风景线，将"穿越感"拉得满满，给紧张的比赛增添了不少欢乐。再如，前不久，第十九届中国国际动漫节中国Cosplay超级盛典在杭州成功举办，吸引了一大批Cosplay爱好者。

喜欢Cosplay的人之所以觉得它这么香，主要有以下几方面原因。

角色扮演的代入感。想必很多"80后"小时候都有过收集卡片的经历，比如水浒传任务卡、哪吒传奇贴纸、狮子王收藏卡等。有的不仅喜欢收集卡片，还幻想自己成为电视、动漫中那个打倒怪物、拯救世界的英雄，甚至会一人分饰几角把剧中的台词"重演"一遍。其实，这就是最原始意义上的一种Cosplay。有人之所以喜欢Cosplay，其实是在享受那种角色的代入感。

"爱屋及乌"的占有感。有人因为喜欢某个角色而喜欢上角色周边产品，不仅疯狂收集相关手办、模型、漫画等，还把喜欢的角色形象"穿"在身上，衍生出所谓"痛衣""痛窗帘""痛抱枕"等。Cosplay作为角色的"化身"，自然成为一些年轻人的"心头好"。

意气相投的认同感。正所谓"物以类聚，人以群分"。混迹于Cosplay圈，经常有机会能接触到有同样爱好的"能人异士"。有人通过这种方式来结交五湖四海的朋友，有些玩家之间甚至会有一见如故、相识恨晚的感觉。

职业发展的成就感。有人将Cosplay作为职业"饭碗"，或辗转于各大漫展、游戏发布会现场等，或从事相关演出活动的编导、导演工作，"玩着就把钱赚了"。

二

说到 Cosplay，就不得不提"二次元"文化。

对于很多人来说，"二次元"只是一个数学概念，但对于一些年轻人特别是作为"网络原住民"的"Z 世代"来说，"二次元"已经成为一种独特的生活方式和文化现象。

"二次元"原本是一个几何学领域的术语，后来发展成为一种主要以 ACGN（Animation 动画、Comic 漫画、Game 游戏、Novel 小说的合并缩写）为载体的亚文化形态和产业集合，Cosplay 就是"二次元"文化的一种重要表现形式。

据某商业咨询机构发布的《中国二次元内容行业白皮书》显示，我国泛二次元用户基础广泛，2021 年时已达近 4.6 亿人，且未来用户群体有望继续扩大。

由此可见，"二次元"文化正在逐渐融入到现实生活中，但这个过程却充满了坎坷，屡屡碰到文化的"次元壁"。

比如，有人将"二次元"与"不务正业""小孩子玩意"画等号，将 Cosplay 视为伤风败俗的"另类"甚至是背叛祖国的"败类"。"偏见"从何而来？

一方面，时代飞速发展，社会急剧变化，在客观上加厚了认知的隔膜，加深了认同的沟壑，不同年代的人群之间价值多元、思想分化，不可避免地出现文化隔阂。特别是一些老年人群，非常看不惯 Coser。而在互联网算法推荐的"流量"逻辑下，差异化的信息环境使各自的"信息茧房"越发稳固，新媒体的"聚光灯"更是将这种差异和冲突不断放大。

另一方面，部分"二次元"作品中夹杂着一些暴力、色情、低俗、颓废的元素，这无疑是在自掘坟墓。还有一些Coser为"博流量"售卖大尺度照片和视频进而获利，近年来漫展上也多次爆出有Coser身着暴露装扮只为出名的消息，一些人因此将Cosplay圈子和"软色情"联系到一起。更有甚者，以喜爱文化之名做损害国家和民族利益的事，如穿着"二战"日军制服、嘲讽抗日英雄等，频频挑战民族尊严底线。

凡此种种，都使得一些Coser风评很差，也让"二次元"文化饱受诟病。

三

早在2015年，就有人在某问答平台上提出过一个问题："怎样打破次元壁？"时隔8年，这依然还是个热点话题。

正如好的口碑要靠经年累月的沉淀和口口相传的积攒，一种文化及其产业的发展同样也是如此。在当前产业链不断延展、市场日益繁荣的局势之下，"二次元"文化想要在国内走得更远，还需要多方努力。笔者想到三句话。

第一句话："玩物"更需"尚志"。"二次元"用户大多数年龄较小，一些玩家长期沉浸于虚幻世界而难以自拔，把空想的乌托邦当成信仰的栖居地，长此以往，渐渐和现实社会脱节甚至脱轨，就此患上了"精神侏儒症"和"信仰贫血症"。因此，就个体来说，需要保持清醒的头脑，警惕喜好变枷锁，在娱乐的同时也要注重学习和思考，不断提高自我警醒、自我保护、自我防范、抵制不良文化影响的素养和能力，从娱乐中汲取精神滋养而不是为物所困。

第二句话："融合"而非"隔离"。"二次元"和主流文化并非泾渭分明，二者之间需要找到"最大公约数"。

比如，主打"二次元"文化的视频平台B站的跨年晚会，不仅"很懂年轻人"，还引起了不少年长者的共鸣。再如，在游戏领域，也有不少传统文化"老字号"与"二次元"文化擦出火花的案例，激发传统文化的传承和发展新活力。

可见，关键是要找准多元文化相融合的联结点，通过创作既立足于传统文化、又体现时代特色的"二次元"文化作品，来增强文化自觉与文化自信。

第三句话："包容"而不"纵容"。"二次元"文化与"60后""70后"年轻时追随过的喇叭裤、流行曲、卡拉OK等，从本质上来说，都是一种青春的风尚。而"饭圈"女孩"统一战线"，与"帝吧"网友携手发起"守护全世界最好的阿中"爱国援港活动，更是让我们看到了"二次元"背后的爱国情怀和青春力量。因此，对待"二次元"文化，我们不妨多一些尊重和理解。

一方面，不能动辄就上纲上线，把Cosplay等"二次元"文化看作"离经叛道"的洪水猛兽，甚至把吃日料、购买日本的文化产品等视为不爱国的行为。

另一方面，也要警惕"二次元"的一些负面因素对社会主义核心价值观的侵蚀，特别是要坚决抵制别有用心的人打着Cosplay的幌子，破坏公序良俗、抹黑国家形象。

讲到底，在"二次元"文化的背后，是一个个有血有肉的人。

顺势而为、以心交心，以宽容的心态推动"二次元"群体与时代同频共振，那么所谓的"次元壁"自然会随风而逝。

陈培浩　胡清波　执笔

2023 年 7 月 28 日

"干在实处"的方法论

干就干得最好、做就做到极致。

　　"只有干在实处，才能走在前列。这已为浙江人民改革发展的伟大实践所证明。干在实处怎么干？走在前列怎么走？这是我来浙江工作特别是担任浙江省委书记后一直孜孜以求地思考和探索的中心课题。"2006年8月，习近平同志在《干在实处　走在前列——推进浙江新发展的思考与实践》一书的自序中这样写道。

　　讲实话是硬本事，干实事是真功夫。要干好工作，绝不是一句简单的"干就完了"，而是需要把握规律、掌握方法。

　　干在实处怎么干？这三句话特别重要——"该干的坚决干，难干的攻坚干，不能干的绝不要干"。如何理解？笔者展开聊一聊。

一

　　干在实处，"干"字当头，"实"字为要。习近平总书记说："凡是有利于党和人民的事，我们就要事不避难、义不逃责，大胆地干、坚决地干。"

"该干的事"耽误不得，也失误不起。当前浙江大事要事繁多，理出清单、列出议程，一项一项大胆干、坚决干、全力干，绝不能抱有"宁愿不做事，只求不出事"的"躺平"心态、"佛系"心理。

比如，杭州亚运会是目前头等大事。随着赛事临近，各项任务愈发繁重，唯有全力以赴，努力实现城市品质、城市治理、城市文明全面提升，确保向世界呈现一届"中国特色、亚洲风采、精彩纷呈"的体育文化盛会。

又如，经济发展事关群众利益。前几日召开的中共中央政治局会议就提出，要着力扩大内需、提振信心、防范风险。对于浙江而言，尽管上半年我省经济实现了"半年红"，但仍存在不少困难挑战。在经济下行压力下，促消费、拓市场、稳就业、保民生，关乎千家万户，关乎国计民生，更得争分夺秒抓紧干，确保全年目标如期完成。

再如，社会安全是前提根基。如果安全这个基础不牢，发展的大厦就会地动山摇。安全这件事，不仅"该干"，还得时时刻刻心心念念，绝不能片刻放松警惕、丝毫存有侥幸。当前正是"七下八上"防汛关键期，台风"杜苏芮"登陆在即，我们必须振奋精神，立即行动，"宁可十防九空，也不可失防万一"。对此，"浙江宣传"曾发文重温了习近平同志在浙江工作期间给我们留下的一部实用管用的"一三四"防台宝典。

二

大江大河，往往在水势险急、水波回旋处最为壮丽澎湃。同理，对于伟大事业来说，经受住风高浪急甚至惊涛骇浪的重大考验，依靠顽强斗争啃下"硬骨头"、攻克"硬堡垒"，才能打开事业发展新天地。

在推进共同富裕和省域现代化建设中，浙江闯关夺隘、先行探路，自然要首破"难题"，做到"难干的攻坚干"。

有必须作答的改革题。发挥示范引领作用，要求我们敢为人先，在实践前沿、未知领域大胆探索、敢闯敢拼，率先破解各类新矛盾、新问题，创造更多可复制可推广的新鲜经验。

比如，当前，建设中华民族现代文明是新使命，文化又是尤需创新的领域，我们要深入挖掘中华文明的浙江印记，在打造重大传播平台、创新构建对外话语传播体系、文物保护传承和活化利用等方面持续探索。再如，实施营商环境优化提升"一号改革工程"，对于浙江进一步推动高质量发展至关重要。这就需要我们对标国际一流、锚定国内最好，啃硬骨头、闯深水区，让企业享受最大限度的红利、得到最大程度的收益。

有急难险重的挑战题。世界百年未有之大变局加速演进，作为改革开放先行地，浙江须率先应对经济社会发展过程中的各类"黑天鹅""灰犀牛"事件。这就要求我们能够精准感知、识别各类新型风险、跨界风险，加速破解产业规模大而不强、核心技术受制于人、关键零件依赖进口等发展难题，以工作的确定性应对形势的不确定性，付出最大努力、争取最好结果。

还有久久为功的民生题。习近平总书记强调要"把握好潜绩和显绩的关系"，指出"既要做让老百姓看得见、摸得着、得实惠的实事，也要做为后人作铺垫、打基础、利长远的好事""不计较个人功名，追求人民群众的好口碑、历史沉淀之后真正的评价"。"一口吃不成个胖子",很多事关民生福祉的大事要事,需要沉下心来,扎实推进、久久为功。比如共同富裕示范区建设,是一场推动社会生产力、社会结构、社会关系的全方位系统性重塑,需要深度调整政府、社会、企业、个人的关系,精准对接群众的利益诉求和所想所盼,下"绣花"功夫、出细活,真正破解深层次的体制机制障碍。

"躺赢"不可能,必须知难而进、迎难而上,以"人一之、我十之,人十之、我百之"的拼劲,干就干得最好、做就做到极致,努力把不易做成不凡,把难点变成新的亮点。

三

《道德经》里有一个概念"勇于不敢",意思是说,真正的勇,不仅表现为敢于做某事,更表现为不敢做某事;不仅要有所为,也要不妄为、有所不为。做到"不能干的绝不要干",需要厘清把握好几对关系。

"稳"和"慎"的关系。权力是一把双刃剑。正确看待权力,需要树立稳慎的权力观。"稳",就是深知"权力是党和人民赋予的,为党和人民做事用的",时刻摆正党与权、权与民、权与法、权与责的位置,使权力产生正效应、释放正能量。"慎",就是时刻保持对权力的敬畏之心,把握好权力的边界,不碰"红线",不闯"雷区",尤其强化"用权就要接受监督"意识,让权力"晒"在阳光下,习惯于在"玻璃房"里工作生活。

"德"和"节"的关系。"天下之难持者莫如心,天下之易染者莫如欲。"从当前干部队伍情况看,一些党员干部缺的不是文化素养、专业知识、业务能力，而是精神操守、人格力量、道德修为。甚至少数领导干部放松自己、放纵欲望，等到身败名裂、锒铛入狱时才追悔莫及，感叹"早知如此，何必当初"。不矜细行，终累大德。杜绝"小节无害论"，从小事小节做起，注重私底下、无人时、细微处的修行，才能成就大事大德。

"亲"和"清"的关系。当官发财两条道。市场经济环境下，利益诉求多元，为官从政的考验更加复杂，很多时候要做"选择题"，孰轻孰重，往东往西，必须拿纪法的尺子、规矩的尺子量一量。浙江是民营经济大省，处理好政商关系，党员干部尤其要保持清醒，答好公与私、情与法、义与利的"选择题"，做到既亲而有界、亲而有度，又清而有责、清而有为。

"严"和"爱"的关系。追求家庭幸福是人之常情，但以权谋私决不可行。对党员干部来讲，对家人最大的爱护，就是从严治家。现实中，一些领导干部就是被"枕边风"吹乱了，把"育儿经"念歪了，最终弄得前程断送、家庭破碎。领导干部严家教、正家风，不仅是道德规范，也是纪法要求，更是政治责任和社会责任。

唐诗有云，"长安何处在，只在马蹄下"。做到"该干的坚决干，难干的攻坚干，不能干的绝不要干"，才是真正的"干在实处"，才能对党和人民真正负责。

徐伟伟　杨昕　张诗妤　执笔

2023 年 7 月 28 日

有一种情谊叫"苏黄"

今日读苏黄，不只要去仰慕其卓越的才华，更要去品味诗篇书画之下的那种纯粹，那种文人士大夫之间真正的志同道合。

"桃李春风一杯酒，江湖夜雨十年灯。"这是宋朝诗人黄庭坚的名句。黄庭坚怀念自己的朋友黄几复，就写了首诗表达思念。其中的这两句诗，用来形容黄庭坚和苏轼一生的交往，也是极贴切的。

我们常说，盛唐有李杜，隆宋有苏黄。这两对组合，感情都很好，但也略有差异。杜甫比李白小11岁，是单方面地倾倒仰慕。黄庭坚是苏轼的弟子，比苏轼小8岁，亦徒亦友。黄和苏交往之久、情感之浓、友谊之纯，是古往今来交友的典范，亦可用酒来形容。

一

苏黄两人，从初识时相互欣赏，到相聚时诗词酬唱，再到贬谪时彼此慰藉，情谊之久如酿造绍兴黄酒"女儿红"那样漫长。传闻，"女儿红"是家人在女儿满月时便埋在地下，待18岁出嫁时方才取出。好的友谊，和黄酒一样，若没有时间的酝酿，味道很难醇厚。

苏轼少年时便名震天下，成了文坛领袖欧阳修的接班人，是黄庭坚极为仰慕的。黄庭坚回忆初见苏轼时，"故尝望见眉宇于众人之中，而终不得备使令于前后"。这感觉如同粉丝见了偶像，结果不敢上去结识，最后失之交臂。

好在黄庭坚的祖父黄湜和苏轼是同榜进士，舅舅李常和岳父孙觉也是苏轼的老朋友，所以黄庭坚的文章很早就被递给了苏轼。苏轼看后，赞叹不已，其激赏程度，跟当年欧阳修夸他一样，极为热烈。

此后，苏黄两人一直诗文唱和、翰墨往返。书信里，黄庭坚写道"天下无相知，得一已当半""安得垂天云，飞就吴兴馆"，热切表达了要"奔现"见面的愿望。

结果，苏轼因乌台诗案被发配到了黄州。黄庭坚也因为跟苏轼书信往来，对苏轼诗文里妄议朝廷新政的内容知情不报，被处以罚铜，最后被安置到一个小县城当县令去了。偶像的面还没见着，自己却受牵连了，黄庭坚这个铁粉当得有点难。

等苏轼结束贬谪生活，回到开封后，黄庭坚总算和他见上了。从时间脉络看，1072年，苏轼第一次看到黄庭坚的文章；1078年，两人第一次书信来往；到了1086年，两人才真正坐下来见上面、说上话。两人光见一面，就已花了十四年。

此后，苏黄在开封过了最快乐的一段时光。苏轼把黄庭坚、秦观、晁补之、张耒都招入了馆阁，人称"苏门四学士"。几人每日一起作诗论道、鉴书赏画，翰墨潇洒、淋漓畅意。

宋哲宗亲政后，新党执政，又把苏轼这批旧党全赶出了京城。

苏轼先被赶到惠州，后又被贬到海南岛；而黄庭坚也没过上好日子，在全国各地兜兜转转，最后被贬到宜州。两人最后一次见面是在彭蠡，此后江湖再无相见。

苏轼去世后，别人想当然地认为这文坛的江湖老大就是黄庭坚了，把黄庭坚和苏轼相提并论。可黄庭坚坚决推辞，依然执弟子礼，每日一早整好衣冠，非常恭敬地给苏轼的画像上香行礼。

二

看苏黄两人情谊之烈，犹如高度的老白干，烈度十足，十分上头。

当苏轼第一次看到黄庭坚的文章，称其文如"精金美玉"，称其人"超逸绝尘，独立万物之表"，直接给黄庭坚贴上"非今世之人"的标签，发自内心地对后学充满期望。

光在开封相聚时，两人唱和的诗篇就多达百篇。现在读黄庭坚的诗，诗题上最常见的高频词就是"子瞻"两字。在两人交往中，生活中雅俗之事无不入诗。

黄庭坚给苏轼送块砚要写诗，一起吃个笋要写诗，喝个茶也要写诗。他从老家江西带了双井茶送给苏轼，先是写了首《双井茶送子瞻》，结果两人用同一韵脚"书、珠、如、湖"，和韵了四五次，把宋人的诗歌技艺淋漓尽致地展现出来。这既是宋诗的无奈，也是其高明之处。有唐诗高峰耸立、珠玉在前，宋诗只能另辟蹊径，在广度上下功夫，生活雅俗之事无不入诗。

苏黄之间诗文的这种热烈往来，有点像元稹和白居易，元白也是一生诗文不断。

　　苏轼和黄庭坚都是宋诗成熟时的巅峰代表。苏轼是第一个巅峰，但他是天赋型写手，门生后人对他的诗歌成就只能仰望。而黄庭坚在继承苏轼风格上加以创新，后来成了江西诗派的开创者。江西诗派的核心主张，就是黄庭坚提出的"换骨夺胎""点铁成金"等方法。黄庭坚是勤奋型的通才写手，他的努力和成绩可以效仿，加之有成熟的方法论，所以当时在诗坛的影响反而比苏轼更大。

　　在书法上，两人亦常相聚切磋。宋书四家叫苏黄米蔡。苏轼擅长行书，其代表作是《寒食帖》，黄庭坚擅长行书、草书，代表作有《松风阁诗帖》。

　　除了艺术创作的志同道合，两人的从政理念亦是贴合。他俩亦不喜欢新法，但也不盲目守旧，只遵从自己的内心法则。

三

　　黄庭坚对苏轼的情谊，并非只是盲目地维护，而是有自己的坚守，不掺功利心机，是真正的"吾爱吾师，吾更爱真理"。情感之纯亦如纯粮酿造的白酒，没有杂质。

　　比如，在诗歌主张上，苏黄虽然风格近似，但黄庭坚并不亦步亦趋，时常有自己的革新之论。他们彼此尊重，但也相互戏谑批评。苏轼自己才情奔放，挥洒自如，认为黄庭坚的诗伤于单一，跟蝤蛑一样，虽好吃，但"不可多食，多食则发风动气"，而黄庭坚却批评苏轼"盖有文章妙一世，而诗句不逮古人者"。两人常在幽默谈笑中，将各自的文学观点毫无保留地表达出来，相互警醒和提升。

　　在书法上，苏黄虽然惺惺相惜，但也会直言不讳。苏轼对黄庭坚说，你的字虽清劲，而笔势有时太瘦，几如"树梢挂蛇"。黄庭坚也不示弱，回击道："公之字固不敢轻论，然间觉褊浅，亦甚似石压蛤蟆。"直接把老师的书法比成扁肥的"石压蛤蟆体"。

在政治上，黄庭坚也是如此。当时，以苏轼为首的蜀党和以程颐、程颢兄弟为首的洛党已势同水火，但黄庭坚也不站队。

秦观常说黄庭坚没大没小，不太尊重老师。可是，作为苏轼最疼爱的弟子，秦观在作词时，也是按照自己的风格。苏轼对此很是无奈，但也不以此为忤。这种开放的情谊，在苏门其他弟子身上都得到了体现。

而他们对苏轼的仰慕，也是出自内心，而并非为了仕途的功利。孔子说，"君子和而不同，小人同而不和"。苏黄之间能做到和而不同，是因为内心有一种恒定的价值观，能坚守士大夫的底线。也由于这种坚守，他俩才常常会被无端卷入各种风波。

在苏黄之间，"桃李春风一杯酒"的快乐时光是短暂的，前后只有三五年之久；"江湖夜雨十年灯"的痛苦岁月是绵长的，他俩人生的大半时光其实都是奔波在江湖夜雨中。

今日读苏黄，不只要去仰慕其卓越的才华，更要去品味诗篇书画之下的那种纯粹，那种文人士大夫之间真正的志同道合，既不会在顺境时邀功攀附，也不会在逆境时落井下石。他们还让我们明白，友情虽重，但心中的道义更重，不要盲目地去维护友谊而放弃对道义的坚守。

人，这一生都需要朋友，更需要一生的朋友。苏黄如此，你我亦如此。

赵波　执笔

2023 年 7 月 29 日

命运的齿轮正在悄悄转动

> 没有谁的人生轨迹，能够脱离这个时代而独立存在。命运齿轮的转动方向，是时代的霞光在每个人身上的一次投射。

最近，网上有一个热梗，叫"命运的齿轮开始转动"。意思是，在某个瞬间，人生轨迹发生了重大转折，自此星月相伴，命运全然被改写。

这不是新提法。近期爆火是因为一些博主将很久以前的某个瞬间、某个决定改编成各种文案、配上音乐，前后形成鲜明反差，犹如幸运女神突然降临，让生活多了一道亮光。由于该话题很能让人共情，相关短视频播放量已超过48亿次。与此同时，有一些网友不禁感叹和调侃，"为什么别人命运的齿轮转出了火星，而自己的齿轮却停滞不前""平庸的我连条文案都不配有，我的命运齿轮是生锈了吗？"

实际上，每个人命运的齿轮从未停止转动，它就像历史的长河一样奔腾不息。那么，人生的重大转折什么时候出现？梦想何时照进现实？

一

我们讨论命运齿轮的转动，必须将它置于整个时代中去把握"时"和"势"的关系、"因"和"果"的关系、个人"小齿轮"与国家"大齿轮"的关系。

这是因为，没有谁的人生轨迹，能够脱离这个时代而独立存在。命运齿轮的转动方向，是时代的霞光在每个人身上的一次投射。

最近，《长安三万里》热映，"大唐群星"何以璀璨夺目、光耀千古，他们的人生又为何跌宕起伏、异常曲折？这些都与那个时代密切相关。特别是在安史之乱后，每个人随着时代洪流走向了不同的滩涂，造就了不同的命运。

可能很多人对于遥远的大唐并没有太多了解，通过一部电影产生的共情也比较短暂和有限。但对于我们身处的这个时代，感受应该会更加真切。

在网上有个短视频点赞过百万，说的是1921年，伴随着嘉兴南湖一艘红船在水上起航，所有人的命运齿轮开始转动。一百多年来，在中国共产党的领导下，中华民族迎来了从站起来、富起来到强起来的伟大飞跃，置身其中的每个中国人都与时代同呼吸、共命运。就以人们经历过的20世纪七八十年代为例，如果没有恢复高考和改革开放，很多人都无法通过读书和学习来改变命运，也无法通过勤劳奋斗来达到致富的目的。

进入新时代后，时代变革的红利进一步释放，我们不仅解决了困扰中华民族几千年的绝对贫困问题，全面步入了小康社会，而且各行各业的人都可以勇敢地追梦，通过自身努力实现人生理想。就像那些发起"命运的齿轮开始转动"的自媒体博主，可以通过一个视频，与数以万计的网民分享人生经历，把职业与爱好统一起来，这在以往是难以想象的。

可见，一个大时代的波次递进，为生活在这个时代的人们提供了强大的推动力。每时每刻，命运的齿轮都在悄悄转动。在与时代同频共振中，个体命运的齿轮也会跟着进入更高阶位的运转。

二

当然，任何一个阶段的人们都渴望沐光而行，期待看到梦想照进现实，这是完全能够理解的。

但任何一个时代都有它的"烦恼"，在风云际会、暗流涌动的世界大变局中，中国无法成为"世外桃源"。特别是美西方由于长期以来的傲慢和意识形态偏见，对中国的崛起很是介怀，进行全方位围堵、遏制和打压，加上三年疫情，对中国的经济社会发展造成了不小冲击。

身处其中的每个人，多少都会受到一些影响。就像有人所说，"时代的一粒灰，落在个人头上就是一座山"。这个过程中，出现了一些企业经营困难、青年就业形势比较严峻等问题。

这些难关绕不过、避不开，需要我们共同面对、共同渡过。随着疫情过去，我们坚信难关是暂时的，经过一连串的压力测试和探索，时代风口正在发生转变，命运的齿轮也将回归到我们所期待的转速。

5.5%，这是今年上半年我国的GDP同比增速。这在世界主要经济体中是增长最快的。不仅如此，这一增长是在信心和经济回升初期阶段取得的，是在波浪式发展、曲折式前进中取得的，是结构改善、动能优化、创新驱动的高质量增长，非常不容易。随着我国经济逐步回升向好、"后疫情时代"高质量发展的打开方式不断优化，接下来必将释放更强劲的动能。

相比于面上 GDP 的增长，大家或许对"民营经济 31 条"的感受更为直接。文件提出的 31 条举措是一套完整的政策体系，对近些年民营经济发展中存在的问题进行逐一化解，受益的是超过5000 万民营企业和 1.18 亿个体工商户，具有超强的带动和辐射能力。

"民营经济 31 条"出台后，中央政治局紧接着召开会议，专题研究当前经济形势和下半年经济工作，对扩大内需、提振投资者信心、加大宏观政策调控力度等作出部署，传递出坚定推进经济高质量发展新动向。会议还特别强调，以新气象新作为推动高质量发展取得新成效。"新气象新作为"彰显了中央推动已有规划和部署精准落地的信心决心。

国家层面释放鲜明信号后，市场也给予了积极回应。我国经济长期快速发展构筑的基础和韧性，加上国内 14 亿超大市场提供的回旋空间，还有自信自强、团结一心的精神力量作为支撑，这些都是我们的底气所在。

中国经济发展的齿轮必将滚滚向前，每个人命运的齿轮也必将滚滚向前。

三

对于个体来说，命运齿轮的转动固然离不开大时代的影响，更取决于我们每个人自身既仰望星空、又脚踏实地的"内驱力"。

只是空洞地幻想和茫然地等待，寄希望于幸运突然闯进自己的生活，这样的情绪和心理并不可取。近日，财政部公布了一份数据，今年1—5月，全国彩票销售额较去年同期增长50%，而这一高增长率主要来自年轻人群体。

我们不能因此去下"年轻人比以往更相信命中注定"的定论，因为每个时代都有每个时代表达情绪的方式，每个人也有每个人的际遇。或许这只是一份小慰藉，但总用不确定的方式，去消解和对抗焦虑，并非长久之计。

不可否认，人生有偶然，偶然中有必然。某个偶然的契机，可能会产生改变一生的力量。正如有句话说，"人生的道路虽然漫长，但要紧处常常只有几步"。我们不能否认偶然的作用，却也不能坐等偶然的垂青。真正能做到的，是主动把握人生，在命运的齿轮加速运转前积蓄足够的能量，乘好时代的东风顺势而为。

有人说，袁隆平立下志向用农业科学战胜饥饿，是命运齿轮转动的开始；航天员桂海潮高二时在校园广播听到杨利伟成功"飞天"，是命运齿轮转动的开始；作家余华年轻时放弃当牙医改行写小说，是命运齿轮转动的开始……不难发现，他们既付出了个人努力，也踩准了时代节拍。

人生的成功不取决于某个瞬间，而取决于一次次的反复追问和淬炼。我们不能够只关心"齿轮"是从哪个时刻开始转动的，却忽视了驱动齿轮转动的机芯就是自己的双手。与其旁观他人"命运的齿轮"，不妨问问自己：遭遇困难挫折，我们如何战胜想逃避的情绪；面对多元选择，我们能否听得清内心的声音；相对物质满足，我们的精神厚度是否足够。

在不确定的世界之中寻找最大确定性，把每一个日常过得踏实而自足，是我们掌握自己命运的最大底气和能力。人生路漫漫，命运的齿轮不在别处，而在自己手中。

倪海飞　谢滨同　王瞻　执笔

2023 年 7 月 29 日

"流淌"的吴越文化

> 水在中国人心中，似乎蕴藏着一种特殊而复杂的情感。

"未能抛得杭州去，一半勾留是此湖。"杭州刺史白居易离任时，把对杭州的不舍大半都给了西湖，深觉湖光山色令人牵绊。然而，与这一湖盈盈碧水不同，东面钱王祠里的钱镠铜像，却是披甲握弓、怒目圆睁，肃穆之气与人文西湖形成反差。

这一反差，像极了西湖的前世和今生。谁能想到，曾经的西湖，不仅淤泥沉积、内涝严重，而且时有海水倒灌，"水漫金山"更是家常便饭。

提起西湖治理，人们大都对唐宋两位杭州"老市长"白居易、苏东坡赞不绝口，却很少有人将目光投向五代十国之际，被两浙百姓称为"海龙王"的钱镠。事实上，钱镠对江南水文化，有着特别的意义。

这位以武封侯的吴越国王，为何对治水情有独钟？他又是如何将水——这一吉凶兼备的万物之源引向利民为本的轨道，从而熔铸了吴越文化诗意灵动、开拓进取的基因？

一

钱镠从一个贩夫走卒一路"升级",创建吴越国并福泽千年的故事堪称传奇。

公元907年,钱镠就被梁朝(后梁)册封为吴越王。这位因赫赫战功成名的将军,没有像同一时期割据为王的诸侯首领一样,或大举兴兵逐鹿中原,或在自己的领地极享荣华。他悄然开启了看上去与其身份并不相称的宏大蓝图——"驯服"钱江潮、疏浚西湖、兴水利民。

钱镠将治水作为保境安民思想的起点与核心,并非凭空而起。

因为张志和、颜真卿、陆羽等文化大咖的缘故,世人多记住了"西塞山前白鹭飞,桃花流水鳜鱼肥"的诗意苕溪,却不知更早之前的苕溪水患频发。自幼饮着苕溪支流锦溪水长大的钱镠深知,水安才能民安。

在多年的戎马生涯中,他的行程轨迹多次与大禹从舍舟登岸的"禹杭"(今余杭)前往会稽山大会天下诸侯的行迹高度重合。《越绝书》记载,大禹"三过家门而不入"的"家"正在长乐。公元896年,钱镠平定董昌之乱,改长乐为安昌。

他们在对水的解读与治理中,成为了"知音"。静水流深,他们也都看到,在摇曳多姿的水波下,深层次涌动的是民为邦本的基调和因子。

特别是钱镠确立了在吴越的地位后,面对的却是"江挟海潮,为杭人患,其来已久"的巨大挑战,钱镠将何以告慰苍天、安抚民心?

二

有研究认为，事实上，在此前较长的历史中，"如何应对钱塘潮的挑战"这一问题并未引起官方重视，而一些民众自发开展的与海争地的努力，看似悲壮，实则无奈。

在今天看来，面对与行军征战迥然而异的全新课题，钱镠的治水工程不仅是无畏的创新之举，更是系统的科学决策。

一方面，他以"钱王射潮"的宏大盛典，向"潮神"宣战，为民众壮胆；另一方面，他带领将士发动民众，"按神禹之古迹，考前人之治堤，其水仍导入海"。

当时的具体做法是，用竹笼装载巨石，再用巨大的木材使其就地定位，从六和塔一直到艮山门，筑起了一道长达30余万丈的捍海石塘。这与普通的实心土坝大不相同，是潮水与海水都可以穿过的缓冲带。捍海塘的成功修筑，也使历史上逞凶作恶的祸根海潮，成为流淌有度的利民之水。

为确保大潮不漫入杭州城，钱镠还"建候潮、通江等城门，又置龙山、浙江两闸，以遏江潮入河"。至此，此前的浩荡汪洋成了沃壤平原。

而极易沉积淤泥的西湖，此时也已病入膏肓，不仅水质恶化、湖面萎缩，而且杂草丛生，一派残败气象。钱镠及其后继者，不仅对西湖进行了三次大规模疏浚，还以系统集成的思维，联通了西湖与运河之间的水文脉络。

此外，钱镠还疏浚并治理了太湖、鉴湖、东钱湖等，并在嘉兴、桐乡、吴兴等地设立了塘浦圩田系统，兴修了堤坝闸道等水利设施，为江南这一鱼米之乡的繁荣发展铺就了宁静祥和的水网样板。

三

水在中国人心中，似乎蕴藏着一种特殊而复杂的情感。千百年来，人们和水患作斗争的同时又崇尚着水，"天一生水""上善若水""智者乐水"等都是古人留给我们的水的智慧。

"上善若水"的另一种说法是"上善治水"。钱镠带领吴越人民以治水为先导，为杭州钱塘富甲东南描下了一笔、奠定下基础，以流动的水为媒介，也浓墨重彩地书写了此后流淌千年的吴越文化。

"流淌"的吴越文化，其独有的特质，就是既尊重客观规律，又深度融入自强不息、厚德载物的民族基因。

无论是疏浚、牵引，还是围堵、分流，都将水"善利万物而不争"这一"流淌"之特性发挥到了极致，而"带甲十万，铸山煮海"，同时修筑圩田，更是以万夫之力，开创了"象犀珠玉之富，甲于天下"的蓝图，铸就了吴越文化绵延千年的风骨。

"流淌"的吴越文化，又造就了天人合一、相得益彰的自然文化景观。

随着水的孕育，西湖、太湖、鉴湖……那些镶嵌在江南大地的璀璨明珠，因袭了吴越的文化基因，呈现出各自绚丽多彩的自然风流和浑成敦厚的文化景观。

除了湖，还有各色水乡小镇，如乌镇、西塘等，小桥流水、烟雨江南、水墨锦绣，让人痴绝千年。这些地方更是文人墨客的心头好，苏轼、欧阳修、范仲淹等都留下了绝美佳作。水、人、文和谐相融，水润万泽，文以载道，风华自成。

而"流淌"的吴越文化的终极目标，在于以民为本、民生至上。

这从钱镠早期对西湖命运的抉择来看，就已十分明显。公元912年，终于可以缓口气的钱镠，准备在杭州城内修建王府。此时，恰有方士登门献策："若改旧为新，有国祚及百年；如填筑西湖以建王府……垂祚当十倍于此。"

意思是说，西湖不仅有名气，有灵气，还有王气。若把西湖填了，建造王府，钱家王位就可从百年延续至千年。

但钱镠认为：杭州"百姓以西湖水为生，无水即无民，无民即无君"。他不仅没有填埋西湖，反而花大力气治理西湖，赢得后人"留得西湖翠浪翻"的赞扬，西湖自此成为百姓之湖。

在忙着争权夺利、打打杀杀的五代社会，钱镠带着吴越国却在"兴水利搞生产"，这绝对是特例中的特例。可以说，历史上如果没有钱镠对江河湖海的系统治理，就没有今天江南地区如诗如画的水漾年华。

千年后的今天，当我们行走在江南水乡的风景里，听着钱镠治水的故事，是否会被涵养其间的"流淌"的吴越文化深深打动呢？

陶初阳　屠春飞　杨金柱　执笔

2023 年 7 月 30 日

古树不枯的时代密码

> 古树，是静默不言的山河印记，拥有丰富的生态价值和景观价值。

历经沧桑的中华大地上，留下了许多千年古树。它们环云耸翠、浓荫遮天，无声诉说着岁月流转、世事变迁，也诉说着自己与自然、与文化、与人类的故事。

7月25日下午，在出席成都第三十一届世界大学生夏季运动会开幕式前夕，习近平总书记在四川省广元市考察了翠云廊古蜀道。青石古道历尽沧桑，夹道古柏林立成廊。习近平总书记停下脚步，驻足凝望千年古柏。

山川相缪，郁乎苍苍。不禁要问，古树名木，为何被称为"活着的文物"？想要保护这一片片苍翠，又有怎样的时代密码？

一

林无静树、川无停流。古树的价值，如今越来越能被人想得到、看得见、摸得着。

古树，是静默不言的山河印记，拥有丰富的生态价值和景观价值。在植物景观中，古树的地位可以说难以撼动。气候、土壤、生物等自然变化信息，长寿、释氧、适应性等优质基因，这些来自远古的"生态密码"，都藏在古树的年轮中。

它们是兼具历史性、人文性、观赏性的自然景观和人文景观，因其不可复制性而弥足珍贵。典型的代表是老牌"流量网红"——黄山迎客松。其树冠如幡似盖，四季不衰，像一把巨大的绿伞，展现欲揽五湖四海、迎送八方宾朋的雍容俊美的姿态，成为黄山甚至中国的标志性景观之一。

古树，散生于村寨、庙宇、深山、学府之中，镌刻着中华文明的源远流长。

活得最久的树，可与中华文明之龄媲美。陕西省黄陵县轩辕庙内有棵古柏，高20米左右，周长7.6米左右，根株结盘，冠盖如伞。它叫"黄帝手植柏"，也称"轩辕柏"，距今5000多年，相传是轩辕黄帝亲手所植；可与之相媲美的"仓颉手植柏"也在陕西，位于渭南市白水县仓颉庙内，传说这棵柏树是仓颉当年在洛南时亲手种下的。

这些说法虽神话意味偏浓，但它们与当地的人文遗迹相辉映，诠释着独特的历史价值与文化价值，成为地域文化和民族文化的重要标志。

在时光的磨砺下，古树静静见证着岁月长河的流淌，被赋予一段又一段情结、情思、情致。行人不见树少时，树见行人几番老。喜怒嗔痴，古树成为人们重要的情感寄托。

在衢州市开化县金星村，有一棵千年树龄的银杏树。2006年8月，时任浙江省委书记习近平同志来到金星村调研。金星村党支部原书记郑初一回忆，当看到银杏树树根外露、树叶稀拉时，习近平同志很是心疼，他叮嘱大家，不仅要保护好这棵古树，还要保护好周边的古树、全县的古树。

于是，一场抢救银杏树的行动很快展开。如今，这棵郁郁葱葱、枝繁叶茂的银杏树，已经成为金星村最亮丽的风景，孩童绕着古树嬉戏打闹，少年捡起一片落叶夹进书页，老人围坐在大树底下聊着家长里短。它凝视着许多游客慕名而来拍照打卡，也寄托着在外打拼的游子对家乡的朝思暮念……

二

去年9月，第二次全国古树名木资源普查结果显示，全国普查范围内的古树名木共计508.19万株。它们有着各自的故事，并在更广的空间延伸着自己的生命力。然而，它们的生存状况等仍然面临着不少制约和挑战。从保护管理环节，笔者总结了三个层面的问题。

一是认识不足，只知其美却不知其"珍"。虽然国家对古树名木保护工作的关注度不断提高，但整体来看，社会关注度仍显不足，多数人对古树保护的认识仍停留在其景观价值，而非生态价值、历史文化价值上。

尤其是部分木质细密、花纹精美的树种，仅仅被视为园林绿化的好材料。一些地方在城市绿化中搞"形象工程"，盲目追求"古、珍、大"，导致"大树进城"一度成风，这其实是一种畸形的绿化需求，更遑论对这些"有生命的文物"的有效保护。

二是管理缺失，难以"对症下药"。一些不法分子为赚快钱铤而走险，瞄上了倒卖珍稀古树名木这门生意，导致大山深处的古树名木被挪窝倒卖现象屡禁不止。2600年的"古楠木王"被切块盗走，8株树龄在140年至500年的古樟木遭砍伐……多地曾发生砍伐贩卖古树名木案件，对古树保护工作造成严重影响。

此外，不同古树的"脾性"不同，养护方式也大有不同。而在现实中，尤其是部分农村地区，大家有一颗爱护之心，却不知用何种方式去养护更科学。如一些千年老树被混凝土树池"重点保护"住，人为"过度硬化"让古树"无法呼吸"，反而导致古树叶黄枝枯，一天比一天憔悴。

三是经费不够，心有余而"金"不足。由于年代久远，又受城市化进程中的空间挤压，有相当比例的古树生长势头较弱，需要投入一定资金来养护，而且古树名木救治费用普遍较高，需要动用较多技术人员以及工程设备。而目前对古树保护特别是对濒危古树进行科学养护投入的资金还比较紧缺。

三

神州大地，古木众多。那么，古树的根系要如何才能更舒展、顶冠要如何才能更茂盛，这值得我们深思。

强化保护意识，与古树建立"君子之交"。保护古树，就是保护一座优良种源基因库，保护珍贵的、活着的文物。古树，不发一言、不移一寸。若想切实感受、保护、利用好古树，前提是和它们"交朋友"，建立平衡、和谐的观念。

比如，今年4月，湖南醴陵一中图书馆——一座山里的图书馆惊艳了世界。这座"树林图书馆"从6300余件作品中脱颖而出，摘得"美国缪斯设计奖"银奖。设计建造时，为了保护所在位置的树木，图书馆的大厅开了很多洞，让树干、树枝能够有空间穿过，走进图书馆像走进了树林，体现了人、自然、建筑的和谐共生。

更精细化管理，让古树"老有所养"。"树木"与"树人"有异曲同工之妙，育人讲究因材施教，保护古树也是如此。有业内人士建议，对于古树名木，要进一步建立档案、设立标志，划定保护范围，落实管护责任单位和对古树的保护措施。

早在2017年，浙江就颁布了全省第一部专门针对古树名木保护的政府法规——《浙江省古树名木保护办法》，规定县级以上古树名木行政主管部门应当按照一树一档的要求，统一编号，建立古树名木图文档案和电子信息数据库，让每一棵古树名木都有自己的"电子户口"。

此外，科技力量也可以作为一大"助力剂"，让古树的生机愈加鲜活。比如，合肥一座寺庙内的一棵百年银杏树，就被"穿戴"上了一套高科技装备——古树名木安全卫士数据采集测试仪，让古树数据"长"进"云"端，便于保护和管理。

借助市场力量，激活古树的"文化之魂"。历史是故事的集合，若能讲好古树故事，做好文旅结合的大文章，有望引来大流量。比如，北京在今年夏天推出了4条红色主题古树游线，让游客在观览李大钊烈士陵园等红色景点的同时，亦能领略到国槐、油松、侧柏等"绿色宝藏"的自然魅力。

前不久，脱贫茶树良种"白茶祖"入选100件新时代见证物名单。被安吉人民视作珍宝的古树"白茶祖"，至今仍在勤勤恳恳当着"打工树"。以她为母本开展的"白叶一号"种植，让这片土地长出了"金叶子"。白茶文创产品还被玩出各种花样，安吉白茶竹筒杯、白茶啤酒、白茶护手霜……白茶 IP 带火了一众业态，也让"白茶祖"当了一把跨越千年的网红。

　　树本无声。但有人说，站在那些活了很久很久的树旁，能听见树的声音。那些千百年的古树，那如盖树冠下的枝叶颤动，那绵长根系的蜿蜒生长，是可以发出声音的，只是需要我们用心感知、用心倾听。

余雅佩　郑思舒　邵娟　执笔

2023 年 7 月 30 日

体育电影要避开五个"雷区"

> 体育电影在其成长的征程上，依然道阻且长。

这两天，亚运主题电影《热烈》正在热映。作为第二十五届上海国际电影节的闭幕影片，《热烈》第一次面向观众放映，便反响热烈。黄渤与王一博饰演的两代舞者的梦幻联动，用执着追梦的自信之光点燃了观者心中的炙热星火。而在今年杭州亚运会上，霹雳舞将首次作为比赛项目亮相，更让这部电影承载无数饱含期待的目光。

纵观近年来的电影市场，《绝杀慕尼黑》《摔跤吧！爸爸》等体育电影均得到了市场的认可。人们为何喜爱体育电影？如何才能生产出更多优秀的体育电影？今天我们来聊一聊。

一

有人说，有三种"语言"是不分国界、全世界都通用的：音乐、电影和体育。而体育电影作为后两者的结合，展现出了一种独特的魅力，表达了全人类共通的情感与追求。体育电影的必杀技究竟何在？

沉浸之技，观者不易游离。在一定的规则之下，体育本身便带给人非同寻常的视觉冲击力。相较于稍纵即逝的赛事转播，以自带悬念的强化设置为优势的体育电影在运镜、调度、后期等方面都增加了更加精心巧妙的设计、更多元丰富的摄制以及更流畅丝滑的剪辑，给观众们呈现出极致的视听效果。

比如，赛车电影《极速风流》中的追逐场面，飞溅的泥土、轰鸣的马达，其真实感给观众带来的刺激、炫目与冲击力不亚于《速度与激情》等动作大片。并非所有人都有机会亲身体验体育赛事的激烈现场，但电影将我们沉浸式地带入体育的世界。

叙事之技，尽显艺术魅力。体育如人生，有跌宕起伏的悬念，有惨遭失利的挫折，有惊心动魄的意外，也有终成霸业的快意。当这些情绪被高度浓缩在短暂的一部电影之中，我们很难不为这样的戏剧叙事所吸引，为它产生的精神力量所激励。

《摔跤吧！爸爸》中的女主角经过父亲的严苛训练，成长为一名出色的摔跤运动员，最终打破性别歧视、跳出阶级圈层，圆了自己和父亲的金牌梦。主人公为了目标与信仰而不断奋斗的经历建构与充实了拼搏的意义，释放出光芒四射的生命能量。当她站上领奖台的那一刻，观众的神经被精准戳中，时代的脉搏被巧妙捕捉。

共情之技，收获共鸣反馈。在体育电影中，体育的价值已不止于竞技输赢，比赛场景的精彩重现能牵引观众内心。比如，在新中国首部彩色体育电影《女篮5号》中，一对旧恋人在篮球队的链接之下得以再续前缘，这个关于误会与和解的故事，也浸染了理想主义的时代底色。

无论何时何地，这些体育电影中除了刻画竞技舞台的奇景与险象，还讲好了一个个关于个人成长、亲情、爱情以及时代风云的故事。故事中的放弃与坚持、寻觅与收获、怀疑与信仰、冲突与和解，始终引导着观众不断从中汲取人生的能量。欢呼和喧嚣的爽感背后，是文化的反哺与共情。

二

中国体育电影发轫较早，可以从1934年的《体育皇后》算起。但此后不管是数量还是质量，都未尽如人意。我国体育电影“多折戟”的背后，究竟存在哪些“雷区”？在笔者看来，至少有以下五个。

剧情套路化。不少体育电影在不同程度上存在人物脸谱化、主题统一化、模式固定化的问题。叙事母题经常是“克服重重困难后实现梦想和超越自我”，没有深层次挖掘体育电影的价值和内涵，显得鸡汤味很重。有观众吐槽，10部体育电影中，有8部是励志片，还有2部是套着各式外壳的励志片。

过度炒情怀。前有中国女排热血夺冠，后有国球乒乓绝地反击，他们都是国人一个时代的集体记忆。相关题材的电影如20世纪80年代的《沙鸥》、2020年的《夺冠》都收获了好评。但对于消费者来说，为了情怀买单，可一可二不可三。如果情怀好用就反复用，回忆上头就反复涌上心头，只会让体育电影丢失创作灵魂。

两头不讨巧。互联网及电视媒体对体育赛事的直接介入，加剧了体育电影的尴尬局面。不少体育迷认为，体育的魅力在于写实，觉得"看电影不如看比赛"，电影太假；而电影迷认为，体育电影太正太写实没意思，也不愿意看。这就导致一众体育电影落入俗套，要么打着体育的名义谈恋爱，要么借着体育的外壳拍喜剧，其实是避重就轻，依然没有解决"兼容"问题。

拍摄门槛高。业界常有"丹青难写是精神，电影难拍是体育"的说法。体育电影确实"不好拍"。一方面，从写剧本、选主角到拍摄、剪辑，各环节的门槛很高，一个细节没扣好，便容易被批评为外行人拍内行事。另一方面，体育运动都有极强重复性，如何既拍出运动员的"台下十年功"，又不让观众产生视觉疲劳，保持电影的吸引力，这一点也很难。

土壤不肥沃。体育电影的发展，离不开体育文化的土壤。我国是体育大国，但还不是体育强国，国民的体育消费习惯还远没有养成，很多人的体育"生涯"开始于上学，终结于毕业。体育活动游离于国人日常生活之外的情况仍未扭转，体育电影等体育衍生品依然小众，再加上影院排片率不高等问题，造成了体育电影"不敢拍、不想拍，拍不好、不叫座"。

三

体育电影的突破口在哪？让小众的体育题材变成备受观众期待的电影类型，需要各方努力。在笔者看来，"一花独放不是春"，打好振兴"三张牌"是关键所在。

第一张牌是"生动"。艺术来源于生活，一部优秀影片往往需要一个精彩的故事蓝本。我们不缺感人的体育故事，但一张好牌的优势需要持牌人来发挥。最近热映的《八角笼中》获得票房口碑双丰收，流露出电影人的体育热情。它成功的关键在于对大山贫困儿童与命运抗争故事的深刻展现，这离不开导演对武术热爱的情结和自身成长过程中的经历。

另外，还要靠体育人的自我发掘。《夺冠》《中国乒乓之绝地反击》等大量体育电影，不光故事原型取材于真实事件，创作过程也有国家体育局和体育队的支持，剧中很多演员本身就是国家队的专业队员。

第二张牌是"社会"。电影是造梦的艺术，体育是圆梦的舞台，要把圆梦的故事成功搬上银幕，需要各种力量的加持。首先，是体育人的责任，体育电影发挥了传播体育文化、发扬体育精神的重要作用，体育人有职责把更真实、更精彩的体育故事搬上银幕。其次，是创作者的情怀。电影主创对体育的热情，能让体育电影有更多创作激情，《女篮5号》的导演谢晋就是一个体育迷。最后，是投资人的关注。只有投资人感受到投资的价值，才能支持创作者一部接一部地拍好体育电影。

第三张牌是"市场"。电影是高度市场化的文化产品。体育电影不能光靠贩卖体育情怀，符合电影市场规律的产品才能被大众接受。比如，励志故事是体育电影经久不衰的主题，但仅仅讲励志还不够。成功的体育电影更需要故事立意的多元，对人性进行深入的探讨，同时与多种类型充分结合。周星驰的《少林足球》，在讲述足球运动的同时与喜剧完美结合，在嬉笑怒骂中也让人对金钱、荣誉、爱情有了更深思考。

体育竞技的展现亦需专业化。电影《热烈》为了向观众更好地展现霹雳舞，直接选用了全国顶尖霹雳舞选手作为演职人员。电影制作要更有卖点。随着电影市场的蓬勃发展，观众的观影需求和对电影的要求也越来越高，体育电影里的大制作、大投入层出不穷。明星选用、手法表现、观影体验等多种因素都能影响一部体育电影的最终票房。

体育电影在其成长的征程上，依然道阻且长。

孟非凡　许小伟　桑隽漾　沈桢东　执笔

2023 年 7 月 31 日

城市宣传片，向成都学什么

> 有共鸣，才传播。城市宣传片往往是一座城市共同情绪的流露，重要的是能够引起受众的共鸣。

若要问中国哪个城市最会拍宣传片，相信成都一定会得到不少网友的认可。从最近的成都大运会宣传片《成都倒计时3000年》，再到此前被热议的《问道·成都》《成都无边界》等，似乎成都推出的每一部宣传片，都能引发不小的刷屏效应，甚至有网友评价："成都的城市宣传片真是业界天花板。"

不禁要问，成都的城市宣传片何以频频"出圈"？城市宣传片，可以向成都学什么？

一

如今，在"一则视频能带火一座城市"的传播效应下，越来越多的城市把城市宣传片看作是招商引资、文旅推介、形象展示的重要载体。那么，在"高手如林"的城市宣传片赛道上，成都何以脱颖而出？

一眼就是"成都味"。从"三星堆"到"三国蜀地"，从"都江堰"到"杜甫草堂"，从"熊猫故乡"到"火锅之城"，成都承载着无比厚重的历史底蕴和独具特色的文化内涵，这是这座城市挖不完的宝藏。

《成都倒计时3000年》迅速"出圈"的原因，自然离不开历史坐标中厚重的"成都味"，其中既选取了李冰父子都江堰治水等耳熟能详的故事，又结合了诸葛亮设"锦官"使蜀锦享誉海外的"冷知识"，创新性地讲述了这座城市独一无二的历史和时代变迁中人们对这方土地的情感，令人印象深刻。

满屏尽显"潮流范"。在互联网上，不少年轻人将成都称为"二次元之都"，成都也曾提出打造"中国动漫名城"的目标。相关数据显示，2022年，成都文创产业增加值达到2261.27亿元，占GDP的比重超10%。

受到热议的宣传片《问道·成都》，就运用了浓烈的"赛博朋克"风格，以元宇宙的视角来展现成都这座城市，尽显时尚潮流范。在一些社交平台上，网友们用满屏的弹幕为这个"前卫"的作品点赞，尤其是"90后""00后"群体对其认可度高，该片还入围了第70届法国戛纳国际创意节。

主打一个"想不到"。换个视角，往往能看到事物不同的一面。而成都，总有意料之外的拍摄"新招"。

比如，当很多城市还在追求"大全景"的时候，成都在2003年就另辟蹊径，请导演张艺谋拍摄了一部宣传片——《成都，一座来了就不想离开的城市》，用手持DV拍摄的视角，以一个青年希望用DV拍摄影像给自己的奶奶看的叙事逻辑，展现了一个接地气、有烟火气的成都。片尾处的口号"成都，一座来了就不想离开的城市"更一度成为火遍全国的城市宣传语。

二

自《成都，一座来了就不想离开的城市》取得成功后，成都的城市宣传片仿佛走上了"开挂"之路，不论从内容、画面还是配乐上，都可圈可点。那么，其"出圈"的背后，究竟有着怎样的逻辑？

比如，从拒绝说教开始。相信不少人对城市宣传片有这样的刻板印象：浑厚而豪迈的配音，似曾相识的城市航拍画面，千篇一律的解说词"历史悠久""交通便利""区位优势得天独厚"等，让人仿佛看了几分钟的说教片。

而成都深知，要讲好这座城市的故事，不能牵强附会地进行"裁剪拼贴"。就像大运会宣传片《共舞》的镜头，对准的是一个个人物，将人物追求梦想的脚步与成都这座城市的发展紧紧联系在一起，使得宣传片更加饱满而生动。

比如，敢于打破常规。当下，不少城市形象宣传片陷入了"模式化"：一些沿海城市的宣传片，开场必定是旭日东升；想展现城市活力，就一定要年轻人踩着滑板越过地标建筑……往往注重了风景打造，却忽视了对城市内涵的挖掘和塑造，很容易让人感到"似曾相识"，产生"审美疲劳"。

同样是想展现城市的美好，成都则打破常规，一部《成都出差注意手册》在2021年爆火，片中讲述了两位外国人在成都出差的搞笑经历，不断上演"大型真香现场"，无形中展现了成都"休闲之都"的特质。

比如，不为技术而技术。近几年，在宣传片拍摄领域，出现了"技术流"，他们认为在内容难以创新的背景下，依靠技术的创新则是最佳路径。这样的做法导致很多宣传片沦为"炫技"产品，很难打动人心。

从前段时间的《成都无边界》中可以看出，技术是为内容立意"锦上添花"的。观众既惊喜于运镜、转场特效带来的视觉冲击，也沉浸在夜间大排档、给三轮车打气的老大爷、城市中奔波辛苦扮演熊猫人偶的人们中，看到的是万千成都人的幸福模样。

再如，不被流量牵着鼻子走。"内容不够，话题来凑"是一些城市宣传片的常见套路；"请明星、找达人"似乎也成了城市宣传片惯用的手段之一。这当然能够吸引一些流量，但流量与内容适配才是正道，否则仅在粉丝、水军这些"同温层"传播，难言破圈效应。

反观成都城市宣传片"出圈"之作，都将重心放在了内容的精心雕琢上。比如被称为"国潮浪漫"的宣传片《蜀道开·大运来》，探讨"都说蜀道难，为什么成都这座城却又如此开放"的话题，引发民族认同感和文化共鸣，同时收获了关注度和好评度。

三

"所有的城市都在为资源和'眼球'而竞争。""现代营销学之父"菲利普·科特勒在《地方营销》中这样预测。那么，什么样的城市宣传片才能吸引更多目光，真正起到提升城市品牌竞争力的作用？笔者认为，城市宣传片的"出圈"之道，不妨尝试融入这些观念。

越包容，越有味。文无定法，对于城市宣传片来说同样没有规定的格式、形态和制作流程。而当前陷入诟病的一些作品，往往习惯孤芳自赏、存在思维定式。俗话说，"海纳百川，有容乃大"。越包容，才能有越多可能性。更多地包容不同的形式、观点、行为和个性，会孕育出意想不到的惊喜。

纵观成都的城市宣传片，既有易于上口、传唱的MV类型，如《I love This City》；又有音乐加画面，无解说和字幕的类型，如《典型中国，熊猫故乡》；还有故事纪实形式的，如《成都，一座来了就不想离开的城市》，等等。成都用包容的心态，不断在叙事方式、作品结构和呈现形式上创新，带来新滋味。

有反差，更精彩。城市宣传片，往往时长只有几分钟，要想吸引人，就必须有抓人眼球的内容。如果总是平铺直叙的，没有反差和对比，很难让人一直看下去。近些年泰国一些广告之所以受到很多观众热捧，就在于它的一大特点——制造"反转"；东京奥运会的出圈宣传片《Old meets New》也是将传统生活方式和现代生活方式进行同屏比较，产生了反差感，让这座城市更具魅力；《问道·成都》同样如此，科幻元素与传统文化的碰撞，创造出了具有独特魅力的视觉效果。

有共鸣，才传播。城市宣传片往往是一座城市共同情绪的流露，重要的是能够引起受众的共鸣。比如在《成都倒计时3000年》下，就有网友狠狠共情并留言："让年轻一代参与拍这样的国际性宣传片，把烙在骨子里的文化自信坦荡荡地表现出来，把成都人乐观坚韧的民族自信以一种行云流水的方式展现出来。可以说这是今年看到的最有力量的宣传片之一了。"

城市宣传片虽短，但其承载的价值绵长，它既能成为城市软实力的代表，让更多人发现不同城市的美，也能成为激发文化自信的力量。期待可以看到更多能让人"眼前一亮""心头一暖""为之一振"的城市宣传片。

汤汉涛　王立　孔越　执笔

2023 年 7 月 31 日

话必关风

（中）

之江轩———— 编著

浙江人民出版社

图书在版编目（CIP）数据

话必关风 / 之江轩编著. — 杭州 ：浙江人民出版社，2024.5（2025.4重印）

ISBN 978-7-213-11469-4

Ⅰ．①话… Ⅱ．①之… Ⅲ．①时事评论-中国-文集 Ⅳ．①D609.9-53

中国国家版本馆CIP数据核字（2024）第092912号

目录

为什么说"观众很忙，观众不傻"

> 只有真正尊重观众，才有机会赢得观众，也只有符合生活逻辑与艺术逻辑的作品，才能实现与观众的"双向奔赴"。

有人说，演戏的是疯子，看戏的是傻子。此话不假，"演戏的是疯子"，讲的是一种职业精神；"看戏的是傻子"，讲的是一种欣赏状态。

但不能由此以为观众是"傻子"。前段时间，在第28届上海电视节"中国电视剧发展论坛"上，有嘉宾就犀利地说："现在的观众很忙，观众不傻。"

如今，我们时常看到这样的景象：现象级文艺作品，人们争相热议，俨然成为社会话题；但也有一些作品乏人问津、票房惨淡，甚至"送票都没人愿意看"。不禁要问，到底是这届观众太忙、太挑剔，还是一些作品"太水"、经不起看？

一

在不少"80后""90后"的回忆中，从前的时光慢，两小时不到的电影一帧帧地看，一部25集的《西游记》，好多个暑假都在看。时常有人感慨，现在哪有时间去追剧，从头到尾耐心地看完一部作品像是"无法完成的任务"。静下心来想一想，观众为啥那么忙了？

现代社会"加速"，人们"行色匆匆"。流动是现代化的普遍景象，人流、物流、信息流、资金流，以至有人说，"我们要跑得尽可能快，才能留在原地"。忙碌的工作学习、各式各样的社会交往，更是将每个人的时间碎片化。很多时候，人们的行为习惯会更加突出高效便利。比如，与其等待"每天两集"的电视剧，不如看"两小时见分晓"的电影；与其大费周章去电影院，不如躺在床上动动手指品味"电子榨菜"。

传播科技"加持"，观众"心随意动"。传统媒体时代的观众选择不多，只能被动接受，人们守着电视、广播，定时收看收听。随着传播科技"赋权"，网络打开了随时随地的观看空间，如今的观众则可以主动选择看什么，可以足不出户通过投影看场电影，也可以动动手指刷新短视频。像"倍速刷剧"，成了很多年轻人的"刚需"。数据显示，有四成"00后"群体会选择倍速观看方式。

文艺供给"加仓"，观众"分身乏术"。随着文艺持续繁荣发展，各门类作品互融迭代，市场不断扩容增量，实现产品海量供给。中国成为图书、电视剧、动漫等领域世界第一生产大国，电影市场银幕数和票房收入跃居全球前列，网络文学每天新增1.5亿字。

以2022年为例，全国播出的电视剧有20.82万部，影视剧类电视节目播出时长达878.95万小时。但对观众而言，内容再多，一天24小时是固定的，留给娱乐休闲的时间也不会显著增多。各花入各眼，看个展览还是看场话剧，看这部还是那部影视剧，都有选择成本，都可能让人纠结。

可见，观众确实很忙，有限的注意力需要投给最值得的东西。文艺要想博得观众的青睐，唯有拿出"入眼走心"的作品来。

二

观众很忙，但不是"盲"。创作者们有没有把他们放在眼里、记在心里，观众能从作品中真切感受到。客观地说，当前文艺领域仍不同程度存在"以为观众是傻子"或者"把观众当傻子"的现象。

比如，有的采取机械化生产、快餐式消费的模式，用千篇一律的"工业糖精"勾兑炮制作品；有的迷恋"成功学"，擅长"套路"，推崇流量明星当主角，演技不好颜值来凑，台词不行配音来补；还有一些顶着"主旋律"帽子的作品，却在生硬的灌输中忽略了艺术性与观赏性。比如，刚刚完结的某偶像剧，乍一看男女主角外形靓丽，内容聚焦的也是基层一线职业，但争议不断的剧情、漏洞百出的表演和背离时代价值观的理念，让不少观众反感："剧是一集没看完，气是一点没少生。"

说实话，观众不傻，而且这届观众更不好"骗"了。有没有情怀匠心，是商业操作还是精雕细作，是不是真的"能打"，观众的眼睛和心里都是雪亮的。

　　一方面，观众的审美需求和审美水平都在同步提升。观众们早已熟悉文艺的"十八般武器"，不再傻傻地为"雷人"作品买账，而是会主动甄别作品优劣。说到底，颜值再高、"CP"再甜，作品内核不稳也是硬伤。如一位导演所说，如果一位创作者觉得观众审美差，或者导演比观众聪明，那只能说明"他是傲慢的"。

　　另一方面，观众拥有更多的评价意识和话语权力。曾经的文艺评论，话语权主要在专业人士等"意见领袖"手中。而互动传播时代，大众的社交式推介对文艺作品的评判至关重要。从电视剧《觉醒年代》《人世间》，到电影"我和我的"系列三部曲、《长安三万里》，再到话剧《惊梦》《深海》；从火爆杭城的"宋韵今辉"艺术特展到全国巡展的"盛世修典"，诸多广受好评的作品靠"优质"赢得口碑。

　　事实反复证明"观众不傻"。只有真正尊重观众，才有机会赢得观众，也只有符合生活逻辑与艺术逻辑的作品，才能实现与观众的"双向奔赴"。

三

　　那么，究竟什么样的文艺作品才是"很忙"且"不傻"的观众乐意欣赏的呢？笔者有三句话想说。

　　优秀的作品与人们的心灵"适配"。新近上映的电影《热烈》中有一句台词："你得相信舞台，你相信它，它就相信你。"文艺创作同样如此，深情才能赢得深信，深扎才能触及灵感源泉，从而创作出有血有肉、直抵人心的文艺作品。

　　优秀的作品经得起时间的"冲刷"。北京人艺的经典话剧《茶馆》，70年经久不衰。小说《平凡的世界》，长期在各大高校图书馆借阅榜上名列前茅。诞生于20世纪初期的"鸳鸯蝴蝶派"小说虽在当时广为流行，却难以在现代找到忠实粉丝；而金庸的武侠小说却能久久流传，甚至远销海外。由此可见，时间"披沙沥金"，用才华"熬制"、用匠心"烹饪"的作品不怕"大浪淘沙"。

优秀的作品"叫好"也"叫座"。《之江新语》一书中有篇文章《文化产品也要讲"票房价值"》专门指出，文化产品不能故作"清高"，不屑于讲"票房价值"，不能再走创作—获奖（省优、部优）—"搁"优的老路了。不能在沙漠中"布道"，精品不代表"曲高和寡"，作品赢得观众认同、市场认可，文艺的"一池春水"才能被最大化激活。

我们会记得，一首首标注时间的金曲，每次旋律响起，都是触发无数人的"回忆杀"；我们会记得，电视剧《觉醒年代》中，陈延年慷慨赴死前令人泪目的回眸；我们还会记得，今年2月，婺剧下乡巡演时，所到之处几乎场场爆满……

我们更希望，文艺百花园中争奇斗艳、四季常春，让每一次观赏都遇见美好，让每一位观众由衷赞叹"不到园林，怎知春色如许"。

徐伟伟　祝融融　执笔

2023 年 8 月 1 日

在浙江乡村喝咖啡，是怎样的感觉

> 细嗅乡野咖香浓，而那又不只是咖啡
> 的味道……

惬意的午后，走进一家咖啡馆，氛围感十足的绿植、摆件装点着小院各个角落，屋内飘出阵阵咖啡香，屋外的虫鸣与麦田、小溪作伴。三三两两的年轻人一边喝着咖啡一边闲聊，一旁的小狗酣睡着露出了肚皮……

当打着"新潮"标签的咖啡，与带着"泥土气"的乡村相遇，就产生了上面所说的场景。近年来，浙江的乡村"长"出了各式各样的咖啡馆，甚至很多人大老远慕名而来，只为这一杯"村咖"。一些人看到朋友在浙江乡村喝咖啡的照片，甚至产生了一种疑惑：这到底是乡村，还是城市？

作为"城市标配"的咖啡馆缘何在浙江乡村兴起？这一杯小小的"村咖"究竟有着怎样的魅力？

一

《2023中国咖啡市场洞察报告》显示，当前国内四、五线城市的咖啡订单量同比增长高达250%以上。这说明，咖啡市场正在迅速下沉，近年来一些"镇咖""村咖"的亮眼表现，更让人看到了咖啡市场下沉的发展前景。

有人说，如果在浙江绘制一幅乡村咖啡馆的地图，那这张地图一定足够丰富多彩。

比如超乎想象的新场景。相比于城市咖啡馆，"村咖"所处的环境更广阔、更多元，可以是群山间、稻田旁、马路边，也可以是小河畔、果园里，这也让"村咖"的颜值与格调有了更多的可能性。

湖州市安吉县红庙村的"深蓝一号咖啡馆"，就位于当地一处由废弃矿区改造的网红景点"小冰岛"旁，湛蓝的湖水加上冷冽的岩石，让"出片率"狂飙。这里的门票包含一杯"深蓝咖啡"，售价68元，并不便宜，但据统计，这家咖啡馆工作日就能卖出500—800杯咖啡，周末翻倍，最火的一次甚至日销5000单，比大城市CBD的咖啡店单日销量还多。有人评价"为了一家店，去了一个村"。

比如打破界限的新价值。传统与现代、古韵与时髦，都是可以打破的界限。宁波市潘火街道蔡氏宗祠的"祠堂咖啡"，就不断探索并实现着"界限消失"的新价值。这里的咖啡，不用咖啡杯来装，而是别出心裁用中国老底子的盖碗来装，别有一番韵味。这间做过教室、当过茶馆的房间，因为"祠堂咖啡"的出现，吸引了大批年轻人前来"打卡"，也为祠堂里的宁波锡镴器博物馆和宁波熨斗博物馆带来了不少人气。

比如文旅融合的"新大陆"。现在流行去农村开咖啡馆，许多"村咖"店主都是回乡创业的年轻人，他们把"理想"的色彩融进了乡村，也让乡村文旅融合有了新的思路。

"咖啡乡创客"深知，一间"村咖"若作为单一的旅游目的地，显然不能长久，周边业态的延伸也不容忽视。宁波象山茅洋"青·蟹"咖啡馆的主理人，就瞅准了当地的"共富农场"新型旅游综合试点项目，不仅卖咖啡，还在村里种地、养鱼，尝试稻鱼、稻虾、稻蟹共养模式等，变身"新农人"。

二

咖啡馆为何能在浙江乡村兴起？咖啡馆雨后春笋般的生长动力何在？笔者认为这些因素的作用不容小觑。

反差感的营造，是"打卡热"的"导火线"。今年，浙江不少县城、乡村纷纷靠咖啡实现"C位出圈"，究其原因离不开"反差感"。

比如常住人口不到60万人的安吉县，却拥有300余家咖啡店，打破了山区小县城在大众心中的固有印象。再比如温州永嘉的大若岩，有一家叫"花开麦饼"的咖啡馆，将时髦的咖啡与当地的"土味"麦饼结合在一起，不仅惊艳了味蕾，更让人享受回味无穷的楠溪江"慢生活"。

松弛感的满足，是诗意栖居的"奔现"。对于乡村咖啡，也有人吐槽，比如价格甚至比一些品牌咖啡店都要贵。但一句"城市里的咖啡用来续命，乡村咖啡适合放松"，道出了不少人喜爱"村咖"的理由。

温州市的泽雅古村咖啡馆、绍兴市岭南乡的"三个月亮"乡村咖啡馆、嘉兴市恒丰村的"长夏小院"……光听这些名称，就可以想见乡村咖啡馆的"追求"：看得见山、望得见水、闻得到咖啡香。在"偷得浮生半日闲"的环境下放空自己，一阵春风、一场夏雨，咖啡的醇香赋予了乡村诗意满满的"咖啡色"滤镜。

新鲜感的保持，是"我下次还想来"的动力。究其实质，就是通过不断创新来满足消费者的新需求。当人们再次来到湖州安吉去年爆火的Cozy咖啡，就会发现今年大有不同。不仅停车场变得更大了，还增加了花房、室外草坪，满足更多有"打卡"需求的游客，同时也彰显了"宠物友好"的态度，不少人因此成了回头客。

三

如今，乡村咖啡这个赛道正变得越来越拥挤，竞争也越来越激烈。在"跟风"盛行、质量良莠不齐的情况下，乡村咖啡馆如何脱颖而出？又如何让流量从"昙花一现"到"细水长流"？笔者认为，这些路径可以尝试探索。

找到一个"村咖＋"的打开方式。咖啡与乡村，还有多少种可能？从2022年的"上海咖啡文化周"可见一斑，"咖啡＋展演""咖啡＋老字号""咖啡＋文创"等各类元素融合，吸引了很多年轻人"打卡"体验。

这给当下的"村咖"带来了新的启示，"村咖＋"同样有着无限可能。比如湖州市吴兴区潞村开设了三联书店"书山有潞"店，除了"阅读＋咖啡"，这里还提供手工艺品DIY、儿童绘本讲读等服务，让"村咖"与阅读、旅游等业态碰撞出了更耀眼的火花。而杭州萧山横一村在创建未来乡村时，吸引了"HI稻星球""未来大地"等农文旅品牌落地，同样给"村咖＋"带来了新的机遇。

"立身之本"不能忘。有人说，咖啡馆有一个"新手福利期"，有些咖啡馆时间一长，就不再有新客了。这其中的原因不外乎两点：一是产品不对味，二是体验感不佳。

《中国现磨咖啡行业白皮书》指出，中国咖啡市场从2020年以来，咖啡的好品质已逐渐成为消费者最重要的需求之一。虽然"村咖"的优势更多在风景，但更重要的是产品品质、口味和内涵。与此同时，也要保持"原创力"，不断升级体验感，为自身增加社交、学习等属性。比如嘉兴胡斗村的"钱塘骑士"咖啡馆，"咖啡＋摩托车爱好者俱乐部"的定位，使其拥有一众黏性很强的粉丝。

解锁"村咖"的"人格魅力"。乡村咖啡馆，往往都是有故事的，可以让人感受到创业者、村民、游客，甚至是乡村本身，富有热情、充满自信的"人格魅力"。

比如衢州市开化县下淤村，一位来自北京的艺术家去年在这里设立了陶艺工作室，为到访者提供免费咖啡，久而久之，喝咖啡、赏陶艺成了不少村民的新习惯。宁波余姚有一家因"无人经营"而闻名的咖啡馆"岩礁"，咖啡馆的玻璃门上，贴着店主的真情告白与咖啡手绘制作流程——顾客可以自己制作，扫码走人。这让人感受到的是扑面而来的真诚与信任。

一杯"村咖"，折射着浙江乡村振兴的新步态、文化浸润乡村生活的新路径。细嗅乡野咖香浓，而那又不只是咖啡的味道……

余雅佩　邵娟　孔越　执笔

2023年8月1日

网红主播有"五官"更要有"五观"

> 对于网络主播来说，靠"五官"的时代日渐远去，而靠"五观"的时代已悄然来临。

如今的"直播经济"可谓如火如荼。不久前，"超六成受访毕业生愿当网红"词条登上热搜。这源于一项"当代年轻人就业在关注什么"的问卷调查，数据显示，近万名受访应届毕业生中，61.6%的人就业时会考虑"网红"直播等新兴职业。

另据一份报告，截至2022年底，我国各大直播平台的累计注册主播账号超1.5亿个；短视频内容创作者账号累计超10亿个；直接或间接带动就业机会超1亿个。

可见，网络直播正日益成为吸纳就业的"蓄水池"，做主播、当"网红"，也成为很多年轻人的职业选择。不过，选择当主播，并不是毫无门槛的，除了法律红线、商业文明之外，还应树立正确的价值观。

结合曾开展的"网红"经济调研，笔者以为，"网红"主播至少要具备"五观"。

一、"牢骚太盛防肠断，风物长宜放眼量"的职业观

如今，主播行业迅速崛起并成为热门职业之一。2022年7月，国家广电总局积极支持申报网络主播为新职业，网络主播的职业化获得了官方认可。但与此同时，随着行业与市场的不断变化，这一职业实际上面临着一些独特症结。

比如，吃"青春饭"。数据显示，2022年的直播从业者中，18—29岁年龄段主播最多，占全部主播的64.2%。与此同时，工作强度很高，每天12小时以上的工作时间和昼夜颠倒的作息是常态，主播普遍反映"没有生活"。

比如，"本领恐慌"。随着行业需求升级，不少公司在招聘主播时设置的门槛越来越高。以带货主播为例，有的公司不但要求主播伶牙俐齿、有直播经验，同时还得具备销售能力等，对主播的综合素质提出了更高要求。

主播是直播行业的核心，其职业化发展水平直接关系到直播的整体质量。直播行业要更长远、更健康地发展，必须要抛弃短时短视思维，多一些长远眼光。

于主播自身而言，主动管理好职业周期、积极规划好职业生涯十分必要。是一次性耗光个人价值，还是细水长流、积累价值？这决定了其职业生涯有多长、职业天花板有多高；而对行业整体来说，提升主播的职业素养，为主播职业建立起普适性的教育体系、推进职业等级标准认定等工作，也已迫在眉睫。

二、"勿以善小而不为，勿以恶小而为之"的流量观

身处充斥着"一夜爆红"神话的互联网流量场，主播每天都面临着诱惑，其中一些不惜剑走偏锋、铤而走险。

比如，有的人设造假，把自己包装成22岁身家78亿的女总裁；有的消费同情，编排"水泥西施"的悲情故事博取关注；有的大搞低俗，搔首弄姿、雌雄难辨；还有的违反法律，公然食用国家保护动物。

如此种种既污染了网络空间，也误导了年轻受众。对此，去年相关部门联合发布了《网络主播行为规范》，为网络主播划定了31条红线，规定应当坚持正确的政治方向、舆论导向和价值取向，自觉摒弃低俗、庸俗、媚俗等低级趣味。

越是面临诱惑，越要树立正确的流量观。从上传第一条视频、开启第一场直播开始，主播就应该认真思考自身与流量的关系，比如我应借助流量做什么，流量可以为我做什么；置身流量旋涡中的自己，需要坚守什么，舍弃什么。尊重平台赋能带来的价值和荣誉，更要承担起沉甸甸的责任。

三、"采得百花成蜜后，为谁辛苦为谁甜"的粉丝观

"涨粉难题"和"掉粉困境"使很多主播夜不能寐。粉丝观的完善，是理解、适应和强化与粉丝关系的前提。有两种错误观念值得警惕：一种是把粉丝看作"食客"，为了满足粉丝口味，将底线抛诸脑后；另一种是把自己当做指点迷津的"导师"，把粉丝视为

不谙世事的"白丁",以一种居高临下的姿态,"俯视"粉丝。

粉丝群体中,也有不少未成年人,因此主播在引导什么,显得更为重要。可以说,粉丝量不仅是数字单位,更是责任单位,有多少粉丝,就有多大的社会责任。主播如果在介绍产品的同时还能够不断输出知识和技能,将有助于带动粉丝共同进步。

比如,有的主播在卖货时能从"调料为什么叫'seasonings'"讲到"霍去病封狼居胥",从"头顶的星空和心中的道德"讲到"千山鸟飞绝,万径人踪灭",让粉丝在"买买买"的同时,也让知识的"味蕾"尝到甜头。

主播和粉丝,应当是相互形塑的关系、共同成长的状态,双方在互动中汲取价值、收获成长。正如调研中某位主播所言:"你能为社会创造价值,这个价值就会反哺给你,这就是内容创作者最本质的东西。""涨粉",靠的是持续提供高质量的内容与高性价比的产品,靠的是心怀粉丝、尊重粉丝、服务粉丝。

四、"千淘万漉虽辛苦,吹尽狂沙始到金"的产品观

有人说,所有产品都是有态度的,态度的背后是信念和情感。产品能够彰显主播的理念、喜好和品味,这也是很多人都喜欢将直播间命名为"甄选""严选""精选""优选"的原因。比如,笔者在某直播电商机构调研时,了解到其内部选品有9道审核流程,且核心主播对产品能否上播具备一票否决权。这就是一种产品观的坚持和笃定。

不过,"严选"还远没有成为所有主播、所有机构遵循的理念。当笔者在调研问卷中问及"自身工作存在的不足"时,70%左右的

主播都选择了"对推荐的商品没有扎实把关""内容的原创性不高"和"为达到增粉的目的向市场妥协"三项。

好的产品，不仅传递着健康的消费理念，也给人以文化审美体验。比如，"意公子"高频的文化和审美输出所引发的热度就可以说明这一点。将主播的人格魅力融入其中，创造了一种别样的生活哲学分享场景。思考其内容和产品如何才能满足人们对美好生活的需要和期待，是网络主播进行创作的一个重要前提。

五、"欲穷千里目，更上一层楼"的成就观

网络主播不仅是一门职业，也是一种效应，不仅成就着自己，也影响着用户，在传播科学文化知识、丰富精神文化生活、促进经济社会发展等方面肩负重要职责。对网络主播来说，传播流量很重要，但提升知识增量、价值增量，才是长红不衰的密码。

比如，助力乡村振兴。有的主播在直播中，展现恬静闲适的田园生活，满足了大家对故土的乡愁，吸引人们主动了解乡村文化。一份针对新电商模式对农货消费刺激作用的相关调查显示，有86.2%的网民认为直播带货模式对农货消费起到刺激作用。

又如，助力非遗传承。有的主播把直播间变成课堂，发挥传递知识、传授技艺的价值。像江西竹编非遗传承人李年根，有50多年的竹编手艺经验，从2019年开始在抖音分享自己制作竹编的视频，拥有超400万粉丝。在他的带领下，当地形成了竹编产业链，近百名贫困户、残疾人加入了"竹编大军"。

再如，助力文化出海。网络主播借助短视频在海外平台展现中国传统文化，使短视频成为讲好中国故事、传播中国声音的窗口。

比如，老木匠"阿木爷爷"凭借一双巧手把寻常木头变成精巧的木雕工艺品，令国外网友惊叹这是神奇的"中国功夫"，在YouTube上"圈粉"了很多人。

对于网络主播来说，靠"五官"的时代日渐远去，而靠"五观"的时代已悄然来临。期待网络主播积极刷新"五观"，不做"哗众取宠"的"网红"，而做"货真价实"的"网红"。而直播经济，不能成为好逸恶劳和守株待兔的温床，应努力为经济社会发展和正能量传播添砖加瓦。

郑思舒　执笔

2023年8月2日

调查研究如何"痛并快乐着"

> 在全党大兴调查研究，与其说是为了解决矛盾和困难，不如说是扭转部分党员干部思想观念和工作作风的一场革命。

常言道："看不见问题是最可怕的问题，找不到差距是最大的差距。"如果我们细细回看中办印发的《关于在全党大兴调查研究的工作方案》就会发现，"问题"这个词在里面出现了48次之多，可见"问题导向"在其中体现之透彻。

对党员干部来说，有时直面"坏消息"是需要勇气和魄力的，而发现"坏消息"和解决"坏消息"最好的办法之一就是调查研究。

在谈到调查研究时，习近平总书记曾强调要"听真话、察真情，真研究问题、研究真问题，不能搞作秀式调研、盆景式调研、蜻蜓点水式调研"。

直面问题、解决问题，免不了要向自我开刀、刮骨疗伤。可以说，在全党上下大兴调查研究不是"刮一阵风"，而是一次哪里痛便向哪里开刀的自我革命。

一

　　调查研究和解决问题是不分家的。我们曾在《调查研究最怕没有走进问题》一文中写道：调查研究是一种工作手段和方法，解决问题才是根本目的。

　　调查研究是我们党的传家宝。每当思想上遇到困惑、现实中碰到难题时，我们党都会通过调查研究来研判形势方向、找到应对办法。

　　比如1927年，面对党内党外对于农民革命斗争的责难，毛泽东同志在湖南乡下调查了30多天，写出了《湖南农民运动考察报告》，在报告中提出了解决农民问题的理论和政策。再如改革开放后，邓小平同志为了弄清楚"小康"的一系列问题，多次到沿海、内陆各省市展开调查研究，从而得到了科学设计现代化建设蓝图的一手资料。

　　来到本世纪之初，浙江经过改革开放20多年的快速发展，也积累了一些问题，比如供电不足、"电荒"严重，据报道，当时为了省电，西湖边的路灯和景观灯只能隔一个开一个，有的农村地区甚至每个星期只能供3天电。经济高速增长还带来了环境问题，浙江也因为工业污染引发了几起大的群体性事件。时任浙江省委书记习近平同志把这些问题形象地称为"成长中的烦恼"，他通过调查研究，跑遍了浙江的山山水水，围绕问题拿出了指引浙江发展的"八八战略"。

　　众所周知，不存在无矛盾的社会，也不存在无问题的国家。问题总是伴随着社会发展不断衍生变化，成为时代的声音，有问题不是坏事，因为矛盾和问题倒逼着社会向前发展。

当前，我们所面临的各种风险挑战、困难问题并不少，甚至比以往更加严峻、更加复杂，不少深层次矛盾是躲不开、绕不过的。特别是过去几年的疫情考验中，基层治理的一些短板问题被暴露了出来，老百姓积压的一些情绪，积累的一些问题，迫切需要各级领导干部拿起调查研究这个武器来回应和破解。倘若调查研究只是做做样子、搞搞形式，办法举措不痛不痒，最终伤害的是老百姓对党和政府的感情。

二

调查研究贵在解决问题。随着大兴调查研究的不断深入，走秀式调研、表演式调研、"钦差"式调研在一些地方有所冒头。

前段时间，就有媒体发文直击调查研究中存在的一些不良现象。比如有的走马观花，坐着车子转、隔着玻璃看；有的官味十足，端着领导架子，去之前要求这要求那，到了后吩咐这吩咐那，就是不研究事情，调研也没个主题，说的都是外行话；有的嫌基层条件差，觉得接待搞得不好，把接待的场所、出席的领导视为自己身份的体现；有的先入为主，既不提前充分做功课，来了又不愿意了解实际情况，只打听自己好奇的、感兴趣的内容，然后发表一通看法；有的调而不研，调查的人蜻蜓点水，研究的人闭门造车，一个个宏大的调研课题甚至被原封不动地分包到了乡镇，让基层干部一头雾水、不知所措；等等。

这样的调研归根结底，是没搞清楚为何调研、调研何为。习近平同志在浙江工作时就曾批评过这种"假调研"，他讲道："调查研究最关键的是要解决问题。现在有些领导干部所谓的调查研究，一是劳民伤财，二是扰民，到下面去也没有个目的，为了下去而下去，为了在报纸上登一下、电视上亮相而下去。我们调查研究一定要深，一定要实，一定要细，一定要准，这样才有一定的效果。"

尽管大家都认同调查研究是极好的一种工作方法，但为何落下去时又容易流于形式，被扭曲、被架空呢？在笔者看来，这表面上看是方法问题，实质上是作风问题。

比如，有的人爱惜羽毛、缺乏担当，因此习惯于"看见矛盾绕着走"，在调研中喜欢预设框框、回避矛盾，怕揭短伤和气，怕细究得罪人，或者只拿较容易解决的问题开刀，得过且过、自欺欺人；有的人作风官僚、狐假虎威，因此把调研当"调演"，借去基层调研刷一波存在感，满足个人虚荣心；有的人脱离实际、不接地气，走设定好的"经典路线"、看"盆景"不看"风景"，最后看不到实情，问题也没有解决。

中国共产党人最讲求实事求是，有问题就拿出来，该吃药吃药，该开刀开刀，与其绞尽脑汁不如回归原点，坚持真理、修正错误，有一是一、有二是二，不唯书、不唯上、只唯实，这才是调查研究的初心所在。

三

有问题、有矛盾，并不可怕，怕的是不敢正视问题，不敢自我开刀。在笔者看来，在全党大兴调查研究，与其说是为了解决矛盾和困难，不如说是扭转部分党员干部思想观念和工作作风的一场革命。

调查研究需要批判思维，应把问题作为瞄准的"靶子"。调研不是毫无目的的"四处漫游"，而应该提前做一定的功课，增强针对性。除了到工作开展得好的地方总结经验外，更多的应该是到情况复杂、矛盾尖锐的地方去研究问题。能不能发现问题、敢不敢正视问题、会不会解决问题，检验的是党员干部的工作能力强不强，反映的是其工作作风硬不硬。

光有调查还不够，研究也需下足功夫。调研最忌只有调查"前半段"，没有研究"后半篇"。倘若只调不研，一调了之，调研就会"烂尾"，陷入"形式主义"的泥淖。发现问题后的重要工作，是运用党的创新理论蕴含的世界观、方法论实事求是进行研究分析、充分论证，提出解决问题的办法，推动实际工作，而不是用"放之四海而皆准"的对策应付了事。

开展真调查、真研究需要有刀刃向内、直面问题的勇气。敢于直面问题，本来就是共产党人需要具备的内在修养，评价干部不是看你揭了多少丑，亮了多少短，而是看你能不能找准症结、切中要害，把疑难杂症一个一个解决掉。当然，解决问题的办法不会自动找上门来，必须下一番苦功夫，不妨放下官架子，多蹲到田间地头，与基层群众坐一条板凳、吃一锅饭，高手在民间、智慧在民间。

群众满不满意是检验调查研究成效最好的标准。调查研究有没有成效，不是看次数多不多、规模大不大、宣传好不好，而是看有没有针对群众提出的问题和实际工作中存在的痛点堵点拿出最优解。特别是对于群众的诉求，能解决的应该马上就办、现场就办，一时解决不了的也要拿出时间表，紧盯不放，不让任何一个调研成果睡在电脑里、锁在柜子里。

　　不妨把调查研究当成一项"痛并快乐"的事情。调查研究的过程多一点"阵痛感"，那么调查研究的结果可能就会有更多发自内心的"喜悦感"。

王人骏　应明君　执笔

2023 年 8 月 2 日

别被"节奏党"带偏舆论风向

> 每个人应当做的,就是秉持求真务实的态度,让"节奏党"寸步难行,让真理的声音成为网络空间最强音。

近年来,网上网下有个词很火——"带节奏"。

"带节奏"一词源自网络游戏术语,意为带领团队打出井井有条、攻守得当的气势和节奏感,如"带起一波节奏"。成为网络热词后,该词又引申出通过具有煽动性和争议性的言论挑起争端或跟风等含义。

当社会事件或公共议题出现时,总有一些自诩客观的声音反向"绑架"公众注意力,不知不觉地将部分人的情绪和言论导向极端。事实上,这背后不排除有人故意制造对立、挑拨公众情绪、误导舆论风向。

此类事件频频发生,给我们带来思考:舆论风向是怎么被"节奏党"带偏的?如何保持客观理性,不被情绪的洪流淹没?

一

　　"节奏"是如何被带起来的？综合网络热点事件，笔者总结了三个关键词。

　　"捏造话题"。自媒体时代，"节奏党"有热点蹭热点，没热点就"捏造热点"，不惜践踏道德、逾越伦理，甚至游走在触犯法律的边缘。他们造"爆款"、上"热搜"，实质就是通过煽动情绪、左右民意，以达到自身的各种目的。

　　有些话题看似贴近生活、"有理有据"，如"手机和 WiFi 辐射致癌""喝牛奶、吃大豆会导致性早熟"等，实则是披上"科学"外衣的谣言；有些话题则是"节奏党"为了满足人们的猎奇心理而生产的，比如编造"大学生卖淫 800 次赚 120 万"等，极具诱惑性、欺骗性。

　　"引起对立"。相比较一些生活类话题，那些针对公共事件炮制假消息假热点的"节奏党"，其背后用意则更为险恶，负面影响也大得多，也更容易形成对立。比如性别歧视、医患关系、住房问题、城乡矛盾、中西差异等，常常是"节奏党"偏爱的热点话题、敏感议题。

　　用春秋笔法挑起群体之间的对立，是很多"节奏党"的生存法则。他们常常深谙"痛点"与套路，找准切口，撩拨拱火一番，就能诱发公众集体讨论与情绪传播。观点的分歧，往往就演变成了圈层之间的对立，从而导致网络舆论场的偏激化。

　　"点燃爆点"。当不同的认知、不同的群体在相互较量拉锯之时，"节奏党"就可能进一步煽风点火，用耸人听闻的标题等，再次"狙击"公共政策、热点事件，颠倒是非、抹黑攻击，从而煽动大众情绪。当情绪积累达到一定程度，"爆点"被点燃就不可避免。

而在网络时代，大众既是"传者"也是"受者"，部分人在不明真相的情况下，对一些尚未确证的讯息进行传播甚至添油加醋地二次创作，导致事件两极反转的可能性增加，使得一些社会热点事件舆情热度居高不下。

二

值得注意的是，出现重大热点或突发事件时，不时会有"一只黑手"试图一次次扰乱大众视线，一次次煽动民众情绪。那么，到底是谁在暗处充当着"节奏党"疯狂带节奏？

一是打着流量算盘的"黑心贩"。"嘴上满口仁义，背后都是生意"。对利益的追逐是一些"节奏党"铤而走险的重要原因。不少言辞激烈、"引人入胜"的文章，很多时候只是吸引流量的"前奏"，等到"有缘人"入瓮，就可以通过背后的利益链条赚他个盆满钵满。

比如曾轰动一时的《一个出身寒门的状元之死》《托你们的福，那个杀害空姐的司机，正躺在家数钱》等文章，撰稿者用情绪替代事实，文章看似悲情、赚足眼泪，实则漏洞百出。此类靠编造故事制造矛盾、赚取流量和利益的方式，曾一度成为部分不良自媒体和营销号的典型操作。

二是蓄意扰乱秩序的"反串黑"。有部分人存在"揣着明白装糊涂"的心态，对谣言"有意为之"甚至"刻意为之"。其目的不在于赚钱，而在于吸引关注、刷存在感，进而破坏网络秩序。

近段时间以来，互联网频频出现各种以"小作文""聊天记录"等形式的涉性别谣言，成为部分人追逐私欲的"基本操作"。如"男子造谣冒充女幼师给幼儿喂药被刑拘"事件中，一网民为博关注炮制了这条谣言，点燃了性别话题的"火药桶"，虽然舆论风波持续不久，却将事件的恶劣和荒诞演绎得淋漓尽致。

三是别有用心的"搅局者"。如今国内外形势日益严峻复杂，网络上的杂音不断增多，境外势力预设立场下的煽风点火之力更是不容小觑。他们或亲自下场，或通过代理人，故意制造矛盾分歧，加剧社会紧张气氛。

如近年来互联网上阵阵攻击民营企业的妖风邪气，"民营企业离场论""国进民退"等论调在"节奏党"的鼓动下沉渣泛起，肆意丑化煽动，有的目的非常明显，"项庄舞剑，意在沛公"，含沙射影地攻击中国特色社会主义制度。

四是人云亦云的"跟风党"。《乌合之众》提道："个人一旦成为群体的一员，他所作所为就不会再承担责任，这时每个人都会暴露出自己不受到约束的一面。"从众是人类普遍存在的心理现象。

"三人成虎""众口铄金"，被舆论裹挟后，人们的思想容易变得狭隘和偏激，渐渐产生不善于思考却急于行动的"羊群效应"，参与人数越多，从众的连锁反应就越明显。当被带着走而浑然不觉时，"跟风党"无形中成了"节奏党"的"助威者"，同时也是受害者。

三

当前网络舆论环境错综复杂，充满各种不确定性。面对推波助澜的"节奏党",要守住底线、矫正"节奏",就需要多方合力。

及时回应关切,带出"真诚的节奏"。风起于青萍之末,不少事件的"节奏"能被"带"起来,往往是因为初期缺失了及时的回应和权威的声音,使得谣言纷飞,舆论的"雪球"越滚越大。

对此,相关部门要拿出真诚这个"永远的必杀技",以审慎之心对待每一起事件,及时关切回应,提升信息发布的"速度"和"网感",少说空话套话、讲清楚情况、说明白举措,避免被抓住漏洞、大做文章,这是应对"节奏党"的关键之道。

划定红线底线,带出"规范的节奏"。网络技术快速发展,为每个人提供了发声的渠道。而一些自媒体却走上歧路,通过蹭炒社会热点、散布谣言、矩阵式传播不良信息等违规行为来博关注。自媒体不是"自由体",立规矩很重要。

前段时间中央网信办发布《关于加强"自媒体"管理的通知》,为"自媒体"划上13条红线。自媒体平台、从业者们应当恪守良知底线、遵守伦理规范,为营造良性健康的网络生态贡献力量。

澄清事实真相,带出"清朗的节奏"。近些年,多起舆论事件的教训显示,"真相为重"正在变为"情绪为重",忽略事实、对尚未定性的事件发表意见、传递态度的行为趋多。

"铁肩担道义,妙手著文章",十字箴言映衬了媒体肩负的责任和操守。面对网络上的失察失实的信息,媒体应该扛起辟除谣言、澄清谬误、传播真相的大旗,做民意的引路人而非被带着走,为构建清朗网络空间而努力。

保持客观冷静,带出"理性的节奏"。很多网民为弱者发声秉持的是一份道德信义。然而,在后真相时代,即使面对网络上的同一个热点话题,不同立场的人也会对"真相"各执一词,加之"节奏大师"从中搅弄，事实很难在一时间得以辨明。

事实判断是价值判断的前提。一事当前，不妨克制下急于表达的冲动，"让子弹再飞一会儿"，多一些理性的思考，待真相明了后再下论断。最好的支持是保持关注；最有力的行动，还是从自己做起。

"万事不如公论久，诸贤莫与众心违。"每个人应当做的，就是秉持求真务实的态度，让"节奏党"寸步难行，让真理的声音成为网络空间最强音。

张国威   许正   陶佳楠   执笔

2023 年 8 月 3 日

导游何以"导"出更美山河

在旅游持续升温的背景下，期待更多有文化、有修养、有服务精神的导游"冒"出来，让更多游客享受到"旅途中的种种乐趣"，也让祖国的壮美山河有更多"游量"。

这个暑期，你出游了吗？有数据显示，今年暑期以来，国内旅游消费订单较2019年同期翻倍增长；暑期首周，机票预订量比2019年增长三成，酒店预订量增长1.4倍；预计今年暑期国内订单总额将创历史新高。

旅游火热的同时，与"导游"相关的话题也多次冲上热搜，如"导游因游客发视频表扬涨粉百万""西安导游爷爷讲历史，讲着讲着就演起来了""导游嫌游客购物少在车内发牢骚""导游让打呼噜游客下车被停团30天"，等等。

可见，导游服务质量的高低，直接影响着游客的心情和感受。旅游界也一直流传着这么一句话，"祖国山河美不美，全靠导游一张嘴"。话虽过于绝对，却也体现出了导游的重要性。那么，导游怎么讲、怎么做，才能让游客体验到"更美的山河"？

一

先来说说"导游"的由来。"导游"正式登上历史舞台，是在近代。1845年，英国人托马斯·库克成立了世界上第一家商业旅行社，一年后带领一个旅行团乘火车和轮船到苏格兰旅行，被认为是世界上第一个有商业型导游陪同的旅游活动，开启了近代旅游业先河。后来大家纷纷效仿，成立旅游组织、招募导游人员。就这样，"导游"逐渐成为一个正式职业。

上世纪20年代，我国就出现了导游人员。当时，陈光甫创办了我国第一家旅行社。此后，导游职业发展日趋规范，1989年开始，国家全面实施导游人员资格考试制度，通过考试，取得导游证，才能成为一名正式导游。

一个好的导游，不仅带游客"行万里路"，安排交通、住宿、用餐，也帮助游客"读万卷书"，了解历史文化、风土人情。比如，导游不仅可以带游客看到水光潋滟的西湖，也能让游客了解历经沧海桑田的西湖、独具人文魅力的西湖；不仅让游客看到莫高窟"何以来"，更让游客知道敦煌何以美、何以重要的深厚底蕴。

如今，历经三年疫情，旅游从业人员也经历痛苦洗牌。数据显示，2019年到2022年，全国旅行社直接从业人员从415941人，下降至243227人，签订劳动合同的导游人数从121710人，下降至82047人，约三分之一从业人员离开了这个行业。

眼下，随着旅游业强劲复苏，不少旅游目的地面临"导游荒"，呼唤"老导游"回归、"新导游"加盟。在导游人员数量陆续补充的同时，提高导游人员素质、培育优秀导游队伍，也是发展旅游业不可或缺的环节。

二

细数近期一些关于导游的热点话题，会发现"两极分化"的现象比较明显：有导游受到网友热捧，订单多到"接不完"；而与之相对的是，有导游被处罚停团，甚至被吊销了导游证。

优秀导游和"不良导游"之间的差别为啥这么大？笔者以为，主要有以下几方面原因。

其一，黑心套路还是真心诚意。不同游客有着不同需求，但共性需求依然是获得身心愉悦，这很大程度取决于导游真诚待客的职业操守。是不考虑游客消费水平，带去吃高价饭，还是想方设法找到价廉物美的本地美食？是带去买天价纪念品"宰客"好拿回扣，还是用"暗号"劝游客理性消费？做法与做法之间有着天壤之别。

其二，违法从业还是文明守法。文明合法，是旅行的标配，是让游客玩得安心、放心的前提。据报道，有的导游与购物店勾结做局，套取并推送游客信息，再诱骗游客消费，侵害了游客合法权益，破坏了旅游市场秩序；更有甚者沾染毒品，诱导违法犯罪。

而与之形成鲜明对比的是，桂林一位导游，今年6月一共接待了5个旅行团，其中3个团在游览后给她送来了锦旗。这与遇到突发情况时，她能够沉着安抚游客情绪、积极寻找解决方案密不可分。可见，促进文明旅游，需要导游用文明言行，让游客感到如沐春风。

其三，态度恶劣还是热情温和。俗话说，良言一句三冬暖，恶语伤人六月寒。车上讲解时，游客打呼噜，导游与之发生争执；游客不购物，竟然受到导游威胁。在社交平台日益发达的当下，"恶导游"容易变成热点，成为"反面教材"。有调查显示，当看到目的地出现负面新闻，超过75%的游客会取消行程。这不仅会让导游行业风评受损，而且损坏当地城市形象、阻碍旅游行业健康发展。

其四，胸无点墨还是富有内涵。导游的工作不仅是领路，还需要熟悉景点的历史底蕴和文化魅力，深入浅出地进行讲解，因此有观点认为，导游应该做好景点文化内涵的传播者、弘扬者。近日走红的一位西安导游小姐姐，讲解兵马俑有深度、有内涵、有情怀，讲得热情澎湃，听得人热血沸腾，受到众多网友称赞。相反，如果一个导游胸无点墨，总是答不上游客的问题，讲不清景点的历史文化，或者张口就是野史逸事、奇谈怪论，拿低俗当有趣，其专业素养自会受到质疑。

三

导游如何对待游客，提供怎样的服务，游客就收获怎样的游兴，享受怎样的乐趣。旅游业的高质量发展，不仅需要游客出行意愿的激发，更需要优质服务、精细管理和丰富的文化供给来支撑。

"将心比心"，以善意赢得善意。游客出门旅行，都希望能收获一个好心情。导游善意地对待游客，多为游客着想，力所能及地为游客排忧解难，自然也会收获游客的善意。反过来说，游客也需要多理解导游，不提过分的要求，尊重导游的劳动。

"己达达人"，以服务取得认可。导游的工作本就辛苦，而酷暑下带团更加辛苦。正如有导游所说，这份职业很辛苦，会遇到各种各样的困难，有委屈有心酸有无奈，还有淡季的低底薪、连续带团的睡眠不足。但无论怎样，"游客至上"必须坚持，服务品质不能降低。

面对游客日益增长的多元需求，除了传统的食宿安排、景点介绍等，一名"宝藏"级导游还可以自我"加码"，如运用无人机帮游客记录沿途美景，让游客不仅感受"上下天光，一碧万顷"的旖旎风光，更享受"心旷神怡，宠辱偕忘"的身心愉悦。

"日就月将"，以内涵博得喝彩。说起导游，有一句顺口溜，"上知天文地理，下知鸡毛蒜皮"，可见这是一个需要持续学习充电的职业。比如，今年70岁的西安导游爷爷，在碑林博物馆生动演绎《肚痛帖》，在西安城墙上作精彩讲解，赢得广大网友点赞。热爱可抵岁月长，这背后，是他每天坚持学习的毅力。

有人说，伴随着文化与旅游的深度融合，现在的导游需要成长为文化型导游，不仅要讲出"是什么"，还要说清楚"为什么""怎么来"。此话不假。随着文化旅游、康养旅游、会展旅游等细分"垂类"的不断延伸，对导游讲解的深度广度也提出了更高要求，需要导游"充电"学习。

"心服口服"，以沟通获得口碑。面对性格多样的游客，讲求沟通的"艺术"就很有必要。面对可能引发冲突的"苗头"，一定要学会换位思考。比如，金牌导游遇到飞机晚点，通常会征求游客意见，给他们提供几个选项，而不是擅自决定更改行程。值得一提的是，在不误导客人、不强制消费的前提下，通过有效沟通，引导理性消费，对于旅游目的地和游客来说，都是好事。

此外，一名好导游的"修炼"，也有赖于监管机制的建立健全、导游培训的常态化开展，以及导游梯度激励机制的建立完善。当然，旅游是一项综合性消费行为，消费环境的优化、游客体验的提升，不能只"盯着"导游，而需要从餐饮、住宿、交通等多方面发力，把服务做到游客"心坎"上，让更多"头回客"变成"回头客"、"回头客"带动更多"头回客"。

歌德说："人之所以爱旅行，不是为了抵达目的地，而是为了享受旅途中的种种乐趣。"在旅游持续升温的背景下，期待更多有文化、有修养、有服务精神的导游"冒"出来，让更多游客享受到"旅途中的种种乐趣"，也让祖国的壮美山河有更多"游量"。

郑思舒 执笔

2023 年 8 月 3 日

现在的网文还流行"霸总"吗

> 它们将文学的笔触，或延伸至滔滔历史长河的深处，或紧贴现实生活的末梢，在赛博空间里用心、用情、用力书写别具一格的中国故事。

前段时间，第七届现实题材网络文学征文大赛在上海展览中心举行颁奖典礼。本届大赛共评出14部获奖作品，其中生动呈现中国卫星导航事业发展进程的《只手摘星斗》获特等奖，而以盲人视角展现世间百态的《茫茫白昼漫游》获一等奖。

谈起网络文学，相信很多人脑海中跳出来的第一个词就是"霸道总裁"：英俊多金的"冰山"男主被身世普通的"小白"女主深深吸引，温柔体贴的男二始终不离不弃，美艳心机的女配不断制造矛盾……这样的"玛丽苏"套路，不免让一些网文烙上了"庸俗、低俗、媚俗"的"三俗"印记。

但从近年发布的网络小说榜来看，上榜的是医疗救援题材小说《生命之巅》、讲述铁路匠工蕴道的《铁骨铮铮》、展现"80后""婚姻图鉴"的《糖婚》等等，"霸总"似乎早已难觅踪迹。我们不禁好奇，曾经风靡一时的"霸总"怎么不见了？现在的网文都在流行些什么？

一

现在的网文到底在流行些什么？我们不妨用数据来说话。

中国社科院发布的《2021中国网络文学发展研究报告》显示，2016—2021五年内现实题材复合增长率达34%，位于全类目第二，2021年增速为全品类Top 5；《2022中国网络文学发展研究报告》显示，现实题材和科幻题材创作持续走热。与2015年相比，2022年现实题材网络作家数量增长4.85倍。

可见，现实题材正在网络文学中迅速崛起，打破了以往玄幻仙侠独大的局面。这里的现实题材可不是简单的"霸总"爽文，其内容之丰富、种类之多样超乎想象。这类题材的故事年代背景为现代或当代，常常涉及改革开放、乡村振兴、个人奋斗、职业职场、婚姻家庭等社会焦点。

比如，既有《大国重工》这样抒写中国重工业艰难发展历程的时代"大篇章"，又有《老妈有喜》这样描述普通家庭二胎生育抉择的个体"小故事"；既有《大医凌然》《老兵新警》这样展现专业职场却又不失"烟火气"的精品行业文，也有《他从暖风来》《写给鼹鼠先生的情书》这样巧妙融合了儿女情长与家国情怀的唯美爱情故事。

它们将文学的笔触，或延伸至滔滔历史长河的深处，或紧贴现实生活的末梢，在赛博空间里用心、用情、用力书写别具一格的中国故事。

二

现实题材为何能迅速崛起，在网络文学中占有一席之地？

2014年10月15日，习近平总书记在文艺工作座谈会上专门就网络文艺问题进行了论述，指出"要适应形势发展，抓好网络文艺创作生产，加强正面引导力度"。

自此，网络文学迎来了发展的转折点。同年12月，国家新闻出版广电总局印发《关于推动网络文学健康发展的指导意见》，引导网络文学践行社会主义核心价值观。之后，"鼓励引导网络文化创作生产"被写进"十四五"文化发展规划，要求"推出更多优秀的网络文学"；国家新闻出版署组织实施"优秀现实题材和历史题材网络文学出版工程"。

在这样的大背景下，越来越多的网文作者选择将灵感的触角伸向现实世界。

不仅如此，各大网文平台也开始倡导现实题材创作。比如中国作家出版集团与芒果TV联合举办的第二届"新芒IP计划"征文大赛，设置了"时代旋律""现实生活"的征文主题；番茄小说第二届网络文学大赛开放了都市、现言的现实题材赛道。

有的网文平台更是专门举办现实题材征文大赛，扶持优质现实题材网文的发展。比如阅文集团已连续举办七届现实题材网络文学征文大赛，首届大赛特等奖作品《复兴之路》被国家图书馆永久典藏；七猫中文网连续举办三届现实题材征文大赛，发掘出了《扎西德勒》《苍穹之盾》等精品力作。

现实题材的崛起离不开社会的引导，更离不开作者苦心孤诣的创作和读者真金白银的支持，已长大成人的"Z世代"成为推动网络文学题材转向的重要力量。

作为"数媒土著"，数字化生活本就是"Z世代"的一种"本能"。与老一辈相比，他们可以更加便捷地利用网络，实时了解全球各地正在发生的事情，获取任何想要的信息。现实世界俨然成为孕育灵感的丰沃土壤。

同时，"Z世代"更愿意、也更频繁地在这片虚拟世界里表达情绪和观点。教育的普及与发展，则让他们普遍拥有了较强的文字表达能力，具备了实现写作目标的才情与技能。

随着年龄增长，"Z世代"有了自己的现实体察、阅历积累与艺术储备，有了可写的对象与内容，网络又进一步提供广阔的创新平台。小说的创作与发表不再"高不可攀"，网文兴起成为"Z世代"释放天马行空想象力、抒发现实情感的一大载体。相关数据显示，在现实题材创作者中，"90后"占比达43.5%。

相应地，创作队伍的年轻化，也在一定程度上影响着读者群体结构。显然，同龄人的创作更容易引起情感共鸣。小说中的人物仿佛就是身边的你我他，故事情节宛若亲身经历。在描绘"打工人"日常生活的一部小说里，就有读者留言道：

"我有无数个共鸣的地方，不是对于理想、幻想中的我，而是真实存在的普通、苦恼、持续性逃避间歇性充满活力的我……我能从女主身上反观到更多自己的生活，作者才华横溢的文笔和叙述，给了我实实在在的思考和勇气。"

这样的现实主义，又何尝不是一种给人温暖与力量的浪漫主义呢？

三

现实题材已然成为网络文学转型升级的新赛道。那么，我们又该如何用好这台引擎，推动网络文学的巨轮乘风破浪、行稳致远呢？

从创作者自身来看，既要"在场"，更要"在地"。"半生生活活生生，动笔未免先动情"，没有对书写对象的"沉浸式"生命体验，是无法写出反映社会底色、治愈读者心灵的好作品的。

所以，对于现实题材创作，观察生活、深入生活、感悟生活尤为重要。关在书房里的写作，或许能在一定程度上展现生活剖面，但最终的产物往往是空中楼阁，是徒有正能量的外衣包装，内里却是空洞苍白的快餐式消费品。

从市场环境来看，网络文学面临与资本的博弈。随着网络文学的发展，网文作品的开发、运营主体，已由过去单纯的出版业，扩展至影视、广告等各大行业。资本的介入，必然诱发创作的逐利倾向。

要想在这场暗流涌动的战争中占领制胜高地，就必须把握好文学性与娱乐性的边界。一方面，创作者要自觉承担起创造艺术价值、精神价值的社会使命；另一方面，政府的市场管控与政策引导同样不可或缺。

网络文学的版权问题需要引起关注。许多作者都将作品视为自己的孩子，抄袭、盗版的"克隆文"不仅无法真正获得大众认可，更会伤了被抄袭者的心，从而消磨创作热情，严重阻碍网络文学的发展道路。

　　幸运的是，此类问题已经得到有关方面的重视，相关部门陆续出台了一系列规范网络文学版权市场秩序的政策文件，比如《网络出版服务管理规定》《关于加强网络文学作品版权管理的通知》等。但在立法方面，面对高速发展的信息时代，《著作权法》等法律法规仍然无法完全适用于网络文学各类版权争议的解决，亟待进一步完善。

　　网络文学的改编问题也不容忽视。之前，《三体》动漫就因此引发过争议。所谓影视改编，改的是艺术的表达形式，作者的核心价值表达是不容扭曲和篡改的。我们需要的是"精编细改"，而非"胡编乱改"。

　　随着文化强国目标的深入实施，寓教于乐、融学于趣，将成为现实题材网络文学的发展方向，网络文学也将承担起更大的历史使命。

赵淑洁　执笔

2023 年 8 月 4 日

应对"科技战"没有这四种解

> 面对垄断打压、技术封锁的科技霸权，既要有"等不起慢不得"的紧迫感，敢于做迎风的"领跑者"，也要保持"日积跬步"的发展定力，在"跟跑"中找准时机，善用巧劲更肯下苦功，把外部的不确定性转化为自身前进的最大确定性。

近日出版的2023年第15期《求是》杂志发表了习近平总书记的重要文章《加强基础研究 实现高水平科技自立自强》。回想近年来，美国对中国科技创新和高新技术产业发展的压制态势愈演愈烈。从制裁清单到限制出口设备，从《无尽前沿法案》《芯片与科学法案》等针对法案到美日荷联盟，围堵手段层出不穷。日前有媒体爆出，美国政府将限制美企在华的关键技术领域投资，从而遏制对中国国家发展和经济安全至关重要的下一代科技。

现实不断教育我们：科技自立自强这道题，避答、拒答都不可能。

中国能否实现科技自立自强？怎样实现科技自立自强？有人自

信爆棚，有人忧心忡忡，有人迷茫失落，不少人存在认识误区。错误认知得不到及时纠正，就可能阻滞我们迈向自立自强的步伐。笔者梳理了以下几种典型观点：

一、"造不如买，买不如租"的"依赖论"

后发国家追求科技自立自强必然经历一番苦痛。抱着"科技无国界""市场万能"观点的人们往往坚信可通过技术转移、科技输入轻松实现科技跃迁。科学技术没有国界，技术的运用却是立场分明。在大国博弈的时代背景下，关键科技自主可控早已成为国际竞争的焦点。

比如，俄乌冲突一爆发，Oracle、Sap、Apple、AMD等巨头就陆续宣布对俄进行技术制裁，覆盖领域从基础软件到芯片、半导体、电信设备等领域，这给俄经济社会发展和国防安全等都造成一定冲击，也给国民生活带来不良影响。

对此我们同样深有感触。新中国成立以来，美国在高科技领域对中国的封锁就是一种常态。中国石油工业部曾在上世纪花"天价"购买了一台IBM大型机，并且被迫接受苛刻的附加条件：把机器安放在一个透明的"玻璃屋子"里，以方便美国专家24小时监控。如果不是我国在超算等领域的自主突破，"玻璃屋子"的故事很可能还将继续上演。

坚定不移推进中国式现代化，势必迎头撞上西方国家在科技领域筑起的"小院高墙"，与其"等靠要"，不如练好内功，撸起袖子加油干。

二、"心有余而力不足"的"悲观论"

在科技创新领域，与西方国家相比，中国只能算是新秀。美国的围堵，更是暴露了我们的不少短板。因此不少人开始唱衰，鼓吹中国前景黯淡。然而综观历史与现实，我们的底气在任何时候都是足足的。

首先，制度是我们最大的优势，能够确保集中力量办大事，抓住机遇攻坚最紧要的任务。比如，全国20多个省市、1000余家企事业单位共同参与C919大飞机研发，30多万人"没有单位、只有岗位"协同攻坚，最终雏鹰振翅，显示出"只有社会主义才有的凝聚力"。

一年前，ASML的CEO皮特·温宁克曾公开表示中国不太可能独立造出顶尖的光刻技术，当时曾引发了国内舆论的震动。时隔一年，在见到中国在半导体领域取得积极成果后，他再次接受采访时表示：中国的"物理定律"和这里一样，你越是给他们施加压力，他们就越有可能加倍努力，制造可以与ASML相媲美的光刻机。

其次，我们拥有14亿人的广阔市场。无论是西电东送、南水北调还是西气东输，或是大型水电站、特高压输电，等等，我们都能凭借庞大需求持续优化升级技术，顺势而为打破技术封锁。

最后，新一轮技术革命的曙光提供了弯道超车的机遇。从科技史看，前三次工业革命分别帮助英国、德国和美国等国家实现跨越式发展，一举成长为世界性大国。数字信息技术为核心的数字智能革命席卷全球，与我国加快转变经济发展方式、推动科技自立自强形成了历史性交汇，相信这次我们定不会再做眼睁睁看机遇溜走的

"局外人"了。

三、"躲进小楼成一统"的"封闭论"

当前的世界，反开放、反全球化的逆流来势汹汹。面对严峻的外部环境，有人讲，掌握科技主动权就要和外部脱钩，必须实现全产业链的自主可控。

自立自主不是闭门造车，也不是"包办一切"。科学技术具有世界性、开放性。在全球化背景下，如今的国际科技合作日益紧密，科技人才、资源的交互愈加频繁。

世界上第一张黑洞照片，共调动了全球不同国家8台射电望远镜；首次探测到引力波的激光干涉仪引力波天文台（LIGO）项目，共有全世界上千名科学家参与其中；一架空客A350飞机，由250万个来自全球各地的零部件组装而成。

回看我国的航空工业和高铁工业，从技术引进、转包生产，到核心技术突破和重大产品出口，都离不开对国际市场的主动融入。某种意义上讲，中国的科技发展史也是一部科技开放交流史。

实践证明，没有任何一项科学研究、科技产业能在高墙之内独善其身，只有海纳百川的开阔胸襟和合作向前的共赢心态，才能催生"1＋1＞2"的火花。美国越是以"去风险"为名搞脱钩断链，我们越是要坚持把开放的大门越开越大。比如前不久结束的中法高级别经济财金对话中，双方就核能和航空航天等领域达成了多项合作共识。

四、"毕其功于一役"的"速胜论"

近年来，外部环境日趋收紧，激发了许多人快速实现科技自主的焦虑心态。他们寄希望于通过某些领域的"大力出奇迹"，大干快上一举突破技术封锁。

攀登科技之峰的行动自然是等不起慢不得，科技成果又是急不得催不得的，它有其自身规律，需要经过一段时间的沉淀才能收获果实。

从取得代表性成果到成果获得普遍认可并获奖，诺贝尔奖得主的平均周期要22年；我国每项国家科技奖，背后都凝结了科学家们平均16年的冷板凳生涯。

科技创新之路"道阻且长"，越是前人没走过的路越是荆棘丛生。在此背景下，克制急功近利的心态以及营造宽容失败的环境必不可少。

《习近平浙江足迹》提到过一则故事，2007年，时任浙江省委书记习近平来到浙江大学观看"大鼠机器人"演示，实验进行到一半，大鼠并没有像往常一样根据指令右转。负责操作的同学感到愧疚，而习近平同志微笑着宽慰她说："没有什么，实验中出现失误是很正常的。你做的事情是非常前沿的，希望你们继续加油，能在这个研究方向上做出更多的探索。"

毛主席在《论持久战》中讲，"没有一定的条件，速胜只存在于头脑之中，客观上是不存在的，只是幻想和假道理"。科技自立自强，就是要打一场当代的"持久战"，为着争取最后胜利的一切必要条件而努力。正确的方向和战略的定力尤为重要，多些"历史的耐心"，自有水到渠成的一天。

党的二十大报告提出到2035年"实现高水平科技自立自强，进入创新型国家前列"的远景目标。这是一场背水一战、过华山天险的突围赛、拉力赛。面对垄断打压、技术封锁的科技霸权，既要有"等不起慢不得"的紧迫感，敢于做迎风的"领跑者"，也要保持"日积跬步"的发展定力，在"跟跑"中找准时机，善用巧劲更肯下苦功，把外部的不确定性转化为自身前进的最大确定性。

倪佳凯　刘元　执笔

2023 年 8 月 4 日

回望朱彝尊和浙西词派

词人身影已在荒尘古道中去远，繁盛一时的各家词派也已风流消散，但江南绵延的文脉依旧鲜活，生机勃勃。

"十年磨剑，五陵结客，把平生、涕泪都飘尽。老去填词，一半是，空中传恨……"《嘉兴市志》记载，古稀之年时，毛泽东同志十分喜爱这首清词，曾口吟笔书之。

"思往事，渡江干，青蛾低映越山看。共眠一舸听秋雨，小簟轻衾各自寒。"古典诗词研究大师叶嘉莹曾悠悠吟诵。在一次公开课上，她说这是她心目中最好的清词。

这两首词的作者都是清初著名学者朱彝尊，他一手开创了浙西词派，力挽在当时行将没落的词学。极盛于两宋的词，到了元明却逐渐走向衰微。但通过朱彝尊和一众文人的努力，词在清代呈现出复兴气象，在中国文学史上又增添了浓墨重彩的一笔。

今天，我们说说朱彝尊和浙西词派。

一

浙西词派，顾名思义，源于浙西。古时，浙江以钱塘江为界划分东西，浙西指的就是钱塘江以西的今杭嘉湖一带。浙西词派的骨干"浙西六家"，大多生活、游历于此。

提及浙西词派，自然绕不开它的核心人物——"一代词宗"朱彝尊。

朱彝尊出生于风云变幻的明朝末期。他很早就结束了在家乡秀水的青年生活，踏上艰辛的游幕之路。前有抗清难成之痛，后有怀才不遇之忧，朱彝尊和大多数人一样，内心常常有"天地之大，前路在何方"的迷茫。

但人生总有一些奇妙的际遇，当朱彝尊来到岭南时，巧遇正在广东任职的秀水人曹溶。两人既是同乡，又是前后辈，自然格外有共同语言。夜深人静时，二人常常以词相和，把酒言欢。在曹溶的引导下，朱彝尊对词有了更为成熟和深刻的见解。

元明时期，大多文人以"词为艳科"，内容多宴席狎兴，风格也偏旖旎，明末清初的词坛，仍是这样的境况。但当时的大多数文人，包括朱彝尊在内，内心积压了不少不满，想要求新求变的心情变得越发迫切。

有朱彝尊与汪森、李良年等一大批知名词人同声相应，新词派的诞生也就是一件水到渠成的事情了。

于是，在康熙十七年至十八年两年间，浙西词人来了个文学行动"三连发"，浙西词派自此在文坛上高光亮相。

首先是《词综》的刊行。朱彝尊等人辑录唐代以后600多位词人的2200余首词作。《词综》一出，便引发了轰动效应。他们推崇姜夔为正宗，史达祖、吴文英、蒋捷、王沂孙、周密等为羽翼，为词派找到了历史根脉，宣示了自己的理论主张和审美情趣。

其次是《乐府补题》的唱和。朱彝尊进京应博学鸿儒科，随身带了一本周密、王沂孙等人作的《乐府补题》，向京城名流广征唱和之作。结果在京城又掀起了一股浙西词作的热潮，陈维崧、尤侗、陆次云等40多人纷纷响应。

最后是《浙西六家词》合刻。朱彝尊的弟子龚翔麟将朱彝尊、李良年李符兄弟、沈皞日沈岸登叔侄和他自己的词作合编成《浙西六家词》，在金陵刊刻，引得词人争相翻阅模仿。

此后，因为符合当时"清真雅正"的审美观念，这一词派一度占据主导地位，名家迭起，影响力超出浙西一域，走向全国。正如晚清学者谢章铤在《赌棋山庄词话续编》中所言："彼浙西之词，不过一人唱之，三四人和之，以浸淫遍及大江南北。"

二

作为清代人数众多、影响深远的一个词派，浙西词派中走出了朱彝尊、李良年、厉鹗等名家，也留下了绝妙佳作。

浙西词派得以兴盛，其实并非偶然。

词这一文学艺术形式，于宋代到达巅峰，而在元朝入主中原后，一下子跌落尘埃。古典文学研究家、词人龙榆生在《中国韵文史》中曾有研究："元代文人处于异族宰制之下，典雅派歌曲，既不复重被管弦；激昂悲愤之词风，又多所避忌，不能如量发泄；凌夷至于明代，而词几于歇绝矣！"

当此之时，词风需要变革已成为清初词人的共识。浙西词派吸收借鉴南宋词的"清空""醇雅"格调，形成雅致、淡远、清丽的特色风格，对于匡正词坛俗粗习气、洗除纤靡颓风起到了积极作用，这也是其在较长时间内影响清词的重要原因。

在笔者看来，浙西词派最重要的成果，就是它既能与整个社会文化大背景相协调、相应和，同时对清代词风演化产生了重要影响。有人认为，它推动了清词的"中兴"。

探寻浙西词派的发展之路，它的时代性特征是极为关键的。浙西词派的兴盛，也正是因其遵循当时特定的时代背景，进而能够触发人们内心的共鸣。

而文学流派兴盛的背后，自然离不开人的努力。浙西词人熙攘活跃，他们与词学成为相互成就、彼此奔赴的关系。南湖"十郡大社"的聚会盛况或许不多见，但在梅里的百亩香雪海之中，在波光潋滟的西子湖畔……三五词人"诗篇和答"的场景并不罕见，在不断唱和中，浙西词派和他们的词作被一次次推广出去。

三

随着康乾盛世的过去，盛极一时的浙西词风也渐渐衰颓，归于沉寂。今天，回顾浙西词派的兴衰之路，也有许多值得深思之处，发人深省。

浙西词派以主动转变文风、跳脱俗套、追求高雅而令人振奋，迅速崛起，却又以自己的文风固化、脱离生活实际、片面追求遣词技巧，最终道路越走越窄，陷入泥淖。

浙西词派形成之时，正值升平之世，人心思治，审美求雅。康熙《御选历代诗余》中讲道，"风华典丽悉归于正者"，倡导的风尚恰与朱彝尊"词则宜于宴嬉逸乐，以歌咏太平"创作主张合拍。其温润平和、怨而不怒的文学格调上应当时歌颂升平的文化政策，下合文人雅士安于逸乐的避世心态，自然皆大欢喜。

浙西词派推崇的醇雅，是文人士大夫的雅，却在内容上远离社会生活，空洞重复，到了中后期，更是与社会实际脱离甚远。到了嘉庆年间，张惠言创立常州词派，以《风》《骚》之旨相号召，强调词要有寄托，以复古为口号又注重反映现实价值，浙西词派的影响渐渐被取代。

笔墨乾坤，文心悠悠，历史总是在不断地创造、发展、改革。不应淡忘的是，生活始终是文艺创作的源泉根本。只有紧跟时代发展，文艺之花才能始终保持旺盛的生命力。

"朱彝尊文化·浙西词派"入选首批"浙江文化标识"培育项目，朱彝尊文化艺术节连续举办十八届，《梅里诗综》《梅里词综》相继编纂问世，朱彝尊文化园投入建设……今天，在朱彝尊的家乡，人们正在努力把古老的诗词与鲜活的生活创造性地结合。

词人身影已在荒尘古道中去远，繁盛一时的各家词派也已风流消散，但江南绵延的文脉依旧鲜活，生机勃勃。

劳佳欢　胡佳　朱鑫　执笔

2023 年 8 月 5 日

要想处置"舆情"，先要做好"事情"

> 可见，先有事情，后有舆情。事故、事件、事情，都可能引发舆情。要想处置舆情，先要做好事情。

事故、事件、事情，都可能引发负面舆情。负面舆情怎样防范？舆情风波发生后，该以哪些办法来破解？值得谈一谈。

一

如今，"百年未有之大变局"加速演进，不确定性时时存在，各类事故、事件、事情一旦爆发，舆情也紧随其后。加上互联网迅猛发展、社交新媒体广泛应用，可谓"无人不网、无处不网、无时不网"，舆情酝酿周期大大缩短，热点舆情可能瞬间引爆舆论场。

"事故"，通常有人为因素，一般指生产、交通、工作、生活等方面发生的意外灾祸。这样的"意外"，谁也不希望发生。如果处置不当出了问题，极易触发舆情，甚至引起轩然大波。当我们细究一些事故的起因时，会发现很多时候是具体的一件件事情没做到位。

比如，今年7月下旬，某地发生中学体育馆坍塌事故，11名师生失去了宝贵的生命，令人痛心，引发了多类负面舆情。

"事件"，多指历史上或社会上不寻常、不普通的大事情。围绕事件，人们会产生各类看法、观点、想法，进而聚合形成舆情，非常考验沟通协调能力和舆情应对能力。

比如，"某地烧烤店打人"，由于处置不快、应对不当，案件升级为事件；"某地狗咬人"，狗主人各种"躲猫猫"，媒体持续跟进却推进不顺，一件小事生生拖成了引发全国网友关注的大事。

常有人说，"最近事情真多""大大小小，都是事儿"。"事情"，是就普通生活中的活动或社会现象而言的，范畴很广。不过，因为网络技术的加持、"蝴蝶效应"的存在，越来越多的事情一不小心就上了热搜，"茶杯里的水花也能引发风暴"。

比如，不久前，某国企负责人一段"牵手秀"街拍意外刷屏，个人为此付出了代价，也给单位抹了黑；再如，前几年，某航空公司官网刊发了一则"自我表扬"式的宣传稿《"只要前11排座位的旅客"——为政府执行要务护航》，结果"触雷"搞出"大事情"。

可见，先有事情，后有舆情。事故、事件、事情，都可能引发舆情。要想处置舆情，先要做好事情。

二

当前，仍有一些地方在"舆情观"上存在偏差，比如"重事后处置，轻事前防范"。事实上，对于舆情，首先要防在源头，要

"处之有方"，更要"防之有效"。

很多舆情早在酝酿之初就有苗头，在发生之前就有端倪，如果能早早研判、早早发现、早早行动，很多弯路是可以避免的。否则一旦舆情"来袭"，则需要花费数倍力气"驱邪扶正"。该做好哪些事情，防患于未然？笔者想到三句话。

第一句，用大概率思维应对小概率事件。风险无处不在、无孔不入，必须从最坏处着眼、做最充分准备，绝不能"说起来重要、做起来次要、忙起来不要"，或者"平时不重视，临时抱佛脚"。舆情应对是一项复杂的系统工程，需要建好完善高效的机制，形成"一盘棋""一张网"。

第二句，重视"第一道关"，守住"每一道关"。很多一线领域直面民生，工作不当，容易触碰"燃点"、触发热点。风起于青萍之末，各类一线人员特别是公职人员，一言一行都可能被放大"审视"。了解不了解舆论传播规律，能不能真心诚意解决各类矛盾问题，是防范舆情的第一关。

第三句，绝不在同一个地方跌倒两次。树牢"治未病"思维，"别人生病自己吃药"，别的地方吃的亏，自己不能再吃一次。善于总结经验、吸取教训，以前出过的差错，不能再犯一次。应当把别处出现的问题和以前暴露的问题作为现实教材，建立案例库，自检自查、排雷排爆，争取不重蹈覆辙。

三

我们不希望"出事"，但也不能"怕事"。一旦发生了负面舆情，就不该有任何侥幸心理，任何一种逃避现实、不敢面对问题的行为，都是掩耳盗铃、鸵鸟心态。打起精神、妥善应对，做好该做的事情才是本职担当。

解决关注背后的关切问题。拨开迷雾，把"火源"掐灭，才不用频频救火。要注重线下处置，有什么问题就解决什么问题，依法依规解决问题，才能真正回应关切，处置好舆情。

同时，要看到舆情背后的民情，把握真实诉求，既关注事件本身，也综合考虑舆论环境，分析社会心理、社会情绪，改善问题滋生的"土壤"。

天下武功，唯快不破。兵贵神速，回应关切及不及时，是检验新闻舆论工作水平的标尺。应对舆情，要快速采取手段，"快刀斩乱麻"。必须抢抓舆论"真空期""空窗期"，先声夺人，用最快的速度发出客观的信息和权威的声音。不能"半天发不出声"，更不能给谣言留下时间窗口。

要把握"黄金节点"，1小时快速介入，主动发声，有效对冲舆情；4小时内发布权威信息，赢得主动权；24小时内召开新闻发布会，努力"一锤定音"，如有必要，应当持续滚动发布权威信息。

有话好好说。信息发布是舆情引导处置的核心环节，直接关系到工作成败。有的基层宣传部部长坦言，突发事件、热点舆情发生后，如何写好第一篇信息发布稿、开好第一场新闻发布会，很重要，也很让人犯难。做好信息发布，一定要"好好说话"。

首先，公开事实是最好的引导。任何欺瞒掩饰的"躲猫猫"式做法都只会让流言、谣言野蛮生长，"有图有真相"地坦诚对话、释疑解惑才是正道。

其次，言之有物、言之有理。话风体现作风，信息发布要传递解渴管用的信息，坚决不说居高临下的官话、辞藻华丽的空话。像

"因为疫情防控工作，错过女儿18岁成人礼"这样的自说自话，极易引起反感、不满，引发次生舆情。

再次，将心比心，共鸣共情。"人心都是肉长的""真诚才是必杀技"，在摆事实、讲道理的基础上，做到以理服人、以情动人，才能让沟通更有效。

不要把"第一次"留给突发事件。"大事瞒不过，小事不用瞒"。对各级干部来说，"在聚光灯下工作"已成为新常态。多培训、多演练、多实战，平时多历历"风吹雨打"、多捧捧"烫手山芋"、多当当"热锅上的蚂蚁"，才能在关键时刻"挡乱拳""应万变"，把事情都做好。如果小事不练手、不积累经验，把第一次面对镜头网络的发布留给"急难险重"的重大事件，低级出错、应答不当就难免成为次生舆情的源点。

徐伟伟　杨昕　执笔

2023年8月5日

水漫书库，除了心痛还有更重要的

> 无论过去、现在、未来，图书这一文明的载体一直是脆弱的，但其唤醒的良知、塑造的伟大精神却坚不可摧，永远支撑人类的文明之光世代传递下去。

前几日，在台风"杜苏芮"残余环流影响下，华北地区遭遇强降雨与洪灾。地处河北涿州的近百家出版商及图书中盘的库房纷纷被淹，损失惨重。有书商称，"一小时内2500万元就没了""遭遇25年来毁灭性打击"。

现场图片显示，书库内大量的图书被浑浊的洪水没过，一片狼藉。经泥水泡过的书封面破损、书页变形，让广大爱书者看得揪心，也让实体书行业的艰难再次进入大众视野。

许多网友纷纷留言，表示愿意买泡水书帮助书商减少损失，一时成为大家关注的焦点。为何一次图书"罹难"能引发如此多的关切？这背后反映了什么？

一

　　图书库房受灾的消息一经发布，许多人就做起了"精神股东"。有人建议将泡水书籍做成纪念商品，有人默默购买库存图书给予支持，有人积极呼吁保险行业推出专门险种维护图书行业利益。书库被淹，网友为何如此着急？

　　一是与被淹书店有情感联结。对许多老顾客来说，许多受损严重的书店多多少少陪伴过、参与过自己的过往。比如成立于1998年的中图网，主要售卖特价尾货图书，被不少人称为图书界的"奥特莱斯"。

　　被淹的涿州仓储中心是"网红淘书地"，商家定期开展"仓库淘书会"活动，以批发价售卖图书，读者可到场随意挑选。而当曾经挑书买书的趣味之地突然被洪水吞没，任何爱书人都很难不为之扼腕叹息。

　　二是对实体书行业有特殊情怀。一方面，在数字出版与媒介融合的冲击下，实体书依然坚守着一亩三分地，在装帧形式、版面设计、纸张触感、印刷版本等方面努力创新，这样的坚守让人感动。

　　另一方面，相比于普通商品，纸质书受灾浸泡后的补救措施极其有限，几乎不可能复原重新售卖，这也触发了网友的怜惜之情。读者"想买被水泡过的书"，既是对身处风雨飘摇之中的出版业的支持，也是希望以自身行动守护这份情感寄托。

　　三是"敬惜字纸"的文化传统。我国历来有尊重书籍、崇拜文字的传统。《燕京旧俗志》中提道："污践字纸，即系污蔑孔圣，罪恶极重。"

回到现代，学生给教科书包上书皮，老师嘱咐同学们要爱惜课本，买了爱书，舍不得在上面画线涂写、折页污染，重书惜书的社会氛围让我们难以接受损毁书籍的行为。

因此，面对被泡在水中的书，人们本能地感到痛心。"人类悲欢并不相通"在这里失效，爱书人、出版人对这种切肤之痛都感同身受，而这种伤痛极大地激发起大家的守护之心。

二

这场天灾，让涿州的书库元气大伤。据报道，数百万册图书几乎报废，这其中还包括大量不可复制、不会加印的稀缺、绝版、老版书。而更深一层，我们能看到的、感受到的，绝不仅仅是这些。

看到纸质书的命运多舛。因其自身特性，纸质书历来难以保存。

遇水，会报废散架。史料记载，唐兴之初靠水路运书到长安时，船在中途不幸倾翻，藏书大多掉入水中，剩下的不足两成，十分可惜。

遇火，会烧毁殆尽。1986年，洛杉矶公共图书馆发生一场持续7个多小时的火灾，近50万本书被烧毁，超70万本书被损坏，相当于当时该馆十五个分馆全部的藏书量。

即使没有这些特殊事件，在日常保管过程中，书籍也可能遭遇絮化、鼠啮、虫蛀、老化、霉蚀、缺损、粘连、酸化等种种问题。唐人寒山写"脱体似蟫虫，咬破他书帙"，表达了书被虫咬的心痛。

看到图书行业的艰难度日。事实上，三年疫情加上数字浪潮的侵袭，出版行业已经伤痕累累：原材料上涨但销售额下跌，出版周期长但回款速度慢，多家老牌实体书店接连倒闭，"一元购"等直播乱象扰乱市场，甚至一些曾号称"躺着赚钱"的长销书也出现了卖不动的现象。

而一场洪灾，放大了行业的焦虑与伤痛，使得刚因线下经济复苏而走向好转的出版人的内心再次被划开一道伤口。

看到文化传承的负重前行。在纸和印刷术未发明之前，我们的祖先用绳结、用龟壳、用硬石、用竹简，用极尽所能的材料凝结智慧与知识。但自书籍诞生后，秦始皇"焚书坑儒"，王莽之乱"宫室图书，并从焚烬"，梁元帝"江陵焚书"，焚书之祸不断，中华文明曾遭受巨大损失。

到了现代社会，即使印刷技术体系完善、纸张种类繁多，在与读者相遇之前，一本书也需要经历"九九八十一难"：从策划选题、开会论证，到约谈作者、组稿编辑，再到印刷出版、宣传销售，每个环节的疏漏都可能让一本书"夭折"。

在四大文明古国中，中华文明一直没有中断并延续至今，传统文化书籍可算是厥功至伟。许多书籍能传续至今，背后蕴藏着很多人的艰辛和付出。

作为滋养精神的文化产品，书籍是强大的，它拥有不可估量的精神力量；但作为文明的一种介质载体，书籍自身是极为脆弱的，需要被用心用情呵护。

这次暴雨给我们敲响了警钟：即便到了现代，任何一场天灾人祸，都有可能让许多人的毕生心血毁于一旦。从这一意义上说，我们并不比古人高枕无忧。

三

洪水之后，遗憾的是，图书由于长时间浸泡在水里，变色、发霉，且卫生隐患较大；但无憾的是，围绕泡水书传递出的人间温情，让我们看见了这背后的坚守与力量。

比如，热心人的守望相助。这一次，许多读者或热心求购泡水书，或购买受损书商库存书籍，支持行业回血；还有网友为实体书行业出谋划策，希望能借此机会把涿州打造成实体书之城，像淄博的烧烤、贵州的村超那样，把图书行业做成城市名片。

此外，有出版业同行对受灾企业表态"免除欠单书款"，并呼吁同行提前结清货款、帮助熬过这一关；有图书博主发视频，称愿帮助受灾书店推荐宣传残存书目；有电商平台紧急上线"涿州图书专场"，帮助受灾商家降低成本，尽快恢复经营……书库会进水，但爱心绝不掺水。

比如，出版人的顽强自救。就这次洪灾而言，许多图书库房不仅受到重创，还暴露出了诸多短板，如书库投保相对困难、事前防护措施过少等。

正因为意识到这些，一些受灾图书商家积极采取各种灾后重建行动，有的开展"雨后天晴重启"专场直播；有的推出"图书加油包"，售卖盲盒；也有少儿出版商绝口不提任何损失数据，默默收拾残局，只因"不想让孩子们觉得'我订的书会不会完了'"。

这些顽强的出版人并不眼巴巴地等待救援和施舍，而是以特有的坚韧选择重新出发。

今日涿州图书业遭受的困境，让我们的思绪飘回往昔。

1861年，杭州城战火纷飞，文澜阁中藏书散佚四处，其中包括集大成之作《四库全书》，藏书家丁申、丁丙兄弟冒着生命危险，散尽家财，抢救回文澜阁本8689册，于危难之时保留了文明的火种。

正如《消失的图书馆》中有一句话所说："当文明受损时，被唤起的一定是文明本身。"因为懂得天灾无常，所以一方有难、八方支援；因为清楚图书行业日趋艰难，所以守望相助、共渡难关；因为明白文明文化成果脆弱易逝，所以代代接力、传承守护。

无论过去、现在、未来，图书这一文明的载体一直是脆弱的，但其唤醒的良知、塑造的伟大精神却坚不可摧，永远支撑人类的文明之光世代传递下去。书的家园虽可被摧毁，但读书人的精神家园永不毁灭。只要这精神在，一切都可重建。

尚咪咪　钟璐佳　董圣玥　赵波　执笔

2023年8月6日

非洲"玫瑰"何以牵动人心

> 今年是共建"一带一路"倡议提出十周年，我们期待在这条希望之路上，绽放的不只有"乌干达Rose"，还有更多充满活力、向往美好生活的"Rose"，大家共同讲好中国故事，讲好"一带一路"故事。

这几天，中国儿媳、非洲乌干达姑娘Rose的万里归乡路，牵动了很多中外网友的心。

一边是"第一次去非洲的中国女婿上门礼是头羊"等话题冲上热搜，浙江广电《非洲"玫瑰"回娘家》等相关视频深得许多网友喜欢；另一边，乌干达驻华大使奥利弗·沃内卡（Oliver Wonekha）女士亲自赶赴当地机场接机，乌干达国家电视台等媒体也对此进行专题报道。

不禁要问，非洲"玫瑰"何以"圈粉"千万？她的万里返乡路又为何能如此"吸睛"？

一

在中国，Rose 已是一位拥有 1300 多万粉丝的"大 V"。她的出圈之路，可以用"奇妙"二字来形容。

出生于 1993 年的 Rose，因家庭贫困，初中毕业后便离开家乡，前往乌干达首都坎帕拉的一个家具厂打工。而就在此时，她命运的齿轮开始转动。Rose 在那里认识了一位浙江籍的女孩，两人颇聊得来，Rose 也因此认识了女孩的表哥吴建云，一段异国姻缘就此埋下伏笔。

8 年前，Rose 选择只身来到浙江丽水乡村与吴建云"奔现"，聪明伶俐、勤劳踏实的她很快融入当地生活。近年来，短视频迎来风口，Rose 也找到了工作的"新赛道"，她在短视频平台上分享生活日常，一年多时间粉丝量就达到了千万级。

很多人疑惑，为何一个非洲姑娘能成为中国网红？其实，这个"奇迹"的发生是有迹可循的。

跨越万里的奔赴，带来了反差感、惊喜感。非洲姑娘跨国远嫁来到浙江的一个村子里，能否适应生活？随后，当看到她不仅说得一口流利的"丽水普通话"，还烧得一手好菜、精通各种农活时，大家的疑虑渐渐消除，甚至感觉发现了"宝藏女孩"。

有意思的是，她还学会了串门拉家常、买东西讨价还价等"人情世故"，她身上自带的反差感不仅让邻里喜爱，也俘获了许多网友的心。Rose 的努力和奔赴，让人们深深体会到了"所爱隔山海，山海皆可平"。

总有一份烟火里的热爱，温暖我们的心。短视频里，起锅、烧油、翻炒……只见一间乡村厨房里，Rose手法娴熟地忙碌着，新疆大盘鸡、重庆麻辣香锅、四川钵钵鸡等一道道地方名菜相继出锅，而她制作浙江黄粿、广东钵仔糕、贵州灰豆腐等地方小吃也不在话下。

她把对中国的热爱融进了在这里生活的日常烟火中，不断刺激着粉丝们的味蕾，也抚慰着他们的心。于是，"走胃更走心"的她被很多中国网友称为"非洲李子柒"，还留言要向她拜师学艺。

有一种治愈，在乡村里的中国。当下，人们的生活与工作节奏不断加快，而在"全村人的媳妇"Rose的短视频中，时间仿佛走得更慢一些。Rose在非洲时有过艰辛，初到中国也曾有不安，但在浙江乡村，那份热情朴素的邻里乡情，那能平心涤妄的山山水水，让她燃起了对美好生活的希望。

于是，她也将这份体验和收获记录了下来，让大家可以一起融入自然的乡村，体会生活的美好。正如有网友说："看她的视频，仿佛在追一部乡村疗愈连续剧。"

二

这一次，Rose再次"出圈"，不是因为她在中国的乡村生活，而是因为一段前往非洲乌干达的万里返乡路。那么，这段路，为何也能吸引千万网友前来"追更"？

首先，"Rose非洲返乡记"悬念迭起、扣人心弦。非洲姑娘时隔8年回娘家探亲、中国女婿初次到非洲拜见丈母娘，究竟会发生什么？这本身就很容易勾起大家的好奇心。

从目前已更新的视频来看，事情发展果然充满"不确定性"。

比如因为太久没有回家，Rose一家在途中尴尬地迷了路；车子开了一半路，意外爆胎抛锚……一程回乡探亲路，仿佛一部充满悬念的电影，吊足了网友的胃口。

其次，广大网友也主动化身线上"亲友团"，时刻关注着Rose的回乡之旅，并为中国女婿吴建云"撑腰"。"第一次去非洲的中国女婿上门礼是头羊""中国女婿见非洲丈母娘很害羞"……这些关于风俗、文化、人物的趣味话题引得网友不断讨论，他们还留言为稍显羞涩的"五香鱼"加油鼓劲。

值得一提的是，因为Rose略带口音，每次喊丈夫吴建云听着都像"五香鱼"，于是网友们用他俩名字的谐音，给他们取了一个"鱼香肉丝"的组合昵称。从这些趣"梗"中，足以可见网友对Rose一家的喜爱。

此外，这次回到乌干达，Rose要住上一个月。在这期间，她会带着丈夫和孩子与亲人团聚，带着家人去中国援建医院看病等，还将接受当地媒体采访、对接农业技术合作等，带网友们"漂洋过海"沉浸式领略非洲风情、聆听中非友谊的动人故事。

与此同时，这也让当地人民对遥远的东方国度——中国又多了一份更清晰的了解：中国人民不仅能帮他们修好路盖好楼，而且真诚友善、热情开放。

三

非洲"玫瑰"的故事还在继续，同时也给我们带来一些启示。对此，笔者想到三句话。

国之交在于民相亲。今年6月，习近平主席在给"鼓岭缘"中美民间友好论坛的贺信中指出，国与国关系发展的根基在于两国人民。可见，在国与国的交往中，人民之间友谊深厚起到了很关键的作用。

比如很多浙江人在非洲打拼、奉献，包括乌干达在内的很多非洲国家俨然成了华侨们的第二故乡。虽然肤色不同、语言不同、文化不同，但人与人之间朴素的"人情味"是相同的。正是这份真情，成就了像Rose这样的跨国姻缘佳话，成就了中国与乌干达的友好关系，也成就了历久弥坚的中非友谊。

文化因交流而多彩。相隔万里、远跨重洋，中国与乌干达的文化差异不小。刚到中国时，Rose在饮食、气候、语言等方面都存在障碍，但在乡邻之间的互帮互助下，Rose很快学会中文并适应了中国的环境、融入了中国乡土文化。

而这段时间，中国网友则通过短视频、直播等，领略着东非大地的历史沉淀和风土人情，文明文化就这样在交流、交融中变得更加丰富多彩。"非洲人民真的好热情""好自豪，那里最好的医院就是中国建的"……这从网友们的留言中就可见一斑。

讲好一个故事胜过万千道理。关于非洲"玫瑰"Rose的返乡之旅，浙江广电集团下属国际频道在Facebook、YouTube、TikTok等平台上也同步进行了直播和短视频分发，目前点击量已达数百万，在海外引发许多关注和热情好评。

近年来，李子柒镜头下的"乡村生活"，让外国人看懂了中国人的热爱；云南大象"一路向北"，带来"中国那么美，且听'大象说'"的感叹；这次，非洲"玫瑰"的万里返乡路，让"中非友谊为什么这么深"有了更直观的答案……一次次引发共鸣的国际传播事件，都在印证着"好故事"的力量，一个可信、可爱、可敬的中国形象也变得越来越立体。

今年是共建"一带一路"倡议提出十周年，我们期待在这条希望之路上，绽放的不只有"乌干达 Rose"，还有更多充满活力、向往美好生活的"Rose"，大家共同讲好中国故事，讲好"一带一路"故事。

王超　朱可近　孔越　执笔

2023 年 8 月 6 日

迎峰度夏，浙江的电够用吗

除了供给侧发力来开源，需求侧也需要"弹好钢琴"来节流。

"南方的空调要24小时无休了""为了省电费去商场蹭空调，结果回家发现空调没关"……一到夏天，除了不断攀升的气温，蹭蹭往上涨的电费也牵动着很多人的心，相关话题引发网友热烈讨论。

犹记得去年夏天，全国出现大范围高温少雨天气，一向水电资源充裕的西南省份都闹起"电荒"，浙江同样遭遇前所未有的严峻挑战。来到今年夏天，情况也不容乐观。数据显示，今年7月3日，浙江用电负荷就突破1亿千瓦，创下破亿时点最早纪录；7月14日，浙江实际用电负荷在历史上首次突破1.1亿千瓦大关。进入8月，超长"三伏天"带来的晴热高温，可能会让全省最高用电负荷攀升至1.15亿千瓦，同比增长12.8%以上。

这让很多人不由得担心起来：迎峰度夏，浙江的电够用吗？随之而来的问题是，电价贵不贵？

一

浙江是经济大省。有关数据研究指出，用电量和经济发展水平关系密切，通常整体呈正相关。浙江是全国第3个用电负荷破亿的省份，去年最高用电负荷1.02亿千瓦，列全国第四，超过德国、法国等发达国家体量。

用电负荷这么大，而浙江却是能源资源小省。要想让每家企业、每个家庭都有电可用，就得解决一个问题——电从哪里来？

从省内发电看，超低排放的清洁高效火电依然是绝对主力，但是浙江化石能源不足，发电所需的煤炭、天然气几乎全部依赖外部调入，受国内国际市场形势影响大；从省外来电看，主要来自四川、宁夏、安徽等，2022年，浙江从省外购买的电，占全年用电量的33.2%。

今年7月，习近平总书记在江苏考察时指出："能源保障和安全事关国计民生，是须臾不可忽视的'国之大者'。"近期召开的国务院常务会议，也对迎峰度夏能源电力安全保供工作进行了部署。为做好电力安全保供，浙江很拼。

很多人关注的能源大项目，正在加快"上新"。今年6月，浙能乐清电厂三期建成投运，这是浙江近十年来首个投产的大容量清洁煤电项目；同月，白鹤滩送浙江特高压直流输电工程全容量投产，从开工到线路竣工历时18个月，彰显了特高压建设的"中国速度"，将为浙江带来每年超280亿千瓦时的水电。简单测算一下，这些新上的项目可以让浙江电力供应能力提升8.6%以上。

这里还有一组数据：7月以来，浙江煤电机组负荷率最高达到

97.3%，基本处于极限运行。浙江足额签订电煤合同1亿吨，锁定发电用气40亿立方米，确保迎峰度夏期间存足煤、用好气。一言以蔽之：省内发电机组应发尽发。

除了供给侧发力来开源，需求侧也需要"弹好钢琴"来节流。打个比方，夏季高温期的用电需求管理，就像上班时的"错峰出行"、春运期间的统筹调度一样，是国际通用的应对尖峰负荷手段。据研究，浙江夏季白天高温时，空调调高1度，可以降低全省电力负荷近400万千瓦，相当于两座大型煤电厂的供电能力。因此，浙江倡议全社会"空调温度不低于26摄氏度"。同时，引导企业自主优化生产安排，将白天高峰用电转移到夜间低谷用电，将工作日高峰用电转移至周日低谷用电。

总的来看，浙江今年电力供应形势好于去年。各方一起努力迎峰度夏，浙江还是很有底气的。

二

答完"够不够"的问题，再来探讨下：电价"贵不贵"？

首先需要科普下，我国的电价主要分为居民生活电价、农业生产电价和工商业电价三类，不同的用户电价形成机制不同，价格自然也不同。其中，居民生活、农业生产电价均为政府定价，比如浙江居民生活电价保持在0.56元/度上下，与外省接近。

那么，去年以来，为什么不少人感觉"电价贵了"？其实，此处的"电价"，主要是指工商业电价的上涨，原因主要在于浙江处于全国能源供应的末端，资源采购成本高。

近年来，供需关系紧张，叠加俄乌冲突、疫情等影响，国际大宗商品价格大幅上涨，能源资源价格普涨，并传导至省内。不过，得益于国家的有效调控和全省的提前统筹，今年的电煤价格已逐渐回落，工商业电价也有望降低。

有人说，经营成本要降低，先做好企业的"供电机"；也有人说，电足了，群众的生活才"亮"了。企业要降低生产成本，群众要无忧无虑地用电，都考验着一个地方的"赋能"水平。

为了顺应群众和企业期盼，浙江将拿出更多惠企利民的举措，挖潜能、降成本，这也是大力实施营商环境优化提升"一号改革工程"的应有之义。

比如，在开源方面，加强与能源资源要素富集省区进行能源交流合作，做好煤炭中长期合同签订，加大进口煤采购力度，争取"三桶油"等上游气源保障；在降价方面，通过降低燃料成本降低煤电、气电发电上网电价，推动用电价格不断趋于合理区间。

三

除了"够不够""贵不贵"，其实"好不好"也很重要。"好不好"关乎我们的生态环境和用电安全等。

在今年的全国生态环境保护大会上，习近平总书记强调，构建清洁低碳安全高效的能源体系，加快构建新型电力系统，提升国家油气安全保障能力。

划重点：清洁、低碳、安全、高效。这四个词为"好不好"指明了方向。

首先来看清洁和低碳。这反映到数据上，关键在于非化石能源消费占比和电能在终端消费占比。

现在在我们的生活中，"新能源"已经成为高频词。比如在交通上，新能源汽车已经深入农村，新能源船舶也得到了普及应用。数据显示，2022年，电能占浙江终端能源消费比例已达38.1%，预计到2027年，这一比例将升至42%。

这背后离不开相关部门的长期努力。早在2014年，浙江率先提出创建国家清洁能源示范省，并全面实施"风光倍增"工程，2022年，风电、光伏、核电等非化石能源占比已达21.3%，高出全国平均水平4个百分点，预计五年后，全省非化石能源消费占比将升至26.5%。

再来看安全和高效。用电安全关系着千家万户的欢乐与幸福。在守护电网安全的"隐蔽战线"上，许许多多的人正无惧"烤"验、"节"尽所能、"汗"卫清凉，只为打好迎峰度夏这场"攻坚战"。这也需要我们每个人掌握用电常识，注意用电安全。

与此同时，一场能效"大作战"在浙江开展得如火如荼，比如重点行业企业不断提升装备工艺，一体化绿色工厂不断推广等。2022年，浙江以占全国5.4%的能源消费总量，实现了占全国6.4%的GDP，能效贡献水平居全国前列。

不难看出，实现有"能"可用、用"能"不贵、"能"尽其用的美好愿景，需要政府部门积极作为，也需要我们每个人的贡献。今天，不妨就让我们从把空调调高一度做起吧。

徐伟伟　叶子莛　执笔

2023年8月7日

热搜榜"泛娱乐化倾向"值得警惕

> 热搜不能"乱"搜，好算法应该推荐好信息，给公众"名副其实"的热搜。

如果把今天的舆论场比作人人都可以发声的广场，那么热搜就像是广场中间的一块醒目的显示牌。2010年，平台首次推出热搜，将搜索最多的热词直接呈现给用户，给广大网友开通了一条"吃瓜快速路"，让人身在家中就能快速知道天下的实时热点，受到网友好评。

当下，笔者随机打开一个互联网社交平台，实时热搜榜上"某明星哭了""大妈误会卖肉老板中暑　为其刮痧10分钟""某奶茶店点单取单政策引争议"等文娱类话题或"日常琐事"占据重要位置。

不少人在问，热搜有啥用？为何泛娱乐化新闻能霸榜热搜？对此，我们应如何看待？

—

网友常说，"送你上热搜"。有人是这样定义"热搜"的："它是内容生产者、网民和平台共同打造出来的互联网平台上的'头版头条'。"

一方面，热搜榜在发布即时信息、打造网红城市、传递正能量、反映社情民意等方面发挥重要作用。比如淄博烧烤，因为一条抖音同城热搜，开启了"一路狂飙"；杭州外卖小哥彭清林跳桥救人的短视频登上热搜后，获得全网点赞。

另一方面，热搜的"泛娱乐化"现象更值得警惕。在注意力稀缺的今天，"花边新闻""鸡毛蒜皮"霸榜热搜，危害实在不小。

比如，信息茧房"罩"住认知。目前，不少平台能够根据个人喜好"量体裁衣"，提供个性化的热搜榜单。长此以往，将导致网民愈发被困在由个人偏好编织的信息茧房中，始终局限于自己喜欢看到和乐于接受的事物，不断加深刻板印象、固有认知，最终丧失独立思考、理性判断的能力。

再如，劣质内容挤占资源。个人关注什么是个人选择，公众关注什么却需严肃对待。如果太多无意义的信息充斥舆论场、争夺公众眼球，将造成"劣币驱逐良币"的现象，那些大事、要事、正事可能会失声、失焦，那些值得铭记和赞美的瞬间可能被忽略、遗忘。

二

登上热搜榜，一般意味着某个事件或话题因网民在特定时间段内大量搜索、讨论、传播，被平台的特定算法筛选为热点词汇，进行"置顶推荐"。

本质上，"热搜榜"是一种社会议题设置，有人说其魅力就在于"客观"二字。一旦一些热搜开始有立场、讲利益，从反映"民意"变成做"生意"，那就馊了、变味了。

资本入场："注意力经济"时代，流量为王，能吸引用户注意力就能变现。有媒体披露，有的热搜榜是可以"刷"的。"刷"法多样：有的走"公路"，找平台谈商业合作；有的走"高速"，通过第三方刷榜公司迅速把热度"刷"上去；还有的走"水路"，雇佣水军不断注册平台账号，反复"注水"。现在有的所谓"上热搜"项目，明码标价。

"控热搜"：一些粉丝或集资、或出力，自发组织为偶像刷榜。进阶版的"控热搜"手法还有不少，比如"撤热搜"，如果出现偶像的负面热搜，一些粉丝团队就会把其他热搜词条刷热，使其热度超过想撤下的词条，以达到"洗广场"的目的。

"热搜营销"：当下，衡量一首歌、一部剧、一台综艺是否为爆款时，常用上过几次热搜、霸榜多少天来标榜。有人就打起了这方面的主意，将热搜当成广告，大搞"热搜营销"。他们以登上热搜为目标，从创作剧本开始，挖空心思蹭热点、找对立、造词条，设计迎合热搜的台词和情节，等热搜要素齐活后，再"串珠成链"，强行缝合成"热搜神剧"。

三

走出泛娱乐化的信息围城，需要多方共同发力。

媒体不能"合流"。有的媒体对娱乐话题过分热衷，一看到网上有"瓜"可吃，便闻风而动，如获至宝；有的大搞"标题刺客""玩梗新闻"，借各类耸人听闻的八卦、闹剧、绯闻吸引关注、博得流量；还有的与商业平台和个人账号"合流"炒作，推高话题热度，自己从中分得一杯羹。

媒体"靠流量说话"，但不能"唯流量是从"，应认清肩负职责、坚持正确导向、避免娱乐至上，把"真问题""好声音"送上热搜。

平台不能"短视"。人们爱看热搜，部分是抱着一种"排队人多，饭就好吃"的朴素逻辑。但如果排队的人是花钱雇来的，这样的饭店一定干不久。同样的，如果热搜是砸钱买的、雇人刷的，虽然赚得一时流量，但长此以往，名为"热搜"、实为"冷饭"，食之如蜡、嚼之无味，久而久之就会失去用户。

作为热搜的管理把关者，互联网平台应该完善把关机制，筛选优质内容，过滤庸俗信息，不断提高热搜热榜质量水平。这既是对社会负责，也是对自己负责。

个人不能"深陷"。有人将愉悦的事情分为"多巴胺快乐"和"内啡肽快乐"两种，而泛娱乐、肤浅、庸俗的热搜，只能带来短暂的"多巴胺""奶头乐"，让人深陷其中，慢慢丧失思考辨别能力。

人人都是把关人。作为个体，我们不该被热搜"牵着鼻子走"，需要保持反思和质疑精神，减少对热搜榜的过度依赖，将注意力放在更有意义、更具价值的问题上。

热搜不能"乱"搜，好算法应该推荐好信息，给公众"名副其实"的热搜。

杨昕　许小伟　张诗妤　执笔

2023 年 8 月 7 日

让什么样的动画陪伴童年

> 一部优秀的动画作品，不仅能够陪伴孩子度过快乐时光，而且将是他们一生的"良师益友"，是充满趣味、溢满温度的存在。

正值暑假，央视《中国文艺·向经典致敬》推出了中国动画百年系列，《哪吒闹海》《天书奇谭》《九色鹿》等经典动画唤醒了很多人的童年记忆。曾经那些看动画片的"80后""90后"，不少已为人父母，但"黑猫警长""一休哥"等鲜活的形象，一直让他们念念不忘。

与此同时，一些"疑问"也困惑了他们多年，如"为什么海尔兄弟只穿裤衩？"等。可见，一部优秀的动画作品，不仅能够陪伴孩子度过快乐时光，而且将是他们一生的"良师益友"，是充满趣味、溢满温度的存在。那么，少年儿童究竟需要怎样的少儿动画？

一

国产动画目前没有比较规范的年龄段划分标准，在网上大家习惯于将动画分成"低龄向动画"和"高龄向动画"。低龄向动画，又称少儿动画，其实就是给小孩子看的动画，如《萌鸡小队》。高龄向动画，一般指以青年为主要受众的动画。

近年来，不少国产高龄向动画凭口碑"火出圈"。比如《中国奇谭》《雾山五行》等，用传统故事展示了极具中式魅力的东方美学，收获了一大波点赞。相较而言，低龄向动画似乎少了一些水花，长期在播放平台上霸榜的依然是《小猪佩奇》《熊出没》等。有网友说，"国产动画除了一群羊和两只熊外，都快没有大家公认的优秀作品了"。

于是，网友们一边感慨现在找不到能带给孩子"童年回忆"的好动画了，一边指出了当前动画领域存在的一些问题。

比如，部分低龄向动画中成人化剧情较多，存在着吵架互撕、攀比陷害等情节。低龄儿童很容易受到动画的影响，从十年前的"烤羊事件"到今年"孩子模仿动画片撑雨伞跳楼"的悲剧，都印证了动画对孩子的影响之大。

又如，网文改编的动画片已经成为点播热门，但很多作品只为利用"粉丝经济"赚取原作红利，缺乏教育导向、内在价值。此外，一些低龄向动画商业气息过浓，故事走向、角色塑造完全围绕推销产品和周边来设计，缺乏文化和营养，成了带货的广告。

二

中国动画百年系列播出后，部分网友用这些"童年经典"来批评当下的国产儿童动画，笔者认为这大可不必。

事实上，每个时代都不缺优秀少儿动画，如近10年出品的

《京剧猫》《旗旗号巡洋舰》等，都被称作"良心作品"。只是家长想要在动画资源库中挑出好作品，需要一定技巧和方向。

最简单的莫过于直接参考，从有知名度、公信力的国家级奖项中找资源。比如我国动画最高奖项"金猴奖"，国家广播电视总局的季度、年度动画推优作品等，都经过层层筛选，其中不少作品值得一看。像《故宫里的大怪兽之月光迷宫》系列剧集，融入了故宫文化，视角独特、寓教于乐。

如何判断一部动画适不适合自己孩子观看？笔者认为，可以从三个角度看：

是否具有符合孩子视觉特性的体验？好动画的作者，一定是深入了解儿童世界的美好到底是什么样子的，努力让色彩、画风更加符合儿童的审美情趣。

从成人角度看，《小猪佩奇》的画面并不精致，只是以简单的线条勾勒出基本场景，再加上浅色系的配色，但不可否认，这正适合难以理解复杂画面的学龄前儿童。

是否拥有引领孩子认知的人物故事？少儿动画并不需要错综复杂、反转曲折的剧情，而是要能设计出符合少儿心理认知的人物形象和鲜活故事，让孩子找到动画世界背后真善美的价值坐标。

对很多"80后""90后"来说，小时候因为动画的感染，经常幻想自己是动画中打倒魔王、拯救世界的英雄，"正义""勇敢""善良""公正"……是大家心中最简单、最纯粹的真善美。

是否能够在孩子心底埋下一颗文化种子？传统文化对大部分成年人而言，是一种藏于灵魂深处的意识，只需要有作品去唤醒即可，但对懵懂的孩子来说，就需要通过好作品去埋下种子，让其生根发芽。

比如经典动画片《大闹天宫》塑造了一个勇于抗争、机智聪颖的孙悟空形象，让人记忆深刻。数十年后，当《西游记之大圣归来》中身披锁子黄金甲、手持如意金箍棒的孙悟空出现时，触动了许多观众的心弦。

三

不可否认，相比于高龄向动画，低龄向动画确实显得后劲不足。因为高龄向动画能够撬动更多粉丝、票房资源，动画企业更愿意生产。而少儿动画收益少、商业价值低，很多创作者自嘲"用爱发电"。

《习近平浙江足迹》记载，在浙江工作期间，时任中共浙江省委书记习近平同志曾在一次调研时指出："动画不是用钱来衡量的。它能够为青少年提供健康的精神食粮。"孩子有权利拥有自己的文化大餐，商业化不应该成为国产少儿动画发展的唯一驱动力。

要让孩子能看到更多优质动画，还需多方努力，共同迈过三道"坎"。

第一道坎，是社会共识。目前社会上对动画重要意义的认知还不够，要么认为动画就是给小孩子看的，要么把低龄向动画踩在"鄙视链"的最底端，贴上"幼稚""劣质"的标签。

国产动画要更好发展，就需要更多社会认同。就个体而言，不应当一名人云亦云的"云观众"，而应客观公正地去了解国产动画，支持好作品；家长则要认识到优质动画有助于孩子树立正确的三观，并为让孩子看上更优秀作品把好关。

第二道坎，是传播渠道。网络平台是动画的主要播出渠道之一，有着举足轻重的话语权。正如电视台需遵守每日动画播出时长的规定，网络平台也应履行好社会责任，不能因为播放高龄向动画更赚钱就一拥而上。

此外，品牌才是动画的核心竞争力。依靠《喜羊羊与灰太狼》《熊出没》等一系列动画品牌加持，华强方特与三百余家名企开展品牌授权与跨界合作，塑造了十大主题乐园品牌，成为全国头部动画企业。

第三道坎，是创作导向。低龄向动画需要将成人的世界加工成孩子能理解的形式展现出来，对创作者来说必然要有将大巧隐匿于大拙之后的能力，也更应得到主管部门的激励认可、保驾护航。

就创作题材而言，低龄向动画需要继续挖掘优秀文化、优良传统，让小观众们能够透过故事看文化，透过文化看自己。如果一味效仿海外作品，难免陷入同质化"泥潭"，在动画赛道上失去竞争力。

每个人的暑假记忆，都离不开一部部优质动画片的陪伴，正如现在的中国动画，离不开大家的支持一样。夏日悠长，未来可期。

程亮　执笔

2023 年 8 月 8 日

成果转化率为0，该怎么看

> 并非所有研究都适合直接转化出相应的效益，或能在短期内直接产生重大效益；也不能因为出现科研成果转化率低，就又片面地只去强调把转化率提上去，走向另一个极端，而是要构建更加多元合理的科研评价体系。

近日，一则关于"高校花1.31亿科研经费0成果"的话题引发广泛关注，也引来众多网友热议："没有市场转化，要科研做什么？""这么多钱花下去，都去写论文了吗？"……同时，不少网友也表达了截然不同的观点："基础研究没有成果转化很正常，转化率为0并不等于没有进展""科研成果岂是一两年能出来的"……

值得探讨的是，当人们在热议科研经费使用和成果转化问题时，到底是在关注什么？我们又该如何看待？

一

这一事件之所以引起广泛关注，一个很重要的原因是，经费投入与成果转化形成巨大反差，让外界感到困惑。

在大多数人的认知中，1.31亿元代表了巨额的科研投入，862个项目代表了较为庞大的科研规模。然而在如此有力的支持之下，实现的成果转化率却为零，难免让人产生怀疑。

但也有一些专业人士分析认为，这些经费平摊到每个项目上其实并不多，科研转化也有其周期和规律，不能过度苛责。

每一种声音都应该被听见，因为从出发点而言，大家都是一致的，希望科技创新有更多突破。这些年，"卡脖子"是科技领域最热但也最让国人揪心的一个词。美西方国家利用技术优势对我国科技领域发展频频出手，制裁中兴、打压华为，将相关企业列入实体清单，等等，这众所周知。

面对不择手段的打压，我们更加清醒地认识到，关键核心技术要不来、买不来、讨不来，必须把核心科技牢牢掌握在自己手中。所以，大家都迫切希望看到像C919大飞机那样的重大科技创新突破，早日筑起自主可控的科技地基，把创新主动权、发展主动权牢牢掌握在自己手里。

而这次事件，与很多人的期待形成较大落差，加上学术与大众之间本身存在壁垒，短时间内确实很难让每个人都能静下心来进行客观、全面的分析。当然，如果有人借机歪曲事实、揣测攻击，甚至有意带偏节奏，则是另一个话题，需要每个人保持清醒和警惕。

二

关于科研项目经费使用和投入产出相关的问题，其实在国内早有讨论，相关缘由分析也是观点林立、不一而足。虽然从不同角度看，总会有这样那样的立足点，但笔者认为，一些不良倾向的确存在，值得深思和防范。

倾向一：重论文、轻实践，目标导向和成果转化意识缺乏。一些高校和科研单位"破五唯"导向不鲜明，并不将科研成果实际效益转化作为主要的评价指标。

这样的评价体系导致许多科研工作者把主要精力花在如何到高级别刊物上发表论文、如何拿论文和专著去评奖等方面上，有时无法深入思考成果转化的问题，也造成了科研与社会需求在某种程度上"脱节"，科研工作者缺乏成果转化意识，使得"闭门科研""纸上谈兵"时有发生。

今年 3 月出版的《中国科学报》刊登了一篇由 25 名科学家、企业家联合署名的文章，重点呼吁要改变工程人才培养中出现的只重视论文发表而忽视实践创新的现象，让更多工科教师、学生去工程一线解决真问题，与产业发展、社会需求更好结合起来。

倾向二：重数量、轻质量，研究力量彼此分散而不能形成合力。很多高校、科研单位把"堆高"科研项目数量作为本单位年度科研工作非常重要的一个方面，一些科研主管单位也乐见并推动"上项目"，以至于"摊大面饼""撒胡椒粉"等现象并不少见。

而在项目的实施过程中，一些科研工作者各自为战，缺乏成体系的、有组织的科研，缺乏长期性的研究规划和定位，这种"碎片化"、短期性的研究使得一些重要的、关键性的领域难题难以取得有效突破，也使得成果转化的效益大打折扣。

倾向三：重前期、轻后期，项目全过程管理与评价规范还需要优化。一些高校、科研单位把关注重心放在了科研课题申报和立项上，以此作为单位考核科研业绩的"硬杠杠"，却忽视了对项目的全过程管理和正确引导。

部分科研工作者也把"拿项目"作为自己的主要目标，将精力放在如何把项目前期准备做得充分、如何把项目申报书写得"漂亮"上，项目立项以后就认为"万事大吉"，缺乏研究后期的持续投入和对成果效益转化的科学认识，使得许多项目研究"头重脚轻"、半途而废。

同时，我们也要对基本的科研规律形成共识：并非所有研究都适合直接转化出相应的效益，或能在短期内直接产生重大效益；也不能因为出现科研成果转化率低，就又片面地只去强调把转化率提上去，走向另一个极端，而是要构建更加多元合理的科研评价体系。

三

提升高校科研投入的成果转化率，是一项长期而艰巨的任务，不可能一蹴而就，也不可能纯粹靠争论去解决问题。

如何既有效用好科研经费、循序渐进地推进成果转化，又让科研人才能够静心做学问搞研究，值得我们去思考。

首先，成果转化率不仅仅是一个数字，而是整个科研过程的动态反映。假如只是为了在数字上"过关"，追求低水平的成果转化，把精力花在发明那些技术含量不高的专利上，反而会带偏科技攻关的方向，扭曲设置这一评价指标的本意。

在结题评价之外，应当更加注重科研经费的全过程精细化管理，通过科学合理的评价体系，引导广大科研工作者把精力集中到必要环节上来。

其次，在科研经费的管理中，应多一些"问题导向"，少一些"平均用力"。哪里"卡脖子"最为突出，就重点支持哪个方面，而不是一味搞学科平衡。特别是对于一些科研经费本就紧张的院校，选择"田忌赛马"的策略，将优质资源集中投入具有非对称优势的学科，不失为一种更好的选择。

此外，还应推动产学研融合，打通从科技到应用的"关键一步"。不难发现，成果转化率高的科研院校，绝大部分都能与知名企业形成良性互动，也让自身的科研攻关摸到更为清晰的市场脉搏。企业与高校的相向而行是提升高校科研成果转化率的关键，尤其是对应用研究领域来说，不顾企业的投产而谈高校科研转化，这无疑只是建立在"空中楼阁"之上。

最后还须看到，科技创新尤其需要久久为功，尤其需要整个社会的包容心。一项重大科技突破往往建立在无数次失败之上，科研人员"坐得住冷板凳"更需要全社会"将板凳捂热"，形成宽容失败的氛围。

在2018年两院院士大会上，习近平总书记说过这样一席话："不能让繁文缛节把科学家的手脚捆死了，不能让无穷的报表和审批把科学家的精力耽误了！"

"海阔凭鱼跃"，要为有前沿创新意识和研究能力的研究者搭建更能充分施展才华的舞台，给予他们足够的耐心、信心，让他们大胆去试错、探索。当他们甩开臂膀心无旁骛去实干，科技创新的活力才能充分涌流。

倪海飞　云新宇　谢滨同　王瞻　执笔

2023年8月8日

博物馆不应止于热闹

> 博物馆就是这样一个点燃孩子求知欲和探索欲的地方。在遍地打卡的热潮之中，不妨退一步，思索一下走进博物馆的意义和方式。

博物馆到底有多热门？暑假带孩子出游的家长可能最有发言权。很多家长历经波折，好不容易预约到门票，但进去后，却被汹涌的人潮挤得不知道看了些什么。

"不在博物馆，就在去博物馆的路上。"作为体验式文化教育场所，逛博物馆被越来越多家庭列入行程。但很多时候，博物馆成了"到此一游"的拍照打卡点，不懂怎么看、看什么的孩子们，在懵懂和烦躁中结束了博物馆游。

当我们欣喜于年轻一代对传统文化的热情时，还需要关注，博物馆怎么逛，才能让孩子们"乘兴而来，满载而归"。

一

"博物馆热"的背后，是一场博物馆与公众的双向奔赴。

一方面，从早些年的纪录片《我在故宫修文物》，到这些年火出圈的舞蹈《只此青绿》《碇步桥》等，国潮的流行，反映出人们对传统文化迸发出了超乎想象的热情。在博物馆，通过一件件展品，人们可以读取历史的记忆，惊叹于璀璨夺目的文化。"知所从来，方明所去"，文化自信和文化认同，就在这样的亲历感受中得到提升。

另一方面，博物馆走出了曾经"酒香不怕巷子深"的运维思路。从故宫日历、书签，到甘肃省博物馆的"马踏飞燕"玩偶，各种设计精巧的文博文创产品，将传统文化和现代生活连接起来。此外，借助数字技术，博物馆的文物也玩起了"说唱"，在社交媒体上赢得了众多年轻人的心。

此外，博物馆的文化教育意义，是博物馆"热"起来的重要原因，从而也带动了博物馆亲子游和研学游的热潮。据旅游商业网站统计，今年文博类相关景区门票销量同比2019年增长3倍。暑期博物馆订单量同比增长232%，研学旅游产品订单量同比增长超30倍。

以杭州为例，2020年至2022年，杭州的博物馆全年总参观人次均在500万—600万，而今年上半年，参观人次就已接近500万。为了更好满足人们的观展需求，7月31日起，杭州52家市属国有博物馆调整开放时间，打破"周一闭馆"的国际惯例，让游客市民每天都有博物馆逛。

暑期"博物馆热"的出现，不仅反映出旅游市场的快速复苏，更体现了人们精神文化需求的快速增长，特别是广大家长对传统文化教育的紧迫感和焦虑感。

二

越来越多的孩子走进博物馆，这本是一件好事。沉浸在博物馆，能让孩子们更直观、清晰地理解"中华五千年文明"的深刻涵义。特别是在求知欲、探索欲旺盛的青少年时期，博物馆教育相较于书本更能激发他们的学习兴趣。

不过，看似美好的"博物馆热"，在现实中还存在一些问题。

一票难求：每逢假期，尽管博物馆在"限量、预约、错峰"等方面做了很多努力，但仍有许多热门场馆或展览一票难求，甚至出现"黄牛"恶意抢票、倒票等违法行为。一些博物馆应对客流高峰"措手不及"，欠缺有效服务机制，让博物馆教育的效果大打折扣。有些博物馆还陷入了追求"出圈"的误区，过于注重热度、人气、轰动效应，变成了网红拍照打卡点，弱化了其文化教育的本质。

货不对板：随着"研学游"需求不断释放，一些团队和机构蜂拥而上，纷纷争抢这块"香饽饽"。相较于一般的旅行团，但凡带上"研学"字样的，价格就要高一些。不仅如此，博物馆课程的讲解专业程度参差不齐，一些讲师水平有限，搜罗些网络资料就敢上场讲给孩子们听，甚至还有机构冒用博物馆名义进行虚假营销。

体验感差：暑期正值旅游高峰，热门的博物馆内满眼都是观众，对于孩子来说，这样的参观环境实在算不上友好，很多展品自己看不懂，听讲解又碍于人多嘈杂听不清楚，走在展厅还常常被挤来挤去。7月下旬，笔者在一家博物馆参观，不时看到有孩子哭喊着要出去，家长则在一旁苦口婆心地劝说。有些稍大一点的孩子，家长干脆任由他们在博物馆里自由活动，甚至打游戏、刷视频。

学而无方：无论是亲子游还是研学游，如何真正用好博物馆资源，部分家长仍不得要领。比如在一些父母看来，"到过即学过"，只要孩子到了博物馆，就算是完成了一次教育。还有一些父母认为"看过即学过"，跟在孩子后头，催促他们看这个看那个，却不顾孩子的兴趣在哪里。这样的参观方式，不仅达不到教育目的，反而会让孩子对博物馆产生恐惧和抗拒的心理。

三

习近平总书记指出，一个博物院就是一所大学校。博物院是学校的"第二课堂"，笔者认为，要在博物馆这所学校上好课，至少需要解决好以下三个问题。

如何从"一阵风"到"常态化"？有人说，如果把藏品当作博物馆的血肉，那么教育就是博物馆的灵魂。对博物馆来说，注重宣传固然重要，更需修炼好内容，通过优质的展品和展览来吸引观众。对家长而言，带孩子去博物馆之前，更要做好功课，在让孩子爱上博物馆之前，首先自己要爱上博物馆。学校在将博物馆教育作为实践课程之前，要做好深入、细致的引导。

更为重要的是，研学游市场需要进一步规范，提高研学游产品的质量和服务水平，充分发挥博物馆文化育人的功能，让更多高质量的研学游成为学生成长道路上的"良师益友"。

如何从"看热闹"到"看门道"？随着暑期观展高峰来临，博物馆更要在科学、有趣的讲解上花功夫，努力将专业的文博知识转化为通俗易懂、生动有趣的精神食粮，使学生们"知其然"更"知其所以然"。比如，在条件允许的情况下，博物馆可以邀请某一领域的"达人"或"大咖"参与课程设计并担任讲解，在互动过程中引导学生深入观察和思考，从一块碑、一尊像、一幅画、一把壶的故事入手，满足他们的好奇心和求知欲。

如何从"冷热不均"到"百花齐放"？国家文物局发布的最新数据显示，全国博物馆总数达 6565 家，排名全球前列。如此多的博物馆资源，为何还是满足不了暑期参观的需求？其中一个原因，是博物馆的热度"冷热不均"。

改变"一票难求"的现状，需要创新工作方式，更好利用现有资源。比如这段时间，中国丝绸博物馆开启的"文明大观：丝绸之路上的敦煌"主题展览，现场有百余件敦煌文物，其中包含众多国宝级文物，对暂时没有机会去敦煌的人来说，是个难得的机会。

苏格拉底说："教育不是灌输，而是点燃火焰。"博物馆就是这样一个点燃孩子求知欲和探索欲的地方。在遍地打卡的热潮之中，不妨退一步，思索一下走进博物馆的意义和方式。

李治钢　钱伟锋　执笔

2023 年 8 月 9 日

从大运看亚运

从运动员、裁判员、教练，再到工作人员、志愿者以及普通市民，人人都是世界观察中国、观察浙江的第一视角。

你眼中的成都是什么样子？

是神秘的"太阳神鸟"、鲜香麻辣的川菜、软萌的大熊猫，还是时尚新潮的春熙路、精彩绝伦的川剧变脸和被誉为"指尖芭蕾"的非遗蜀绣……或许在一千个人眼中，成都就有一千种标签，当这些元素全部融于成都大运会之中，世人更能感受到成都的魅力。

8日晚上8时，成都大运会闭幕。随着成都大运会的成功举办，我们对即将于9月23日开幕的杭州亚运会的期待值不断升高。那么，从"天府"到"天堂"，杭州亚运会如何接力成都大运会？

一、竞技平台也是文化交流舞台

今天的大型体育赛事不仅是展现竞技水平的赛场，而且是一个文明互鉴、美美与共的舞台。成都大运会将古蜀文化与青春活力相融合，向世界展示中华文明的独特魅力，赢得了口碑、赚得了好评。

比如，吉祥物"蓉宝"、火炬"蓉火"、奖牌"蓉光"，让人一眼就能看出"成都范儿"。而一部比一部"潮"的大运会宣传片：《成都倒计时3000年》《哪吒蓉宝奇遇记》《成都无边界》等主打一个"巴适中国风"，城市精神、城市文化随着不断切换的画面，在人们内心深处悄然生根发芽。

浙江历史悠久、文化灿烂，能否用好杭州亚运会这次机会，让中国故事、江南文化、浙江精神等元素像蒲公英一样飘向远方？世人早已充满期待地"搓了搓小手"。

二、既务"赛事"也谋"城事"

综观世界名城、名赛案例，赛事往往与城市共荣共生。赛事的"东风"就好比起点，赛事的效应则是经久不息的"长尾"。

据报道，自筹办大运会以来，成都以赛为媒，统筹推进全域同频共振，同步打好"办赛""营城""兴业""惠民"4张牌，涉及基础设施建设、低碳环保、科技创新、产业发展、文化传承等方方面面，不管是"面子"还是"里子"都有了提升，让广大市民切身感受到成都蓬勃向上的城市生命力。

此前，"浙江宣传"曾发文《赛事与城事》，深入分析了亚运会究竟能给一座城市带来什么，"办好一个会"与"提升一座城"是一种怎样的关系。实际上，亚运会的举办，不只是杭州和5座协办城市的事，而是浙江全域城市能级实现"向上一跃"的机会。其中的关键，就在于能否推动"赛事"与"城事"互促共进，实现"亚运效应"最大化，在省域范围内把"城市品质、城市治理、城市文明"三大提升行动推向纵深。

三、唱好"黑科技"的大戏

有人说，体育比赛也是一场科技竞赛。

很难想象，在1990年的北京亚运会上，每场比赛结束后出成绩，从开始整理到亚组委打印出公报并在新闻中心发布，需要15分钟。到了2010年，广州亚运会的比赛结果从经裁判认定到上传亚运会官网向全世界发布，只需不到10秒钟。从15分钟到10秒钟的提速，是科技跨越的结果。

而在成都大运会上，更是不乏"科技狠活"。比如，为比赛场馆构建的"最强大脑"，可降低约15%的能源消耗，提升约20%的设备运行效率，运维成本减少约30%。再如，83种语言在线"同传"实现沟通无边界的智能翻译对讲系统、3秒成像的3D摄影真人手办、降温冰背心、自助巡检机器狗等，一系列充满新鲜感的科技体验，让人们感受到成都的贴心与智能。

杭州有着"数字之城"和"互联网之都"的美誉。"智能"也是杭州亚运会的办赛理念之一。因此，杭州需要让闪耀赛场的"黑科技"更"炫"一点，利用数字赋能亚运，打造智能亚运，以此充分展现"数字中国"建设成果，让人们切身感受到这座智慧城市的聪明、未来城市的魅力。

四、运动活力点"燃"城市魅力

在"大运热"的背后，成都全民健身蔚然成风，群众运动热情被点燃。据报道，2022年成都全市大运场馆对外开放时长7.63万小时，免费或低收费开放509.48万人次，累计举办各类赛事727项。

有句话说，赛事的"尽头"是生活。浙江以举办亚运会为契机，在亚运惠民方面下足了功夫，全民健身事业迅速发展。数据显示，目前浙江全省人均体育场地面积达2.8平方米，经常参加体育锻炼人数占比达43.4%，国民体质合格率达94.2%，这些数字均高于全国平均水平，较5年前有较大提高。

当然，提升人民身体素质和健康水平，是久久为功的事。亚运的筹办、举办和赛后场馆的利用，还能释放更大的辐射效应，营造崇尚体育运动的社会氛围，让人们共享亚运"红利"，拥抱健康生活。

五、精彩赛事为发展添彩

国际奥委会终身名誉主席萨马兰奇曾说："商业化是使体育适应现代社会的最强有力因素。"

有句俗话说"发令枪响，黄金万两"。体育赛事往往能带动当地产业的发展。比如，交通、餐饮、住宿、旅游……赛事带动的产业链条上，每一环都蕴藏巨大价值，可拓展出更多经济增长点。体育赛事如何撬动相关产业的"掘金"之路，释放综合效应？这是所有赛事都面临的问题。

作为中国西部地区首次举办的综合性国际体育赛事，成都大运会带动了当地运动休闲、文化旅游、时尚消费等诸多关联产业的发展，促进城市产业和消费升级。数据显示，2022年，成都市体育消费总规模提升至578.6亿元，较2018年增长44.5%；体育产业总产值1005亿元、增加值385亿元，相比2018年分别增长59%、79%。

对杭州来说，亚运会的举办只是"上半场"，用好运营的"下半场"，推动"赛事＋"行业提速发展，让流量变能量、以竞技促经济，才能带来城市的无限精彩。

六、志愿者的微笑是最好的城市名片

成都大运会选拔招募的2万名志愿者，在赛会的各个角落保障着比赛顺利进行，他们有一个共同的昵称——"小青椒"。

"青椒"谐音"青交"，即青年交往，寓意着世界各地的大学生通过国际性盛会进行交流、互动、沟通。国际大学生体育联合会代理主席雷诺·艾德高度赞扬志愿者工作："成都大运会志愿者们十分友好，他们乐于助人，总是面带微笑。"

其实，不只有"小青椒"，也不止于"小青椒"。大运会志愿服务精神感召着很多成都人，每一个自信从容、热情友好的微笑都是大运会坚实的依托和这座城市的代言。

作为国际体育赛事，杭州亚运会是展示中国形象、展示浙江发展的重要窗口。从运动员、裁判员、教练，再到工作人员、志愿者以及普通市民，人人都是世界观察中国、观察浙江的第一视角。

"心心相融，@未来"。当好东道主，弘扬"奉献、友爱、互助、进步"的志愿服务精神，用最诚挚、最灿烂的微笑迎接八方来客，你准备好了吗？

陈培浩　李增炜　执笔

2023 年 8 月 9 日

探险是故事，不该成事故

> 探险并非在自然界开盲盒，而是用理性激发灵感、用规矩拥抱热爱，这样才能既有"这一次"身体心灵的极大丰收，又有"下一次""再一次"的长长久久奔赴。

背上专业行囊"武装"自己，来一场与精神圣地的约会……探险充满了返璞归真的惬意和丰富多彩的故事。但美好背后，致命的风险无处不在。今年7月底，4人自驾在罗布泊无人区遇难的悲剧，令人痛心扼腕。事发后仅一周，另一地又现8名游客被困无人区。

事故频频发生，一次次警示我们，世界那么大，人迹罕至的风景背后，潜藏着难以预料的危险。事有方圆、心有方寸，才能与瑰丽自然深情相拥。

——

近些年，野外探险逐渐盛行。有些人一味追求玩"出圈"玩"出格"，不惜以生命为代价去探寻"隐秘的角落"。这背后至少有以下几种心理。

"不让看的，才是最好看的"。网红打卡点被明示风险，未开发的景区外"禁止进入"的标识鲜亮且显眼。但或许正是这种"明知不可为"，无意间击中了少数游客猎奇心理的隐形开关。比如，某个未经开发的景区，周边设有多个警告标志以及防护网，且明确警告禁止下水，然而在一些网红博主的"探险推荐"后，普通小溪流、废弃矿坑摇身变成"拍照胜地"。

"多看一点，就多赚一点"。为确保观潮安全，每年的警示警语少不了、案例教训常示人，但这都不能阻止有人观潮时"再靠近一点点"的冲动，似乎离潮水更近就更"赚"一点或更显"勇敢"一点。就在今年6月，有游客近距离观潮险被卷走，更夸张的是，有人在"逃跑"时还不忘拍照。

"之前没事，这次也没事"。对风险预判不足，有人把侥幸当成常态，没想却成一生之悔。今年7月，一男子在西部某地观看冰川途中发生意外不幸离世，其妻子表示"他很喜欢看冰川"，以往也去过几次。先前数次的平安，并不是永远平安的护身符。

二

每一起事故的代价是一条条鲜活的生命，承受痛苦的是一个个悲伤的家庭。扼腕叹息之余，不禁思考，事故甚至悲剧为何一再上演？

对自然失去敬畏。技术、装备的进步延伸了探索的边界，但这并不意味着对未知的好奇能够逾越客观的限制与能力的界限。野外具有不可预测性，未知的危机与风险隐匿其间。探索自然的前提是敬畏自然，但当自然的边界与好奇心相冲突时，总有"勇士"选择"掩耳盗铃"，或将科技万能化，或将运气神话化。

对教训不够重视。"好了伤疤忘了痛"的思想顽疾、"自己没那么倒霉"的侥幸心理仍然存在。有报告显示，2012—2017年，"鳌太线"累计失踪、死亡达46人。可即便不幸的"之前"历历在目，不少人依旧不把危险的"当下"当回事。听过不及看到、看过不及亲历，不吸取惨痛的教训，就是对生命的轻视。

对探险缺乏规划。一场"说走就走"的探险很酷，一个装满了专业设备的行囊很酷，一颗炙热跳动的冒险心也很酷。但在生命安全面前，再充分的准备都不为过。知道要提前规划线路、提前准备装备、提前喊人接应，但提前向有关部门报备却是不少驴友的"知识盲区"。事实上，我国对一些风险地区的旅行不是完全禁止，但需要提前备案，说明线路、同行人员等，这能大大提高后续一旦遇到紧急情况的救援效率。

三

想要让探险多些故事、避免事故，还须从以下几个方面加强措施。

"防"，用管理堵住风险点。针对不同地质环境、不同季节的安全隐患和自然灾害，管理要因地因时制宜。比如未经开发的野外洞穴探险，易导致人员被困、病菌感染、塌方落石，这就要摸清洞穴资源底数，该封堵的封堵；夏季极端天气增多，山洪、泥石流、滑坡等地质灾害风险加大，这就要把重点放在防范汛期灾害影响上，针对探险可能遇到的不利因素，封闭线路、值守关口、加强无人机巡防。

如今，通过出游平台、网络社区，有人发起后，参与者呼应，已是常态。然而，一些领队资质存疑，参与者未经专业培训。因此，让行业门槛成为安全阀门，完善户外探险行业准入机制是当务之急，对户外探险组织的申报、技术人员的培训等严格把关，扎实举办业务培训与安全知识讲座，用多多益善的"安全行囊"堵住风险缺口。

"罚"，使规制具备震慑性。对各个环节的违法行为严格执法，能最大限度降低"法不责众"的侥幸、追求"犯禁快乐"的冲动。2021年8月，16名驴友未经批准同意、擅自闯入西南某省一国家级自然保护区后被困，当地出动了370多名救援人员，历经十多个小时才成功营救。事后，相关人员也因此受到处罚。

此外，探险是和大自然的心心相印，大自然不应成为满足一己之需的工具。2017年4月，3名攀登爱好者为了攀爬三清山巨蟒峰，给历经上亿年演化才形成的巨蟒峰岩体打入26枚岩钉，被判刑并赔偿600万元，成为全国首例故意损毁自然遗迹入刑的刑事案件。

"疏"，让共识更有认同度。有机构在2020年进行的抽样调查显示：我国普通游客中至少参加过1项探险活动的占23%。这场"勇敢者的游戏"，需要以专业精神对抗复杂甚至无常的能力，需要对自然充满敬畏的规则意识，需要在源头上正确认识生命价值。通过充分宣传、积极引导，才能凝聚更多共识。

探险不是出门遛弯，而是严肃又带有危险性的活动，因此，在事前把其中的法律风险点好好捋一捋也很有必要。万一发生事故，本人是否有责任；本人和同伴之间构成怎样的关系，同伴对于损害结果是否有责任；旅游地行政机关对所辖区域是否尽到管理义务，对损害结果是否有责任……这里面涉及众多法律知识点，多"敲黑板"，就是给冲动盲从者浇浇冷水。

探险并非在自然界开盲盒，而是用理性激发灵感、用规矩拥抱热爱，这样才能既有"这一次"身体心灵的极大丰收，又有"下一次""再一次"的长长久久奔赴。

陈卓　吕铖亮　杨阳　执笔

2023 年 8 月 10 日

"一三四"是怎样的实战秘籍

> 经过无数次救灾以及抗疫等考验形成的"平战结合、下沉一线"的组织动员力，已经形成肌肉记忆，再加上我们脑中绷紧"一三四"这根弦，就能真正拿起灾后重建的有力武器。

一到夏天，东南沿海的台风就会蠢蠢欲动、不期而至。特别是在这个"七下八上"的阶段，主汛期近期碰上"杜苏芮"，让全国人民揪心。

汛情就是命令，险情就是战情，抢险救灾还在持续。同时，随着降雨的明显减弱，灾后重建的"下半篇文章"已经提上日程。

"浙江宣传"曾在《"轩岚诺"来了，牢记"一三四"》一文中，总结了习近平同志在浙江工作期间给我们留下的一部实用管用的"一三四"防台宝典。而对于如何推进灾后重建这个"系统工程"，习近平同志在浙江工作期间，也同样留下了一部"一三四"实战秘籍。

"一"就是"一种精神"。《之江新语》中《大力弘扬抗台救灾精神》一文，对广大党员干部和群众在狂风暴雨、生死考验中铸就的"抗台救灾精神"进行了系统阐发。这篇文章诞生的背景，是2005年入夏后，台风一次又一次侵袭浙江，面对人力不可抗拒的自然灾害，浙江广大党员干部和群众在风雨中百折不挠、连续作战，最终取得决定性胜利。

《习近平在浙江》记载，每当台风生成、来临、登陆及救灾时，习近平同志始终密切关注，靠前指挥，亲临一线，第一时间赶赴灾区，为灾区干部群众送上亲切关怀，鼓舞灾区群众重建家园。

事实上，无论救灾还是重建，我们离不开"宁听骂声、不听哭声""宁可十防九空，不可失防万一"这种以人为本、人民至上的宗旨观念，少不了及时研判灾情动态和尊重事实、应撤尽撤的科学态度，不能没有千里驰援受灾地的团结意识和万千民众守望相助的坚定信念，更不能缺少一个个军礼定格下的人民子弟兵关键时刻站得出、危难之际豁得出的英雄气概。

"因为穿了这身衣服，我得对得起大家！""不要表扬我，要表扬落坡岭所有的老百姓！"凡人的力量，精神的力量，伴随着一句句铿锵的话语，刻进了人们的心里。

"三"就是"三个原则"。在浙江工作期间，习近平同志曾强调，灾后重建工作是坚持执政为民、促进社会和谐的民心工程，务必高度重视，抓紧抓实抓好。

在笔者看来，"抓紧"就是要争分夺秒，把救灾工作作为压倒一切的任务。面对"杜苏芮"台风肆虐过后造成的"满目狼藉"，不少地区用"一键还原"的速度打通了公路、桥梁、电力等抢险救援的"生命线"，为灾后恢复争取了宝贵时间。

"抓实"就是强调实事求是帮老百姓解决急难愁盼。房子成危房怎么解决、庄稼被淹无法补种怎么办、工厂何时恢复生产……问题千头万绪，件件牵动民心。千方百计把情况想周全些，把沟通做得更细致些，把预案做得更充足些，才能切实让老百姓放下顾虑一起行动。

"抓好"就是着眼于灾民生活的长远保障。灾民从安置点撤回了，不代表救灾工作就结束了，要充分考虑如何修复灾情对群众生活生计的长期影响。据《习近平在浙江》记载，2006年8月，台风"桑美"重创温州市苍南县。在"桑美"灾后重建的大半年时间里，习近平同志前后3次到灾区指导救灾重建工作。他反复嘱咐"一定要让灾区所有的群众都有温暖安全的过冬场所，尽快让灾民搬进新房"。2007年小年，温州灾区2万多重建户在新家吃上了团圆饭。

"四"就是"四条要求"。习近平同志在部署温州救灾工作时就对当地干部提出要求：每个受灾乡镇都有领导干部蹲点，每个受灾村都有乡干部下去，每户重灾家庭都有党员干部挂钩，每家受灾企业都有相关部门联系。

这四个"有"，是对基层组织动员和服务保障能力的系统性考验。点位包干、责任到人，才能确保灾情排摸不漏一户；靠前指挥、蹲点一线，才能掌握群众和企业实际需求；阵地前移、主动挺进，才能真正成为群众的坚强依靠。

在百年不遇的洪灾面前，困难是现实的，但困难并不是无解的。经过无数次救灾以及抗疫等考验形成的"平战结合、下沉一线"的组织动员力，已经形成肌肉记忆，再加上我们脑中绷紧"一三四"这根弦，就能真正拿起灾后重建的有力武器。

洪水虽然正在退去，工作仍然不能有丝毫放松。

王云长　沈於婕　执笔

2023年8月10日

探寻"为了忘却的记念"

> "一切都会过去的,惟有真理长存"。硝烟弥漫的年代早已经远去,但真理和那些誓死守护真理的人在历史长河中永不湮灭。

忍看朋辈成新鬼,怒向刀丛觅小诗。

吟罢低眉无写处,月光如水照缁衣。

这首收录在鲁迅杂文《为了忘却的记念》中的诗,相信不少人都不陌生。"朋辈"是谁?他们因何而牺牲?鲁迅先生缘何如此悲痛?

一

20世纪30年代,世界并不平静,中国风雨飘摇。乱世中,一群中国文学青年毅然挺身而出。

那是1930年3月初的一天,在上海,中国共产党领导的第一个革命文学团体——中国左翼作家联盟("左联")正式成立。这个团体里,包括了鲁迅、茅盾、冯雪峰、夏衍等许多在我国文学史上留下浓墨重彩的文学巨匠。

有研究指出，1930年到1936年间，"左联"有480多个盟员和上百部作品，其中包括茅盾的《子夜》、鲁迅作序的《丰收》等，在中国文学史上有着举足轻重的分量。

在这个闪耀着光辉的团体中，还有五位青年，他们就是鲁迅在《为了忘却的记念》中所说的"朋辈"——李伟森、柔石、胡也频、冯铿、殷夫。

比如柔石和殷夫，或许因他们两人都是鲁迅的浙江同乡，受鲁迅的影响尤其大。

柔石第一次见鲁迅时，带着书稿《旧时代之死》，其中描述的"接受新思想又迫于生活走投无路"的学生形象，隐约有着他自己的身影。而后来创作出《为奴隶的母亲》的柔石，已然从"书生"转变成了"战士"；殷夫诗歌创作由迷茫走向坚定，也深受鲁迅的影响，他写下了大量"红色鼓动诗"，被鲁迅评价为"属于别一世界"的诗人。

然而，正当越来越多文学青年向着"左联"奔赴而来时，令人扼腕的事发生了。1931年1月17日，因叛徒告密，包括这五位"左联"作家在内的一批共产党人在上海被捕。2月7日，他们五人在上海龙华英勇就义，被称为"左联五烈士"。牺牲时，年纪最大的柔石仅29岁，年纪最小的殷夫才21岁。

二

"左联五烈士"的牺牲，给鲁迅留下了锥心之痛，于是他写下了饱含深情的《为了忘却的记念》。鲁迅念念不忘，是因为"失掉了很好的朋友"，更是因为"这三十年中……目睹了许多青年的血，层层淤积起来""中国失掉了很好的青年"。

他们身上，有革命青年的"孤勇"。孤勇，不是一时冲动，而是面对困难和艰险，始终拥有志气、勇气和骨气。

比如殷夫先后四次被捕入狱，但他至死不改革命初心。这个"小年轻"不满足于以笔为剑，全身心投入到无产阶级革命中。为表明立场，他甚至不惜与在国民党军界任职的大哥徐培根决裂。

他们身上，有新青年的"热血"。彼时，很多青年正从陈旧的婚恋观中挣脱出来，寻求个人情感与社会价值的一致性。比如柔石和冯铿就在追求共同的革命理想中相遇、相知、相恋。

在进行革命工作的同时，冯铿利用一切业余时间写作，在《重新起来》一书中，她描写了一对青年男女因革命与恋爱发生矛盾，导致悲欢离合的故事，以此表现革命如何从低谷走向高潮以及"重新起来"的过程。不幸的是，柔石和冯铿最终一起牺牲。

他们身上，有文学青年的"硬气"。在《为了忘却的记念》一文中，鲁迅评价柔石："只要一看他那台州式的硬气就知道，而且颇有点迂，有时会令我忽而想到方孝孺，觉得好像也有些这模样的。"

这里的"硬气"指的是坚定、正直，也形象地描述了包括柔石在内的"左联五烈士"的特点。比如李伟森被捕后，依然拖着沉重的脚镣教狱友识字。面对敌人反复劝降，他不为所动，还大声喊出："共产党员都是千锤百炼用纯钢打成的人。这样的人，你们永远杀不完。我们的良心和灵魂，永远属于我们的党。"

三

正如鲁迅所言："即使不是我，将来总会有记起他们，再说他们的时候的。"历史从未忘记这些青年。

在柔石的家乡宁海，可以见到以"柔石"命名的学校、公园、建筑；在殷夫的家乡象山，由他翻译出来的诗歌"生命诚可贵，爱情价更高，若为自由故，两者皆可抛"成了村里醒目的"招牌"之一……

历史奔涌前行，在"记起他们""再说他们"的时候，我们应该从这些年轻人身上记住些什么？

能在阳光下熠熠生辉，也要在黑夜里闪闪发光。第一次入狱时，殷夫还不满18岁。面对随时可能到来的牺牲，他冷静而激昂地写下《在死神未到之前》，一句"朋友，有什么呢？革命本身就是牺牲，就是死，就是流血，就是在刀枪下走奔！"成为他坚定理想信念的真实写照。"左联五烈士"用鲜血为中国无产阶级革命文学写了"第一篇文章"，在黑夜里，用理想之光点亮了奋斗之路。

目光向下，才能看得见大地。在《红黑》月刊《卷首题辞》中，胡也频写下了名句"文艺的花是带血的"，并号召作家深入到生活的底层，体验人民群众的"人间苦"。跳脱出知识分子的自忧自扰，将目光投向底层百姓的真实苦难，这是"左联"青年能在中国文学史上留下不灭印迹的很重要一个原因。

"一切都会过去的，惟有真理长存"。硝烟弥漫的年代早已经远去，但真理和那些誓死守护真理的人在历史长河中永不湮灭。如何用青春与激情、生命与热血续写光荣与梦想，这是新时代交给新一代青年的任务和使命。

杨静雅　石承承　孔越　执笔

2023 年 8 月 11 日

浙江从 1 到 10000000

弄潮于时代之巅，相信"1000万"将谱写出更加辉煌的"创业史"。

8月10日上午，浙江举行第1000万户市场经营主体营业执照颁发仪式，正式宣告浙江市场经营主体总量突破1000万户。

我们不禁想到43年前，经营"小百货"的温州姑娘章华妹，拿到中国第一张个体工商业营业执照。而昨天，一家以电动汽车充电基础设施运营为主的新能源运营服务企业，成为浙江第1000万户经营主体。

从1到10000000，浙江走过怎样的路？

一

这"1000万"中，有世界500强上榜企业，它们是实力担当、领军先锋；有小众赛道的初创团队，他们以梦为马、创造奇迹；也有家门口的"夫妻档"，他们"三餐四季"，经营着"人间烟火"……每一个都是浙江的"面孔"，从中我们可以感受浙江的特质。

"骨子里的基因"使然。这片土地天生"自带"创业基因，广大民众有着浓厚的商业意识和强烈的创业欲望。在浙江工作期间，习近平同志就指出，"浙江自古就有义利并重、农商并举的文化传统。这种地域文化哺育了浙江人特别能适应市场经济的思想观念和行为方式，成为发展市场经济的精神动力"。如今在浙江，平均每天诞生6400多个老板，每7个人中就有1个是老板，每19个人就有1家企业。

"一方土壤"的孕育。浙江善于"无中生有"，在缺乏区位、资源、政策等先天优势的情况下，凭借首创精神，依靠草根力量，在夹缝中打开生存发展空间，创造了"温州模式""义乌经验"等一个又一个奇迹。今年7月，浙江一家民企自主研制的火箭在甘肃酒泉发射，成为首枚成功入轨的液氧甲烷火箭。可以预见，在这片孕育奇迹的热土上，民营经济将不断地冲上"云霄"。

"阳光雨露"的滋养。改革开放以来，浙江得风气之先，在市场化体制机制构建中先走一步，浙江民营经济蓬勃发展，总量和规模逐渐扩大，发展水平和竞争力不断提高。广大浙商不畏艰难向前走，弘扬"四千精神"，命运的齿轮飞速运转，书写着各自不平凡的创业故事。特别是进入新世纪以来，浙江发展面临"成长的烦恼"，时任浙江省委书记习近平亲自擘画实施了"八八战略"，第一条就是进一步发挥浙江的体制机制优势，大力推动以公有制为主体的多种所有制经济共同发展，不断完善社会主义市场经济体制。这为浙江民营经济实现更好更快发展提供了重要指引。

"一有阳光就灿烂，一有雨露就发芽"，民营经济拔节生长的背后，是浙江持续发力、久久为功，始终坚持"高看一眼、厚爱三分"的稳稳托举。这些年，浙江出台《浙江省营商环境优化提升"一号改革工程"实施方案》，还高规格召开全省民营经济发展大会、世界浙商大会，颁布《浙江省民营企业发展促进条例》《浙江省促进中小微企业发展条例》等系列法规，持续打造营商环境"最强内核"，深化"证照分离""一件事一次办"等改革措施，实施"5＋4""8＋4"等稳经济一揽子政策，想方设法给企业办事减负，为经营主体排忧解难。据全国工商联发布的《2022年"万家民营企业评营商环境"报告》显示，浙江营商环境满意度2020至2022年连续三年居全国第一。

1000万户经营主体，成为点亮浙江经济的"满天繁星"。统计显示，1000万户经营主体中，民营经营主体占比96.69%，民营企业占企业总量92.05%。可以说，它们如毛细血管遍布之江大地，源源不断迸发新鲜活力，汇聚起浙江发展的强劲动能。

二

2018年，在民营企业座谈会上，习近平总书记指出，一些民营企业在经营发展中遇到不少困难和问题，有的民营企业家形容为遇到了"三座大山"：市场的冰山、融资的高山、转型的火山。当前，浙江需要继续挑大梁、打头阵，1000万户经营主体是关键。而这"三座大山"依然带来不少挑战。

根据国家统计局发布的中国经济"半年报"，有专家指出当前国际环境复杂严峻、世界经济低迷、国内需求仍显不足，特别是汽车、家电、住房等大宗消费潜力仍待进一步释放。如何"破冰"甚至"冰上起舞"，考验着经营主体的韧性和智慧。浙江已有不少企业正在开拓"冰山"下更大的市场，比如今年截至7月中旬，全省已有超1万家企业赴境外开展商务活动，达成意向订单超1130亿元。

当前的发展形势下，企业想要提高竞争力和抗风险能力，转型升级是必然选择。然而不可否认，在经济快速增长期，有的经营主体一味追求"铺摊子、上规模"式的野蛮生长，疏于修炼"内功"，忽视了研发投入、产品升级、人才引进，导致出现经营不稳健、跟不上市场步伐等问题；还有的地方不考虑实际情况，一味引导追逐所谓的"风口"，一窝蜂发展新产业、新业态，忽视了实体经济和传统产业，让企业迷了路、绕了道。这都使得"转型的火山"一时难以跨越。

值得关注的是，浙江民营企业数量多、跨度广，有各类各样的资金需求。然而"融资难"却成了一些民营企业难以翻越的"高山"。近年来，政府部门连续出台一系列金融举措，引导金融资源更多地流向民营经济，一定程度上缓解了企业生存发展的"燃眉之急"。下一步，如何用好资本"红绿灯"制度，进一步营造公正公平的融资环境，发展基金、信托等财富保值增值业态，完善金融司法等，还亟待深化创新探索。

三

到达"1000万"路标后，怎样又快又稳跨越"三座大山"？如何做强做优民营经济，从"草根经济"迈向"树根经济"？浙江需要沉心聚力再出发。

坚守草根创业的初心。浙江民营经济可贵的地方就在于"草根创业"，得以涌现出一个个"草莽英雄"，熔铸形成"想干敢干、说干就干"的创业文化和企业家精神。而今风高浪急时刻，尤需回望创业的初心，拿出逆流而上的精神，保持敢打敢拼的状态。

提振贵比黄金的信心。坚持做正确的事情，也是改革的应有之义。近年来，中央为民营经济定调发声、稳定预期，方向是明确的，态度是坚定的。从打出一揽子政策"组合拳"，到浙江强力实施营商环境优化提升"一号改革工程"，举措是有力的。下一步，聚焦民营经济所需所盼，工作要更细、措施要更实，凸显政策的可感度和到达率。以春风化雨般的真心激荡比黄金还贵重的信心，确保民营企业放下心来、轻装上阵"向前冲"。

笃定付诸行动的决心。企业打造硬核竞争力、积蓄创新势能、实现升级跃迁，不能光想一想、喊一喊，也不能等一等、看一看。政府要引领产学研全链条，构建助推创业创新的"热带雨林"生态，提供单靠企业主体难以做到的平台底座，而企业也要勇于走出"舒适区"，锤炼提升能打、抗打的本领，一起跨越"市场风雨"和"创新之坎"。

唤醒勇闯天涯的雄心。浙江历来是吃改革饭、走开放路的，浙江经济有着线上通线下闯、买全球卖全球的鲜明特质，创造了"地瓜经济""天下浙商"的景象。在国内国际"双循环"、"一带一路"的大格局下，在实施"地瓜经济"提能升级"一号开放工程"的大战略下，在浙江自贸区、跨境电商综试区等制度平台加持下，浙江企业更应保持全球视野、开放意识，义无反顾走出去，想方设法走更远，让"地瓜经济"块茎更壮、藤蔓更长。

保持向上生长的恒心。有风有雨是常态，今天比较难，明天也会有挑战，必须有穿越黎明前的黑暗的耐心和准备。先发优势和外向型经济特点，决定了浙江属于最先感知风向、最易受到影响的区域。浙江民营经济高质量发展，需要把握市场、向下扎根，更需要把握趋势、向上生长，以足够的定力应对短期的不确定性，成为跨越周期的"远行者"。

1000万经营主体，宛如1000万朵浪花，共同汇成浙江经济的大潮。弄潮于时代之巅，相信"1000万"将谱写出更加辉煌的"创业史"。

徐伟伟   杨昕   章涛   吴俊   执笔

2023年8月11日

"包青天"与"赵青天"

> 透过"青天"们，人们不仅看到直言敢谏、不畏权势、清白廉洁、诚心爱人的清官形象，也能感受到中华优秀传统文化中蕴含的厚德养廉、公而忘私、清正自守的廉洁文化。

在中国，刚正不阿、铁面无私、清廉爱民的"包青天"形象深入人心。而与包拯同时代，也有"青天"之称的另一位人物，却知之者不多，他就是赵抃。

翻开《宋史》，衢州人赵抃与包拯同传而列，两人在当时都是妇孺皆知的人物。然而，为何包拯在后世却成了更为众人所熟知的清官？包、赵二人在为官之道上又有着怎样的共性？

一

历史要"捧红"一个人，既有必然性，也有偶然性。

宋代工商业兴盛、小市民阶层不断兴起，文化也带有鲜明的市民色彩。此时，更接地气、冒热气的白话体小说和戏曲也得到了重要发展。悬疑烧脑的诉讼公案与凄美共情的爱情故事，是各大剧场"上座率"的保证。

《续资治通鉴长编》等史料记载了包拯审理真假皇子案、藏匿酒友黄金案，这也是文艺创作者以包拯为主角，虚构狸猫换太子传奇、黄金案的开端。此后，元曲家、明清小说家们不断加工、创作有关包拯的文艺作品，他们对包拯的"偏爱"成为包拯"火"的必然。

在一次次演绎中，包拯也从实际上的白面书生，逐渐"演化"为黑面高大、额上有月的威猛形象。

胡适曾说："古来有许多精巧的折狱故事，或载在史书，或流传民间，一般人不知道他们的来历，这些故事遂容易堆在一两个人身上。"在一些吸引眼球甚至匪夷所思的断案之中，许多民间传说不约而同选择了包拯，把许多离奇案件的破解都归功于他，智勇过人、神机妙算的"包大人"就这样成为中国的福尔摩斯。

其实，"包大人"形象当中，也不乏赵抃的影子。"铁面御史"这一成语，指的就是赵抃。

赵抃经历了北宋中期仁宗、英宗、神宗三朝。为官40余年，他不蓄资产，俸禄家资多用于济贫扶孤，公而忘私。

有人说，文艺作品和舞台上的"包大人"，并非仅仅是包拯，其形象原型一半是"黑脸"包拯，另一半是"铁面"赵抃。

实际上，时至今日，"包大人"已成为一个奉公守法、为民请命、铁面无私的清官文化符号，至于解开这些离奇案件的"高人"到底是谁，似乎已没有那么重要。

二

"世有公像，如月在水。"这是大文豪苏轼的深情"表白"，点赞的正是赵抃明辨是非的正义和一心为民的真情；他还写下碑文以表达对赵抃的敬意，"东郭顺子之清，孟献子之贤，郑子产之政，晋叔向之言"，而赵抃"兼而有之"。

苏轼笔下的赵抃堪称完美，这并非没有由来。赵抃为官不畏权贵、不徇私情、公正严明。

比如，正直之举在赵抃身上屡见不鲜：他连连上奏章弹劾宰相陈执中、弹劾三司使王拱辰、弹劾枢密使王德用……"弹劾不避权幸，京师号公'铁面御史'"，赵抃也成为以"铁面御史"之令誉载入"二十四史"的唯一一人。

"铁面"之外，赵抃的清廉亦深得人心。赵抃四次入蜀、五任蜀职，治蜀兴川是他"职业生涯"的高光时刻。

赵抃深知当地症结所在。因"山高皇帝远"，当时蜀地官员大多追求奢靡之风，对舒适安逸的生活极为享受，这已成为四川吏治中民愤极大的一患。

于是，他带着全部"身家"——一匹瘦马、一张古琴、一只白鹤、一名老仆赴任，以身作则，整顿官场贪腐恶习。苏轼亦感叹"清献先生无一钱，故应琴鹤是家传"。此后，"一琴一鹤"成为为官清廉的比喻。

三

包拯的美名，成于其任端州（今肇庆）知州期间。如今，肇庆重建的包公祠山门两侧，刻着启功撰写的楹联："正直遗型传秉史，清忠初绩著端州。"

赵抃亦是如此，成都、杭州、武夷山等地，都留下了他的印记。不过，比之"黑脸"包拯，赵抃有着一些江南文人的风雅，或许更令人感到亲近一些。

我们不妨想象，曾经，在崎岖的蜀道上，一个老人，身着旧官袍，眼窝深陷、颧骨凸出，双手嶙峋、指节分明。清风穿过他的宽袖，拂过古琴与白鹤，留下"举朝五往东西蜀，还有区区似我无"的场景。经过湔水时，他借水明志："吾志如此江清白，虽万类混淆其中，不少浊也。"

几百年后，湔水改名为青白江，成都设立青白江区，崇州建琴鹤广场、修赵陆公祠；在武夷山，"清献堤下清献河，清献河上清献桥，清献桥顶清献亭，清献亭傍清献祠，清献祠里清献梅，清献梅下清献碑"的民谣传唱至今。"清献"正是宋神宗赐给赵抃的谥号。

千年青白江水悠悠，铁面无私和清正廉洁的背后，是拳拳的爱民之心。"铁面"赵抃、"黑脸"包拯为封建社会的百姓们带来了一束光，不论是他们生前的家喻户晓，还是身后被创作不休，都体现着人们对"清心直道"式官员的敬重与爱戴。

透过"青天"们，人们不仅看到直言敢谏、不畏权势、清白廉洁、诚心爱人的清官形象，也能感受到中华优秀传统文化中蕴含的厚德养廉、公而忘私、清正自守的廉洁文化。

今天，倡导包拯和赵抃的当代价值，亦是在提醒广大党员干部，应时刻不忘廉于自身、廉于职务，廉于人民、廉于社会，纵使清风两袖蹒跚山间，也当初心不改、虽远不怠。

郑晨　杨阳　执笔

2023年8月12日

传统手工艺不能走在"消逝"中

> 艺术当随时代，手艺当领时尚，传统手工艺不能行走在"消逝"中。承载着丰富文化内涵的古老手工艺是珍贵宝藏，一直等待着被传承、被唤醒。

前几天，成都大运会落下帷幕。从代表团引导员手中高举的引导牌，到由蜀锦织造技艺制作的奖牌绶带，蜀绣元素频频出现于大运会；成都街头巷尾的市集上，琳琅满目的手工艺品被外国运动员装进行囊带回家。

这个夏天，贵州"村BA"也带动了苗绣、蜡染和银饰等火爆热销，传统手工艺向世界展示出独特魅力。

与此同时，一项基于四省区的手工艺调查显示，有55.56%的传统手工艺面临着技艺失传的危险。可见，时间和艺术的关系紧密而微妙，既可如白酒存放越久越香醇，也可能会随着时光流逝而走在"消逝"中。传统手工艺如何跨越时间、历久弥新？

一

玉器、瓷器、木雕、石雕、丝绸、制茶等传统手工技艺，贯穿中华民族的发展历程，深深熔铸于我们的文化谱系之中，承载着多重价值。

工匠精神的载体。"器以载道"，传统手工艺凝结着中华工匠薪火相传的劳动智慧。像是"好墨十万杵"的标准，捶捣出千年不褪色的徽墨；"二十般武艺"的工序，造就了古朴典雅的温州东源木活字印刷术；陶器瓷器的出产，须经过做坯子、晾干、画花、烧制等多道工序，且工期不短。

前不久，习近平总书记在苏州考察调研，观看苏绣制作，听到四代人传承的故事后十分感慨："中华文化的传承力有多强，通过这个苏绣就可以看出来。像这样的功夫，充分体现出中国人的韧性、耐心和定力，这是中华民族精神的一部分。"

民族形象的名片。这些传统手工艺生动表达了地域文化、民族文化，展现着技艺之美、文明之慧，为中华文化走向世界打开了通道。

"千里迢迢来杭州，半为西湖半为绸"，色彩缤纷、优美华贵的丝绸让人们对杭州心生向往；"巧剜明月染春水，轻旋薄冰盛绿云"，一抹秘色瓷神秘了千年，惊艳了世界。

特色经济的摇篮。传统手工艺大多依托当地资源禀赋而生，就地取材，也成为当地相关产业发展的优势和基础。比如，汉中藤编就是以青藤、竹、木为原料，运用手工编制各种生活器具和工艺品的传统技艺，汉中藤编产业也成为让当地脱贫群众持续增收的特色产业；令人惊艳的特色苗绣，结合了传统与时尚，既是文化又是资源，推动乡村品牌培育、产业发展。

可以说，散发着"天人合一"独特魅力的传统手工艺，是中国丰富的文化艺术内涵和多元风土民俗的承载者、传播者，是中华文明的象征和典范。

二

然而，随着社会发展节奏的加快，传统手工艺赖以生存和维系的环境发生了变化，曾经熠熠生辉的它们，在今天面临着不同程度的制约与瓶颈。

"传承难"。传统手工艺的传承，需要"三年打杂，十年入行"乃至"择一业，终一生"的耐性。因为学艺时间长、门槛高、回报不稳定，很多年轻人不愿意学习手工技艺；外界对手工艺人也存在文化水平低、收入不稳定、社会地位不高等固有认知。

此外，笔者调研发现，传统手工艺的传承大多还停留在小范围的"父传子、师传徒"，职业教育等现代化人才培养模式建设滞后。传承难题，成为很多门类的手工艺普遍存在的困境。

"创新难"。传统手工艺品要得到更好更快的发展，须坚持"古为今用、推陈出新"。传统，要坚守，但不能固守。有的手工艺产品在创意设计、新产品研发、衍生品拓展等方面存在不足，看似"守"住了原汁原味，却"守"不住长远发展。

比如，目前，丝绸产品从丝绸工艺到设计水平等面临创新不足，产业文化特质和个性偏弱；又如，近年来摆在木雕红木家具产业面前的一个课题是，产品多数为明清时期风格，能够在造型设计和产品概念上进行创新的产品较少，须加快转型发展。

"变现难"。手工艺界有一种说法：大师的作品卖得好而贵，而大部分普通手艺人只能按照工时费计算价值，作品要么难卖，要么廉价。由于手工艺品多为"作坊式"生产模式，具有一定"隐秘性"，导致外界较难充分认识其凝结的时间与精力。人们在购买这类产品时往往会按照工艺品的价格进行比对，忽略了其工时消耗，也忽略了其文化艺术属性。

三

据《习近平在浙江》一书记载，2005年5月4日，时任浙江省委书记习近平同志在省政协文史委《关于浙江民间手工艺保护、开发和利用情况的调研报告》上批示："浙江的民间工艺是祖国艺术宝库的奇葩，应注意保护与传承。在文化大省建设中要加强这方面的工作。"那么，手工艺该如何更好地保护与传承？笔者认为，可以从以下几方面入手。

"守艺"，要以人为本。手工艺是人民在生活中创造的，人是主体。要让手工艺拥有源源不断的发展动力，需要真正让它的审美和趣味"落实"到人们的生活中。

比如，近年来，景德镇一直致力于打造艺术生态圈，让传统工艺回归大众，陆续开设的体验课程让人们享受着沉浸创作的乐趣；浙江东方职业技术学院开设了瓯窑学院，培养年轻人，使瓯窑有了延续生命的"窑火"。

"扬艺"，需与时俱进。"学样儿吃不饱，创样儿能吃好。"传统手工艺是代代手工艺人在传承基础上不断创新的成果，今天，手工艺的发展也应与时俱进，充分融合审美、时尚等元素，融入时代、深入生活。

比如，欢娱影视将缂丝、京绣、绒花、点翠等数十项传统手工艺融入《鬓边不是海棠红》等影视剧，随着电视剧热播，绒花、缂丝等手工艺品成为新国潮产品，还接到了海外订单；比如，滩羊皮鞣制工艺传承人用新原料改进了老法制作毛皮异味大、容易受潮发霉等缺点，还对传统式样改进创新，受到年轻人喜爱。

"售艺"，应形成产业。传统手工艺的发展不仅需要"大师"，也需要形成更完善的产业链。手工艺如何融入生活，要进行商业模式的研究、销售路径的拓展，需要设计师、商业平台以及政府部门的共同努力。

在温州，倡导"生活美学"消费理念的青灯市集，为全国各地传统手工艺人搭建了一个交流、展示和销售的场景；又如，电商平台助力手工艺发展，某平台一项数据显示，过去一年，手工艺等非遗传承人带货成交额同比增长194%，陶瓷杯、紫砂茶壶、花丝镶嵌项链等产品都备受消费者喜爱。

艺术当随时代，手艺当领时尚，传统手工艺不能行走在"消逝"中。承载着丰富文化内涵的古老手工艺是珍贵宝藏，一直等待着被传承、被唤醒。唤醒、焕新，并非简单地"复制过去"，而在于用创新的思想、现代的手段进行转化，努力让它们融入时代洪流，创造出属于我们这个时代的新文化。

郑思舒　池挺　执笔

2023 年 8 月 12 日

这条路何以让李白魂牵梦绕

> 今天，如果说我们打江南走过，却没有踏上这条唐诗之路，没有领会李白一生"四入浙江、三入剡中、二上天台山、一上四明山"背后的兴致与惆怅，没有感知这条诗路风生水起的高光时刻，又怎能读懂"诗画江南、活力浙江"的厚重与积淀？

天宝三年（744）春，李白在长安送走了他的忘年交贺知章，并约定来日同到绍兴镜湖泛舟畅游。三年后，他专程前往会稽寻访这位长安旧友而不遇。随后，李白取水道乘舟朝东向大海，经宁海登天台山，一路流连山水行吟不辍。

这是他第三次来浙江，这条路线，他已经很是熟悉。

30年前，中国唐代文学学会将这条从钱塘江出发，沿浙东运河经萧山、绍兴到曹娥江，再沿剡溪达新昌的天姥，最后到天台山的山水之路，命名为"浙东唐诗之路"。

那么，"浙东唐诗之路"何以让游遍千山万水的李白流连再三，并留下诸多深情咏唱？

一

开元十三年（725），24岁的李白从四川东游楚地时，就在诗中表达了对浙江山水的向往："此行不为鲈鱼鲙，自爱名山入剡中。""剡中"就是今天的绍兴嵊州一带。

两年后的仲夏，李白经镇江赴杭州、游越中，继而由剡中到天台山，并留下《别储邕之剡中》："舟从广陵去，水入会稽长。竹色溪下绿，荷花镜里香。辞君向天姥，拂石卧秋霜。"这是他用诗歌编制的一套绝佳的旅行方案。

此后，他又至少于开元二十七年（739）、天宝六年（747）、天宝十二年（753）三次入越，留下涉及"浙东唐诗之路"的传世诗篇50余首。

在他的生花妙笔之下，晨光中的百越最高峰天台山，可以"门标赤城霞，楼栖沧岛月"；独行在越中的伤心人，能够"一为沧波客，十见红蕖秋"；偶遇陌生人的耶溪采莲女，棹歌回头后"笑入荷花去，佯羞不出来"……

754年，一个名叫魏万的年轻人，踏破铁鞋赶了将近1600多公里的路程，才追上他的偶像李白。

大为感动的李白为这位忠实粉丝写了一首长诗《送王屋山人魏万还王屋》，以魏万千里寻访李白的视角，再次记录了自己探寻浙江这片壮丽山水的行程轨迹："遥闻会稽美，且度耶溪水。万壑与千岩，峥嵘镜湖里……"

二

这条山水诗路，为何能够给予李白以莫大的艺术灵感？我们不妨从《梦游天姥吟留别》的创作背景来窥探一番。

事实上，在747年这次浙江之旅的前几年里，李白的内心就充满了惆怅与苦闷。这也是《梦游天姥吟留别》的创作背景与基调。

大多数李白的年表这样记载：744年，春日将尽，浸透了长安冷月的李白在送走老友贺知章不久，就向皇帝提出了请求"归山"的辞呈。而那位曾对他降辇步迎，"以七宝床赐食于前，亲手调羹"的唐玄宗，甚至连一句客套的挽留都没有。

虽然当时唐玄宗"赐金"李白，还封他一个"无忧学士"的荣誉头衔，可败走京城的李白觉得自己并不光彩，于是他并不急着回家，而是四处寻找大师皈依道门。

在这次游历途中，李白遇到了唐诗的另一巨星杜甫。虽然他依然维持着狂放潇洒的行止，但比李白小11岁的杜甫，还是细心觉察到了这位大哥内心的痛苦与煎熬——"痛饮狂歌空度日，飞扬跋扈为谁雄。"

这一年秋天，两人在开封又遇到了以边塞诗闻名的高适。他们先是漫游梁宋，后又重聚在齐鲁大地，度过了一段愉悦而美好的时光。

三人分别后，李白便开始了南行访越的准备。他对朋友们说，要去越中求仙访道。但内在原因，不排除他需要行走在更为清秀的山水中，消解自己离开长安、才华无处施展的痛苦。

也正是有了这个理由，才有了这首盛唐名篇。梦中的李白来去如飞，轻快地走向这座让他魂牵梦绕的名山："我欲因之梦吴越，一夜飞度镜湖月。湖月照我影，送我至剡溪。谢公宿处今尚在，渌水荡漾清猿啼。"

这首诗，一如电影《长安三万里》中汹涌澎湃、绚烂至极的《将进酒》，节奏错杂纷呈、气力雄浑激昂。

这段依托天姥山的造梦之旅，给予李白从癫狂到无限落寞的情感抚慰，也纾解了他逐梦长安而不得的苦闷和郁结。尘世的坎坷，终拘不住理想的超越和精神的高韬——"且放白鹿青崖间，须行即骑访名山。安能摧眉折腰事权贵，使我不得开心颜！"

当然，另一种记载是，746年，自春以后，李白就屡生南游之思，直到秋天，大病初愈就再次周游鲁郡，留下了这篇告别齐鲁的记梦诗。时间久远，李白当时的心境到底如何，已很难考证，但他对浙江山水的留恋毋庸置疑。

三

除了绝美的山水风物，李白多次奔赴浙江，还在于这里有他一生中为数不多的知己，有他心心念念的偶像。

747年秋，李白到达此行中的重要一站——贺知章的老家会稽。但到了之后才得知，这位当年在长安一见面就惊呼他为"谪仙人"的老人已经去世。

看到贺家老宅池塘中依然绽放的荷花，走到老先生墓地的大柏树下，李白一定想起了跟这位太子宾客在京城的相遇：五年前，两人初次见面就极为投缘，兴致勃勃地来了一场畅饮。可酒后却发现谁都没带足够的银子支付这桌酒菜，于是贺知章把皇帝赐予自己这位三朝元老的金龟子摘下来当饭钱，留下了"金龟换酒"的美谈。

此时此刻，李白只能一个人到镇上独饮，怅然地留下短诗《对酒忆贺监二首》来纪念这位老友："人亡余故宅，空有荷花生。念此杳如梦，凄然伤我情。"

事实上，李白行走的这条唐诗之路，早在东晋就已写下序曲。谢安、谢灵运等人在浙地留下的浓郁的魏晋遗风，就足以让天性崇尚自然的李白沉醉不已。

李白不仅到过谢灵运的故乡上虞东山探访，并留诗《谢公宅》，还"且从康乐寻山水"。至于谢安，李白更是一再赋诗称羡，表达对这位将军功成身退的久仰与钦佩。

据中国唐诗之路研究会相关研究人员统计，在"浙东唐诗之路"这条星光璀璨的古道上，留下了唐代500多位诗人的足迹，以及2500余首诗篇。也就是说，《全唐诗》收录的2200多位诗人中，差不多有1/4来过浙东。

今天，如果说我们打江南走过，却没有踏上这条唐诗之路，没有领会李白一生"四入浙江、三入剡中、二上天台山、一上四明山"背后的兴致与惆怅，没有感知这条诗路风生水起的高光时刻，又怎能读懂"诗画江南、活力浙江"的厚重与积淀？

杨金柱　楼勇军　执笔

2023 年 8 月 13 日

在"众声喧哗"中寻求共识

> 如何在热议中化解分歧、在交锋中凝聚共识，不仅关系到网络生态环境的质量，也决定了当代中国社会如何更好地构建一个宽容理性的公共空间。答好这道"必答题"，就要"团结一致向前看"，各方携手求共识、谋共进。

从人类社会发展史来看，一个社会要想"办成事"，基本的价值共识必不可少。

昨天，2023网络正能量一江山论坛在台州举办，各界网络群体代表、专家学者围绕如何寻求共识、共建友善和谐的网络空间进行了交流和探讨。

现如今，每逢公共热点事件，网络空间中"众声喧哗"成为常态，甚至还会出现舆论失序问题。所谓"众声"，意味着多元，不只有"一个声音、一个调子"；所谓"喧哗"，则暗含纷扰、对峙之义。

在这个"舆论的力量不容小觑"的时代，我们面临怎样的"共识困境"？又该如何"不为喧哗遮望眼"？

一

一个开放包容的社会，就是要在承认差异的基础上谋求共识，既让不同的声音和观点得到充分表达，又能从不同意见中寻找到求大同存小异后的"最大公约数"，从而推动社会发展进步。

什么是共识？比如，对关系到国家前途命运等大是大非议题及涉及善恶荣辱的问题，网上民意总是惊人的一致。如，对去年"佩洛西窜台"的"政治表演"，网民迅速凝聚起"希望祖国完成统一大业"的普遍共识；某脱口秀节目连续两场出现严重侮辱人民军队情节，引发网友集体谴责；等等。

然而关于一些社会公共事件、热点事件，"共识缺席"现象就比较普遍。世界诡谲多变，社会结构和人们的思想认知持续调整，杂音、噪音不少，纷扰、对峙不少。

热衷"站队"。有的事件发生后，不同群体之间容易陷入二元对立的误区，从而发表相互冲突甚至挑衅的言论。前两年的"错换人生28年案"就曾引发巨大舆论关注，两方支持者壁垒分明，甚至会"越界"到对方阵营里骂几句。

此外，不少自媒体在"流量诱惑"下，不惜以立场决定事实，以"站队逻辑"取代"是非判断"，以此挑动网民情绪、吸引网民眼球，在短时间内谋求流量和利益。

习惯"抬杠"。不可否认，小部分网民习惯在网上抬杠、挑刺，一言不合就"互撕"，为了反对而反对。如，2020年一名医生术后喝葡萄糖的视频在网上引发"杠精式质疑"："葡萄糖交钱了吗？"很多热点事件的评论区，排名前几位的往往是极端、另类的言论，其目的很可能不是为了寻求讨论，而是为了争夺评论区话语权。

恶意"揣测"。在一些公共事件中，即便政府已经作出公开解释，少部分网民却仍会含沙射影地表示这是蓄意哄骗，并将一切"坏事"的产生原因归结到某种"阴谋"上。比如，今年2月，在一起学生失踪案中，官方通过各种刑侦手段推导出结论并向公众发布，然而在社交平台上，仍有一些耸人听闻的谣言频频传出，仿佛背后包藏"惊天阴谋"。

道德"审判"。由于网络空间的虚拟性、匿名性，少数网友常常在网上站在道德制高点对他人进行批判、贴标签、有罪推定等。比如，在某小学生遭遇车祸身亡事件中，其母亲因衣着得体、言辞较为理性等原因，遭到大量网友攻击。

二

一些网络舆论对峙甚至走向撕裂，难以形成共识，有着怎样的内在逻辑？

热点事件中舆论和情绪的交织，常常是现实社会矛盾和问题的直观反映。比如，有的人在日常工作生活中遭受了不公正待遇，心中郁积了失衡、不满、焦虑等负面情绪，一旦碰到与自己"境遇"类似的事件，"同是天涯沦落人"的共鸣情绪或"路见不平一声吼"的"正义"情绪就会"寻隙迸发"，并将网络渠道作为非理性情绪的"排气孔"。

由于各种原因，公职人员在网络舆论场较易遭遇质疑与针对。一方面，少数干部以权谋私、作风粗暴等负面新闻经网络舆论扩散之后，容易让不少网友以偏概全地认为"公务员都是这样的"，影响公职人员群体的整体舆论形象。另一方面，权威发布和公开回应不及时不透彻,导致各种谣言"趁虚而入",一些网友在网上传播各种信息,造成舆论沸腾。

此外,社交圈群的传播属性,加大了不同圈层之间达成共识的难度。一旦发生热点事件,在"算法茧房"的作用下,同质化意见不断"内卷",圈子内部的共识度往往更加稳固。如对一些娱乐话题,尤其涉及自家"爱豆"时,不同"饭圈"之间互相看不惯,争论充满"火药味"。

一些自媒体、MCN机构、网络大V为了追逐利益,有组织、有策划地一哄而上,炒作热点事件、挑起舆论对立,有的甚至有境外势力干预。他们聘请"水军"海量发帖,在网络平台上发布虚假信息以及"蹭热点""带节奏""搅混水"的言论,有的甚至孵化出两批账号"左右互搏",误导网民判断。

三

舆论多元本是社会开放的一种体现,但一旦陷入非理性的"口水战",分歧积聚到一定程度,就会对社会稳定发展带来负面影响。如何在"众声喧哗"中寻求共识,是今天的我们必须面对的一个现实命题。

对待"骂声"既不能"过敏",也不能"麻木"。互联网既是情绪池,也是意见场。随着大众新期待和新诉求接连产生、变化,形成不同声音是常态,有"骂声"也是常态,关键是该以何种态度去应对。

对相关部门和党员干部来说,应当充分发挥主观能动性,将各种声音作为反映社情民意的"晴雨表",把网民反映的问题和意见逐个解决,做到"大事小事不小觑"。正如"浙江宣传"曾说,要想处置"舆情",先要做好"事情"。

用主动发声引领舆论风向。舆论争议很多时候是因事实模糊造成的。官方作为权威信源应始终保持公开透明，积极回应网民关切，主动发布的"料"给得越足，负面舆论炒作的空间就越小；主流媒体也要客观公正报道，不能将未经证实的信息或观点作为事实来报道，避免网民在舆论风暴中被误导。

为自由和秩序厘清"合规边界"。网上发声是网民的基本权利，但如果任由噪音、杂音肆意传播，将对整个社会造成不可估量的伤害，这就需要为舆论表达划定合规边界。一旦超出理性讨论范围，构成对他人利益或公共利益的侵犯，无论是平台还是个人都理所应当受到约束和监管。

近年来，互联网领域法律法规的陆续出台也在告诉我们，只有将信息内容纳入法律框架，网络舆论才能更好地为社会服务。

每个人都应在"喧哗"中保持冷静。针对热点事件的讨论，争议各方最终需要在尊重事实的基础上取得相对共识。面对庞杂的观点和意见，不能盲目"站队"，应当保持理性思考的能力，依据可信的新闻媒体和专业的调查报告形成准确判断。

习近平总书记曾指出："中国这么大，不同人会有不同诉求，对同一件事也会有不同看法，这很正常，要通过沟通协商凝聚共识。"

如何在热议中化解分歧、在交锋中凝聚共识，不仅关系到网络生态环境的质量，也决定了当代中国社会如何更好地构建一个宽容理性的公共空间。答好这道"必答题"，就要"团结一致向前看"，各方携手求共识、谋共进。

徐岚　沈邱瑜　陈嘉梁　执笔

2023 年 8 月 13 日

跟着白鹭游浙江

我们期待，越来越多在浙江大地上自由飞翔、快乐起舞的白鹭，能够继续见证这片大地追"青"逐"绿"的动人故事。

"漠漠水田飞白鹭，阴阴夏木啭黄鹂。"浙江沿海地区是候鸟南北迁徙的必经之地，其中，白鹭更是主角，它们在初春就结伴而来，一直到10月才会离开，而6至9月，白鹭在浙江的数量达到顶峰。

在浙江，白鹭栖息已有千年，它还被称为"大气和水质状况的监测鸟"。由于白鹭对生态环境要求极高，白鹭种群数量的变化可作为地区环境监测的一项动态指标。

它们是水边隐士、江田长者，默默见证着一方水土的变化。

一

翻开古典诗词，江南风景少不了白鹭的点缀。"白鹭似江涛"，义乌人骆宾王曾惊叹白鹭齐飞的壮观景象；"夜起沙月中，思量捕鱼策",海宁人顾况把白鹭夜间捕食的景象描绘得惟妙惟肖;在诗人朱放笔下,"漠漠黄花覆水,时时白鹭惊船",野趣横生的剡溪当然也少不了白鹭……

最出名的或许还属湖州,张志和在《渔父歌》中写道:西塞山边白鹭飞,桃花流水鳜鱼肥。这是流传千年的经典。

一身雪白蓑毛,铁色的长喙,青色的脚,白鹭有着"素之一忽则嫌白,黛之一忽则嫌黑"的恰如其分的美。白鹭喜静,不主动扰人,静静伫立在竹林、水田旁,看农民劳作,观炊烟袅袅,一副恬淡的悠然派头。当它动起来也充满张力,偶有行人经过,群鹭展翅高飞,穿行于青山绿水。

无怪乎郭沫若先生感叹——"黄昏的空中偶见白鹭的低飞,更是乡居生活中的一种恩惠",甚至将其称为"一首韵在骨子里的散文诗"。

然而,如今成群结队的白鹭,却依然还是国家二级保护动物。因人类生产生活的无序扩张,湿地环境受到破坏,鹭鸟家族曾为寻找栖息地而颠沛流离,例如黄嘴白鹭等属种已处濒临灭绝的境地。

这些年,浙江的白鹭明显多了起来。今年4月,杭州一林地复耕时,当地发现上千只鹭鸟在那里栖息;去年10月,上千只白鹭在台州温岭市坞根镇一条河道上嬉闹、觅食;2021年,上千只白鹭现身丽水市区的湖畔和公园……

二

"白鹭又飞回来了",这句话近年来成为很多地方形容生态环境改善的"流行语"。但这也折射出浙江曾经一度被白鹭"脱粉"的现实。白鹭为何离开这片本应适宜生存的土地？其实当时的浙江，面临着两大难题。

如何变"人鸟之争"为"人鸟和谐"？迁徙过程中，长途赶路的白鹭会在歇脚之际，"偷食"稻田、鱼塘里的小鱼、小虾、泥鳅等。白鹭之间相互"种草"，一个区域内就会聚集越来越多的白鹭，于是"人鸟冲突"事件便频频发生。

比如衢州太公山，在上世纪八九十年代很受白鹭欢迎，最繁盛的时期，"整座太公山一眼望去全是白的"，就像世外桃源。然而，随着太公山升级为鸟类省级自然保护区，当地村民不得不为鹭鸟腾出更多生存空间。村民在接受媒体采访时说的话很现实："爱鸟不捕鸟，我们都能做到；要把水田撂荒养白鹭，白鹭是有饭吃了，我们没法吃饭了！"

无独有偶，本世纪初，数以千计的白鹭拍打着迷人的羽翼，在林地上空盘旋，可余姚的杨梅种植户却为这满山遍野的白鹭伤透了神。原来，杨梅树沾满白鹭的粪便，严重影响了杨梅的销量。他们纷纷发出灵魂拷问："白鹭是保护动物，不能捕杀，可我们的果实，谁来保护？"

白鹭，还考验着人们如何权衡生态保护与经济发展的关系。改革开放以来，浙江经济飞速发展，但高增长背后付出的代价也是极为昂贵的。这其中最典型的当属"水乡"闹水荒。据报道，2005年，浙江环保部门的统计资料表明，全省八大水系中，受污染的河道长达1000多公里，占总河长的40%左右。

这些被污染的水源，威胁到水乡人的健康。而生态破坏也给白鹭等鸟类带来了生存危机，致使白鹭一度在浙江很多地方"销声匿迹"。

三

只有直面问题，才能找到转机。2005 年 8 月 15 日，时任浙江省委书记习近平在余村调研时，首次提出"绿水青山就是金山银山"的重要论述，生动形象地揭示了经济发展和生态环境保护的关系，指明了实现发展和保护协同共生的新路径。

而那"一行白鹭"，成为浙江描绘人与自然和谐共处生态画卷的最佳见证者之一。

飞鸟穿行舞翩跹，更觉"绿水青山"之美。"山气日夕佳，飞鸟相与还。"1600 多年前，陶渊明就将天人合一、人鸟同道的哲学内涵蕴于诗中，也将青山绿水与飞鸟翩跹的美景展现得淋漓尽致。如今，这样令人心生向往的场景也在浙江大地不断上演。

比如面对回归不易的白鹭，湖州市长兴县不惜"割地"护鸟，放弃县城一块原本打算用于房地产开发的"黄金宝地"，用以保护鹭鸟；杭州市余杭区暂停工地施工，为孵化期的白鹭让路，还召集志愿者不间断轮值，护航小鹭鸟成长。

白鹭群飞的诗意景致，也为万千乡村带来了"金山银山"。

比如位于武义江、白鹭溪交汇处的武义县坛头村，近千亩生态湿地得以修复，吸引南来北往的候鸟"客人"，当地顺势举办了湿地旅游文化节、生态运动会、汉服节等数百场活动，吸引了数十万游客。活动接踵而来，也带来了产业的兴旺，湿地观光、乡村民宿、康养基地、研学体验等新业态纷纷注入，村集体收入从原来的40 多万元增长到 100 多万元。

再如浙江一家化工厂近年来尽显"圈粉"实力，而其秘诀就在于"考虑白鹭的感受"。原来,中国石化镇海炼化厂地处全球主要候鸟迁飞区内,沿着这条"航线",白鹭已经飞行了近20年。为了白鹭的生存,炼化厂不惜提高成本,让管道绕道而行,并投入数百万元,对白鹭园进行升级改造,还规定以原有2200平方米的小树林为中心,50米范围内不再规划建设新装置和项目。

如今,白鹭园已经成为企业绿色高质量发展的一张"金名片"。去年,镇海炼化上线全国首个白鹭全景式全球慢直播平台,让全球网友沉浸式体验了人与自然和谐共生的生态文明之美,把白鹭归去又来的故事讲给人们听。

"不吃三月鲤,莫打三春鸟",从浙江农谚中,也可品味质朴的生态观。只有恪守尊重的边界,才有人与自然和谐相处的无界。

今年,习近平总书记在全国生态环境保护大会上强调,以高品质生态环境支撑高质量发展,加快推进人与自然和谐共生的现代化。我们期待,越来越多在浙江大地上自由飞翔、快乐起舞的白鹭,能够继续见证这片大地追"青"逐"绿"的动人故事。

孔越　朱鑫　执笔

2023 年 8 月 14 日

警惕现实生活中的"谍影重重"

> 然而走出电影院,真实世界的谍战远没有那么热血、浪漫,现实中CIA扮演的角色与银幕形象相去甚远。

近段时间,《碟中谍7》在影院上映。片中汤姆·克鲁斯饰演的美国中央情报局CIA特工伊恩身负各种绝技,与黑暗势力斗智斗勇,不出意料地又一次挫败敌人的阴谋。

然而走出电影院,真实世界的谍战远没有那么热血、浪漫,现实中CIA扮演的角色与银幕形象相去甚远。据国家安全部微信公众号披露,国家安全机关近期破获了一起与CIA有关的间谍案,我某军工集团工作人员在留学进修期间被CIA策反,泄露大量我核心情报。央视新闻同时报道公布了几个间谍行为案例,其中一例是一对公职夫妇沦为间谍。有关案情一经公布,迅速登上热搜,引发广泛关注。

银幕之外,现实中的"谍影重重"离我们并不遥远。它们对国家安全的危害都有哪些?我们又该如何应对?

一

此次官方公布的间谍案有一个细节值得关注，就是直接点名曝光了我们常说的"境外势力"典型代表——美国中央情报局，也就是CIA。

从1947年成立之时起，CIA就是美国对外发动情报战、政治战的重要武器，主要负责公开或秘密地收集和分析关于国外政府、公司、恐怖组织、个人、政治、经济、文化、科技等方面的情报，为美国监控世界、搅乱世界从而维护霸权统治服务。

除了是搜集情报的间谍机构，CIA还是美国对外策划推动"和平演变""颜色革命"乃至通过暗杀、暴力等手段实现政权更迭的工具。比如，古巴前领导人菲德尔·卡斯特罗就曾经历过数百起由CIA策划的针对他本人的暗杀。另据统计，数十年来，CIA至少推翻或试图推翻超过50个他国合法政府。乌克兰先后发生的"橙色革命"和"广场革命"，2019年发生在我国香港的"反修例运动"等等，背后都有CIA的暗影操弄。

当前，随着中美战略竞争日益激烈，CIA的矛头指向也越来越有针对性。2021年10月，CIA宣布建立第一个针对单一国家设立的任务中心——"中国任务中心"，公开招收会普通话或者上海话、粤语、客家话等中国方言的特工，并在全世界部署中国问题专家，扩大和协调对中国的情报收集工作。

近日，CIA局长伯恩斯在参加阿斯彭安全论坛时，更是扬言称美国在华情报网络重建已经取得进展，正努力构建强劲的人力情报收集能力，以补充其他情报的获取渠道。这一言论直接将美国对中国的间谍渗透行为摆在了台面上。

二

"来而不往非礼也"。既然对方"来势汹汹""咄咄逼人",那我们也绝不会"袖手旁观"。比如,这次我国国安部门就点名CIA,"指名道姓"地披露详细案情。在电影中,美国特工们常常扮演"超级英雄"的角色,但在现实里,他们善于乔装打扮,通常以各种身份隐匿在人群中,为达目的而不择手段。

巧立名目,金钱美色相诱。一些国外间谍在诱骗对方帮忙从事窃取活动时,往往会先找个冠冕堂皇的理由来"包装",这样既降低了对方的警惕,也不容易暴露自己。比如声称自己是规划设计师,高价雇佣务工人员去拍摄港口、军舰的照片;或是打着处对象、谈恋爱的名义,假装关心有关人员的工作和生活,以此来套取想要的信息。

感情笼络,放长线钓大鱼。比如最近国家安全机关破获的一起间谍案,犯罪嫌疑人曾某某此前是我国某军工集团工作人员,还被公派至意大利留学,本应拥有一定的保密意识。但在美国情报人员邀请聚餐、郊游、观赏歌剧等款待中,逐步产生信赖心理、放下了防备,最终拜倒在对方的承诺下,背叛自己的祖国。这就是一整套标准的诱骗、欺诈、掌握把柄的手法,一旦稍微放松警惕,就很难逃脱圈套。

潜在网上,伺机采取行动。"谍战"的领域已经扩展到了网络空间。一些境外情报人员深谙"权威效应",起初会在境内注册一些分享国外生活、介绍国外文化的社交账号,把自己包装成"上流精英""内部人士"等形象。在具备一定粉丝基础后，便开始夹带私货，或是有意歪曲事实、发布抹黑我国的所谓"真相"，或是趁热点事件出现时，伺机"带节奏"，挑起社会冲突。还有一些间谍将目光瞄准国内普通群众，伪装身份，以"请教问题""网络兼职""课题研究""信息咨询""商业调查"甚至是"美女交友"等方式，在网上刺探情报。

总而言之，为了获取情报，境外间谍情报机关的手段可谓层出不穷、无孔不入，相比于在银幕上观赏那一段段精心设计的表演，或许现在我们更应该拿出足够的警惕，辨识他们的存在。

三

不少人会问，我们生活在一个和平的国家，生活岁月静好，为什么我们还要一直强调进行具有许多新的历史特点的伟大斗争？

从现在看来，我们就能深刻理解：斗争无时不有、无处不在。

尤其是当前，世界百年未有之大变局加速演进，在国际关系方面，不是靠我们单方面意愿就可以"相安无事"的。进入到了中华民族伟大复兴的关键时期，总有人要"从中作梗"，不想让我们"顺利抵达"。

贩卖情报、从事间谍的活动，往小了看，可能就是拍拍照片、发发信息，往大了说，这就是"投敌叛国""缴械投降"，无论是在过去还是现在，都是我们义无反顾要拿起武器斗争到底的。特别是随着互联网技术高速发展、国际交往交流日益密切，间谍情报活动的主体更加复杂、领域更加广泛、目标更加多元、手法更加隐蔽。

那么，对于广大群众来说，我们该怎么办？不妨牢记三句话：

坚定立场"绷紧弦"。头脑里的这根弦时刻不能放松，我们的斗争，从来都是有方向、有立场、有原则的，特别是对"五个凡是"：凡是危害中国共产党领导和我国社会主义制度的各种风险挑战，凡是危害我国主权、安全、发展利益的各种风险挑战，凡是危害我国核心利益和重大原则的各种风险挑战，凡是危害我国人民根本利益的各种风险挑战，凡是危害我国实现"两个一百年"奋斗目标、实现中华民族伟大复兴的各种风险挑战。对此，每个中国人都必须头脑特别清醒、立场特别坚定，来了就要坚决斗争。

擦亮眼睛"看清楚"。一方面要注意保护自己的信息安全，另一方面要对"陌生人"的突然关注和关心保持警惕，特别是对"天上掉馅饼"的事情，切不可轻易相信。尤其是年轻人，正处于"三观"形成期，易被煽动蛊惑，是被"围猎"的重要对象之一。因此，网上网下都要保持理性，凡事多问一句为什么。

提高本领"善斗争"。掌握主动权，才能打好主动仗。防范间谍不是国家安全部门"一家之事"，而是需要全社会动员。我们应该在国家安全教育中紧紧抱在一起，用好法律的武器，特别是以《反间谍法》为准绳，一旦发现可疑情况，及时拨打12339进行举报，真正构筑起一道"撕不破、扯不断"的人民防线。

王云长　张俊　倪佳凯　执笔

2023 年 8 月 14 日

"河长制"何以带来"河长治"

> "河长制"是中华民族数千年"治水用水"历史延续下，实现"外部约束和内生动力"之间"双向奔赴"的一次生动实践。

前不久，浙江省发布2023年第1号总河长令，该令的主要内容为《浙江省全域建设幸福河湖行动计划（2023—2027年）》，而在近日，全省"深化河湖长制 全域建设幸福河湖"推进会在湖州市长兴县召开，这也让发端于长兴的"河长制"成为关注焦点。

命运的齿轮拨回到20年前，为破解河湖污染严重的问题，长兴县在全国率先实行"河长制"，让每一段河流都有专人负责。10年后，浙江"河长制"实现省域全覆盖。在2017年新年贺词中，习近平总书记指出，"每条河流要有'河长'了"。

从小县城发轫的一项"护水之计"何以成为全国推广的"治水之策"？"河长制"蕴藏着怎样的绿色发展逻辑？或许，从习近平总书记在今年全国生态环境保护大会上指出的"正确处理几个重大关系"里，我们能找到答案。

一

"河长制"的实施，是站在人与自然和谐共生的高度，及时厘清"高质量发展和高水平保护"之间关系的一个必然选择。

2003年7月11日，"八八战略"提出的第二天，在浙江生态省建设动员大会上，省政府第一次与11个地市分别签订了生态省建设目标责任书。9月，时任浙江省委书记习近平同志在省委理论学习中心组专题学习会上提出，在推进发展的进程中，不仅关注经济指标，而且关注人文指标、资源指标和环境指标；不仅增加推动经济增长的投入，而且增加促进社会发展的投入和保护资源与环境的投入。

省委、省政府对生态保护的格外关注与重视，让长兴看到了破解难题的希望。这座地处太湖之滨的浙北小城，河网密布、水系发达，是典型的江南水乡，但在城市和村庄建设过程中，土地复垦、违章建筑、非法捕捞、污水直排等占用水域、破坏区域水环境的现象时有发生，河道变得脏乱差，基层水域管理难度大大增加。

这两场会议，也让长兴陷入深深的思考。当地曾连开三场"不发展会议"，引发全省关注。何为"不发展"？在当年财政收入只有10.32亿元的情况下，长兴一举砍掉一批曾经为当地经济增长作过贡献的"五小"企业，开始"刮骨疗伤"。

"要想水有利，必先利于水"，当年10月，以水环境治理为突破口的一场"绿色发展"战役在长兴打响，全国第一个"河长制"任命文件，就在这样的背景下诞生。如今，河湖生态的优势，正不断转化为长兴高质量发展的胜势。细细品味，彼时的"不发展"，是为了后来"更好地发展"。

在"河长制"的推动下，长兴"护得水岸清，治河也致富"。比如东王村，河流水质已经实现长期保持Ⅱ类，水清村美，备受农旅融合项目青睐，也使得村集体经济年收入从不足5万元，到如今已经突破100万元。长兴还先后对纺织、建材等十余个传统行业进行整治升级，同时激发产业创新活力，以蓄电池为核心的新能源产业，如今已发展成为千亿级的战略产业集群。

二

从县域水系治理的先行先试，到国家层面的全域实施，再到迭代深化，"河长制"的探索，印证了推进生态文明建设要处理好"重点攻坚和协同治理"的关系。

从"头痛医头"转向"整体把脉"。从水域微观上讲，"治水兴水"不能"就水论水"，"河长制"体现了基层流域治理的系统性、整体性和协同性。无论是水源地保护、垃圾存放、污水排放、家禽养殖、非法捕采，还是清淤疏浚、堤防加固、河岸护坡、水系连通，这一整套组合拳，践行的是"水岸同治、标本兼治"的系统思维。

与此同时，无论是村镇县的三级统筹、农水林的跨部门协作，还是"河湖长＋警长＋检察长"的监督联盟，这一整张河湖网，体现的是"协同共治、合力施治"的整体观念。

这套"不破不立"的打法，还打破了地域限制，让"跨区域协同"照进现实。比如前几天，《环太湖四城市河湖长制协作机制》正式生效，约定了湖州、苏州、无锡和常州四地联动治水、信息共享等内容，助力打造世界级生态湖区。

起于治水而不止于治水。从生态宏观上讲，山水相连，林草相伴，田土相依，千头万绪，何处发力？"河长制"为生态环境治理这项系统工程提供了目标协同的解决方案。

二十年来，"林长制""田长制""路长制""里弄长制"应运而生。这彰显了山水林田湖草沙一体化治理体系的共荣共生，更与"八八战略"追求全面协调可持续发展的要求相契合，成为系统治理、综合施策的生动注脚。

三

"河长制"是中华民族数千年"治水用水"历史延续下，实现"外部约束和内生动力"之间"双向奔赴"的一次生动实践。

"善治国者必善治水"。回顾世界文明发展史，很多文明因水而兴、因水而衰。从"大禹治水"化堵为疏，成功治理黄河水患，到李冰父子修建都江堰，让成都平原消除了岷江水患成为天府之国，再到各个朝代把"治水"作为安邦之策，将治河之士列为国之重臣……千百年来，中华民族形成了独特的"人水价值观"——人水和谐共生。

这一理念至今依然延续。在"河长制"实施过程中，由制度形成的强有力的外部约束，给一方百姓带来了获得感、幸福感、安全感。比如湖州采用下沉督查、交叉检查等形式，推动责任落实，与此同时创新"智慧巡河"机制，覆盖全市的"河长在线"管理系统全天候"呵护"河湖。

越来越美的河湖空间，也让群众感到更加"可亲可近、可游可赏",比如被列入全国幸福河湖试点的安吉浒溪,两岸增设公园、绿道等,配套露营、咖啡店等商业设施。

随着"河长制"的推行,"同饮一江水 共护一条河"越来越获得认同,持续激发起全社会共同呵护生态环境的内生动力。如今,全国省市县乡村五级已有120多万名"河湖长"。

当然,我们也应清醒地认识到,进入新发展阶段,河湖保护任务依旧艰巨,人民群众对"幸福河湖"的需求依然迫切。

习近平总书记在党的二十大报告中强调"推动绿色发展,促进人与自然和谐共生",提出"统筹水资源、水环境、水生态治理"命题。值得思考的是,"河长制"如何涤故更新?"深化河湖长制,全域建设幸福河湖"会是怎样一份"新答卷"?我们拭目以待。

云新宇　陈云　全梦裳　李苏鹏　执笔

2023年8月15日

绿水青山是怎么变成金山银山的

> 绿水青山可以带来金山银山，但金山银山买不到绿水青山。

以前，在很多人眼里，绿水青山和金山银山是矛盾的。因为，"要发展就会有污染"似乎是一个常识性问题。如果选择了绿水青山，就意味着放弃金山银山；如果选择了金山银山，就不可能有绿水青山。正所谓，鱼和熊掌不可兼得。

然而，2005年8月15日，时任浙江省委书记习近平同志到安吉余村考察，提出了一种全新的理念。他强调："过去我们讲既要绿水青山，又要金山银山，其实绿水青山就是金山银山，本身，它有含金量。"9天之后，《浙江日报》"之江新语"栏目发表了《绿水青山也是金山银山》，指出"绿水青山与金山银山既会产生矛盾，又可辩证统一"。

18年后的今天是首个"全国生态日"，主场活动在湖州市举办。

绿水青山与金山银山之间的矛盾究竟是怎样统一起来的？各地的探索实践，有哪些经验可共享？这个问题，值得我们认真思考。

一

浙江大地造就了万千美丽乡村，但各地追寻"两山"梦并非一路坦途，当中遇到了诸多困境、迷茫和阵痛，首当其冲的就是经济发展的压力。

比如，对一些山区农村来说，矿山关停，等于自断财路；不关停，生活在"有毒的牢笼里"不可持续。当年的安吉余村，村集体经济年收入最高时达300多万元，一半以上的家庭有人在矿区务工。余村下定决心关停厂矿后，集体经济收入一下子就断崖式下降到20多万元。

再如，守护绿水青山，意味着要对一些高污染、高耗能、高排放的企业"动刀子"。这些企业是地方GDP和财政收入的支柱，如果为了保护环境关停，短期账面上的确会有较大损失。一些地方在淘汰钢铁、建材、水泥等落后产能过程中，财政收入几乎"腰斩"，而保护环境和修复生态又需要投入大量财政资金。像浦江就曾用短短几年关停2万多家水晶作坊，一开始也听到了各种怀疑、否定。

以上这些都是经济发展模式转型过程中，逃不过、绕不开的迷茫与阵痛的缩影，也是追寻"两山"梦必须要解决好的现实难题。毕竟，这个关了、那个禁了，老百姓的收入从哪里来？往后日子怎么过？

对此，统一思想、形成共识是重要前提。转型的背后是理念变革，是利益调整，是格局重塑，分歧和阻力肯定少不了。

二

实际上，习近平同志当年就已经清晰地指出来了，"在选择之中，找准方向，创造条件，让绿水青山源源不断地带来金山银山"。那么，绿水青山到金山银山的转化通道是怎么打开的？过去十八年的探索实践，各地都蹚出了一条怎样的新路？

各地的资源禀赋和基础条件不一样，所以"绿水青山就是金山银山"理念转化通道的打开方式不尽相同。但大方向、大逻辑都是一致的，阵痛之后勇于蹚新路、谋发展的决心是一致的。

招式一：乡村游催生金疙瘩。背靠大山大河，靠卖石头，吃的是子孙饭。现在越来越多人认识到，远离城市喧嚣、追寻诗意栖居，已经成为重要的生活方式。以安吉余村为例，昔日的矿坑变成了咖啡店，水泥厂变成了创客空间，去年累计接待游客达到70万人次。还有桐庐、仙居、缙云等地方，依托自然生态资源和民俗风情，大力发展乡村旅游，实现了"点绿成金"。前不久"2023年全国县域旅游综合实力百强县"公布，浙江占32席。

招式二：好风景长出新经济。既然高污染高排放的产业不可持续，那就要去低排放高附加值的产业中寻找新的增长极，让好风景长出新经济，以高颜值带来高产值。特别是物联网、人工智能等新技术广泛运用，产业布局拥有了更多选择空间，发展美丽经济成为一种趋势。

比如，近年来湖州市创新实施"五谷丰登"计划，把创新创业新空间嵌入绿水青山，让有风景的地方就有新经济。再如，浦江县在以"壮士断腕"的勇气"自砸饭碗"之后，不仅成功创建了全国首批生态文明建设示范县，良好的生态还吸引了赛伍、祥邦、速博达等一大批新能源产业项目。

招式三：有"入股"就能分到钱。想要让老百姓在保护环境中得到实惠，既要做大"蛋糕"，也要分好"蛋糕"。比如，浙江创新探索的两山合作社，就是一个集成性的生态产品经营管理平台。"入股"平台的生态产品，既涵盖了生态资源资产，又包括农村闲置宅基地、古村古宅等碎片化资源资产。像其中的"碳汇"交易，让老百姓靠"卖空气"就能多赚钱。再如，安吉鲁家村以前是当地出了名的"四无村"：无名人故居、无古村落、无风景名胜、无主要产业。村里梳理出一整套"鲁家模式"：引入社会企业，共同组建经营公司，构建"公司＋村集体＋家庭农场"的经营模式，把田园变景区，把股权给村民，375元一股的原始股，现在升值到3.2万元一股。

招式四："种文化"让脑袋口袋一起富起来。绿水青山之间，文化是一抹动人色彩。一些地方用文化创意点缀绿水青山，把经济越做越活。在浙江，有的地方以文化礼堂为载体，引入宣传宣讲、文艺表演、志愿服务等丰富多彩的活动，让老百姓在家门口享受文化大餐。有的地方如火如荼开展艺术乡建，一些艺术院校、文艺院团走出剧场围墙、走进村落社区，用艺术的方式激活乡村振兴的"一池春水"，受到广泛欢迎。

还有不少探索，不一而足。在"绿水青山就是金山银山"理念的指引下，美丽中国的画卷徐徐展开，绿水青山源源不断地变成金山银山。

三

回过头看，伴随着实践发展，我们对绿水青山就是金山银山之间关系的认识，其实经过了三个阶段。

这在《之江新语》中就有论述：第一个阶段是用绿水青山去换金山银山，不考虑或者很少考虑环境的承载能力，一味索取资源。第二个阶段是既要金山银山，但是也要保住绿水青山。第三个阶段是认识到绿水青山可以源源不断地带来金山银山，绿水青山本身就是金山银山。

如今，我们早已进入到第三个阶段。然而，不容忽视的是，至今一些地方对绿水青山转化为金山银山的路径方法探索仍然不够深入。习近平总书记指出："绿水青山和金山银山决不是对立的，关键在人，关键在思路。"可见，要想让绿水青山就是金山银山，与具体的打法相比，更重要的是形成科学而坚定的认识。在笔者看来，至少有以下三点至关重要。

生态本身就是价值。余村里一座叫"青山"的山，本来藏着金矿，因为成色差，没能给村里带来财富，如今绿水青山却给余村创造了财富。这个故事说明，金山银山不在别处，就在我们面前。

习近平总书记指出，保护生态环境就是保护生产力，改善生态环境就是发展生产力。山河草木除了生态资源本身的价值，还有旅游、林下经济等产业价值，持续不断创造综合效益。在有的地方，冰天雪地、荒漠戈壁也能成为群众增收的"金山银山"。保护生态环境，既能从中找到新的增长点，让自然财富、生态财富带来社会财富、经济财富，也能保护经济社会发展的潜力和后劲，实现可持续发展。

有所为也要有所不为。绿水青山可以带来金山银山，但金山银山买不到绿水青山。蓝天白云、森林草原，给我们带来愉悦的享受，也是人们健康的重要保障。总之，环境就是民生，绿水青山也是幸福生活的重要内容。

在鱼和熊掌不可兼得的情况下，我们须懂得取舍、善于选择，坚定不移地保护好"绿水青山"这个"金饭碗"，绝不能以牺牲环境为代价来换取一时的经济发展，要做到有所为、有所不为。锚定生态优先、绿色发展的理念，以人为本、创新实干，绿水青山就一定会变成金山银山。

呵护绿水青山是共同的事业。有人可能会以为，呵护绿水青山是政府部门的事情。其实不然。就保护生态环境而言，没有谁是旁观者、局外人、批评家。一方面，相关部门需要尽可能完善公众参与制度，保障公众的知情权、监督权，探索政府主导、企业和社会各界参与、市场化运作的生态产品价值实现机制，等等；另一方面，每个人从身边的小事做起，践行绿色消费、绿色出行等理念，以实际行动减少能源资源消耗。

人不负青山，青山定不负人。现在我们初步尝到了"绿水青山就是金山银山"的甜头，更应该坚定方向、坚定信心，一步一个脚印往前走。绿水青山在，金山银山就会在。

倪海飞　云新宇　谢滨同　洪敏　执笔

2023 年 8 月 15 日

穿透"医疗反腐"的四点思考

> 医疗反腐从来不是一件可以商量的事情，而是一场输不起也决不能输的斗争，因为这关乎医疗安全与质量，关乎人民健康福祉。因此，对医疗领域展开反腐风暴，切实进行"刮骨疗伤"，既要"用猛药"又要"晒太阳"。

连日来，关于医疗领域反腐的相关话题频频登上网络热搜，引起公众的高度关注和广泛热议。昨日，国家卫生健康委就全国医药领域腐败问题集中整治工作发布了有关问答，指出加强医药领域反腐工作是促进医药行业高质量发展的重要内容，是完善医药治理体系建设的重要组成部分。

事实上，医疗反腐并不算新鲜议题。早在1999年，我国就曾印发纠风工作实施意见，提出要继续狠刹医药购销中的不正之风，进入新世纪特别是党的十八大以来，医疗领域也历经了多次专项整治。

但很显然，这次专项行动比之以往都有所不同。这场由十部委联合掀起的反腐飓风，无论是力度还是精准程度，都可以说是空前的。那么，此次医疗领域的"刮骨疗毒"释放了哪些信号？对于医疗反腐我们又该如何理解？笔者想与大家一起探讨四点思考。

一、生命健康是民生底线，沉疴当用猛药

针对此次为期一年的全国医药领域腐败问题集中整治工作，有人忍不住跳出来痛呼"阵仗太大""板子太硬"，声称医生一职关乎治病救人，请求手下留情。

自古杏林秉承妙手仁心，以医技普济众生为己任。当一双手沾满了铜臭，把行医当成了生财之道，"白大褂"也就变了色。

腐败不止，医疗安全和行医质量就得不到保障。比如近来被曝出的"一台设备3520万元，院长吃了1600万元回扣"等事件，令人触目惊心。而与之对应的是，一些药企把费用花在了公关和行贿上，研发投入占比逐年减少。以上种种最终导致生产出的医疗药品、医疗器械不合格，而这些不免由患者来买单。

"蠹虫"不除，看病贵、看病难等问题仍会是民众的心头之痛。据报道，广东某地一医院原院长收取设备代理商高额回扣，回扣款及虚增的药物设备价格计入医疗成本。这位院长被揪出后，医院采购成本、群众就医成本明显下降，今年前五月人均就医成本下降1400余元。

风气不正，医患之间的信任危机就难以化解。人与人之间，只有建立极大的信任，才会愿意把生命安全交付在他人手上，而患者对医生的天然信任，离不开这项职业千百年来积攒下的良好声誉。

正如国家卫生健康委就全国医药领域腐败问题集中整治工作的

有关问答中所指出的，医药领域腐败问题依然存在，特别是近年来查处的一些"关键少数"、关键岗位人员，利用权力寻租、大肆收受回扣、行贿受贿等案件，严重稀释了医药事业改革发展红利，蚕食了人民群众权益，既掣肘医疗、医保、医药事业改革发展，又影响了行业形象，也危害了医药卫生领域绝大多数人的利益。

当前以高压态势清除这股糜烂之气，净化医疗环境，既是为患者提供更加安全、可靠的医疗保障，也为给那些始终保持初心、恪尽职守的医护工作者赢得应有的尊重和地位。

二、反贪反腐不等于反对阳光体面的收入

相比于其他领域反腐时一边倒的口诛笔伐，对这次医疗行业的整治行动，网上不乏一些"鸣不平"的声音。

一方面，不少人认为医学生成材周期漫长，即使本硕博连读最快也要8年时间，摞起来的课本有好几米高。但工作后，他们所付出的汗水却未必能换来相应的回报，让医生获得一份和其付出相匹配的收入并不过分。

另一方面，三年抗疫期间，各地千千万万主动请缨、不顾个人安危冲上前线的医务人员，给大众留下了太多的感动和不可磨灭的记忆。于情于理，让这些医疗工作者们"多收获一点"，大家也可以接受。

这般想法，可以理解，却混淆了几个问题：

首先，是认错了对象。贪腐主要源于医药领域行政管理部门以权寻租和医疗卫生机构内"关键少数"和关键岗位，以及药品、器械、耗材等方面的"带金销售"等等，这些不义之财，大多流入医

院的少数为非作歹者的口袋。从主体而言，我们并不能将少数"巨蠹"简单等同于广大兢兢业业的一线普通医护。

其次，是混淆了逻辑。每一分贪腐得来的钱，都是转嫁在患者身上的医疗负担，而多收取这些冤枉钱带来的弊病，却要由一线的医护人员来承担。拔除"医蠹"，就是要把害群之马清除出队伍，真正给在一线干实事的医护人员"松绑"。正如有学者说，提高医护待遇，"要真正让医务人员有阳光体面的收入"。

最后，违背了医者本心。生命和尊严，是世界上最不容亵渎、也最不应用金钱来衡量的，我国古代就对医者提出"救世济人，仁爱为怀"等医德准则。艰辛付出的医护人员，理应获得一份体面的收入，但正当收入与贪腐所得绝不能画等号，"治病救人"的行业也绝不能是违背初心的生意。

三、数朵乌云不应使整片天空蒙尘

随着本次医疗领域反腐风暴不断推进，被揪出的人员名单越拉越长，在深感国家决心之坚时，也让一部分人产生了"天下乌鸦一般黑"的错觉。

比如，有些网友看到如此多知名人士被抓，直言"感觉整个医疗系统都烂透了，宁愿自己去抓偏方也不想再去某些医院"；还有网友回想起曾经不太愉快的就医经历，顿时对医护人员失去了信任。

这些想法无异于"一叶障目"。事实上，贪腐生长于人性的阴暗面，从来都不是一个行当、一处地域独有的问题。单纯因为部分腐败分子的恶名，就把整个行业推到对立面，实为以偏概全，全无必要。那些仍恪尽职守、不愿同流合污的工作者，完全值得一份尊重。

过去的几年，无数奋勇请缨、逆行而上的医护人员已经用行动证明，白衣天使的光芒绝不会因为少数医疗"蛀虫"而蒙尘，广大奔波在一线的医护工作者依旧是"最可爱的人"；从更高角度看，近年来我国持续深化医药卫生体制改革，进一步缓解了群众看病难、看病贵问题，公立医院"以药养医"等乱象已经得到一定的破除。

草木皆兵既伤感情、也于事无益。在当前医疗行业"刮骨疗毒"的关键时刻，更需要我们彼此信任、凝聚共识，同心协力将矛头对准恶疮。

四、建好"阳光下"的机制是长久之计

客观来说，多年来，我国对医药领域的"打虎、猎狐、拍蝇"从未停歇，但与反腐进入"深水区"相对应的是，"狐狸"越来越狡猾，"围猎"手段更是层出不穷，让人眼花缭乱、防不胜防。

医药系统本身由于专业性强、相对独立、封闭运作，就给自己蒙上了"纱"。再加上"定制式"招投标、"规避式"委托采购、"供股式"入股分红等各种利益输送方式通过"隐形变异"穿上"合法外衣"，让人"想都想不到""查也不好查"。

然而，医疗反腐从来不是一件可以商量的事情，而是一场输不起也决不能输的斗争，因为这关乎医疗安全与质量，关乎人民健康福祉。因此，对医疗领域展开反腐风暴，切实进行"刮骨疗伤"，既要"用猛药"又要"晒太阳"。

一方面，要继续以雷霆万钧之势重拳出击，做到"秋风扫落叶"，涤荡一切"污泥浊水"。既要有打"游击战"的灵活，有腐败行为露头就开打，也要做好打"持久战"的准备，着眼于千家万户的长久幸福。昨天，浙江就发布了相关通知，集中整治医药领域腐败问题，并公布3种举报途径。

另一方面，治标更要治本。着眼于深化医疗体制改革，建立一整套在阳光下运行的体制机制，特别是建强综合监督机制，同时加强医风医德教育，维护医疗环境的公平与公正。

王云长　张俊　倪佳凯　徐健辉　王志刚　执笔

2023年8月16日

"中国绿"背后有怎样的世界命题

> 绿色发展是中国的也是世界的，从"山水林田湖草沙是生命共同体"到"人类命运共同体"，绿水青山就是金山银山理念以独具中国特色、中国风格、中国气派的理论逻辑和实践逻辑，为"人类文明向何处去"提供了一种新选择。

近日，世界气象组织等机构宣布，2023年7月成为人类有气象记录以来全球平均气温最高的月份。不只是全球气候变暖，日本核污水排放、夏威夷野火蔓延、南半球冬季异常高温……全球化时代，发生在世界任何角落的生态事件，总能激发起"地球村"村民们对"同呼吸共命运"更直观、更深刻的认识。

今年6月，十四届全国人大常委会第三次会议决定将每年的8月15日设立为"全国生态日"。

在首个全国生态日之际，习近平总书记作出重要指示强调，生态文明建设是关系中华民族永续发展的根本大计，是关系党的使命宗旨的重大政治问题，是关系民生福祉的重大社会问题。习近平总书记希望全社会行动起来，做绿水青山就是金山银山理念的积极传播者和模范践行者，身体力行、久久为功，为共建清洁美丽世界作出更大贡献。

对浙江人而言，8月15日是特殊的一天。18年前的这一天，绿水青山就是金山银山理念从"浙"里出发，从此塑造出绿色中国、装点出美丽世界。不禁要问，这背后的深层次逻辑是什么？

一

长久以来，许多生态领域的核心概念都是"舶来品"。绿水青山就是金山银山理念诞生后，生态领域吹起一股新风，中国生态文明建设的成就举世瞩目，"绿色发展""生态产品"等源自中国的理念逐渐被世界接受。

具有中国"基因"的生态理念被国际社会认可，以之为指导的"中国方案""中国经验"被广泛借鉴，这背后是绿水青山就是金山银山理念对经济理论、生态理论的突破与创新。

随着工业化、城市化的到来，人类对自然的"征服"似乎成了"不可抗拒"的发展规律，破坏环境、消耗资源一度变成了"理所当然"。

在好莱坞电影中，灾难是个常见主题，特别是生态危机，常常被描绘成一场场大规模灾难，像《全球风暴》呈现的就是全球性的气候灾难。虽然电影有虚构成分，但需要正视的是，工业文明发展到今天，已经对环境造成了巨大压力，正如有生态专家所言："过去不可能发生的事情现在真的有可能发生。"

而当生态危机成为普遍关注的国际问题，西方社会也对此进行了反思，形成了一系列生态思潮。

有学者就指出，当代西方生态文明理论的主要流派有"深绿"思潮、"浅绿"思潮以及"红绿"思潮。比如"深绿"思潮，将自然视为人类实践不去涉足的"荒野"，将其与经济增长、技术运用对立起来，试图用改变人类的生活方式、价值观念来让位于自然；比如"浅绿"思潮，把人类视为中心，自然则被作为使用的对象，希望通过环境政策、科学技术创新来解决生态危机；比如"红绿"思潮，强调通过资本主义制度和生态价值观的双重变革来解决生态问题。这在西方资本主义世界里，无异于乌托邦式幻想。

相比较一些要么把人与自然割裂开来，要么强调片面的自然观、财富观的西方生态思潮，绿水青山就是金山银山理念跳出了经济发展和生态保护的零和博弈悖论，在"人类与自然的和解"中把生态财富与社会财富统一起来，找到了人类历史发展的归属和方向。

这意味着，保护生态环境就是保护生产力，改善生态环境就是发展生产力。把生态环境优势转化为生态农业、生态工业、生态旅游等生态经济的优势，那么绿水青山也就源源不断地变成了金山银山。

可以说，绿水青山就是金山银山理念既是对西方经济学理论、生产力理论的批判与修正，也是对马克思主义理论的丰富与创新。

二

社会治理是一个全球性难题。在工业化、城市化大背景下，城乡问题、生态问题等，都曾让不少国家的政府陷入治理困境。

比如在解决贫困问题上，拉美一些国家把城市化作为减少贫困的政策选择，认为只要把农民变为市民，贫困自然就减少了。结果只是把农村贫困人口转移到了城市贫民窟，国家的总体贫困率并没有下降。

比如生态治理上，短视频里流传甚广的"干了这碗恒河水"这一名梗，背后是印度恒河治理屡败屡战、屡战屡败的一把把辛酸泪。2014年，莫迪政府启动"致敬恒河"项目，拨款2000亿卢比，但几年过去，最终只有1%的流域得到有效治理。

社会治理离不开生态治理，很多时候，找到破解"生态之困"的方子，也就找到了解决"治理之难"的法子。绿水青山就是金山银山理念既是一种生态理念、经济理念，也是一种社会治理理念。

习近平同志在《之江新语》的一篇短文中就曾讲过，"搞生态省建设，好比我们在治理一种社会生态病，这种病是一种综合征，病源很复杂，有的来自不合理的经济结构，有的来自传统的生产方式，有的来自不良的生活习惯等"。

说白了，生态病实际上就是社会病，病在生态环境上，病根则在社会机体上，需要多管齐下、综合治理。

思路决定出路。浙江的"千万工程"就用20年的探索与创新证明，生态治理也可以成为撬动社会治理的支点。

从农村污水治理、垃圾治理，到农村布局优化、环境美化，再到基础设施配套和公共服务体系完善，等等，"千万工程"从一项环境整治工程蝶变成了调整城乡关系、化解基层矛盾、推动社会善治的重大革命。随着"千万工程"描绘的浙江面貌呈现在经济、政治、文化、社会、生态的每一道风景里，党和人民的关系也被带入到了新的境界。

正如一位联合国官员谈到的：绿色发展带来了"金山银山"，创造了大量就业岗位，民众拥有了更多发展机遇，更加珍爱自己的家园，这种模式值得与世界分享。

三

处理好人和自然的关系，是人类文明延续下去的核心命题。事实上，从古至今，人类都没有很好地协调这二者的关系。早期因为人类认识自然和防御灾害的能力低下，臣服于自然，后来随着人类认识自然、改造自然的能力增强，又将自身发展凌驾于自然之上。

绿水青山就是金山银山理念，把绿色看作是财富、发展和民生，把人和自然统一到新的文明形态中，冲破现代化进程中的增长迷思，成为一种超越工业文明的文明境界。

时隔18年，我们透过"浙江之窗"，再回过头看绿水青山就是金山银山到底意味着什么？除了联合国最高级别环保荣誉"地球卫士奖"连续三年花落中国、为全球贡献了近四分之一"新绿"之外，一个个绿色湿地、一个个美丽乡村、一条条生态产业链，让"绿色"真正成了富民产业。

从数据上看更为直观：浙江全省生产总值从2002年的8000亿元跃升到2022年的7.77万亿元，而2022年全省万元GDP能耗、水耗分别较2002年下降63.8%、91.7%。

"生态兴则文明兴，生态衰则文明衰。"对中国而言，没有人与自然和谐共生，就没有中国式现代化。我们把"美丽中国"纳入社会主义现代化强国目标，把"生态文明"纳入"五位一体"总体布局，把"绿色"纳入新发展理念等部署，为中国发展取得战略主动、赢得转型时间，也让民族永续发展成为可能。

绿色发展是中国的也是世界的，从"山水林田湖草沙是生命共同体"到"人类命运共同体"，绿水青山就是金山银山理念以独具中国特色、中国风格、中国气派的理论逻辑和实践逻辑，为"人类文明向何处去"提供了一种新选择。

今天，对全人类而言，生态危机意味着生存危机，而生存危机就是文明危机。从"绿色中国"到"美丽世界"，人类文明的历史脚本里，注定会留下一抹"中国绿"，留下绿水青山就是金山银山理念这浓墨重彩的一笔。

王人骏　倪佳凯　沈於婕　执笔

2023 年 8 月 16 日

视障群体如何"看见"电影

> "光明影院"项目就像一条直抵心灵的"文化盲道",指引视障群体探索文化之美。希望有越来越多的"光明影院",让视障人群也能够奔赴光影梦想,更好地"看见"世界。

暑期是电影市场的旺季,一部接一部大片为人们所津津乐道。然而对于盲人群体来说,他们该怎样欣赏电影?

前不久,报告文学《光明影院的故事》一书出版,很多人第一次了解到"盲人影院"的故事。这本书的作者署名"艾之光",是500多名中国传媒大学的师生志愿者。他们发起了"光明影院"公益项目,用5年时间,为视障群体制作了500多部无障碍电影,惠及2000多所特殊教育学校。

"光明影院"的故事让我们思考,该如何帮助身边的特殊群体,让他们平等地享受公共文化服务?

一

据不完全统计，在中国，约有1700多万名视觉障碍者，相当于每80人中就有一名。随着社会发展，他们的需求正越来越多地"被看见"，看电影这一精神文化需求也不例外。

所谓无障碍电影，就是在原版电影对白的间隙，用恰当精炼的语言对电影的背景画面、人物动作、内心活动等进行解说，让视觉障碍者产生想象与理解，从而"听懂"电影，相当于电影的"二次创作"。这背后，志愿者的付出是巨大的。

一般来说，把一部电影讲好需要经历4个环节：其一是自己观影，把人物和情节搞明白；其二是撰写解说稿，要把画面描述清楚，让听众有代入感、身临其境感，这也是所有环节中最难的部分；其三是试讲，通过试讲不断完善和丰富解说稿，熟悉内容，确保讲述流畅；最后就是正式解说。

不同的影片，解说技巧也不同，文艺片需要轻缓的语调，喜剧片则可以适当地夸张和逗趣，遇到武侠片的"刀光剑影"，就常常需要开启"二倍速"的解说模式。

有人统计，一部两小时的电影，从观影、撰稿、试讲到正式讲解，至少要把一部片子看30遍以上、按3000次暂停键、讲稿经常长达2万多字，前后至少需要一个月的时间。

如此费心费时费力，志愿者们却乐在其中。当被问及"为什么要坚持"时，不少志愿者说，"因为我们的声音就是盲人的眼睛"。正是志愿者们的倾心讲解，帮助视障者"看"到了五彩斑斓的光影世界。

二

习近平总书记强调，"全面建成小康社会，一个也不能少；共同富裕路上，一个也不能掉队"。在走向精神共富的道路上，视障人士也不应被忽略。

浙江一直在探索无障碍电影的发展。早在 2010 年，杭州就推出无障碍电影专场，一部《唐山大地震》曾让许多盲人观众深深震撼。2014 年，杭州市文广集团成立了以爱心主持人为主要成员的无障碍电影志愿讲解队。目前，杭州已经发展出 15 支团队、300 多位志愿者。2018 年起，杭州部分电影院实现了无障碍版电影同步观影，30 多部热门电影被"无障碍"地搬上大银幕。

虽然取得了一些成效，但不可否认，无障碍观影之路上，还有不少困难亟待破解。

首先是版权问题。对电影进行解说配音和二次创作，需要获得电影版权人的授权。无障碍影视制作传播属于公益行为，现行《著作权法》也指出"以阅读障碍者能够感知的无障碍方式向其提供已经发表的作品"，在合理使用的范畴内，"可以不经著作权人许可，不向其支付报酬"。但在实际操作中，在"无障碍方式"的认定等方面，仍存在一定难度。

其次是城乡不均衡。目前，无障碍电影的发展主要集中在一些大城市里。但有关统计显示，我国的视障人群大多生活在农村，可小县城以及广大农村地区，由于缺乏相应资源和配套基础设施，发展无障碍观影更加困难。

最后是线上平台建设相对滞后。相比于线下影院观影，线上观影能够打破地域和场景限制，其需求量远超线下。去年，中国残疾人事业新闻宣传促进会和阿里文娱公益联合打造的"优酷无障碍剧场"，上线了400多部影视作品，进行了有益探索。不过，相比于视障群体的观影需求来说，类似的平台资源仍旧显得十分有限。

三

早在上世纪90年代，美、英、德等国就曾推出无障碍影视服务，并颁布了相关法律法规。我国虽起步稍晚，但发展无障碍电影的脚步不曾停滞。

面向未来，我们的无障碍电影如何走得更远？笔者想到了三个关键词。

建机制。在版权领域对无障碍电影予以支持，明确其在著作权领域的"合理使用"范围。在此基础上，还可以通过政府主导加社会参与的方式，有计划地将影视作品制作成无障碍版本。

2022年5月，《马拉喀什条约》对中国生效。这部条约旨在为盲人、视力障碍者提供平等获取文化和教育的权利。当年8月，国家版权局又印发了《以无障碍方式向阅读障碍者提供作品暂行规定》，为阅读障碍者使用作品提供便利。各方努力之下，相信无障碍电影的"版权门槛"还会不断降低。

广覆盖。加大对广大农村地区的支持，通过提升乡镇实体影院配套设备、开展无障碍电影下乡等方式，让视障群体能与正常人一样得到观影服务。同时也鼓励更多的商业平台开发无障碍线上观影服务，满足视障群体在线观影的需求。

在这方面，中国传媒大学"光明影院"项目的经验值得借鉴。

团队与相关机构合作，先后完成《战狼2》《建军大业》《钱学森》等500多部电影的讲述和录制，免费赠予全国部分盲校和图书馆，并在全国31个省区、市以及澳门特别行政区实现了公益放映和推广。2020年起，"光明影院"项目成为长春电影节的固定公益单元，累计惠及视障群体2.2万人次。

优服务。一方面，鼓励更多新电影推出无障碍版本，让视障人群也能够"及时追更"；另一方面，探索面向广大志愿者、志愿服务组织的激励举措，让志愿服务能够常态长效。

2020年，"浙江省无障碍观影志愿服务联盟"成立，在全省推进无障碍电影志愿服务。慈溪、南湖、东阳等县市区也充分依托新时代文明实践中心等阵地资源，打造"无障碍放映厅""无障碍放映室"等，孵化出更多无障碍电影志愿服务团队。

有人说，"光明影院"项目就像一条直抵心灵的"文化盲道"，指引视障群体探索文化之美。希望有越来越多的"光明影院"，让视障人群也能够奔赴光影梦想，更好地"看见"世界。

郑一杰　执笔

2023 年 8 月 17 日

评论区到底有什么魔力

> 我们期待一个个评论区小广场，既有欢笑、有温度、有思考，能疏解负面情绪，又能充盈正面力量，成为网友精神的栖息地、民间高手的聚集地、社会舆情的疏解地。

从BBS到微博、微信、短视频时代，从PC端到手机端，"刷帖先刷评论区""我是来看评论的"越来越成为众多网友的共识。

就像一桌大餐，让人回味无穷的，有时反而是最后的甜品。评论区也成为网友不愿意错过的精彩，不少网友甚至通过评论区来判断自己是否要看正文。

—

那么，评论区到底有什么魔力呢？

首先，评论区里有信息量。在互联网寻找有用有趣的信息，是很多人上网的初衷。评论区里聚集了一批来自不同地域、不同职业、不同背景的网友，通过他们的评论和分享，能让信息更丰富、全面、立体。有网友比喻，看评论区就像去菜市场一个摊贩那里买东西，却听到了其他顾客"七嘴八舌"的讨论，意外获知了许多新消息。比如，旅游博主的帖子下，常会有热心网友推荐景点等；社会新闻的评论区，知情网友也当起了通讯员，自发提供线索和素材；一些专业内容的评论区，还会吸引相关专家来评论。正所谓"众人拾柴火焰高"，这样的评论和分享让有效信息迅速聚集。

其次，评论区里有交流。互联网最突出的特点就是"去中心化"和"互动性"，就像我们之前撰文指出的那样，"没有互动的新媒体就没有灵魂"。如果说正文像一个发布厅，那么评论区就像一个小广场，大家聚在一起畅所欲言，哪怕唇枪舌剑，观点碰撞，也达到了互动交流的目的。不少善于经营的媒体和自媒体，非常重视在评论区与网友互动，解答疑惑、插科打诨、闲聊家常，不知不觉中打造了人设，增强了用户黏性。

再者，评论区里有认同。对一个事件、一种现象，每个人都会有自己的想法和观点。而从心理学角度来看，这些想法和观点总是渴望被认同和呼应的。在评论区找和自己相近的观点，进一步肯定自己的判断，是一个寻求认同的过程。而"互联网嘴替"等新兴名词，代表的就是这种"虽然我没有发声，但是我想说的有人替我说了"的认同感。

最后，评论区里有高手。高手在民间，高手也在评论区。有不少平平无奇的帖子和视频，因为评论区金句频出，而在全网刷屏成为爆款。甚至一些古早的电视剧和电影，也因为弹幕而引发了新一轮热潮，焕发了新生机，像《西游记》《甄嬛传》等经典电视剧，弹幕里更是不乏"十级学者"点评，让网友惊呼"评论比剧情更精彩"。有网友梳理了几大平台"神评论""神回复"大全，这些内容或让人忍俊不禁，或让人瞬间破防，或让人深受启发，既有思想的启迪，亦有精神的慰藉。

二

很多人喜欢评论区，但不可忽视的是，评论区相对而言更为隐蔽，信息泥沙俱下、鱼龙混杂的现象也较为突出。

比如，控评误导网友。虽然网友发什么评论由自己决定，但是平台呈现什么信息，主要取决于作者和平台方，由此导致不少平台账号只呈现与自己观点一致的内容，形成"信息茧房"。有的甚至出于别有用心的目的，刻意呈现负面有害信息，对网友造成误导。

又如，评论区虚假繁荣。在"流量即是收益"的诱导下，"刷评论"的现象时有出现。比如，有的流量艺人的评论区被粉丝占领，尽是吹捧之词，看似热热闹闹，却没有实际营养。有的自媒体账号通过购买"评论"、流量造假来牟取不当收益。这些评论中还有不少是机器人所为，评论内容高度雷同甚至是完全一样，有的和正文风马牛不相及。比如，有的负面新闻下甚至出现"这个真不错，我要赞一下""必须大力支持"等评论。

再如，负面、虚假、对立信息屡禁不止。有人将生活中遭遇的不公以及由此带来的怨气发泄在评论区，发布的内容"负能量满满"；有的随意发布道听途说甚至胡乱捏造的虚假信息；有的不分青红皂白攻击谩骂，进行网络暴力。还有不少评论区夹杂着各类广告、推广，甚至暴力、色情、诈骗信息。如某社交平台热搜帖子下总是可以看到一些卖惨诱导捐款的评论内容。而当评论区与"粉丝经济""饭圈文化"相结合时，双方粉丝在评论区互骂，对立情绪溢出屏幕，有的甚至引发线下冲突。

一些媒体感慨，评论区运营和管理太难了。要么发布的内容无人问津，没人评论，要么明明发布的是正能量，却引来"嘘"声一片，要么一不小心就被错误言论钻了空子。为了避免"翻车"，一些媒体对评论区一关了之，或是只呈现百分百正确的内容。而另一面，有的社交平台和自媒体账号，认为评论就是流量，不管什么观点照单全收，甚至刻意呈现有争议、容易诱发矛盾的内容，以此来达到吸引流量的目的。

三

习近平总书记强调，要"建设网络良好生态，发挥网络引导舆论、反映民意的作用"。评论区是发现社会舆情和公众情绪的重要场合，也是开展舆论引导的重要阵地，管好用好评论区，需要多方发力。

评论区不能成为"非法区"。国家网信办《互联网跟帖评论服务管理规定》明确要求，"建立健全跟帖评论审核管理、实时巡查、应急处置、举报受理等信息安全管理制度，及时发现处置违法和不良信息，并向网信部门报告"。要求各类平台压实主体责任，加强评论区管理，不让评论区成为错误观点、负面言论、诈骗信息、营销广告的传播渠道。对管理部门来说，对于屡禁不止的各类评论区乱象，应加大处理和处罚力度，对相关账号该停的停、该关的关，绝不手软。"吃瓜群众"也应明白评论区不是法外之地，提升自己的理性思考能力和判断力，不偏听偏信，避免人云亦云，不在未掌握事件全貌的情况下随意站队甚至参与网络暴力。

评论区也不能变成"无人区"。特别是对媒体来说，对待评论区不能用"一关了之"来避免"翻车"，而是要将其作为吸引关注、引导舆论，拉近与受众距离的重要阵地，安排懂得互联网传播规律的专业人员负责运营，诚恳接纳善意的批评，及时澄清模糊的认识。尽管从表面来看，运营评论区费时费力，但从效果来看，有时候评论区的一句话胜过正文的千言万语。疫情期间，深圳一位急需住院观察的孕妇因为入院需要的核酸检测报告还未出，其家属在"深圳卫健委"微信公众号留言后，很快收到"电话发我"的霸气回应，登上微博热搜榜第一，也吸引了一波点赞和关注。

评论区更不能变成"禁声区"。加强管理不代表不尊重网友的发声、表达权，党委、政府应将评论区作为发现社情民意、疏导社会情绪的重要渠道，引导网友在遵纪守法的前提下，畅所欲言、发表意见。尤其是在重要政策发布、重大工程启动以及突发事件引导中，善于通过评论区了解群众的关注点是什么，痛点、难点在哪里，有针对性加以引导、改进工作。比如，浙江在疫情防控期间推出的"战疫求助平台"，其实就是一个大型的评论区，媒体开设专区或者专帖，群众反映急难愁盼事项，有关部门及时介入处置，有效疏导分流了舆情。

我们期待一个个评论区小广场，既有欢笑、有温度、有思考，能疏解负面情绪，又能充盈正面力量，成为网友精神的栖息地、民间高手的聚集地、社会舆情的疏解地。

余丹　执笔

2023 年 8 月 17 日

电视剧的"滤镜"为何难摘下

> 前期"日夜兼程",后期滤镜兜底,看似是快速变现的好路子,殊不知所谓的迎合市场其实正与市场规律背道而驰。

一些电视剧滤镜过重的问题,常常引发网友吐槽。有网友调侃,"十级美颜,丧失细节,如同假人!""剧中人好像自带'白炽灯'"……也有业内人士曝光,一些演员拍戏过度依赖滤镜,甚至连合同中都要写明必须"磨皮",更有后期小哥吐槽"都快把眼睛熬瞎了!"

滤镜到底是"何方神圣"?一些电视剧为什么一定要用厚重的滤镜?

一

滤镜,最早应用于电视剧后期,初衷是对画面进行调色,增强质感,还能有效遮盖瑕疵。观众耳熟能详的《琅琊榜》《风吹半夏》等热播剧,以恰到好处的滤镜、恰如其分的质感充分契合时代背景和作品题材，收获了不少好评，甚至在播出后很长一段时间里，还能持续影响观众的审美。

然而，凡事过犹不及。当电视剧过度依赖滤镜，并且把滤镜效果调至网友吐槽和戏谑的"十级"，那么效果很可能并不能遂人愿，反而让作品的口碑一落千丈。

有的剧试图用滤镜掩盖"不真实"。演员年龄太大，"磨皮"滤镜来凑。在滤镜的"加持"下，所有角色的皮肤都嫩白透亮，人过中年却硬生生变成了妙龄少女，脱离实际的"冻龄感"，让网友在吐槽滤镜成为"岁月神偷"的同时，也直呼辣眼睛。

有的剧则陷入滤镜的格式化、套路化。不少电视剧不论男女老少、无论都市剧还是古装剧，统统肤如凝脂，不管剧情是否适合，先把滤镜打开再说。于是，各美其美成了千人一面，演员的微表情、情感细节也随之埋没在厚厚的滤镜之下。

还有的剧一味追求"高级感"，却忽视了观众的观感。曾经，"莫兰迪色"等低饱和度的滤镜流行一时，部分剧为了凸显画面质感，过度使用低饱和度的滤镜，导致画面灰扑扑暗沉沉，甚至连人脸都看不清。

二

电视剧的滤镜问题时常被吐槽，但为何就是迟迟摘不掉？

畸形审美在作祟。近年来的审美潮流颇有些"剑走偏锋"之势，"白幼瘦"、A4腰、反手摸肚脐、锁骨养金鱼，以及"女生体重不过百"等苛刻要求一再被拔高。前段时间某女星穿不下某品牌的S码女装冲上热搜，男演员脸上有痘印被吐槽，不禁让人疑惑，到底有多少人能达到这样的审美标准？为了达到这样的审美要求，一些电视剧只能寄希望于滤镜。

饭圈流量在怂恿。为了抓住"流量密码"，一些剧下血本邀请流量明星，希望靠颜值俘获观众，从而提高收视率。粉丝期待什么样子，偶像就被塑造成什么样子。有资深制作人透露，"粉丝不买账，剧就等于白拍"。为了避免因剧中偶像没能拍出粉丝所期待的美感而被炮轰甚至抵制，滤镜就成了制片方钟爱的流量"密钥"。

制作周期在追赶。一部40多集的电视剧，往往三四个月拍摄完成，一年内就能上线播出，这其中的"催化剂"离不开滤镜。有句话说，你只管加班加点拍，剩下的都交给滤镜。档期紧只能日戏夜拍？滤镜一加，白天黑夜一键转换。服化道跟不上？滤镜一加，谁还看得出好坏。没有合适的场景？滤镜一加，抠图和实景难以辨别。

在短时间内要确保电视剧上线，高强度的滤镜就成了不得不用的"遮羞布"。滤镜本是为了追求独特的质感，但滥用滤镜，则是为了弥补前期工作的不足。

滤镜不是"灵丹妙药"，不能靠这一张方子治百病。这些滥用了滤镜的电视剧，也许一时走得快，但往往走不远。

三

随着观众要求越来越高，"真实"二字也越来越被看重。滤镜可以一键磨皮，看似能掩盖掉那些瑕疵与不完美，但永远也无法磨去剧作与人物上的缺陷。好演员、好作品，永远是以实力说话的。

滤镜不应成为忽悠观众的工具，也不该成为统治荧幕的

"标准"。

正视平凡且多元的世界。都说这是个"看脸的时代",有时拥有高颜值就拥有了更多机会,演员更是如此。但如今,观众们越来越希望在剧中看到参差多态的真实。近年来一些大热的年代剧就抛弃了厚重的滤镜,选择呈现真实,像《人世间》中的演员嘴角有痣、脸有皱纹,演技却个个在线,饱受观众好评。

18岁就应有18岁的活力,30岁就该有而立的气质,即便50岁脸上有了皱纹也是一种真实的魅力。人们到底更偏爱近乎完美的虚假,还是带有瑕疵的真实,观众已经给出了答案。

真诚是最好的滤镜。观众的眼睛是雪亮的,人与人之间的感情是相通的,唯有真诚才是真正的流量密码。《山海情》演员甩开偶像包袱,用贴近真实的妆容和流露真情的表演收获豆瓣评分9.4分的高分。很多人在这部剧中看到了一个个有血有肉的人,看到了自己的过去,被演员的表演所折服,被丰满、立体的故事深深打动。有剧评说,这部剧中的每一个故事都闪耀着真诚与光辉。

倾尽心血的作品,即便画面没有滤镜,观众也会在心里为其打开滤镜。可见作品只有用"真心实意"才能真正换来观众的"真心点赞"。

沉下心来搞创作。好作品是文火"炖"出来的,而不是"赶"出来的,更不是P出来的。前期"日夜兼程",后期滤镜兜底,看似是快速变现的好路子,殊不知所谓的迎合市场其实正与市场规律背道而驰。精深的思想、精湛的艺术、精良的制作,是新时代对文艺精品的要求,观众呼唤逻辑严谨、人物丰满、制作精良的作品,创作者也只有真正做到把心沉下来、把情写出来,用实力说话,才能获得长久的尊重。

一部作品要聚焦的是精神高度、文化内涵、艺术价值。滤镜掩盖得了瑕疵，但代替不了观众对真善美的追求。成熟的电视剧市场中，不但有高水准的作品，也有高素质的观众。摘下滤镜、拥抱真实，才能赢得观众、留下精品。

杨波　王晓欢　朱鑫　执笔

2023 年 8 月 18 日

何以解"忧"，唯有更"优"

> 与其挖空心思地制造各种"政策洼地""投资凹地"，不如让发展的环境像清新的空气一样流动起来，只要天朗气清，"商"和"资"自然会找上门来。

自2003年起，世界银行每年都会发布全球营商环境报告。今年5月，世界银行启用了新的营商环境评估体系，这其中对营商环境项目评估的英文名称发生了变化，由 Business Enabling Environment 变成了 Business Ready，有学者把它翻译为"营商就绪"，指出世行对全球营商环境评估迈入新阶段，更强调营商环境的政策、制度供给，评价标准更高了。

有人说：拼经济，拼的就是营商环境。后疫情时代，营商环境对于各地而言，分量越来越重了。今年以来好几个省市都把优化营商环境作为重头戏，比如上海、浙江、河北的"新春第一会"都有聚焦优化营商环境，陕西则把今年定为营商环境突破年。"营商环境只有更好，没有最好"，为何在营商环境这件事上，我们要永不满足？

一

　　说到营商环境，浙江既吃过"苦头"，也尝过"甜头"。

　　据《习近平浙江足迹》记载，2002年底，一份调研报告在温州引起震动。当地一些政府机关的"衙门痼疾"，已在一定程度上成为温州经济发展的严重阻碍。企业普遍反映：最艰难的是用地，最麻烦的是审批，最头痛的是检查，最反感的是"三乱"。素有"中国第一农民城"之称的温州龙港，遇到的问题更严峻。在从"农民城"到"产业城"转变的过程中，一些公司甚至龙头企业外迁。

　　2002年12月，习近平同志奔赴几个民营经济大市——宁波、台州、温州考察。在这次考察中，再创优势、深化改革、转变作风等成为他强调的关键词。2003年，一场起源于温州的"效能革命"在全省拉开帷幕。温州打的第一枪，即实施四条禁令：严禁有令不行、严禁办事拖拉、严禁吃拿卡要、严禁态度刁蛮。龙港还提出了"人人都是投资环境"的口号。"效能革命"的效果立竿见影，2003年下半年开始，五个超亿元高新技术项目落户龙港，十多家外迁企业相继回流。

　　世界银行研究显示，营商环境改善对GDP增长率和社会投资率的直接拉动效应分别为0.3%和0.36%。事实证明，作为每一个经济细胞赖以生存的空气和水源，营商环境构成了一个城市最大的"磁场"，搞得好各种人才、资源会"不请自来"，搞不好就会"弃你而去"。我们在评估一个地方的发展潜力时，可能会关注有没有优惠政策、有没有利好补助，殊不知，营商环境才是一个地方最大的优势、最好的政策。

曾经有媒体批评过一些地方乱放"大招"的招商怪象,比如不惜开出"超常规优惠",从给地、给厂到给税费优待乃至直接补贴,最终换来的可能是得不偿失的"痛"和无法兑现的"苦",比如在一些"紧急"上马的项目前,有的领导干部许愿"进场"、信誓"开工",但项目来了却频频遭遇"审批找不到、走不通、补不完"的情况,寒了投资者的心。

在笔者看来,与其挖空心思地制造各种"政策洼地""投资凹地",不如让发展的环境像清新的空气一样流动起来,只要天朗气清,"商"和"资"自然会找上门来。

二

营商环境不是一个虚无缥缈的口号,它蕴含在一个个"草根"就业创业的励志故事中,体现在"少跑腿"甚至"不跑腿"的办事效率上,也折射在"遇事不求人""规则说了算"的社会氛围里。营商环境怎么样,关键看政府和市场这"两只手"有没有协调好,这需要处理好三个关系。

既能"出手"又能"放手"。近日,浙江省市场经营主体总量突破1000万户。激发了浙江人创业热情的最大法宝其实就是政府"为"与"不为"的高效协调。

习近平同志在浙江工作时就曾强调,要确立"有限政府"的观念,坚持有所为、有所不为。也就是说,政府哪些该干、哪些不该干,应该是非常清晰的,像保持宏观经济稳定、优化公共服务、加强市场监管这些事情是该政府做的,政府就一定要"出手"做好。但像如何经营管理、如何决策,就需要大胆"放手",把不该管也管不好的事情交给市场。

既能"就位"又能"补位"。有人说,浙江经济就是"老百姓经济"。但是"老百姓经济"并不是说党委、政府就无所作为。浙江市场化程度走在全国前列,恰恰是因为党委、政府尊重群众的首创精神,稳步推进了市场取向的改革。浙江的"老百姓经济"长盛不衰印证了,政府和市场不是谁大谁小、"有你无我"的对立关系,而应"各就各位",成为优势互补的"黄金搭档"。

既能"破旧"又能"立新"。浙江优化营商环境的步子从来没有停过,从效能革命到"最多跑一次",再到数字化改革,今天浙江的营商环境已经不是简单地停留在解决"门难进""脸难看""事难办"的问题,或是"只微笑不办事"的"推绕拖"现象的阶段,而是围绕经营主体全生命周期、全产业链条来打造更优的营商环境。发展总是迭代更新,只要改革不停步,在营商环境这件事上就应该一直向前、永不懈怠。

三

从党中央始终坚持"两个毫不动摇",始终把民营企业和民营企业家当作自己人,营造市场化、法治化、国际化一流营商环境等论述中,我们能够感受到,中国向全世界释放出明确而强烈的信号,那就是中国的营商环境只会越来越好。

目前,中国的经济面临多方面的挑战,不论是从宏观数据还是老百姓的切身感受看,经济复苏的难度和阻力比预想要大。让营商环境"优"无止境是政府给予市场主体的最大信任和最强底气。如何步步为"营"、优上加优,至少需要做好以下三条。

标准拉上去。在世界银行公布的各国营商环境排名中，中国已经跃升至第31位，超过了法国，但这还远远不够，营商环境也是一场国际竞争，全球的生产要素也是"用脚投票"，不管哪个城市、哪个国家，营商环境都是构筑核心竞争力的主赛道。这就意味着在营商环境这件事上，怎么重视都不为过，需要站在全球的高度，对标世界、勇争一流。

规矩立起来。有人说："办事不求人"是最好的营商环境，如何才能做到"办事不求人"？关键是把制度立好。把"红灯"可以设得亮一些，哪些禁入，需作清单式指导。"绿灯"可以设得多一些，可有可无的条条框框能少则少，最大限度让利于民、让利于企。"黄灯"也不可或缺，营商环境是一个地方执政理念、治理水平的综合体现，不妨放下手中的"游标卡尺"和"铁榔头"，给予市场主体适度的容错空间，多一点温馨提醒。

链条深下去。一个有意思的细节是，在世界银行营商环境新标准中，"用水"成为评判公共设施服务的一项新内容。由此可见，企业发展所需的用地、用工、用能等要素保障是否到位、充分、便利，是评价一座城市营商环境最为可知可感、也最为现实的具象标准。聚焦全链条服务、全要素供给，从准入到准营到准出，政府需要用好政策"工具箱"，为企业补链、强链、优链创造"阳光雨露"，打造"迁不走"的产业生态。

营商环境就像空气、水一样重要，清新的空气、清洁的水源值得我们珍惜与呵护。"营"在当下，方能赢得未来。

王人骏　蔡耀中　执笔

2023年8月18日

解码"网红"重庆

> 重庆爆红的流量密码，不只有风景、美食和"8D"魔幻，更在于可进入、可参与的城市生活。

　　越热越重庆，即使进入"火锅"模式，炙热的天气依然阻挡不了游客的步伐。洪崖洞、天坑地缝、天生三桥、仙女山等户外景点依然是人山人海。

　　这几年，重庆的旅游热度一直居高不下，甚至还蔓延到海外，在入境游中热度持续攀升。在TikTok等平台上，一则普通的重庆夜景视频就能收获千万播放和百万点赞，相关话题阅读量甚至破亿。

　　"再看一条重庆的视频，我就要搬到重庆去了！""一座魔幻的充满江湖气的城市，一座令人惊叹难忘的城市！"……刷着网友们"爱之切"式的评论，我们不禁要问，重庆究竟有何魅力？从西南工业重镇到"全球网红"，它的"出圈"带给我们什么启示？

一

当你来到重庆，眼耳口鼻身，感受到的是全方位的冲击。

初见重庆，最先被它"赛博朋克"式的未来感所震撼。穿越居民楼的李子坝轻轨、晨雾迷蒙中雄伟的朝天门、流光溢彩的洪崖洞……重庆的建筑大多依山而建、重叠错落，自有一股豪迈之气。

有数据显示，截至2020年，重庆30层以上的摩天住宅楼数量为2219座，位列全国第一，可谓一片充满生命力的城市"森林"。打破了千城一面的景象，重庆引起众多关注和热议。

细品重庆，"美食江湖"带来的味觉刺激叫人欲罢不能。火锅、糍粑、抄手、小面……没有人会拒绝如此热辣的烟火气。就拿最具代表性的火锅来说，锅底要老得彻底，辣椒要辣得上头，菜品在锅中翻滚几下，一口下去，滋味直冲脑门，让人吃出称霸江湖的快感。这不仅是重庆百姓的家常口味，更是独属于重庆人的率真生活方式。

置身其间，即便迷失在"8D"立体的错乱空间里，也觉得其乐无穷。有人说，人与人之间最远的距离不是天涯海角，而是明明定位相同，却无法碰头。从一楼向上爬了十几座楼梯，恍然发现又来到了一楼，这里的立体式交通常让人找不着北，也为整座城市蒙上一层魔幻色彩。

最有代表性的就是目前全国最深的地铁站——红土地站，地面到站台共有94米远，相当于30多层楼的高度，入站出站需要连续乘坐8部扶梯，被网友视为另类"网红"。

古老且时尚、悠闲又热闹，重庆集诸多对立元素于一身却毫无违和感，以无可比拟的高辨识度成为一众城市中的"显眼包"。

二

旅游，每个城市都在做，那重庆又做对了什么？笔者认为，有三个"转向"值得关注。

转向烟火气的后街。如果说，都市区是一座城市的门面，那么后街小巷就像城市的"微表情"，是游客近距离观察城市的窗口。在打造后街经济方面，重庆在国内是出发最早的一批。早在2018年，重庆就对解放碑步行街等开展改造提升工作，并将后街小巷一并纳入，打造后街经济。

例如，重庆渝中区的山城巷，既有"九开八闭"古老城墙，也有挨着悬崖栈道的吊脚楼、古色古香的石朝门、方方正正的四合院以及充满异域风情的欧式小楼，被称为重庆"建筑博物馆"。通过重新设计，文创、咖啡和老茶馆、防空洞等新旧交融，可谓是让人享受惬意的"多巴胺景区"。

转向体验感的营造。网上流传着一个网红城市公式，即"本地饮食＋网红打卡地＋网感故事＋影视综艺＋城市的流行音乐"，近几年，重庆在各个方面都没落下，通过影视综艺等也吸引了众多游客前来体验。

例如，讲述重庆年轻人故事的电视剧《风犬少年的天空》，把老重庆浓郁的生活气和复古味推"出圈"，很多影迷专门制作了地标地图，就为到剧中的尖叫眼镜面馆吃顿饭，在经典取景地拍照打卡。

转向情绪化的释放。重庆的性格就像麻辣火锅一样豪爽痛快，重庆方言也是如此，幽默耿直还带着点粗糙劲儿。这里是摇滚和说唱的城市，一句"勒是雾都"，就是响亮的口号，游客在这里可以尽情释放情绪和压力。

嗨到爆的大野迪、潮流夜市文化，年轻人喜欢玩什么，重庆就提供什么。去年，近200场"不夜重庆"特色活动，让重庆持续霸占不夜城的榜首。今年，重庆磁器口古镇还开辟了"后浪"片区，主题集市、古风巡游、乐队表演、露营基地、公路市集等新业态，牢牢抓住年轻人的喜好。有游客不禁感叹："重庆，果真是懂得宠粉的！"

三

曾有专家指出，重庆坐拥巨大的流量，但过夜游客占比少，游客人均消费低是一大短板。如今，让风景成为场景，把场景融入风景，景区与城市的边界越来越模糊，重庆用市井烟火、人间至味增强游客体验，逐渐让"出圈"成为"长红"。

透过重庆"客流"与"客留"的改变，有一个值得留意的问题：城市如何实现流量的转换，让"网感"不仅停留在人们口头，更成为实打实的旅游增量？

在追赶时尚时，别忘了城市的人情味。有专家说，当代游客对景区的诉求不再只是美丽的风景，还要有美好的生活。重庆之所以"出圈"，不仅靠时尚大气的解放碑、朝天门、洪崖洞，沉淀了岁月气息的老街、索道等也为这座山城积攒了口碑。这些景致没有千篇一律、复制粘贴，自然多了一份打动人心的魅力。

有旅游主播总结，重庆爆红的流量密码，不只有风景、美食和"8D"魔幻，更在于可进入、可参与的城市生活。也正因此，重庆的江北嘴江滩公园、渝中鹅岭公园、两江新区金海湾滨江公园等城市公园，既是市民休憩空间，也是吸引旅行者的地标。

寻求破圈时，多放大自身特色。重庆的"魔幻"来自其特殊的地理特点，无论是穿楼而过的轻轨、穿梭于城市间的"黄色法拉利"，还是仿佛怎么都绕不出去的居民楼，这些抓人眼球的特色，都与重庆独一无二的城市地貌紧密相关。这也是将重庆推"出圈"、将游客引进来的流量密码。

然而重庆的资源还远不止于此，放眼周边，三峡、武陵、巫山、奉节等地也拥有优越的自然资源，扩宽视野，挖掘全域旅游，也是让游客留下来的重要方式。比如今年"五一"假期，巫山就连续多日实现单日游客上万人次。

在打造IP时，更留意人文的底色。建筑是城市的骨骼，文化就是城市血脉，也是不可替代的核心竞争力。在与洪崖洞隔江相望的重庆大剧院，听一场户外交响乐；在千年古镇磁器口，尝一次"不得不尝"的麻花，看一场"不得不看"的舞台剧《重庆·1949》……近年来，重庆不断打造城市文化IP，放大城市个性，彰显文化底蕴，让城市"足够重庆"。

"路长知水性，山转见渝州"，翻开重庆的地图，山是一座城，城是一座山，舆地学家顾祖禹曾这样评价重庆："府会川蜀之众水，控瞿塘之上游……地形险要。"正因如此，重庆曾一度被学者们断言：是个不适合人居的地方。

然而，"先天不足"的重庆却愣是将这大自然的劣势打造成优势。我们也期待，能有更多城市用好网络流量，让"网红"造福城市和百姓。

朱鑫　吴梦诗　执笔

2023 年 8 月 19 日

中美军事热线为何"接不通"

美国不断给中国"打电话",也许有避免中美"擦枪走火"的考虑,但奈何咱们安装了"反诈App",没有人会为反反复复的缺乏诚意、缺少尊重、缺失公平的所谓"沟通"浪费时间、精力。

自从电话被发明出来以后,人与人之间、地区与地区之间、国家与国家之间的沟通,就向前大大地迈进了一步。

早在2007年11月5日,中美之间就确定建立军事热线,这也是中国人民解放军与外军建立的第一条高层军事热线。这条军事热线的建立,既体现了两国当时的关系,也成为日后衡量两国关系状况的重要指标。客观地说,十多年来,这条军事热线对于中美两国、两军关系发展发挥了积极和建设性的作用。

但最近一年多时间,这条热线却被中国多次拒接。热线电话缘何变"冷"?电话"接不通"的根本原因在哪里?美方为何频频炒作"中国不接电话"?任何军事问题都是政治问题的延续,这些问题值得"拨号人"好好反思。

一

一段时间以来，美方如"祥林嫂"附体般频频就"中国不接电话"进行炒作。

比如，据《华盛顿观察家报》报道，五角大楼负责政策事务的副部长科林·卡尔指责中方在危机时刻拒接美军电话，为此还编出一个说法，声称"沉默应对"是中国军方一个"新奇"计划，目的是吓唬美方并逼美军"撤出西太平洋"。

又如，美防长奥斯汀在第20届香格里拉对话会发表讲话时，抱怨中方拒绝会晤，声称这是"遗憾且不幸的"。

再如，近日，美国印太司令部副司令斯蒂芬·斯克伦卡继续炒作此事，声称中国军方正"危险地向傲慢演变"，指责中方拒绝沟通会导致误判从而"使战争风险升高"。

事实上，中国为什么不接电话，美方再清楚不过。

去年8月，美国众议院前议长佩洛西不顾中方坚决反对，执意窜访我国台湾地区。作为反制，针对美方恶劣挑衅行径，中方宣布了八项反制措施，其中就包括取消安排中美两军战区领导通话。美方侵犯中国主权在先，中方作出正当反制在后，中方的反制措施完全正当、合理、合法。

此后，美国非但没有悔改，反而变本加厉，不仅用导弹击落中国"流浪气球"，还用"切香肠"的方式不断挑衅中国底线，在台湾、南海有关问题上挑事生非、火上浇油。

美国不断给中国"打电话"，也许有避免中美"擦枪走火"的考虑，但奈何咱们安装了"反诈App"，没有人会为反反复复的缺乏诚意、缺少尊重、缺失公平的所谓"沟通"浪费时间、精力。从根本上来说，如果美国真的诚心诚意想要改善关系，中美之间也压根就不会走到今天这一步。

现在美方之所以频频就"中国不接电话"进行炒作，目的只有一个，就是自己的套路行不通，反过来给中国扣上"拒绝对话"的帽子，妄图将当前中美关系面临困难的责任"甩锅"给中国。

二

沟通是避免误会、消除误解、解决分歧的重要途径。但任何沟通都需要诚意，凡事以自己为中心、毫无诚意的对谈沟通只能是做无用功。

美方一方面口口声声要加强沟通，另一方面又不顾中方关切单方面制造重重障碍；一边说要修"护栏"防止误判，一边又挥舞着锄头狂挖两国关系的"政治地基"，如此行径不是致力于沟通的应有态度。

此外，沟通还需要"说话好使"，在这一点上，美国现在表现得很魔幻。

从二战后期起，美国形成"党派政治止于大洋之滨"的传统，政客之间即便有不同意见，在对外时也会形成统一立场，不使党派分歧跨出国门。

但近年来，美利坚合众国早已无法"合众"，美国政治极化陷入深深撕裂，鸿沟越来越大。为了党派利益之争，美国的两党完全可以置国家利益于不顾，越来越多的人产生"美国到底谁说了算"的疑惑。

对此，有学者指出，从特朗普政府开始，美国民主、共和两党就把中国推向了美国国内政治斗争的风口浪尖，使中美关系成为美国国内政治斗争的"牺牲品"，这也导致中美关系陷入了一种"恶性循环"。

中国向来以诚待人。但如果美国发起对话的主体是分裂的、议题是分散的、诉求是分化的，那么对于中国来说，确实没有这么多时间精力来陪美国"煲粥"。中国自己还有大量的工作要做，我们还要拼经济、抓改革、惠民生，哪有这么多时间毫无意义地扯来扯去？

互利共赢，互谅互让，求同存异，以诚相见，这些都是被历史检验过的、促进中美关系健康发展的原则性要素。但令人遗憾的是，美方这几年却选择一边倒地对中国极限施压，到头来只能是错过解决问题的良机。

三

历史不语，却给出了答案。从抗美援朝的停战谈判到中美贸易摩擦的谈判来看，美国惯用的手段就是耍弱肉强食的招数。这对一些小国可能是适用的，但对于中国并不适用。

作为一个大国，中国在重大国家利益面前没有任何退步的空间。退一步，带来的可能就是中华民族的巨大损失、中国老百姓的巨大损失、中国企业的巨大损失。

今天的中国早已不是百年前的中国，今天的世界也不是百年前的世界，"会场不见那就战场见"的狠话吓唬不了中国。

把一些事、一些人晾一晾，恰恰说明我们在战略上拥有主动选择的余地。中国发展战略的自主性、确定性、稳定性，是我们乘风破浪、披荆斩棘的最大底气。

当地时间 2021 年 3 月 18 日，中美在阿拉斯加举行高层战略对话时，中国就当着全世界的面作了回击："你们没有资格在中国的面前说，你们从实力的地位出发同中国谈话。"

当然，作为两个全球大国，不管是从现实利益还是从国际背景的角度来看，中美关系都不应该长期冷淡下去，在下降到一定空间之后，应该要有所回升，或者说有所缓和。

实际上，中美之间在其他领域一直保持着一定沟通，两军工作层面沟通也未中断。军事热线何时接通，也许就在明天，也许还要很久，但这并不取决于接电话的一方，而是取决于"拨号人"的实际行动。

中、美都是影响世界的大国，美方若是希望全面恢复对话交流，就应该拿出诚意，放下霸权主义的傲慢、冷战思维的狭隘、围堵打压的套路，停止在我国台湾地区以及南海周边搞各种"花式动作"，真正尊重中国主权和领土完整，尊重中国人民的情感和关切。这样一来，无论是军事热线还是其他交流渠道，方便之门会自然打开，对于维护世界和平稳定发展也才会真正产生意义。

陈培浩　执笔

2023 年 8 月 19 日

小镇"逆袭"故事多

> 全面挖掘历史老故事,把"散装"的多元文化编成一本"故事会",供游客细细品读。

温州市苍南县的滨海小镇霞关,南接闽北,与台湾隔海相望,素有浙江的"天涯海角"之称。

霞关镇虽小,却历经兴衰变迁。这里曾是军事要塞、千帆之港,让人充满好奇与想象;这里也因地处偏远、交通滞后而一度沉寂。

今年5月以来,苍南168黄金海岸线因其"中国东海岸一号公路"的美誉走进人们视野,也将岸线上独具辨识度的霞关镇推向大众,一时间吸引了众多游客涌向霞关镇。

这座浙南小镇是如何"逆袭"的?霞关在文旅融合发展上的探索,又给当下一些有着相似境遇的地方带来怎样的启示?

一

在霞关的前半段记忆里，它几乎都是作为军事要塞而存在的。

明洪武二年（1369年），明太祖朱元璋在今苍南境内设关镇守，取名"镇下关"。后为抗击倭寇，朝廷实行卫所制度巩固海防，汤和在今苍南境内筑金乡卫城和壮士、蒲门所城，戚继光曾在此驻扎。

每当旭日东升之时，清澈的海水被映得一片通红，"霞关"一名由此而生。

清末民初，刀光剑影渐渐散去，小镇的商业气息开始"升温"。横阳古道、松山古道、挑矾古道等将物资汇聚港口，山东、岭南、台湾、东瀛、南洋等地货轮穿梭往来，霞关成了浙闽台物资交流的中转站。

霞关距基隆港仅120海里，从此处出海，只需一个晚上就能到台北。上世纪八九十年代，许多台湾船只停泊于此，霞关也因此有了些许台湾风情。于是，这里又多了一个美名——"千帆之港"。数据显示，到2003年，霞光港年货物卸港量一度达7万吨。

频繁的商贸往来，赋予霞关充满异域特色的小镇面貌。以凤冠东巷为入口，沿着霞关老街拾级而上，街内5道18巷226间老宅依山面海，放眼望去，是一幅多元文化交融的"民居博览图"：闽南石头房、西南吊脚楼、伊斯兰"洋葱头"……徜徉老街，仿佛徜徉在南北西东。

独特的地理位置带来人口大融合，造就霞关多元的民俗文化。妈祖信俗、八仙戏、采茶戏、继光饼等天南地北的传统习俗和制作技艺在霞关流传下来。

二

进入新世纪以来，随着新交通方式的兴起，古道渐渐沉寂，霞关也慢慢淡出人们的视线。对孤悬在浙江"天涯海角"的霞关来说，当时曾面临三大"难"。

一是"偏远""冷门"的标签难撕掉。霞关镇位于浙闽交界处。几乎每次有台风在温州登陆，霞关都首当其冲，因此人们称其只在台风季"刷脸"。霞关镇所在的苍南县，多数景点集中在交通不便的海岸线附近，位置偏远、鲜有人知。

二是新消费、新业态难引进。苍南沿海虽保存着完整的卫、所、水寨、巡检司等海防体系遗址，还有世界矾都的明矾采炼遗址、碗窑古村落的青花瓷烧制遗址等，但在当时的苍南，吃、住、玩、购等新消费、新业态尚未形成完善的产业链，对年轻的游客群体缺乏吸引力。像是在霞关这个小镇，最具特色的霞关老街仅数百米长，没有新业态，就只能满足游客走马观花的"小时游"。

三是多元文化难以"打包营销"。苍南县拥有38个民族、426个姓氏，分别讲温州话、闽南话、蛮话、金乡话、畲话、蒲城话等六种方言，互不相通，形成一个个"语言孤岛"。抗倭文化、工业文化、农耕文化、海洋商埠文化等像散落的明珠，独自闪耀。散落的"满天星"没能聚成"一团火"，整体主题特色难彰，当地甚至想不到一句能够概括苍南文化特色的旅游口号。

三

现在的霞关镇，每到旺季，游客络绎不绝，还被赞为浙江的"圣托里尼"。今年上半年，霞关旅游总人数62.8万，同比增长59.8%。

如何化劣势为优势？苍南县和霞关镇的探索为我们留下了一些启示。

化零为整"抱团"发展。曾经偏远、冷门的不仅是霞关镇，周边的炎亭等景区都曾面临同样的尴尬。一地一域难免孤掌难鸣，因此，苍南用一条168黄金海岸线，将不同的文旅资源串珠成链。

今年以来，168黄金海岸线开展了全面整治并实现全线贯通，串联了沿途海岛、沙滩、渔港、古村等58个网红打卡地和9个交通观景驿站等，形成"一路一风景""一站一风光"的苍南"山海志"。

168黄金海岸线，既连通了路网，也形成一份苍南旅游导览图。原本游客到霞关得专程跑一趟，现在则可以沿着海岸线一路向南打卡。

把本地的特色磨得更亮。浓厚的商贸气息和市井烟火气，是霞关这个小渔港的闪光之处，但曾经有一段时间，居民外迁流失导致霞关古镇一度沉寂。

为了找回小镇的烟火气，当地投入2.5亿元改造基础设施，培育招引"文旅＋渔旅"特色业态，并吸引霞关人参与到小镇文旅复兴中，探索"礼堂＋客厅""美食＋文创""书店＋民宿"等运营模式，让来到霞关的游客能拥有居民般的感受。

如今，霞关镇已成功培育各类业态主体150家，茶馆、咖啡馆、民宿、酒吧等新业态蓬勃生长，霞关海洋文化节、啤酒美食节等节庆活动集聚人气，小镇重新找回曾经的氤氲烟火。

讲好文化的故事。好故事始终是文旅发展的内核。苍南全面挖掘历史老故事，把"散装"的多元文化编成一本"故事会"，供游客细细品读。

就拿霞关来说，当地组建了文旅融合发展共同体，邀请专业团队深挖文化渊源，聘请优秀的规划建筑师驻镇工作，将古老文化融入现代生产、生活方式。又如苍南县桥墩镇的碗窑村通过解读古戏台上的藻井壁画，还原了温州版《白蛇传》，汇编了专著《那年，小青还是一条鱼》。

沿着168黄金海岸线，一个个文化遗存正被唤醒。飞跃168VR体验馆、福德湾古村非遗创意街区、中魁村甜柚牧场、韭菜园房车营地、天吊仔艺术馆等一批新业态也成为流量担当。

千帆之港，浪漫霞关。如今，这个浙江的"天涯海角"无疑已经十分有看头。在未来，更多像霞关这样"散落的明珠"，一定能在文旅融合的新赛道上出圈、出彩。

甘凌峰　吴合众　执笔

2023 年 8 月 20 日

这届年轻人为何"开摆"

> 小摊虽小，支起来是各行各业，摊开来是千家万户。期待年轻人解锁出更多摆摊新模式，用各自的努力和才华，为城市经济注入活力，为美好生活增添奇思妙想。

你是否注意到，如今不少年轻人走出家门，步入夜幕中，在马路边、巷子里、集市上，陆陆续续支起小摊、吆喝起来。他们多为"半路出家"，手脚并不如老师傅那样熟练，也大多会在招揽顾客的时候露出腼腆的神色。

但这届年轻人是懂流量密码的，他们纷纷在社交平台上晒出摆摊经历和摆摊攻略。在抖音平台上，关于"摆摊"这个话题的视频总播放量就达587亿次。年轻人靠摆摊赚钱以外，或体验生活，或实现自我价值，或结交朋友。多样化的小摊，个性化的表达，构成了一道别样的风景线。

一

摆摊，自古就有。《清明上河图》中的东京城，随处可见贩夫走卒的身影。到了当代，摆摊依旧是狭小的空间中萦绕着的热闹的叫卖，仿佛几千年的市井气息从未远去。但相比过去，如今年轻人的摆摊自有鲜明独特之处。

形态上"摆"得更靓、更时尚。年轻人的摊位主打一个精心设计、抓人眼球。布置方面，一张定制背景布拉满氛围感，咖啡摊印上"咖啡哪有打工苦"，冰粉摊印上"冰粉可比恋爱甜"；杯子和打包袋贴上彰显个性的标语或图案后，就是一个行走的"广告牌"；还有些小摊的载体，或是汽车后备厢，或是露营小推车，或是旅游行李箱……经过一番改造后，与夜市相映成趣。

内容上"摆"得更潮、更多元。以前的地摊吃食不外乎煎饼果子、烤肠、烧烤等，可眼下，像泰式奶茶、街边牛排、盒子蛋糕这些年轻态的小吃都出现了，更有手绘陶瓷、针织物品、手工首饰、街头画像等充满趣味性的物件。比如，最早设计出"卖崽青蛙"的是南京一位宝妈，当她穿着青蛙服提溜着青蛙气球，摇摇摆摆走在路上时，大概没想到，很快全国各地的街头都出现了青蛙人偶。

理念上"摆"得更新、更突破。一直以来，地摊离不开一个"地"字，老一辈摊主依赖的是摊位周边的人流，靠的是熟客带熟客，可年轻人当起了摊主后，主打一个线下客群与线上流量"两手抓"。摆摊的同时进行直播，或是拍摄视频素材供后期剪辑，做成短视频发布在新媒体平台上，已经成为年轻摊主们招引顾客的标配。

二

随着年轻人的"花式"加入，地摊变得生动有趣、丰富多彩。笔者认为，年轻人掀起"花式摆摊"热，背后至少有三点原因。

一种人生新体验。从顾客摇身一变成为摊主的新奇感，对年轻人有着不小的吸引力。通过摆摊，有人挖掘自身潜在的能力，有人获得自我满足和认可，还有人展示丰富的创意和想法，方寸之间竟也带来了很多意想不到的惊喜。

比如，中山大学哲学系有位研究生曾在大理古城"贩卖知识"，主打哲学咨询、治愈与聊天，没想到真的有人驻足在小摊前。新型摆摊模式带给年轻人的，是走出象牙塔，与生活亲密接触。

一条创业新赛道。相比其他创业手段，摆摊的成本更低，不用支付店铺租金、装修费用等，只需要简单的设备、工具和食材；摆摊灵活性也较高，自由度也更大，选定合适的商品或服务后就可以开始经营，还能随时调整经营策略。

这些特点激发了年轻人的创业热情，尤其是在就业压力较大的情况下，摆摊成为"优选项"，体现了年轻人不肯被贴上"摆烂""躺平"等标签的主动向上的态度。

一方友好的大环境。有人说，地摊经济几经波澜，在禁与放、限制与鼓励中沉浮，每一次也都与经济大环境相关。今年以来，为恢复和扩大消费，北京、上海、深圳、杭州等地相继为地摊经济"松绑"，通过放宽摆摊条件、简化摆摊手续等一系列政策和措施，为年轻人摆摊提供便利和保障。

不久前，国家发改委发布的恢复和扩大消费"20条"中也有不少适合摆摊落地的场景，欢迎着年轻人的创意生根发芽。小摊背后的大能量，等待进一步被激活，商业的"毛细血管"也期待更顺畅地活跃起来。

三

不过，摆摊真的一本万利吗？事实上，它绝非一门"日进斗金""一夜暴富"的生意，相反，"看了就会，干了就废"是很多摆摊新手的真实写照。

一方面，挺多人摆摊是一时兴起、临阵磨枪，对爆款研究、创意融合、技术磨炼、售后服务等环节都缺乏经验，"理想很丰满，现实很骨感"；另一方面，对于摆摊物料、食材等，新手缺乏相对稳定、低价的采购渠道，容易造成"风风火火摆摊去，一算盈利成负数"的落差。

此外，他们还会面临所有摆摊"老司机"都会碰上的问题，如环境卫生、食品安全、交通秩序等。如何让年轻人的小摊更好地"装"下人间烟火，点亮城市夜间经济？

"不做对立者，要做同行者"。地摊经济的过去，交织着城市管理者与流动摊贩的"爱恨情仇"。但"一禁了之"已经不适应如今的城市发展态势了。在如何为"地摊经济"生长提供空间的命题上，城市不仅需要在管理方式上更柔和，并且需要不遗余力地探索综合治理的升级优化。

比如，规划更多特色集市，降低集市承租费用，鼓励摊主从摆"野摊"走向正规化，像南京从前两年开始就统筹规划了不少临时外摆摊点，催生了"喵喵街"等网红街巷；对营业时间、噪音量、食品督查、交通管理以及品类等进行精细化管理，比如深圳对缺斤短两的商户予以"挂牌"惩戒，受到消费者好评。

"慢功夫花在真问题上"。摆摊虽然门槛低，但竞争也非常激烈。正如一些尝试了摆摊的年轻人感慨的那样，从决定开始摆摊的那一秒，就要开始花费各种心思，包括做足市场调查、摊位踩点等准备工作。

迈开第一步后，更面临着提升实力、护好小摊的"重任"。应该把精力更多集中在怎么摆好摊上。摆摊呈现出的是琐碎而真实的消费场景，想要摆得有创意、有人气，就得不断完善细节，提升服务质量。

"将心比心多包容"。在大多数人眼中，摆摊仍不是正经工作，且利润未必高。事实上，在笔者看来，如今的年轻人普遍有知识有想法，他们能积极主动为自身发展寻找更多可能性，这值得被理解、尊重和支持。且不管将之作为主业抑或是副业，摆摊能否成为长久从事的项目，相信每一个年轻的摊主都有自己的回答。

小摊虽小，支起来是各行各业，摊开来是千家万户。期待年轻人解锁出更多摆摊新模式，用各自的努力和才华，为城市经济注入活力，为美好生活增添奇思妙想。

王心怡　执笔

2023 年 8 月 20 日

百年藏书楼的藏与用

嘉业堂藏书楼屹立百年，成就了中国私人藏书楼史上的绝唱，承载着诗画江南博雅精深的历史底蕴，流淌着书香浙江自古以来的崇文基因，如今已成为爱书人慕名前来打卡的文化地标。

"世间数百年旧家，无非积德；天下第一件好事，还是读书。"藏书历来是文人雅事，被誉为"藏书之乡"的湖州，可谓书写了浙江古代藏书史的一头一尾。

早在南朝，湖州人沈约家中的藏书就已达2万卷，成为南朝藏书第一人。晚清湖州南浔人刘承干的嘉业堂藏书楼，是近代中国规模最大、藏书最富的藏书楼。历经岁月的风雨和战火的洗礼保存完好，古籍珍本已在书橱中度过一个世纪。

抖落历史的尘埃，翻开泛黄的"书页"，让我们一起探寻百年藏书楼的藏用之道和斯文湖州的悠远文脉。

一

湖州南浔素有"文化之邦"和"诗书之乡"之称。面积只有2.18平方公里的古镇景区里，静立着我国近代著名的私家藏书楼——嘉业堂藏书楼。它与宁波天一阁、瑞安玉海楼、海宁别下斋并称为浙江四大私人藏书楼。

主人刘承干，是南浔"四象"之首巨富刘镛之孙。他一生嗜书，无声色犬马之好。雄厚的财力基础加上读书著述的家风熏陶，年轻的刘承干开始了聚书生涯。十年之间，收有宁波卢氏抱经楼、杭州朱氏结一庐、太仓缪氏东仓书库等十数家的藏书。

为妥善保管苦心搜罗的古籍，刘承干于1920年在家乡南浔营造藏书楼，历时四年落成。因末代皇帝溥仪所赐"钦若嘉业"九龙金匾而得名嘉业。嘉业指美好的事业，对于读书人来说，美好的事业就是建楼藏书了。

"万卷琳琅嘉业堂，鹓鸰溪上小莲庄。"藏书楼坐落于南浔鹓鸰溪畔，隔溪毗邻小莲庄。古雅的书楼藏于清幽的园林之中，莲庄荷香沁人心脾，嘉业书声声声入耳。楼主刘承干也颇为自得："春花秋月，梅雪荷风……负手微吟，诗境亦古。"

藏书楼为回廊式砖木结构、中西合璧的两层书楼，在建楼之初，对于防火、防潮等设计就别具匠心、十分周全。楼旁有河池，有利于防火。书楼一落成，刘承干便设消防室，配备当时最先进的消防泵。

抗战时期，藏书楼奇迹般地幸免于被劫掠。1949年5月7日，周恩来致信中宣部，特意交代对嘉业堂藏书楼"特予保护，以重文化"。同年6月，藏书楼又蒙周恩来特别指示而受到保护。

刘氏的爱书，一代代默默无闻守书人的守书，社会各界有识之士的护书和南浔群众对"文物宝贝"的自觉保护，共同谱写了嘉业堂藏书楼绵延百年的书香传奇。

二

嘉业堂藏书楼的藏书合流众长，兼收并蓄，是一座名副其实的典籍宝库。

刘承干历时20余年搜求典籍，鼎盛时期庋藏的书目达20万册、60万卷。不仅宋元珍籍丰富、明刊本集中，而且名家稿抄本众多，有大宗地方志。

镇馆之宝要数"宋刻四史"：宋椠《史记》字大如钱，《汉书》镌刻遒劲，《后汉书》雕版精致，《三国志》纸墨精良。其中，明刊本是嘉业堂的精华。郑振铎在鉴定了嘉业堂明刊本后，赞道："佳本缤纷，如在山阴道上，应接不暇。"

明代国宝级典籍《永乐大典》全世界现存仅约400册，其中有42册盖有"吴兴嘉业堂藏书印"。

难能可贵的是，嘉业堂藏书楼自建成以来，一直秉持藏以致用的理念，开放藏书供人阅读。孤本、善本也不自秘，经人介绍都可以来书楼看书。湖北学者徐行可曾在书楼抄书数月，食宿皆由书楼提供。不少珍贵书籍长期外借，对友人还提供邮寄服务，可以说是开办了一家私人图书馆。

前人著书立说，后人刻印收藏，这是中华文明的传承方式，也是历代藏书家的理想追求。

嘉业堂藏书楼不仅因藏书丰富闻名，而且以雕版印书蜚声学林。刘承干曾斥巨资将约三千卷古籍进行了雕版刻印，使不少珍籍得以流传。吴昌硕、王国维等人都曾为嘉业堂刻印的书籍校订过稿本。

刘氏刻书不以营利为目的，起初免费赠送，兼贴邮资。不但国内图书馆、学者来函即送，国外图书馆或学者也照样奉送。出版大家张元济在主持商务印书馆时，还曾向嘉业堂借过多部善本图书用作影印。

三

"书勿分散，不能守，则归之公。"这是历代众多藏书家最后的坚守。

在近代公共图书馆事业发展的潮流感召下，1951年11月19日，70岁的刘承干致函浙江图书馆："愿将书楼与四周空地并藏书、书版，连同各项设备等悉以捐献……"从此，这一富有传奇色彩的江南名楼从私人藏书楼转变为浙江图书馆古籍库的一部分。从嘉惠士林到嘉惠世人，嘉业堂藏书楼顺应了时代潮流。

"书籍十一万余册，杂志三千余册，自刻书二万余册，木板三万多片，这是解放时嘉业堂藏书楼的主要家底"，在目录学、版本学、校勘学上都极具价值。刘承干化私为公，将一生所萃慨然捐献，为我国的出版印刷史留下了宝贵资料。

成为公共图书馆后，藏书楼迎来了新生命。2001年，嘉业堂藏书楼被列为全国重点文物保护单位。

天下好书，当与天下读书人共读之。2010年，国家启动了

"嘉业藏书楼版片保护工程"。去年9月,"浙江省历史文献数字资源总库"在嘉业堂藏书楼正式发布。浙江打通了各地市古籍的壁垒,让藏书不再束之高阁。读者在指尖就能获取庞大的电子古籍,共享"典籍里的中国"。

今年元宵佳节,杭州国家版本馆开展了"中华珍稀雕版保护工程"。嘉业堂精刻的《邠州石室录》,在这里重新印刷并线装,古人电光火石的智慧重新拓于纸面。藏用之间,文字被唤醒。嘉业堂藏书楼还与当地学校合作开展"雕版文化进校园"活动,使青少年体会到雕刻时光的深意。

嘉业堂藏书楼屹立百年,成就了中国私人藏书楼史上的绝唱,承载着诗画江南博雅精深的历史底蕴,流淌着书香浙江自古以来的崇文基因,如今已成为爱书人慕名前来打卡的文化地标。

雕版、典籍,蕴含着中华民族的精神、智慧,传递着生生不息的力量。浙水敷文,文脉赓续的接力棒落到了我们这一代人身上。对于流传下来的典籍瑰宝,一定要千方百计呵护好、珍惜好,把我们这个世界上唯一没有中断的文明继续传承下去。

阮愉芒　张雯　执笔

2023年8月21日

城市何以更加"韧性"

> "韧性城市"建设本身就是一个不断"淬火"的过程。只有能扛过形形色色的"击打"和考验,城市才有可能实现进退裕如、收放自如的"韧性自由"。

一段时间以来,受台风天气影响,强降雨天气导致国内部分地区出现洪涝灾害。人们在关注灾情的同时,也更加认识到建设"韧性城市"的重要性。

一方面,全球范围内城市化进程持续加速,城市空间越来越紧凑,人口分布越来越密集,各国城市系统的规模和复杂性达到空前高度;另一方面,随着全球气候变暖,高温、洪涝、干旱等自然灾害日渐频发,传染性疾病、突发性社会事件、重大安全事故等风险不断上升,城市发展面临的冲击也愈发显著。传统和非传统安全风险相互交织之下,更加需要不断提高城市的"抗击打"能力。

那么,何为"韧性城市"?怎样才能让我们的城市更有韧性?

一

"韧性"一词原本是一个工程力学概念,本意是"被击打后恢复原始状态",指一个系统遭受外部冲击后维持自身稳定并恢复原有状态的能力。

形象地说,篮球被压扁后恢复原状是一种韧性,弹簧被挤压或拉伸后弹回原状是一种韧性,抗压材料在极端高压环境下能保持原始状态也是一种韧性。

显然,"韧性城市"就是具有韧性的城市,强调一座城市在面临自然和社会压力冲击时"打不垮""变化多""恢复快",能够保持抗压、弹性适应和可持续发展的能力。

1994年,第一届联合国世界减灾大会首次提出"韧性城市"理念,随后这一"概念"被引入防灾减灾领域。如今,"韧性城市"的内涵更加丰富,涉及经济、政治、社会、治理等各个方面。

在笔者看来,"韧性城市"应当是"硬支撑"与"软支撑"的有机结合。所谓"硬支撑",主要是通过提高城市自身物质空间的抗灾能力,来构筑城市抵御灾害的第一道防线。所谓"软支撑",则是由专项规划、建设和评价标准、应急管理和组织机构响应机制等构成的城市综合感知体系。

有学者曾用"雨伞模型"来形象描述"韧性城市"如何应对灾害:一把雨伞,要想遮风避雨,需要伞骨和伞面共同作用。伞骨的作用类似于"硬支撑",支持了整个伞面,是抵御灾害的前提和根本;伞面的作用类似于"软支撑",担负着持续应对冲击的重任。

由此可见,只有具备全方位综合韧性的城市,才能真正称为

"韧性城市"。

二

今天,"韧性城市"已经成为我国城市规划中的重要理念,建设"韧性城市"也已成为城市发展的必选项。

2020年11月1日出版的《求是》杂志发表了习近平总书记的重要文章《国家中长期经济社会发展战略若干重大问题》,其中将打造"韧性城市"作为完善城市化战略的重点内容。之后,"十四五"规划和党的二十大报告再次点名"韧性城市"。

近年来,各地都在快马加鞭推进城市更新提质,致力于提升城市韧性,但同时也暴露出一些问题。

比如,注重"硬件"改造,忽视"软件"升级。一些地方未认识到"韧性城市"建设的系统性要求,在社会资本投入、公众意识及参与度培育、信息应用等方面的软实力相对欠缺,有的甚至过度依赖硬件设施抵御风险,以至陷入"设施失效就无计可施"的窘境。

再如,"头痛医头、脚痛医脚"的被动应对模式。有业内人士认为,"韧性城市"建设是一项涉及多领域、多部门、多行动主体、多利益相关者的全方位集体合作和全周期管理行动。但一些地方还停留在以灾后救助为主,管理模式仍然是不同专业部门管理不同类型的突发事件,这样的话,虽然各个部门对内管理能力较强,但部门之间的协同、沟通机制较弱,城市之间的信息共享、联合应急、沟通协商等横向协作能力较弱。

再加上部分地方实行"拿来主义",不顾自身实际和地区差异,盲目套用先进发达地区"韧性城市"规划框架，草率地确定一堆韧性指标，这不仅提高不了城市韧性，反而会让城市系统更加脆弱。

三

有人说，城市就像一个孩子，只有多经历几次历练，才能成长得更有韧性。

事实上，"韧性城市"建设本身就是一个不断"淬火"的过程。只有能扛过形形色色的"击打"和考验，城市才有可能实现进退裕如、收放自如的"韧性自由"。这让笔者想到了三句话：

第一句话："硬汉"属性源自全能功夫。如今，人类日益进入高风险社会，未知风险愈加复杂和多样化，过去基于风险发生概率的静态预防效果也越来越有限。因此，建设"韧性城市"就要把困难估计得更充分一些，把风险思考得更深入一些，居安思危、防微杜渐，从传统强调"抗灾"走向以"耐灾"为重点的建设思路，在基础设施、经济发展、生态环境、治理体系等方面综合发力、前瞻布局，主动预防和适应未来可能发生的一切冲击。

第二句话：协同作战是最好的加成。"韧性城市"建设涉及政府多部门、多领域，在这个过程中，需要打破以往"九龙治水""单打独斗"的模式，统筹协调相关部门形成建设的合力，将"韧性城市"建设理念贯穿城市规划、建设、管理等各个环节。同时，正如有业内人士呼吁，要统筹政府、社会、市民三大主体，推动形成政府引导、企业运作、全社会共建共享的建设模式，激发"韧性城市"建设全链条参与方的积极性与创造力。

第三句话：平时多演练，"战"时不慌乱。增强城市韧性不是现在完成时,而是长期进行时。在这个过程中,建立健全全过程的风险防控机制十分重要,通过加强"城市体检"和涵养公众城市韧性素养、加强城市应对突发事件应急演练等,亦是提升城市韧性的有效途径,最终应该逐渐形成人人积极提升个体韧性、主动参与韧性城市建设的社会氛围。

说一千,道一万,增强"免疫"是关键。面对更加"任性"的极端天气和未知风险,城市需要更加"韧性"一点!

陈培浩　杨之颖　执笔

2023 年 8 月 21 日

"中国式浪漫"从哪里来

> 它淬炼于历史长河，以贯穿古今的穿透力勾连出中国人发自内心的集体记忆。

"迢迢牵牛星，皎皎河汉女。"七夕，这个独属于中国人的浪漫佳节翩然而至。在这个中国传统节日里，人们幻想牛郎织女银河相望、鹊桥复见，充满柔情与浪漫。

中国人的浪漫见诸日常，抑或是非凡时光里的回响。比如，在《长安三万里》中，我们邂逅绵延磅礴的中国式浪漫，大唐璀璨瑰丽的光芒照耀今人，"唤醒我们母语中的同频与自豪"。

那点燃"中国式浪漫"的到底是什么？"中国式浪漫"从哪里来？

一

"浪漫"一词古已有之，东坡居士有诗《与孟震同游常州僧舍三首 其一》云："年来转觉此生浮，又作三吴浪漫游。"这是"浪漫"在汉语文献里的首度亮相。

今天，当我们说起浪漫，不止爱人之间的浓情蜜意、缱绻深情，更是一种从中华优秀传统文化中汲取灵感或力量的审美表达与精神气质。它淬炼于历史长河，以贯穿古今的穿透力勾连出中国人发自内心的集体记忆。

中国式浪漫在为国之脊梁的骄傲与自豪里。鲁迅说："我们从古以来，就有埋头苦干的人，有拼命硬干的人，有为民请命的人，有舍身求法的人……这就是中国的脊梁。"从革命战争年代一路走来，中国英雄辈出、星光闪耀。有战士的忠诚、干部的担当，有院士的敬业、科学家的执着，有医生的奉献、教师的付出，也有普通人的无私无畏。他们树立起一道道精神的丰碑。有网友这样总结："中国式浪漫就是中国人强烈的民族自豪感和爱国心。"

中国式浪漫在中华美学的诗意日常里。杭州西湖边能够偶遇从古画中走出来的卖花姑娘与卖花郎；西安大唐不夜城的"汉服自由"，看光影霓裳，一朝入长安，一眼望千年……中华文明的风致雅韵，投射在现代城市的大街小巷与角落里，在鲜活的现代生活中持续发生着。

当然，中国式浪漫的基因更生长在我们的血脉里，内化为一种生活智慧、人生态度、价值追求，延续在今日之中国的骨髓深处。

二

近年来，《典籍里的中国》、《只此青绿》、"中国节日"系列节目等获得广泛好评，其中的中国式浪漫赢得大众特别是 Z 世代的关注。中国式浪漫以其包容与开放，为当代人构建起一方精神乐土。笔者认为，这些镌刻中国式浪漫的作品触动人心主要有以下几个原因：

其一，拥有极致美学的底蕴。譬如舞蹈诗剧《只此青绿》，它以《千里江山图》为灵感，从故事视角的虚实相生、多种乐器的混搭，再到拉长腰线的服饰，还有"贵柔主静"的中国古典舞动作的高低错落，引人入画的《只此青绿》在起伏中演绎青绿山水的无垠秀丽，以"独步千载"的精神诠释中华国韵的美学，呈现出令人眼前一亮且韵味深长的视听体验与美学享受。

其二，满足情感抚慰的价值。中国式浪漫能营造一种生命磁场，给予情绪安抚与疏导。譬如国漫《中国奇谭》以中国传统故事为蓝本，《小妖怪的夏天》里的小猪妖像极了现代社会里平平无奇的打工人，《林林》中狼女寻求自我认同与社会的联系……它发问现代生活中遇到的难题，开展心灵思索，挖掘人身上所具有的脆弱性、复杂性与可能性。其破圈的精神内核，在于中华传统文化独有的张力——重内敛、不张扬，实则刚劲且富有生活智慧。

其三，蕴藏的文化认同与文化自信。如果说世界是广阔无垠的大海，那文化认同则是一座根植于本土的灯塔，溯源过去、看见当下、指向未来，烙印于心的集体记忆无形地滋养着一个民族、一个国家的心灵。像2022年北京冬奥会，"中国式浪漫"备受关注，从开幕式的二十四节气倒计时再到闭幕式的折柳送别，作为东道主的中国将淬炼千年的中国元素融入各类设计中，激活国人的文化自觉与文化自信，以文化底气去定义"何以中国"，在润物无声中向世界展现中国的大国气度与担当。

三

中国式浪漫，绵延千年，却历久弥新、生生不息，究其原因，在于中国式浪漫背后的中国优秀传统文化所拥有的自信和底气。未来，我们如何更好地传播中国式浪漫？

注入青春朝气，为内容创作插上翅膀。用潮流且更具网感的形式打开中国式浪漫，拥抱青春力量，紧密链接社交文化网络，构筑起颜值与品质兼备的内容生态宇宙。比如自媒体博主江寻千，为重现打铁花"铁树银花落，万点星辰开"的浪漫盛景，她花费月余的时间去学习这一技艺，并通过短视频的方式记录，在抖音收获了四百多万的点赞，网友评价道："这是浴火重生的极致浪漫。"

奏响多元乐章，为文化交流拓展版图。绵延数千年的中华文明，见证着中华民族如何以开放包容的博大胸襟，接纳着多元文化在这片土地上和谐共荣。如今的中国，"一带一路"倡议重现着古丝绸之路的兴盛和东西方文化交流的繁荣，向世界展示着中国之治的智慧，也向世界讲述着在古今中外文化交流互鉴中实现文化自信自强的中国故事。

深耕中华文化，为讲好故事筑牢根基。中华文化具有强大的感召力与吸引力。传播中国式浪漫，要深耕中华文化、深入中国人的精神世界，推动创造性转化、创新性发展，讲好故事、出好作品，让世界看见、读懂、感悟可信可爱可敬的中国形象。比如，杭州亚运会奖牌"湖山"上汇聚三大世界文化遗产——良渚、西湖与大运河，其形状取自良渚文化里的礼器玉琮。"三面云山一面城"的人文与自然意象，凸显出美美与共、和而不同的精神，传达出开放包容的中华美学。

中国式浪漫并非停于纸上，它自时光里款款而来，在点滴的生活里悄然生长。

云新宇　沈芸　胡群芳　吴思佳　周夏影　执笔

2023 年 8 月 22 日

《新龙门客栈》凭啥火到一票难求

> 《新龙门客栈》的走红不是终点。它点燃了一把火，让热爱越剧的人重新燃起了希望，也在更多不了解越剧的人心中播下了新的火种。

你有过为了看一场演出不远千里奔赴的经历吗？你会为了打卡演员的全"卡司"阵容，连看数场吗？这两条，要是出现在一些明星的演唱会上或许不足为奇，但如果说这是越剧《新龙门客栈》观众的真实经历，相信不少人会忍不住诧异：越剧也能这么火吗？

从今年3月首演以来，这部由浙江小百花越剧院推出的新国风环境式越剧交出了一份"高开高走"的成绩单：豆瓣评分8.3，大麦评分9.8，非传统越剧观众占到70%，抖音线上直播吸引924万人次观看……很多时候，《新龙门客栈》一票难求。

这间"小客栈"有怎样的魔力，能吸引Z世代的年轻人自发地走进剧场？对于未来越剧的可持续发展，它又能带来哪些有益的启发和思考？

一

在此之前，《新龙门客栈》为大众所熟知，是因为1992年由徐克监制、林青霞主演的同名香港武侠电影。这次，这个经典的武侠IP被搬上越剧的舞台，可谓一次没有先例的"跨界"新尝试。

当江南烟雨的缠绵多情邂逅大漠狂沙的恣意豪情，当吴侬软语的婉转吟唱遇上现代时尚的舞台表现，一个古典与现代、江湖与现实相交融的新国风越剧世界扑面而来，令人耳目一新。

观演方式有了"新突破"。不同于传统越剧，《新龙门客栈》主打一个"情境式""沉浸感"。整个剧场就是一间布满机关暗道的客栈，舞台和观众席融于一体。

观众不只是"看戏人"，更是随时随地的"入戏者"，不仅要帮千户大人认人头，还能领到老板娘金镶玉的喜糖、和刁不遇来个鬼脸对鬼脸。耳旁听到的是猎猎风声，眼前看到的是恣意江湖。

题材故事拓展"新领域"。越剧生于江南，本擅长以"落难公子妙佳人"的爱情故事表达诗意旖旎的东方美学。《新龙门客栈》跳出这一"套路"，以江湖入题，触碰了以前从未涉及的新题材。

在这里，传统戏曲的"生旦净末丑"不再适用，男主角周淮安温文儒雅，内心城府很深；女主角金镶玉经营黑店，却又深明大义。正面人物也有私心，反面人物也现温情。

贴近粉丝抢占"新风口"。在秉承越剧全女班传统的基础上，《新龙门客栈》充分运用时下流行的方式玩转营销。戏内，俊秀儒雅的女小生颜值、演技双双在线，让人忍不住叫好；戏外，粉丝主动踊跃在网上开设话题，还自制周边文创，邀请身边人一起关注……粉丝们"滚雪球"式的营销传播让"小客栈"不断破圈。

年轻力量碰撞"新火花"。85后导演、95后编剧、90后舞美设计，加上新生代演员，年轻的主创团队为"小客栈"注入了更多青春气息和时尚表达。舞台上有"御姐"属性的金镶玉，也有"病娇"属性的贾廷，每个人物都自带"人设"，映射着当下年轻人的价值观。

二

从浙江嵊州的村头小戏，到成为戏曲梨园的一朵奇葩，越剧已经走过了117个年头。作为中国第二大剧种，越剧一度火遍大江南北，人人都能哼上一句"天上掉下个林妹妹"，老少皆知"十八相送"。

然而，一枝独秀、引领潮流的辉煌，似乎都留在了上个世纪。步入新世纪，越剧也和其他传统戏曲一样，面临前所未有的考验。

比如，新和旧的碰撞。收音机里咿咿呀呀的唱曲声，茶馆戏台咚咚锵锵的锣鼓声，胡同小巷的二胡，园林小院的曲笛……在不经意间，老一辈记忆中听曲看戏的娱乐休闲方式逐渐走向落寞。

媒介技术飞速发展，带来文化消费内容的迭代升级，年轻人的娱乐方式更加丰富多元。从短视频、微短剧，到小游戏、脱口秀，新颖有趣的文化产品接连涌现。纵使"萝卜青菜各有所爱"，也总有一款能击中你的心。

比如，快和慢的矛盾。在越来越快的生活节奏下，忙碌的都市人不再有耐心走进戏院，花上两三个小时看一场传统戏曲。相对固定的演出程式、表演形式，加上"文言文"式晦涩难懂的唱词腔调，以"慢、雅"为特色的传统戏曲，与现代审美"快、碎"偏好日渐背离，导致观众群体急速减少。

再如，去和留的抉择。放眼全国，大量地方戏曲剧种只能以"非物质文化遗产"名录的形式出现，从曾经的万人空巷，到现在的无人问津，甚至濒临"团散剧亡"。今天的年轻人说起越剧，大都是"爷爷奶奶喜欢"，一些年轻的越剧演员也表示，是儿时跟着家里的收音机入行的。

站在时代分岔口上，越剧不得不作出新的取舍。如何在留住老观众的同时，吸引更多年轻观众？如何在尽可能保留传统内核的前提下拥抱新风尚？凡此种种，都亟待破题。

三

《新龙门客栈》的走红不是终点。它点燃了一把火，让热爱越剧的人重新燃起了希望，也在更多不了解越剧的人心中播下了新的火种。

回望过去，生在山水间，长在垄埂上，从小乡村到大城市，从"新越剧"到"新概念越剧"，变革创新的基因一直涌动在越剧的发展历程中。未来越剧要如何发展？怎样才能"圈粉"更多人？笔者有几点思考。

经典和新创要"双管齐下"。一方面，经典作品要常演不衰。1984年，一部《五女拜寿》让一票青春靓丽的越剧金花一炮而红，近40年来依然位居观众喜爱榜单前列。《梁祝》《红楼梦》等经典剧目，每到一处演出，仍一票难求。对于这类传世的名段名篇，要经常性拿出来演，更广泛地为公众演，将越剧写意的雅致美学与深厚的文化底蕴最大程度地保留和展现。

另一方面，新的原创精品要层出不穷。新时代呼唤更多具有时代气息和浙江辨识度的越剧精品，深入挖掘本土文化，把好戏传得更远。

找到符合现代的"打开方式"。中国现代戏剧奠基者和开拓者田汉曾说，戏剧改革"不仅要把新内容注入旧形式，也要把新形式注进旧形式，使中国原有的戏剧形式更丰富、更生动，更能表现新内容"。没有市场的艺术终将没有未来。越剧要行稳致远，必须把步子迈得再大些，主动适应现代观众的审美偏好和表达方式，积极拥抱融媒传播新方式。

就像4K粤剧电影《白蛇传·情》不到20天便打破戏曲电影票房历史纪录，跨次元网剧《戏隐江湖》一开播就占据爱奇艺热度飙升榜第二，当线下不再是戏曲唯一的表演空间，不妨大胆尝试在线直播、云演出、数字虚拟体验等方式，吸引更多观众走近越剧、走进越剧。

从"一出好戏"走向"全景生态"。越剧，也可以不只是越剧。前不久，浙江省文旅厅出台《加快推进越剧繁荣发展五年行动计划（2023—2027）》，提出创作一批重量级的越剧传世精品、培育一批享誉国际的越剧艺术院团、打造一支德艺双馨的越剧人才队伍、深挖一批影响广泛的越剧文旅IP，将越剧艺术打造成为浙江重要的文化标识。

功夫在戏内，更在戏外。越剧面向未来，不仅要创排好戏，更重要的是从戏生发开去，打造融会艺术与技术、贯通遗产与资产的发展生态。比如，加快跨界融合，培育"越剧＋"特色产业；又如，进一步放大越剧IP效应，推出更多衍生品，让越剧更加可亲、可爱。

　　越声清丽余韵长。一段段新"越"章，连接传统，又面向未来，在融入时代新声中，传向更远的地方。

李戈辉　陆遥　刘向　执笔

2023 年 8 月 22 日

别让电梯不文明伤害了文明

> 某种程度上讲，电梯容纳了一个人的涵养乃至一个民族的文化，只有当一个个个体自觉地走向文明、拥抱文明，建设现代文明这座高楼大厦才有坚实的基础。

电梯是很多人每天出门的必经之路，邻居、同事、陌生人都会在这里"狭路相逢"，这个"方寸之地"可以说是居民素质的高度浓缩地，文明的一面和不文明的一面都常有发生。

最近几年，各地都在大力倡导文明乘梯。往深处说，电梯里的文明是撬动整个社会文明素质提升的一根杠杆，先有人的文明，再有社会文明；从现实生活中看，文明乘梯现状不容乐观，发生在电梯里的各种奇葩行为不少，由于超载、长时间阻挡等导致的安全事故、争吵事件时有发生。

前不久就有个地方因为电梯超载，最后进梯的3个人被劝说之后仍不肯出去，由此还引发了锁喉、扇耳光等行为，令人唏嘘。

所以，文明乘坐电梯，不只是个人"小节"问题，值得谈一谈。

一

有了电梯的加持，一座座高楼崛起。随着城市化的发展，电梯得到了广泛应用，并成为现代文明的一个标志。

据《市场监管总局关于2022年全国特种设备安全状况的通告》显示，截至2022年底，中国电梯保有量达964.46万台。此外，我国电梯保有量、年产量、年增长量均为世界第一。据国家市场监督管理总局统计，10年来，我国电梯总量增长近4倍，每天乘坐人次超过20亿。可以说，电梯和我们的工作、生活越来越紧密。

但与此同时，我们也看到了另一令人担忧的现象，因外因导致的电梯故障事件占据了相当的比重。其中，生活垃圾堵塞导致电梯开关门受阻、野蛮搬运导致电梯门变形、阻挡关门时间过长等人为因素，都是造成电梯故障的原因。

或许很多人不知道，看似不起眼的一颗果核、一团废纸、一块木条，都有可能导致电梯出现故障，甚至酿成事故。因为电梯门一般要由门锁和相应的电气安全触点来验证是否关闭到位，一旦有坚硬的异物卡在滑槽内，电梯控制系统会判定门系统有故障，进而会自动进行保护性停梯，造成梯内人员被困。

再比如，电梯内屡禁不止的吸烟问题。且不说二手烟的危害，电梯属于高度密闭的空间，如果烟头通过间隙掉落在电梯内部的机件上，容易导致电梯故障，甚至引发火情。

由此可见，文明乘梯这件事，我们真的大意不得、马虎不得。正如有人说，电梯往上行，别让文明"往下走"。

二

比上述安全事件更为普遍的是不文明乘梯给他人带来的影响，特别是在电梯内胡乱按键、拦梯等行为，相信很多人都曾遇到过。梳理这些行为和表现，主要有4种类型。

"漫不经心"型。一些人习惯把"这没什么大不了的"当作口头禅，把旁人的好心规劝视为小题大做，对自己的不文明乘梯行为却总是轻描淡写、一笔带过。

"蛮横霸道"型。一些人没有认识到电梯间也是公共空间，当惯了"霸道总裁"，把电梯间整成了脏乱差的"吸烟室""垃圾间"，把旁人的权益视为无物。

"纵容放任"型。网络上有不少人曾反映，自己乘梯时碰到过"熊孩子"在电梯里上蹿下跳、乱按按钮的情况，或者是宠物随地排泄的场景。究其原因，还是家长或宠物主人疏于教导。

"任性恶搞"型。前段时间，一种颇具魔性的"电梯舞"在短视频平台爆火，吸引了众多跟风效仿者。个别博主为了博取流量和眼球，长时间在电梯内进行舞蹈视频拍摄，占用公共资源。

以上列举的这些表现，虽然只存在于少数人群当中，但造成的观感差、体验差，在无形当中给他人带来了困扰。而且很多时候，旁人怕引发矛盾和冲突，对此不敢说、不好劝。

文明乘梯是维系千家万户安全的纽带，更是社会文明进步的缩影。对此，我们应该高度重视起来，采取必要且管用的举措加以推动和规范。

三

实际上，近几年各地在倡导文明乘梯上积极探索，想了不少办法。

一类是刚性的硬约束，比如苏州市去年正式实施了电梯安全条例，规定电梯乘用人不得违反的十一项内容，还明确电动自行车或其蓄电池不得带入乘客电梯，拒不听从劝阻的，"由消防救援机构处二百元以上一千元以下罚款"；另一类是柔性倡导，通过宣传教育、发放手册、张贴标语等形式，让文明乘梯的理念潜移默化地深入到大家内心。

但从实际效果看，提升空间仍有不少。比如，各地文明乘梯的规定虽然出台了不少，但没有严格执行，有时候是"睁一只眼闭一只眼"，所以我们鲜有听说后续处罚的报道。此外，柔性倡导的作用也不够明显，一些人对电梯内的提示标语似乎早已形成了视觉"盲区"，想在里边吸烟的还是吸烟，打闹乱跳或拦梯的行为也依然存在。

文明乘梯是个体文明和社会文明在电梯里的一次次投射，受到多方面的因素制约和影响，很难毕其功于一役，必须找准徙木立信之举，刚柔并济、久久为功。

在规定执行上要强化刚性，维护法律权威。关于文明乘梯，相关规定需要不断建立完善，更需要严格执行的勇气、推动落地的决心。现在大多数电梯都安装了监控设备，真要对不文明乘梯行为开刀，硬件上已经不成问题，关键要下定决心，敢于动真格，对屡次违反文明乘梯、安全乘梯规定的，严格按照规定去处理，毕竟每个人都是"电梯文明"的直接受益者。

在宣传教育上要创新形式，关注实际效果。设计提示标语要多一些创意，内容上也可以更加丰富多元，尽量少用生硬的说教、固化的模式进行宣教。除了正向引导，还应当更加重视反向的警示教育，让更多人受警醒。

文明乘梯既需要道德法治的约束，也离不开大家每一次举手投足间对文明的坚守。文明是一个人最好的装扮，要注意唤醒每个人心中文明的种子，提升人们对文明的认知度、认可度，把文明乘梯培养成为一种习惯和自觉，内化于心、外化于行，让"文明"在电梯这个狭小的空间里生根发芽。

小空间折射大文明。中国是文明古国、礼仪之邦，厚德载物、谦谨躬行是中华文明的古训。某种程度上讲，电梯容纳了一个人的涵养乃至一个民族的文化，只有当一个个个体自觉地走向文明、拥抱文明，建设现代文明这座高楼大厦才有坚实的基础。

倪海飞　徐婷　王瞻　执笔

2023 年 8 月 23 日

"民宿管家"打开了哪些想象

> 瞄准拔节生长的市场消费需求和自身发展需要，年轻人们"一头扎进"民宿行业，主动创造心中的"诗和远方"。

这个夏天，民宿生意着实火了一把。数据显示，截至7月初，浙江民宿暑期订单量同比增长超80%。而随着民宿行业的蓬勃发展，"民宿管家"需求日益旺盛。

去年6月，人力资源和社会保障部向社会公示18个新职业，其中就有"民宿管家"。这一新职业由浙江省湖州市德清县申报，也是全国首个以县级政府名义申报的新职业。

相关民宿平台数据显示，有数万"Z世代"青年投身乡村民宿，"民宿管家"成了很多年轻人的就业选项。此外，据报道，如今"民宿管家"从业者规模已达百万级。

那么，"民宿管家"管什么？给年轻人就业带来什么样的启示？

一

根据人社部给出的定义，"民宿管家"是向客户提供住宿、餐饮以及当地自然环境、文化与生活方式体验等定制化服务的人员。笔者以为，"民宿管家"至少扮演了这么几种"角色"：

宾至如归的服务者。"民宿管家"致力于提供全方位的住宿服务，为住客打造一个"远方的家"。一些"民宿管家"会在客人线上预约后就提前进行对接，帮助做好全程接待方案，接到客人后就开启"保姆式"服务，包括房务、茶艺、咖啡制作、餐饮摆台等，确保"随叫随到"。

如民宿集聚的重点村开化县金星村，在日常服务中总结了"七个一"接待礼仪，分别是"一片洁净待宾客、一张笑脸迎宾客、一杯清茶敬宾客、一则故事暖宾客、一桌好菜宴宾客、一份安心慰宾客、一个挥手送宾客"，以真情实意待客敬客。

品牌特色的打造者。人有人设，店也要有"店设"。消费者选择住民宿，很大程度上是为高品质和独特体验买单。

比如，庐山一位"民宿管家"，为所在民宿设置了音乐鉴赏、禅舞交流、围炉煮茶、举酒吟诗以及"寻幽探秘"等活动，吸引了不少年轻客群；还有的管家，用心收集并展示苗绣、蜡染等传统手工艺作品，让游客"触摸"和感知独特的生活方式、特色的民俗文化等。

田园故事的传播者。很多人说，住民宿，就是住在民宿的情怀故事里。比如，舟山一位管家总会一次次给远道而来的客人讲解小乌石塘的"乌石文化"，小小渔村，故事尤多；有的管家则会定期策划时令体验活动，4月掐香椿头、5月摘洋槐花，让人体会到"久在樊笼里，复得返自然"的乐趣。

此外，许多"Z世代"管家乐于钻研社交平台运营，也摸索出了流量入口、客源入口，增加了曝光度，吸引更多人了解并体验民宿。

可见，"民宿管家"这份工作包含了多种职业的职能，好的管家，大多是"多面手"。

二

"民宿管家"这一新兴职业群体为何能够迅速壮大？又何以吸引众多年轻人"加盟"？

这背后，离不开乡村旅游市场的持续升温。文旅部数据显示，自2012年至2019年，我国乡村旅游接待人次从近8亿增长到30亿。随着这一领域市场规模不断扩大，更多游客和资源要素向农村聚集，必然带动乡村民宿增量提质。

乡村民宿满足了人们对于"世外桃源"的向往：推窗满眼青绿，拂耳飒飒风声，既可垂钓于碧波万顷的湖面，也可畅游于峡谷之巅的泳池。"土味"与"时尚"，似乎都能在此处找到"交集"。

流量在哪里，生意和就业也就在哪里。瞄准拔节生长的市场消费需求和自身发展需要，年轻人们"一头扎进"民宿行业，主动创造心中的"诗和远方"。数据显示，2023年上半年，某住宿平台上乡村区域的民宿房源量较去年同期增长近四成，为近三年来增速最快。与此同时，该住宿平台上的"00后"从业者同比增加了140%，为所有年龄段中增速最快。

一半是工作，另一半是美好生活。不可否认，"面朝大海、春暖花开"的工作环境对许多人有着极大吸引力。在乡野当中，年轻人既可延伸拓展住宿之外的业态，如餐饮加工、特产销售、导游推荐等，充分发挥各自的创造力，也可结交来自五湖四海的朋友，体会夏日的虫鸣蛙叫、感受秋日的丰收绚烂。乡村慢生活，四时好时光。

此外，一些地方为了让"民宿管家"引得进、留得住，出的招数也十分管用。比如，德清出台政策，对获得技能等级证书的白金管家、金牌管家、银牌管家，分别给予一次性奖励，对新引进的高技能人才给予安家、就业补贴。目前，当地80%的莫干山民宿为德清籍大学生返乡创业人员开办，带动4500人就业。

可以说，以民宿为"原点"，"民宿管家"不仅直接拉动就业，也为乡村振兴、业态延伸带来无限想象。

三

然而，在一些人看来，"民宿管家"不像是个"正经"职业。事实上，近几年，像"民宿管家"这样新"冒出来"的职业还有很多。比如，2019年以来，人社部先后发布了5批共74个新职业，包括互联网营销师、研学旅行指导师、数字孪生应用技术员等各种类型。

社会需要包容新职业。世界上的职业千千万万，既有教师、医生等令人耳熟能详的职业，也有许多像酒店试睡师、建筑节能减排咨询师等细分领域看起来有些独特的工作。豆瓣上有个"职业多样性观察小组"，会聚了10万余个成员，鼓励每个人无论是什么职业，都来分享自己职业在干什么事情，以供大家了解参考。同时，也有很多人在里面描述自己的兴趣方向、提问适合什么样的职业等，从而"发掘"一些自己没想到的就业方向。

我们不能只"盯"着传统的就业岗位，还要多关注经济新业态、市场新需求，鼓励和支持年轻人找准适合自己的就业创业机会，从而一展身手、成就自我。

新职业往往是为了解决新问题。随着经济发展、社会进步，总会遇到一些未曾经历的新问题。而新问题呼唤新的解决方案，因此往往会引领人类的知识触角向前延伸，触发新的社会分工，同时牵引很多人命运齿轮的转动。

这些新职业领域，也许具有一定的专业技术"门槛"，也许像"民宿管家"那样需要具备"十八般武艺"，但是行业收入很可能也会随着门槛的提高、难度的上升而水涨船高。善于发现问题、解决问题，提升职业技能，是增强就业竞争力的关键。

职业没有高低贵贱，每个新兴职业都代表着一种新需求，都与人们的当下或未来紧密相连。对新兴职业的从业者，只要是有益于其自身和社会进步，我们都应投以尊重的目光，每个职业都有其意义，也有其不易，每个认真工作的人都值得被尊敬。

郑思舒　执笔

2023 年 8 月 23 日

"青春之风"是股什么风

作为"平视世界的一代",他们自信、友善、开朗、乐观,将在国际舞台上展示中国青年的崭新面貌。

还有30天,杭州亚运会就将正式拉开帷幕。今天,杭州亚运会、亚残运会赛会志愿者举行出征仪式。每逢重要活动、重大赛事,总有一群年轻的身影在现场刮起一股"青春之风",他们就是青年志愿者。

无论是北京奥运会的志愿者、世界互联网大会乌镇峰会的"小梧桐",还是成都大运会的"小青椒",青年志愿者始终是一道靓丽的风景线。今年3月以来,来自43所高校的预录用赛会青年志愿者已经投身到杭州亚运会、亚残运会各类测试赛,以及亚运会和亚残运会团长大会、世界媒体和转播商大会等活动中。

今年,将有3.76万名志愿者成为杭州亚运会、亚残运会"小青荷",他们将刮起怎样的"青春之风"?又将向世界展现怎样的中国青年风采?

一

还记得 2008 年北京奥运会上 7 万多名志愿者吗？其中 70% 是年轻人，世界各地观众从屏幕里看到了热情洋溢的"鸟巢一代"，也看到了充满活力的北京。2022 年北京冬奥会上，1.9 万名赛会志愿者中，35 岁以下青年占到 94%，在校大学生更是其中的主要力量。

哪里需要就去哪里，哪里任务更重就去哪里。如今，志愿服务中这股"青春之风"正越刮越盛。

2022 年发布的《新时代的中国青年》白皮书显示，截至 2021 年底，全国志愿服务信息系统中 14 岁至 35 岁的注册志愿者已超过 9000 万人。从社区服务到大型赛事，他们的服务范畴覆盖了社会生活的方方面面。

比如 2008 年汶川地震后，青年志愿者从四面八方奔赴灾区，承担了卸运物资、安置群众、抢修道路等多项任务，一些看似瘦弱的大学生却能在现场扛起上百斤的大米面粉；还有中国青年志愿者扶贫接力计划研究生支教团、大学生志愿服务西部计划，连续 20 年组织超过 50 万名高校毕业生到中西部进行支教等志愿服务，其中不少人在结束支教后仍选择扎根基层，把青春挥洒在祖国需要的地方。

"小青荷"曾是 G20 杭州峰会志愿者的昵称，因其广泛的社会认可度和美誉度，一直沿用至今，成为今年杭州亚运会、亚残运会志愿者的统一称谓。

这届"小青荷"中，有曾服务过北京冬奥会、东京奥运会的

"资深"青年志愿者，有曾执行过抗洪救灾、重要活动的警卫安保等任务的退役大学生士兵，还有拥有多元文化背景和语言能力的港澳台青年和国际留学生。

作为"平视世界的一代"，他们自信、友善、开朗、乐观，将在国际舞台上展示中国青年的崭新面貌。

二

每位志愿者都是赛会众多环节里一颗"微小却重要"的螺丝钉。为了最大程度发挥青年的力量，今年杭州亚运会的志愿服务工作探索了不少新模式，将更加凸显"青春"力量。

比如，采用"馆校对接"模式。即一个竞赛场馆和独立训练场馆对接一所高校。如浙江外国语学院主要对接亚运村运行团队、NCS团队和语言服务团队，将派出1310名亚运会赛会志愿者和953名亚残运会志愿者，为亚运村运行团队、各国代表团及运动员提供语言翻译服务。这样的模式将让"小青荷"的专业特长得到更好发挥。

又如，启用"亚运青年V站"。这是一个个灵活多变的志愿服务站，室外岗亭、室内服务台、遮阳伞亭等都可以化身"V站"，根据各站点性质，提供各类便民服务。像杭州西站打造了科技感、现代感十足的"亚运青年V站"，不光提供咨询引导、手机充电等便民服务，还组建了专业翻译志愿服务队，提供语言翻译、旅游路线规划等服务；在淳安的"亚运青年V站·青春号"游船上，志愿者把义务讲解等实实在在的服务送到游客身边。

再如，突出"数智"特色。杭州亚运会打造了"赛会志愿者在线"应用程序，这个"掌上管家"可以为赛会志愿者提供赛事志愿服务一站式智能化支撑，包括培训、语言翻译、岗位查询、排班情况、考勤打卡、应急求助等服务，实现学习、服务、咨询、应急等"一屏掌控"。

三

党的二十大报告提出，完善志愿服务制度和工作体系。当前，青年参与志愿服务的热情越来越高涨。但我们也发现，当下面向青年的专业志愿服务培训还比较欠缺；一些青年参与志愿服务理念还存在一定偏差，比如有的大学生为了"刷简历"而参加志愿服务，"简历好看就完事"；此外相关的激励机制还有待进一步完善，对志愿服务的后期保障也值得更多关注。

那么，我们如何才能呵护好这股越刮越盛的"青春之风"？志愿服务工作又可以怎样迭代升级？

服务更"对口"。如今，在我国举办的国际赛会、活动越来越多，志愿服务分工也越来越细，当前的志愿服务不再仅仅是传统概念中的问询、指路等基础服务，许多新的领域需要"专业对口"的志愿者。

比如曾有一位计算机系硕士编写的健康监测数据程序，为场馆人员进行健康监测提供了技术支撑；还有中医药大学的青年志愿者向国际友人、运动健儿讲解中医药的魅力，赢得好评。未来还可以探索实现更加现代化、专业化的志愿服务分工，为有"一技之长"的"斜杠"青年们提供更多施展拳脚的机会。

培训更"专业"。青年有"敢闯敢拼"的冲劲，但随着志愿服务不断走向专业化、规范化，相关部门也需要与时俱进做好志愿服务通识培训和专业培训，可以将志愿服务与高校专业课程相关联，培养骨干队伍，打造专业梯队。

比如这次亚组委志愿者部开发了11门赛会志愿者通用培训课程，并从46所高校遴选培育了618名通用培训师。此外，还有为志愿者量身定制的"特色课程"，如《国际志愿服务情境英语》《中医传统保健养生操》等，进一步细化服务方向，提升了志愿服务的针对性和精准性。

支持更"到位"。就像小树的成长离不开阳光雨露，青年的成长也离不开支持和鼓励。比如本届杭州亚运会将为每位完成服务的"小青荷"提供一份激励"小青盒"，内含志愿者徽章、服务证书、纪念邮票等，不仅给他们留下一份美好的回忆，也是一份无形的荣誉。对于参与志愿服务的青年，可以根据服务时长和质量，在荣誉评定等方面给予一定的倾斜；还可以设立青年志愿服务基金，用于支持青年志愿服务事业发展等。

今年是中国青年志愿者行动发起实施30周年，"三十而立"的志愿服务正青春。在杭州亚运会领略运动健儿风采的同时，我们还可以在赛场内外感受更多志愿青年的"春风拂面"。

马莉芳　孔越　执笔
2023年8月24日

如何烧旺民主生活会"三昧真火"

> 烧旺民主生活会的"三昧真火",前提是"真",是取得实实在在的成效,而不是拉虚弓、放虚箭、射虚靶。

在第一批主题教育即将收官之际,一些地方和部门相继召开专题民主生活会。对照以学铸魂、以学增智、以学正风、以学促干的具体要求,深刻进行党性分析,开展批评和自我批评,有针对性地提出改进措施。

民主生活会是对每位领导干部的考验和锻造,被形象地称作锤炼党性的"三昧真火"。如何通过民主生活会,把"三昧真火"烧得更旺,把团结奋斗的精气神聚得更拢?

一

一项好的制度,往往是在历史的反复淬炼中形成的。民主生活会是党员领导干部召开的旨在开展批评和自我批评的组织活动制度,它随着党内民主的发展而产生,并不断丰富和完善。

有学者撰文指出，1929 年召开的古田会议，应被视为民主生活会的初步实践。古田会议决议提出了"党内批评是坚强党的组织、增强党的战斗力的武器"。1962 年的"七千人大会"上，正式提出了"党内生活会"这一概念。十一届三中全会后，党内的组织生活和民主生活逐步走向正常，十一届五中全会通过的《关于党内政治生活的若干准则》明确提出要求："各级党委或常委都应定期召开民主生活会，交流思想，开展批评和自我批评。"

党的十八大以来，以习近平同志为核心的党中央高度重视发扬党内民主、加强党内监督，中央政治局带头高标准召开民主生活会，民主生活会日益制度化、规范化。

民主生活会之所以能够历经长期的革命和建设实践，成为中国共产党的优良作风和长期制度，就在于它有效地增强了党的生机与活力，通过严肃认真的批评和自我批评，及时统一思想、解决问题、推动工作，在关键时刻起到重要作用。

毛主席就很善于批评和自我批评。他说："房子是应该经常打扫的，不打扫就会积满了灰尘；脸是应该经常洗的，不洗也就会灰尘满面。我们同志的思想，我们党的工作，也会沾染灰尘的，也应该打扫和洗涤。"

而对广大党员领导干部来说，通过民主生活会照镜子、正衣冠、红红脸、出出汗，是一次看清问题、调整思路、改进提高的重要契机。

二

一场好的民主生活会，重要的检验标准就在于是否找准了思想和工作中的短板，增进了领导班子的团结，激发了干事创业的热情。

有的班子，一起合作多年，虽然经常性地开展批评和自我批评，但直到身边同志身陷囹圄、堕入深渊也没有点出对方的问题所在。想要让民主生活会说得"真"、开得"辣"、改得"实"，要谨防其中的三种不良倾向。

一是"浮于表面"，把民主生活会当作普通会议。民主生活会是一个在探讨中深化、在思辨中升华、在批评中团结的会议，是关起门来直抒胸臆查摆问题、解决问题的"思辨会"，而不是日常交流的"茶话会"。开会可以有方案、有流程、有材料，但更要有思考、有批判、有警醒。很多时候，真理是在"思想的火花"中蹦出来的。只有坚持"一把手"带头，通过有序的"你一言、我一语"，才能将错误思想、错误认识、错误方法及时纠治。批评和自我批评，是发自肺腑的建议意见，是以日常的经常性了解为基础的，靠临时的突击总结只能浮于表面。

二是"隔靴搔痒"，批评和自我批评没有锐度。民主生活会不仅有利于团结和自己意见相同的同志，更是帮助团结和自己意见不同的同志一道开展工作的有力武器。但很多批评意见失去了应有的"辣味"，自我批评怕丢面子、批评上级怕穿小鞋、批评同级怕伤和气、批评下级怕丢选票，以至于泛泛而谈、不痛不痒、隔靴搔痒，究其原因还在于"为私心所扰、为人情所困、为关系所累"。对那些出现主题跑偏、内容不聚焦、批评"辣味"不够的民主生活会，就要该叫停的叫停，该重开的重开。

三是"老生常谈"，年年重复类似的问题。细数一些对照材料，就会发现以开会发文推动工作、会议过多牵扯学习精力等话题，总是在"新瓶装旧酒"，年年换着法子说，却不见消除整改。这是不走心、不入脑的集中表现。开展批评和自我批评的核心要义是解决问题、改进作风，如果"年年岁岁花相似"，便是失去了许多的进步机会。成功的民主生活会，能让人感觉到差距、体会到不足、了解到弱项，继而在压力的推动下不断地改进。切莫让麻木的惯性思维、经验主义成为民主生活会的绊脚石。

民主生活会是各级领导干部接受党性教育、思想洗礼的好时机，要坚决防止出现消极应付的心理，从一开始就高度重视起来，加强谋划，充分征求意见，深入交换意见，做好思想准备、工作准备。

三

烧旺民主生活会的"三昧真火"，前提是"真"，是取得实实在在的成效，而不是拉虚弓、放虚箭、射虚靶。笔者认为，要让一场民主生活会开得更成功，有四个"真"必须牢记。

问题查摆要用真力。问题找不准、找不全，民主生活会效果就会打折扣，甚至变形走样。围绕调研发现的问题、推动发展遇到的问题、群众反映强烈的问题，每一项问题都要把自己摆进去，找自己的茬、揭自己的短，深刻剖析主观上、思想上的根源。特别是在会前进行"面对面"谈心谈话、"背靠背"了解不足，就是为了找准自身主客观方面存在的突出问题，在会上不遗不漏、不遮不掩。

相互批评要动真格。毛泽东同志指出："因为我们是为人民服务的，所以，我们如果有缺点，就不怕别人批评指出。"实际上，越是团结的班子，批评就越有"辣味"，因为不隐瞒自己的缺点，接受他人的批评都是一种信任的表现。相互批评既不能搞明知不对、少说为佳的庸俗哲学和好人主义，也不能搞贴标签、扣帽子、泄私愤那一套，要出于公心、坚持公道，本着帮助其他同志进步的原则，辩证地指出他人的优缺点，讲党性不讲私情、讲真理不讲面子，让人心服口服，脸热心也热。

整改举措要出真招。民主生活会的问题清单列出来了，怎样变为一张张成果清单？关键是要拿出具体的整改举措，对症下药、靶向施策。对于那些能改的问题马上就改；对于那些一时改不了的问题要列出时间表、制定分阶段目标，力争尽快见成效；对于一些老大难问题，起码要在程度上有所减轻，不能任由其年年出现在问题清单上。同时，整改问题要突出系统观念、系统思维，将班子问题与个人问题、工作问题与思想问题、新问题与老问题一起改、改彻底。

会后落实要下真功。倘若"会上激动、会后不动"，没有积极主动地推动问题的解决，那么提出再好的举措也没有用。"纸面整改"不仅会削弱民主生活会的效果，还会滋生形式主义等不良作风。会后整改要压实责任、加强倒逼，确保提出的整改举措落到实处、取得实效。同时，还要定期开展"回头看"，复盘存在的问题和整改落实情况。

随着各级党组织民主生活会的举行，主题教育的丰硕成果和良好成效正不断显现出来。期待这"三昧真火"炼就党性修养的真"金"，为推动各项事业发展带来更多"光"和"热"。

谢滨同　云新宇　周天津　执笔

2023 年 8 月 24 日

"七君子"大案何以激起公愤

> "七君子"的成功获救，为后人书写了"中国式团结"的壮丽诗篇，这是"明知山有虎，偏向虎山行"的勇毅，是万众一心、风雨同舟的决心，是英勇无畏、敢于牺牲的凛然。

在沈钧儒先生的故乡嘉兴，有一座沈钧儒纪念馆，馆内藏有他写给长子沈谦的一封家书。力透纸背的墨迹可以窥见当年沈钧儒心境的跌宕情状，洋洋洒洒4页纸，道不尽这位爱国民主人士胸中的悲愤与大义。

这封家书写于1937年。而此前一年，震惊全国的"七君子"大案发生。

1936年11月22日深夜，料峭寒冬，风潇雨晦。上海市警察局和租界巡捕房两扇铁门悄然洞开，警车鱼贯而出。不久后，以沈钧儒为首的七位爱国人士被戴上镣铐，羁押在冰冷的捕房中。在没有拘票的情况下，他们将被秘密送往江苏高等法院看守所。而等待他们的，是一场不公平的审判。

那么，"七君子"案件因何而起？事件发生后，十万贤达签名营救，又是为何？

一

1936年10月21日，上海万国公墓外，2万多名群众肃穆瞻仰鲁迅的遗容。灵枢上覆盖着一面白色挽旗，三个黑色大字赫然醒目——"民族魂"。这是沈钧儒的手书。

现场，沈钧儒致哀辞："高尔基前几个月死了，死后由苏联政府替他国葬。现在，像鲁迅这样伟大的作家，我们人民群众一致要求国葬，但政府不管。今天我们人民自己来葬，到的都是民众自己。这个，我想鲁迅先生一定很愿意！"

话音刚落，台下群众激奋高喊"打倒帝国主义！""打倒汉奸！"

当时的沈钧儒是"全国各界救国联合会"的发起人之一。1936年5月，宋庆龄、沈钧儒、邹韬奋等爱国人士在上海成立"全国各界救国联合会"，为"停止内战、一致抗日"奔走呼号。

然而，这一行为，在主张"攘外必先安内"的蒋介石看来正是勾结"赤匪"、妄倡人民阵线的行为，也触犯了日本人的逆鳞。以"七君子"为代表的爱国者，成了两大势力的"眼中钉""肉中刺"。

此后没多久，"恶魔"便找上了门。

"七君子"，何许人也？在当时，他们不仅是"救国会"的主要领导人，更是各界响当当的人物，除了领头人沈钧儒外，还有著名经济学家、"中国资信业第一人"章乃器，我国近代民主运动先驱、"五四运动"领导人之一王造时，中国民主同盟早期领导人、杰出社会教育家李公朴，著名记者邹韬奋，著名律师沙千里及近代妇女权利运动先驱史良。

这场国民党蓄意已久的阴谋，极尽构陷之能事，"宣传抗日""危害民国"……不仅给"七君子"罗织了莫须有的"十大罪状"，更是多次"非法"延期拘禁。失去自由与尊严的铁窗生涯，七人熬了将近8个月之久。

这期间，"七君子"始终坚持抗日救国立场，在狱中进行了不屈不挠的斗争。

1937年5月2日，狱中的沈钧儒写下了这封长长的家书，全信共1007个字，字里行间透露坚定的抗日决心：

"我可以赌咒说：以后仍愿继续努力抗日工作，尤其愿在政府领导之下牺牲一切。不过如其要我认错悔过，那是无异杀我。宁可判罪入牢，不可自悔其人格也……"

二

1937年7月31日，"七君子"重获自由。在走出当时的江苏高等法院看守所大门时，口号声、爆竹声、救亡歌曲声震耳欲聋，等候多时的家属和200余名民众为其欢呼。

回溯整个"七君子"案，可以说是一次世界范围的全方位大施救，国内与海外的很多正义之士发出了"爱国无罪！抗日无罪！"的呼声。

舆论造势。"七君子"被捕后，宋庆龄以最快速度通过民主人士萨空了主编的《立报》披露了事发经过。此后，各大报刊纷纷抗议，如《大公报》刊发了由爱国律师团为"七君子"精心撰写的两万余字《答辩状》，剑指当局起诉书"颠倒是非，混淆黑白，摧残法律之尊严，妄断历史之功罪"，逐条驳斥其中的构陷。

联合营救。北大学生举行游行示威，高喊着"救国无罪"的口号；宋庆龄与何香凝等16人发起"救国入狱"运动，自愿入狱与"七君子"同罪；爱因斯坦、罗曼·罗兰、罗素等海外知名人士也纷纷致电蒋介石，要求释放"七君子"……

雄辩滔滔。1937年6月11日，"七君子"案开庭。沈钧儒代表"七君子"里应外合、舌战群儒，把狡黠的审判长驳得狼狈不堪。《长河秋歌七君子》一书中，还原了当时的审判情景。法官貌似关切地问："你知道你们被共产党利用了么？"沈钧儒大义凛然地答道："假使共产党利用我抗日，我甘愿被利用；并且不论谁利用我抗日，我都甘愿被他们为抗日而利用！"

一场庭审，看似是国民党对"七君子"的审讯，实则是爱国人士对独裁政治的道义审判。

三

有些人、有些事，注定一直闪耀在历史的星空中。

英国教授马丁曾说，中国人可怕的是把"团结"刻到了骨子里。"七君子"的成功获救，为后人书写了"中国式团结"的壮丽诗篇，这是"明知山有虎，偏向虎山行"的勇毅，是万众一心、风雨同舟的决心，是英勇无畏、敢于牺牲的凛然。

"中国式团结"，亦如宝刀锋芒，越铸越坚韧。比如，面对外侮，我们并肩战斗，用热血荡涤了民族的屈辱；抗击疫情时，同心同德，打赢了没有硝烟的战争。这样的事例太多太多。

在纪念中国人民抗日战争暨世界反法西斯战争胜利69周年座

谈会上，习近平总书记阐释了"抗战精神"的深刻内涵。从"七君子"身上，我们看到了"抗战精神"的生动注脚。

比如，视死如归、宁死不屈的民族气节；比如，百折不挠、坚忍不拔的必胜信念。在狱中，"七君子"每人写下了一段慷慨激昂的"绝命词"，更商议好"有罪大家有罪，无罪大家无罪。羁押大家羁押，释放大家释放"，字字句句，令人动容。

文物不语，精神长存。如今，每当我们走进沈钧儒纪念馆，一件件档案再现峥嵘岁月，也让我们一次次感悟到铁骨铮铮的英雄本色。

【档案资料】

1937年5月2日，狱中的沈钧儒给长子沈谦写下了一封长长的家书，家书共4页，长方形纸，行书竖写，现珍藏于沈钧儒纪念馆中，为国家一级文物。

吴梦诗　执笔

2023年8月25日

警惕"认知战"的"拳脚套路"

> 看得见硝烟的战争，摧毁的是肉体；看不见硝烟的战争，摧毁的是人心。这才是最可怕的地方。面对境外反华势力"认知战"的强大攻势，我们没有退路可言。

前不久，美国发布了2023年《国家情报战略》，并将中国定位为"美国唯一一个既有意图重塑国际秩序，又在经济、外交、军事和技术力量方面越来越有能力做到这一点的竞争对手"。

近年来，美西方一些官员和机构组成抹黑中国的"造谣联合体"，变着花样污蔑、抹黑、攻击中国，反复炒作各种版本"中国威胁论"，编造散播所谓"中国黑客"、中国"经济胁迫"、中国"打压外资"等各种谎言。讲到底，这些不过是美西方对华发起"认知战"攻势的各种招数和伎俩罢了。

那么，什么是"认知战"？美西方是如何利用"认知战"来操纵舆论的？今天我们就细细地说道说道。

一

其实，以认知博弈作战并不是什么新鲜玩意儿，中国人早在几千年前就研究得透透的了。

《孙子兵法》中有一段经典论述："兵者，诡道也。故能而示之不能，用而示之不用，近而示之远，远而示之近。利而诱之，乱而取之，实而备之，强而避之，怒而挠之，卑而骄之，佚而劳之，亲而离之。攻其无备，出其不意。此兵家之胜，不可先传也。"

这里所说的"兵家之胜"，就是通过各种方式来影响敌人的认知、判断和决策，以达到"不战而屈人之兵"的目的。

所谓"认知战"，是西方提出的一个军事概念，就是以人的意志、精神、心理等为攻击目标，通过直接或间接、暴力或非暴力手段，制造、利用和放大敌方个体或群体的焦虑、猜疑、恐惧心理，在其内部营造不安全、不确定、不信任的氛围，不断摧毁对方认知基础，动摇其信念、瓦解其意志，最终使对手从内部摧毁自己。

通俗点说，就是以攻心来夺志。

在理论上，西方远有克劳塞维茨的《战争论》，近有约翰·博伊德提出的"OODA"（观察—判断—决策—行动）理论等，这些战争理论中都有影响和塑造敌方认知的内容，为"认知战"提供了理论支撑。2017年9月，时任美国空军参谋长的戴维·戈德芬上将首次在军事上提出了"认知战"的概念，提出"战争形态正由消耗战向认知战方向转变"。

在实践中，美西方早已将"认知战"运用得炉火纯青。据报道，去年12月，美国调查网站"截击"披露，美国国防部长期与推特等社交网站秘密合作，运营虚假社交网络账户，在中东等地实施网络信息战，以改变公众认知；2021年6月，北约召开第一次认知战科学会议，发布会议报告《认知战：认知主导的未来》，今年3月，北约又发布了名为《对认知战的缓解和应对》的报告。

实际上，早在冷战时期，美国就发起"知更鸟计划"，在全球收买了大批记者和大型组织，炮制虚假信息，影响大众舆论。20世纪末，美国克林顿政府提出了"全面网络自由战略"和"网络空间国际战略"。此后，尽管美国政府几经更迭，但"认知战"始终是他们的"关键一招"，其对华意识形态攻势的"认知战"也保持着愈演愈烈的态势。

二

当前，互联网已经成为意识形态斗争的主阵地、主战场、最前沿。西方反华势力一直妄图利用互联网"扳倒中国"，多年前有西方政要就声称"有了互联网，对付中国就有了办法"。

没有矛盾就制造矛盾，发现矛盾就想方设法激化矛盾，不断逼迫普通网友站队，来形成撕裂和分裂。这正是在互联网时代，境外反华势力发起认知战的一种惯用伎俩。

以俄乌冲突为例，我们不妨回忆一下，舆论是怎么一步步被带偏的？

一开始，极个别中国网友关于乌克兰女性的恶俗失当语言，被境外反华势力放大，通过"大翻译运动"扭曲为绝大多数中国人的普遍想法，并利用社交媒体和智能机器人进行饱和式"抢滩登陆"和倒灌式传播，用"战争之下的色情凝视"给我们的民族扣上一顶劣根性的大帽子，将中国舆论场与世界舆论场置于二元对立之中，这是第一步。

接着，他们一边大肆渲染"俄罗斯欠中国的历史血债太多，这笔账得好好算一算"，一边使劲鼓吹"新中国成立后曾获得苏俄的巨大帮助，而且中俄现在有共同的敌人，必须抱团取暖"，炮制出所谓的"仇俄派"和"亲俄派"。通过炒作极端化言论，挑起人们的非理性情绪，撕裂舆论场，制造对立，这是第二步。

然后，美国干脆亲自下场，抛出了各种荒唐、虚假的论调，比如污蔑中国事先知道俄罗斯要"入侵"乌克兰但却没有阻止；不断宣传中国将向俄罗斯提供军事援助；大肆鼓吹中国不谴责、制裁俄罗斯，就必须负连带责任；等等。通过运用其近乎垄断式的国际舆论传播能力，硬性给中国贴标签、泼脏水，妖魔化中国形象，这是第三步。

在西方国家看来，"谎言重复一千遍就会变成真理"。基于这种逻辑，他们把一些单一、偶然的负面事件无限扩大化，不断炮制"我陷思""定体问""这国怎"的套娃式质问。美国前国务卿蓬佩奥就毫不避讳地承认："我们撒谎、我们欺骗、我们偷窃……这才是美国不断探索进取的荣耀。"

所以，我们要瞪大双眼，提高警惕，在一些热点话题上多一些求同存异的理性讨论，防止被别有用心之人引向一言不合就"杠骂""约架""互撕"的尖锐对立。

三

有人说，现在的朋友圈似乎变得越来越撕裂。从俄乌冲突到安倍遇刺身亡，每当出现一些热点新闻、突发事件、公共议题，网上总会传来各种各样的极端言论和阵阵撕裂的声音。出现这种现象，原因是多方面的。

比如，随着改革开放不断深入，我国经济社会长足发展，人们诉求的多元多样带来不同观点的碰撞和辩论。再如，在"隐秘的角落"，还存在一些"网络水军""带怒党"在推波助澜，通过挑动情绪和带节奏来收割流量。

我们要把群众内部的观点分歧、言论交锋和"认知战"区分开来，及时回应网友合理诉求，加强网络空间治理，不断塑造风清气正的网络环境。同时，也要特别警惕和高度提防境外势力对华发起的"认知战"。对今天的我们来说，硝烟只是以看不见的形式存在着。

比如，以 ChatGPT 为代表的生成式人工智能技术创新应用风靡全球。对此有专家判断，ChatGPT 可能成为美国对华"认知战"的新工具；又如，过去几年，以美国为首的西方国家频频编造涉疆谣言，如所谓"强迫劳动""种族灭绝"，大肆造谣新疆存在所谓"人权问题"，并借此实施制裁措施；再如，一段时间以来，历史虚无主义兴风作浪，一些标榜"探寻真相""价值中立""学术创新""历史重评"的所谓正义观点屡屡出现……

不得不说，今天我们的意识形态正面临着严峻挑战。有人说，中国人内心深处引以为傲的东西，西方国家都想借助"射向思想的炮弹"将其去除。他们妄图虚无我们的历史，扭曲我们的价值，侵蚀我们的文化，控制我们的思想，瓦解我们的意志，打击我们的自信，直到我们的民族再无共识、再无血性、再无斗志，不击自溃。

看得见硝烟的战争，摧毁的是肉体；看不见硝烟的战争，摧毁的是人心。这才是最可怕的地方。面对境外反华势力"认知战"的强大攻势，我们没有退路可言。如何应对？笔者想到三句话：

最厉害的武器叫"齐心齐力"。集中精力做好自己的事，走深走实群众路线，有什么问题就解决什么问题，有什么疑问就回答什么疑问，在不断满足人民对美好生活的向往中，将14亿多中国人民凝聚成一座无法撼动的钢铁长城。任凭敌人再怎么挑唆诱使，人们也不会跟着他们的魔笛起舞。

当战士，不当绅士。针对社会上的错误思潮和外部的认知攻击，要善于区分不同性质，有理有节开展斗争。面对任何恶意攻击党的领导、攻击社会主义制度、歪曲党史国史的言论，主流舆论都应该立场坚定，旗帜鲜明，既敢于发声，也善于发声，一切媒体、平台都不能为各种错误言论提供空间、提供方便。

进攻是最好的防守。我们不能等到火烧起来了，才提着水桶去救火，而是要主动设置议题，把球停在对方半场，深度揭批一些国家作为"黑客帝国"之"头号玩家"、"经济胁迫"之"集大成者"的真面目，用事实和数据来揭穿谎言，戳穿美西方"认知战"的泡沫，让国际社会变得更加光明。

陈培浩　执笔

2023 年 8 月 25 日

走老路就没出路

> 不思进取"走老路"的文艺创作，绝不可能敷衍得了审美标准日益提升、注意力日益稀缺的受众，"走老路"就一定没有出路。

创造属于我们这个时代的新文化，要用成果说话、用精品说话。

昨天在杭州召开的学习贯彻习近平总书记在文化传承发展座谈会上的重要讲话精神推进文艺精品创优攀峰工作座谈会，对浙江省第十五届精神文明建设"五个一工程"获奖作品和单位进行了表彰，提出深化实施新时代文艺精品创优工程，推动实施"之江潮"杯文化大奖，释放出对重点文艺创作加大扶持力度的重要信号。

当前，各类文艺作品的数量呈现爆发式增长，但令人眼前一亮的作品仍较少。可以说，有"高原"少"高峰"的现象，是长期以来文艺领域存在的突出难题。

源源不断的创新力，是持续攀登文艺"高峰"的内在动能。此前，"浙江宣传"曾分析过，为什么说"观众很忙，观众不傻"。要认识到，不思进取"走老路"的文艺创作，绝不可能敷衍得了审美标准日益提升、注意力日益稀缺的受众，"走老路"就一定没有出路。

一

清人赵翼在《论诗》中说："满眼生机转化钧，天工人巧日争新。预支五百年新意，到了千年又觉陈。"诗人想要借此表达的是，创新一定要放到特定的历史条件下来评判，从来没有永恒的"新"，靠"坐吃山空"行不通。

创新是文艺发展的生命线。古往今来那些堪称经典的文艺作品，总是具有超前的创新精神和创新意识。

远溯古时，文人墨客顺应文艺表达的需求不断探索新路。苏轼突破婉约词风，开宋词豪放派先河；《西厢记》打破元杂剧"一本四折、一人主唱"的传统体例，以五本二十一折的体量与轮番主唱的形式，丰富了故事的内涵与表现力。正因敢创新、能创新，"经典永流传"的作品才使后人读来心潮起伏。

近些年，众多"出圈"的文艺作品以新内容、新形式诠释中国故事，将"老话"说出了新意。比如，《长安三万里》《中国奇谭》《封神》等，以雄奇瑰丽的想象和兼具中式传统与新式技术的风格，营造出新式东方美学。

当然，创新从来不是易事，目前文艺创作中还存在不少为人诟病之处，特别是题材同质化、创作套路化的问题比较突出。

比如，某一类好题材一经被挖掘，创作者便蜂拥而至。《甄嬛传》火了后，宫斗戏开始泛滥。《花千骨》一出，仙侠剧又进入高产时期，导致观众审美疲劳、题材迅速过时。

还如，类似的人物纠葛、故事情节，上一秒出现在这部爱情剧里，下一刻又用到了那部乡村剧中，"能猜到后续剧情发展"的时刻越来越多。

一言以蔽之，文艺创新之路非走不可，但路两侧并非满是鲜花。对创作者而言，这将始终是一段披荆斩棘的旅程。

二

为什么很多人感受到，现在能给人带来惊喜、令人感觉惊艳的文艺作品不多？笔者认为，以下几个方面是缘由。

闭门造车，创作好似无源之水。网络技术的飞速发展拓宽了信息获取的渠道，创作者们足不出户便知天下事，坐在电脑前或是捧着手机就能浏览全世界。信息素材的"一键可得"，逐渐替代了蹲点采风的传统方式。

久而久之，艺术创作与现实生活间的"缝隙"越来越大，坐在家里、待在工作室搞"无土栽培"，文章越写越"小"，作品越拍越"窄"。创作者们对"冒着热气"的题材不了解、不熟悉，创新自然无从谈起。

急于求成，沦为"流水线"创作。在讲究效率的时代，文艺创作也被裹挟着加速驶上"快车道"。少数创作者只求迅速收效、立即盈利，"快节奏生产""速成化创作"越来越普遍。有的作家不需要多久就能写出几十万字的"大部头"，有的院团一个月排出一部"鸿篇巨制"……

殊不知，"一味求快"不仅压缩了文艺创作打磨的时间，也打破了艺术创作的规律。文艺作品不再是苦心孤诣创造的"工艺品"，转而变成流水线上用一个模子批量生产的"工业品"，创作也沦为了低创新含量的"制作"。

随波逐流，被市场"绑架"。市场的本质属性是逐利，什么受欢迎就生产什么，市场反响反过来也会对创作产生影响。这样一来，为了确保经济效益符合预期，"走红"的作品成了被纷纷模仿的对象。此外，能带来稳定营收的创作者，总是更容易受到市场和资本的青睐。

尊重市场对文艺的激励作用固然没错，但文艺创作有其特殊性，不能被市场牵着鼻子走，否则就丧失了独立性。习近平总书记在文艺工作座谈会上强调，一部好的作品，应该是把社会效益放在首位，同时也应该是社会效益和经济效益相统一的作品。文艺不能当市场的奴隶，不要沾满了铜臭气。

当然，"指挥棒"问题也不容忽视。比如，虽然现有的文艺评价机制经历几轮改革有了很大改变，但老一套仍有市场，想要让拥有新眼光、新判断的年轻血液进入到"评委席"，还需历经重重考验。假如行业标准没有跨步创新，就很难要求冒出更多令人眼前一亮的作品。

三

历史学家陈寅恪曾提出力戒雷同的"四不讲"："前人讲过的，我不讲；近人讲过的，我不讲；外国人讲过的，我不讲；我自己过去讲过的，也不讲。现在只讲未曾有人讲过的。"这个道理放到文艺创作中同样适用。

必须看到，文艺创新不仅是某一环、某一点上的创新，而是贯穿创作生产全链条、全过程的创新，是全年龄段创作者的创新。

在创作内容上，应迈出熟悉的题材"小圈子"，别出新意地呈现表达，别出机杼地议论思考，别开蹊径地钩织故事，别出心裁地刻画人物；在表现形式上，尝试打破思维定式，探索"舞蹈＋书法""绘画＋影视"等不同文艺元素的跨界联动，碰撞产生更多化学反应。

文艺需要更多新鲜血液和新颖表达。让人欣喜的是，越来越多85后、90后甚至00后的青年导演、制片、作家，以黑马之姿活跃在创作一线，为文艺攀峰带来了新的可能性。

每一棵树苗长成参天大树，都离不开阳光、空气、雨露和土壤，文艺创新也依赖于良好的外部环境。

比如，有人说，创新就像"开盲盒"，你永远不知道打开后是什么结果，因此容错机制必不可少。要营造轻松开放的氛围，支持不同的艺术形式、艺术风格自由发展，特别是尊重创作者独特的思维方式和创作个性，多一点宽容、理解，为创新创造者撑腰兜底，让敢闯敢试者轻装上阵。

此外，项目方、管理方也要及时转换思路、沉下心来，多多关注文学、剧本、词曲等基础性创作，练就一双识别精品的"慧眼"。

很多时候，爆款都诞生在新场景中，甚至长期处在市场的"盲区"，关键是要以"伯乐心态"发掘新锐创作者、新锐题材，为他们打通渠道、搭建平台，让更多好作品登上舞台和银幕，让这种扶持与传承成为新作品的"龙门"。

实践证明，没有创新的文艺就没有生命力，也就不会赢得掌声、赢得人心。浙江是一块文艺创作的宝地，热气腾腾的创新创业、波澜壮阔的时代故事、意蕴深远的历史文脉，都是源头活水。希望越来越多的文艺工作者走出文艺精品的创新之路，在百花齐放中攀登新的文艺高峰。

李戈辉　邵琼楠　钱义　执笔

2023 年 8 月 26 日

历史会记住日本政府这一笔

> 危局之中，靠人不如靠己。历史和现实都在证明，指望日本政府良心发现、回心转意不切实际，西方主导的多边机制同样靠不住，不能寄希望于美西方的道义支持。

这几日，世界人民的目光不约而同地聚焦在日本福岛。这处东临太平洋、承载数百万人口的鱼米之地，此时却布满阴霾。

日本政府不顾国内外民众的强烈反对，一意孤行将核污水直排入海，近则将让当地许多渔民被迫抛家舍业、离开赖以生存的故土，远则破坏全球海洋生态，将伤痛延续给子孙后代。

日本政府执迷不悟、冒天下之大不韪，最终一定会被历史记上一笔，受到历史审判，为今日的自私自利和不负责任付出代价。而在这之前，则需要我们先稳住阵脚，清醒认识到可能面临的风险与挑战。

一

尽管当前各方声讨不断，但日本政府依旧坚称福岛核污水符合排放标准，网络上也不乏为日本政府"洗白"的言论。越是信息驳杂的时候，我们越要擦亮双眼、明辨是非。

对未经论证的辩称须保持警惕。日本政府历来擅长"文字游戏"，此次不仅把福岛核污水称作"处理后的核废水"，还将其与各国核电站的正常排水混为一谈，企图蒙混过关。

实际上，自人类和平利用核能以来，人为向海洋排放核事故污染水是没有先例的，也没有公认的处置标准。日方当前的作为，既未充分论证现有排海技术的长期安全性和可靠性，也没有证明核污染水数据的真实准确性，风险隐患巨大，危害难以预测。

对信誉欠佳的"伪君子之诺"不可轻信。在我国宣布全面暂停进口日本水产品后，日本首相岸田文雄随即声称反对中方采取的管制政策，并表示"将采取包括赔偿在内的一切可行措施，使渔业企业不会因核污水排海而遭受任何损失，包括声誉受损"。

实际上，日方的"征信报告"早已劣迹斑斑，所谓的"负责"和"承诺"也经不起推敲。比如2015年，日本政府曾向福岛渔民承诺，在得到渔民等利益相关者的理解前不会擅自处置核污染水。而今，却不顾国内广大民众的强烈抗议而公然食言。

对漏洞百出的"权威认证"保留意见。今年7月，日本政府拿到了国际原子能机构（IAEA）的安全评估，宣称日本核污染水排海方案"总体符合国际安全标准"。其实，该报告公布得非常仓促，遗漏了许多关键节点。

比如，该报告有关结论并未获得专家的一致认可，不能代表国际社会的意见，在数据准确、设备可靠、监管有效等方面都无法确定，存在局限性和片面性。针对这份报告的公正性和科学性，还存有诸多疑问，不可直接作为凭据。

二

有人说，日本政府的行为，等于变相向全世界发动了一场"核战争"。当前，我们该如何"迎战"？

做好长期应对的准备。据日本共同社报道，福岛第一核电站的核污染水约有134万吨，并且每天还在继续增加。那么，把百万吨核污水排放完毕需要多久？日本的计划是至少需要30年。一边是日本按其蓄谋已久的"既定方针"倒行逆施，一边是美国政府"双标"地默许，以至于全人类、全体海洋生物都要做好与核污染长期共存的准备。更值得警惕的是，日本政府这一举动，在国际上开了极恶的先例，有第一次，就可能会有第二次、第三次。对我们来说，则需要较长时间来应对。

需要重视但不必恐慌。"日料店还可以去吗""需要囤盐吗"……大伙儿的关切频频冲上热搜。中国的盐是否面临日本核污染水排海方案的影响？到底需不需要囤盐？

公开数据显示，我国是全球原盐产能和产量最大的国家，并且，我国食用盐来源主要是井矿盐，储备充足，过度囤盐反倒是加剧了大家的紧张。至于水产品，为全面防范日本福岛核污染水排海对食品安全造成的放射性污染风险，海关总署决定自8月24日（含）起全面暂停进口原产地为日本的水产品（含食用水生动物）。

守护健康，我们没有也绝不会自乱阵脚。

擦亮双眼认清真面目。日本这次排放核污水事件得到许多国家关注，然而美西方国家却鲜有报道，甚至没有负面新闻。此情何解？事实上，欧美科学界、民间的反对声并不少，美西方政府和媒体之所以对日本核污水排海事件不批评质疑，重要原因是它们根深蒂固的"价值双标"，对日本核污水排海采取了睁一只眼闭一只眼的态度，而美国在国际舆论场上占据着话语权优势，这使得反对核污水排海的声音变得微弱。

可见，西方国家挂在嘴边的人权、环保等"国际公道"，并非真的关心人权、关心环保，而是赤裸裸的"双标"，这些话语只是他们维系霸权的工具而已。我们要高度警惕，面对美西方对中国发起的各种"舆论战"，要建立对西方媒体失实甚至虚假报道的"免疫力"，学会给西方媒体的各种报道"消毒"，不被华丽的谎言所欺骗。

三

日方将福岛核污水排海，将风险转嫁给全世界，损害的是全人类的利益，理应受到良心谴责和各国的共同抵制。我们也要明确几点认识。

遁入歧途者难以"幡然醒悟"。日本在此前，就曾有制造水俣病、痛痛病等多起严重公害污染事件的"黑历史"，但这些沉痛的记忆并没有让日本政府吸取教训，反而学会了"甩锅"和"倒打一耙"。

比如，福岛核污水还未解释清楚，日本高官不考虑如何回应，却纷纷下场，将中国关于日本核污水排海危害性的质疑妄称为"中方散播与事实不符的信息"，还碰瓷中国核电站。此时的日本，已经成为一个唤不醒的"装睡的人"。

唯利是图者不会"克己奉公"。一些西方国家一直以国际社会的维护者和代言人自居。然而，平日里对"碳排放"都极为敏感的他们，此时却对日本高毒性的核污水集体噤声。

尤其是向来自诩尊重和保护人权、对维护海洋环境极其重视的美国，此前不仅默许日本在 G7 广岛峰会公报中塞入诸多关于核污染水排海的"私货"，还公开赞同日本政府排核污染水入海决定，称日本决策符合全球核安全标准。这也揭示了美西方一贯秉持双重标准、罔顾全人类命运的行径。

危局之中，靠人不如靠己。历史和现实都在证明，指望日本政府良心发现、回心转意不切实际，西方主导的多边机制同样靠不住，不能寄希望于美西方的道义支持。

现在，我们需要做的是面对现实、团结起来，切实采取有力的举措进行反制反击。

张俊　王云长　郑思舒　倪佳凯　执笔

2023 年 8 月 26 日

《岳阳楼记》为谁而写

> 论文采,《滕王阁序》或更胜一筹,但论格局气象、境界底蕴,《岳阳楼记》更值得咀嚼。

中国古代名篇不断,在写楼台的文章里,数《岳阳楼记》和《滕王阁序》最为脍炙人口。《滕王阁序》为王勃所作,青春气息飞扬,文采斐然,是唐文之杰作;《岳阳楼记》则是范仲淹的大作,是宋代文章的典范。

论文采,《滕王阁序》或更胜一筹,但论格局气象、境界底蕴,《岳阳楼记》更值得咀嚼。所以,很多人年少懵懂时,往往更喜欢读《滕王阁序》,到了一定年纪,才会更深刻地感悟到《岳阳楼记》里熠熠发光的人格魅力和穿越千古的家国情怀。

范仲淹与浙江颇有渊源,比如他被贬桐庐期间,兴学校建书院,影响深远。作为范仲淹的代表作,《岳阳楼记》这篇作品,各行各业几乎无人不曾读过。这短短的300多字,为何有如此魅力,能对抗世事的变迁而历久弥新?它到底为谁而写,于今日还有怎样的意义?

一

　　为谁而写？其实文章已交代明白，是为好友滕子京而写。"庆历四年春，滕子京谪守巴陵郡。越明年，政通人和，百废俱兴。乃重修岳阳楼，增其旧制，刻唐贤今人诗赋于其上。属予作文以记之。"

　　滕子京是范仲淹的好友。两人是同年进士，之后又在泰州任上和西北前线共事过，关系愈加紧密。最重要的是，两人有共同的政治理想，滕子京是范仲淹庆历新政坚定的支持者和推行者。

　　滕子京敢作敢为，看不惯的事总要"路见不平一声吼"。比如，他寂寂无名时，就仗义执言，冒着巨大风险上书让当时的刘太后还政，结果被贬到京外去了。

　　人到暮年，他为何"谪守巴陵郡"？是因为他被政敌抓到把柄，陷到公用钱案子里了。查到最后，滕子京只花了三千贯公钱，用于招待"诸部属羌之长千余人"。滕子京当然不是私吞公用钱的贪官，"死后家无余财"。最后，经范仲淹等极力辩白，滕子京才得以免除牢狱之灾，被贬到当时的蛮荒之地岳州。

　　滕子京并不服输，在岳州任上大干一番，取得一定成绩后，便决定重新修葺岳阳楼。这一次，他谨慎很多，采用了类似"众筹"的办法——当时，岳州有很多"老赖"欠债不还。他便发布一个通告，"民间有宿债不肯偿者，献以助官，官为督之"，随后"民负债者争献之，所得近万缗"。巧用帮民间催债筹措了款项，修建了岳阳楼，一举两得，消除隐患。

　　建成之后，滕子京特意写信给范仲淹，说："天下郡国，非有山水环异者不为胜，山水非有楼观登览者不为显，楼观非有文字称记者不为久，文字非出于雄才巨卿者不成著。"

范仲淹受此隆重邀请，便一挥而就写成这篇雄文。滕子京又请苏舜钦书写、邵餗篆额，时人称滕子京政绩、范仲淹文章、苏舜钦书法、邵餗篆刻为"四绝"。

由此可知，《岳阳楼记》首先是为志同道合的朋友而写，是劝慰关怀之文，劝慰滕子京"不以物喜，不以己悲"，要从仕途的蹭蹬和人生的逆境中走出来。

二

除为朋友而写以外，其实此文也是为范仲淹自己而写。

文中写的是"庆历四年春"，这年份看似平淡无奇，其实这段时间范仲淹正经历生命中最大的一次变故。他撰文时，人在邓州，再一次受挫远离了朝廷中心。他倡导的庆历新政，轰轰烈烈开场，最后却无疾而终。支持新政的整个团队，包括韩琦、富弼、欧阳修在内，也都被赶出京城。

范仲淹素有澄清天下的志向。当时的宋仁宗也想励精图治，觉得政局非改不可，就支持范仲淹大刀阔斧革新。范仲淹施政的纲领就是著名的《答手诏条陈十事》。其十事一曰明黜陟，二曰抑侥幸，三曰精贡举，四曰择官长，五曰均公田，六曰厚农桑，七曰修武备，八曰减徭役，九曰覃恩信，十曰重命令。

这十项建议除"修武备"之外，都被宋仁宗一一采纳，并下诏付诸实施，史称"庆历新政"。

从改革内容看，基本围绕吏治改革、富民强兵、加强法治三大块进行。吏治改革对当时的官场触动很大。如"明黜陟"，废除了三年一升迁的惯例，改为按政绩选拔；如"抑侥幸"，把原来靠恩荫制度进入官场的路给变窄了。这就动了很多人的"奶酪"，引起了很大反响。有人劝范仲淹，你这一笔勾下去，就抹掉了人家的帽子，要引起一家人痛哭啊。范仲淹很坚决地回答："一家哭，何如一路哭耶！"

和后来的王安石变法相比，庆历新政只能算局部改革，但对当时的北宋王朝依然震动巨大。刚开始，宋仁宗非常坚定，但时日一长，反对声音一大，他就开始动摇了。

反对派们并不直接攻击改革，而是转为攻击改革团队的人品。他们营造各种舆论朝议，把范仲淹、欧阳修等人营造成朋党。臣子们结党营私，是天子最为忌讳的。而欧阳修还奋起反抗，写了著名的《朋党论》，用"君子之党"和"小人之党"之别为自己辩护。这篇文章无异于火上浇油。天子一动摇，结果新政还没全面铺开，就逐渐偃旗息鼓了。范仲淹被迫离开京城，最后兜兜转转去了邓州养老。

在邓州时，滕子京送来了洞庭湖和岳阳楼的图稿，激发了范仲淹的创作灵感，写下了"居庙堂之高则忧其民；处江湖之远则忧其君"，既是安慰滕子京，更是在勉励自身。

三

严格地说，这篇文章也不只是为自己和好友而写，更是为了激励天下士人而写，是为了激发世人"先天下之忧而忧，后天下之乐而乐"的担当精神而写。

范仲淹终其一生都在践行着这句格言。庆历新政的失败，其实是他人生仕途的第四次跌落。他从小丧父，寄人篱下，年轻时苦读，靠读书才改变了命运。但他在大是大非面前总是据理力争，遵从内心的价值法则。他一生四迁四黜，愈黜愈勇。

第一次被贬，是冒险请刘太后还政给宋仁宗，结果被贬到河中府治（今山西永济）当通判。第二次被贬，是劝谏宋仁宗不要废除郭皇后，结果被贬到睦州治（今浙江建德）当知州。第三次被贬，是力战当朝权相吕夷简，又被贬到饶州治（今江西鄱阳）当知州。最后一次被贬，便是庆历新政失败被赶出京城。

范仲淹不懂得为官之道、不懂得明哲保身？当然不是。这一切，就如他在谢表中所说："臣非不知逆龙鳞者掇齑粉之患，忤天威者负雷霆之诛，理或当言，死无所避。"

范仲淹的好友梅尧臣，眼见他老是惹祸受难，便专门写了一首《灵乌赋》给他，劝他要学报喜之鸟，不要做乌鸦报凶讯而惹是生非。而范仲淹回写了同题的《灵乌赋》给梅尧臣，坚决表示，"宁鸣而死，不默而生"。

范仲淹有自己的偶像，东汉的严子陵便是其中一位。严子陵多次拒绝同学刘秀征召，隐居富春山下。范仲淹被贬睦州时，对严子陵的高风亮节尤为向往，到任后便修筑了子陵祠，并作《桐庐郡严先生祠堂记》，最后几句朗朗上口，尤为震撼人心——"云山苍苍，江水泱泱。先生之风，山高水长！"

唐宋之际，多是冯道这样的"不倒翁"在朝，唯利所趋，道义不存；北宋初年，多是晏殊、章得象这样的"太平官"，而范仲淹的横空出世，其人、其言、其行、其德，都给宋代的士人树立了典范。在其引领之下，仁宗一朝成为北宋思想文化的"黄金时代"，而《岳阳楼记》可以说是那个时代的文字灯塔。

《岳阳楼记》这篇文字穿越千古，至今依然有其不可磨灭的价值，成为历代仁人志士一生的精神底座和理想追求。相传，到了明代，有个名叫范从文的御史犯了死罪，朱元璋一听他是范仲淹的十二世孙，对其允诺免死五次，而日后免死的凭证就是朱元璋手书的"先天下之忧而忧，后天下之乐而乐"条幅。

《岳阳楼记》，其实也是为你我这些平凡之人而写，勉励你我心藏热血，志存高远，心系苍生。让我们再一次温习那铿锵有力的话语——"然则何时而乐耶？其必曰'先天下之忧而忧，后天下之乐而乐'乎。噫！微斯人，吾谁与归？"

赵波 执笔

2023 年 8 月 27 日

亚运之歌如何唱响世界

音乐与体育，向来是一对合作无间的好"CP"。不同时代的亚运歌曲，激励一代代体育健儿奋勇拼搏，引得国人一次次热血沸腾。

"同呼吸同感受同梦想，同爱同在同分享……"在杭州亚运会倒计时30天之际，《同爱同在》作为杭州亚运会主题歌曲正式对外发布。

过去几个月，这首歌已经在杭州地铁、图书馆乃至街头巷尾唱响，不知不觉在不少人脑海中单曲循环起来。有网友听完歌评论道，"多听几遍有点上头""每天上班路上听到这首歌，感觉亚运离我们越来越近了"。

音乐与体育，向来是一对合作无间的好"CP"。不同时代的亚运歌曲，激励一代代体育健儿奋勇拼搏，引得国人一次次热血沸腾。属于杭州的亚运之歌，如何唱得更响、传得更远？

一

音乐是记忆与情感的容器。即便岁月更迭、光阴流转，只要熟悉的旋律响起，便能唤醒那时那刻眼眶的湿润、胸腔的共鸣。

"鲜花曾告诉我你怎样走过，大地知道你心中的每一个角落，甜蜜的梦啊谁都不会错过，终于迎来今天这欢聚时刻……"

1990 年 9 月 22 日，当千家万户都把电视信号切换到同一个场景——北京亚运会开幕式现场，电视机里传出了轻灵悠扬的旋律，《同一首歌》像一股甘泉沁入心灵深处。那一年，是新中国成立以来第一次举办综合性国际体育赛事。太阳和长城组成的赛事会徽、国民吉祥物"熊猫盼盼"，以及刘欢和韦唯演唱的《亚洲雄风》，构成了一代人的集体记忆。

"我们亚洲，山是高昂的头；我们亚洲，河像热血流；我们亚洲，树都根连根；我们亚洲，云也手握手……"

当时，随着改革开放持续推进，中国经济进入发展快车道，正以自信的姿态走向世界舞台，而体育与音乐恰是沟通世界、融入世界的载体。《亚洲雄风》踩在了时代的节拍上，点燃了当时国人心中的那把火，其蕴含的澎湃生命力延续至今。

当时间来到 2010 年，广州亚运会举办，彼时的中国在世界面前更加开放包容。当人们唱到"Asia, where the sun has risen（亚洲，太阳升起的地方）"，仿佛看到一轮红日在东方冉冉升起，以希望之光照耀前路。

恩格斯曾说："在一切艺术中，只有音乐才能产生与广大群众的合作，同时在表达力量上，音乐也是优胜者。"音乐与体育赛事的结合是如此顺理成章、浑然天成，在历届亚运会、奥运会、世界杯等国际赛事上，鼓舞人心的乐章一次次奏响。

如今，一首首杭州亚运推广曲已经谱写出来，就像精心烹饪的珍馐已经上桌。这些歌曲既有杭州元素、浙江特色，也有东方韵味、国际视野。顺着流动的音符，普罗大众将跟随着体育健儿，一同感受欢笑与泪水的交织、梦想与激情的碰撞、勇气与力量的传递。

二

当下，我们需要一首怎样的歌，来诠释杭州亚运会？

如果说33年前的《亚洲雄风》，是对亚洲人崛起于世界之林的骄傲宣示，那么如今的《同爱同在》更多表达的是对亚洲"一家亲"的情感认同。它并非"打鸡血"式的劲歌嗨曲，而是以一种平和亲切的口吻，唱出亚洲一脉相通、命运与共的美好愿景。

事实上，自2020年以来，杭州亚组委通过三轮公开征集与定向邀约，向全球征集了3000余首亚运音乐作品，如主题曲《同爱同在》、推广曲《从现在　到未来》《爱达未来》等，就是从中脱颖而出的。

从这些歌曲中，我们听到了体育的精神。比如《To Win》就唱出了运动健儿们奔赴赛场的决心与必胜的信念，令人血脉偾张。我们还听到了时代的潮声。比如《爱达未来》抓取钱江潮这一鲜活意象诠释亚运精神，在动情动感的叠音中，每个人都可以是时代弄潮儿。

我们也听到了文化的魅力。比如《同爱同在》就写道："亿万个骄傲的声音，汇聚成一句话，你和我同住亚细亚。"亚洲文明的多姿多彩、相融相生，浸润在歌词里，跃动在音符间。一个"同"字，正是这首歌的主旨所在。同住地球村、同在亚细亚，需要同呼吸、共命运。

在亚运这个宏大命题下，创作者们从传统与时代中汲取灵感，锻造出激励生命的语汇、直击人心的旋律，传递出对"世界大同、和合共生"的热望。尤其是一批"90后""00后"新生代唱作人，为亚运歌曲注入青春时尚的气息，向世界展现出中国青年的文化自信。

不过，一首歌能不能广泛传唱、恒久流传，需要由民众来评判，用时间来检验。当前，亚运歌曲的热度虽在不断升温，但距离真正的"出圈"仍有差距，在社会上尚未形成"多声部""大合唱"。如何让亚运之歌成为全民金曲，笔者认为，离不开三个关键词。

共情。《早安隆回》配上梅西在世界杯上的飒爽英姿、励志故事，戳中了大家的心。作为精神与情感的纽带，亚运歌曲当结合竞技、拼搏、圆梦等振奋人心的场景，多用故事化的传播击中人们内心的柔软，引发共鸣共情。

共创。《孤勇者》的火爆离不开短视频二次创作，原曲衍生出的"缉毒警察版""战疫版""抗癌版"等诸多版本在网上流传，最终成为顶流。亚运歌曲不妨借力网络上的广大音乐爱好者，鼓励他们在原曲基础上大开脑洞，进行二次创作和传播，满足不同人群的审美需求，激活"野生"流量密码。

共融。城市文化需要音乐来烘托，音乐也需要融入群众生活，让群众可感。像《同爱同在》，除了由专业歌手演绎之外，还邀请少儿合唱、小学生演唱来进行推广，在学校里、社区里、街巷间都响起了《同爱同在》的旋律，营造出浓厚的亚运氛围。让每个人在日常生活中都能感受亚运歌曲的魅力，需要调动群众的力量，持续推陈出新。

三

一首首亚运之歌，承担着讲好亚运故事、展示亚运美学、弘扬亚运精神的重要使命，也是中国向世界递出的"流动名片"。

我们大多都不是作曲家，写不出多真多深刻的歌，但可以用心聆听、感受音乐之美，用情传唱、筑起音乐之桥，为世界走近亚运增添一种美丽的"打开方式"。

前不久，杭州一支年龄七八十岁的"摇滚奶奶"乐队，自发排练《同爱同在》《等你来》《美丽亚细亚　好大一个家》等亚运歌曲，引来众多网友点赞。奶奶们说："亚运会就在家门口，一辈子还能碰到几回这样的大事啊？再不疯狂点，我们就更老啦！"

亚运不仅是竞技赛场上的争金夺银，也是融入日常生活、发生在每个人身边的鲜活故事。用心去感受，会发现城市每天都在发生一些新的蜕变，周围环境中的"亚运含量"越来越高，等待着身处其中的人们与之"双向奔赴"。

这时候，普通人如何沉浸式参与到这场盛事中，共享精彩亚运？笔者认为，不妨一展嘹亮歌喉，唱响心中那首亚运之歌，让自己站一回C位，当一次主角；也可以约上亲朋好友，尝试一次City-walk，去街头巷尾邂逅亚运元素，感受城市之美；或者与跑友们去杭州西湖边打卡，在天然跑道上尽情挥洒汗水，唤醒沉睡的多巴胺；还可以在乡村赛一场既有泥土味、又有人情味的"村BA"，享受竞技场上的热烈与激情……

"洒扫门庭，以候佳宾"是中华民族自古以来的待客之道。今年以来，浙江全省域开展了"城市品质、城市治理、城市文明"三大提升行动，希望以最佳风貌、最优环境迎接杭州亚运，这背后的关键在于"人"。全民参与的热情、"人人都是东道主"的共识，就是最美的亚运标识。

如今，我们与亚运已近在咫尺，每个人都将成为历史的见证者、参与者、受益者。行至转角处听到的美妙歌声、过马路时会心一笑的"车让人"、狭路相逢面带微笑的一声问好，或许就是每个人能向世界递出的"最美名片"。

茹雪雯　童颖骏　徐霞　执笔

2023年8月27日

"村播"为啥越播越"火"

> 不加修饰的运镜和剪辑，真实、直白的内容，让人看后有种"久在樊笼里，复得返自然"的自在感。乡村特有的"土味""田园味"，让人们感到久违的清新与亲切。

随着短视频和直播日趋流行，"村播"以其特有的田园风光、劳作技能、乡村生活、乡村文化等鲜明标签，和真实、自然、有特色等"土味"特点，在流量经济、网红经济的浪潮中"出圈"。

当前，"村播"正在成为带动农产品销售、创新农业品牌营销、推动乡村旅游的新手段。它拉近了农村与城市的距离，使海量的乡村元素走出崇山峻岭，走入千家万户，被更多人所熟知。

那么，"村播"为何越来越火？还能怎么加把火？

一

打开抖音、快手等平台，经常能看到许多记录农村生活点点滴滴的短视频和直播。比如，在群山环抱的村庄里，一个农妇在山上砍竹子、挖竹笋，中午一道香喷喷的竹筒饭让乡亲们赞不绝口，晚间再用一盘腊肉炒鲜笋款待远道而来的客人……

此类视频未必有多精致，点击量却不低，很多网友甚至经常留言"等待更新"。"村播"有哪些特别之处？

更接地气的主播。"村播"的主播群体，既有知名主播直播助农带货，又有当地"网红"党政干部为家乡代言，当然，更多的还是来自"草根阶层"的创业青年和原生农民主播，如"潘姥姥""守山大叔""疆域阿力木"等，他们给大众带来天然的亲近感。

比如，"潘姥姥"就是地地道道的农民。她的视频通过"小外孙"缠着"姥姥"做美食的故事，展现山中美景和乡村幸福生活。这种地道，正是她的"增粉"密码。目前，其粉丝量已超过3435万。

更乡土的内容。"村播"形式虽然多种多样，但内容主要聚焦"三农"。不加修饰的运镜和剪辑，真实、直白的内容，让人看后有种"久在樊笼里，复得返自然"的自在感。乡村特有的"土味""田园味"，让人们感到久违的清新与亲切。

像浙江一位主播"帅农鸟哥"的视频，主要分享创意墙绘、美食制作、乡村生活等内容。不同于娴静的田园生活，他的视频有一股别样的烟火气，每画一幅色彩斑斓的墙绘、做一道充满乡土气息的农家菜，都能让人感受到一颗在乡村火热跳动的心。

更广阔的平台。目前"村播"的平台，既包括淘宝直播、拼多多直播等电商平台，也包括快手、抖音、小红书等短视频社交平台，还包括一些官方融媒体等信息传播平台。

随着"村播"产业体系的逐渐形成，"村播"数量在农村地区呈几何倍数增长。《抖音2022丰收数据报告》显示，在过去的一年中，抖音新增乡村相关短视频4.3亿条，乡村题材短视频播放量增长77%，384亿人次为短视频里的乡村点赞。

二

可以说，"农民当主播、手机变农具、直播成农活"，已经成为许多农村地区越来越常见的面貌。"村播"如此之火，背后究竟是什么原因？

场景丰富，使观众"沉浸式体验"得到满足。果树下、菜地里、田野间、山林里、池塘边，广阔的农村天地，处处可成"村播"舞台；民间传统节日、乡村赛事、农村探险、捕鱼抓鸡，丰富的乡村生活，事事可是"村播"素材。"村播"，用真实自然的乡村场景，带领观众"沉浸式体验"农村生活。

比如，"卢小开""渔小仙"等主播，带着观众"上山下海"，去东北采榛蘑、去珠海赶海；还有的主播，带着网友学习各种手工艺品、农家菜的制作，网民既满足了好奇心，又学会了新手艺。

技术发展，使"人人做主播"成为可能。一部手机，一个支架，一幕简单的场景，拍摄变得随时随地可行。现如今4G乃至5G网络已经覆盖到农村，即使人在山上，直播也可即刻开始。不需要什么复杂的设备，也不需要什么华丽的场景，"人人都可以创作短视频"越来越成为可能。

流量经济，使"个富到共富"照进现实。"村播"产生的流量，既给主播带来了可观收入，也带动了乡亲们脱贫致富，拓宽了农产品销路，带火了当地风景。

比如，杭州临安的新农人陈柳，被网友亲切地称为"90后"

"放牛娃"。她带领乡亲们一起养殖马啸小狗牛增收，并通过短视频、直播平台带动农产品销售，将当地马啸小狗牛的利润从2000元/头提升到7000元/头，并通过网络让更多人了解到她的家乡清凉峰镇。

当然，在"村播"如火如荼发展的同时，也暴露出一些问题。比如，主播的素质参差不齐，知识储备较为缺乏，部分主播短视频制作和直播带货技能不足；比如，网络销售农产品的储存、运输难以保障，影响消费者体验；等等。

<h2 style="text-align:center">三</h2>

要突破发展瓶颈，实现"村播"可持续发展，关键在于三个"量"。

内容质量加持。在越来越常态化的"村播"中，要重视助农带货，更要注重内容创作和产品质量"过关"，不能为了追流量、博眼球而低俗化、庸俗化。

一方面，内容过硬才是"真实力"，要引导主播创作积极向上、健康阳光的内容。比如，2021年，广西玉林对当地某"网红村"进行整治，对低俗短视频直播的相关人员进行了约谈教育。

另一方面，好物优质是"硬杠杠"。要保障带货产品、供应和服务的品质，做好"品控"，避免"一锤子买卖"。如，近年来，衢州出台政策，聚焦乡村特色资源，将茶叶、胡柚等年产值10亿元以上产业打造为高质量产业链，以品牌口碑效应带动农产品从线上线下"走出去"。

队伍储量支持。随着从业者越来越多，"村播"队伍建设显得尤为重要。笔者认为，要允许、鼓励草根主播"遍地开花"，各显神通，也要打造一批头部"村播"主播，推动头部主播"领先一步"，"先红"带"后红"，形成更好示范效应。

这方面，各地有一些好做法。比如，贵州榕江县开展万人村寨代言人培育计划，把非遗传承人、留守妇女、返乡青年、村干部等群体培养成为"村寨代言人"，让直播带货成为"新农活"。

平台流量扶持。"村播"的发展还需要平台从各方面来助力。一些地区探索"政府＋平台"的流量支持模式，推动乡镇政府或村集体与直播平台深度合作，促进"村播"进一步发展。

比如，坐落在东海之滨的"田园丰播"直播间，是宁波重点打造的共富工坊。当地村集体与电商企业、MCN直播平台签约，将本地农业企业、农民合作社、农业种植大户等的农特产品，进行统一收购、统一销售，以平台"流量"助力产品提升"销量"。

我们生活的这个时代，万物皆可直播。可以说，"村播"这一形态，将藏于"深巷"的"酒香"远播千里，挖掘农村更多价值，激发农村更多活力，为乡村振兴插上腾飞的"翅膀"。

邵一琼 宋朝阳 执笔

2023 年 8 月 28 日

别让标题带歪舆论节奏

标题已成为内容传播的"核心竞争力"。但一些标题在传播过程中，导致政策被"肢解"、信息被"曲解"，影响整个网络舆论环境。

在如今这个"读题时代"，"标题党"让很多人深恶痛绝，原因之一就是"标题党"不仅没有表达出文章主旨，反而造成一些标题引发"另类"解读。

部分稿件的标题，看起来每个字都真实、有据，却是用个人主观认识这把"剪刀"对客观事实进行了有意裁剪，以致公共政策、权威信息被误解、误读，甚至损伤了政府部门的形象，也使得不少网民因此被带偏了节奏。

不妨来看看，标题引发"另类"解读有哪些惯用"套路"？它们又缘何引发"另类"解读？

一

笔者发现，引发"另类"解读的标题，一般有以下几种操作手法。

张冠李戴。公共政策、权威信息关乎千家万户，解读时如果不能准确理解其概念内涵，就会歪曲原意，让公众在舆论"热浪"中陷于迷茫。

今年1月，国家发改委发布《失信行为纠正后的信用信息修复管理办法（试行）》，一些自媒体对银行业"征信"与社会信用体系"失信"分不清楚，以"结清逾期账款即可修复征信"等为题混淆视听、误导公众。

正题歪做。一些发布在主流媒体中的报道，在被转载的过程中，因被篡改标题导致与事实相悖，并因此引发意想不到的负面效应，也是屡见不鲜。

今年3月，某地官媒发布当地印发的《关于支持民营经济发展的若干措施》，主要目的是为了提振民营企业和民营企业家的发展信心，然而一些自媒体偏偏摘取"民营企业家涉案人员能不捕的不捕、能不判实刑的不判实刑"作为标题进行报道，引发舆论哗然。

概括不当。标题作为叩开读者的"敲门砖"，一般具有高度概括性，但一旦概括不当，反而"阉割"文章原旨。

比如，交通运输部曾发通知称，针对鲜活农产品的运输车辆和跨省作业的联合收割机以及插秧机实行"预约免通行费"，但到了一些自媒体那里，标题就成了"全国高速将再次免通行费"。

断章取义。这类"剪刀手"，往往不顾政策出台背景、具体实施环境等，粗暴地"剪切"一段博人眼球的内容作为标题，引发舆论"围观"。

前几年，一些媒体在转载一则有关"微信、支付宝个人收款码不能用于经营收款"的新闻时，将"个人"二字遗漏，意思大不同，引发很多网民对经营成本上升的担忧，导致网络舆情迅速发酵。

二

有人说，标题已成为内容传播的"核心竞争力"。但一些标题在传播过程中，导致政策被"肢解"、信息被"曲解"，影响整个网络舆论环境。深挖这一问题的产生根源，笔者认为有三个问题必须厘清。

其一，为何总有人偏爱制作易引发"另类"解读的标题？一些媒体"绞尽脑汁"寻找所谓"新闻价值"，把能够引起公众关注乃至争议的内容摘出来作为标题，或把一些本身并不重要的事实作为标题进行强调，为了"吸睛"而"牺牲"准确、客观以及真实，其目的正是制造话题、炒作热点、收割流量，进而坐收渔翁之利。

值得一提的是，这其中不排除存在有心人带节奏的可能。尤其在一些重大政策出台、权威信息发布时，对标题进行一定"操纵"，引发公众"另类"解读，其实是故意"撩拨"公众情绪、制造对立。

比如，前些年，有商业平台转载主流媒体《多地整治网约车探索"规范路径"》的报道时，将标题篡改为《官方：网约车属高端服务，不应每人打得起》，故意制造不同收入者之间的群体对抗，引发舆论热议。

其二，网民为何会被引发"另类"解读的标题吸引？这背后是阅读习惯和认知心理。调查显示，在被阅读的新闻里，有94%的内容是读者先读标题后看新闻，而读者通过阅读标题对新闻的吸收率为34%，这是一种"首因效应"。

与此同时，一些网民看标题后快速扫描内容，或者干脆只看标题不看内容，这种习惯在无形中助长了各类"标题陷阱"，造成断章取义的理解。加之"标题党"利用抓人眼球的字眼，引发网友猎奇心理等，很容易导致网友被误导。

其三，标题引发"另类"解读的根源是什么？标题"带歪"全网舆论节奏，很多时候是因为它与某些社会情绪形成了"同频"。一些媒体或自媒体深谙社会情绪，故意制作带有误导性、渲染性、煽动性的标题来拿捏网民心理。

比较典型的做法是，在标题中有意"迎合"受众普遍关心的某类社会现象，对事实进行夸大、以偏概全，制造轰动效应，让处于焦虑中的网民越看越焦虑。

比如，随着大学生就业形态愈加多元，有关学历问题的讨论热度居高不下，一些自媒体和社交平台捕捉到这一热点后，通过各种渠道东拼西凑出"全国七万硕士在送外卖"的错误结论，并以此为标题蓄意放大就业焦虑和群体恐慌。

三

习近平总书记强调，新闻舆论工作各个方面、各个环节都要坚持正确舆论导向。标题自然也是新闻舆论工作的重要环节之一。破解标题引发"另类"解读这一难题，是不容回避的重要课题。

执法不"缺位"。"叫停"流量诱惑下的为所欲为者，离不开从严执法。一些媒体或自媒体切莫空有一颗舆论监督的心，却干着舆论宣泄的事。国家网信办早在2017年就发布过《互联网新闻信息服务管理规定》，明确"不得歪曲、篡改标题原意和新闻信息内容"。对为了"抓眼球"而无视新闻真实、致使政策被误读的做法，造成重大负面影响的，理应依法予以严惩，提高"越轨成本"。

监管不"缺席"。标题引发"另类"解读现象频频发生，折射出网络传媒行业的监管空缺。比如相关部门是否可以组建专业评议委员会、建立行业内部自我监督机制，定期针对标题乱象开展行业评议，向社会公布出现不当标题的媒体和单位，提出整改要求并严格监督结果的执行？与此同时，是否可以考虑从严把控网络转载资质，畅通网民举报通道？

治理不"缺失"。标题引发"另类"解读后，社交平台和自媒体"跟风"炒作，网上常常呈现舆论鼎沸状态。对这一问题，平台和个人都该有所"贡献"。平台不妨健全"人工＋算法"的自我治理和审核机制，利用算法模型精准识别恶意炒作类标题，并对"异常"标题进行人工复审；普通网民在经历过多次"标题陷阱"后，也不妨多一些耐心，读懂"吸睛"标题背后的完整内容。

标题虽小，也有导向。标题怎么做，体现了创作者和发布者的立场、观点和态度。新媒体时代的好标题，既要符合互联网传播特点，又要忠于事实，以免新闻在"高度概括"的标题中失了真、错了意。

徐岚　周露　郭姝含　执笔

2023 年 8 月 28 日

真假结婚照背后的深情

和平年代，惊险纷呈、危机四伏的情报战渐渐淡出人们的视线，但那一曲战斗在敌人心脏处的电报声未曾消逝。

绍兴嵊州的石璜首战胜利纪念馆内，一块红色的底板上并排陈列着两张照片，同样黑白泛黄写满岁月沧桑，同样一对似夫妻一般的男女。

照片的介绍里写着，这是一对革命夫妻在不同时间拍的两张结婚照，一张为真，一张为假。明明是同一对夫妻，为何结婚照片会有真有假？这对夫妻究竟是谁？照片背后隐藏着什么不为人知的故事呢？

—

1939年春，上海，一对新婚夫妻挽着手走进照相馆。咔嚓、咔嚓，结婚照拍完了，两人的脸上都没有笑意。这在那个动荡的战乱时代也算不得什么怪事。

女人名叫裘慧英，浙江嵊县（今嵊州市）人，是惠达绸厂的女工，也是一名共产党员。几天前，组织负责人告知她，有项特殊任务要交给她，要她和一位延安来的同志做"假夫妻"，协助他应付环境。

饱含革命热情的裘慧英接受了任务，当听说对方是走过长征路的老红军战士时，甚至还多了一丝憧憬。

可"假夫妻"的初遇并不似想象中的那般美好。裘慧英回忆："站在我面前的人穿着长袍、戴着眼镜，清秀的脸庞却带着几分神秘的色彩，我很看不惯！"显然，对方一副精明甚至有些市侩味的"生意人"样子，与她预想的棱角分明的热血男儿形象，还是有着不少出入。

男人名叫李白，是中国共产党历史上一名传奇情报工作者。此番来沪，以无线电公司账房的身份进行伪装，目的是在上海组建秘密电台。

没有磨合期，两个陌生人住进了蒲石路的一间小套房，开始了"搭档生活"。

最初裘慧英对新生活很不习惯。为避免暴露，她只能成天待在屋子里，对着枯燥的电码、复杂的原理以及眼前陌生的男人，有时甚至发起无名火来。李白严肃地说："党把电台交给我们，我们要对党的工作负责。"

李白把工作室安在一个阁楼里，夏天又闷又热，冬天湿冷难当。这样艰苦的条件，李白却安之若素，每天都长时间工作。渐渐地，裘慧英被"丈夫"坚如磐石的革命信念所感动，两颗心也慢慢地靠在了一起。

延安与上海之间的情报桥梁在李白等同志们夜以继日的努力下建立了起来。1940年秋，经党组织同意，两人正式结为名副其实的革命伴侣。在这一年，他们又拍下了一张结婚照。

二

嘀嘀、嘀……黑夜如漆，电报声未曾停息。1942年，屡被截获密报的日军恼羞成怒，在租界大肆搜捕地下党人，虽然李白已经将电台功率从75瓦降低到15瓦，但被敌人用分区停电的办法监测发现，夫妇二人双双被捕。

敌人首先刑讯逼供裘慧英，可没料到，这个看似柔弱的女子就是不肯开口。敌人想出了一个极其恶毒的法子，把裘慧英带到另一个刑房看李白上刑，企图从精神上击溃夫妻二人。

眼睁睁地看着丈夫的手指甲被铁钳拔下，腿骨在老虎凳上被压得变形，裘慧英心急如焚，但是变态的折磨没有摧垮他们的意志，日军得不到任何线索，迫于无奈，只能先释放了裘慧英。出狱时，她的体重骤减30斤。

李白坚持了下来，没有被敌人抓住把柄。次年六月，经组织和裘慧英的积极营救，他终于被取保释放。原来他利用高超的技术在电报上做了个障眼法，让敌人误以为设备无法作为电台使用。

经历过生死考验后，李白、裘慧英夫妇曾被调到浙江工作，并成功打进了国民党内部当报务员。抗日战争胜利后，夫妇二人回到上海，继续从事秘密电台工作。解放战争的关键时刻，静默多时的李白又开始重新发报。辽沈战役中的塔山阻击战、淮海战役时黄维兵团的组建与动向、长江天险的防务、江阴要塞的兵力部署、吴淞口要塞的兵力部署……相关情报均通过他的电波送出。

1948年12月29日夜，西柏坡，中央情报部电台报务员李康将同往常一样，在约定波段附近寻觅频率，正常情况下，上海"峰台"的报务员会发来密电。然而，这一天，时间已过零点，电波那头却有些不太正常。

对方突然加快了速度，随后又急促地拍出一个"等一等"的信号。在这之前，"峰台"每次发报的速度都很慢。李康将等了好一会儿，对方拍出了"再见"。

此后，西柏坡再也没有收到来自"峰台"的消息。

多年以后，李康将才知道，那位与她联络的战友叫李白。而那"再见"，是他用生命写就的绝笔。

三

发报机的余温未散，它的主人却被带向冰冷的囚牢。

在国民党的大牢里，无论施尽各种酷刑，还是许以高官厚禄，李白都没有吐露任何党的秘密，他早已将生死置之度外了。

日复一日，李白的身体越来越虚弱，但他眼里的光芒却愈发显得坚定，因为他清楚地知道，黎明就快要到了。三大战役告捷，长江防线瓦解，南京解放，国民党反动派做着最后的困兽之斗。

1949 年 4 月 22 日晚，李白在狱中给裘慧英写了一封信，信中说，"我在这里一切自知保重，尽可放心。家庭困苦，望你善自料理，并好好抚养小孩为盼"。

裘慧英没有等到李白回来。上海解放第三天，时任上海市市长的陈毅接到一份电报，是中央情报部代部长李克农发来的，要求查找一位名叫李静安（李白化名）同志的下落。

经多方调查，李白的牺牲被证实。1949 年 5 月 7 日那夜，年仅

39岁的李白与另外11名同志被敌人秘密杀害。60年后，李白入选100位为新中国成立作出突出贡献的英雄模范人物。

长河无声奔去，唯爱与信念永存。在裘慧英人生的后40多年里，对丈夫的浓厚爱意，早已与自己的坚定信念熔铸为一体，她的足迹遍布十多个省市，义务开展革命传统教育，听众达百万余人。

和平年代，惊险纷呈、危机四伏的情报战渐渐淡出人们的视线，但那一曲战斗在敌人心脏处的电报声未曾消逝。1958年，以李白、裘慧英为原型的电影《永不消逝的电波》上映，轰动全国，有句经典台词成为无数观众铭记的泪点——"同志们，永别了！我想念你们！"

英雄不在，精神永存。

【档案资料】

裘慧英，1917年生于嵊州市石璜镇松明培村，电影《永不消逝的电波》主人公原型李白之妻。1939年，为掩护地下电台工作，与李白假扮夫妻，拍下第一张结婚照。1940年，经党组织批准，两人结为革命伴侣，拍下第二张结婚照。2021年6月，为纪念这位从石璜走出去的隐蔽战线优秀战士，嵊州市石璜首战胜利纪念馆增设裘慧英纪念专区，陈列裘慧英与李白的真假结婚照。

许正　张国威　陶佳楠　执笔

2023年8月29日

戳穿日本排污入海的洗白套路

> 日本核污染水排海问题关乎全球生态安全，关乎人类生命健康，任何妥协和退让都是在助纣为虐。

近日，日本政府全然不顾国际社会和广大民众的强烈反对，公然向海洋排放核污染水。

据报道，福岛第一核电站目前储存的核污染水多达134万吨，这一数字还在不断增加。根据东京电力公司制订的排污计划，排放时间将长达30年。德国海洋科学研究机构曾指出，自排放之日起57天内，福岛沿岸的洋流会将放射性物质扩散到太平洋大半区域，3年后影响到美国、加拿大，10年后蔓延至全球海域。

有业内人士指出，福岛核污染水含有64种核放射性元素，并且七成以上都是超标的，即便是多核素设备也难以完全处理掉。这些放射性元素中，对人类和海洋生物影响危害最大的是碳-14、碘-129，碳-14的半衰期约5370年，碘-129的半衰期则更长，约1570万年。部分长寿命核素随洋流扩散之后，将对周边国家海域生态平衡和海洋环境带来不确定影响，可能会对食品安全、人类生命健康造成潜在风险，也会对农产品、日用品都产生一定影响。此外，因为对健康和环境的担忧而长时间感到焦虑，可能对社会稳定和人们的心理健康都造成不利影响；核污染水问题需要持续监测、清理和落实管理措施，这会造成高昂成本；等等。

强行将核污染水排海贻害无穷，日本政府为何依然我行我素、肆意妄为，又是如何给自己的行径洗白的呢？

套路一：瞒天过海，企图掩盖排污入海真实缘由

针对核污染水急速逼近储存极限这一困境，日本曾提出 5 种核污染水处置方案。最终，日本选择了直接将核污染水向海洋排放。对此，东京电力公司曾表示，经过净化处理，核污染水当中的绝大部分放射性物质都可以清除。日本政府宣称排放的是"处理水"，是安全的。

日本政府和东京电力公司鼓吹海洋排放的安全性，实则是为了掩饰其真实目的——"省钱"。据测算，在 5 种方案中，海洋排放是成本最低的。而且，尽管提出了 5 种方案，但日本似乎始终都将排海作为唯一选项。最近的一次采访中，东京电力公司工作人员表示，没有考虑过核污染水排海以外的办法。日本的小算盘可谓打得啪啪响。

日本作为《联合国海洋法公约》《核安全公约》《乏燃料管理安全和放射性废物管理安全联合公约》的缔约国，如今为了一己之利，不惜把太平洋作为"下水道"，把本应自己承担的责任和代价向全世界转嫁，损害全人类的共同利益和长远利益，毫无契约精神可言，国家形象轰然坍塌。

套路二：偷换概念，刻意将核污染水与核废水画等号

排污前后，面对质疑和反对之声，日本政府试图通过偷换概念来颠倒黑白，称其向海洋排放的是"处理后的核废水"，安全无害，甚至符合饮用水标准。在日本提供的一些外语版本说明资料中，一般都用"处理水"来指代核污染水。

但核废水与日本排放的核污染水不是一个概念。核废水是指核电站在正常运行中产生的废水，不会直接接触核反应堆芯内的核燃料及核反应物。而核污染水，是直接接触反应堆中放射性物质的水，两者有本质的区别。有专家指出，除了已知这64种放射性物质外，日本福岛核污染水还有一些潜在的危险没有被检测到，其危害更不可小觑。

日本政府有意进行混淆，目的在于将其排放的核污染水与其他正常运行的核电站产生的核废水画上等号。但这种偷换概念、指鹿为马的文字游戏掩盖不了本质，蒙骗不了各国人民。

套路三：自导自演，处心积虑将排污"合理化"

日本为了将核污染水排海"合理化"，可谓煞费苦心。

福岛第一核电站发生严重事故的次月，东京电力公司就曾将核污染水排入大海，引发国际社会高度关注和担忧。之后，东京电力公司制订了一份"低浓度污染水"的排海计划，还研发出一套"多核素处理系统"ALPS，对外声称"处理水"达标可排。这是典型的既当运动员又当裁判员。事实上，被日本政府标榜的这套系统，

曾被媒体曝出漏水、损坏等问题，而且目前的134万多立方米核污染水，未达标的所谓"处理过程水"占比约七成，另有9000立方米核污染水尚未经过ALPS处理。

为了赢得国际原子能机构（IAEA）的支持和认可，日本政府绞尽脑汁。据《东京新闻》报道，日本政府过去向IAEA支付了巨额分摊费用和其他款项，日本多个部门向IAEA派遣了人员。现在日本把IAEA作出的评估报告当作排污"合理化"的"尚方宝剑"。要知道，这份评估报告是IAEA考察团前往福岛后一个月发布的，核领域问题是科学尖端的问题，IAEA竟能如此仓促地作出结论。IAEA评估报告并不能代表国际社会的意见。

套路四：拉拢盟友，妄想操纵国际舆论走向

近日，一些网友表示，日本核污染水排海事件，既然会对海洋环境和人类健康造成影响，为何美西方国家"不约而同"地选择了沉默？或者说是纵容和偏袒？

事出反常必有妖。日本政府深知赢得国际社会支持的重要性，在正式启动核污染水排海前，日本政客早就开始奔走相告。特别是在美国的斡旋下，日韩首脑时隔12年重启"穿梭外交"。据日本媒体说法，"日韩议员联盟"时任会长额贺福志郎就曾向韩国总统尹锡悦提出，希望韩方理解福岛核污染水排海计划，同时解除对福岛水产品的进口禁令。

当地时间8月18日，美日韩三国更是举行峰会。面对美国"睁一只眼闭一只眼"的态度，日本首相岸田文雄回国后很快就决定正式启动核污染水排海。美国驻日大使拉姆·伊曼纽尔对此还公开表

示支持，并声称将要亲自品尝福岛海鲜。配合得如此"默契"，当中的"小九九"不言自明。

至于美国，首先会考虑到和日本的战略关系。日本是美国亚太战略中最重要的一颗棋子，美国"支持"和"理解"帮助日本摆脱在国际舆论场上的不利处境，以此谋求赢得地缘政治竞争的私利。再加上美国与日本在原子能方面存在长期合作，美国也希望日本解决好核污染水排放问题，进而实现两国的核电安全目标。美国此举，将自己的典型"双标"行为暴露无遗。

套路五：反咬一口，费尽心机转移注意力

日本政府难以自圆其说，就将国际国内舆论注意力转移到其他国家，还妄图给中国"泼脏水"。有日本媒体称，2021年中国核电站的记录显示，废水中的氚水平超过了日本将排放的核污染水中氚的最高含量。这一报道明显是在避重就轻，将外界关注的氚以外有害元素进行转移，给自己开脱。

此外，在日本核污染水排海后，中国全面暂停日本水产品进口，日本却通过外交渠道要求中方撤销相关措施，倒打中国一耙。日本驻华大使馆还提醒在华日本民众外出时不要大声说日语，企图给中国人打上心胸狭隘的标签，塑造日本"受害者"形象。

中国作为日本最大的海域邻国，采取最严格的措施、最谨慎的态度来保护人民生命健康和安全，是理直气壮的，绝不是没有科学依据的所谓"狭隘民族主义"。正相反，一些日本政客将科学问题政治化、意识形态化，将国内问题与涉华议题捆绑，并从中捞取政治资本，这是我们需要警惕的。

套路六：巨资公关，花重金搞认知战

据日本广播协会（NHK）报道，针对社交媒体和其他平台上有关福岛第一核电站核污染水的所谓"虚假信息"，日本外务省制定了加强性应对与传播政策，该计划金额约700亿日元。事实上，近年来日本政府通过雇用专业公关团队，接连不断地实施国内外舆论诱导。比如，日本最大公关公司电通集团连续多年中标"有关放射性等的信息发布项目"，该公司给人们灌输"福岛核事故影响已经消除、福岛是安全可靠的"等虚假印象。

这些年，日本因核污染公关产生的"翻车"事件也不在少数。在2020年东京奥运会时，日方为奥运村食堂供应福岛食品，就引起过广泛争议，多国运动员选择自己带食物。今年G7广岛峰会上，日本又为参会领导人提供福岛生产的食品，被认为是利用其他国家为核污染水排海计划"背书"。无论运用何种公关宣传手段"粉饰门面"，都难以掩盖其劣迹。

日本政府还设置、抛出了大量混淆视听的争议议题。比如，核武器实验与核污染水谁危害更大、立场与科学之辩，看似在客观中立地探讨某个问题，实则是故意制造争议、试图转移公众视线，使事情变得越来越复杂，从而为排放核污染水寻求更多舆论支持。

无论怎样"洗白"，也遮挡不了日本政府的真面目。这正应了那句歌词，"不管你咋样洗呀那也是个脏东西"。

日本核污染水排海问题关乎全球生态安全，关乎人类生命健康，任何妥协和退让都是在助纣为虐。我国已坚决采取反制措施，最大限度建立起了安全屏障，护佑着国民的身体健康，也为保护人类赖以生存的海洋环境彰显大国担当。

对每一位中国人来说，都应该擦亮双眼、穿透迷雾，在嘈杂的舆论场中保持理性，不轻易被"洗白"的套路、"攻心"的话术带偏节奏，在认知战中站稳脚跟、团结一心。

倪海飞　谢滨同　许小伟　执笔

2023 年 8 月 29 日

揭穿网络诈骗的底层逻辑

> 时至今日，反诈心理已经或深或浅地生长在每一个人心中，对抗着每日都在生成的"专属于你的定制化剧本"。

精心的骗局、残酷的压榨、环环相扣的产业链……取材自上万起真实受骗案例的反诈题材电影《孤注一掷》，为公众揭秘了境外网络诈骗的种种内幕。

众多社交平台上，解读网络诈骗各种套路的短视频、文章层出不穷，许多人对自身或身边人受骗经历的真实分享也俯拾皆是。一时间，关于诈骗与反诈的讨论再次被推向高潮。

那么，诈骗的底层逻辑到底是什么？真实案例如在眼前，反诈工作从未停歇，为何网络诈骗依旧屡屡得手？

一

有人说，诈骗干的其实是世界上最难的事情：把自己的想法装进别人的脑袋，然后把别人的金钱装进自己的口袋。

就是这么难的事，如今却发展出完整的产业链。比如，网络诈骗早已渗透到衣食住行娱等日常生活中。以缅北为例，诈骗产业链分为军阀、卡头、黑客、水房、主管和底层员工等多个环节，有人负责管理，有人负责技术，有人负责实施诈骗，有人负责"洗钱"，可谓流水作业、分工明确。

从拿破仑骗局、换零钱骗局、狂犬病骗局、倒金字塔骗局，到现在的缅北"诈骗飞地"组织化、产业化运作，骗子和我们之间，不只是一根网线的距离，很多时候，他们就在我们中间。

《第51次中国互联网络发展状况统计报告》显示，截至2022年12月，遭遇网络诈骗的网民比例为16.4%。网友戏言，"你没被骗过，只因为你还没遇到适合你的骗局"。细细琢磨，诈骗的套路不乏以下类别。

譬如利益输送型。你渴望一夜暴富，博彩中奖、刷单赚钱、免息网贷、挖币盈利就来了。殊不知，这些都是诈骗分子把你引向深渊的铺路石，不仅套路满满，而且陷阱多多，一旦上当受骗，轻则损失几千上万元，重则倾家荡产。

譬如虚构情景型。你希望找个好工作，"好工作"就来了。犯罪团伙在前期"放长线、钓大鱼"，不仅不骗钱，还会以红包、工资等方式"主动"给受害人"送钱"，骗取信任后，还"奖励"受害人去东南亚旅游，其目的是将受害人骗到境外。

譬如情感诱惑型。"想恋爱吗？倾家荡产的那种。"你渴望爱情，"爱情"就来了。婚恋、交友、社交等诈骗，主打的就是"爱的诱惑"。在网络上碰到的"另一半"，很可能是盯着你钱包的罪犯。从网恋"一见钟情"开始，直至发觉被骗结束，甜言蜜语里裹着的是"毒药"，所谓高富帅、白富美等只不过是引人上钩的幌子。

二

"反诈宣传都写到鸡蛋上了",为啥诈骗犯罪还是屡禁不止,被骗事件还是频频发生呢?

骗子诈骗手段更新迅速。目前,网络诈骗逐步演化,手段层出不穷。如果说一些兼职刷单、虚假中奖等较常见的诈骗手段容易被看穿,那么一些"定制化"诈骗则让人"耳听为虚、眼见也为虚",在稀里糊涂中成为猎物。随着新老骗局不断翻新升级,很多针对不同群体的骗局,精准分类、投其所好。

比如,有黑客将金融、旅游、求职等平台获取的个人信息整合售卖,诈骗人员得到这些信息后,对诈骗对象精准画像,寻找薄弱点,实施"个性化定制"诈骗。正如有网友调侃,诈骗分子甚至比你父母还了解你。

数字技术被滥用反成"帮凶"。如今,借助数字技术窃取、贩卖、篡改个人信息的案例已屡见不鲜。诈骗分子利用数字手段开发的平台、生成的链接,有时看上去很正规。此外,不同国家和地区、平台和模式,对金融交易、信息保护、风险防控的制度规则不尽相同,也让各类诈骗分子有了可乘之机。

比如,有些诈骗分子利用AI换脸和拟声技术,冒充熟人与诈骗对象视频通话,仿真度非常高,毫无违和感。有报道称,AI技术新骗局来袭后,诈骗成功率接近100%。

受害人自身"防线不牢"。骗子形形色色,骗术五花八门,但诈骗的底层逻辑始终不变:抓住人们心底最欠缺的、最渴望的、最想获取的,如金钱财富、声誉地位、健康长寿等等。

比如最为常见的各类所谓"理财"产品与平台，小额"升值"时正常"兑付"，中额"见底"时指导"加仓"，大额投入后拉黑失踪，前两步亦真亦假，最后一步掏空家底的损失真真切切。

警方执法追责有难度。网络诈骗有很强的隐蔽性和虚拟性，很难揪出幕后推手。比如，躲在境外的犯罪分子，通过技术手段进行跨国网络诈骗，就算国内警方查到窝点位置、确定身份信息，却因在国外没有执法权，难以将其捉拿归案。像缅北等地区更是难上加难，要抓捕犯罪分子，还得国外警方配合并引渡。

三

当前，国家相关部门持续开展各种行动，大力打击网络诈骗，取得显著成效。据报道，全国公安机关破获电信网络诈骗犯罪案件46.4万起，缉捕电信网络诈骗犯罪集团头目和骨干351名。

但极低的犯罪成本与高额的利益回报，仍吸引着源源不断的人"飞蛾扑火"，使得网络诈骗如同离离原上草一般，割了一茬又一茬。那么，我们又该如何防住其千变万化的套路呢？

从个人层面而言，重在"防"，从"防"字下功夫。保持警惕、提前预防，是社会各界公认的"防诈""反诈"最有效的办法之一。

首先是筑牢"防骗墙"。有办案人员表示，个人信息泄露是被骗的根源，避免个人信息泄露，是预防诈骗的第一道防线。如，陌生的链接、二维码、App等，不去信，不去点，特别是手机号、银行卡号等，也别输入和提交，更不要轻易告诉别人验证码。

其次是戒除"贪念"。"人有两颗心，一颗是贪心，一颗是不甘心。"面对诈骗团伙的利益"诱饵"，受害者明知有问题，偏偏要张嘴"咬上一口"。低价充值、高价回收、免费福利……这些都是诱导你"上钩"的套路。因此，莫"贪小便宜"，更不要信"轻轻松松赚大钱"，天上不会掉馅饼，掉的只是陷阱。

从整个社会层面而言，重在"治"，向"治"字加马力。新时期，防范诈骗是一场全民行动，尤其需要以群打群治的方式，聚集更多力量，为犯罪分子布下一张"天罗地网"。

近期，为加大国际执法合作力度，公安机关针对潜藏境外的电信网络诈骗集团开展重点攻坚、全力缉捕，持续发起凌厉攻势，日前就有多名电信网络诈骗犯罪嫌疑人从缅甸被押解回国。

针对诈骗犯罪团伙利用线上软件或平台实施诈骗的行为，各部门、各平台也要织密织牢技术安全防范网，完善信息认证审核等机制，用科技信息化手段与犯罪分子较量，破除"魔法"。

此外，对于反诈，应联动多主体多领域协同构建"防火墙"。如近年来浙江省嘉善县的"萤火虫反诈联盟"，就较好地将反诈骗的"篱笆"扎在了最基层；也可鼓励以反诈题材为内容的电影、电视剧等多多面世，提升全民反诈意识。

前两年，一句"你下载国家反诈中心App了吗"成为爆款网络流行语。时至今日，反诈心理已经或深或浅地生长在每一个人心中，对抗着每日都在生成的"专属于你的定制化剧本"。

防诈骗，说到底就是理性与欲望的斗争，只要明白了其底层逻辑，筑牢思想屏障，辅之以治理手段、技术的迭代升级，就能在诈骗分子魔高一丈之时，形成全社会的铜墙铁壁。

郑思舒　杨金柱　屠春飞　谢宇宙　王志刚　执笔

2023 年 8 月 30 日

之江文化中心承载了怎样的期待

> 当漫步于之江文化中心，相信会看到人们与书籍的对话、与文物的相见，看到现代与历史的邂逅、传承与发展的携手，看到那些跨越时空的经典作品"热起来"，见证"历史烟云"的文化遗产"活起来"，传播中国价值、彰显中国特色、兼具全球目光的精品力作"多起来"。

有人说，文化地标对一座城市而言，是最具代表性的文化名片；对居民而言，是与日常生活、休闲消费、文化熏陶息息相关的重要场所；对游客而言，是必行的观光打卡地。

昨天，浙江新建成的大型省级公共文化设施集聚群——之江文化中心，在杭州西南部的转塘"绽放"，"上新"了浙江省博物馆、浙江图书馆、浙江省非物质文化遗产馆、浙江文学馆等"四大场馆"和公共服务中心。

文化地标是城市的"可视符号""记忆符号"。那么，这座新亮相的文化地标将给我们带来什么？

一

先来说说之江文化中心的建设规模。它占地面积258亩，建筑面积32.1万平方米，同时有着多个全国之最、全国之首。如，全国体量最大文化聚落、全国首家全面智慧化省级图书馆、全国首座大型区域综合性非物质文化遗产馆、首批国家一级博物馆、全国规模最大省级文学馆等。

当然，作为文化地标，规模体量不是最重要的，最重要的是如何做到"形神兼备"，让人们感受文化魅力、点亮多彩生活。笔者以为，之江文化中心可以带给人们以下几重体验。

自然与人文的辉映。梭罗曾说："建筑本身应像土里面生出来的一样。"文化地标建筑也是如此，与自然环境融为一体，才能更好地给人以美的享受。

之江文化中心"栖息"于富春江、浦阳江汇流入钱塘江之处，五云山、象山、凤凰山等群山叠峦之地，浙江大学之江校区、中国美术学院、浙江音乐学院等名校"云集"之所，艺创小镇、云栖小镇、龙坞茶镇"争芳斗艳"之城。可以想象的是，在这里，科学与艺术、创新与创意将"不期而遇""撞个满怀"。

传统与现代的碰撞。以传统为现代作"注解"，以现代设计扩充传统古韵之张力，这座地标建筑不仅深植着江南文化的古典韵律，也投射着青春活力的时代气息。

比如，浙江省博物馆对浙江一万年历史文化谱系进行系统梳理，打造《浙江一万年——浙江历史文化陈列》，同时运用3D数字空间建模、数字孪生等技术，推出越王剑裸眼3D屏、临安城数字沙盘与绘画等体验装置。

又如，在浙江图书馆，长达12米的《千里江山图》在20米宽、2米高的巨幅墙面上动态呈现，江河烟波浩渺，群山层峦起伏，像是偶然撞入心里的一处"桃花源"，让情绪碎片在这里静静搁浅，享受沉浸式体验。

文化与生活的交融。在这里，我们可以感受到传统文化的独特魅力，并"链接"到现代生活中，创造出属于我们的品质生活、浪漫时刻。如，浙江非物质文化遗产馆开馆首批展示展品1022件套，包括"鲁班奇妙锁"、竹编工艺等，凝聚着匠心智慧，体现着前人对美的追求和对生活的热爱。

这里还打造了"文学四季在浙里"文学活动品牌，引入"网红"艺术书店"不熟艺术书店"、浙江省域文创品牌旗舰店——"知江南"、"青年之家"时代青年文化集散地等，使书籍、文物、非遗、文学等馆藏资源承载的文化基因、艺术价值，像种子一样，播撒在现实生活的"沃土"中，引发共振、激发回响。

可以说，之江文化中心构筑起了一个集自然、人文、艺术、生态于一体的现代复合型文化综合体。

二

有人问，浙江并不是没有省级图书馆、博物馆，为何还要建设图书馆、博物馆新馆，同时新建非遗馆、文学馆呢？这背后其实有多重考量。

比如，拓空间。像浙江省博物馆，其老馆憾于体量有限，十万余件珍贵藏品只能陈放于库房、难见"天日"。而搬到新馆后，文物有了更大更安全的技防"屏障"，包括近40间实验室、修复室、文保处理室，以及专门为大型出土文物规划的前期处理室与冷冻脱水室等。

这样一来，与老馆相比，新馆建筑面积大大拓展了，文物的"家园"也就更大了，有了更多"施展拳脚"的空间；在凝聚着匠心与智慧的新馆区，市民游客也能有更多空间来体验与享受。

比如，筑梦想。浙江是中国文学高地，从南朝的沈约，唐朝的骆宾王、贺知章，到清代的袁枚、龚自珍，民国时期的王国维、鲁迅；从现代的茅盾、郁达夫，到当代的余秋雨、王旭烽、余华、麦家等，古往今来，浙江可以列出一个阵容庞大的文学大师、名家阵营。

很长一段时间内，筹建一座浙江省级文学馆的呼声很强烈。正如"浙江宣传"此前在《浙江为何需要一座文学馆》中说，我们"盼望着每一个人都能在这里回望文学之乡、展望文学远途"。

当然，不可否认，运营好文化空间并不容易，一些共性问题必须考虑到。

大体量如何赢得大流量？近年来，各地新建的文化空间，面积动辄上万平方米，但部分空间流量不多，使用率不高，缺乏人气与热度。不少公共空间存在有书没人读、有戏没人看的尴尬状况。究其原因，主要是未能与不同群体的需求、审美和习惯紧密结合。

有美感如何更有体验感？一些场馆尝试以高颜值"圈粉"，一度成为"网红打卡"地。然而开业时热热闹闹，运营一段时间后，逐渐消失在人们的视线中，很大程度上在于没有与具体的、生动的、热气腾腾的生活场景联结在一起，业态引导不足，消费带动乏力。

软件配备如何跟上硬件设备？笔者在调研中了解到，目前不少公共文化空间硬件设施建设较为完备，但相比之下，特色服务较为单一、人才队伍比较薄弱，公众的参与度、互动性不强，"跨界"式创新、沉浸式体验较少，对群众的吸引力不足。

三

对浙江而言，之江文化中心昭示着迈进文化强省的雄心、寄托着建设文化高地的希冀、承担着文化惠民的使命。未来，这片大型文化空间该如何引人流、聚人气、润人心？笔者有以下几点想法。

打造精品宝库，把宝贝"亮出来"。精品文化资源是公共文化空间的立身之本。这个暑期，我们看到，图书馆迎来读书热潮，博物馆"热浪"席卷而来，激发着大众的文化共情。如何让观众尽情"撷取"人类文明果实，需要呈现更多珍贵的宝贝，打造更加有趣的文化体验，持续散发出独特魅力。

像藏书汗牛充栋的国家图书馆，宛如宝库，助推着"全民阅读"深入人心；像博大精深的国家博物馆，珍藏历史，"触发"着对"何以中国"的热切深思。期待之江文化中心有越来越珍贵的"宝贝"得以呈现眼前，有更多令人沉醉的活动、演出得以开唱、上演，这将是此处持久运营的底气。

创造产业生态，让文化"活起来"。文化空间的效能提升、影响力升级，离不开精心的运营策划、生态孵化。

比如，可以"空间＋内容＋产业"融合运营模式，鼓励社会力量参与运营和服务，招募有一定号召力的文化名人，将他们聘为"文化特使"，从而把各类文化资源、文化群体、文化需求"链接"

到文化空间中来，构建"有文化、有创意、有品质、有体验、有个性"的多元文化汇集场景。

塑造互鉴平台，让文化"火出圈"。中华文明正是在一次次交流互鉴中不断焕发出新的生命力。笔者认为，未来之江文化中心的运营，一方面要聚焦不同职业、不同年龄人群，特别是要推出符合年轻群体审美和消费习惯的活动；另一方面，还要开展各种形式的人文交流活动，实施一批重点文化会展、论坛、赛事活动，甚至跳出浙江、跳出中国，持续不断提升浙江文明、中华文明的传播力和影响力。

今后，当漫步于之江文化中心，相信会看到人们与书籍的对话、与文物的相见，看到现代与历史的邂逅、传承与发展的携手，看到那些跨越时空的经典作品"热起来"，见证"历史烟云"的文化遗产"活起来"，传播中国价值、彰显中国特色、兼具全球目光的精品力作"多起来"。市民游客的美好生活，也将得到更为丰富的滋养。

郑思舒　执笔

2023 年 8 月 30 日

本书编委会

主　任：赵　承

副主任：来颖杰　　虞汉胤

成　员：邢晓飞　　郑　毅　　郑一杰　　李　攀

本书编写组

　　　　李　攀　　郑梦莹　　王思琦　　孔　越

　　　　杨　阳

话必关风

之江轩 —— 编著

（下）

浙江人民出版社

图书在版编目（CIP）数据

话必关风 / 之江轩编著． — 杭州 ： 浙江人民出版社，2024.5（2025.4重印）

ISBN 978-7-213-11469-4

Ⅰ．①话… Ⅱ．①之… Ⅲ．①时事评论-中国-文集 Ⅳ．①D609.9-53

中国国家版本馆CIP数据核字（2024）第092912号

话必关风

之江轩　编著

出版发行：浙江人民出版社（杭州市环城北路177号　邮编　310006）

市场部电话：(0571)85061682　85176516

责任编辑：高辰旭　陶辰悦等

助理编辑：林欣妍　王易天晓

营销编辑：陈雯怡　陈芊如　张紫懿

责任校对：杨　帆　姚建国

责任印务：程　琳　　　　　　　　封面设计：王　芸

电脑制版：杭州天一图文制作有限公司

印　　刷：浙江新华数码印务有限公司

开　　本：680毫米×980毫米　1/16　　印　　张：65.25

字　　数：743千字　　　　　　　　插　　页：6

版　　次：2024年5月第1版　　　　印　　次：2025年4月第2次印刷

书　　号：ISBN 978-7-213-11469-4

定　　价：120.00元（上、中、下册）

目录

对大熊猫的"爱"不能失了分寸

> 当人们学会在尊重生命的基础上保护动物，也就更能产生社会同理心；当人们认识到人与动物相处的边界，也就更能明晰人与人交往的界限。

近日，一则"两名游客被终生禁入成都大熊猫基地"的新闻冲上热搜，一时引起各方关注。

根据官方通报，有两名成年游客无视园区禁令，私自向大熊猫投喂竹笋和花生。所幸工作人员及时发现并进行制止，将杂物清理出了大熊猫的室外活动场所。而这两名游客，被成都大熊猫繁育研究基地终生禁止入园。

暑期是传统的旅游旺季，成都大熊猫繁育研究基地一直是备受大家喜爱的打卡地。游客从全国各地慕名而来，都渴望能在这里一睹"国宝"的真容。然而，在游览过程中出现的不文明行为，值得我们每一个人警醒。

一

近年来，随着短视频等网络平台的兴起，大熊猫的"曝光率"不断增加，"花花""萌兰"等成为新晋顶流，旅居海外的大熊猫也时常牵动着国人的心。不久前，大熊猫宝宝"谊谊"和"升谊"从马来西亚启程返回中国成都，就受到了外界高度关注。

喜欢归喜欢，想亲近归想亲近，但一定要把握好尺度和分寸，不能让自己的行为走偏了、变味了，甚至不顾园方提醒警示，由着自己的性子做出一些不合时宜的行为或者是危险举动。

据不完全统计，今年以来，成都大熊猫繁育研究基地通过官方公众号通报的被限期禁入及终生禁入的游客就有14人，通报中涉及的不文明行为包括私自投喂食物、向大熊猫泼矿泉水、用自拍杆逗弄幼年大熊猫、向熊猫活动场所扔烟头、违规在园内进行网络直播等。

特别是一些游客喜欢私下给大熊猫投喂，殊不知这一行为有很高的危险性。一方面，人类的食物并不一定适合大熊猫。成年大熊猫的主要食物是竹子，竹子占据它们进食量的九成以上。长年进食竹子使得大熊猫的消化系统相对脆弱，如果吃下人类的食物，很有可能引发消化系统疾病。有些竹笋由于含有较多的氰苷化合物，如果被大熊猫食用，就会在其体内分解出毒素，威胁其生命安全。另一方面，游客投喂的食物可能含有过多的油脂、糖分，甚至不干净，如果大熊猫误食了，可能会带来各种健康问题。更不要说，有些游客投喂的食物往往还带有外包装，很可能被大熊猫误食，造成大熊猫消化系统阻塞乃至死亡。

二

在成都大熊猫繁育研究基地发生的这些不文明现象，在各地动物园也屡见不鲜。就拿私自投喂来说，有各式各样的原因和表现，也带来了层出不穷的问题。从近年来发生的一些案例来看，私自投喂有4种典型表现，需要引起高度重视和警惕。

第一类是爱心泛滥型。相信以爱之名行伤害之实，绝不是多数人的本意，但在现实中，总有少数人缺乏游园常识，不区分动物特性，爱心"扎堆"，随意"加餐"。特别是节假日游客增多，一波接一波地投喂，造成野生动物丧失觅食天性，暴饮暴食，轻则消化不良，重则患上慢性疾病，甚至死于非命。

上海动物园的红猩猩"森泰"，就因游客的任意投喂而饱受高血压、高血脂、高血糖等疾病困扰。杭州西湖里的野鸭、鸳鸯也频频遭遇游客们的"爱心"投喂，投喂的食品五花八门、种类繁多，一些鸳鸯甚至被活活撑死。

第二类是无视规则型。一些游客明明看到动物园里的提醒和警示，也明明知道自己的行为会给动物造成伤害，但依然我行我素，夹带食物，私自投喂，有些游客甚至不听从工作人员或他人劝阻，"见缝插针"地去体验投喂"乐趣"。

这种行为，主观上可以算是"明知故犯"，实则是缺乏规则意识、文明意识的表现，需要坚决纠治、全面杜绝，让"某地游客向熊违规投喂导致熊呕吐""某地游客通过网眼给动物塞面条"等事件不再出现在我们的视野里。

第三类是放任纵容型。投喂动物可以让孩子亲近自然、接触动物，但对于一些孩子的违规投喂行为，不少家长持默许态度，不予制止。有的时候，即便孩子并没有主动要求投喂动物，一些家长仍会主动准备食物，引导孩子投喂，如果孩子犹豫或胆怯，还会亲自"上阵示范"。

前段时间，某地一对父母带娃游览猴山，弄破围网，向猴子投喂香蕉皮，并对孩子说"猴子就是要吃香蕉的，扔进去你才看得到"，其行为立即引起其他游客的不满和劝阻。父母是孩子的榜样，其不良示范，势必会导致孩子错误效仿。

第四类是心怀恶意型。一些游客不仅缺乏规则意识，而且毫无底线，为满足个人观赏目的，有意将塑料袋、饮料瓶、硬币、竹签等无法食用的东西进行投喂，导致动物贪吃"中招"。前几年，上海动物园一只长颈鹿就因误食游客乱投的塑料袋而死亡。

这些行为类型，有的是主观故意，有的是意识淡薄，有的是好心办了坏事，但不管怎样，客观上都伤害了动物，破坏了人与动物和谐共生的关系，必须坚决加以纠治和引导。

三

无数中国人心中，都有一只可爱的大熊猫。动物园里牢牢占据"C位"的总是大熊猫，很多人儿时的记忆里也总有一个位置是留给大熊猫的。

大熊猫的治愈视频曾给许多人带去心灵的抚慰，但是我们不能反过来去伤害它们。可以说，保护好这一国宝，是全社会和每个人应当尽到的一份责任。

动物园具有繁衍动物、保护生物多样性的重要功能，同时，也承担着对公众进行科学教育、社会教育的职责。正如有业内人士所说，动物园是一个生命与生命对话的地方。所谓对话，不仅仅是饲养员去照顾野生动物而和它们对话，更是不同生命群体的对话——动物园管理者、野生动物、社会公众，几方之间的相互对话。

实际上，各地动物园设置的提醒标语、日常巡视等都是全面的，关键要增强文明准则的刚性。对不文明行为的监管和惩戒，该拉黑的拉黑，该曝光的曝光，这样才能更好地起到警示教育作用。在这个意义上，成都大熊猫繁育研究基地并非"小题大做"，而是在惩戒之余，向社会公众做了一次生动的科学和文明普及，倒逼大家反思和自省。

对大熊猫的这种保护，很多时候往往体现在细节之中，尤其是在面对不同物种时，更不能施加以自我为中心的、居高临下的"关爱"。

当人们学会在尊重生命的基础上保护动物，也就更能产生社会同理心；当人们认识到人与动物相处的边界，也就更能明晰人与人交往的界限。

大熊猫需要全社会共同呵护，保护生物多样性需要我们共同努力。通过更多的手段和措施，让伤害动物的不文明行为无处遁形，这是一个现代社会的应有之义。

唯有这样，我们给予的才是平等且有效的爱，而不是假"爱"之名下的伤害。

徐婷　谢滨同　执笔

2023 年 8 月 31 日

"照着写"与"接着写"

> 时间是艺术最好的朋友。为了博得眼球而哗众取宠的所谓"书法创新",自然会没有生命力。反之,真正的书法创新,能够经得起时间的检验。

千百年来,以汉字为载体的中国书法,书写着灿烂辉煌的中华文化。书法因此与中医、武术、京剧并称"四大国粹"。

哲学史上有"照着讲"和"接着讲"的说法,前者注重传承,后者讲求创新。类比到书法领域,如何"照着写"不止步、"接着写"开新局,需要当代给出答案。

前段时间,浙江书法院在杭州良渚落成开院。作为一个省级层面的书法研究创作平台,这正是浙江书法破题"接着写"的具体行动。

—

自古以来,浙江是书法的"沃土"、书法家的"摇篮",在中国书法史上占据重要地位。梳理浙江书法的"基因密码",主要有三。

基因一:传承有序。1670年前的东晋永和九年(353),王羲之写下《兰亭序》,可说是浙江文人书脉的起点。从王羲之到智永,从虞世南、褚遂良、孙过庭到陆游、苏轼,从赵孟頫到徐渭、倪元璐,从沈曾植、吴昌硕到陆维钊、沙孟海,浙江书法一直生生不息、与时同行。

基因二:重文崇学。浙水敷文,伴随浙江书家一生的不仅有一管毛笔,更有数卷诗书。浙江书家大多是饱学之士,他们根植国学、著书立说、广拓艺术,在中国书法史中留下了包括虞世南《笔髓论》、孙过庭《书谱》、项穆《书法雅言》等在内的经典论著。

从近代百年看,浙江学者的书法现象蔚为大观,罗振玉、王国维、马一浮、张宗祥、陆维钊、沙孟海,无不是国学根柢深厚的书法巨匠。

基因三:创新持进。浙江书风深受江南文化影响,讲求精致典雅、明快灵秀。如越国的"鸟虫书"、魏晋的"二王行书"、初唐的楷书新风、明代的写意书风等等。

在创新精神指引下,历代浙江书家创作出一批精美绝伦、流传千古的经典之作。《汉三老碑》被称为"浙东第一石",《兰亭序》被誉为"天下第一行书";孙过庭一卷《书谱》,堪称唐代草书的创新典范;赵孟頫的一件《秋声赋》,成为清代康熙、乾隆二帝的珍藏……

二

延续辉煌，浙江书法如何"接着写"？各方期待满满，但也面临"有高原少高峰"的难题。比如，传统优势未能转化为创作优势，重磅奖项缺席；书法名家不够多，风格标识还不清晰；书法作品的经典性正在弱化，缺少与时代相媲美的精品佳作。攀峰登顶，浙江书法需要蓄劲发力。

一方面，深挖传统文化这口"井"。挖就要挖到"源头"。现在已有《浙江书法研究大系》《浙江书法史》等阶段性成果，但仍需从书家、作品、书学等全维度整理历史文脉、经典书论和代表作品，集中力量推出与书法大省相匹配的盛世巨著。挖就要挖出"活水"，创办书法核心刊物，举办高端学术论坛，集聚中外智慧力量，聚焦热点问题和前沿课题，持续推出重量级的研究成果。

另一方面，聚力打造精品佳作。大浪淘沙，唯有精品才能行远。柳公权说"心正则笔正"，黄庭坚言"学书要须胸中有道义，又广之以圣哲之学，书乃可贵"。书法精品，是书家学养修养、品德品位、恒心笃心的结晶。

反观当今书坛，一些名家功成名就，缺乏"衰年变法"的勇气；一些中年书家忙于"走穴"，走不出书法的"舒适区"；不少青年书家热衷于"展览体"，在权威之后亦步亦趋。书法大家在哪里？重磅作品如何涌现？似乎已成为整个书法界的期盼和焦虑。

在笔者看来，浙江书法落笔担当，必须写好四个字。

首先是"精"字，把真正有潜力的书法菁英找出来，把精品创作展示出来，着眼世代传承，打造书法"浙军"；其次是"思"字，推动书家学人艺文同修，在优秀传统文化中思索、磨炼，涵养深厚的字外功夫，写出书法的时代之气、浩然之气和书卷之气；再者是"勤"字，"书圣"王羲之，每天临池书写、池水尽墨，千古名篇的背后无不是呕心沥血；最后是"新"字，生成面向时代、面向生活、面向人民的新笔墨、新风格、新流派，探索书法精品生成、创作、打磨的新路径。

三

浙江书法"接着写"，还需直面并打破一个"困局"：如何让书法"大众化"？毋庸讳言，现代社会，书法的"土壤"正在流失，如果任由发展，甚至会不断"盐碱化"。

从行业环境看，由于书法的专业性、高门槛、风格多样化，一些新的书法现象时常引发热议。比如"江湖字"，所谓"吼书""射书""丑书""反书"等，喜用夸张手法，笔画分叉、线条毛糙。再如"展览体"，尺幅很大、字数很多、喜欢拼接、炫耀技术。有人认为这些是书法的创新探索，也有人认为这些是在拉低审美水平。

在笔者看来，时间是艺术最好的朋友。为了博得眼球而哗众取宠的所谓"书法创新"，自然会没有生命力。反之，真正的书法创新，能够经得起时间的检验。同时，社会各界需要保持警醒，持续培育健康的审美水平和审美风尚，提倡正大气象，旗帜鲜明拒绝浮夸、低俗的书写，以免让书法误入歧途。

再从社会层面看，面对"键盘""触摸屏"的强势竞夺，书法与传统书写一样，使用空间被挤压，使用场景在变少。如何走进大众日常，避免沦为冷门绝学，需要多向努力。

笔墨，也要合为人而着。据报道，研究生教育方面，国家已将书法列入一级学科，为书法专业硕士生、博士生拓展发展空间。中小学书法教育领域，则需突破专业师资匮乏的瓶颈。据统计，目前全国开设书法专业的本科院校有百余所，每年毕业生近万人，大多数投身教育教培行业。破解师资难题，高校、中小学、社会书法教育需要一体协同。

青少年是书法传承创新的生力军。有书法家指出，如何把书法这个入口放大，让青少年喜欢上书法艺术，静下心来面对笔墨，是一道重要课题。然而，也有业内人士指出，当代青少年学习书法，需要面对学业压力，很多孩子侧重书法技巧的学习，把学书法等同于练字，选择学书法也是家长意愿而非自己真的热爱，因此一个青少年书法爱好者要想成为真正的书法家并不容易。

书法是中华优秀传统文化的载体和内容。推广书法不能"就书法论书法"，而要多打开应用空间，与国学、国风、国潮关联起来，找到书法与大众之间新的生活连接点、心灵交汇点。比如，推广"中华精品字库工程"，使优美的书法字体进入手机屏端。再如，创新书法的展示场景，以大众喜闻乐见的方式传播书法之美。以书法、碑帖精品作为素材，让收藏在博物馆、美术馆里的作品，以文创形式走入大众生活。

互联网无远弗届，给书法带来冲击的同时，也为其魅力呈现提供无限可能。综合运用音乐、舞蹈、戏剧等艺术形式和VR、短视频、电子地图等技术手段，可以让传统书法活起来。央视《中国书法大会》第一季节目累计触达受众5.72亿人次，新媒体用户规模占15.92%，15—44岁的年轻观众占比高达37.94%。这么多年轻人在关注书法,希望也正寄予其中。

回望历史,书法一直润泽着无数代中国人的心灵世界。林语堂写道:"在书法上,也只有在书法上,我们才能够看到中国人艺术心灵的极致。"时代铺陈,浙江书法如何"接着写",等待我们挥毫泼墨、笔走龙蛇。

郑利权　徐伟伟　何涤非　执笔

2023年8月31日

开学第一课该怎么上

> 象征新开始、新希望的开学第一课，不只是某个老师、某所学校的事情，而应该成为一堂社会总动员的"大课"，毕竟抓住了教育，就抓住了根本，抓住了未来。

近日，浙江大学新生开学典礼上校长冒雨致辞，学生自发为其撑伞的话题引发了网友的广泛讨论，有网友说："脱掉雨衣是对学生的尊重，学生撑伞是对他的敬重，这是最有意义的开学第一课。"

每到开学季，开学第一课都是一个自带流量的话题，不仅因为这一课是帮助学生摆脱"假期综合征"的"收心课"，还因为这一课是点燃信心、唤醒热情、矫正方向的"思政课"。在特殊时间节点的这一课，一言一行都牵动着孩子的成长。

习近平总书记在学校思想政治理论课教师座谈会上强调，青少年阶段是人生的"拔节孕穗期"，最需要精心引导和栽培。一堂生动的第一课可以在青少年的内心深处撒下希望的种子，台上不经意间的一句话可能就会拨动台下学子"命运的齿轮"。开学第一课至关重要，我们该如何上好这一课呢？

一

"开学第一课"在中国早已有之。古时入学有入泮礼，学生要"换上学服，拜笔、入泮池、跨壁桥，然后上大成殿，拜孔子，行入学礼"，全部完成之后才意味着踏上求学之路。

西方也很重视开学教育，开学仪式各有特色。把"第一课"上好已然成为古今中外育人的共识。但教育向来不是学校和老师的"独角戏"，它涉及社会发展的方方面面，家长、社会每一个群体都是这出戏的"重磅演员"。

在笔者看来，象征新开始、新希望的开学第一课，不只是某个老师、某所学校的事情，而应该成为一堂社会总动员的"大课"，毕竟抓住了教育，就抓住了根本，抓住了未来。

随着开学第一课变成一堂"公开课"，从道德模范、大国工匠、航天英雄到普通工人、农民、志愿者、大学生，越来越多的社会群体走上了开学第一课的讲台。还有的地方把开学第一课纳入重点工作，把规格拉到了"顶格"。

像"千名博士汇一市、万名教授同故乡"的教育之乡东阳，市委、市政府连续5年为离乡大学生送"乡礼"、开践行会，市委书记还亲自给新生们上开学第一课。而今年宁波的开学第一课特别邀请到了施一公院士，通过"大家讲小课"的形式来弘扬科学精神，滋养少年理想。

第一课的内容也不再简单地停留在提高学业的层面，而是更加注重精神的塑造、品格的涵养、风险的预防。比如，一些地方组织学生走进烈士陵园，缅怀英烈、致敬英雄；走进博物馆、文化馆，沉浸式感受中华灿烂文明；还有的走进庭审现场、消防站，学习法律知识、增强安全意识，效果远超日常课堂教学。

二

开学第一课，是学生、老师、家长共同的第一课，不仅需要把好学善学的种子播撒进孩子心里，还需要引导家长和老师沉下心来，思考如何履行好自己的职责，做好自己的事情，全力以赴为青少年学子的健康成长保驾护航。

有学者曾指出："现在的家庭，物质给得太多，精神需求给得太少。学校则是知识教育给得太多，素质教育给得太少。"恰恰是这两方面教育的缺失，容易导致孩子出现"薄弱点"甚至是"致命伤"。

《2022年青少年心理健康状况调查报告》显示，在全国范围内参加调查的3万多名青少年中，有14.8%存在不同程度的抑郁风险。

前不久，最高人民检察院发布的《未成年人检察工作白皮书（2022）》也显示，未成年人犯罪总体呈上升趋势，特别是低龄未成年人犯罪占比、未成年人涉嫌帮助信息网络犯罪活动罪数量明显上升。

在青少年教育这件事上，这些数据已经发出了警报。对于家长而言，与其围绕"分数至上""成绩为王"开展"密集型育儿"，不如思考如何真正地走进孩子的内心世界，如何尊重每一个独立个体的自我存在，如何给予最适度的关注和关爱，如何言传身教成为孩子愿意效仿的榜样，这是家长需要上的开学第一课。

对于老师而言，不能只做传授书本知识的教书匠，更多的时候需要讲好"无字之书",学会如何用自身的人格魅力去影响、感染学生,如何通过传递正确的世界观、价值观塑造好学生的品格、品行,这是成为立德树人的"大先生"前需要上好的开学第一课。

教育是国之大计、党之大计,教育的过程是涵盖社会各个方面的系统过程,参与这个过程的各个群体都应该耐心坐下来当好开学第一课的"学生",而关系青少年成长的方方面面都可以成为开学第一课的内容。

三

开学第一课蕴含的象征意义和传递的实际内容都无比重要。新的学年里,如何扣好"第一粒扣子",迈好第一级台阶,在开学第一课里或多或少都能找到答案。让开学第一课流行起来是件好事,而上好开学第一课则是一件大事,如何让开学第一课办出实效,笔者认为,还需要做到以下三点。

切准症状、对症下药。学生缺少什么,老师、家长关心什么,开学第一课就应该策划什么、输出什么,让效果实打实地呈现出来,而不能走过场、搞形式,为完成上级的任务而"打卡"。比如,曾有调研发现,学习无动力、对真实世界无兴趣、社交无能力、生命无价值感的青少年越来越多,这场以"四无"为典型特征的心理危机如同风暴席卷而来。所以像心理教育、生命教育、价值教育都可以是第一课的重要内容。

获得感比仪式感更重要。有的学校一到开学就费尽心思折腾"仪式感"。诚然,适当的仪式感可以帮助孩子快速找回状态,但若让仪式变得花哨,甚至引发校与校之间、班与班之间的攀比,让老师和家长们陷入无意义的"内卷",那就本末倒置了。在"双减"背景下,教育更加需要回归本源、缓解焦虑,不妨让开学第一课在仪式与实效之间取得最佳平衡,真正把育人功能发挥出来。正如网友所言,"组织学生打扫出一个干净整洁的教室,就是一次体验感十足的开学仪式"。

乡村要振兴,教育必先行。面对客观存在的城乡差距,教育均衡发展本身就是一个难题,把城乡的教育水平拉到一条水平线上也不现实,不妨尝试通过开学第一课来实现城乡教育资源的"连通"。前不久,浙江省磐安县岭干村把开学第一课办到了村里,讲授这堂"村课"的有知名中学的校长,有从偏远山区考上浙大的"学霸",还有来自省直机关的司法干警,这堂包含理想、学习、法治等内容的第一课感染了现场很多人。

"青青园中葵,朝露待日晞。"新学期孕育新希望,衷心祝福每位学子都能在开学季播下梦想的种子,向阳生长,逐光而行。

王人骏　张博文　程静静　执笔

2023 年 9 月 1 日

华为又一次激励了我们

> 科技领域的突破像千千万万个领域一样，最终的成功不仅是技术上的胜利，也是精神上的胜利。

前几日，华为毫无征兆地上市了Mate60 Pro。虽然没有发布会、没有广告，甚至连最受关注的芯片参数都被设置为"隐身"模式，但还是掀起了很高的热度。网上放的货被"秒光"，一众数码博主"跑机"自测，并自发给出了相当高的评分。用网友的话来说就是，"我也想低调，可实力不允许"。

那么，为什么有这么多人如此关注和支持华为的一部新手机？面对美西方的遏制、绞杀，我们怎样才能冲出重围、浴火重生？

一

这几年美国一直妄图用"卡脖子"的损招来压制中国发展。特别是在芯片领域，美国大搞"以芯制华"，对华为更是"必欲置之死地而后快"。美国挥舞着科技霸权"狼牙棒"，以最难看的吃相亲自下场，举全国之力打压、制裁华为，还拉拢日本、韩国和中国台湾地区组建"芯片四方联盟"，借半导体供应链合作之名来绞杀华为，可谓是杀招尽出。

不得不说，过去这几年华为过得挺难，以至于不得不把荣耀系列卖掉，断臂求生。但就是在极端困难的条件下，华为不仅没有被打趴下，反而逆境求生，以坚定的信念和不屈的意志对抗困境、摆脱困境，展现出了坚韧的生命力和竞争力。华为能够活下来本身就是一个胜利。

讲到底，华为新机是很多人翘首以待的"争气机"。华为一次次"满血"回归，总会让人倍感振奋。之所以有这么多人如此关注和支持华为，为华为"上新"而感到由衷高兴，是因为华为既是华为，更是"为华"，它代表了一个纯粹中国血统的先进科技企业，寄托着大家对突破"卡脖子"问题的深切期盼。

正如网友所说，如果华为Mate60 Pro会说话，它一定会说电影《英雄本色》中的那段经典台词："我有自己的原则，我不想一辈子让人踩在脚下，我要争一口气，不是想证明我了不起，我是要告诉人家，我失去的东西我一定要拿回来！"

二

华为此次携带新技术强势而来，看似有点超乎预期的突然和惊喜，但若将目光拉长，会发现这未尝不是一种必然。

面对美国从发布制裁清单到限制出口设备，甚至出台各项法案进行围追堵截的艰难处境，华为等一批中国高新企业勇于探索、自强不息的奋斗历程，可谓中国发展之路的一个鲜明缩影。

回望新中国成立之初，面对一穷二白、百废待兴的旧摊子，在缺钱、缺粮、缺技术的情况下，我们党领导人民咬紧牙关，在曲折坎坷中愣是搭起了一个独立的、比较完整的工业体系和国民经济体系。在科技领域，虽然同样是一座座高山横亘在前，但广大科技工作者以不服输的心自力更生、艰苦奋斗，取得了一项又一项原本都不敢想象的技术成就。比如，在航天方面，已形成"神舟"飞天、"嫦娥"奔月、"祝融"探火、"羲和"逐日的壮观场面；在生物和现代农业领域，我国的人工合成牛胰岛素、杂交水稻等一连串重要突破早已蜚声中外。

"没有伤痕累累，哪来皮糙肉厚，英雄自古多磨难。"华为曾用这句话给自己打气，而事实证明，从来都没有什么捷径，成功的路就是最难走的那条路。在被美国制裁四年后的今天，华为不仅发展到拥有数万名研发工程师，还实现了14000多个零部件的全部国产化，性能直追世界前沿水准。

一年前，阿斯麦公司（ASML）的CEO彼得·温宁克曾公开扬言，中国不太可能独立复制出顶尖的光刻技术，但一年之后，在看到中国在半导体领域的突破时，他不得不感慨："中国的物理定律和这里一样，你越是给他们施加压力，他们就越有可能加倍努力。"

科技领域的突破像千千万万个领域一样，最终的成功不仅是技术上的胜利，也是精神上的胜利。这种不畏艰险、敢于斗争、勇往直前的精气神，是一个又一个"中国故事"中震撼人心的部分，也必将激励国人驰往更广阔的天地。

三

现在世界百年未有之大变局正在加速演进，其中一个重要变量就是科技革命和产业革命的深入发展。

特别是在把我们看成主要战略竞争对手之后，美国更加肆无忌惮地对中国进行全领域打压、全球性围堵。

回头看，2018年美国刚对我国发起贸易战的时候，时任美国副总统彭斯就说：中国试图改变现有国际秩序；中国挑战世界地缘政治格局；中国大量窃取美国科学技术；中国要将美国挤出西太平洋……最后，彭斯还讲了一句：美国绝不会被中国吓倒。再看这几天来华访问的美国商务部部长雷蒙多，她此前曾公开表示：美国政府对华为的态度没有改变，如果华为再进行高科技研发，美国将会采取更严厉的措施，可能会加大制裁力度。

所以说，美国千方百计阻止我们发展壮大是铁了心的，对其不能抱有任何幻想，不能以为我们忍一忍、让一让、退一退，他们就会大发慈悲。"把希望寄托在别人身上永远是最危险的。"而不管是猝不及防的贸易战，还是变本加厉的科技封堵，都说明了一件事：科技之争是主导权之争，是国运之争！

正是华为这个被"卡脖子"的科技公司，在经历被迫沉寂后"重出江湖"，这颗"芯"震撼了人们的"心"。很多网友惊呼："剑外忽传收蓟北，初闻涕泪满衣裳。"在这个意义上，华为Mate60 Pro的"上新"被赋予了"在美国打压之下绝地反击"的深层含义。但也要看到，自主创新本就是一条没有尽头的曲折长路。华为还有很长的路要走，艰苦跋涉依然会是常态，这也需要我们客观理性地去看待。

对于中国来说，这条路上还布满了杂草荆棘，充满了艰难险阻。塔西佗陷阱、中等收入陷阱、金德尔伯格陷阱、修昔底德陷阱、马尔萨斯陷阱、纳尔逊低水平均衡陷阱……每走一步，似乎都可能遭遇陷阱、地雷阵。但就是要"越是艰险越向前"，正如企业界有句名言：想，都是问题；做，才是答案。

不容忽视的是，在一些尖端科技领域，我们和西方国家还存在不小的差距。我们要继续奔着科技领域最紧急、最紧迫的问题去，强化自主创新能力，一个个攻破"卡脖子"的关键核心技术；要继续盯着人才这个最为活跃、最为积极的因素，努力把战略科学家、一流科技领军人才、青年科技人才、卓越工程师、大国工匠、高技能人才搞得多多的；要继续在这个最需要不断改革的领域大展拳脚，紧紧扭住"硬骨头"，让有真才实学的科技人员"英雄有用武之地"；要继续用好集中力量办大事这个中国特色社会主义的最大优势，把政府、市场、社会等各方面力量拧成一股绳……

我们已经走过千山万水，但还需跋山涉水。对华为而言，对中国科技创新而言，现在还远远没到可以说"轻舟已过万重山"的时候。我们仍然行走在"万重山"中，不管会面临怎样的困难和挑战，都需要一往无前、团结奋斗，始终保持那么一股气和劲。

王云长　张俊　陈培浩　王斯恬　执笔

2023 年 9 月 1 日

书皮，包还是不包

有人说，读书，必先有书，有书更须爱书。新学期已开始，希望每个孩子都能爱读书、读好书、善读书，在爱书中与书为伴，更好成长。

又到一年开学季。"神兽"们交上暑假作业后，还会高高兴兴领回新学期的新课本。这时，很多家长纷纷谢绝其他活动，专门留出时间陪伴孩子一起包书皮。

网上甚至出现一些段子："洛阳亲友如相问，就说我在包书皮""家里有俩娃真的伤不起，光是包书皮就能废掉一个妈"。调侃之余，反映的是包书皮成了很多家庭的开学"必备项目"，书皮也成为刚需，甚至成了"开学三大件"之一。

很多人好奇，为何"包书皮热"如此高涨？也有人提出疑问，现在的课本质量越来越好，再包一层书皮还有必要吗？今天，我们就来聊一聊。

一

包书皮的传统在我国自古有之。

隋唐时，古人就将纸一反一正反复折叠，再在首尾两页纸上各加一张硬纸作为护封；到了宋代，图书装帧又有了进阶，如线装本的书册结构专门要有书衣。书衣，材料一般用布或纸，就是为了保护书籍。

古人在爱护书籍这件事上，讲究不少，花费也不少。以宋拓本《九成宫醴泉铭》为例，其书衣为宋代缂丝，书套为明代提花缎，后来的藏书家更是用鹿皮包裹。

到了近现代，包书皮依然流行，鲁迅就是其一。《鲁迅爱书的故事》一文中提道：有些线装书，很容易脱线，他就自己动手改换封面，重新装订。看书的时候，他总是把桌子擦得干干净净，看看手指脏不脏。脏桌子上是不放书的，脏手是不翻书的。

以前的人为何爱包书皮？笔者认为，最重要的原因可以概括为三个字：稀缺性。古代印刷技术有限，在很长的历史时期里，书籍、典籍是稀缺资源，主要依靠人工抄录，无法批量生产。而那时的纸张质量和保存环境等都远不如现在，要想一代代传下去，唯有爱书护书如此般。

正因如此，我们的民族素有尊重书籍的传统。缪荃孙的《天一阁始末记》中，讲述了过去天一阁管理藏书的细则：禁以书下阁梯，非各房子孙齐至不开锁；子孙无故开门入阁者，罚不与祭三次；擅将书借出者，罚不与祭三年……从古人对护书的重视中，可以看出他们敬惜字纸的"爱书之心"。

二

观古鉴今，包书皮这件事，既有传承，也有发展。到了现在，为书本多包上一层书皮，又多了几分承载与希冀。

其一，满满的"回忆杀"承载青春。这两天，许多家长为包书皮发了朋友圈，引来一波波"回忆杀"，有网友留言，"以前给自己包，长大了还要给小的包""那时每个学期抱着崭新的书回到家，第一件事就是包书皮"。

很多网友回忆，小时候包书皮用的多是牛皮纸、报纸、挂历纸等，此后还出现过各种花样的薄膜书套。一些心灵手巧的人还把包书皮当成了手工DIY，在书皮上画出各种图案和花形，"私人订制"的书皮既精致又有个性。

最难忘的，还有包书皮时全家总动员的氛围感。拿到新书后，一家人围坐桌前，将一张张报纸或挂历铺开，照着课本大小做好标记、小心剪裁，一本本包起来。有时为了防止课本的边角卷起来，会特意在四角处多叠上几层，以增强耐磨性。留在回忆中的青春，再回首依旧让人感动。

其二，足足的仪式感传承学风。如果说开学第一课是第一堂思政课，那么包书皮可以说是第一堂劳动课。对孩子来说，因为是自己亲手包过的书，总会格外爱护一些，书本会多翻几遍，学习自然也会更上心一些。不仅如此，这本书用完后，依然很新，把它留给需要的人，发挥出最大使用价值，这也是另一种意义上的知识传递。

此外，包书皮这件事还带来了收心入学的仪式感：将新课本一本本摊在桌上，再一本本包好书皮，一笔一画写下班级、姓名，迎接新学期的到来。

包书皮，其本质是告诉孩子们要尊敬字纸、爱护书籍，承载着国人的一颗爱书之心。通过亲手包书皮，孩子们会对书籍更加敬畏，渐渐养成爱书护书的习惯。

三

不过，近些年，关于包书皮的吐槽声却多了起来，以致每到开学前，"包与不包"的讨论时常成为热门话题。

比如，从环保角度考虑，有人担心一些劣质的塑料书皮不环保甚至有害健康。有报道称，全国中小学生每学期至少要用掉19.4亿张塑料书皮，庞大的数字背后是不可逆转的塑料污染和健康危害。

此外，也有学生家长反映，现在的课本数量几乎是以前的两倍，直接导致"工程量"上去了，包书皮成了一种任务，"让人包到心累"；也有不少人认为，真正爱书，不包也会珍惜，"包了只是形式，没有必要包"。

书皮包与不包，每个人都有不同的想法与选择。笔者认为，关键要厘清两点。

包书皮忌在"为包而包"。有些家长把包书皮当作学校下达的一项任务，为了完成任务而包，买几张书皮随便一套、敷衍了事；还有家长在网上购买代包服务，"代包书皮"甚至成了热门生意。这样一来，孩子看似收到了包好书皮的新书，实则失去了宝贵的亲子互动和培养动手能力的机会，也让这个开学前的传统保留项目变了味。

爱书护书贵在"内化于心"。如今，随着书本印刷、装订质量越来越好，书皮在"物理防护"上的作用或许有所弱化，但在"春风化雨"上的意义却不曾褪去。

我们应该树立这样一种观念：包书皮只是爱书的一种方式。除了包书皮，还可以引导孩子养成看书时轻拿轻放、不在吃东西的时候看书、看完书放回原处不乱扔等习惯，更重要的是将之内化于心，从心底真正树立起崇尚读书、热爱读书、追求读书的理念。

有人说，读书，必先有书，有书更须爱书。新学期已开始，希望每个孩子都能爱读书、读好书、善读书，在爱书中与书为伴，更好成长。

俞晓赟　执笔

2023 年 9 月 2 日

"万年浙江"的双重打开方式

> 文化不是凝固的雕塑，而是流动的活水。

如果将文化比喻成一条连接着历史和未来的生生不息的河，那么踏着这条自远古而来的河流，今天的浙江人会想起什么？

答案可以从一场展览中找到。前两日，浙江省重大标志性文化工程——之江文化中心正式启用，位于其中的浙江省博物馆之江馆推出的"浙江一万年——浙江历史文化陈列"也随之亮相。

展览重点展示了"浙江长兴七里亭遗址实证浙江百万年人类史""万年上山文化世界稻作农业起源、世界最早彩陶、中国最早农业定居聚落""良渚文化出现城市和最初国家形态、世界最早水利系统，实证中华五千年文明史""1921年中国共产党在嘉兴南湖成立"等，并将常年向公众展出。

"浙江一万年"的展陈，让公众对浙江的历史文化有了更多了解，也引人思考："万年浙江"的历史文化谱系，该如何打开？该怎么读、怎么用？

一

"万年浙江"是浙江独一无二的文化标识，是对浙江悠久历史的精准概括。

万年上山、八千年跨湖桥、七千年河姆渡、五千年良渚，构成了一个严密完整的考古证据链，这在一个省域的历史上是非常罕见的。

沿着这条路，古越人大步迈进夏商周，创烧原始瓷器，炼出冠绝天下的青铜剑，勾践灭吴成为春秋最后的霸主。再往后，孙权建吴国，大运河南北贯通，南宋定都临安府，王阳明"集儒家心学之大成"创阳明心学。再至近现代浙江光复、红船起航……

往事"越"万年，它们就像满天星斗，闪耀在历史的天空，成为浙江是"文物之邦、中华文明的发祥地之一"的见证。

"万年浙江"蕴含的文化传统和浙江精神，是对"何以浙江"最好的回答。

在《浙江文化研究工程成果文库总序》中，时任浙江省委书记习近平同志写道："代代相传的文化创造的作为和精神，从观念、态度、行为方式和价值取向上，孕育、形成和发展了渊源有自的浙江地域文化传统和与时俱进的浙江文化精神，她滋育着浙江的生命力、催生着浙江的凝聚力、激发着浙江的创造力、培植着浙江的竞争力，激励着浙江人民永不自满、永不停息，在各个不同的历史时期不断地超越自我、创业奋进。"

这种传统和精神，来自岁月的积淀，来自一代代浙江人在漫漫长路上的不断求索。他们创造了璀璨如星辰的浙江历史，也在积淀和传承中形成了与时俱进的浙江精神，深深影响着浙江人的思想观念和行为方式，直到今天。

比如，改革开放以来，浙江之所以在政策并无特殊、资源并不丰富的情况下，成为全国经济发展最好最快的省份之一，原因正在于此。

二

从万年中走来，浙江是一部卷帙浩繁的历史巨著，凝聚着前人的智慧，见证着不同时期文化的裂变、撞击与融合。笔者认为，第一重打开方式是，读懂"万年浙江"。

"串珠成链"地读。"从美丽的小洲（良渚）出发，过一个渡口（河姆渡），跨一座桥（跨湖桥），最后上了山（上山）。这是一条通向远古的诗意之路。"考古学家严文明，曾这样形容浙江考古的万年浪漫。

读"万年浙江"，就要把这条"诗意之路"串起来读。一粒炭化的稻米，见证万年前上山先民走出山林、走向田园。漫长时光中，浙江大地经历了自然地理变迁，更经历了从史前文明、农耕文明到工业文明与数字文明的发展进步。串联起来读、由点及面读，更能读懂文明薪火的生生不息、文明体系的海纳百川。

"由远及近"地读。读懂"万年浙江"，不仅要从桩桩件件的大事中体味历史的厚重感，也要读懂历史与当下的对话。

这个对话可以是个人层面，比如，当面对生活中的困顿、难题，我们可以在与王阳明的"对话"中，找到"人须在事上磨，方能立得住"的感悟；也可以是社会层面，以史为鉴，从人与自然和谐共生的理念中汲取智慧，从历代经济的繁荣与衰落中把握规律。善于倾听"远古的呼唤"，对今天的发展具有重要意义。

"小中见大"地读。浙江文化在中华文化版图中具有"启明星"地位，跨越万年，浙江在中华文明的历史长卷中留下许多的印记，生动诠释了中华文明的突出特性。

不论是古时钱俶遵循钱镠祖训，保境安民，纳土归宋，还是如今浙江呼吁各国携手打造海丝"朋友圈"，都是中华文明突出的和平性的彰显；不论是历史上浙江文化出现过数次繁荣发展的高峰，还是改革开放以来浙江人表现出的不惧新挑战、勇于接受新事物的特质，都是中华文明突出创新性的体现。从"万年浙江"中，我们更好地读懂中华文明。

三

当然，今天的我们，不能躺在文明的殿堂里当"啃老族"。对于"万年浙江"，第二重打开方式是，用好这一鲜明而独特的文化标识。笔者以为，可从以下三个方面着力。

一是"常常看"，充分展示并打响"万年浙江"的文化品牌，让公众在了解历史中增强文化自信。一方面，用足用好现有的展陈场馆和展陈手段，让公众在"常常看、反复看"的过程中更好地了解万年浙江史；另一方面，创新传播方式，融合多媒体资源，拓展传播渠道，让"地下的气象万千"成为"眼前的精彩纷呈"。

这方面，一些成功经验值得借鉴。前不久，习近平总书记指出，三星堆遗址考古成果在世界上是叫得响的。三星堆遗址之所以能成为考古界"顶流"，除了成果重磅，展示、传播手段的创新同样功不可没。

在省内，良渚古城遗址公园、杭州国家版本馆、南宋德寿宫遗址博物馆等，将展陈与环境相融合，吸引很多年轻人前去"打卡"，其经验也给人启发。

二是"深深挖"，继续深挖浙江历史，并赋予其时代新意。不断加强考古发掘和对出土文物的研究、整理、阐释，梳理文明脉络，提升文化内涵，让"启明星"更加明亮。

比如，"中国历代绘画大系"项目经过18年接续推进，成为新时代文化建设的重大标志性成果。以《宋画全集》为例，项目组充分依靠各方力量，系统梳理、广泛搜集国内外文博机构收藏的千余件五代两宋辽金时期传世画作，让宋韵文化绽放出新光亮。

三是"时时用"，涵养"日用而不觉"的共同价值，用好具有鲜明辨识度的文化标识，人们的精神世界也将更富足。让优秀传统文化成为触手可及的日常之物有许多打开方式。比如，在新开放的之江文化中心，市民游客在现场就能体验到拓印、香篆、点茶等，多彩的非遗活动让传承千年的技艺不再遥远。

再比如，杭州亚运会吉祥物"琮琮""莲莲""宸宸"，以毛绒玩具、钥匙扣、盲盒等形式"现身"，"三小只"的可爱形象深受消费者喜爱，成为传播亚运文化、普及亚运知识的载体，展现着三大世界文化遗产的魅力。

文化不是凝固的雕塑，而是流动的活水。一边读，一边用，在读中用，在用中读，让浙江历史文化的活水流出场馆、书籍、古迹，流进日常生活中、具象化到行为习惯里，我们就将拥有更足的信心、定力和底气。

肖国强　章忻　执笔

2023年9月2日

常书鸿的"敦煌春天"

> 那些战风沙守敦煌的日子虽已远去，可那守护敦煌的初心，矢志不渝。

1993年，90岁的常书鸿在北京家中，念念不忘千里之外的敦煌莫高窟。在北京这些年，他总是自称"客寓京华"。这年8月，他完成《九十春秋——敦煌五十年》回忆录。敦煌的一草一木，陪伴了常书鸿近40年。

杭州，敦煌，北京，这些是在常书鸿一生中留下重要印记的地方，而敦煌，无疑是其中最为重要的。这位被誉为"敦煌守护神"的杭州人，用大半辈子全力守护着敦煌艺术。

"客寓京华"的日子里，常书鸿和妻子李承仙决定以敦煌为主题合作一幅油画。我们可以想象，看着妻子在客厅支起油画架，常书鸿大概思索过，该从哪里落笔绘就敦煌呢？

—

也许是初见敦煌的时候。

1935 年的法国巴黎，常书鸿可谓春风得意。从遥远的家乡杭州到法国已经 8 年了。妻子女儿陪伴左右，作品获得金奖，被当地美术馆收藏。这位风度翩翩的年轻人，在艺术家这条路上前途光明。

但人生的轨迹，总是少不了一些意外。

有一天，常书鸿在塞纳河畔的旧书摊上，看到了一本名为敦煌石窟的画册。画册里，有约 400 幅关于敦煌石窟和塑像的照片。

他后来回忆说："我倾倒于西洋文化，还曾非常有自豪感地以蒙巴那斯的画家自居……现在面对祖国如此悠久的文化历史，真是惭愧至极，不知如何忏悔才是。"

常书鸿还了解到，处于风雨飘摇中的祖国，还没有专门的人力来保护敦煌，有不少艺术品被外国人掠夺，比如他所看到的画册里的唐代绢画。

一见敦煌"误终身"。刚过而立之年的常书鸿，毅然回到了祖国，从此与敦煌紧紧地联系在了一起。

1943 年 3 月，骑着骆驼的常书鸿终于抵达了心心念念的敦煌。这是常书鸿第一次来敦煌，公路只通到了安西。自安西到敦煌，全都仰仗着骆驼代步。到了目的地，饥渴难耐的骆驼们，迫不及待地奔向那绕林而流的溪水，又饥又渴的常书鸿跳下骆驼，第一件事，就是朝着向往已久的莫高窟跑去。

在敦煌的那些年，物质匮乏，没有娱乐，也少有社交，却有一群如常书鸿一般的志同道合者。1944 年秋，"敦煌艺术研究所"被正式批准成立，常书鸿任所长。

提笔思情，或许常书鸿看见了当年张大千顶着料峭春寒，穿梭于三危山峡谷的石窟群中；看见了向觉明在灰盆上以搪瓷杯煨煮沱茶，询问他要不要也来一盏驱驱寒气；听见了职工和民工们一起喊着号子，看着他们用自制的"拉沙排"，清理洞窟中的流沙……

那些战风沙守敦煌的日子虽已远去，可那守护敦煌的初心，矢志不渝。

二

也许是陪伴敦煌的岁月。

1945 年的一天，国民政府教育部忽然宣布解散敦煌艺术研究所，许多职工都希望回到家乡。这个荒凉的边陲，已让许多人心生退意。

昏聩又混乱的当局，妻子、至交相继离去，让常书鸿遭到了不小打击，可他还是决定继续守护敦煌这座伟大的历史宝库。经过他的奔走呼吁，敦煌艺术研究所被批准恢复。

研究所已费心争取人力，修筑出了 960 多米长的围墙，将莫高窟和树木都保护了起来。之后，职工们轮流和民工一起劳动，又成功清除了窟内的积沙，使得壁画、塑像免遭沙子磨损。

窟前除沙已顺利完成，洞窟内容调查和壁画临摹工作便提上了日程。为了系统展示敦煌壁画，常书鸿决定集中所里的力量，临摹各个时期有代表性的全部作品。

所里缺少梯架，也没有照明器材。一方小桌、一张小凳都是奢侈的。常书鸿和同事们一手举灯、一手执笔，摹画得十分费劲。

比临摹四壁更难的，是临摹窟顶壁画。观察窟顶壁画时，脖子和身子几乎成 90 度，可每下一笔又需低下仰得有些发酸的脖颈。临摹壁画，少不了纸、笔、颜料。受限于阻塞的交通、捉襟见肘的资金，常书鸿和同事用窗户皮纸加矾裱褙，以矾纸、桐油纸代替拷贝纸，学会了制作毛笔和延长毛笔使用寿命的办法。

1947年冬至1948年春，常书鸿带领同事对莫高窟有壁画和彩塑的洞窟进行全面编号，梳理出492个编号洞窟、2415尊塑像，编选出十余个壁画专题，选绘壁画800余幅。比如，第285窟是莫高窟最早有纪年的洞窟，窟顶四披的飞天、伏羲和女娲，西壁龛外的菩萨、诸神、神将和力士，南壁中层的五百强盗成佛因缘故事……

1952年，常书鸿与同事耗时2年，绘就了5米×12米的第285窟原大原色大壁画摹本。这摹本，去过北京、去过上海，也曾远渡到日本，让世人惊艳于敦煌艺术的气象万千。

从常书鸿开始，敦煌莫高窟结束了400多年来无人管理、无人修缮的状态。因为常书鸿，我们看到了一个让人惊叹的大美敦煌。有人如此评价他："常书鸿的家乡是西湖，他的家园在敦煌。巨大的反差衬托出他精神上的亮光。"

三

有关敦煌的记忆是如此庞杂。与敦煌为伴的日子，占据了常书鸿近半生的年华。

在敦煌的岁月，他经历了与第一任妻子的分手，经历了身边同事的离开，但常书鸿守护敦煌的心始终没有动摇，直到等来敦煌的春天。

常书鸿还记得1951年6月的那天。中央调请北京大学赵正之教授、清华大学莫宗江教授及余鸣谦、陈明达等古代建筑专家到敦煌。

修筑在砾岩上的莫高窟，易于风化散落。此前，受限于经费、人力，常书鸿和其他研究员，尝试着做了木柱支撑和泥土填充的工作，可这有限的修理，对庞大的莫高窟来说是杯水车薪，无法阻止莫高窟的崩溃。

可这一回，莫高窟被全面地勘察研究了。之后，政府部门还拨了款，对敦煌石窟实施了全面维修加固工程。不但对洞窟的结构做了全面的加固，还加长了甬道，让在400余个洞窟间的往来不再险象环生。

1943年常书鸿初见莫高窟时，它身处荒凉的戈壁瀚海，岌岌可危。经过数十年保护，和煦的春风将宕泉两岸吹成绿洲。鸟叫虫鸣伴着铁马声声、驼铃阵阵，间或夹杂着一两声汽车的鸣笛，把寂静的莫高窟装点得热闹又充满生机。

这是春天的敦煌，也是敦煌的春天！没有什么比春天里的敦煌让常书鸿更为怀念了。常书鸿关于画作的思索，想必有了一个答案。

笔落画成。画作里，湛蓝的天空稀疏地飘着几团白云，在日光照耀下，有骆驼队自远处缓缓走来，开着紫花苜蓿的沙地上，马儿正屈膝卧坐。花树掩映下，民居错落，九层塔就静静地矗立在远处。

画完《敦煌春天》不久，常书鸿便离开了人世。他的墓地，就在莫高窟，遥望着这片他守护了半生的土地。墓前，镌刻着赵朴初为之撰写的"敦煌守护神"。

同为杭州人的敦煌研究院名誉院长樊锦诗说，常书鸿等前辈把敦煌当成自己的家，把敦煌融进自己的血脉里，把敦煌变成自己不可分割的一部分，"太了不起了"。

择一事，终一生。从常书鸿到樊锦诗，浙江与敦煌缘分深厚，他们扎根在戈壁沙滩，以满腔热忱、毕生心血写就了"莫高精神"。守护莫高窟的接力棒代代相传，不断丰富着敦煌的艺术研究与实践体系，让敦煌的永久保存、永续利用成为可能。

一生总要去一次敦煌。当千年瑰宝展现于我们面前，我们感叹艺术之美时，应永远铭记、感谢一代代的敦煌守护者。

濮玉慧　钱伟锋　执笔

2023 年 9 月 3 日

太湖溇港何以惠泽千年

在岁月的悠长跨度中，溇港不仅改变了湖州的原始地貌，更孕育出独特的生产方式和人文气质。

溇港，一个专属于太湖的概念。一条条联通广袤内陆的狭长河道，相隔不过数百米，密密麻麻地排布在长达200公里的太湖湖岸线上。

溇港是古代太湖劳动人民变涂泥为沃土的一项独特创造。水利界泰斗郑肇经教授曾在《太湖水利技术史》中评价，"（溇港圩田系统）在我国水利史上的地位可与四川都江堰、关中郑国渠媲美"。

盛誉如此，可见溇港工程之伟。而发端最早、持续最久且唯一完整留存至今的溇港系统在太湖南岸。时光漫漫，溇港运行不息。在岁月的悠长跨度中，溇港不仅改变了湖州的原始地貌，更孕育出独特的生产方式和人文气质。

一

开渠排水、培土造田，溇港作为太湖人民排洪抗旱的智慧结晶，是农耕文明时代水利水运工程技术水平的代表之一。

受洪水过境、潮水逆浸影响，湖州曾是一片沼泽，软流质淤泥地很难利用，导致这一地区耕地匮乏。如何将占比达50%的水分从软流质淤泥中分离出去，成为横亘在先民面前的艰巨挑战。

21世纪初，考古工作者在湖州吴兴发现了水利史上修建于滩涂的河渠工程遗址——"毗山大沟"。这条约3800多年前人工开挖的河道，具备了排水、降水、蓄水、引水和导水入湖的基本功能，正是"溇"的起源。从春秋时期起，后世大规模运用于构筑溇港的"竹木透水围篱"技术，在该遗迹中清晰可见。

湖州盛产竹木。人们用竹子和木头，做成两道透水的挡墙，再将当中的软流质泥土掘出成沟、培筑于外。通过过滤，稀泥中的水从篱缝渗入沟中成河，土被挡于篱外成墙，于是水和土分离。

从这里，可以看见人与自然和谐相处的精妙智慧。

比如，入湖口的一道道闸门，是溇港发挥水利功能的关键。多雨之年，太湖涨水，闸关便可防止湖水内侵害田；少雨之年，溇港中水位下降，闸开便可引进太湖水灌溉农田。因此，溇港中便能保持着较为稳定的水位。

正是一系列暗藏机巧的设计，赋予了溇港长久不衰的生命力。经勘察，湖州的50多条溇港至今仍然发挥着防洪导水作用。

二

"一万里束水成溇，两千年绣田成圩。"如今，在太湖南岸，"溇"纵南北，横"塘"相连，星罗棋布的岛状田块则为"圩"，古之泽国早已变成今日之田园。

溇港中的每一寸土地的利用，都经过了精打细算。高为菜畦、低为水田，塘中养鱼、陌上植桑。桑叶可以喂蚕，蚕粪可以肥田，塘泥则可用来培桑，溇港圩田的"桑基鱼塘"模式催生出低成本、高产出的人工生态系统，是中国农耕社会的高级农业形态。

溇港肇始于夏商，春秋末年至五代十国期间，"十里一横塘、七里一纵浦"的综合种养生态农业模式逐渐走向成熟。到宋代，太湖流域"围田相望，皆千百亩"，溇港人家"稻米流脂粟米白"。随着商品农业迅速发展，"鱼米乡、水成网、两岸青青万株桑"，湖州以"丝绸之府"和"淡水鱼都"驰誉全国。

"苏湖熟，天下足。"古老的溇港滋养了农业发展，其水系在源源不断地传输物质财富的同时，也创造着精神文化财富。

比如，明清时期，江南已形成多个民间雕刻印书产业中心，湖州正是其中翘楚。明代胡应麟《少室山房笔丛》记载："今湖刻、歙刻骤精，遂与苏、常争价。"藏书家谢肇淛也认为："金陵、新安、吴兴三地，剞劂之精者，不下宋版。"

彼时，叫卖的号子声时常从"织里书船"上传出。这种流动的水上书店，在桨声欸乃中，沿着溇港将一缕缕悠长的书香送到水系可及之处——南达杭州、西至安徽、东抵上海、北经镇江，甚至还可顺着运河直上北京。

三

在文化传承发展座谈会上，习近平总书记强调，只有全面深入了解中华文明的历史，才能更有效地推动中华优秀传统文化创造性转化、创新性发展，更有力地推进中国特色社会主义文化建设，建设中华民族现代文明。

而今，在湖州大地上，溇港仍在呼吸。2016年，太湖溇港入选第三批世界灌溉工程遗产名录。回顾太湖溇港发展的历史，笔者想到了三句话。

有所为，有所不为。筑造太湖溇港是在特定生产力条件下，先民为改变耕地短缺的"命运"不得已而为之的选择，和都江堰一样，是一次与大自然的"抗衡"。但这并非与自然对着干，而是以非凡的洞察力摸到自然规律并懂得尊重规律、利用规律。

比如溇港"上游宽、尾闾窄"的喇叭状独特形状，与现代工程流体力学的相关原理不谋而合：通过束流，可以加速涌入太湖的河水，将沿途积壤涤荡尽净，从而降低了疏浚成本。太湖溇港所蕴含的可持续发展理念，值得更多的阐释和应用。

一方水土孕育一方文化。对"溇港文化带里的明珠"吴兴义皋村，史志曾有记载："自古乡民崇礼义。"而溇港一带人民"尚义"的传统，可以追溯到西晋时期我国历史上的人口大迁徙。彼时，为躲避战乱来到太湖流域的北方流民，通过"结义"重新聚合出大规模生产力。人们陌路同舟、共建溇港，才有了后世长安。

现在，保存完好的尚义古桥上仍有对联见证着团结共济的溇港精神："大泽南来，万里康庄同利涉；春波北至，千秋浩淼永安澜。"如今，为弘扬义里淳风，"范家尚义会"情景剧定期在义皋村范家古宅尚义馆上演。

"罗马非一日建成"，续写传奇没有捷径。就像接续修建了数千年的"超级工程"都江堰，太湖溇港也是代代先民用智慧创造的绵延千年的田园传奇。2004年开始，为推进太湖溇港遗产保护，湖州久久为功，修复历史古迹、编撰《吴兴溇港文化史》等，集中挖掘和还原了记忆里的溇港风貌，已有19条溇港被列为国家级文保单位。2022年6月，全国首部太湖溇港保护地方性法规——《湖州市太湖溇港世界灌溉工程遗产保护条例》颁布，溇港保护工作步入长效化法治轨道。

水利兴则蛟龙驯，水利兴则民生裕。悠悠溇港赋予太湖安宁祥和，它所展现的天人合一的大智慧和生命力，值得我们一品再品。

徐周飞　张锋　孔越　执笔

2023年9月3日

无障碍，如何"无障爱"

> 无障碍不仅仅是一个台阶、一条盲道，更应该是一幕充满人性关怀的全社会场景。

随着杭州亚运会、亚残运会的临近，一批特殊的体验官走上杭州街头，对城市无障碍环境进行"体检"。

一条盲道、一处扶手、一个盲文按键……这些看似微小的细节，都关乎着残疾人运动员和残障观众的真实体验，也映照出一座城市的人文温度与文明程度。

—

在北京2022年冬残奥会开幕式上，有一幕曾令全网动容：视力障碍运动员李端在黑暗中摸索了将近一分钟，终于将手中的火炬成功插入主火炬台。这漫长的一分钟里，没有人催促和不耐烦，观众始终以加油声和掌声鼓励着李端。

残障人士是社会成员的组成部分，他们与普通人一样，拥有同样的权利与尊严。而一座文明的城市，理应为残障群体创造一个平等、友好、公正的环境，让他们无差别地参与社会生活。

就在9月1日，《中华人民共和国无障碍环境建设法》正式施行，将保障残疾人、老年人平等、充分、便捷地参与和融入社会生活，促进社会全体人员共享经济社会发展成果。

那么，何为无障碍环境？或许可以从三个层面来理解。

在硬件上助人一臂之力。比如，对残障人士、老年人来说，出行、生活处处面临着困难。有时，一段矮坡、几级台阶，往往就会成为令他们犯难的障碍。因此，无论是城市道路、公共建筑的无障碍设施建设，还是社区街道、困难家庭的无障碍改造、适老化改造等，都是以看得见、摸得着的方式，提升他们的生活体验，既在"尽精微"，又在"致广大"。

在服务上多为残障人士、老年人考虑。不久前，我们探讨了视障群体如何"看见"电影。不可忽视的是，在出门办事、参与公共文化服务等方面，残障人士都需要更多的关心和帮助。这就需要大家将心比心，多从他们的角度提供善意的帮助。比如，提供手语翻译、畅通无障碍服务窗口，借助手写板、语音提示等功能，让他们享受更多的便利。

在社会氛围上营造平等底色。人人都有朝着梦想实现自我的需求，残障人士的心声值得被更多人听见，社会也需多为他们提供逐梦的舞台。据报道，在杭州第4届亚残运会开幕式上，将有22位听残障演员站上"大莲花"，展示残疾人自强不息的精神风貌。

建设无障碍环境是一项久久为功的事业，也需要社会全体成员的共同努力。正如北京2022年冬奥会与冬残奥会场馆设计团队主持建筑师张利所言，"我们要把无障碍建设当成城市的底线，而不是城市的装点"。

二

据统计，目前我国残疾人总数已超 8500 万人。此外，截至 2022 年底，60 岁及以上的老年人已超 2.8 亿人，还有孕妇、儿童、伤病人员等，有无障碍需求的人数合计数亿人。

这是个庞大的数字，可在现实生活中，我们身边的无障碍设施使用频率却并不高。有这样几种"出门焦虑"较为常见。

焦虑一：盲道帮不上忙。盲道是最常见也最普遍的无障碍设施之一。我国目前有视力残疾群体 1730 多万人，对于这个群体来说，盲道就是他们的眼睛。虽然各地都在不遗余力地建设盲道，但令人尴尬的是，一些地方的"断头盲道""陷阱盲道""撞墙盲道"并不少见，致使盲道变"险道"，成了盲人不敢走的道。

曾有视障人士坦言："作为一个视障人士，最困难的瞬间之一就是一个人走在陌生的路上，因为你不知道会遇到什么。"说到底，盲道不是有了就行，一些地方缺乏对无障碍设施的常态化维护，导致残障群体在使用时缺乏安全感。

焦虑二：无障碍通道不畅通。有单位或个人擅自改变无障碍设施用途，或因管理不到位，导致无障碍设施被占用，使得即使在设计环节为残障人士预留了无障碍通道，使用环节仍存在通道不"通"的情况。此外，在无障碍厕所或厕位中，未装置无障碍扶手或装置标准不达标，导致相关设置未能发挥应有效用，形同虚设。

焦虑三：无障碍设施反成"障碍"。设置无障碍设施的初衷，是辅助有无障碍需求的人群。但若让我们去试验一番，可能会发现，一些名为"无障碍"的设施，用起来却存在不少障碍。

比如，有的无障碍设施设置不科学，反造成隐患。此前就有残障人士因无障碍坡道坡度太大，导致轮椅翻车，伤及头部，不幸身亡。还有的无障碍设施使用难度大，像无障碍升降台等，如没人从旁协助，残障人士很难独自使用。

无障碍设施切中实际需求，是其具体价值的体现，更是人文关怀的体现。有人说，残障群体需要的，是帮助，更是治愈与理解。因此，营造无障碍环境，还需更多地从这一群体的视角出发，观察和理解他们的真实需求，有的放矢，从而让他们感受到被尊重、被温暖。

三

无障碍环境建设，事关每一个人。从"无障碍"到"无障爱"，该如何实现跨越？笔者有几点思考。

既在赛场，又在日常。回望过去，每一场国际赛事都会给城市留下宝贵的财富，比如曾在2010年举办亚残运会的广州，已成为全国无障碍环境示范市；去年，北京在冬残奥会筹办期间完成了33.6万个点位的无障碍整治整改，逐步成为残疾人友好型城市。

亚运将至，目前，杭州亚残运会19个竞赛场馆的永久无障碍设施已建设完成，杭州还上线"无障碍服务在线"小程序，完成无障碍改造提升点位10.8万个等。借亚运东风，无障碍环境的建设提升从比赛场馆延伸至城市全域、从赛事侧拓展至城市侧。

既是特需，亦是普惠。事实上，除了残障人士，儿童、孕妇、临时遇到困难的人群，比如因为不小心摔伤而需用上一段时间轮椅或拐杖的人……在全生命周期里，每个人都有可能在某一天有使用无障碍设施的需求。

因此，推动无障碍环境建设，不仅仅是围绕残障人士的特殊需求，更是为了整个社会的普遍"刚需"，让全社会都能在有需求时享受到无障碍环境的便利。

既要"有"，更要"好"。自2012年《无障碍环境建设条例》实施以来，全国已有许多省、市、县制定了相应的地方性法规、规章，无障碍环境建设已成为愈来愈重要的民生工程，人民群众的需求已逐步从"有没有"转向"好不好"。

近日起开始实施的《中华人民共和国无障碍环境建设法》就提到，鼓励地图导航定位产品逐步完善无障碍设施的标识和无障碍出行路线导航功能；要求药品生产经营者提供语音、大字、盲文、电子等无障碍格式版本的标签、说明书……细致入微的规定不少，足见当下无障碍建设的空间还很大。

杭州亚残运会的吉祥物是"飞飞"。第一个"飞"，是鸟的飞翔，代表着人类社会包容、尊重、友爱的良好氛围；第二个"飞"，寓意为残疾人运动员追逐梦想、飞跃自我的精神状态。无障碍不仅仅是一个台阶、一条盲道，更应该是一幕充满人性关怀的全社会场景。

以亚运为契机，我们应该也有必要发现、满足更多残障群体的无障碍需求。发展无障碍，实现"无障爱"，正是我们"心相约，梦闪耀"的开始。

王娟　孙余丹　执笔

2023年9月4日

如果流失海外的文物会说话

> 国家的繁荣富强是追回流失文物最坚强的后盾，民族弱则文物失，国运强则文化兴。越来越多文物"回家"，是因为"家底"更厚实，"家"更强大了。

近日，一部名为《逃出大英博物馆》的三集短剧在网上爆火"出圈"。目前仅更新两集，在某短视频平台上就已收获1300万+的点赞量，并登上多个平台热搜。

短剧脑洞很大，讲述了大英博物馆内一盏中华缠枝纹薄胎玉壶化为人形出逃，偶遇一位来自中国的记者，并请求其帮助自己回到中国的故事。网友看后情绪激动、纷纷留言："看后心情久久不能平静""是时候回家了"。

那么，《逃出大英博物馆》何以赢得观众发自内心的呼声？如果流失海外的文物会说话，它们将如何表露心声？

一

没有炫酷的特技，也没有复杂的情节，《逃出大英博物馆》靠什么打动观众？

发于历史、引人共情。流失海外的中国文物何时"回家"，是压在中国人心坎上的一块石头。短剧以拟人化手法简简单单演绎出故事，将流失海外中国文物的悲伤情绪具象化展现出来，也将国人深切的情感凝聚于此。

剧中，"小玉壶"或用企盼的眼神问记者，"你要带我回中国吗"，或用坚定的语气自问自答，"从哪来回哪去"，跋涉万里、跨越山海也要"回家"，深深触动网友。

细节满满、颇有寓意。短剧由一群年轻人自发创作，总时长十来分钟，但许多细节体现了新颖的创意、深刻的寓意。以两位主角为例，女主角是玉壶的化身，有网友评论，只因"一片冰心在玉壶"；男主角叫张永安，网友回应，"大英博物馆里有个瓷枕，上书大字就是'家国永安'"。

剧中一些细节，还被认为直指大英博物馆对中国文物的不重视。"小玉壶"说自己没有护照，也没有名字，她脸上总是带着灰尘。有人认为，大英博物馆中中国文物众多，但许多往往只有一个编号、一张照片，连简介都没有。此外，大量价值极高的中国文物被随意对待，缺少必要的保护措施。

近段时间，大英博物馆被曝失踪约2000件馆藏文物，被舆论推向风口浪尖，引发了网友们"请大英博物馆归还中国文物"的强烈诉求。从某种程度上来说，短剧正契合了国人对大英博物馆内中国文物的牵挂之情。

二

据报道，在收藏中国流失文物最多的大英博物馆内，约有 2.3 万件中国文物。

这些文物包含新石器时代的石器、商周的青铜器、唐宋的瓷器和明清的金玉制品等各个时代、各种类别的稀世珍宝，数量庞大、种类丰富、珍贵异常。其"十大镇馆之宝"中，就有三件来自中国——《女史箴图》、敦煌壁画、大维德花瓶。

从一部短剧和大家对于大英博物馆内中国文物的关切，笔者看到了国人对于文物流失海外的复杂情感。

比如，刻骨铭心的屈辱感。大英博物馆里的大部分中国文物，是第一次、第二次鸦片战争和八国联军侵华时期英国从我国劫掠或通过不正当贸易所得。

讽刺的是，在该博物馆中国馆的入口处写着这样一段话："中国人创造了世界上最广泛最持久的文明。他们的语言在近 4000 年的时间里，以同样的方式说和写，他们辽阔的国家联系在一起，表达了一种其他地方无可比拟的统一文化。"

馆方一面夸赞中华文明，一面却将曾经的强盗历史昭告天下。历史是一面镜子，忘记历史就等于背叛。这些背井离乡、颠沛流离的流失文物也无时无刻不在提醒国人，"落后就要挨打"，我们曾有沉痛教训。

比如，望洋兴叹的无奈感。尽管我们在道义上占了上风，但跨国追回流失文物，仍是艰难而漫长的过程。一些曾经的"强盗国家",无理、虚伪、滑稽、强硬地拒绝归还我国文物,让国人深感无奈。

比如,英国政府就以《大英博物馆法》为理由,自设"禁止博物馆返还任何藏品"的门槛,宣称这些文物在英国能获得比在其本国"更好的保护",拒绝将文物归还原籍国。

一般而言,流失文物的回归途径主要有三种,即购回、捐回和追索。但许多流失文物通过盗掘和走私等非法途径出境,账目不清,难以取证。指望打着"普世性博物馆"旗号,借口"按照本国法律拒绝归还藏品"的强盗者履行文物归还的国际道义,更是难上加难。

比如,痛心切骨的悲愤感。让人难以接受的是,许多流失海外的国宝还面临着被偷盗、被损毁的凄惨境遇。正如短片所影射的,大英博物馆内部管理混乱,保管文物不力,以至于大量珍贵文物失窃和损坏。据统计,近30年来,大英博物馆已被盗至少6次。

有人说,没有一个中国人能笑着走出大英博物馆。参观大英博物馆的国人,看到一件件闪耀灿烂中华文明的瑰宝,却在大英博物馆等其他国家的博物馆里展出,哪里还笑得出来?如此精美绝伦的艺术品、如此灿烂的文化,却被粗暴对待,暴殄天物,怎能不感到痛心?

三

据联合国教科文组织不完全统计,在全世界47个国家、218家博物馆中,中国文物数量达167万件,而流散在海外民间的中国文物数量更是达到这一数据的10倍之多。

"君自故乡来，应知故乡事。来日绮窗前，寒梅著花未？"如果文物会说话，那么国外许多博物馆里"我要回家"的声音一定响彻云霄。

道阻且长，行则将至。虽然文物回归阻力重重，但在我国的不懈努力下，整体趋势正在朝着更好的方向发展。

多年来，我国一直通过司法诉讼、协商捐赠、执法合作、抢救征集等各种方式，致力于在国际公约的框架下通过法律或者协商去追索流失文物。同时，已与20多个国家签署防止盗窃、盗掘和非法进出境文物的双边协定或谅解备忘录。

据统计，从1949年至今，我国成功追回15万件流失文物。特别是党的十八大以来，我们持续加大文物追讨力度，成功促成1800余件（套）流失文物返还中国。就在近日，瑞士就向中国返还了5件流失文物艺术品，其中包括4件陶瓷器和1枚钱币。

写好故事，讲好故事。许多追回的文物不仅是一件件器物，更是一件件记载了中华文明的灿烂成就和惊心动魄的回归历程的珍贵宝物。讲好文物背后的文化故事和曲折的回归历程，复原它们的"星光灿烂"，激发民族自豪感和文化自信，是我们这一代人责无旁贷的使命。

比如，去年出版的《归来：中国海外文物回归纪实》，就讲述了部分流失海外文物的回归之旅，情节惊心动魄、故事感人至深；比如，鼓励各类媒体参与其中，创作出更多诸如《逃出大英博物馆》这样的"出圈"影视剧、短视频等；比如，举办更多海外回流文物特展，讲述国宝盛世回归的故事，让公众零距离感受文物的价值魅力和文物"回家"的沧桑历程。

国家的繁荣富强是追回流失文物最坚强的后盾，民族弱则文物失，国运强则文化兴。越来越多文物"回家"，是因为"家底"更厚实，"家"更强大了。相信在不久的将来，一定会有更多文物重新回到其魂牵梦绕的故土。一念在兹，万山无阻。

王云长　谢宇宙　王志刚　执笔

2023年9月4日

《四库全书》的"长征"

> 文澜阁《四库全书》历两百多年而弥新，得益于一代代修书人、护书人的默契接棒，是中华文明传承不息的生动写照。

　　新近启用的之江文化中心，成为很多人争相"打卡"的文化新地标。其中，有123年历史的浙江图书馆，又一次完成了搬迁后的对外开放。

　　根据计划，共有390多万册（件）图书、古籍及特藏，会从浙江图书馆曙光路馆区搬迁到之江新馆。即使是现代，给书搬家也不太容易。但在86年前的那个夏天，浙江图书馆经历了最为艰难的一次搬迁。

　　1937年8月4日一大早，浙江图书馆孤山馆区的铁门悄然打开，几辆满负荷的货车开了出来，车上装着140箱文澜阁《四库全书》和88箱馆藏善本。谁也没曾想到，这将是一场世界图书史上罕有的"长征"。主角，就是浙江图书馆的镇馆之宝——文澜阁《四库全书》。

一

组织那次搬迁的，是当时的浙江图书馆馆长陈训慈。1937年七七事变发生后，他预感杭州可能会沦陷，开始筹划搬迁文澜阁《四库全书》事宜。

陈训慈目送这些装载中华五千年文明历史典籍的车辆离开浙图、白堤、西湖，消失在雨雾之中后，也和身后的红楼告别，背上行囊开始了这场迁徙之旅。只是他不知道的是，这一去就是8年又11个月。

陈训慈的判断是极为准确的。有日本学者曾在著作中记载：日本的"占领地区图书文献接收委员会"曾派了9个人从上海赶到杭州，花了很长时间寻找文澜阁《四库全书》，未果。

从最先的富阳，到建德，再到丽水龙泉，随着局势恶化，藏书地点也一变再变。搬迁的困难难以想象，陈训慈在日记中记载了他借钱及自己垫资运书的经历，感叹："无车无钱之苦，至此乃饱尝风味。"

随着日军入侵杭城，在陈训慈的力争和浙大校长竺可桢的帮助下，1938年，文澜阁《四库全书》得以往贵阳搬迁。漫长的行程中，除了短短一程借助于浙赣铁路，其余只能靠肩挑、人拉和船运。

在峡口过江山溪时，一车书翻到了溪水之中。护送人员急忙赶到附近村庄，雇人打捞书箱。晒了两日，书仍有水汩汩而出。可情势所迫，必须上路了。这些湿书在路上耽搁一个月，直至运抵贵阳才得以重新晾晒。

晒书，要一页页仔细揭开，垫上毛纸，再曝、晾。如此往复，花了几个月的时间，终于完成了这项艰苦工作，但终究耽搁太久，现在一些书上还能看到水渍的痕迹。

随着日军战线的蔓延，原本存放库书的祠堂显得目标太大，书还能存哪儿？贵州省立图书馆的一名勤杂工出了一个妙招。

城郊有一个山洞叫地母洞，在高山之巅，洞高四五丈，深七八丈，是一个天造地设的书库，附近无居民，荒凉异常。

文澜阁《四库全书》就在这儿收藏保存，直到1944年底，贵州告急，库书又运至重庆青木关，藏于教育部部长公馆隔壁的瓦房中。

二

抗战胜利后，1946年5月，文澜阁《四库全书》由6辆卡车载运离开重庆，经贵州、湖南、江西进入浙江，在当年7月5日回到了西子湖畔。

长达8年11个月的"长征"后，文澜阁《四库全书》终于回到了浙江，结束了多年的颠沛流离。

自古以来，水、火、兵、虫是古籍四大"厄"，在时间长河里，众多承载文明的古籍消失了，比如著名的《永乐大典》，成书时有11095册，在遭受不断的损毁、掠夺之后，现在仅存世800卷、400多册。

从今天来看，这场书的"长征"意义重大。

这场"长征"，是一场文化典籍的保卫战。《四库全书》在半个中国苦旅多年，这背后有众多仁人志士不惧危险、挺身而出。

他们中，有如竺可桢、陈训慈这样的知名文人，也有如夏定域、毛春翔这样的普通职工，更有无数没有留下名字的守护者。他们共同的目标，就是不让文澜阁《四库全书》流入侵略者之手或毁于战火之中。

这场"长征"，是一代代浙江人赓续文脉的接力战。回顾文澜阁《四库全书》的历史，这部典籍可谓命运多舛。在《癸亥年的那场〈四库〉补抄》中，"浙江宣传"回顾了它三次补抄的坎坷经历。从丁申、丁丙兄弟"衣敝衣，食粗食"也要花巨资补抄，到张宗祥发狠话"除了死亡，我一定管到底"，再到陈训慈等人的护书行动，可以说是一种精神传承。

这场"长征"，还是一次文化传播的"远足"。文澜阁《四库全书》在贵州避难期间，当地文化界人士抄录了《四库全书》中有关西南珍本和孤本的图书，填补了当地史料的空白。

文化典籍的意义，在于传承与传播。在贵州的抄录，在某种意义上是对文澜阁建阁初衷的呼应。其建成之初，便允许文人"就近观摩誊录"，被认为是公共图书馆的雏形。这种对外开放的做法，不仅带动了江南一带的文化传播和学术教育，并在此后引发了江浙一带建设公共图书馆的风气。

三

浩如烟海的文化典籍，如何抵挡岁月侵蚀，还需要一代代的接力"长征"。对于藏在图书馆库房里的文澜阁《四库全书》，如何在呵护好的基础上挖掘其蕴涵的思想？如何能够让它走向公众？

习近平总书记非常关心典籍的保护、修复与整理工作。据《习近平在浙江》记载，2006年，杭州出版社提出计划影印出版《四库全书》文澜阁本。时任浙江省委书记习近平很重视这项文化工程，于 2006 年 9 月 27 日专门批示："文澜阁的《四库全书》博大精深，内容丰富，将其影印出版，这是文化建设的一件大事，对我省开展的文化研究工程具有重要意义。"

将 36300 册的文澜阁《四库全书》影印出版，不仅工程体量庞大，还面临着技术、资金、人力等诸多问题。

以技术为例，历经劫难的古籍本身就很脆弱，如果以扫描的形式录入，可能会损伤古籍。为此，专门购买了 13 台数码相机，由 15 名摄影师不断调试拍摄方法，花费了整整一年时间，才完成了拍摄工作。

历经十余年努力，文澜阁《四库全书》影印本成功印制。当下，文澜阁《四库全书》正通过影印本、仿真本等多种版本形式，走入国家版本馆，走入寻常百姓家，并走出国门，让更多人认识、认同中国传统文化的魅力，向世界展示中华文明的深厚底蕴。

文澜阁《四库全书》历两百多年而弥新，得益于一代代修书人、护书人的默契接棒，是中华文明传承不息的生动写照。正如习近平总书记为《复兴文库》作序所言，"修史立典，存史启智，以文化人，这是中华民族延续几千年的一个传统"。

如今，在新落成的浙江图书馆之江馆五楼，有 16 个杉木大书柜，上书：文澜阁尊藏　钦定四库全书。这些书柜，曾是文澜阁《四库全书》的藏身之所，而如今，它们见证着一个蓬勃向上的文化新时代，见证着我们对中华文脉赓续传承的信念与坚守。

钱伟锋　张磊　执笔

2023 年 9 月 5 日

"榜一大哥"能刷来爱情吗

> 最好的爱情不在别处，不在虚无缥缈甚至是被人设套的网络直播平台上，而发生在真实滚烫的现实生活中。

说起网络流行热词"榜一大哥"，相信很多人都不陌生，该词一般是指直播间打赏榜单排第一位的人。

据报道，近日，有"中老年妇女收割机"之称的网红博主"秀才"被封禁，再次揭开了网络直播背后的乱象。不过，网络直播平台上较为普遍的搭配模式当属"女主播＋男粉丝"。数据显示，截至去年底，我国网络直播用户规模高达7.51亿，这当中就有相当数量的出手阔绰的"榜一大哥"。

那么，从万千粉丝中拔得头筹的"榜一大哥"，是否真的钱多到无处可花？又是什么力量驱使他们豪掷千金？最终，一些人期待的"爱情"降临了吗？

一

刷礼物原本是观众对于主播高质量内容的一种认可，但面对不良网络主播的忽悠和诱导，一些粉丝失去自控能力，频繁打赏，导致发生许多令人扼腕的故事，教训不可谓不深刻。

有的刷完了积蓄。不少青年学生为了打赏主播，不仅把钱花完了，还把父母的积蓄全部掏空；有成年人把房子对折卖掉，给主播刷礼物狂花160万；某地一会计挪用公款890万元，大部分都用于打赏直播平台的女主播。为了追求虚拟的情感支持，种种疯狂举动带给家庭不可挽回的损失。

有的刷光了时间。曾有公务人员将大把时间耗在了虚拟网络上，打赏网络主播，花钱"图乐"，享受"追捧"，步步沦陷，在贪腐道路上越走越远。还有不少学生盯着手机屏幕，在直播间里浪费了时间和精力。

有的刷走了婚姻。不克制的欲望使"千金雇笑买芳年"的故事频频在虚拟世界上演，但在现实中完全没有等来美好的"爱情"。一些粉丝沉溺于网络直播打赏之后，原本的生活被打乱，有的甚至将婚姻一股脑儿地扔掉，导致家庭支离破碎。

有的刷空了期待。满怀期待的年轻人在踏入社会时会面对各种诱惑，但不少低劣的直播内容刺激着观众感官，使其释放了更多多巴胺，同时诱发并满足了观众的窥私欲，长期观看让人意志消沉。负面情绪层层堆叠，有的人就此迷失了人生方向。

那些热衷于争当"榜一大哥"的金主们，一个个把积蓄、意志、时间、精神全部都刷掉了，却唯独没有刷回来爱情。

二

在一声声"唢呐一响,黄金万两"的点赞声中,许多"榜一大哥"逐步走向了迷失和沉沦。一个个成年人在虚拟世界里疯狂到如此地步,甚至一些未成年人也深陷其中,着实让我们对主播身上的这股"魔力"感到惊愕。"一掷千金"的行为是真的"高山流水遇知音",还是"爱慕虚名而逐末"?究其原因,主要有几个方面。

其一,情感缺失,追求虚拟关系。有心理咨询师就认为"榜一大哥"对女主播刷出的天价打赏、展现出的畸形占有欲,其深层驱动力是"爱与被爱的需求"。在直播间刷礼物可以与主播建立一种在情感上相互依赖的虚拟关系。通过送礼物,能引起主播的注意并形成互动,从而满足被关注、被喜欢的需求,或是填补空白的人际社会关系。

其二,羊群效应,主打盲目跟风。打赏者由于对主播的盲目追捧而选择性地接受主播传递出的信息,再加上虚拟世界带来的信息偏差,从而在非理性感情驱使下进行打赏。其他观望者看到后,受到氛围和情绪感染,容易跟风打赏,也就产生了羊群效应。殊不知,很多直播间里的"粉丝"都是团队请来互相捧场、制造假象的,忽悠的就是你。

据报道,有些不法分子根据"话术"剧本有组织地安排女主播视频直播,以与被害人发展男女朋友关系等方式,诱骗被害人购买虚拟赠礼。

其三,渴望认同,甘愿"喝迷魂汤"。一些男性网友以大肆刷礼打赏来彰显自己的实力和优势,以求获得主播更多青睐,以此来显示所谓的优越感。在直播间刷礼物，会获得主播赞不绝口的奉承，主播一口一个"大老板""好大哥"，让有的人虚荣心得到极大满足。

其四，逃避现实，寻求"镜花水月"。网络世界中的个人信息开启了"隐藏"模式，让许多"社恐症患者"得以隐身，通过刷礼物让内心的情感得以发泄。从网络世界中的主播那里得到一丝慰藉，是一些打赏者所看中的。一个在现实生活中百般不如意者，摇身一变，在虚拟网络中拥有了一种高高在上的错觉。

种种乱象一再提醒我们，这个虚拟世界的消费和欢呼所营造出来的"虚假繁荣"，是时候狠下决心，给它一次当头棒喝了。

三

"直播打赏"究竟是一种文化消费"新模式"，还是虚拟世界中的"真陷阱"？关键要看我们的监管措施是否及时得力，是否能让新事物在法治轨道上稳步运行。

直播者要自律自重，互联网不是法外之地。虽然直播打赏是网络空间中"你情我愿"的消费行为，但直播获利要合理合法，不要让自己的行为和道德在网络平台上崩塌。

某些主播以"诱惑"、直接索要等方式，将直播看作自己的"聚宝盆"，将观众当成自己的"摇钱树"，有这样心态的主播注定不会走得太远，也很可能受到法律严惩。

平台监管势在必行，该担的责任必须担起来。有人说，直播经济是"虚拟经济"。可是，不良网络主播造成的社会影响是实实在在的。对于"秀才"之类所涉嫌的违法行为，应从严处置，换回网络空间的一片清朗。

现在，越来越多的案例正在倒逼平台进行完善和升级，我们有必要在风险预警预防上多下功夫。比如，对单笔打赏的最高额度和频繁打赏的行为进行一定的限制；对于打赏人是否为未成年人，借助人脸识别技术进行甄别；等等。平台的自查与监督，是直播行业健康发展的前提与基础。

奉劝争当"榜一大哥"的人回归现实，珍惜眼前人。在网络直播中以刷礼物来寻求关注的交往方式，注定只是停留于肤浅和瞬时的享乐刺激上，是扭曲变形的交际。我们不能为了逃避现实生活中的压力和焦虑，而把太多时间消磨在网络世界里。更何况，过度沉迷于网络世界中的虚拟交际、打赏消费，不仅不能解决问题，还会让自己难以自拔。

最好的爱情不在别处，不在虚无缥缈甚至是被人设套的网络直播平台上，而发生在真实滚烫的现实生活中。真心希望那些热衷于当"榜一大哥"的人们，早日放下手机、回归现实。

倪海飞　陈云　冯胜　执笔

2023 年 9 月 5 日

200万字文本里的申遗故事

> 5000年前，先人塑造了中华文明，5000年后，这段关于文明传承的故事，正在续写。

2018年1月27日凌晨，北京飞往巴黎的飞机上，有三名来自杭州良渚的年轻人，随身携带着4件超重的行李。为了能让"超规格行李"带上飞机，出发前，良渚遗址管理区管委会特地开具了给航空公司的沟通函。

为何不托运而一定要随身携带？这是因为这里面装着的文件事关重大，直接关系着良渚古城遗址能否申遗成功。他们此行之目的，是将良渚古城遗址申遗文本护送到位于巴黎的世界遗产中心总部，该文本包含20件资料，有200余万字，厚达5330页，重约50千克。

一年半后的故事大家都知道了，北京时间2019年7月6日，第43届世界遗产大会上，良渚古城遗址项目申遗成功，全国欢腾。申遗文本为何如此重要？申遗文本背后有着怎样的故事？

一

申遗文本，是递交给联合国教科文组织世界遗产委员会的申报材料。良渚古城遗址是什么样的？符合世界文化遗产的哪一条标准？未来又会如何进行管理和监测……所有问题都需要通过文本一一说明。申遗的评审专家所看到的良渚，就是申遗文本所呈现出来的良渚，并以此作为评判依据。

时间回到2012年，申遗文本编制工作启动。最初计划中，申遗文本仅针对狭义上的良渚古城遗址来编制，然而，事情在2015年发生了变化。那一年，良渚古城外围水利工程遗迹重见天日，考古证明了它是中国最早的大型水利工程、世界最早的防洪水坝系统。

水利系统的发现，对良渚考古来说是个莫大的好消息，但给正在制作的申遗文本出了个难题。文本需要重新调整申报角度、价值提炼等重要内容。但是，在时间上，距离提交预审文本的规定日期已不足半年。

这半年里，杭州良渚遗址管理区管理委员会几乎投入了全部力量，他们联合申遗文本专家、省文物考古研究所，将最新、最具有说服力的"良渚故事"一字一句从头完善。

最后的冲刺发生在北京。2017年12月底，国际古迹遗址理事会根据前期提交的预审文本，向中国出具了一份中期评估报告。根据这份评估报告，文本要再次进行修改。更为麻烦的是，因为中文版还没定稿，翻译工作还无法进行，而2018年2月1日是提交最后正式文本的时间。

怎么办？一个来自杭州的5人小组进驻北京一家排版公司，与各方同步展开修改、翻译、排版工作。经过21天冲刺，这部承载着良渚后人使命与梦想的良渚古城遗址申遗正式文本终于审校完毕，杀青付梓。

文字背后，凝聚着无数人的心血、一代代考古学家的艰辛探索、一位位遗产保护者的无私奉献，以及各级政府部门坚持不懈的决心和投入。他们的期盼简单而纯粹：良渚遗址是实证中华五千多年文明史的圣地。

二

根据《实施世界遗产公约的操作指南》，世界文化遗产的具体评定标准共有六个，符合其中任意一条（除了第六条不能单独存在）就可以入选《世界遗产名录》。

良渚古城遗址的申遗文本，就是申遗过程中的"说明书"和"承诺书"。申遗文本的内容，说明了良渚古城遗址的典范价值与见证价值。

宫殿区、内城与外城，三重设计的良渚古城，占地630多公顷，在空间布局等方面展现出东亚早期城市文明的一些规划特征，包括"藏礼于城"和"湿地营城"两个方面。良渚古城外围水利工程，是中国最古老的大型水利工程遗址，部分营建技术沿用至今……

古城、水利设施、玉器、水稻种植……这些符合世界申遗标准中的标准三和标准四，即"能为延续至今或已经消逝的文明或文化传统提供独特的或特殊的见证"和"可作为一种建筑或建筑群或景观的杰出范例，展现人类历史上一个或几个重要阶段"。

申遗文本中还展现了中国保护良渚古城遗址的决心。

世界遗产名录并不是终身制，历史上有过世遗因为保护不力被除名的先例。保护的有效性、真实性、完整性，是世界遗产审查的重要标准之一。

良渚古城遗址距离杭州主城区仅20余公里，如何解决经济发展、群众生活与文物保护的矛盾？

2013年，浙江省人民政府发文批准《杭州良渚遗址保护总体规划》。之后，随着考古发现不断推进，保护区范围不断扩大，杭州先后制定修订了10余个系列规划，实现了全域规划管控。相关规定和办法一一记录在文本中，为大遗址保护的世界性难题提供了新思路。

三

习近平总书记指出，如果不从源远流长的历史连续性来认识中国，就不可能理解古代中国，也不可能理解现代中国，更不可能理解未来中国。

申遗文本的制作过程，实际上也是对良渚古城遗址的世界遗产价值梳理、认知到确认的过程。

在文本制作的同时，良渚古城遗址的保护工程也在进行之中，这两条并行的线交织在一起，推动着良渚古城遗址申遗的进程。

在参与良渚申遗的专家看来，除了说明和承诺之外，申遗文本还有一个重大的意义：为文明判断提供了全新的标准，改变了西方以往将"文字、金属、城池"作为"文明三要素"的理论。

申遗文本中有一句重要的定论：良渚古城遗址可填补《世界遗

产名录》东亚地区新石器时代城市考古遗址的空缺，为中华五千年文明史提供独特的见证，具有世界突出普遍价值。

在纸质的申遗文本之外，实践中还不断书写续集。当年被写进申遗文本中的理念思路，也在一代一代"良渚人"的接续努力下不断成为现实。

比如遗产保护。良渚构建起"专职机构＋法律法规＋政策制度"的大遗址保护"特区"模式，成为名副其实的文物保护标杆地。比如遗产展示。良渚古城遗址公园、瑶山遗址公园、老虎岭水坝遗址公园相继开放。比如文化传播。良渚古城遗址公园逐渐形成了"文明朝圣之旅"品牌，周边连带发展起来的休闲旅游、文创产业、民宿经济、民宿文化等业态欣欣向荣。

从1936年杭州青年施昕更发现良渚黑陶，到2019年良渚申遗成功，再到今日良渚之欣欣向荣，在中华传统文化保护、传承的接力跑中，每一棒都无比重要、责任重大。

5000年前，先人塑造了中华文明，5000年后，这段关于文明传承的故事，正在续写。

【档案资料】

良渚古城遗址申遗文本，囊括申遗文本正本、附件材料、大比例尺地图和光盘，客观呈现了良渚遗址发现、发掘、研究、保护、传承、利用的历史全景。现存于杭州良渚古城遗址世界遗产监测管理中心档案室。

李戈辉　钱伟锋　宋晗语　执笔

2023年9月6日

"倍速风"为何越刮越快

> 一句话，与其纠结该不该"倍速播放"，倒不如在创作上多用点心。倘若剧情跌宕起伏，剪辑步步为营，画面帧帧精良，演技个个在线，观众又怎会忍心按下"倍速键"？

"一集十分钟，一天一部剧！""用2倍速一天刷完40集电视剧！"……打开现在的视频软件，"倍速"功能几乎成为标配，用户设置可从慢速的0.5倍开始，到快速的1.5倍、2倍、3倍，甚至更高。

有研究报告显示，28.2%的网络视频用户不按原速观看，其中"00后"尤其青睐倍速功能，使用比例达39.6%。笔者随机询问了几位朋友，发现这一功能也都是他们的"心头好"。为什么越来越多人喜欢上"倍速播放"？"倍速风"越刮越快，又带来了哪些"冷"思考？

一

"倍速播放"，指的是改变速率播放音视频内容，2018年前后，国内网络视频平台纷纷引入倍速功能，逐渐刮起一阵"倍速风"，这些年来呈现出越刮越快的态势。

"倍速播放"的出现，一方面是媒介演变自然而然的结果。传统媒介常以"传者为中心"的姿态自居，电视台播什么，观众看什么。而互联网的出现颠覆了传播方式，传播中心由"传者"转移到"受者"身上，把"看什么、怎么看"的主动权交给了观众。

随着媒介技术进步，视频的缓冲效果、解码速度得到了大幅度提升，让实时加载成为现实。"倍速播放"之所以容易被人接受，也因为它不影响人们理解。

一些短视频平台上还出现了利用"倍速播放"功能剪辑而成的"鬼畜"视频。画面和声音的节奏感强烈，有一定的喜感和萌感，"2倍速播放食用效果更佳"一度成为流行语。在社交平台助推下，"倍速播放"得以广泛应用。

另一方面，"倍速播放"与当代社会快速的生活节奏"一拍即合"。环顾周遭，匆匆步行的路人、川流不息的车流、人山人海的地铁，激烈的竞争、同辈的压力、父母的期望等让很多人为了跟上快节奏的生活步伐竭尽全力。人们对于信息的获取，势必就会越来越趋向于效率优先。

正如有学者提出的"社会加速"所说，为适应加速的生活节奏，人们不得不追随更快、更好、更强的物品和技术。"倍速播放"让人们在更短时间内获取等量的信息成为可能，从而可以腾出更多空余时间来做其他事。

此外，很多人选择用倍速疯狂"刷剧"，也为了紧跟潮流。热播剧具有即时性、流行性和话题性的特点，了解当下流行的影视作品、流行词汇，能更好地进行社交活动。通过倍速"刷剧"，短时间内了解剧情、人物、剧中"梗",以此掌握更多谈资,赢得社交资本,快速融入社交圈层。

二

从表面来看,"倍速播放"正越来越受欢迎,但事实上,很大一部分人是迫于无奈才按下了"加速键"。有媒体推出的一项网络投票显示,超7成网友将"倍速播放"的动因归结为内容节奏太慢。更有人诙谐地说,他们不是在倍速,而是在"挤水"。

其实,关于影视剧"注水"的吐槽由来已久。2015年前后,国产剧平均每部集数突破40集。古装剧动辄七八十集,现代剧四五十集是常态。事实上,很多作品并不需要那么多集才能讲完故事,只是参与制作的各方出于各种考虑硬生生拉长剧集,于是也就出现了情节冗长、节奏拖沓、演员语速过慢等现象。

还有一些试图以套路蒙混过关的作品,往往前几集剧情紧凑,充满矛盾冲突,但随后的剧集"鸡肋"内容频出。观众看了个开头,就能猜中结局。这些"高开低走"的剧集,实质反映的是创作者缺乏创新精神。

比如,此前某部谍战剧刚开播,豆瓣评分8分以上,而现在只有5.5分了。不少网友抱怨,剧情硬是将30集的内容生生"注水"成70集。本来几位实力演员让人期待,但剧情逻辑漏洞百出,台词拖拖拉拉,连走路喝水穿衣服这种意义不大的长镜头都一大堆,让人"尴尬症"都犯了。

值得一提的是,形式上的"注水"也同样存在。有的一集40分钟的内容,片头片尾、回顾和预告,再加上正片开头跟上集结尾重复的部分，大概占了10分钟左右。

不难看出，不少"注水剧"也将"倍速播放"逼成了观众追剧的"刚需"。从某种意义上来说，观众选择"倍速播放"是无奈之下的软性抵抗，这也可以被拿来作为衡量作品质量的一把尺子。

三

在"倍速播放"越来越受追捧的同时，也有一种担忧的声音认为，"倍速播放"是对视频内容的不尊重，并将其上升到社会焦虑的加剧。在笔者看来，技术本身没有对错之分。"倍速播放"只是一个功能选择，本质上跟看视频拉动进度条没什么区别，如何选择完全取决于观众个人，不会影响到其他人。

在社会节奏不断加快的今天，观众审美标准日益提高，口味也变得更加挑剔。实事求是地说，艺术作品的创作者也不能去要求和评价观众用何种方式欣赏作品，反倒更应反思自己在内容创作等环节是否出了问题。

对片方来说，内容为王才是营销"常青树"。"倍速播放"不断提醒创作者们，试着改变拖沓的节奏、砍去"注水"的情节、提高内容的质量。正如有演员所说，"把该剪的都剪掉，这不是对观众的尊重吗？讲故事就应该是这样的"。

比如，86版《西游记》只有25集，但给人感觉有七八十集，因为每个小故事都垒得严严实实，剧情扣人心弦，节奏十分紧凑。又比如，当下一些短小精悍的剧目逐渐突出重围，12集的《隐秘的角落》、23集的《山海情》等，自我榨干"水分"，掐掉冗长的"边角戏"，吸引不少"二刷""三刷"的观众，直呼"太短不够看"。

于演员而言，更应专注演技，拒绝滥用台词"刷存在感"。有的剧情，常常只需演员一个微表情或一个动作就可以表达，可偏偏被过量的对白或者内心独白充斥。"拉胯"的表演、拖沓的台词，倍速追剧自然成了更为"合理"的选择。

管理部门早已开始整治"注水剧"。通过"限长""限集"来"脱水"，倒逼创作者在剧本内容、演员表演、镜头语言等方面下真功夫。2020年，国家广电总局发布"限集令"，前不久发布《关于进一步规范电视剧、网络剧、网络电影规划备案和内容审查等有关事项的通知》，明确电视剧原则上不得超过40集，总时长不得超过1800分钟。

一句话，与其纠结该不该"倍速播放"，倒不如在创作上多用点心。倘若剧情跌宕起伏，剪辑步步为营，画面帧帧精良，演技个个在线，观众又怎会忍心按下"倍速键"？

郑黄河　孔越　执笔

2023年9月6日

一面明镜在鉴湖

> 它是自然山水的一部分，融入了文旅产业化的进程，连接了繁华与宁静，接纳了古韵与新风。

"千金不须买画图，听我长歌歌鉴湖。"谈起江南的湖山奇丽，绕不开一处景致——澄明如镜的鉴湖。

鉴湖别名镜湖、长湖、大湖。山清水秀、风光旖旎是它，渔舟时现、飞鸟依依是它。择一风和日丽之日，沿湖而行或泛舟湖上，昔日王羲之笔下"山阴道上行，如在镜中游"的意境扑面而来，也难怪李白会"我欲因之梦吴越，一夜飞度镜湖月"了。

然而，鉴湖的魅力远不止于此。作为绍兴的"母亲湖"，鉴湖始终与这座城市命运相依。这一方明镜，究竟照出了怎样的古往今来？

一

鉴湖之形成，离不开东汉会稽太守马臻。

历史上的绍兴，地属海隅，海潮怒激，曾是一个咸潮直薄、水患频发的"荒服之地"。改变这一状况的，正是鉴湖水利工程。

据记载，汉顺帝永和五年，会稽太守马臻利用南山北海、南高北低的地势，聚山阴、会稽两县三十六源之水筑堤建湖。鉴湖的建成，使超过九千顷的土地得以免受洪水威胁。

在历史上，鉴湖成为江南最大的水利工程之一，具有滞洪、排涝、灌溉、利航等功能。在2019年由水利部公布的第一批历史治水名人中，马臻便榜上有名。

鉴湖的形成，也给当地百姓带来了不少舌尖上的美味。"千金不须买画图，听我长歌歌镜湖"，晚年居住在鉴湖之畔的南宋诗人陆游，常写诗赞美故乡的美食，从"船头一束书，船后一壶酒。新钓紫鳜鱼，旋洗白莲藕"中，可见鉴湖盛产莲藕和鳜鱼。

清蒸鳜鱼与陆游有不少渊源。相传，邻居从鉴湖捕到一尾鳜鱼，请教"吃货"陆游有何烹饪之法，陆游见邻居院中春笋渐露，脱口而出"何以共烹煮，春笋正当时"。邻居便将鳜鱼与春笋同烧，辅以咸肉等佐菜，菜成后鲜香味美。这道菜也被后人改良成鲜味满满的"绍八珍"。

而绍兴黄酒之所以传承千年而不衰，也得益于使用富含矿物质的鉴湖水。清人梁章钜就曾说："盖山阴、会稽之间，水最宜酒，易地则不能为良，故他府皆有绍兴人如法制酿，而水既不同，味即远逊。"

宋人王十朋曾云："杭之有西湖，犹人之有眉目；越之有鉴湖，犹人之有肠胃。"鉴湖的魅力在于其滋养了这一方水土，见证着这片土地从一片荒芜一步步变为良畴沃野、河湖交织的鱼米之乡。

二

　　除了成就绍兴这片土地，鉴湖的魅力还在于它浸染了绍兴的文化底色。

　　当今的西湖稳坐江南湖中首秀的宝座，但在古代，鉴湖一度可与之媲美。明末文学家张岱曾提道："自马臻开鉴湖，而由汉及唐，得名最早。后至北宋，西湖起而夺之，人皆奔走西湖，而鉴湖之淡远，自不及西湖之冶艳矣。"

　　古往今来，鉴湖风光吸引了历代文人墨客，成为他们心目中的"诗和远方"。古人解锁出"打卡"鉴湖的多种方式，创作了许多诗词歌赋，为鉴湖增添了浓郁的人文气息。

　　比如，宋之问的"漾舟喜湖广，湖广趣非一。愉目野载芜，清心山更出"，孟浩然的"帆得樵风送，春逢谷雨晴。将探夏禹穴，稍背越王城"，无不表达了泛舟湖面、饱览鉴湖美丽景致的喜悦之情。

　　比如，贺知章、李白、王勃等都为鉴湖荷香痴迷，而留下"莫言春度芳菲尽，别有中流采芰荷""镜湖三百里，菡萏发荷花"等诗句。

　　比如，陈羽把鉴湖夜色描绘成"镜里秋宵望，湖平月彩深"，而周元范则用更灵动的"画烛满堤烧月色，澄江绕树浸城阴"来渲染月色衬托下的鉴湖，显得澄澈缥缈。

　　此外，作为绍兴的代表性景致之一，"鉴湖"常被用来指代绍兴，也成了绍兴人的一种精神寄托。正如毛主席的诗云，"鉴湖越台名士乡"。

像近代女革命家秋瑾投身民主革命活动后，自号"鉴湖女侠"，为此，周恩来总理曾在绍兴题词"勿忘鉴湖女侠之遗风，望为我越东女儿争光"，号召世人向秋瑾学习，而秋瑾、徐锡麟、陶成章三位近代革命英豪也被并称为"鉴湖三杰"。

三

鉴湖的魅力，更在于它纵使面临坎坷多舛的命运，却依然保持着穿越时空的生命力。

鉴湖湖面广阔，却在唐中叶之后逐渐淤积；北宋起绍兴地区对于土地的需求猛增，鉴湖也经历了大量的建堤筑堰、围湖垦田。曾巩、王十朋等人均曾撰文主张复湖、浚湖，但由于种种原因，鉴湖面积还是大幅度缩减；明嘉靖年间，在新的水利枢纽三江闸建成以后，鉴湖范围内的残留湖泊继续湮废；到20世纪80年代，河道严重淤塞，随着沿岸印染业的发展，鉴湖水质不断恶化。

如今的鉴湖，面积约30.44平方公里，主干道长约22.5公里，形如一条宽窄相间的河道，被形容为"镶嵌在绍兴平原上的一条珍珠项链"。

鉴湖的湖光山色何以去又来？鉴湖保护，要从一则条例说起。1988年，浙江省人大常委会制定的《浙江省鉴湖水域保护条例》正式施行，鉴湖成为当时绍兴唯一由省人大常委会立法保护的名湖。到20世纪90年代后半期，随着鉴湖污染得到控制，水质逐渐变清。

而今，经历辉煌、湮废的曲折历史，鉴湖也在保护与利用间不断焕发新颜。

　　落日映照，天水一色，乌篷起橹，桨声依旧。鉴湖游步道两边，景致从春天的油菜花变换到秋天的向日葵，仿佛一方"偷得浮生半日闲"的世外桃源。

　　夜里仿佛能闻到幽幽酒香，会稽山、塔牌等一批酒厂错落有致地散布在山水之间，古法制酒技艺在这里得以传承。

　　鉴湖，实际上已经超越了湖的概念，成为一处大型文化休闲旅游度假胜地。鉴湖水缓缓东流，湖上南洋秋泛、五桥步月、葫芦醉岛每年吸引众多游人前来，山明水秀与文化底色被原味保留，时尚元素和文艺情怀得到有机融入。

　　它是自然山水的一部分，融入了文旅产业化的进程，连接了繁华与宁静，接纳了古韵与新风。沿线景致绵延不绝，粼粼波光中荡漾的是古往今来的文脉与灵气。今人不见古时月，今月曾经照古人。时光流转数千年，湖水始终动人。

　　鉴湖如一面明镜，映照绿水迢迢、青山隐隐；又如同一个恬静的江南女子，以最自然素雅的装束，吟唱着那一曲越韵吴音。

桑隽漾　沈靖靖　胡李川　执笔

2023 年 9 月 7 日

亚运火炬的杭州往事

> 火炬变了、火炬手变了，火炬传递的形式也变了，但始终不变的是人们心中的那团"信念之火"、那束"亚运之光"。

9月6日上午，杭州第19届亚运会火炬传递主题新闻发布会召开。经过近三个月的统筹谋划和精心筹备，火炬传递各项工作已经准备就绪，火炬传递启动仪式将于9月8日上午在杭州西湖涌金公园广场举行。

33年前，1990年9月4日，北京亚运会的火炬传递交接仪式在杭州武林广场举行。摄影师卢宝泉挤出人群，爬上了浙江国大宾馆（现国大城市广场）顶楼。这是一个极佳的俯瞰"机位"，只见密密麻麻的人群中，留出了一条火炬手的跑道，前有花车开路，后有护卫火炬的车队，漫天飘扬着彩旗和气球，他连忙端起相机，留下了一张具有历史意义的照片。

今天，让我们重温亚运火炬的杭州往事。

一

1990年，北京亚运会的"亚运之光"火炬接力遍及国内各地。9月4日凌晨2点，火炬搭乘火车抵达杭州，被一路护送至武林广场。火炬传递的消息早就在城里传开，卢宝泉的邻居都在议论着，要去武林广场看看。

当天早上7点多，卢宝泉骑着自行车从家里出发，越接近武林广场，人流就越密集。著名的八少女喷泉四周，人群围了一层又一层，热情高涨的市民，使得交接仪式不得不推迟了22分钟进行。

就在卢宝泉蹲守在最佳机位上的时候，武林广场上，第一棒的李玲蔚出发了。火炬手沿着延安路，向西湖边跑去，围观的人群也跟着流动。

从当年的视频可以看到，那一天，铜管乐队演奏着音乐，延安路天桥上都挤满了人，欢呼喝彩声交汇在一起。

卢宝泉也从楼顶下来，汇入了人群之中。他们穿过延安路、解放路、湖滨路，奔向西湖，一路跑过北山路、白堤、孤山路、苏堤、南山路、虎跑路，最终跨越钱塘江大桥，完成了在杭州的这场梦想与激情的接力。

这条火炬传递的路线，恰巧印证了杭州这座城市的成长轨迹。过去33年来，杭州经历了城市发展空间之变、格局之变以及人文气质的提升，从风雅秀致的"西湖时代"，迈向澎湃激荡的"钱塘江时代"。

二

33年前的"亚运之光"，对于许多亲历者来说，也是人生中从未熄灭的一束光芒，温暖而有力量。

"那是中国第一次办大赛，能参与火炬传递，非常荣幸。"1984年洛杉矶奥运会射击冠军吴小旋，是杭州火炬传递的第二棒，就跑在第一棒李玲蔚的后面。1990年时吴小旋已经退役，在体委工作。那个时候，很多杭州人和她一样，都从没想过自己的家乡杭州，有朝一日也能举办亚运会。

同为第二棒火炬手的高鲁东，是浙江省首位拿到全国皮划艇冠军的运动员，后担任国家皮划艇队教练。"杭州火炬传递那天，我们穿着李宁赞助的白色背心、短裤、运动鞋，戴着白色头巾，高举火炬绕武林广场跑了一圈，路边围满了观众，短短几分钟感觉像做梦一样。"

对高鲁东这一代运动员来说，能在世界体育竞技舞台上升国旗、奏国歌，是毕生的梦想。在北京亚运会上，当他的徒弟成功摘得皮划艇金牌时，他忍不住热泪盈眶。

除了体育健儿，参与这场火炬传递的还有社会各界代表，其中就有胜利小学学生、市十佳西子好少年张羽。那一年她11岁，被选为火炬手，全家都激动不已，提前几天便进入了"备战模式"："我父母领回衣服后，让我在家试了又试，还去现场踩了点，当天一大早从吴山广场骑车把我送去苏堤，自己则站在路边给我加油鼓劲。"

如今的张羽，在杭州市交通运输行政执法队工作，最近承担的一项重要任务，便是杭州亚运会的交通保障，这让她觉得，自己与亚运似乎有着冥冥之中的缘分："33年前参与亚运火炬传递，33年后在家门口服务保障亚运，这真是太奇妙了！"

在浙江省境内，"亚运之光"火炬经过杭州、绍兴、宁波、舟山、嘉兴，共传递了5站。亚运火炬传递到哪里，哪里就伴随着汹涌的人潮与欢呼，聚集的人群挤满了道路。从绍兴传递到宁波时，还遭遇了台风，但仍有很多市民冒雨在路边等待。

当年舟山电视台的广播员应莺，见证了亚运火炬在舟山的传递过程。"火炬从鸭蛋山码头上岸传递至沈家门渔港，我们电视台全程报道，一路跟着火炬跑。当时的拍摄设备非常简陋，天空还下着雨，但我们完全没有感觉到累，只想着冲到前面，不能漏掉精彩画面。"

应莺回忆说，那时台风刚刚过境，舟山渔港接收了不少避风停靠的台湾渔民，他们也自发组织起来，在路边拉起"'亚运之光'台湾渔民欢迎您"的横幅，为火炬手摇旗呐喊。这场全民火炬接力，牵动了无数人的心，也牵起了海峡两岸人民的情谊。

三

重温33年前的"亚运之光"火炬传递，那天熙熙攘攘、锣鼓喧天的热闹场景犹在眼前；那种热切的期盼、满腔的豪情，仍在血液中奔腾；那些年轻的面孔，已染上了岁月风霜，但依然保持着年轻心态。

那个年代的人们对体育的激情、对梦想的坚守、对国家的热爱，足以超越时间、跨越山海，真正意义上诠释了"更快、更高、更强——更团结"的奥林匹克精神，也是全民亚运最鲜活的注解。

今天，亚运的火炬再次传递到杭州手中，我们不禁期待，圣火将在之江大地上燃起怎样的烈焰，又将如何再次深刻改变一座城、一群人。

本次杭州亚运会火炬传递创造了多个"第一次"。比如第一次就地采集火种，从实证中华五千年文明史的圣地良渚遗址，将远古文明星火融入奥林匹克圣火；名为"薪火"的火炬，从玉琮中汲取灵感，第一次采用"方形桶身"，彰显出方圆相融、刚柔并济的中国式浪漫。

除了传统的线下接力之外，杭州亚运会火炬还有"云端"接力。杭州亚组委首次面向全球推出"亚运数字火炬手"，突破了以往名额、时间、地域的限制，每个人都可以通过参加亚运公益、全民健身、绿色亚运等活动，在数字世界里成为一名火炬手。这是数字时代"智能亚运"的创新体现，也是人人参与亚运、奉献亚运的有益探索。

火炬变了、火炬手变了，火炬传递的形式也变了，但始终不变的是人们心中的那团"信念之火"、那束"亚运之光"。

在明亮的炬火中，我们看到了一代代体育健儿们在赛场上奋力拼搏的身影，听到了八年前响彻中亚古城的那个答案"杭州"，浮现出申办成功以来的近3000个日夜串起的杭州亚运记忆，勾勒出"世界大同、天下一家"的梦想蓝图。

当下的杭州，与33年前的杭州，在亚运的圣火中交叠，日渐展现出"亚运之城"的风姿。待到奥林匹克之火燃遍之江大地之时，我们与杭州亚运会的距离便在咫尺之间了，将共赴亚运之约，见证一座城与一场体育盛会的双向奔赴。

我们相信，亚运火炬所到之处，将照亮希望、播撒热情、激发活力，点燃人们对杭州亚运会更加炙热的期待。

【档案资料】

1990年9月4日，北京亚运会火炬传递杭州段举行，火炬从武林广场出发，时年45岁的卢宝泉，用相机记录下了这个时刻。当时，北京亚运会是新中国成立以来举办的最高级别的国际赛事，也是亚运火炬第一次在杭州传递。

茹雪雯　钱伟锋　童颖骏　执笔

2023年9月7日

"当湖十局"的回响

围棋，三百六十一路棋可形成万千变化，这种永无止境的精神追求正是其生生不息之所在。

　　乾隆四年暮春的嘉兴当湖，绿柳依依，红花满枝，张家大院被围得水泄不通，从各处赶来的棋手翘首以盼，等着小厮出门喊报棋步，江南美景中平添几分肃杀之气。

　　对弈双方正是当朝两大国手范西屏、施襄夏，两人于当湖边鏖战十三局。一方落子如飞，如神龙变化；另一方，步步为营，如巨蟒缠身。眼看全局危急，却见妙手打劫，七十二路棋死而复生。"咚……"待最后一颗棋子落下，两人四目凝视，久久不语。

　　后来，这次巅峰对决的棋谱便成了鼎鼎大名的"当湖十局"。有棋手笑言："没有一个学棋者能绕过当湖。"今天，我们就走近这副棋盘，一起听"当湖十局"的回响。

一

"当湖十局"之当湖，位于今天的浙江省平湖市，现称东湖。"当湖十局"背后，有一段曲折故事，这是一系列偶然造就的一段传奇。

第一个偶然，在于不经意。"当湖十局"，最初只是一次私宅里的示范课。清乾隆年间，平湖当地有一大户人家张氏，五世善弈。到张永年这一代，已"棋达三品"，在嘉兴无人匹敌，他和两个儿子并称"柘湖三张"。

张永年希望儿子的棋艺能更上一层楼，便邀请了位列当时围棋界"四大国手"的范西屏、施襄夏前来授课。这次示范课的消息不胫而走，竟演变成江南地区围棋迷的盛事。

第二个偶然，在于棋局的旗鼓相当。彼时，范、施两人均刚过而立之年，精力弥满、绝艺超群。而且两人棋风迥异，后世有诗打趣道："一个酣呼打睡时，一方眉皱几寻思。当湖十局空前代，斗角勾心两大师。"

观其战况，懂行之人便觉惊心动魄，关键之处杀法精妙，将中国围棋的传统技艺发挥得淋漓尽致。

第三个偶然，在于其不可复制。范、施两人是中国围棋发展史上的两座高峰。成名前，两人多次对局，但未留下棋谱；成名后却难于交手，更鲜有记谱。因此，"当湖十局"遗谱便成为两位大师留下的唯一对局记录，被认为是我国围棋古谱中的典范。

二

"虽寥寥十局,妙绝千古""落子乃有仙气,此中无复尘机,是殆天授之能,迥非凡手可及"……一部棋局何以为经典?从后世对其的评价就可见一二。

但考察"当湖十局"的历史,正所谓失而复得才见其珍贵,它也曾是一部"流浪棋谱"。当年两位大师的对弈棋谱,张氏只做收藏,未曾刊行,致其隐入尘世。后经数位棋谱辑录者辗转搜求、苦心求证,流传至今只余十一局。光绪二十三年(1897年)刊行的《海昌二妙集》是我们今天所能见到的包罗范、施全部对局共十一局的版本,并首次出现关于"当湖十局"的名称。

从古谱中走出,"当湖十局"也拥有了新的生命力,从民间传播走入大众视野。上个世纪以来,围棋大师刘棣怀、陈祖德就先后对"当湖十局"进行研究解读。尤其是改革开放后,适逢国内出现围棋热,陈祖德于1982年在《围棋》月刊应约撰写评注的"当湖十局"被分期连续发表,掀起了"当湖十局热"。

优秀的文化是没有国界的。这场潮流,也从国内蔓延至国外。早在《海昌二妙集》刻成后不久,《当湖十局》棋谱便被翻刻并传入日本。20世纪60年代,陈祖德先后两次击败日本九段棋手,日本棋坛大为震惊。当得知陈祖德自15岁就开始研习"当湖十局"时,便对此棋局刮目相看,随之翻印了这一古谱。"当湖十局"在日本声名鹊起。

如今,在电视、网络等传播媒介的推动下,"当湖十局"讲评还在美国围棋频道等平台广泛传播,广受国内外棋友或棋迷欢迎。

自此，"当湖十局"在穿古越今后，又穿山越海，带着中国数千年的围棋文化积淀，在大洋彼岸生根萌芽。

三

时光流转，近三百年过去，但棋盘上清脆的落子声依旧叮咚作响。"倩谁与飘潇秋雨，书声隔座欲敲枰"，"当湖十局"依然有着清晰回响。

第一重回响，响在城市的气质变化。正如中国围棋协会原主席林建超所说，当湖是中国和世界围棋发展过程中，具有特殊历史地位的地方，这是平湖的光荣，也是城市发展的"金名片"。

范、施两位的身影已远去，但多了一批批后来者"纹枰对坐"的身影。近年来，"当湖十局杯"CCTV电视围棋快棋赛、亚洲杯电视围棋快棋赛等赛事的定期举办，更引得国内外各路围棋高手英雄聚会。平湖还将国际围棋文化交流中心落在当湖，联手韩、日等围棋强国，建立亚太地区围棋交流基地，致力于打造"现代版的'当湖十局'"。

第二重回响，响在围棋精神的传承。古代棋手对围棋境界的最高追求是"道"，范、施两位"国手"在围棋之"道"上的求索，正是留给围棋的一笔宝贵财富，也是一代代棋手前来朝圣的关键。

正如范西屏在围棋理论中阐述的，围棋不断向前发展，根本原因就在于"其不坐困于千古也"。围棋，三百六十一路棋可形成万千变化，这种永无止境的精神追求正是其生生不息之所在。

围棋是中国国粹，亦是琴棋书画传统四艺之一，对围棋的热爱，是刻在中国人骨子里的。因此，"当湖十局"的回响，不止回荡于围棋爱好者之中。围棋中蕴含着国人对传统文化的认同。如今，先手棋、做眼等围棋术语还常常见诸各类文字作品中，足可见围棋智慧之博大精深。

如今，"当湖十局"主题公园旁草长莺飞、杨柳拂堤，当地人总爱去东湖边打卡，在江南古色古香的亭台楼阁中执棋、赏景，遥忆当年棋坛风云。"当湖十局"在历史长河中光辉闪烁，纵然时代奔流向前，它仍旧历久弥新，耐人寻味。

李雨婷　朱鑫　执笔

2023 年 9 月 8 日

"薪火"传递的是什么

> 过去未去，未来已来，高擎的"薪火"照亮了文化生生不息的传承之路。这是历史与未来的深情对话。

今天，杭州亚运会火炬"薪火"将正式开始传递。第一棒火炬手将擎着"薪火"，从杭州西湖畔的涌金公园广场出发，奔跑向未来。接下来，2000多名火炬手将在浙江省内11个市接力"薪火"传递，并于9月20日回到杭州。

取自良渚的"薪火"，将携着五千年的岁月芳华，点亮新时代的"亚运之光"。在火炬手的接力传递中，在市民们的奔跑追随中，"薪火"传递的到底是怎样的一种力量？

——

关于火的起源，有着许多美丽传说。

在中国，燧人氏钻木取火的传说家喻户晓；在西方，普罗米修斯为人类盗取天火的神话流传至今。两个故事语境并不相同，却寄托着人类共同的期盼：温暖、希望与光明。正如水孕育了生命，火则推动了人类的文明。

奥运圣火的发轫，最早可追溯至公元前776年的第一届古代奥林匹克运动会。相传为纪念普罗米修斯，古希腊人制作了一支火炬进行传递。奥运圣火一经点燃便经久不息，火种采集、火炬传递、点燃主会场圣火……在运动会的很多关键节点，都离不开"火"的加持。火炬的传递，也由此成为运动会上最具仪式感、象征意义的环节之一。

中国奥委会官网的资料显示，现代奥运圣火传递是从1936年的柏林奥运会开始设置的。当年7月20日，火炬点燃仪式在希腊奥林匹亚举行，12名少女点燃了第一支火炬，随后火炬手开始了火炬接力，整个行程达到3075公里，火炬手如期抵达柏林，点燃火炬塔。熊熊燃烧的火焰，拉开了现代体育火炬传递"传承火焰、生生不息"的序幕。

就亚运会而言，1951年新德里首届亚运会上，火炬传递只在小范围内进行，44名接力跑者依次传递火炬。1990年，亚运会首次来到中国，北京亚运会圣火采集自海拔7000多米的念青唐古拉山脚下，这是国人第一次体验火炬传递这一现代体育仪式。2010年广州亚运会开幕式上，火炬手吴国冲擎着亚运圣火从水面踏歌而来，惊艳了全场。

从首届44名接力跑者，到本届2000多名火炬手线下接力，还有8400余万人成为线上"数字火炬手"，越来越多的人通过这种独特的方式致敬和平、友谊、梦想，参与到亚运会这项盛大的体育文化活动中来。

纵观各届亚运会，火炬传递的方式各具匠心又有着共同的灵魂。正如"现代奥林匹克之父"顾拜旦所说，最重要的不是胜利，而是参与。

二

在华夏文明的基因里，浸润着独特的中国式浪漫。

以玉琮为灵感而设计的"薪火"，如同国之礼器、礼之重器，以中华文明为炬基，以奥林匹克精神为纽带，随着火炬手的奔跑接力，传递"百年亚运、千年文明"。

"薪火"相传，传的是亚运精神。当神圣的火炬燃烧，点燃的是人们对盛会的憧憬、对美好生活的向往。从北京到广州再到杭州，三次主办亚运会的历程，就是愈发自信、日益从容的大国复兴之路。如今，亚运叙事更为多元，体育意义更加深邃。人们不仅关注竞技层面，也关注体育精神之于人类命运共同体的价值。

杭州亚运会以"心心相融，@未来"为主题口号，映照构建亚洲和人类命运共同体的中国主张、大国担当。亚洲45个国家和地区奥委会将派出12000多名运动员，共襄盛会、勇创佳绩。随着火炬的传递，杭州亚运会的火种将进一步照亮团结、合作、包容的前路。

"薪火"相传，融的是多元文明。将良渚文化融入亚运火炬设计，是奥林匹克之火与中华文明之火的交汇。在中华文明升起曙光的地方，杭州亚运会于五千年的历史长河中找寻文明密码，从生生不息的根脉里取出"文明火种"，与源自希腊的奥林匹克圣火，交相辉映。

值得一提的是，在数字文明时代，本届亚运会首创数字火炬手和数字火炬，全球网民可参与"线上取火"、传递火炬，以不同方式交流和传播文明。十多天后，在地球的不同角落，亿万亚运数字火炬手，将共同见证线上点火，开启"世界共此时"的历史一刻。

"薪火"相传，燃的是梦想星火。杭州亚运会2000多名火炬手中，年龄最小的14岁，最大的84岁。他们中，有先进模范人物代表、体育工作者代表，还有少数民族代表、港澳台胞代表和残疾人代表，更有许许多多来自基层一线的代表。也许故事各不相同，但他们身上所传递的"更快、更高、更强——更团结"的精神，将激励每一座城市里的奋斗者，在名为"人生"的跑道上，点燃逐梦的星火。

三

本届亚运会火炬的名字"薪火"，本身就包含"传承"的寓意。一簇圣火，烛照天地，辉映古今。穿透这束"薪火"的光芒，我们又会遇见什么？笔者想到了三句话：

"未来"一定会为"今天"喝彩。火炬无论传递到哪，都会激起当地市民的澎湃热情。回忆33年前的《亚运火炬的杭州往事》，当北京"亚运之光"火炬进入浙江，杭州武林广场被围得水泄不通，火炬交接仪式不得不推迟22分钟进行。当年的火炬传递，还掀起了全民陪跑的"现象级"热潮。直到现在，每逢有重大节庆活动，西湖长跑队都会集结起来，携手加油助威。

踏着"薪火"传递的节拍，历时8年筹备的杭州亚运会愈发临近，全民迎亚运的氛围感瞬间"拉满"。欢乐互动，激发的是"东道主"意识。一张张真挚笑脸、一次次志愿服务、一声声现场助威，必将让家门口的盛会更加精彩。

为走向国际打开一扇新的"窗"。亚运火炬传递，无疑是展示城市形象的绝佳契机。各地火炬传递点位的设置，经科学排布，在确保有序安全的前提下，都将全景式呈现城市最美风采。

本次火炬传递线路聚焦简约、规模适度，11个市将向全亚洲、全世界展示"诗画江南、活力浙江"的独特魅力，凸显"浙江味""文旅味"。比如，杭州的"锦绣繁华新天堂线"、温州的"千年商港　幸福温州"……各有各的特色与亮点。在这样的高光时刻，中国式现代化的浙江图景将徐徐展现，各地在走向国际中也将打开一扇新的"窗"，用匠心描绘别样的城市全景。

体育与文化互为经纬。当中华文明遇上活力亚运，不管是火炬"薪火"、奖牌"湖山"，还是吉祥物"江南忆"、会徽"潮涌"，其内蕴的中式美学、东方哲思，都有着直抵心灵的人文情怀。这既是一次中国文化自觉的深刻表达，也是一次文化交流互鉴的"薪火"相传。

从良渚这个原点出发，到奔竞不息的钱塘江，传统文化的火种在现代科技中熠熠生辉。当诗画江南浓缩进鲜活的亚运场景，数字体验、创新科技恰如流星追月，使古老文明和数字文明相互碰撞、交汇。

过去未去，未来已来，高擎的"薪火"照亮了文化生生不息的传承之路。这是历史与未来的深情对话。"薪火"相传，让我们一起向未来！

陈培浩　王娟　王丹容　执笔

2023 年 9 月 8 日

一颗小果子，越来越出息

> 属于临安人的乡愁便是竹竿、背篓、一颗颗金黄饱满的核桃、晚归时一个个挑着担子的背影和夕阳下一张张淌着汗水却洋溢着喜悦的笑脸。

暑去秋来，露凝而白。过了白露时节，临安的大街小巷又飘起了奇特的香味：这是一种不饱和脂肪酸混杂着椒盐抑或奶油的奇妙嗅觉反应，是妥妥的舌尖上的美味。而再过几天，这些新出锅的舌尖山珍就会飞到全国各地，成为大家口中的"一口酥脆"。

这就是临安山核桃。

"枝头核桃年年新，馋那一口酥脆"。在很多临安人的心中，这香气、这酥脆渗透了血脉。无论游子身在何处，这就是家乡的味道。

— 一 —

"白露到，竹竿摇，满地金，扁担挑。"每逢白露将至，临安西部山区里就逐渐热闹起来。满满当当停着的车子中，有前来收购最新山核桃的客商，更多的是回家料理祖传山核桃树的游子们。

如果说余光中先生笔下的乡愁是杏花、春雨、青苔、油纸伞，那么属于临安人的乡愁便是竹竿、背篓、一颗颗金黄饱满的核桃、晚归时一个个挑着担子的背影和夕阳下一张张淌着汗水却洋溢着喜悦的笑脸。

天还未大亮，大家扛着竹竿，背上竹篓，走进晨雾弥漫的山林间。年轻后生爬上高高的树梢，手持竹竿，用力敲打着一个个金黄圆滚的核桃果，妇女儿童在树下的草丛里一个一个捡拾果实。家里分工明确，劳作场面温馨。

偶见一些年轻小伙，既不爬树也不摇杆，只在树下捡果子，那应该是热心的毛脚女婿了。

夕阳西下，秋日的山风变得愉悦而清爽。袋子里装满了大自然的馈赠和丰收的喜悦。人们肩挑着沉甸甸的担子，踏着落日，脚步却是那般欢快。

白露前后，对于临安人来说，是团圆时刻，是拥有共同回忆的时刻。

也有临安人说，其实，山核桃打多少捡多少无所谓，主要是回来了，不是为了碎银几两，而是为了一种祖祖辈辈的传承。是的，过去的生活苦了我们的祖辈，苦难的生活不值得歌颂，但艰苦朴素的品质需要我们传承。

采摘回家的山核桃经过脱蒲、浮籽、晾晒，然后静待阳光在外壳上刻下痕迹。待水分自然蒸发，煮料出锅，冲洗、晾制、烘烤，道道工序都是岁月的积淀，现在更成为杭州市非物质文化遗产的代表性项目。

二

临安山核桃，源自大自然的馈赠。

纷繁世界奇幻莫测，蕴藏着自然界的神奇和奥妙。坐落在北纬30度上的临安，地域面积3118.7平方公里，森林面积约占80%，是培育山核桃的天然土壤。

历史上关于山核桃的详细记载，可见于明万历《群芳谱》。"南方有山核桃，底平如槟榔，皮厚而坚，多肉少穰，其壳甚厚，须椎之方破。"

而据《辞海》记载：山核桃，属胡桃科，落叶乔木，分布于浙皖等地。临安山核桃因核大、壳薄、饱满度好、香脆可口而著名，而且其营养价值丰富，有滋养血脉、乌黑须发、健脑益智等功效。

临安山核桃，承载着丰富的民间记忆。

相传元末明初，刘伯温辅佐朱元璋起兵，在今日的临安昌化大明山中屯兵数日，其间偶拾山核桃，咬开品尝后，惊讶地发现此果虽然外膜涩得难以入口，但肉质甚是鲜美。此后，刘伯温叫士兵装扮成农民，挑着煮熟烘焙过的山核桃到集市上叫卖，换来铜钱，充实军饷。而明朝代元之后，那片刘伯温屯兵、水煮核桃的山脉，便被后世称为"大明山"。

一代代流传下来，临安山核桃又被称为杭州小胡桃，最早作为商品在民国初年被杭州商客贩销。到了20世纪60年代，国家对居民的基本生活用品实行凭票限量供应政策，在物品紧俏的年代，有人说："烟票酒票可以不要，山核桃票不可不要。"足见喜爱之人对山核桃的情有独钟。

临安山核桃，有着让人津津乐道的发展佳话。

1958年的春天，昌化县（1960年8月并入浙江临安）干部刘子成被昌化县委派遣带队到外地采购机械物资。众人一路辗转，来到北京，参加了一个由外国政府举办的工业产品展览会。

刘了成看到展览现场的许多机器正是自己想要的，可苦于手中没有"外汇额度"，他大胆地提出以山核桃作为交换。不知山核桃为何物的外国商人在品尝了之后，居然满口答应了下来。一个山区县的基层干部，成功地做好了一笔"国际生意"。

用山核桃换来的机械设备，为当地小水电发展、农业生产提前实现半机械化操作等打下了坚实基础。

三

山核桃四五月开花结果，九月果实成熟。当枝头青果变成金黄色，收成便紧紧地攥在了村民手里。

一颗小小的山核桃，先后经历了采摘、脱蒲以及加工、包装，最终通过销售物流，被送入千家万户，销至世界各地，一条完整的乡村特产产业链就此形成。

目前临安有57万亩山核桃林，山核桃总产量在1.6万吨左右，全国75%以上山核桃在临安加工。临安山核桃产业拥有四个"全国第一"：种植面积全国第一、生产总量全国第一、加工规模全国第一、品牌价值全国第一，综合产值达35亿元。

因此，临安被中国经济林协会授予"中国山核桃之都"称号，也有"中国山核桃看浙江，浙江山核桃看临安"之说。

山核桃好吃，但采收是个辛苦活。

　　山核桃树一般都长在山坡上。为了打山核桃，果农有时要爬上陡峭的山坡，站在数米甚至数十米高的枝丫上，面临着不小的安全风险。很多山核桃被打下来后容易滚落到山涧中、石缝里，想捡起来也不容易。

　　早些年间，因为打山核桃带来的意外事故不断。为此，近几年来，临安大力推广了自然落果法和张网采收——在山核桃树下，铺上特制的网，成熟的山核桃自然掉落网内。这为山核桃的采收系上了一道"安全带"。

　　得天独厚的培育优势，人文底蕴的加持，再佐以产业集聚，"山核桃那么多，为什么偏爱临安的"这一问，便有了答案。

　　也正凭此，这颗"远古野果""山中珍物""人文果实"，成了能参与临安乡村振兴、推进共同富裕的"致富果"。

　　一颗小果子，越来越出息。

郑亿　陈朝英　许雪娟　执笔

2023 年 9 月 9 日

不产咖啡豆的浙江，为何多"村咖"

> 烘焙出"村咖"独特风味的，正是乡村旅游这把火。

　　"在村子里喝咖啡，也太惬意了吧""村里来了个'村咖'，是向往的生活呀""村里的咖啡店给我惊喜到了，等风来，一起举杯"……在浙江乡村，很多咖啡店成为妥妥的"网红"店，年轻人慕名而来。

　　其实，乡村咖啡并不是新现象。比如在云南少数民族村寨朱苦拉，男女老少都喝咖啡，被称为"中国咖啡的活化石"；再如海南小镇福山，在2000年初就大力推广乡村咖啡文化；还有甘肃陇南的康县福坝村，早在多年前就把老旧仓库改造成咖啡馆，可谓十分超前……但是，有别于其他地方，浙江的"村咖"，却以量大质优成为"显眼包"。

　　那么，"村咖"又为何选择浙江？不产咖啡豆的浙江，是如何成为咖啡大省的？我们此前讨论过在浙江乡村喝咖啡的感受。今天，我们再来说说，"村咖"之所以选择浙江的"生意经"。

一

熟悉咖啡的人都知道，咖啡的风味好坏，火候十分重要。烘焙出"村咖"独特风味的，正是乡村旅游这把火。

在咖啡店密度超某些一线城市的安吉，这一特征格外明显。比如，今年"五一"期间，安吉偏远山区的一家咖啡馆单日最多出杯量超过5000杯，依靠咖啡＋露营，单日最高营业额超过30万元。"村咖"背后，是乡村旅游的火爆，有数据显示，"五一"期间安吉50多个乡村露营地共接待游客2.5万人次，拉动消费达2亿元。

再如嘉兴海盐的永庆村，靠着浙江省"村晚"出圈，一条贲湖老街成为网红打卡地后，才有了"含咖量"。文艺范、国风味，一家家"村咖"延续着网感，成为村落里的颜值气氛组。

可见，乡村咖啡兴起的主要原因并不在咖啡本身，而在于乡村。浙江为何多"村咖"？正是因为浙江是乡村旅游"优等生"。因为乡村旅游的发展，越来越多的城里人、外地人奔赴浙江广大乡村。

宁波的媒体曾对乡村咖啡做过调查，在一家"村咖"的消费人群中，市区家庭游客占比40%，探店游客占比30%，其他散客占比30%，在这其中，本地乡村人群的消费比例仅占二成。专业机构数据显示，全国人均咖啡年饮用量只有9杯，但为"村咖"买单的最大用户群，是"喝惯了咖啡的城市游客"以及"渴望从城市逃离的年轻群体"。

随着"千万工程"实施20年所带来的持续改变，之江大地的乡村游早已不再是"一张桌子，几条板凳"的传统农家乐模式，

743条乡村风景线、2170个特色精品村，千村千面、原汁原味的乡村不仅是村民家门口的风景，更成为众多城里人惦念着的精神原乡。

一方面，"村咖"兜售着美丽的风景，让游客感到温暖、治愈。比如湖州的矿坑咖啡馆，采用售票制，慕名而来的人只为拍一张碧蓝的矿坑大片。为了让游客满意而回，咖啡馆甚至请了位摄影师，不仅包拍照，还包修图。

另一方面，和很多人传统观念形成反差的浙江乡村，更容易引起游客分享的欲望，为"村咖"带来持续不断的流量。翻阅社交平台上对"村咖"的评价，关于咖啡好喝不好喝、品牌是不是大牌的评论其实不多，更多的还是在感慨乡村的变化。

二

除了乡村旅游的这把火，更有年轻人返乡创业这股风，把"村咖"的味道越焙越香。

与城市里的忙碌相比，年轻人返乡伴着青山绿水，听着熟悉的乡音，这本就是理想的创业环境。同时，浙江乡村愈加给力的政策，也吸引着年轻人的回流。比如丽水市，在打出"满城咖啡香"的招牌后，明确提出促进咖啡产业发展"三年目标"，真金白银补贴经营户。

另外，也有专家指出，"村咖"创业成本相对较低，试错空间大，是激活乡村价值的一驾轻骑，这也可以看作青年创业的一种平衡。

这几年短视频等自媒体的兴起，也拉近了青年与乡村的距离，成了返乡开"村咖"的推手。有不少返乡青年，在城里被快节奏的工作"吞噬"着时间，最终因一段乡村视频而被治愈，转而将眼光放到家乡寻求新的就业机会。

值得关注的是，虽然"村咖"火了，但从绝对数量来说，返乡创业仍然是一片蓝海。在青年和乡村的双向奔赴中，乡村不再是简单的生活、创业空间，还承载着年轻人的人生梦想和生活理念。小小"村咖"，成为乡村连接城市的纽带，串联了更多新业态走进乡村，挖掘乡村资源价值。

不少"村咖"选择和乡村合作，通过合资公司的方式与村集体、村民建立利益链接。路更好了、农产品销路更广了，村民得到了实惠……比如宁波市的永旺村，咖啡馆为村里带来了客流、增加了人气，也为村民的手工艺品、土特产打开了销路，2021年村集体经济收入超过340万元。

还有的"村咖"，不断拓宽功能，成为村里的文化客厅，让村子更文艺，精神更富足，乡村里有了音乐会和读书会……例如，嘉兴海盐县的朱家门，"村咖"除了卖咖啡，还帮助村民办起了剪纸非遗展、办起了公益艺术培训；温州泽雅今年还举办了首届咖啡节，民宿、研学、电商、露营、非遗等业态都来开出展位，三天吸引游客4万人次，在张扬个性的青春热血中，这届年轻人正以自己的理念，改造乡村，让家乡更美好。

三

乡村的火，创业的风，还离不开乡村振兴的大时代。浙江能够诞生那么多"村咖"，更是乡村振兴激荡出的一抹涟漪。

乡村发展，夯实了根基。农村居民收入逐年提升，产业愈加多元，要素不断流通，公共服务愈加完善，从小"村咖"的窗口向外望去，是丝毫不比城镇逊色的人居环境。刷身份证可以预约公交车、稻田边也能找到充电桩、卫生服务站和城里一样功能齐全……既能就地享受现代文明生活，又能转角邂逅"诗和远方"。这样的乡村即使没有流量加持，也会让人来了还想来。

政策鼓励，塑造了新风。这两年，浙江乡村越来越时尚，面对"村咖"等新兴业态，政策也在跟上脚步，针对不同行业、不同区域、不同类型的创业给予更多个性化支持。就像诞生多家网红"村咖"的余村，还启动过"全球合伙人"计划，设立1亿元"余村产业基金"，高调招揽人才、构建业态，打造更多"造血"新细胞。

搭建平台，安放了梦想。社会倡导更多青年返乡创业，但网络也存在幸存者偏差，年轻人的乡村梦并非"一返就行""一返就灵"，更需要多方的力量。于是，乡村振兴研究院、创业联盟、新乡贤……不断延伸拓展，除了实打实的政策，浙江更营造了一方包容的乡村造梦舞台。

"毕业后回村里没出息""没有一份正经工作，找不到对象"……曾经，我们身边充斥着这样的观点，但这些偏见，正在乡村振兴的新风中消融。

有人问，"村咖"热，又能够热多久？在笔者看来，"村咖"是乡村振兴图景上的一抹亮色，稻田营地、体验农场、私房菜馆、艺术研学、乡村走读等文旅项目，同样正在浙江乡村兴起。

虽然乡村咖啡馆的未来还需时间检验，但这无疑是一个崭新的开始。在推进乡村振兴的时代背景下，继续做大做强乡村旅游，引导更多年轻人与乡村双向奔赴，必将引爆更多超乎想象的新业态新项目。

朱鑫　余雅佩　执笔

2023 年 9 月 9 日

师者竺可桢

> 无论是老师还是学生，无论来自哪个学校，无论是即将佩剑入江湖，还是已经栉风沐雨路在途，做什么？做什么样的人？都值得一生去求索。

我们一生中会遇到许多老师，有的授我们以业，有的传我们以德。但有这么一批"大先生"，也许我们未曾在三尺讲台下聆听过他们的谆谆教诲，但我们借着文字与他们相遇，阅读他们的故事，钦佩他们的学问，感怀他们的精神，因而成为他们的学生。

今天是第39个教师节，让我们一起缅怀这样一位浙籍"大先生"——中国近代气象学、地理学的奠基人，永远的浙大校长竺可桢。

一

竺可桢出身于浙江绍兴的一户小商人家庭，敏而好学的他在刚入学读书时，就在床头贴了一张写有"醒来即起"的纸条，以此来勉励自己。

1910年，二十岁的竺可桢考取第二批庚款留学美国的资格。在美八年，终成一剑，以优异成绩获得哈佛大学气象学博士的他，拒绝了美国多所高校邀请，怀揣着一颗赤子之心毅然回到祖国的怀抱。

回国后，他就一头扎进气象事业，创办起中国第一个气象研究所，在全国范围内广设测候所。1930年，气象研究所成功绘制东亚天气图，并开始发布天气和台风预报，中国人拥有了自主开展天气预报的能力，旁落多年的天气预报"主权"正式得以收回。

如果说科学是这个古老民族摆脱近代屈辱泥潭得以振兴的第一动力，那么启迪民智、培养栋梁的教育事业一定是推动这一宏大命题的又一关键所在。

1936年，蒋介石邀请竺可桢出任浙江大学校长，这令这位科学家有些犹豫。他的妻子张侠魂曾对几位同学说起过："你们的老师说现在政治混乱，书生气的人，校长不易做得好。而我说正因为当今教育情况不好，好人更应出来，才有改进希望。"

出于公心，竺可桢临危受命。在日记里，他曾提到因为有"振兴浙江省文化教育事业"的考虑。在提出"财政须源源接济""时间以半年为限"等条件后，他郑重作出决定。这一刻，竺可桢命运的齿轮开始转向"师者"的身份。

在一次新生谈话会上，他说："我们国家到这步田地，完全靠头脑清醒的人才有救。"饱含深情的字句落进了每位教员和学子的心中。随着抗战爆发，为保学生平安、文脉不绝，他带领浙大师生西迁办学。

4次迁徙，2600多公里。茫茫岁月中，是竺可桢妻儿离世、近乎家破人亡的悲痛。可就在苦难中，竺可桢实现了中国高等教育史上的一次"文军长征"，并把浙江大学办成了令国内外都刮目相看的"东方剑桥"。

浙大百年校庆时，苏步青回顾西迁历史时曾感慨：当年"师生们住古庙破祠，吃红薯干，点桐油灯，百结鹑衣。但为爱国而教，为救国而学，弦歌不绝，其精神、气节，远远超过'贤者回也'！古人云：'多难兴邦'。多难不仅兴邦，多难也兴学育才。"

二

"晴转多云，气温最低-7℃，最高-1℃，东风1-2级，局报。"

这是竺可桢留下的最后一篇日记。彼时的他已不能再如往常一样出门观察和记录，只能通过收音机用颤抖的双手记录下当天播报的天气，认真谨慎的他，为此特别标注"局报"。

竺可桢的日记，充分显示了其作为科学家所特有的严谨与认真，从1913年起，61年几乎从未间断。

观其日记，可见其为人。

他是开拓进取的科学家。作为近代中国"问天"第一人，他时时以唯实求真为念，为近现代气象事业做了大量奠基性工作。经他之手，近代地理学进入高等学校课堂，揭开了我国自然科学发展的新篇章。

凭借深厚的国学功底，他实现了气象学和历史学的跨学科融合。《中国近五千年来气候变迁的初步研究》一文更是为研究中国历史提供了气象学新视角，引发世界关注。

他是孜孜以求的教育家。竺可桢接手浙大时，本想着"能将学校安定过去，半年以后就回复我的现在生活"，可没想到，这一干就是13年。在他的努力下，浙大成为当时全国最好的大学之一，培养和储备了一大批人才。

西迁办学时，竺可桢以同乡先贤王阳明为典范，将艰苦流离视为"蹑着先生的遗踪而来"的致知之旅，将阳明心学的知行合一与西方科学精神凝练为大学"求是"之精神、明辨是非而不徇利害之气概。这成为浙江大学在艰难困厄中崛起的精神力量，并长久地播撒入每一个学子的心中。

他是实干兴邦的爱国者。建设一个富强的中国，是竺可桢一生所追求的。青年时代，他为改变旧中国贫穷之面貌而毫不犹豫地选择农学。归国之后，也会因气象管理被外国"代谋"，而克服种种困难建立起中国自己的气象观测网。新中国成立后，他又投身自然灾害防治，为生态治理奠定了极为坚实的基础。

时光送走了风起云涌的历史，却黯淡不了师者的初心。人的生命有限，教育事业却能绵延千年，一代一代接力传递，绽放出绚烂芳华。

三

敌机鸣啸、千里流离的峥嵘岁月离我们远去，绿草如茵的校园、窗明几净的教室成为现如今的标配。这位"学高为师，身正为范"的"大先生"身上，哪些精神品质值得当代教育工作者好好学习、用心传承呢？

首先是坚守言传身教的使命责任。三尺讲台，一声老师，须知责任如磐。教师的双肩，担着学生的学业，担着民族的未来。从竺可桢身上，我们不仅看到了其精通专业知识成为学术典范的"经师"形象，更看到了涵养德性、润己泽人的"人师"楷模。

习近平总书记强调："一个人遇到好老师是人生的幸运，一个学校拥有好老师是学校的光荣，一个民族源源不断涌现出一批又一批好老师则是民族的希望。"这份责任前人担得起，今人也应担起。

其次是践行天下为重的育人理念。教书育人，是一种谋生的职业，更是一份需要情怀去支撑的事业。竺可桢所坚信的，关于"大学教育的目的"，是培养"公忠坚毅，能担当大任、主持风气、转移国运的领导人才"。也正是在他的理念影响下，一大批浙大人走上了科技强国的舞台，创造了一个又一个奇迹。他的育人育才理念，也为当下创新型人才的培养提供了诸多启示。

最后是坚持真理至上的治学态度。在当下科研领域，弄虚作假、抄袭剽窃等学术不端行为时有曝光，这某种程度上反映的正是学风浮躁、科学精神缺失。时至今日，竺可桢那句"只问是非，不计利害"为何仍被人们津津乐道？正是因其始终坚持以真理为依归，恪守"无心同异，惟求其是"的信念，秉承对待问题敢于质疑、对待未知勇于探索的执着态度。

师者，传真理之道，授立功之业，解所遇之惑。在浙江大学的录取通知书上，有一段多年不变的内容，是竺可桢提出的两个问题："诸位在校，有两个问题应该自己问问，第一，到浙大来做什么？第二，将来毕业后要做什么样的人？"

来自师者竺可桢的这洪钟大吕般的两个问号，叩问的不仅是学生，更是每一个人。无论是老师还是学生，无论来自哪个学校，无论是即将佩剑入江湖，还是已经栉风沐雨路在途，做什么？做什么样的人？都值得一生去求索。

陶佳楠　许正　张国威　执笔

2023 年 9 月 10 日

看这个展，读懂浙江20年

> 正如综合展区最后的一面笑脸墙所想表达的，一个个"小我"的幸福生活，共同绘就"八八战略"20年指引浙江发展的大图景。

近日，"大道之行——'八八战略'实施20周年大型主题展览"在浙江展览馆开展，共约4500平方米的"大展"分为综合展区和地方展区，体量庞大、干货十足。

这个浓缩浙江在"八八战略"指引下20年发展历程的展览，让人们在光与影的流转间、文字与图片的交错里回首浙江走过的20年，感受那热气腾腾的变化和生机勃勃的未来。

20年，"八八战略"如何化为浙江大地的现实图景？给浙江带来哪些系统性、重塑性的改变？这个展览会给我们答案。

一

进入新世纪，浙江的精彩蝶变，破茧于20年前。

2003年7月，时任浙江省委书记习近平同志在广泛深入调研的基础上，作出发挥"八个方面优势"、推进"八个方面举措"的重大决策部署。这些拓路开山的先行探索，打开了浙江高质量发展的新通道，成为推动浙江发展的深厚动力，为今天的大国治理提供了宝贵经验和实践基础。

当时间之橹摇至2023年，一场重头主题展览，必然少不了。在"大道之行——'八八战略'实施20周年大型主题展览"上可以看到些什么？浓缩成一句话："浙"二十年，很燃！

思想之火很燃。实践从哪里开始，思想就应当从哪里追溯。"八八战略"逻辑严密、内容丰富，体现着调查研究的方法论和整体推进的系统观念，以及久久为功的坚持。正如2015年习近平总书记在浙江考察时所说："我在浙江工作时，省委就提出了'八八战略'。这不是拍脑瓜的产物，而是经过大量调查研究提出来的发展战略，聚焦如何发挥优势、如何补齐短板这两个关键问题。"

从"美丽浙江"到"美丽中国"，从"法治浙江"到"法治中国"，从"平安浙江"到"平安中国"，从"海洋强省"到"海洋强国"……我们从"八八战略"的"原点"探寻理论萌发的"起点"，就能清晰地看到，在浙江工作期间，习近平同志的战略布局、重大改革发展举措及创新实践经验，为习近平新时代中国特色社会主义思想的形成与发展提供了丰富的理论和实践基础。

省域之变很燃。每一件展品，都不仅仅是眼前所见。"大道之行——'八八战略'实施20周年大型主题展览"不仅是成就展示，更行进式地呈现了浙江发展破题的过程、实践的探索、理论的提炼。

对比着看才能知变化。比如，展览中有块屏幕，上下陈列的两个视频鲜明地展示了下姜村之变，从"有女莫嫁下姜郎"的小山村到"先富帮后富"的"大下姜"，巨变堪称奇迹。20年，曾经的

"资源小省"如今站稳中国经济第一方阵，城乡居民人均可支配收入稳居各省区第一位，城乡居民收入倍差缩小至1.90……历史和现实的互望，让人感受到"八八战略"的实践伟力。

为民之情很燃。突出细节并不意味着琐碎。这个展览有细腻的情感颗粒度，一张张照片、一件件展品都饱含习近平同志浓厚的为民之情。比如，展览中有一张暖意融融的照片。2007年1月，习近平同志冒着严寒，来到龙游县调研。人群中，一位村民递过来一只老式炭火手炉给习近平同志暖手，这张照片生动展现了习近平同志与人民群众的鱼水深情。正是由于习近平同志深厚的为民情怀，为民办实事的热潮涌向之江大地的每个角落，温暖了百姓心窝。

二

每逢大事，必有大展。展览可以突破时空限制，图片直观、文字凝练、交互手段生动，更重要的是可以全方位展现过去、现在和未来，将理论讲生动、将思想讲透彻，给人身临其境之感。

正因如此，展览往往承担着回顾、总结、展望的重要作用，更承担着思想理论宣传教育的重大使命。

"八八战略"实施20周年大型主题展览又承载着怎样的期待？

期待着它成为全面展现"八八战略"的宝库。"八八战略"作为浙江省域发展的全面规划和顶层设计，体现了与"四个全面"在精神上的契合，为习近平新时代中国特色社会主义思想的探索与发展提供了丰富的理论和实践基础。这场展览全面展现习近平同志在浙江工作期间走过的足迹、擘画的印迹、牵挂的心迹，句句论述、幅幅图片，与当今发展交相辉映，更能让人感受到思想与实践的激荡，汲取精神的力量。

期待着它成为干部群众深入学习"八八战略"的阵地。据了解，全省11个设区市配套打造了特色展览，如下姜村乡村振兴展览、"绿水青山就是金山银山"展览……串点成线、连线成面，呈现出的是"八八战略"教育实践的立体化阵地。20年，从宏伟蓝图到现实图景，生动呈现的是浙江在"八八战略"指引下，经济社会取得的伟大成就、生产生活的巨大变化，以及每一个浙江人的奋斗姿态。

对于我们每个人来说，看展览也许更多期待的是回望历史、观照现实，在20年历史发展中寻找自己生活的影子。"五大百亿"工程打造的重大工程项目，惠及千家万户；"千万工程"造就万千美丽乡村、造福万千农民群众；"变上访为下访"，盖有97个村委会鲜红印章、代表20多万村民心意的感谢信是老百姓最朴实的谢意……历史变得真实可感、亲切可及。

回望"八八战略"实施的20年，我们更加明白美好生活是怎么来的，也更坚定未来要往哪里去，这也许是这个展览对我们更重要的意义。

三

面对这个"大展"，知道看什么、怎么看，才能获得更好的观展体验。笔者认为，想要读懂这个大型主题展览，可以循着以下三个观展思路：

循着线索看。"八八战略"内涵丰富、博大精深，蕴含超凡的理论和实践智慧。为了让参观者更好地了解"八八战略"的发展脉络、理论逻辑，综合展区分三个部分，形成了一条清晰的线索：第一部分"伟大擘画"，重点诠释"八八战略"的提出、实施及其重大意义；第二部分"精彩蝶变"，按"8＋2"的结构，展现20年来持续深入实施"八八战略"，在全领域各方面取得的突破性进展、标志性成果和示范性经验；第三部分"勇立潮头"，突出展示习近平总书记对浙江的新期望、赋予的新使命，展现浙江牢记殷殷嘱托，一张蓝图绘到底、一任接着一任干的切实举措。三大主体部分描绘出一条"八八战略"从形成到实施再到传承发展的脉络。

串联故事看。"八八战略"虽然是一个宏大又抽象的课题，但通过展览，我们会发现，"八八战略"离我们并不遥远。在这个展览里，既可以看到"八八战略"实施20年来波澜壮阔的伟大历程，也可以看到浙江百姓"柴米油盐""衣食住行"的细微变化，看到各行各业奋斗者的身影。每个参观者的生活经历、兴趣爱好不同，一定能从这个展览中看到各不相同的精彩故事。

带着感情看。在观看一些展出历史文物、艺术作品的展览时，尽管参观者希望能够走进作品，与作品对话、与作者交流，但大众与作者之间有时还是存在一定距离。这个展览却有所不同，浙江干部群众不仅是参观者，更是浙江20年精彩蝶变的参与者、缔造者。"八八战略"实施20年以来的高分答卷，是浙江儿女用智慧和汗水拼出来、干出来的。看着一段段文字、一幅幅图片，联想到20年来自己走过的路，相信很多人都会感慨万千。

正如综合展区最后的一面笑脸墙所想表达的，一个个"小我"的幸福生活，共同绘就"八八战略"20年指引浙江发展的大图景。

刘雨升　云新宇　执笔

2023年9月10日

火炬这样过南湖

子城燃起的火炬，不仅穿越了嘉禾历史，也彰显信仰的力量，点燃了嘉兴人对亚运的殷切期待。

这些天，杭州第19届亚运会的2000多名火炬手，正通过一棒一棒的接力，把"诗画江南、活力浙江"的故事呈现在世界面前。此前，杭州亚运会火炬传递指挥中心相关负责人介绍，总体来说，此次火炬传递会综合考虑火炬手和传递路线上相关点位的关联性，让有故事的人跑在有故事的地方。

9月10日，亚运之火行经革命圣地——南湖。33年前，北京亚运会火炬传递也曾走进嘉兴，停泊着红船的南湖湖心岛，是火炬传递的最后一站。在岛上等待的，是一批朝气蓬勃的少先队员。当年的少年，如今已是四十不惑的年纪，当时挤在环城河内的嘉兴城，也已拔节生长为现代化城市。

烟雨楼台，此间曾著星星火。火炬再一次过南湖，这是一条什么样的线路？又有着怎样不为人知的故事？

一

嘉兴传递路线共分"江南古韵""百年风华""活力之都"三大篇章，总长8.8公里。起点设在子城遗址公园广场。九月的子城，浓荫铺地，当国旗和亚奥理事会会旗于湛蓝天空飘起，嘉兴首位奥运冠军王懿律在此把火炬点燃。

起点为何是子城？从良渚古城遗址公园取火，火炬象征着文明之光。子城一揽千年，始建于三国，是国内罕见、保存完好、演变脉络清晰的县、州、府衙署遗址，见证了嘉兴城市的变迁，也是认识江南文化的一扇窗口。

城门口对望的明代石狮，曾被网友评为"爱情最美的样子"；斑驳的老城墙遗留着硝烟的痕迹，道不尽盛衰兴亡；宋代嘉兴"公务员"张先，以一句"云破月来花弄影"，让这里平添惆怅……嘉兴的气质、南湖的韵致，飘扬在数千年深厚的历史刻度间。

起点选在子城，不仅是回望，也是抬眼远眺。子城位于嘉兴中心城区的中轴线，肃穆的古建筑已与鲜活的城市融为一体，秀美的南湖烟雨、新兴的禾城风貌触手可及。

子城旁，环城河连大运河。作为此次亚运圣火必经之路，环城河是人们寻觅乡愁、寻找诗意的绝佳点位，也是中国大运河江南运河的一部分。

每走一段，总能与水乡古韵、运河烟火不期而遇。两岸树影婆娑间，那飘着烧卖香的斜西街、最出片的三塔路、"摊开一碗烟火人间"的月河老街等景点点缀其间，同河上的桨声帆影一道，滋养出袅袅的水乡文化。

每看几眼，总能邂逅钟灵毓秀、人杰地灵的诗意缱绻。唐宋的镇、明清的坊，以及沿河散落的18个古镇，在连绵不绝的水上动脉荡漾起时代的光芒。近世通儒沈曾植、莎剧翻译家朱生豪、水利专家汪胡桢、爱国民主人士沈钧儒……火炬行进间，仿佛在与历史人物击掌。

二

"喜气洋洋的彩车格外引人注目，身着真丝服装的嘉丝联女工，展示着嘉兴丝绸工业发展的成果……"这是33年前，北京亚运火炬在嘉兴传递时的一段现场解说。

当时，嘉兴丝绸公司两辆花车参与游行，一辆展示嘉兴绢纺厂，一辆展示嘉兴制丝针织联合厂。本次火炬传递，嘉兴绢纺厂依然是一大节点，但很多人可能已认不出，因为如今的它时尚靓丽，还有个新潮的名字——"南湖天地"。

南湖路48号，与湖心岛隔湖相望，便是嘉兴绢纺厂原址。这座诞生于1921年的老厂，历经了救国图存、国营大厂、混合改制、工业遗存以及如今的涅槃重生，再一次成为嘉兴的新地标。"95后"冯琳是"南湖天地"点位的火炬手，她还曾在庆祝中国共产党成立100周年大会上参与领诵，在家乡巨变的见证地参与火炬传递，她直言亲切与自豪。

这里，足够"高大上"，也足够"接地气"。超50%的品牌是首进嘉兴，日均客流量超15万人次，成为嘉兴"消费活力"的聚集地，既留住了老嘉兴的厚重，也彰显了新嘉兴的活力。

其实，活力已是嘉兴故事中最具辨识度的词汇之一。曾经以轻工业闻名的嘉兴，如今已有了冲击前沿尖端科技的能力。"火炬代表着希望，也代表着责任，就像我们科研工作一样。"南湖实验室科研工作者勾鹏接棒奔跑，他说，要在"卡脖子"项目和技术上交上我们这代年轻科研人员的答卷。

继续向前，南湖往南便是嘉兴体育中心，皮划艇国家队运动员李冬崟等待在体育中心南侧，这位"95后"嘉兴姑娘，出生于秀洲区钱码头村，在大运河畔长大，将竞争亚运舞台，争取在"家门口"赛出好成绩。

这些年，嘉兴体育人才不断涌现，嘉兴健将也在更高舞台为家乡争光。即使在乡村，运动同样火热。号称"中国棒球第一村"的徐家埭，农村娃把棒球打到了国际赛场上；秀洲王店的"王超"，有着国际标准球场；海盐南北湖"山地自行车赛"，一年更比一年火热……

三

月明故国一千里，独上嘉兴烟雨楼。南湖水，一直激荡着爱国怀家的信念。以"红船领航、筑梦未来"为主题，亚运火炬过南湖，更是一条激扬初心的信仰之路。

南湖革命纪念馆是此次火炬传递的重要一站。如今的新馆由时任浙江省委书记习近平亲自奠基。该馆为纪念中共一大在南湖闭幕而建，原址在南湖湖心岛烟雨楼，如今的新馆是第三代馆舍。

"从纪念馆奠基那一刻起，我就一直想着落成后要来看一看，今天如愿以偿了，确实深受教育和鼓舞。"2017年，习近平总书记带领新当选的十九届中共中央政治局常委参观完南湖革命纪念馆后，曾深情款款地说。

一叶红船，一方圣地，一个使命——信仰的故事一路传承。在南湖革命纪念馆前，红色宣讲员袁晶接过火炬，从自家单位跑向下一程。"从烟雨红船到巍巍巨轮，一个大党诞生于一条小船……"20年间，她深情讲述一个大党和一条小船的故事。

1921年，中共一大代表们秘密转移到嘉兴南湖，为中国点燃红色圣火。嘉兴火车站、宣公桥、春波门、狮子汇渡口、鸳湖旅社……他们走过的这条路，如今已成为新时代重走"一大"路的红色教育线路。

亚运火炬传递路线，有一段与"一大"路几乎重合。绿树掩映，1:1复建的砖红色老站房厚重肃穆。凝神细听，仿佛还能听见那年火车汽笛的回响。

魅力之城、活力之城、根脉之城……薪火相传间，嘉兴变换着模样。子城燃起的火炬，不仅穿越了嘉禾历史，也彰显信仰的力量，点燃了嘉兴人对亚运的殷切期待。

朱鑫　吴梦诗　执笔

2023年9月11日

《共产党宣言》为何值得"多看几遍"

> 今天再读《共产党宣言》，我们才有资格才有底气说，这是一部能够启示未来、永放光芒的理论经典，它值得我们"多看几遍"，常看常新。

有这样一部传播最广、影响最深的社会主义文献，也是世界上最具思想穿透力的经典之一，它就是《共产党宣言》。

习近平总书记强调，"《共产党宣言》是一部科学洞见人类社会发展规律的经典著作"，"如果心里觉得不踏实，就去钻研经典著作，《共产党宣言》多看几遍"。

那么，这部经典何以"科学洞见人类社会发展规律"？又为何值得"多看几遍"？

1920年8月，由陈望道翻译的《共产党宣言》首个中文全译本在上海问世，但由于排版疏忽，封面书名被错印为"共党产宣言"。在9月的第二版中，这一小错误被更正。又逢一年9月，我们从三个维度重温这部不朽的经典。

一

要了解这部经典的意义，首先要看看在它诞生之初时，世界是什么样子的。

1848 年 2 月，《宣言》在伦敦问世。彼时，工业革命如潮水般袭来，世界进入对内剥削、对外殖民的资本主义时间。

这场变革"使未开化和半开化的国家从属于文明的国家，使农民的民族从属于资产阶级的民族，使东方从属于西方"。比如，第一个完成工业革命的英国在这一时期的海外殖民地面积已达全地球领土的四分之一。

更令人发指的是，资产阶级对工人阶级的严酷剥削与残害。1843 年，英国有大量工人被迫沦为济贫法囚犯，被安置在被称为"恐怖之家"的济贫院。这批非但没有求富机会，甚至连贫困的权利都没有的无产者，在这里每天劳动超过 14 个小时，所获物资勉强果腹。

1845 年夏天，马克思来到曼彻斯特拜访管理棉纺织厂的恩格斯，并见识了这里"肆无忌惮、冷血无情的资本主义的经典产物"。恩格斯在《英国工人阶级状况》中曾描述工人们的生活境况：

> 木屋又脏又破又狭小，街道坑洼不平，水坑中漂着令人作呕的污物和垃圾，周围数十根烟囱排出的烟雾污染着空气，一群衣衫褴褛的妇女和孩子出没其中……在如此阴暗、潮湿、污浊不堪的环境中生活的人，一定承受着人类所能忍受的极限。

因为，"工人仅仅为增殖资本而活着，只有在统治阶级的利益需要他活着的时候才能活着"。在《宣言》诞生的年代，"资本的初始阶段，每个毛孔都滴着鲜血"。正是因此，《宣言》召唤，"全世界无产者，联合起来！"

二

要读懂这部经典的力量，还要看看在它诞生之后，又是如何影响世界的。

先说欧洲。就在《宣言》问世的这一年，法国二月革命爆发，并深化了"欧洲革命"——平民阶层对抗君权独裁。这个"在欧洲游荡"的"幽灵"，也乘着大革命的风暴四处播种，点燃了解放全人类思想的火花。从此，工人阶级既找到了自己的"灵魂"，也拥有了自己的组织。

1864 年 9 月 28 日的圣马丁教堂，马克思与英、德、法、意等多个国家的工人代表及资产阶级民主人士，共同成立国际工人协会，即第一国际。此时的他们，不仅认识到"工人阶级的解放应当是工人阶级自己的事情"，而且明白"联合的行动""是无产阶级获得解放的首要条件之一"。

正是这批"变成赤贫者"的工人群体，推动了波澜壮阔的国际工人运动，还建立了无产阶级专政的政权雏形"巴黎公社"。

再说俄国。众所周知，随着 1917 年俄国"十月革命"的炮响，世界上第一个社会主义国家建立。如果不算"巴黎公社"这一辉煌而短暂的革命，那么这一次，正是工人阶级第一次将国家政权掌握在自己手中。也正因如此，"十月革命"被认为是开辟了人类历史的新纪元。这一声炮响，标志着马克思主义关于无产阶级革命的理论变成了现实。

1918年，李大钊以满怀希冀的心情写下一篇文章，他说："俄罗斯之革命，非独俄罗斯人心变动之显兆，实二十世纪全世界人类普遍心理变动之显兆……"

可见，这一声炮响极大地推动了马克思主义的传播。以此为起始，世界范围内建立起一大批无产阶级政党，一系列社会主义国家由此新生。而这些成就，依托的正是《共产党宣言》这一思想武器。

最后，把目光聚焦到中国。《宣言》问世时，中国正被鸦片战争失败的漫天阴云所笼罩。而当它传入时，中国已经沦为半殖民地半封建社会，外敌入侵、军阀内战、灾荒连连。

1920年，注定是个苦难深重的年头，一场大饥荒又席卷北方五省，2000多万人沦为灾民。也是在这一年，《宣言》首个中文全译本出版，为苦苦求索的中国人打开一扇窗。

彼时，青年毛泽东正在长沙发展新民学会，创建长沙的共产党早期组织。1921年，毛泽东同志直接参与和推动了中国共产党的成立。

毛泽东同志的一生中，研读得最多、最熟的一本书就是《宣言》。同样，周恩来、刘少奇、邓小平等革命先辈都通过《宣言》，了解并确立了马克思主义信仰，义无反顾云集到共产主义的旗帜下，汇聚成滚滚洪流。自此，中华民族的前途以及世界发展的趋势，都被深刻改变。

三

175年后的今天，要真正读懂这部经典，还要弄清楚它何以深刻改变中国、改变世界。

一方面，它不是书斋的学问，也不是机械过时的教条，而是对重大现实问题的回应与求索，是超越时空的思维与方法。

就像前面提到的，马恩起草《宣言》的目的，就是向苦难深重的工人阶级发出呐喊，感召他们真正联合起来，成为资本主义的"掘墓人"。其本质，正是为了回应那个时代的重大命题。

《宣言》汲取了人类思想的精华，创建了独创性的科学理论，揭示了人类社会发展规律。为何这么说？笔者认为，不管是从它所依据的唯物史观来说，或是从它所关注的问题"资本主义社会的基本矛盾"来说，又或者从它所追求的目标"每个人的自由发展"来说，这些在今天仍然具有意义，值得今天的我们去探索、追寻。

另一方面，它不是西方独有的理论，更契合了中国文化的终极理想、全人类共同的价值。

20世纪20年代，郭沫若曾写下一篇名为《马克思进文庙》的文章。他想象了马克思与坐在文庙里孔夫子的"穿越体"对话。孔子对马克思惊叹："你这个理想社会和我的大同世界竟是不谋而合。"而马克思对此也深有同感："我不想在两千年前，在远远的东方，已经有了你这样的一个老同志！"

看似是戏剧化的笔墨，实则揭示了一个道理：《宣言》与马克思主义来到中国，既能够同中国传统文化中的儒家大同理想相"照面"，又能够与根植中国现实生活中的人文精神相"亲和"，两者之间的契合与结合，正是马克思主义在中国能够成功的关键。

当然，"走俄国人的路"绝不是照抄照搬"俄国人的路"。从"农村包围城市、武装夺取政权"，到"人民民主专政""建立社会主义市场经济体制"，再到"中国特色社会主义道路"……中国共产党人创造性地回答和解决了马克思主义基本原理同中国实际相结合的一系列重大理论和实践问题，也在实践当中，不断赋予《宣言》以新的时代特色、中国特色。

也正因如此，今天再读《共产党宣言》，我们才有资格才有底气说，这是一部能够启示未来、永放光芒的理论经典，它值得我们"多看几遍"，常看常新。

杨金柱　周俊　毛黎勇　袁航　执笔

2023 年 9 月 11 日

"毫中藏锋"沈尹默

> 沈尹默的"毫中藏锋",不仅在"一支毛笔""一场运动",还在于对中华文化毕其一生的捍卫与革新。

一支笔毫,可挥洒游龙之墨,可抒发清浊之音,亦可擎起文化大旗。在中国近代史上,以手中之笔担起如此重任的大家有许多,浙江湖州人沈尹默就是其中一个。他的书法自成一派,他的诗歌开新诗之先河,他更在新文化运动中力担主将。

清代王昱曾言,"立品之人,笔墨外自有一种正大光明之概"。沈尹默的"笔毫"里,又藏着怎样的锋芒?

一

沈尹默的书法融汇诸家之长,俊秀飘逸,自然流畅。书画大家谢稚柳称赞道"数百年来,书家林立,盖无人出其右者"。能获得如此高的评价,离不开他70多年的"笔耕不辍"。

沈尹默自5岁开始习字,先后师从多人,习字多以秀美、端正等为追求，但却有些甜媚、流滑的俗气。

20世纪初，初出茅庐的沈尹默在浙江高等学堂——也就是今天的杭州高级中学的前身任教，在此期间，他结识了陈独秀、鲁迅、苏曼殊、刘三（刘季平）等人。

有 天，陈独秀到沈尹默寓所，一进门就大声说："昨天在刘三家看到你写的诗，诗做得很好，字其俗入骨。"这"当头棒喝"一时让沈尹默愣住了，以至于暮年的他在《我和北大》中还回忆道："当时，我听了颇觉刺耳，但转而一想，我的字确实不好……也许是受了陈独秀当头一棒的刺激吧，从此我就发愤钻研书法了。"

此后10余年间，他选择向自己"开刀"，革新原来的错误笔法。他每日练字时间在8个小时以上，直到写出的字摆脱俗气、透出风骨。

除了向自己"宣战"，沈尹默还与当时的书风"对峙"。

清朝末年，练习北碑的人很多，但不少书家却把狂怪粗鄙当作趣味。陷于风气中是很难自觉的。但随着研习愈精，他愈加发现，北碑书法曾从精气敛束日渐发展为粗鄙张狂，于是他产生"追本溯源"的念头，临遍各个朝代的名家书帖，还吸引了很多志同道合的书家，掀起了一场"书法运动"。

沈尹默一生著作等身，《澹静庐诗剩》是他"毫中藏锋"的大成之作。初看，如行云流水，飘逸自如；细看，笔笔中锋，气概雄杰；再看，有欧阳询体之神韵，赵孟頫体之骨肌。一幅书法，能蕴含诸多气象，足见其功夫之深。

1999年，《中国书法》杂志评选出了"20世纪十大杰出书法家"，沈尹默位列其中。

二

"毫中藏锋"既是沈尹默对书法境界的一种追求，也是他在新文化运动中的一种鲜明品格。

沈尹默是《新青年》杂志六位编辑之一，新文化运动的先驱。他"三点建议"改革北大、"三顾茅庐"邀请陈独秀，为新文化运动做了"黎明前的准备"。

蔡元培在出任北大校长之时，曾去拜访沈尹默，征询他的意见。沈尹默完全赞同办教育须在不断革新中前进，并向蔡元培提出了"北大经费要有保障；组织评议会，实行教授治校；规定每隔一定年限，派教员和学生到国外留学考察"三点改革建议，蔡元培全部采纳。

1917年，沈尹默在北京与陈独秀遇见，当即向蔡元培推荐了陈独秀。他还"三顾茅庐"，诚邀陈独秀出任北大文科学长，并把《新青年》带到北京。

以《新青年》杂志为阵地，沈尹默和陈独秀、李大钊、鲁迅等人对封建复古势力进行了猛烈抨击。从1918年初到1920年初，沈尹默在《新青年》发表新诗18首，其创作的《月夜》，被学界认定为"五四"时期第一首白话文新诗：

霜风呼呼的吹着，
月光明明的照着。
我和一株顶高的树并排立着，
却没有靠着。

"霜风"隐喻了彼时中国半殖民地半封建社会的萧森状态，"并排立着""并没有靠着"则塑造了进步青年追求思想自由和个性解放的精神面貌。

除了借景明志，沈尹默还创作了很多描写穷苦百姓生活的诗歌，针砭时弊，比如《人力车夫》写天寒地冻中，京城人力车夫辛苦劳作的情景；《耕牛》描述北洋军阀统治时期，农民缺少耕牛、土地荒芜的社会现实；《三弦》写世道没落和劳苦人的孤寂，被当时的中学教材《国文八百课》选用，传咏一时。

手执锐笔、针砭乱世。沈尹默飘逸灵动的笔锋里，时时闪耀着革新文化的锋芒，新文化运动的精神，贯穿了他的一生。

三

沈尹默的"毫中藏锋"，不仅在"一支毛笔""一场运动"，还在于对中华文化毕其一生的捍卫与革新。

对历史遗产，他视若珍宝。早在1941年，一些人将敦煌壁画看作落后的东西，他却主动写诗，支持张大千与谢稚柳考察莫高窟。新中国成立伊始，上海市接收的文物占到全国总量的半壁江山，年近七旬的沈尹默被聘请为上海古代文物管理委员会委员，每周的会议他从不缺席。他弯着腰，扶着近2000度的眼镜，一工作就是数个小时。

对封建守旧，他针锋相对。新中国成立后，人们对文字进行了简化，但有人提出这样写起来就不像样了。年逾七旬的沈尹默主动站出来，以多年的国学积淀，撰文列举了历代文字的实例，说明每一次字体的改变，必有新体字会出现，进行了有力回击。

对文化自强，他直言不讳。新中国成立之初，日本的书法发展势头迅猛，而国内书法后继无人，这让沈尹默心生隐忧。他到北京向时任国务院副总理陈毅进言，希望能够抓一抓书法。陈毅向毛主席汇报了这一建议。新中国首个公立书法类社会团体——上海中国书法篆刻研究会由此成立。沈尹默曾说："我们一定要让人说，书法在中国！"如今，中国的书法爱好者数以千万计，他的先驱作用依然值得我们追颂。

今年是沈尹默140周年诞辰。生前，他曾多次回到祖籍地湖州，并用湖笔写下"清远湖山见故乡"。他说："好的书法能够有助于使一种见解、一种思想传之以永，流之以远。"如今，他书法中的荡涤之力，性格中的争锋意识，依然给我们以启迪。

张锋　徐震　徐周飞　执笔

2023年9月12日

"低级红""高级黑"的六大危害

> 其实传播主流价值来不得半点水分，既不必说过头话，也不必做过头事。我们的很多工作，真实平实朴实就足以讲好，堆砌溢美之词、人为拔高反而过犹不及。

舆论场上，"低级红""高级黑"现象一旦发生，就会被人聚焦关注、放大炒作。

"浙江宣传"曾发文《"低级红""高级黑"的六种形式》，悉数舆论场上"低级红""高级黑"的各种表现，引发了广泛共鸣与讨论。所谓"低级红"，是指有意无意把党的政策简单化、庸俗化，用看似夸张甚至极端的态度来表达"政治正确"；"高级黑"，则或明褒实贬、或指桑骂槐、或指东打西，以精心策划但又不易察觉的方式进行攻击抹黑。

实际上，舆论场上的"低级红""高级黑"不仅表现形式不少，有的还相当"巧妙""隐晦"，造成的破坏有时比"打直球"式的攻击抹黑更为恶劣。

我们综合近期的典型案例，梳理了"低级红""高级黑"的六大危害，用以警示。

第一，脱离群众、引发对立

在一些问题上，如果表达方式欠妥、传播时机不当，就会让人觉得有悖常识、脱离实际，容易点燃网民的反感情绪。

像疫情期间，某地一工作人员在疫情防控新闻发布会上用"错过女儿成人礼"来"衬托"防疫工作辛苦，被网友指责。还有一些地方为了塑造先进典型，把宣传事迹、人物形象生硬塞到"传统模版"里去编排，非但没树立起榜样的模范作用，反而被围观嘲讽。

凡此种种，大多是少数部门单位和个人为彰显工作成效做出的浮夸作秀之举，然而用力过猛、动作变形，最终结果是破坏了党群、干群关系，甚至可能引发对立。

第二，授人以柄、落人口实

有的地方过分追求所谓的"排场"和"效果"，一些看似煞有介事的言行很容易授人以柄，被揪住不放。

像前一段时间，某地领导跑马拉松的视频在网上引发关注。让广大网友感兴趣的是高达11.2万条的跟帖评论数量，其中不乏"书记左手和右手分别摆了三次和四次，寓意狠抓三个落实，做到四该四必须，处处体现担当精神"之类的评论。

这些在网民看来多少有些匪夷所思的"肉麻"评论，可能来自滥竽充数、无脑吹捧的"低级红"；但也可能是一些看不惯吹吹捧捧的网民，特地来调侃恶搞。而这样的评论一旦被境内外别有用心的人炒作利用，就成了抹黑党委政府形象的"高级黑"。

第三，扭曲政策、引发焦虑

围绕新政策、新举措，少数言行看似在出谋划策、大力落实，实则提出的都是难以付诸实践的一厢情愿，只会引起群众对党和政府政策的误解乃至对抗情绪。

像"三孩"政策出台后，有媒体发文《落实三孩政策，党员干部应见行动》，强调"每一名党员干部不能因为这样那样的主客观原因，不结婚、不生育，也不能因为这样那样的原因只生育一个或两个孩子"。这篇"盛气凌人"的文章，被网友评价是在"道德绑架"党员干部，话语看似绝对正确、绝对坚决，实际上是把政策推向极端。

此外，还有一些"职业黑子"自带"黑色滤镜"，以说段子、讲歪理等方式故意扭曲、误解党委政府的决策部署，拉大理解的鸿沟，引发和加重公众心理焦虑与恐慌，干扰和妨碍国家政策措施的顺利落实。比如，我们提出"国内大循环"，他们就渲染这是"闭关锁国"；我们提出"共同富裕"，他们就鼓吹这是"杀富济贫"，总是自以为是、黑化一切。

第四，流于形式、助长歪风

一些地方误将"作秀"当"创新"，错把"形式"作"本质"，打着"政治正确"的旗号搞"形式主义"，使一些工作变了味，助长了弄虚作假、浮于表面的歪风。

比如，极少数地方部门花样翻新，过于追求表面效果而缺乏深入思考，导致"低级红""高级黑"不时出现。诸如"大白天点马灯学党史""吃'清廉'餐"等，让人们产生强烈的不适之感。

习近平总书记指出："什么是作秀，什么是真正联系群众，老百姓一眼就看出来了。"种种"自作聪明"的"低级红"，自然瞒不过人民群众的慧眼。

第五，消解严肃、丑化形象

无论是无心之过的"低级红"，还是蓄意为之的"高级黑"，都是对党的信念、宗旨、方针、政策等内容进行简单化、形式化甚至曲解错误表达，导致一些原本正面、严肃的概念被滥用，继而遭到调侃和戏谑。

比如，红色本是革命的颜色、奋斗的颜色，是中国共产党人的精神本色。但有些人为了彰显正统、权威，生拉硬扯，事事都想往"红"上做文章，以为"刷"上一层"红色"就能成为"保护色"、就能变得"高大上"。

像某地为表彰"网络正能量人士"，隆重举办评选和颁奖活动，在活动中却词不达意地将这些人表彰为"红色键盘侠"，忽视了"键盘侠"这个词本身的贬义。把一件好事办成了网络笑话。

第六，火上浇油、激化矛盾

在一些突发事件和重大热点中，官方信息一旦表达失当、弄巧成拙，不但无法安抚社会情绪，反而会让问题更复杂、矛盾更尖锐，使负面情绪滚雪球般越滚越大，无异于火上浇油。

像今年某地洪涝灾害中，某媒体把3年前其他地方消防员照片张冠李戴到当地救灾一线中，又被多家官方媒体、机构转发。还有一些灾害事件中，有的地方片面突出救灾、赈灾工作成效而缺少对灾情、灾民的关注，意图用正能量表述纾解负面情绪，客观上却产生"丧事喜办"的反面效果。

"低级红""高级黑"的一些典型案例，看似让人哭笑不得，但其危害不可小觑。当前，第一批主题教育已基本结束，第二批主题教育刚刚启动，需要我们提高警惕，坚决杜绝各种"低级红""高级黑"在基层出现。

想要减小"低级红""高级黑"现象的危害，最好就是从源头上消灭它们，特别是要防止我们自身的"低级红"被人炒作利用成为"高级黑"。"不要人夸颜色好，只留清气满乾坤"，其实传播主流价值来不得半点水分，既不必说过头话，也不必做过头事。我们的很多工作，真实平实朴实就足以讲好，堆砌溢美之词、人为拔高反而过犹不及。

云新宇　宋哲　李欢　执笔

2023 年 9 月 12 日

时代的88种画像

> 在重大题材创作上，美术创作的经典性始终是不可替代的。浓缩于图像中的历史，不仅描绘着永不遗忘的印迹，也给后人以心灵的慰藉。

艺术的繁荣，往往与伟大的时代相伴相生、相互成就。20年来，之江大地上演绎着一场波澜壮阔的时代变革，激发出浙江艺术家源源不断的创作激情。

近日，铭心追梦——"八八战略"实施二十周年艺术特展在浙江展览馆开展。这场展览展出88件（组）美术书法作品，以艺术的方式诠释"八八战略"的深刻内涵和时代价值。

艺术家眼中的、笔下的"八八战略"是怎样的？当代艺术如何回望历史、观照现实，为时代画像？

一

"史诗般的恢宏巨制"，是这次展览给观众的直观印象。整个展厅就像一个大剧场，舞台上放映着一幕幕历史与现实交融的时代影像。

20年前，时任浙江省委书记习近平同志为浙江量身定制了"八八战略"这一省域发展全面规划和顶层设计。20年来，"八八战略"引领之江大地发生的精彩蝶变，为浙江文艺创作提供了取之不尽、用之不竭的源头活水。

这一边，由4位画家历时半年创作的水彩作品《八八战略》，拉开了展览的序幕。长卷上"八"字形的江流蜿蜒曲折，巧妙串联起意寓浙江勇立潮头的"八个优势"；另一边，8位浙江书法名家，以遒劲笔墨书写"八八战略"的内容，抒发浙江"干在实处、走在前列、勇立潮头"的豪情。

从风格迥异、个性鲜明的艺术作品中，我们看到了一张张平凡又不平凡的面容。他们是民营企业家、科技工作者、医务工作者、基层服务人员，是农民、渔民、工人、消防员……他们在艺术的世界里，被凝练成"最美浙江人"这一群像的缩影。

在宏大的叙事、抽象的概念背后，藏着浪漫诗意的笔触与充满人文关怀的表达。比如油画作品《三个"一号工程"》中，数字世界与现实世界相互交织，纯真的孩子张开双臂、仰望星空，仿佛在拥抱全新的未来；同样是表现数字经济，中国画作品《科技人才的娘家》用明亮多彩的线条连接电子眼、数字屏，一群正在头脑风暴的青年科技人才，激荡出科技创新的无限活力。

为了突破传统手法呈现重大主题的局限性，创作者借古开今、融汇中西，大胆创新实验。比如中国画作品《宪法宣誓——建设法治浙江》，在传统写意笔墨基础上，融入西方现代绘画的表现手法，凸显出法官人物的庄严感与宣誓场景的神圣感。

浙江版画历史悠久、底蕴深厚，在现代性叙事与主题性创作上，亦开风气之先。在展览中，《良渚和河姆渡考古》采用中国传统饾版技术，图像与文字、印刻与拼贴相结合，描绘出"考古热"的生动场景；《浙江精神人物谱》则是用平板电脑创作的数码版画，在氤氲水墨间，将古今传承的浙江人文风骨尽数勾勒。

88件（组）艺术作品，映照出时代不同侧面的生动画像，映现出奋斗者、追梦者的鲜活面貌，也让"八八战略"的真理光芒与实践伟力，在笔墨丹青中变得可触可感。

二

在展览入口处，一组由中国美术学院集体创作的雕塑《攻坚》（局部），引得不少观众驻足端详。

高原科考队员、石油工人、八路军战士……一个个栩栩如生的人物，眼神坚毅、姿态昂扬，他们是攻坚克难、砥砺前行的中国共产党人。这组雕塑的原件，矗立在中国共产党历史展览馆广场上，是浙江重大题材艺术创作的标志性成果。

"八八战略"根植浙江的20年，也是浙江文艺工作者攻坚攀峰的20年。"百年追梦""历史的凝眸""最前线"等重大题材美术创作工程的相继实施，磨炼出一支重大题材美术创作的"国家队"。

浙江艺术家向历史的深处追溯，在广泛收集史料、请教史学专家的基础上，用艺术的手法还原沉潜的真实细节，将当代审美与时代精神倾注其中，将史实转化为史诗。

比如油画作品《启航——中共一大会议》，再现了中共一大南湖会议代表登船这一重要历史时刻。画面充分尊重真实历史，乌云、曙光与正要离岸的红船，紧张的氛围中蕴含希望。

再比如，中国画作品《西泠印社——金石篆刻之"天下第一名社"》巧造绘画结构，将历任西泠印社社长融合于同一画面，又通过勾栏、假山、树木等体现时间的截断，虚实相生、古今共鸣，体现出西泠印社传承百年的文脉底蕴。

同时，艺术家也将更多目光投向火热的生活，去乡村、去山区、去海港采风，捕捉普通人身上闪光的特质，用艺术传递生活的温度、人性的温暖。

比如，为了创作油画《美丽乡村建设》，画家孙景刚很长一段时间扎根杭州西湖边的茶园，观察茶农劳作，与他们聊聊家常。他刻画出一群茶农在田间小憩的场景，整个画面春光明媚。

再如，在省文联主席许江的带领下，浙江老中青三代艺术家跋涉数千公里，走上浙东唐诗之路的"文化长征"，在绿水青山间寻访古人诗意、感受民风民俗，一边作画一边作诗，创作出《浙东唐诗之路：诗的山河》等一系列作品。

通过深入生活、扎根人民，文艺工作者完成了一次艺术的蝶变，他们将自身对生活与时代的感知，化作笔下的气韵生动、气象万千。

三

有人说，在影像技术高度普及、人工智能大行其道的时代，绘画何为？艺术何为？聚焦历史与现实题材且相对传统的美术创作，还有没有存在的意义？

笔者认为，在重大题材创作上，美术创作的经典性始终是不可替代的。浓缩于图像中的历史，不仅描绘着永不遗忘的印迹，也给后人以心灵的慰藉。

刘勰在《文心雕龙·时序》中提到，"时运交移，质文代变""歌谣文理，与世推移"。每个时代的艺术创作，往往都是对历史的一种回望、对社会现实的一种表达。

放眼古今中外，在流传后世的艺术作品中，主题创作是不可忽视、熠熠生辉的那缕光。比如董希文的《开国大典》，定格了中国人民"站起来"的历史瞬间；罗中立的《父亲》，塑造出一代人心中的父亲形象。

回看当下，社会各界不乏一些对主题创作的偏见与误解。比如有人认为，主题创作是命题作文，束缚了艺术的创造力，只有自由创作、天马行空才叫艺术。也有人认为，主题创作就是摆拍的宣传画，再现历史就是简单图解历史，反映现实就是画照片等。

美学大师宗白华曾说："历史上向前一步的进展，往往是伴着向后一步的探本穷源。"对艺术家而言，树立文化史观、艺术史观，是在艺术道路上更高层次的追求。只有立足整个人类发展的进程，去追溯辽远深邃的文明火种，去远眺波澜壮阔的时代浪潮，从咀嚼一己之欢到胸怀人民之心，从抒发小情小调到表达时代精神，才能开辟出一条展现吾国吾民风采的文艺攀峰之路。

主题创作政治性强、立意宏大，更考验艺术家的造型能力与画面把控能力。要让作品忠于历史又高于历史、源于生活又高于生活，需要艺术家承古不泥古，用更有创造力的构思与笔法赋形、赋彩，实现真与美、技与艺的结合，创作出直击观众心灵、激发精神力量的精品佳作。

当然，花了巨大心力创作打造的作品，也不应在美术馆、展览馆中束之高阁，在小圈子里孤芳自赏。它们最终要走向普通大众，让老百姓也能从中读懂时代的表情、激发精神的共鸣、接受美育的熏陶，这也是这场艺术特展的最终目的。

茹雪雯　徐霞　李戈辉　执笔

2023 年 9 月 13 日

回望荒滩上的水电奇迹

> 唯有强大了，才能赢得尊重，唯有靠自己，才是最可靠的力量。

1957年的一个秋日，江西上犹水电站的马季煌在宿舍里紧锣密鼓地收拾起了行装。此前，他接到通知，上犹水电站已建设完成，将调往浙江建德参加新安江水电站的建设工作。

与马季煌一路的，共有四五百名建设者。他们从汽车转乘火车，再搭乘汽车，几经波折，浩浩荡荡，最终到达建德沧滩。

到了目的地之后，马季煌写了一封家书，寄往嘉兴平湖。这封信，如今就收藏在浙江省档案馆。信中，马季煌说："我听我师父讲，新安江水电站建成以后要比江西上犹水电站大好几倍，是国家第一个五年计划里的一个工程，今后发的电可以送到杭州、上海，可能几年以后家里用的电就是我们这里发的。"

三年后，信中所说的水电站，在马季煌这一代建设者手中成为现实。今天，我们来回顾那段燃情岁月。

一

20世纪50年代，华东地区电力紧缺，且极度依赖火电。一旦火电厂出现供电事故，就会造成大面积停电。这一现实，严重制约着经济发展，也使得开发水电保障能源供应迫在眉睫。

然而，长三角地区地形以平原为主，想要找到一个适合开发水电的地方并不容易。

"一滩复一滩，一滩高十丈。三百六十滩，新安在天上。"新安江的险峻古有其名，早在民国时期就被水利专家关注到。发源于安徽休宁的新安江，全长373公里，其中从安徽屯溪至建德铜官峡谷的170公里间，就有高达100米的天然落差。

1956年，国家水利电力工业部提出，在滩多、水急、落差大的建德新安江兴建我国第一座大型水力发电站。事实上，新中国成立后、新安江水电站兴建前，浙江省只建设过两个水电站：金华湖海塘水电站，装机容量为200千瓦；黄坛口水电站，装机容量为3万千瓦。

而决定要在新安江建的这座水电站，装机容量为66.25万千瓦，其规模不仅大大超过当时我国已建、在建的水电站，也超过了苏联的第聂伯河水电站。这个水电站，是当时世界上最大、最先进的水电站之一。

中国人能否凭借自己的力量来完成这项任务？可以！尽管工程建设面临诸多挑战，但是全国各地上万名水电站建设者还是踏上了前往新安江的列车。

马季煌他们，就是在这个时候来到建德新安江。同一批人员中，有来自北京官厅的、东北丰满的，有来自浙江黄坛口的、江西上犹的……他们成为新安江水电站的第一代建设者。

二

生产力水平低下、科技力量薄弱、建筑材料奇缺，再加上坝址所在的地形狭窄，已有的机器作业不便……在这样的条件下，新安江水电站的建设，从一开始就进入了极难模式。

如同大多数远行时报喜不报忧的儿女一样，马季煌并没有在家书中向父母讲述工作有多苦。

他只说，"这里的条件比上犹好，江西的菜太辣了，这里还是合胃口的。而且这里工作还有野外施工津贴，一个月能多挣上十块钱。""发扬艰苦奋斗的精神，叫高山低头，要河水让路，要有战斗精神，三年建成发电，所以现在大家都很努力工作。"

而事实上呢？当时，房子是大家自己动手盖的，墙是毛竹编的再糊上泥，屋里地、墙都是湿的，到处都是泥巴。他们住着草棚、点着油灯，生活条件很是艰苦。

但这对工人来说还是其次，更困难的是技术条件的束缚。缺设备、缺材料、缺技术，这些"硬件"上的不足，都由建设者们靠人力和智慧补足。大家挥动十几斤重的榔头将钢钎扎进岩石，用簸箕装渣，靠人工肩挑背扛……

后来，马季煌回忆，一次，一个工人被几名医务人员抬着奔向医务室，然后打了一针，他醒来后又要忙着跑进山洞工作，"工作量还没有完成，一定要完成后才能下班，不能留给下一班！"

艰难困苦，玉汝于成。在风餐露宿的环境下，建设者们凭借着

"让高山低头，叫河水让路"的雄心，创造了新中国的水电奇迹。从1957年4月到1960年4月，仅用时三年，新安江水电站首台机组即提前建成投产。这一工程，标志着我国的水电建设从中小型电站跃上了大型电站的新台阶。

三

"为我国第一座自己设计和自制设备的大型水力发电站的胜利建设而欢呼！"1959年4月的一天，周恩来总理专门来到工地现场慰问建设者，并写下了这样一句题词。

在百废待兴的年代，中国第一代水电人凭借着自力更生、团结创新，突破了国际上的技术封锁。他们留下的，不仅是一座至今仍在发挥重要作用的水电站，更是自己设计、自制设备和自行施工的"三自"精神。因而，新安江水电站也被称为"我国第一座'三自'电站"。

"三自"精神，不是封闭起来自我发展，而是以自强不息为核心，在压力和困难面前勇于挑战，敢于突破。

这种精神，来源于"天行健，君子以自强不息"的中国传统文化，面对逆境，以守道不回的勇气和决心，突破自我；这种精神，代表着一个民族、一个国家生生不息的凝聚力，关键时刻顶得上去，危险时刻豁得出去，人们用勤劳和智慧为社会福祉而上下求索。

60多年后的今天，面对国际上不断升级的外部势力打压、技术封锁和科技霸权，中国更是把科技自立自强作为国家发展的战略支撑，创造出一个又一个科技奇迹。

比如，近几年，国产芯片技术稳步推进，中国在芯片设计和制造方面取得显著突破，甚至成为全球芯片产业的重要参与者，促进了全球范围内半导体产业链的发展。

今天，我们重提"三自"精神，除了回望荒滩上的水电奇迹，更希望你我在缅怀老一辈建设者自力更生、艰苦奋斗的功绩之外，时时处处牢记：唯有强大了，才能赢得尊重，唯有靠自己，才是最可靠的力量。

【档案资料】

马季煌是新安江水电站第一代建设者。1957年，马季煌随同建设大军，从江西调往正式开工建设的新安江水电站，直到1996年退休。文中提到的这封信写于当年12月10日，是21岁的马季煌刚到建德时，写给平湖老家父母的一封信。这封家书现存于浙江省档案馆。

汤露琦　执笔

2023年9月13日

浙江有嘉木，曰"樟"

> 这些旺盛生长、尽情铺展的大树，成为千百年来在诗画江南中流淌着的不尽的绿意。

许多杭州人知道，之江路上有两棵800多岁高龄的古香樟，挺拔参天、枝叶如盖。古树已老，城市日新，这些历尽沧桑的见证者，陪伴着匆匆来去的人们，默默守护着这座城市的成长。

一直以来，杭州对这两棵古香樟精心呵护，并在今年8月，开始实施新一轮保护复壮工程。

古树名木，是一个地方生态文明的重要体现，而香樟是当之无愧的绿化树、行道树、庭荫树之王，也是长在乡野沃土上的"绿色之肺"，格外受到江南人的青睐。今天，我们来聊一聊香樟与浙江的深厚情缘。

一

浙江人把对香樟的偏爱刻到了骨子里。1983年，杭州正式确定香樟为市树。此后，浙江省内，嘉兴、宁波、舟山、金华、衢州……许多城市都把香樟定为自己的市树。香樟，也成为浙江的省树。

最为有爱的是行道樟，从道路两旁相向生长，隔空牵手，浓荫掩映，为来往的行人搭起了一条绿色通道。初秋时节行走其间，更平添了几分惬意。宁波的行道树多为香樟，像长春路上的香樟，就像一张硕大无比的帷幄，也使得这条路被誉为"最美香樟大道"。

环西湖的古树中就有不少老樟树，其中年纪最大的当属1072岁高龄的唐樟。与其他"老邻居"不同，这棵伫立在半山腰上的唐樟已不再郁郁葱葱，甚至树皮脱落、枝叶凋零。但它依旧用力地活着，与一旁的樟亭相互依偎。

俗话说"无樟不成村"，在浙江乡村，古樟就更多了。浙江的许多古村，村口必定要种一棵大香樟。数百年甚至上千年的古樟点缀在青山绿水之间，仿佛守护村落的神祇。

丽水市堰头村有着华东最大的古樟树群，被称为古堰画乡的"千岁家族"。从通济堰堰首引水渠至三洞石桥，短短300米，就有不少千年古樟沿岸而立、枝繁叶茂，据说树龄1200年以上的就有14棵之多。

二

自古以来，身旁最常见的香樟树，也多为文人所吟咏。

比如唐代湖州诗人沈亚之曾这样描写香樟冠盖天下："樟之盖兮麓下，云垂幄兮为帷"；平阳人陈志岁的《江南靖士诗稿·宅旁古樟换叶》一诗则极为到位地概括了香樟的特点："巨盖擎天广荫人，夷生馥质与檀邻。让新谢落犹含苃，藻彩铺园叠锦茵。"

香樟何以广受咏赞？

先来看形态。香樟形态优美、枝干遒劲，树高可达 30 米，直径可达 3 米。香樟自小便有自己的生长曲线，待"成年"后，形态便渐渐呈现出来，比如挥展双臂、热情迎客的迎客樟；比如像一支如椽大笔，斜架在"笔架"上的笔架樟；再比如枝干相连、比翼共生的连理樟等。这挺拔俊朗、自成一体的树形在若干树种中都是独树一帜的。

再来看特性。樟树何以被冠以"香"字？这是因为它浑身散发出一种独特的香味，有驱虫等功效。

可以说，香樟浑身是宝。香樟的枝干和叶子可提取汁液，制成樟脑。张爱玲有一句经典语录，便细腻描写出了樟脑的独特气味："回忆这东西若是有气味的话，那就是樟脑的香，甜而稳妥，像记得分明的快乐，甜而怅惘，像忘却了的忧愁。"除此之外，樟树籽还有保护心脏血管、延缓衰老、促进生长发育等功效。

最后看品性。香樟随遇而安、乐观向上。它不择地而居，速生长寿，从穷乡僻壤到深山野岭，始终耐守着寂寞和苍凉，因此也被称为"无私的生命之树"；它不择时而生，四季常青，同一棵树、同一条枝干上，常见"三代同堂"的景象，即便到了深冬，老叶依旧扶持着新叶，坚守最后一班岗，发出令人震撼的绿。

在嘉兴平湖就有这样一棵"八枝"奇樟，因为外力，它的主干被彻底损坏，泥土里的根部却顽强地长出了八根枝杈，并竞相生长，终成参天大树。

随处可见的香樟，也承载着浓浓的乡愁与希冀。香樟被视为"吉祥之树"。浙江一带，香樟常常作为高档家具的木料。有的家庭，家有女儿，就要打一对樟木箱，又叫女儿箱，留作出阁嫁妆，既避免虫豸滋扰，又寄托对新家庭的祝福。

樟，与"章"同音，又有着"文章、崇学"的寓意。"豫章"是樟树的古称，因此，樟树还被古人视作"栋梁之材"，寓意家族兴旺，子孙多才俊之杰。

比如与樟树羁绊挺深的鲁迅，幼时的学名即是"樟寿"，名取"樟树长寿"，后来改字"豫才"，又名"树人"。

三

不过，再顽强的生命，也需要呵护。

静默不言的香樟是"有生命的基础设施"，爱樟、护樟就是保护一个地方的生态和历史文脉，对此，浙江一直牢牢把握"三分种七分养"的理念，为香樟以及各类树种的保护带来了诸多启示。

比如，全民呵护。北宋张载曾言"民胞物与"，大意为"每一棵树，每一种生命都是我们的亲人，值得我们悉心呵护"。从种植到养护，浙江人对树木的感情在"全民植树""全民护树"的宣传下日渐深厚，纷纷主动扛起绿化"植"责，致广大而尽精微。

2017年，衢州市柯城区率先提出"1个村种植1万棵左右，户均10棵以上"的"一村万树"行动。此后，浙江在全省开启了从"一村万树1.0版"到"一村万树3.0版"的迭代之路。浙江还在浙里办App开通了"绿色家园"和"绿眼睛"板块。如今，植树已经从线下升级到了云端，各种"码上种树""云上尽责"蔚然成风，不断壮大绿色家族。

比如，定责到人。是幼苗还是古树、是生病或是受伤，树木如人，也会遇到各种各样的问题，养护时需要具体问题具体分析，比如，建立"巡护员"制度，定期开展"森林医生"等"义诊"活动，才能及时发现树木病症、对症下药，提高存活率。

在浙江各地，也有不少相关尝试。比如，杭州建立"一树一档"，开展新增古树名木认定工作并实时开展保护复壮工程，实现"树树有档案、棵棵有人管"；金华创新建立了古树名木社会认养机制。而放眼全省，浙江深入推进林长制改革，打通了林长制落实的"最后一公里"。

可以说，这些旺盛生长、尽情铺展的大树，成为千百年来在诗画江南中流淌着的不尽的绿意。

对于无处不在的树木，我们或许已经习以为常，但每当雨霁日出，湿润的空气中出现那股淡淡的清香，便是大自然最好的馈赠，也是我们需要守护的山河印记。

吴梦诗　执笔

2023 年 9 月 14 日

如此"执拗"唱衰中国能得逞吗

> 中国行不行不是唱出来的，而是干出来的。中国今天取得的成绩，是通过几代人几十年脚踏实地、一步一步干出来的，不是天上掉下来的，也不是敲锣打鼓吆喝出来的，现在也不会因为哪个国家唱衰而退步。美国越是唱衰，就越证明我们的路子是走得对、走得通的。

唱衰中国、拿中国说事是美国的老把戏。前不久，美国总统拜登在一场政治筹款活动中，称人口老龄化加剧、经济增长疲软的中国是"定时炸弹"，还污蔑中国"坏人在情况不佳时，就会做坏事"。

熟悉的论调，熟悉的套路。事实上，多年来，美国唱衰中国的论调一直没停过。

近日，外交部举行例行记者会，有记者就一些西方国家唱衰中国经济的相关内容提问。外交部发言人回答：似乎每过一段时间就会出现各种各样的"中国崩溃论"。事实是，中国经济没有崩溃，反倒是"中国崩溃论"屡屡崩溃。

　　不禁要问，美国为什么这么热衷于唱衰中国？如此执拗地掀起唱衰中国的攻势，能得逞吗？

一

　　偏见思维在作祟。在美国看来，中国与其既是意识形态之争，更是制度之争和道路之争。第一次世界大战后，美国逐步取代英国，当上了资本主义国家的"老大"，逐渐成为全球实力最强的国家。在美国精英的认知里，资本主义才是最先进的制度，西式民主才是地球村"未来的希望"；而中国作为社会主义国家，无论是意识形态，还是发展制度，都与他们格格不入，是个不折不扣的"异类"。

　　眼见中国发展迅速，心里又酸又急。数据显示，1978年中国人均GDP仅为300多元，而同一年美国人均GDP已经突破1万美元大关，达到了10587美元，中国人均GDP连美国的零头都不到。奋起直追40多年，2022年中国经济总量突破18万亿美元，相当于美国经济总量的70%多，并且这一势头还在延续。从一个微不足道、不足挂齿的"小个子"，长成了一个跟美国差不多大，可以掰掰手腕、较量一番的强劲对手，美国心里有点酸了。

　　美国历来崇尚弱肉强食的丛林法则，满脑子是零和思维，眼里自然容不下中国，于是就想方设法遏制中国，比如在科技领域断供芯片，卡住中国企业的脖子；发动"贸易战"，妄图限制中国经济。不过，效果都不怎么理想，美国越来越焦虑了。

　　最终目的当然是为了打击中国。唱衰不止"唱"，更在于

"打"。美国是攻心战的高手，深知"心理战"的重要性，熟谙设置议题、借机打压的必要性。

2020年，新冠肺炎疫情暴发，苦于遏华无策的美国一看机会来了，就千方百计打压中国。炮制"武汉病毒实验室"虚假信息，让其他国家对中国产生敌意，进而孤立中国；眼看中国疫情防控取得良好进展，又大打"人权牌"，声称管控措施侵犯人权，妄图从内部瓦解统一思想战线，乘机搞乱中国。

在中国放开疫情管控、有序恢复社会秩序后，美国政府继续实施贸易保护主义，并以汇率、知识产权等问题为借口，持续对中国施压，阻碍中国经济发展。这一系列操作，不难看出其唱衰中国背后的企图。

二

这么多年来，美国唱衰中国的"唱将"们接二连三地冒出来，乐此不疲换着法子唱衰中国，让我们来扒一扒"唱将"们到底有哪些"唱法"。

唱法一：散布谣言、制造恐慌

"中国上海成为'鬼城'？照片显示了什么。"前些天，美国老牌新闻杂志《新闻周刊》炮制假消息，强烈暗示"中国经济不行了"，让不明所以的公众以为中国经济要垮了，试图吓退外部投资，降低中国经济的活力与韧性。

多年以来，美国媒体关于"外资正在撤离中国""在华投资意愿下降"的相关报道就没有停过，宣称"中国的土壤不适合外资发展""在中国办企业最后一定会亏本"等，影响公众判断。

正如美国学者尼古拉斯·拉迪在一次论坛上说道："在美国的媒体上，你每年都会听到中国今年的增长是30年以来最低的，这种说法已经有好多年了。"此外，他说，还有一些论调认为中国在全球价值链中的作用会越来越受到排挤，但事实并非如此，中国的贸易依然非常快速地发展。

唱法二：里应外合、沆瀣一气

美国在唱衰中国方面，已形成了战法体系。政府、智库、媒体、华尔街，各司其职，相互配合，轮番登场。无论是政界、商界还是学界，美国建立了所谓的"唱衰中国统一战线"。唱衰中国，绝不是个人秀，而是"大合唱"。

2020年初全球新冠肺炎疫情暴发后，时任美国总统特朗普将矛头直指中国，称新冠病毒是"中国病毒"；与此同时，《华尔街日报》发文《中国是真正的亚洲病夫》，配合美国政府对中国恶语相向，威逼利诱外国企业撤出中国；一些美国学者更是借机发表《中国经济已陷入困境》等文章，坚称中国经济将越陷越深，走不出新冠肺炎疫情的泥潭。

"紧密配合、联动作战"的背后，美国不同"唱将"有着各自的"小九九""小算盘"。美国政客唱衰中国，对华强硬主要是为了赢得选票，争取大选胜利；美国媒体配合唱衰中国，主要是为了拉赞助，提升影响力；美国学者附和唱衰中国，为的是博取眼球、标新立异，打出自己的"学术品牌"；华尔街投行机构极力唱衰中国，自然是为了做低筹码、乘机做空、大捞一笔。

唱法三：自以为是、先入为主

近百年来，美国强大的国力让他们形成了一种优越感，认为西方的经济发展模式是最先进的、西方经济学理论是万能的。美国经济学家在审视中国的经济发展模型前，就戴上了"有色眼镜"，在看到不符合他们理论模型的情况时，就大呼中国经济迟早要"撞上南墙"。

比如20世纪80年代末，中国出现通货膨胀，一些美国经济学者认为，中国解决不了发展问题，社会主义没有出路。事实上，反倒是那些推行"华盛顿共识"，采用"休克疗法"国家的经济增长出现了停滞甚至崩溃。

又如2011年，美国经济学家保罗·克鲁格曼在《纽约时报》发表过一篇文章《中国经济会不会崩溃》。在他看来，中国过高的投资消费比就是一场庞氏骗局，过度依赖投资，泡沫迟早会破裂，中国经济一定会"硬着陆"。殊不知中国的经济发展有其特有的纵深和韧性。

再如前两年，美国媒体抓住中国多地限电不放，一些学者认为中国产能跟不上，经济运行出现问题，"世界工厂"动弹不得。实际上，这只是中国为实现"碳达峰""碳中和"目标，在经济质量转型路上碰到的小困难，进行宏观调控就能解决。

唱法四：假抬真打、乘机捧杀

美国坚信，把对手"捧得越高"，对方就"摔得越惨"，最终达到证实对手"增长缓慢"或"不如预期"的目的。

在今年中国公布二季度经济数据前，美国多家媒体公布研报，称中国经济同比能达到7%以上的增速，调高预期、吊足胃口。然而，等中国公布6.3%的数据后，美国媒体统一步调，打出满屏的"不及预期"。他们认为，多次"不及预期"后，外界对中国的发展自然就会"失去信心"。

此外，今年3月，美国政客处心积虑让中国成为"发达国家"。表面看，是承认中国的发展成果，实则是想取消中国在部分贸易领域的优待，减少中国的贷款优惠，为中国成为真正的发达国家设置重重贸易壁垒。

三

不管美国怎么唱衰中国，中国依然稳步向前。正所谓你唱你的，我干我的，以我为主。在美国不断唱衰中国这个问题上，笔者有三点思考。

中国行不行不是唱出来的，而是干出来的。中国今天取得的成绩，是通过几代人几十年脚踏实地、一步一步干出来的，不是天上掉下来的，也不是敲锣打鼓吆喝出来的，现在也不会因为哪个国家唱衰而退步。美国越是唱衰，就越证明我们的路子是走得对、走得通的。

数据是不会骗人的。2022年中国吸引的外国直接投资额增加5%，达到创纪录的1891亿美元。外国企业用实际行动向中国经济投下"信任票"，告诉世界：来中国投资，值得。

有问题不可怕，能解决问题才是真本事。改革开放40多年来，中国经济遭遇了许多大风大浪。80年代末国内的通货膨胀、90年代末亚洲金融危机、2008年全球次贷危机……中国摸着石头过河，见招拆招、随机应变，发展市场经济，解放生产力，凭借上下一心解决了很多看似无解的问题。

如今世界经济复苏乏力，加之疫情后中国经济恢复也面临着一个波浪式发展、曲折式前进的过程，我们难免会碰到困难和问题，不回避、不躲闪，直面问题、解决问题，才是这么多年来中国经济能够行稳致远的关键所在。

有大格局，才能有大发展。得道多助、失道寡助。中国提出"构建人类命运共同体"，强调人类携手同行、共同发展，这是大格局、大胸怀。

据《纽约时报》报道，世界银行数据显示，从2008年到2021年，中国对全球经济增长的贡献率超过了40%。此外，过去十年，我国与"一带一路"沿线国家货物贸易额从1.04万亿美元扩大到2.07万亿美元，翻了一番。截至去年底，中国企业在沿线国家建设的境外经贸合作区累计投资达571.3亿美元，为当地创造了42.1万个就业岗位。说中国经济是世界经济增长的火车头，一点都不为过。

习近平总书记指出："中国经济是一片大海，而不是一个小池塘。大海有风平浪静之时，也有风狂雨骤之时。没有风狂雨骤，那就不是大海了。狂风骤雨可以掀翻小池塘，但不能掀翻大海。"任尔东西南北风，我自岿然不动。无论美国如何兴风作浪唱衰中国，都不会得逞，因为中国经济这片汪洋大海始终在那儿。

王新华　王超　执笔

2023年9月14日

"李佳琦们"该清醒了

> 时代洪流中默默打拼、用力生活的每一个普通人，都值得被尊重。即便没有鲜花和掌声，至少不该被否定和嘲讽。

近日，被誉为"直播一哥"的李佳琦在直播带货时回怼网友一事引发轩然大波。尽管他先后两次公开道歉，但很多网友并不买账，几天内李佳琦微博掉粉130余万。与此同时，网友创造了新词"哪李贵了"，"花西子"甚至一度成为货币单位，还有一些网友呼吁全平台封杀李佳琦，让其永远离开直播间。

那么，李佳琦为什么会"翻车"？粉丝们的愤怒从何而来？我们该如何看待这一事件？

—

实际上，李佳琦曾数次因言语不当站上舆论的风口浪尖，最终都息事宁人，但这次社会情绪异常激烈，大家似乎并没有打算原谅他。

从网友们的普遍情绪看，大家难以接受的是李佳琦说了那句颇具争议的话，"有的时候找找自己原因，这么多年了工资涨没涨，有没有认真工作？"此话一出，瞬间引爆了舆论场，刺痛了无数人的内心。很多人纷纷表示，"我买不起，还真不是自己不努力"。

网友的情绪是复杂的，"取关"背后是失望，愤怒之中更有委屈。究其原因，主要有以下三个方面。

第一，长期建立的信任被辜负和瓦解。一些粉丝感叹，"他挣着普通人的钱，到头来却嫌普通人穷，一种看错人的失望之情油然而生"。仔细算来，从2016年开始直播，很多消费者陪伴李佳琦走过了近七个年头。"所有女生""猪猪女孩"曾一度是李佳琦和消费者之间心照不宣的默契。然而相识多年的"老朋友"忽然变脸了，长久建立的信赖关系被摧毁，网友们情绪反弹便不难理解了。

第二，顾客合理的质疑没有受到尊重。79元的眉笔到底贵不贵，这要看每个人的承受能力和消费水平。但作为消费者，行使知情权、评价权、议价权，本身是合法合理的，"精打细算"更是人之常情。特别是对于直播行业来说，服务态度的重要性不言而喻，有时甚至不亚于产品本身，而且消费者可选择余地很多。直播间"开怼"，这让消费者感到自身权利被侵犯。

第三，每一个努力劳动的人都不该被嘲讽。受世纪疫情和全球经济形势低迷的影响，现在确实有一些行业和群体比较困难，但不应该被责怪埋怨、冷嘲热讽，往大里说，这是人身攻击，是"精英"的傲慢；往小处讲，这是不接地气，是对当下社会与个体所面临的焦虑、压力、困境的严重漠视。网红主播要做的是刺激消费，而不是去刺痛每一个努力向上的人。

二

或许有人会觉得，因为"脱口而出"的一句话，大家的要求是不是太苛刻了？李佳琦委屈吗？

有人说，谁都有情绪不好的时候，谁都有说错话的时候，没必要抓住不放。这句话本没有错，但李佳琦是一个公众人物，不能把情绪失控归咎于职业倦怠。公众人物就应该时刻注意自身一言一行，尤其不应在功成名就之后，忘了本心，忘了自己是怎么走到今天的。

曾几何时，李佳琦是足够用心、足够接地气的，带着与众多消费者一样草根出身的"打工人"标签，倡导"理性消费、快乐购物"的理念，在直播选品时往往站在用户立场"种草"。凭借过硬的业务能力和高超的谈判技巧，他用"全网最低价"满足消费者最核心的需求。这份共情帮助李佳琦赢得了广大消费者的支持。

但当被粉丝捧上"神坛"之后，就容易产生"高人一等"的幻觉。职业倦怠和高强度工作都不应该成为立场转变、身份转换的借口，有些时候的"无心之言"，其实可能就是"肺腑之言"。如果无法像从前一样与普通消费者共情，甚至是对消费者的核心需求不屑一顾，那么，水能载舟亦能覆舟，拥有的一切必将连本带利偿还回去。

在主播扎堆的今天，谁都并非不可替代。该反思态度的不是垂青他、信赖他的消费者，而是李佳琦自己，有必要迫切且深刻地领悟到今后该怎么修炼自己，怎么更好地担起肩上这份信任和责任。

我们相信，李佳琦是看到了这一点的，正如其本人在道歉声明中所说，"身上的羽毛都是所有女生一片片赋予我的"。知错能改，善莫大焉。希望这样的道歉是真实的悔意，而不是权宜之计。

三

直播事件本身只是水面的波纹，水面之下的暗流涌动更应受到关注。在这场舆论浪潮之中，我们更应看到，这些年直播行业的迅速发展，既催生了一大批"网红"主播，也滋生了诸多不堪乱象。特别是一些主播社会形象崩塌、社会责任缺失，此类问题尤其值得我们警惕和反思。

作为公众人物，不能光享受这个社会带给自己的资源和红利，却不懂得怎么感恩回馈、履行义务。实际上，像李佳琦之类的"网红"主播，之所以能够取得"成功"、赚得盆满钵满，很重要的一个原因是他们幸运地站上了网络直播的风口。2016年，电商直播逐渐兴起，平台如雨后春笋般涌现、用户数量迅猛增长，时代成就了很多人。

这个过程中，"李佳琦们"自身当然是努力的，这也是不容忽视的。数据显示，李佳琦本人曾经一年累计直播389场，每场直播6小时以上。但是如果忽视了时代红利的作用，过于强调成功只是因为自身"认真工作"的话，就容易滋生内心深处的傲慢。

不仅如此，直播空间本该是一个提供情绪价值的地方，公众人物扮演着社会榜样的角色，其言行举止影响到社会价值观和行为准则，这不是个人小节。每一个公众人物在面对社会输出观点的时候，都必须抱有清晰的"自知之明"，知道"自己是谁""该说什么""该做什么"。如果做不到这一点，被流量捧起来也终将会被流量反噬，"翻车""塌房"只是时间问题。

时代洪流中默默打拼、用力生活的每一个普通人，都值得被尊重。即便没有鲜花和掌声，至少不该被否定和嘲讽。

金乘波　倪海飞　陆家颐　王潇　执笔

2023 年 9 月 15 日

中华文化"种子库"是啥模样

> 这些"如何"是大学问，要扑下身子、沉下心来，甘坐冷板凳细细钻研，才能让古籍永远活下去。

前不久，《求是》杂志发表了习近平总书记在文化传承发展座谈会上的讲话全文。在中国国家版本馆考察时，习近平总书记强调，建设中国国家版本馆是我非常关注、亲自批准的项目，初心宗旨是在我们这个历史阶段，把自古以来能收集到的典籍资料收集全、保护好，把世界上唯一没有中断的文明继续传承下去。

从《诗经》《老子》《史记》到《敦煌遗书》《永乐大典》……中华版本浩如烟海、不废江河。但同时"非秦记，皆烧之"，"安史之乱，尺简不藏"，靖康之难"秘阁图书，狼藉泥中"，"四库全书出，中国古书亡"……中华典籍曾屡遭劫难与损毁。

曾经，有许多珍贵的典籍消逝在历史长河中，如今仅存的这些文化瑰宝，更需人们加倍珍惜、赓续传承。被无数人"打卡"留影的版本馆，作为中华文化"种子库"，长成什么样子了呢？

一

版本馆以收藏为主业，万千面貌当以加强历史典籍版本的收集为先。

版本记录历史、见证文明。甲骨简牍、古籍善本、文献集成、雕版拓片、方志家谱等历史典籍是收集、收藏的重点，是实证中华民族百万年人类史、万年文化史、五千多年文明史的"金种子"。

版本典籍的重要性不言自明。然而，皇皇巨制几经散佚，要想做到应收力收、可收尽收，应藏力藏、可藏尽藏，其难度不可谓不大。

为尽可能地将重要版本收集完全，版本馆将视野放至最大，从国内到海外，只要是能掌握到的资源线索，就尽全力建立渠道人脉、筹措征集资金、形成工作机制。

如11095册明嘉靖本《永乐大典》，现仅存400余册，文献价值、版本价值、历史文物价值巨大。浙江企业家、藏书家金亮在法国竞拍购入两册，运回国内，交存入藏于杭州国家版本馆。

又如中国历史上最后一部官修佛教大藏经《清敕修大藏经》7245册，雕版79036块，具有丰厚的历史、宗教和艺术价值。杭州国家版本馆接受北京藏家张玉坤的捐赠，予以入藏，中央总馆还征调入藏了部分雕版。

呈缴、征调、拨交、募捐、寄存、采买多管齐下之余，刊印也成为重要手段之一。嘉业堂藏有清末民初珍贵古籍雕版3万余片，杭州馆采用古法手工纸、专用墨，全手工补刻刊印癸卯本62种入藏。

二

版本馆以保护为主责，万千面貌当以加强对版本的分级分类保藏为重。

步入天一阁藏书楼二楼，映入眼帘的是一排排红木板，第一块书六个大字——"烟酒切忌登楼"，而后"禁牌二""禁牌三"等依次陈列，宣示着藏书楼的"规矩"。

这可不是藏书楼在"摆谱"，而是对所藏典籍的殷切守护。

于保藏典籍的馆区而言，不仅要有典藏、特藏、基藏，洞藏、库藏、备藏的标准和规则，还要切实具备抵御各种极端事件的能力，更要发挥馆区"天眼""天网"跟踪溯源、联动移动的功效。

怎么才能把历经沧桑留下来的典籍版本守护好、呵护好？历代守护者们用毕生经验书写着答案。

如重视版本编目。今日所见敦煌洞窟之恢宏，离不开张大千等人前后多次编号，尤其是1947年冬至来年开春，敦煌守护者常书鸿组织人员对洞窟和塑像再次进行了编号排年，共梳理出492个洞窟和2415尊塑像。这一敦煌的基础性研究工程，为后续的保护、利用、研究奠定了坚实基础。

编号排年的重要性不言而喻。对版本馆这样的新馆来说，版本新入藏，要有重视版本编目工作的高度自觉，研究透、制定好著录标准、行制定义、信息标识，建立起具有版本特色的藏品编目系统。

如吃透因事制宜。西安兵马俑出土遇到空气，在几分钟内彩绘迅速脱落，留下了惨痛的教训。如今，保存、保护的技术愈加纯熟，防震防洪防冲击、抗氧脱酸杀虫、恒温恒湿除尘等库房设施设备一应俱全。但条件具备不等于效果具备，设施优越不等于目标达成，对分类分级的标准、细化量化的规程的研究，容不得一丝一毫的马虎。

版本馆里几百上千年的竹简木牍丝帛、龟甲铜镜砖瓦、纸本拓片雕版，它们适合什么样的湿度温度照度？防护处理该怎么做、做到什么程度？该入什么库房存放，打开、立着，还是叠着放？

曾有关于古法造纸研究的著述写道，如何选择补纸去适应古纸的特性；如何选择装具去适应古籍的特点；如何在方寸之地不破坏古籍原有的沉着之美；如何让古人的著述校改笔迹、悬条浮签不至于被遮掩，还能显出其最真实最古典的质感？这些"如何"是大学问，要扑下身子、沉下心来，甘坐冷板凳细细钻研，才能让古籍永远活下去。

三

版本馆担负着挖掘历史典籍版本的重任，万千面貌当以做好研究与传播为要。

版本馆拥有丰厚的典籍版本资源，如何将"藏"化为"用"，让更多人能够接触到这些承载中华五千年文明的内容，是当下的重要课题。

一方面，研究文章陆续发表，研究项目不断建立。如《杭州国家版本馆新入藏〈华严经〉探微》《法国回流两册〈永乐大典〉管窥》《敦煌〈大般涅槃经〉写卷价值浅谈》等重要文稿发表；杭州馆与浙江图书馆合作开展珍稀雕版保护，并开发了雕版字库；古法手工纸标本库建立，首批已入藏各期各类手工纸 300 种；围绕馆藏江南版本特色资源，开展课题研究和哲学社会科学实验室建设；与茶文化学者合作创作《径山茶宴》裸眼 3D 影片……

这些是版本馆、版本人与专家学者、专业团队合作开展历史典籍版本研究与挖掘的实践成果。

另一方面，越来越多的人走进版本馆感受典籍版本的魅力，于不经意间当起了版本交流与传播的"自来水"。

中央总馆《四库全书》合璧展、西安馆"楮墨遗珍 万里同风"丝绸之路版本展、杭州馆"文献之邦"江南版本展、广州馆"时代留声、传世之音"中国黑胶唱片版本展……展陈的是版本，讲述的是传承，这些展览是弘扬、传播中华优秀传统文化最好的教科书。

自古以来，我国都十分重视修志编史藏书，周有守藏室、秦有石室、汉有天禄阁、唐有弘文馆、宋有崇文院、明有文渊阁、清有四库七阁，专藏机构绵亘千年。

建设中国国家版本馆，是文明大国建设的基础工程，是功在当代、利在千秋的标志性文化工程。建设好、管理好国家版本馆，把历史典籍收集全、保护好、研究透，这就是中华文化"种子库"应有的模样。

吴雪勇　魏康星　杨阳　执笔

2023 年 9 月 15 日

开渔节的渔港与渔事

可以说，开渔节祭祀海洋、敬畏海神是流传千古的传统，也是"渔文化基因"的探寻传承，更是传统文化与时代精神的共舞。

千帆竞发，"渔开天下"。每年的9月16日，对东海渔民来说都是一个特殊的日子。这一天，"蛰伏"约四个半月的东海结束了伏季休渔期，位于东海之滨的宁波象山迎来盛大节庆——中国（象山）开渔节。

石浦港畔，渔家儿女忙碌不已：有的检修船只、织补渔网，有的制作鱼灯、准备祭海活动……之后，随着一网网、一船船秋鲅鱼、秋带鱼、鲳鱼、鲈鱼、鳗鱼以及虾兵蟹将们"上岸"来，滨海小城也愈发多滋多味，吸引各地吃客们奔赴而来。

象山这座滨海小城，何以"渔开天下"？今日开渔，我们来聊聊渔港渔事。

一

象山，缘海而邑，这里的渔文化可以溯源到很早之前。从其境内塔山遗址发掘出土的文物看，6000多年前的先民已经学会以海为生。比如，很多陶制品上就留下了他们描绘的水波纹和贝壳印痕。

千百年来，象山人世代"耕海牧渔"，常年在大海中"捞食"。特别是被誉为"活着的古渔镇"的石浦，历史上一直是东南沿海的渔商重镇。明代诗人吴权在《石浦鱼市》中描述："野戍灯悬月，渔舟火聚星。石城鱼市好，系桌复扬舲。"其中描述的，正是古时石浦一派人声鼎沸、灯火通明的渔港风情。

如果鱼市一直这样"闹猛"，也许每天都是"开渔日"。那么为何要专门设立一个开渔节？

上世纪90年代起，随着海洋捕捞业的迅猛发展，过度捕捞等现象加剧，渔业资源大幅减少，开始出现"带鱼细如丝带""鲳鱼小如扣子"的境况，有的海域甚至到了无鱼可捕的地步。为了保护渔业资源，从1995年开始，我国实施海洋伏季休渔制度。

1998年，象山人顺应伏季休渔制度的推行，首创开渔节传统；在数年间，当地渔民多次向国家有关部门提出延长东海渔区休渔期的建议，并陆续被采纳；2000年，21名象山船老大发起中国渔民"蓝色保护"志愿者行动，向全世界渔民发出"大家都来善待海洋，争当保护海洋蓝色使者"的倡议。

其实，世代与海共舞的象山人早就切身感受到，涸泽而渔绝非长远之计。比如，据明代嘉靖《象山县志》记载："县有渔户114

户，每年四五月捕大黄鱼，六八月捕鲳鱼、鲡鱼，鱼谚云‘一网三万六，抲到早稻熟’。"可见，象山人对于"顺时取物"是一以贯之的。

二

"一盏红灯照碧海，笑迎八方嘉宾来"。据统计，每年开渔节，都有近20万人次参加祭海、妈祖巡游、开船等活动。

早在开渔节大幕拉开的前几日，石浦渔港就开始洋溢着节日的气息：船头挂满了鱼灯，一如4000多年前的先民，用鱼灯招引鱼群，祈求风平浪静。

而到了9月16日这一天，氛围感就更足了，石浦港从一大早就会沸腾起来。

"万顷一碧，苍茫东海；大海恩我，不敢或忘……"古老神秘的祭海仪式，为开渔节增添了一抹独特的韵味。一条猩红色的地毯，从高高的祭台长长地伸向海边，黄色的祭海旗迎风飘扬，渔民起奏鼓乐、祭颂大海。

"起航！开船！"开船仪式，无疑是开渔节最浓墨重彩的一环。吉时一到，饮过壮行酒，首发船队发动主机，起航令下，彩烟升空，汽笛拉响，千帆竞发。每逢开渔，数以千计的渔船首尾相接，劈波斩浪驶向"蓝色粮仓"。

对民间信仰与习俗的尊重与传承也是开渔节的一大亮点。其中，"如意娘娘省亲迎亲仪式"和"祭妈祖巡游活动"是参与度最高的祭祀活动。相传，"妈祖娘娘"和"如意娘娘"姐妹是浙江沿海渔民的海上保护神。当年，国民党军队由舟山群岛退踞台湾时，将当时渔山岛的男女老幼共487人带到了台湾，也将如意信俗带去了海峡对岸。

每年开渔节，"如意娘娘"在台湾省台东县小石浦村村民的专程护送下回归故里，象山渔民纷纷以他们特有的虔诚前来迎接，并选在涨潮时分祭神，祈求"如意娘娘"保佑出海平安、鱼虾满舱，古老的海洋民俗风情成为中华渔文化的联结纽带。

而到了开渔节这天的晚上，夜幕下的石浦渔港火树银花，路人摩肩接踵，渔船灯笼高张。在数千渔民的守护下，妈祖、如意以及各尊神祇安坐渔船，巡游石浦港。

这一晚，人们呐喊、挥手、致敬，欢笑、跳跃、歌唱……将所有真诚的祝愿、美好的希望，许给那艘船、那些人、那片海。

三

开渔节，一个"开"字，描述的不仅是船只的撒网开渔，也是文化的起承开合、时代的与时俱进。连续举办了26年的开渔节带来了哪些启示？笔者想到三句话。

顺时取物，有"休渔"才有"开渔"。一开一合、一张一弛间，追求的是天人合一的理念。从上古时期大禹颁布的禁令"夏三月，川泽不入纲罟，以成鱼鳖之长"，到孟子提出的"数罟不入洿池，鱼鳖不可胜食也"，道理都是如此。

如果说，舟楫为马、耕海牧渔是古人对海洋的依赖，那么，"守护这片蔚蓝"则是当代人对海洋许下的承诺。正如习近平总书记所说，"我们要像对待生命一样关爱海洋"。开渔节的背后，蕴藏着"人海共生"的密码——善待海洋就是善待人类自己，遵循自然规律，保护海洋生态，才能有取之不竭的渔获。

节日庆典有文化内涵才有生命力。开渔节问世之初，或许只是从当地传统渔家习俗里"取来一根肋骨"，那么如今通过各方面的推陈出新，已经日益"血肉丰满"。

时光流转，今年的开渔节又进行了迭代，升级了"渔开天下"开渔民俗、"神笔马良"海洋艺术、"哪吒闹海"海洋运动、"海上两山"海洋生态、"潮玩象山"海洋生活等板块……在多元呈现中，这项本因国家实行禁捕期而设置的区域性文化节庆，更具开放情怀和人文旨趣，更加有生命力。

可以说，开渔节祭祀海洋、敬畏海神是流传千古的传统，也是"渔文化基因"的探寻传承，更是传统文化与时代精神的共舞。

专注做好一件事，就会发现更多的可能。随着开渔节的牌子越来越响亮，这里的祭海、如意信俗、石浦鱼灯、木海马制作技艺、象山渔民号子等非遗项目，食饼筒、鱼丸等非遗传统美食，鱼骨画、鱼拓等传统手工艺品都越来越被外界所熟知，还有石浦十四夜、三月三等大型民俗活动也得到恢复和发展，吸引着八方游客前来。

当开渔节的铜号响彻东海，大海的馈赠绵延不绝，渔家儿女的莼鲈之思有了具象的慰藉，独特的渔文化得以代代赓续和传播，渔港渔事、渔韵风情，也就更广为人知、广为人爱。

探索海洋、眷顾海洋、拥抱海洋，人类离不开海洋，人类的发展也离不开海洋。期待"万象山海、渔开天下"一年又一年，我们也迎来一次又一次年年有鱼、年年丰收。

马振　李培尔　执笔

2023 年 9 月 16 日

"亚运风"吹来的"小惊喜"

> 这些创意和细节，包含着杭州浪漫与活泼的双重气质，体现着杭州对亚运盛会的期盼和憧憬。

一些眼尖的网友发现，最近杭州的颜值在不断拉升，变得越来越漂亮了。

围绕杭州亚运会的绿色、智能、人文、简约、惠民等特色亮点，1.68万平方公里的杭州大地上既有"大变样"，又处处充满着"小惊喜"，在精心设计与点缀之下，科技味、人文味扑面而来。

透过以下这些小变化，我们来一探究竟。

一、夜西湖上新了，你想与谁一起漫步

西湖是上天赐予杭州的瑰宝，自古以来，文人墨客皆沉醉于西湖的盛景之中，其中不乏对夜西湖的赞美。当年苏轼就曾写下"水枕能令山俯仰，风船解与月徘徊"等名句。

很多游客对西湖更是情有独钟，到杭州一趟总希望能够拥抱夜

西湖的浪漫。如何既用灯光点缀西湖夜景的璀璨，又保持西湖的静谧？此次对西湖"梳妆"整体以光为墨，用恰到好处的光影，勾勒出山水、林岸、亭台、楼阁等，为西湖山水增添了几分灵动。用一句话说就是，让该亮的亮起来、该暗的暗下去，凸显水墨淡彩的杭州韵味。

面对"北山情、西子意、水墨境"，你想与谁漫步西子湖畔？是"今年还看去年月，露冷遥知范叔寒"的独自徜徉，还是"相携石桥上，夜与故人语"的结伴而行？

二、钱塘江畔的射灯，将夜空扮得流光溢彩

最近几天，杭州奥体中心的灯光秀可谓赚足了眼球，每当酷炫的灯光秀开启，钱江两岸就会被市民游客里三层、外三层围得水泄不通。市民游客给予这场充满科技感的视觉盛宴很高的评价，特别是"杭州之门"楼顶的那几束射灯的灯光，大有直冲云霄之势。

在声、光、电等现代化技术的映衬下，自然、人文、建筑等元素形成一幅光影长卷，奥体中心的灯光秀也因此被誉为点亮杭州"夜经济"的标志性景观之一。有人说，白天的奥体中心像是恬静如水的莲花，晚上的奥体中心则更像是具有赛博朋克气质的霓虹城，昼夜交替间彰显着城市的别样韵律。

这与星辰共舞的灯光秀，想必一定能长久留存在很多人的脑海中，成为一个精彩印记。

三、"懂你的"公共设施体验怎么样

不少市民发现，最近在杭州多了不少"懂你的"公共设施。比如，钱塘江边的公共座椅不仅预留了有线充电口，还具备无线充电功能，游人在观赏江景的同时就能为手机充上电；沿江步道上的智慧健身系统，能帮助跑步者全程记录运动轨迹，与"云端"的跑友来场"云竞技"。

在"亚运风"的吹拂下，杭州的公共交通也更加智能便捷了。地铁"亚运号"专列上的透明车窗成了高科技"魔镜"，能够便捷地查看地铁线路图；火车西站的全自动泊车机器人，让人们不必再为停车、找车而焦虑；多个智慧公交站台有了恒温候车室，乘客们都不用再担心酷热和严寒。

这些"懂你的"公共设施正在走进每个人的日常生活，体现着这座城市无微不至的关怀。杭城百姓、过往游客也许会在不经意间感受到这座城市的温度，并由衷赞叹："杭州，你是懂我的。"

四、坐地铁上下班也有"星空顶"

杭州西站地铁站投入运营后，不少乘客发现，候车站厅被数个环形的"星空"点缀了起来。有网友称，现在出门坐地铁竟然也能有机会享受一把"劳斯莱斯星空顶"的快乐了，"这地铁票也太值了！"

当然，除了杭州西站地铁站以外，之前已陆续投入使用的市民中心站、创景路站、建业路站、青六中路站等，都在站厅设计上融入了不少星空元素，星光点点、美轮美奂，给市民的日常出行带去了一抹梦幻色彩。

在这些"星空"之下，每个人在通勤路上都多了一份慰藉：我们头顶星辰大海，我们都是星光下的追梦人。

五、你听说过"电子鱼缸"吗

近日，很多市民在散步时发现，西湖边多了不少双面立体电子屏。电子屏在顶部设计上融入了江南的山水造型，有着360度全屏视角，科技感满满。屏幕滚动播放着亚运海报和视频，有时也化身为"电子鱼缸"装点街道景观，许多市民和游客纷纷感叹"过于逼真"，忍不住拿出手机合影留念。

除了西湖边的这些立体电子屏外，像湖滨步行街的西湖天幕、互动式裸眼3D大屏等，都不约而同地采用了声、光、影、幕的方式进行呈现，以"亚运古风长卷"等节目为市民和游客献上了科技感十足的视觉盛宴。

很多网友留言说，这些电子屏是奇妙想象力和深厚科技实力相结合的产物，让科技拥有了人文的温度、浸染了城市的烟火气。

六、亚运"三小只"真的很忙

杭州亚运会进入最后倒计时，亚运吉祥物"江南忆"成了这座城市最"忙碌"的三个小家伙，不仅出现在墙面海报、街头雕塑、公交涂装等地方，还在亚运村拥有了三条以它们的名字命名的琮琮路、莲莲路和宸宸路。

不仅如此，"三小只"还化身交通"指挥员"，走进了亚运村的红绿灯中——它们的卡通形象取代了传统的红绿灯信号图案，当红绿灯颜色变化时，"三小只"就迅速"换装"，麻利地"指挥"交通。网友纷纷留言"好有创意，好可爱""这样的红绿灯，让等待的时间都变得有趣了"……

有人说，这些创意和细节，包含着杭州浪漫与活泼的双重气质，体现着杭州对亚运盛会的期盼和憧憬。

七、核酸检测小屋华丽转身了

如今，核酸检测小屋已退出历史舞台。但为了"屋"尽其用、变废为宝，杭州大街小巷闲置的核酸检测小屋通过微改造、巧升级，变身为"亚运文明驿站""亚运青年 V 站"等，为广大市民和游客提供志愿服务，成为遍布杭城的一道靓丽风景线。

这些核酸检测小屋不仅外观上换了"虹韵紫""湖山绿"等亚运主题新涂装，内部也是包罗万象、各有玄机。有的成为微茶楼，摆上了古色古香的凉茶缸，为环卫工人、建筑工人、快递小哥、过往市民游客提供凉茶；有的成为微型消防站，灭火器、灭火毯、防护手套等专业装备一应俱全；有的成为健康小屋，配备血氧仪、血压仪等，方便市民进行健康自测、健康管理。

这些改造升级后的文明驿站，便捷了大家的日常生活，也传递出一座城市的温度。

八、文化新地标成了"网红"打卡点

杭州一座城市就拥有三处世界文化遗产：良渚古城遗址、西湖和大运河，这在全国为数不多。这样得天独厚的文化资源，为杭州发展增添了底气。

换作以前，游客到杭州后指尖的选项似乎只有这么多，但现在的打卡地多出不少。比如去年"出圈"的杭州国家版本馆，很多人以为只有开馆那阵子热闹热闹，没想到成了"长红馆"，目前接待游客超过62万、团组3000多个，有不少忠粉甚至打卡十几次；近期火爆的之江文化中心，在规模体量、智慧水平、拼盘模式等方面走在全国前列，于四个馆之间穿梭看点颇多。

而类似文化地标、文旅融合线路在杭州还有很多，这正是一座城市深层的文化积淀所承载起来的。一个弥漫着浓厚文化气息的杭州，相信一定会给游客朋友打卡杭州更多的理由。

杭州这样的小变化、小惊喜还是很多的，这座新晋"亚运之城"在这些创意之中体现出了十足的办赛诚意，敞开怀抱、满怀热忱地迎接八方游客的到来。

再过几天，"亚运之花"就要在钱塘江畔盛情绽放，你期待这份邀请吗？

徐婷　谢滨同　倪海飞　执笔

2023年9月16日

叶圣陶的八封回信

如今，让更多优秀的教师和教育专家深入到基层学校去，已成为很多人的共识。

1957 年 4 月 14 日，63 岁的叶圣陶在金华游览了双龙洞和冰壶洞，并写下《记金华的两个岩洞》，大家所熟知的小学课文《记金华的双龙洞》，就由这篇游记的前半部分改编而成。

不过，很多人不知道的是，除了"到此一游"和"以此文为记"，叶圣陶与金华的故事还有很长很长。离开金华后，叶圣陶与金华两个岩洞山脚下的罗店中学师生书信往来频繁，结成了"笔友"。这段情缘持续多年，直到叶圣陶去世前一年，双方还在用书信寄托彼此的关心。

据学者研究，叶圣陶给学校寄来过八封回信，有六封目前还留存在金华。作为著名教育家，叶圣陶与一群农村师生，用人世间美好的遇见，向世人展示了一段值得传颂的佳话。

一

1957年，叶圣陶南行，本是为宽慰亡妻之痛。但来到金华后，他却脚步匆匆起来，游览不是他的主要事务，他做得更多的是听课、座谈、演讲。

叶圣陶在和金华、温州等地的基层教师座谈后，留下了这样的回忆："老师们踊跃发言，把我们看成熟朋友，这是很可感动的。"他对金华教师的上课水平印象深刻。听课后，他给予了肯定："学生的朗读能力好，表达能力强，教学有质量。"或许，与金华教育的缘分，此时已在叶圣陶心中萌发。

1979年，罗店中学的语文教研组在学校内尝试教学改革，决定以《记金华的两个岩洞》的教学为突破口，采用一边放幻灯片一边讲解的新形式来上课。但这在当时属于摸着石头过河，教师们心里也没底。他们决定给叶圣陶写一封信，请教教学上的技巧。

这封信由学校教师邵介安执笔。信寄出去之后，大家心里都在打鼓：叶圣陶曾当过教育部副部长，又是著名教育家，他会为一所普通农村中学的事上心吗？

没想到半个月后，叶圣陶写来了亲笔回信。本文节选了三段：

> 拙作《两个洞》配着幻灯片教学，此是新方法，自不妨一试。我想，只要朗诵得好，又有幻灯片看，在听写看之际，学生必已能领会。第二课的指导，不妨扼要务简，不须琐琐多说。如是，两节课就可以毕事，这就改变了每课课文占时间过多之通病。

　　我游贵地，事隔20多年，时间又不过几小时，所写或恐有不确切，甚至错误之处。同志们如有所发见，务恳向学生说明，不要为原文勉强辩护。至盼。

　　我去年曾大病，至今虽云恢复，而精神体力远不如前。不能集中用心思，缘目力极度衰退，书写亦见困难。以此之故，只能简略作复，尚希原谅。

　　"教师之为教，不在全盘授予，而在相机诱导"是叶圣陶一生都在践行的教育理念，在回信中，他也把这个理念传递给了罗店中学的教师。

　　信中还有一大亮点：叶圣陶对《记金华的两个岩洞》作了反思，要求教师和学生讲解内容时，不要回避行文中可能出现的纰漏。有研究人员认为，这个"错误之处"，大概是指"罗甸"与"罗店"之误。虽然是一字之差，但却体现叶圣陶的良苦用心，教人求真务实，不可失之毫厘。

　　叶圣陶的回信，鼓舞了罗店中学的教师们，最终这项教育改革得以落地，当地组织了一系列语文教学观摩活动，取得了较大成功。

二

　　这段情缘，还寄托着一份真诚邀约。在教学改革取得了初步成效后，罗店中学的教师们又给叶圣陶写信，告知电视教学的情况，希望老先生能题写校名，随信还赠送了佛手。

叶圣陶再次亲笔回信，其中对佛手的到来甚感宽慰。

> 接到上月 30 日来信，读悉一切。电视教学实况，希望能在电视中看到。
>
> 嘱写校名，勉强写了寄去。我眼力衰退，眼睛跟手腕不能协作，写来很不好。最好不要用，请擅长书法的同志写。
>
> 来信说赠我佛手两只，想来明后天可以寄到，先在这里道谢，非常感激你们寄赠的寓意。

写这封信时，叶圣陶已 85 岁高龄，虽然"眼睛跟手腕不能协作"，他坚持为罗店中学提笔书写校名。他对基层教育的感情，此刻浸润在佛手的芬芳之中。这份芬芳也把老人的思绪带回到了 20 多年前。

当年，叶圣陶在《记金华的两个岩洞》中，提到过这种金华的特产："据说佛手要那里的土培植，要双龙泉水灌溉，才长得好。"

双方通过佛手传递的情感，还有下文。1980 年，叶圣陶再次给罗店中学回信，指导语文教改，提出："不拘一格，惟期学生真受其益，在工作上和工作中都能应用，方为教学之成功。"

1981 年，罗店中学师生在给叶圣陶写的信中，邀请他来金华看茶花，并送去了佛手。叶圣陶的回信很快到来，他虽然伤感于自己的视力衰退，但仍然称赞佛手"色香皆极好"。

> 接读来信，关念殷切，深感于心。承赐佛手四枚，色香皆极好，感谢之至。前年我还能为贵校写校名，今年视力衰退，

> 已不能写毛笔字了。蒙邀来春到金华看茶花，但愿能去，惟须看身体与手头事务如何。

叶圣陶在信中还表达了对金华故地重游的向往。在他内心深处，似乎早已经把这群农村师生当成了知己。可惜由于身体原因，叶圣陶还是没能成行。但他依旧保持着和罗店中学师生的书信往来。

1984年至1986年，叶圣陶身体多病，经常住院，但他仍坚持让家人代笔给罗店中学回了三封信。在信中，他鼓励罗店中学走职业教育的道路，称"走对了路，前者发扬了乡土传统，后者适应了农村经济发展的需要"。随信，老人还邮寄了他的著作集，送给罗店中学的学生。

直到1987年，身体虚弱的叶圣陶还给罗店中学回过信，他在信中提出对这所农村中学的殷殷期望："顺着改革这条路子走下去，还要不断有所创新。"次年2月16日，叶圣陶在北京逝世，享年94岁。

三

叶圣陶的性格，从来都是柔里藏锋。早年，曾有文艺批评家指摘叶圣陶文风厌世。为此，叶圣陶曾在《未厌集》中解释"未厌"一词的含义，还将自己的书斋取名为"未厌居"。

叶圣陶给罗店中学回信时，克服了暮年体衰带来的很多不便，这其中有他早年刚直性格的坚守，也有他对即将到来的教育改革热潮的远见。

叶圣陶的这八封回信，拨动了罗店中学命运的齿轮。学校教师们在叶圣陶指导下的教学创新实践，吸引了《语文教学》《教师报》《文汇报》等媒体争相报道，让这所农村中学名气陡增。受到叶圣陶多次鼓励，罗店中学在职业教育的道路上走了下去，现在已经与其他学校合并成为金华市第一中等职业学校。

一位著名教育家关心和支持一所农村职业中学的教育改革，令人鼓舞和敬佩。他的关怀，体现了老一辈教育工作者对教育的期望、对教育战线同志的支持。

而这八封回信的意义绝不仅限于此。教育家与基层农村教育工作者如此频繁的互动，放在今天来看，仍然具有深远意义。

教育是民生大事，事关民心。叶圣陶和罗店中学的这场缘分与当前正在进行的教育改革是同向而行的。如今，让更多优秀的教师和教育专家深入到基层学校去，已成为很多人的共识。

比如在浙江，不少城镇优质学校与乡村薄弱学校结成教育共同体，将优质教育资源下沉到乡村，从而激发乡村学校内生活力。2020年底，在《关于新时代城乡义务教育共同体建设的指导意见》中，浙江专门对推动师资流动、优化激励机制等提出新办法。

30多年前，叶圣陶和罗店中学的师生，摸索出了一条优质教育资源"返乡"的道路，正如他曾提出，义务教育要为每一个儿童、少年提供平等的受教育机会。

这八封回信，不仅见证了叶圣陶对教育事业的责任与初心，也留下了他的教育精神，薪火相传、源远流长。

徐健辉 执笔

2023 年 9 月 17 日

杭州亚运村的别样"村味"

> 办好一个会，提升一座城。赛事与城事，密不可分，亚运村"赛时为赛事"，赛后，则需要回归到城市日常之中。

9月16日，杭州亚运村开村了。亚运会期间，来自不同国家和地区的运动员、随队官员、媒体人员等共同居住生活在这里，成为亚运村"村民"。

亚运会，为何需要专门建设一个"村"？这个"村"有何特殊之处？

一

每一届奥运会或者亚运会上，奥运村、亚运村都是赛场之外最为令人瞩目的地方之一。这里是赛会期间运行时间最长、连续性要求最高、服务对象最多的非竞赛场馆。

如此多的体育运动员短时间内聚集在一个空间，其中有不少还是世界级体育明星，他们的吃、住、行，都可能影响赛场上的表现。此外，亚运村里还住着众多媒体记者、技术官员，可谓关注度拉满。

对主办方来说，亚运村运行的丝滑程度，是衡量亚运会完美与否的重要标准之一，同时也是向世界展示城市软实力的隐形赛场。

不过，奥运村和亚运村并不是一开始就有的。早期奥运会上，来自世界各国的运动员和工作人员，大多分散住在主办城市的各个旅馆。随着赛事规模的日益扩大，分散居住无疑不利于运动员的管理和安全。早在1924年巴黎奥运会上，主办者首次将参加者集中安置在特意建造的木制房屋里，最早的奥运村由此出现，而从1932年洛杉矶奥运会开始，为各国参赛人员提供奥运村成了惯例。

《奥林匹克宪章》第42条规定："为了使所有运动员、官员和其他工作人员住在一起，奥运会组委会应提供一座至少在奥林匹克运动会开幕式前两周至闭幕式后3天期间可入住的奥林匹克村。"

最早的亚运村出现于1962年在印尼雅加达举行的第4届亚运会上。长期以来，因为年代的变化和主办城市的不同，亚运村的风貌也体现着时代特色和文化差异。

1990年，北京亚运村内高楼林立，成为改革开放之后北京现代化建设成就的重要地标之一，在当时被誉为"中国第一村"。

20年后，亚运村在南国羊城起笔，广州亚运村将岭南文化作为自己的特色名片，亚运村随处可见榕树、盆景、古桥、画舫等岭南特色标志，村内设置的戏台上粤剧、唱龙舟等文化演出接连不断。

时针拨转到杭州亚运会。2018年2月，亚运村定址于钱塘江东南岸。5年过去，当初的村野之处如今已面貌迥异。

二

"同一片大海和天空，同迎着黎明和繁星，同样的向往和憧憬，同圆我们一个梦。"杭州亚运会的主题曲里，传递出体育带来的友爱、和谐之美。

总占地面积113公顷、拥有108幢建筑的杭州亚运村，究竟是怎么样一个村？探访之后，笔者认为有三种味道值得一说。

先说文艺味。历史文化名城杭州从来不缺少浪漫，从高架上的月季花到1314路爱情巴士，杭州将文化底蕴和浪漫细腻融于一体。这样的文艺范，也在亚运村里随处可见。

比如，设计师将《富春山居图》搬上了亚运村国际区建筑的外立面，建筑从青瓷和良渚古玉中提取质感和色彩，又从《富春山居图》中提取山水之形。远远望去，青绿色的建筑外表上，山水的图案若隐若现，给人以温润的质感，传递出亚运村的东方美学。

亚运村的文化小屋内，有剪纸、雕版印刷等传统文化作品的展示，以及茶文化、古琴艺术、制扇技艺、木版水印等展示与互动项目，让来宾充分体验中国传统文化的韵味。

再说数字味。杭州志在重塑"中国数字经济第一城"，亚运村里的数字味自然也是少不了的。

在国际大型赛事举办史上，杭州亚运村是首个实现运动员村全面数智化管理的。亚运村中，有一个"云上亚运村"系统，"村民"在云端发出吃、住、行等生活需求后，服务人员就会分门别类作出及时响应。

"村民"如果想预约一辆去往超市的接驳车，只需在手机上简单操作，就可以在公寓楼下便捷乘坐。除此之外，餐饮预约、文化表演、低碳账户等都将为运动员提供贴心服务。

此外，村里还有无人售卖现磨咖啡机器人、捕蚊机器人、围棋机器人、乒乓球机器人等智能应用。

最后说烟火味。一个村热闹不热闹，吃的玩的好不好很关键。杭州亚运村里，世界各地各种风味的菜系汇聚在餐厅，湖州千张包、宋嫂鱼羹等江浙特色菜品也被纳入美食菜单，可谓选择多多。

没有比赛的日子，在村里闲逛，可以去健身中心、商业中心等各种休闲场所；乐于动手的"村民"，可以走进街边的文化小屋，体验宋绣技艺、青瓷烧制；对中国文化感兴趣的，可以体验智能篆刻的乐趣，设计和制作个性化艺术印章。

总之，亚运村力求营造舒适温馨、便捷高效的居住体验，早已超越居住场所这一简单定义，而成为大家共同的家园。

三

"江南忆，最忆是杭州"。对于杭州亚运村来说，如何展现"中国特色、亚洲风采"？笔者认为，亚运村将发挥三个方面的作用。

首先，这是一个服务"村民"的港湾。亚运村最重要的工作，就是做好服务和保障。面对不同国家、不同文化背景、不同生活习惯的"村民"，服务保障如何做到安全而舒适、热情而有度、细致而不越位，是比赛期间最大的考验。

我们看到，在亚运村里的"小青荷"们，时时刻刻耐心解答疑问、提供帮助，展现着中国青年的从容与自信；各个团队的工作人员，夜以继日服务保障每一个细节。我们有理由相信，亚运村已经准备好了。

其次，这是一座文化交流的广场。亚运会不仅是比拼较量的赛场，也是一个展现体育精神、交流国家文化的盛会，是增进亚洲文明互鉴互赏的桥梁。

作为运动员们在亚运会期间训练、生活的大本营，这样一个放松、温馨的运动员之家，为彼此留出了充分交流的空间，也给了杭州一个展现中国文化魅力和江南特色韵味的舞台。

茶韵文化、宋韵文化、丝绸文化……穿越千年而来的素雅江南在亚运村舞台上登台亮相，走向国际，传达"诗画江南、活力浙江"的文化魅力。

据报道，国际奥委会顾问西奥多拉·玛莎里斯表示："杭州亚运会的诸多设计都采用了全球人民能理解的语言、图案进行展现，这是一种大家都能了解的沟通方式，可以促进各个国家和地区进行沟通交流，我对此非常欣赏。"

最后，这是一条通向未来的跑道。办好一个会，提升一座城。赛事与城事，密不可分，亚运村"赛时为赛事"，赛后，则需要回归到城市日常之中。"云上亚运村"将继续为社区内的居民提供触手可及的智慧服务，将亚运村的智慧和城市发展融为一体。

亚运村在施工过程中采取了"可逆施工"的改造方案。赛后，亚运村各区域拆除改造之后，就将回归日常。比如亚运村中的设备维修用房，这座粉墙黛瓦的院落在赛后将成为一座幼儿园，运动员餐厅将回归自己的学校身份，公寓将被改造成为未来社区……

而更重要的是，如何总结亚运村中使用的建设思路、服务理念、管理经验、治理体系，并将其运用于未来城市的建设和管理中去，这是亚运遗产的重要组成部分。杭州这座城市将借助亚运村的智慧和经验，进一步提升城市管理和治理水平。

在杭州亚运村中，有这样一座特殊的桥，桥上展示着十几种语言的"你好"，这座桥也因此被称为"你好桥"。这座桥，将承载、见证来自五湖四海的梦想与友谊。

韩潇涵　执笔

2023 年 9 月 17 日

体育是怎样的"世界语"

> 根植于中华优秀传统文化的中国体育精神，其最大的魅力就在于既有西方体育精神中的开拓进取、昂扬向上，还包含了人与自然、人与人、人与自身之间的内在和解、高度统一。

亚运会开幕的日子越来越近，全球的目光正在投向中国杭州。有人说，体育如音乐、艺术一样，也是一门世界性语言，它无须借助翻译，便能穿越国籍、文化、语种的界线，让全世界人民的心跳动在同一频率上。

置身亚运会的大场景，我们该如何通过一场盛会更好地对话交流，向世界敞开中国的怀抱？

一

体育的意义早已超越运动竞技本身，我们不光惊叹于智慧、力量和技巧的美妙结合，也动情于永不言弃、勇于突破的精神意志。

更关键的是，体育运动伴随人类社会发展，已然成为全世界传递共同价值的重要载体之一。

很多关于体育的故事传为佳话，就是因为获得了人们的价值认同。比如一战中的"圣诞停火"，相传英德两军在圣诞节那天走出战壕踢了一场足球赛，至今为世人所津津乐道。再如通过"体育使者"来表达对话的意愿，促进了国与国之间的交流发展，上世纪70年代，以"小球转动大球"闻名的中美乒乓外交就是一个经典的范例。可以说，体育交流已成为消除误解、释放合作信号、改善国际关系的重要纽带之一。

体育界也从来不是一个封闭的领域，其与经济发展、生态治理、社会民生等领域紧紧相连。比如面对气候变化这一全球性治理难题，国际体育组织就与联合国合作开展《体育促进气候行动框架》等，旨在推动减少体育活动中产生的二氧化碳排放。还比如，随着杭州亚运会临近，"世界超市"义乌今年上半年出口体育用品35.2亿元，同比增长22.5%，其中来自亚洲国家的体育用品订单正在增多，亚运经济红利显现。可见，体育运动的背后是一个互联互通、共创共赢的世界。

体育也表达着全人类美美与共的愿景。从古希腊时期的奥林匹克休战传统到"同一个世界，同一个梦想"；从顾拜旦的"年轻人，放下武器，从战场来体育场竞技吧"到"心心相融，@未来"，体育蕴含的共同价值符合全人类对于和平、发展、公平、平等的共同期盼。

正如有人所说，作为一门特殊的"世界语"，体育提供了这样一种解决之道：人们可以在体育场上以文明的方式竞争，国家之间可以相互欣赏，文明之间可以交流互鉴，人类可以携手走向和平与繁荣。

二

"体育"一词最早出现于卢梭的《爱弥尔》一书中，意思是身体的教育。尽管"体育"这个词对于中国来说是个"年轻"的外来词，但千百年来，体育运动始终为中国人所喜闻乐见。

古代要求学生掌握的"礼乐射御书数"六种基本才能中，"御"和"射"都跟体育竞技有关，这两"艺"是从生产实践和军事防卫中演变而来的。此外还有以保健养生为目的的传统武术，具有娱乐竞技特点的蹴鞠、击鞠、步打球，以及亲近生活的划龙舟、舞龙、舞狮、拔河等民俗运动等。

在笔者看来，中国古代的体育运动不以竞争为主要目的，作为一种与人类生活密切相关的文化形态，重实践、重内在、重人伦是其显著的特点。

有学者指出：中国古代体育体现出来的不是人与人的对抗、人与自然的对立，而是一种"天人合一"。的确，在古人眼里，人的生活才是体育运动的主要载体，身心兼修才是王道，像苏轼、陆游等宋代文人墨客就把登山等运动与"养生治性，行义求志"的生活追求结合在一起。身体和精神的统一、人与自然的统一，构成了具有独特东方人文特点的体育文化、体育精神。

与中国体育精神不同，西方的体育精神更强调竞争与对抗。有人认为，正是因为海洋的惊涛骇浪带来了生存忧患，致使他们产生了对抗自然、战胜自然的意志。于是在西方人的精神世界里，他们鼓励人们为实现个体的目标而拼搏奋斗。折射到体育运动中，就表现为对自然的挑战、对极限的超越。从罗马竞技场上的角斗到中世纪的欧洲骑士精神，都表现出了这样的精神内核。

　　根植于中华优秀传统文化的中国体育精神，其最大的魅力就在于既有西方体育精神中的开拓进取、昂扬向上，还包含了人与自然、人与人、人与自身之间的内在和解、高度统一。这种理念符合全人类共同价值观，为跨文化的交流对话提供了可能。

三

　　如今，中国第三次以亚运之名，搭建起和平友谊、合作交流的桥梁，面对复杂多变的国际形势，如何讲好用好这门"世界语"更显得弥足珍贵。在笔者看来，至少需要在以下三个方面发力。

　　放大"共鸣"的声音。靠"力量体系""利益体系"连接起的共同体不可靠也不持久，倡导和实践全人类共同价值观才是走向共赢的出路——"心心相融，@未来"的亚运会口号传达的就是这样一种信号。除了把"你、我、他"置身于公平的规则下共同竞技之外，也需要增强体育在各个领域的"嵌入"能力，通过经贸合作、文化交流，特别是民间合作，把更多的"体育语言"变成亚洲团结的"凝合剂"，变成推动世界向美好未来进发的"动力源"。

　　连接不同的"方言"。中国敞开大门举办重大体育盛会，并不是为了在赛场上一决高下、展示国威，而是希望通过友谊团结和公平竞争来增进不同国家、民族、文化之间的交流互动，在尊重差异和寻找共同价值的过程中，推动多元文化的交流互鉴，探索深度合作的可能。这次亚运会纳入了藤球、卡巴迪、龙舟等非奥项目，还新增了电子竞技和霹雳舞项目，为亚洲各国和地区提供了展示特色文化的机会，其中承载的就是这场盛会的开放和包容。

贡献更多的中国"词汇"。奥林匹克精神中所包含的公平、公正、平等与构建人类命运共同体的中国理念、中国价值是内在相通的，都发出了"让世界更美好"的声音。亚运会已经超越单纯的大型体育盛会的范畴，面对变乱交织的国际形势，更加需要让和衷共济、和合共生的力量不断迸发和传递。无论是取材于钱江潮的"潮涌"会徽，还是融入良渚文化元素、向上"生长"的"薪火"火炬，或是融山水自然于一体的"湖山"奖牌等，都展现着中国人的价值取向。

办好亚运会，讲好"世界语"，"美美与共，天下大同"的理想将传播得更高更远。

王人骏　盛游　执笔

2023 年 9 月 18 日

"绿色亚运"从何而来

> 杭州亚运会的赛时只有短短十多天，但"亚运绿"带来的深远影响，不仅将改变我们居住的城市，也会赋能我们每一个人的生活。

如果杭州亚运会有颜色，你最先想到的是什么？是随处可见、充满诗意的主形象色——"虹韵紫"？是吉祥物"江南忆"蓝、绿、黄的"多巴胺"配色？是火爆出圈的亚运短视频《丹青游》中的宋韵色彩？还是每晚钱塘江畔的流光溢彩？

杭州第19届亚运会即将启幕。每一帧跃动在城市、赛场、亚运村里的缤纷色彩，都展现着活力、热情与多样性，都将给世界留下难忘的亚运记忆。在这其中，有一种颜色格外耀眼，那就是"亚运绿"。"亚运绿"为何耀眼？它又从何而来？

一

"绿色"是杭州亚运会办赛理念之一，《杭州亚运会绿色行动方案》中提出，实施绿色能源供应等八个专项行动，力争实现首届碳中和亚运会。

作为一项大型国际体育赛事，杭州亚运会需要使用众多资源，在漫长的筹备过程中，如何自始至终坚持绿色理念？杭州亚运会找到了不少"绿色密码"。

场馆"向绿而生"。绿色、低碳、可持续的理念，融入亚运场馆规划设计、建设施工、运营管理的全过程之中。杭州亚运会和亚残运会56个竞赛场馆中，新建场馆仅12个，其余均为旧馆改造提升而来，既节约了办赛成本，又有利于赛后惠及百姓。比如绍兴柯桥羊山攀岩中心，就由一个废弃采石场华丽"变身"而来；浙江工商大学文体中心改造拆下来的木地板，则被运送到淳安县汾口中学体育馆重新铺装，让农村孩子不用再在水泥地上打球。

场馆的水电供应同样"绿意盎然"。杭州亚运会在亚运史上首次实现全部竞赛场馆常规电力使用绿电，这些电可能是来自青海柴达木盆地、甘肃嘉峪关等地的光伏电，可能是来自新疆哈密等地的风电，也可能是来自省内的分布式光伏电或海上风电。而杭州富阳水上运动中心的屋顶"空中花园"，则具备固碳释氧、隔热保温、减轻雨水径流三大功能，场馆预计每月能节水1000吨。

交通"逐绿而行"。杭州为绿色出行做足了精心准备，便捷快速的地铁公交、助力"最后一公里"的小红车，以及遍布场馆周围的充电设施等，都兼顾便利与低碳。像亚运村打造了"0.9公里充电圈"，方便参赛人员和市民、游客绿色出行，而且村内除了160辆公共自行车外，还在每栋楼之间设置了绿色接驳车站点，提供服务的都是新能源汽车。数据显示，亚运村内轨道交通站点800米覆盖率达90%，绿色交通出行率达75%。

活动赛事"因绿而美"。历届大型体育赛事，绚烂的开幕式总是最让人期待的活动之一。杭州亚运会开幕式总导演沙晓岚在接受采访时透露，9月23日晚上的开幕式，将秉承绿色办赛理念，全程无碳，不燃放烟花。充分运用高科技手段，将情感体验做到最大化，以情动人，以美动人，以人动人，彰显新时代中国的文化自信。

二

2016年9月3日，国家主席习近平在杭州举行的二十国集团工商峰会开幕式上这样介绍杭州这座城市："杭州是创新活力之城，电子商务蓬勃发展，在杭州点击鼠标，联通的是整个世界。杭州也是生态文明之都，山明水秀，晴好雨奇，浸透着江南韵味，凝结着世代匠心。"

对于杭州来说，打造"绿色亚运"也是"生态文明之都"的应有之义，而"亚运绿"带来的惊喜与改变，不仅在赛场内，更在赛场之外。

一方面，有形的绿让生活更加美好。钱塘江边，一张可以为手机提供无线充电的公共座椅；运河边，一条可以和家人漫步的幽静绿道；小区里，一座可以享受悠闲时光的美丽公园……以举办亚运会为契机，杭州的"绿色家底"越来越丰厚，正不断实现"满眼都是绿水青山间的幸福"。

近两年来，杭州每年增绿面积都超过1000万平方米，累计已建成八种类型绿道共4700余公里，让老百姓出门见绿，5分钟即可到达绿道；同时，作为全国首批绿色出行示范城市，杭州地铁运营里程已达到516公里，绿色出行服务满意率超过90%。

另一方面，无形的绿让城市更具价值。比如，不久前发布的"亚运碳中和—减污降碳协同"数字化管理平台，首次将数字化技术运用到碳排放采集、核算、减排等全流程，建立起一套碳排放管理体系。这样的数字化绿色实践在杭州还有很多，像"生态智卫"融合了生态环境系统的全部数据，有效打通数据壁垒，使环境问题得到更加高效的处置，等等。

杭州深知，良好的生态环境不仅是一座城市幸福生活的根源，更是一座城市可持续发展的保障。通过"亚运绿"，可以展示"绿水青山就是金山银山"理念在杭州大地上的生动实践，让来自不同国家和地区的宾朋深入领略"美丽中国"和"诗画江南、活力浙江"的独特风采。

三

对于浙江、杭州来说，"绿色亚运"是高质量发展新征程上的一个重要标志。因此，"绿色亚运"既要着眼于服务赛时，更要提前充分考虑如何在赛后长时间内造福市民生活和产业发展，点亮更加美好的"绿色未来"。在这方面，杭州已经有了不少思考和实践。

比如，让体育场馆在赛后"大有可为"。大型比赛场馆在赛后的合理规划利用，是一个世界性难题。对此，同步考虑赛时使用和赛后利用的双重要求，是确保效益最大化的有效路径。杭州亚运会已有尝试。像拱墅运河体育公园，既是亚运场馆群，也是大型综合性城市公园；杭州奥体中心体育馆，可根据不同赛事需求，在6至8小时内迅速转换场地性质……

放眼更为长远的将来，这些亚运场馆的赛后利用，需要与市民的文化体育生活紧密联系起来，实现为民所用。

比如，用创新技术提升发展"含绿量"。为成功打造首届"碳中和"赛事，杭州这座"数字之城"融合了5G、物联网、大数据、人工智能等科技创新成果，用"数字化"赋能"绿色风"，其中很多成果在赛后仍然能得到进一步利用。"绿色亚运"有利于推动可持续发展理念渗透到城市发展的方方面面，有助于促进绿色产业的持续跃升。

就像杭州奥体中心主体育场，运用江水源热泵系统，通过江水与体育馆内空气的温差实现制冷或制热，相比于传统空调，节能率超过30%。这一系统已经在公共场所推广应用，覆盖供能面积约10万平方米，一年可以减少二氧化碳排放量1404吨。

再如，使绿色低碳生活乘"风"而上。"绿色亚运"理念一以贯之，不仅是绿色发展在杭州的探索与实践，也是普及绿色低碳生活方式的宝贵契机。

像"人人1千克，助力亚运碳中和"活动，参与人次破亿；"我为亚运种棵树"活动人气十足，植树总量超过4800万株。而地铁、公交、小红车的绿色出行，太阳能、风能的"绿电"使用，场馆建设过程中废弃物的再利用等方式，都在不断得到市民参与与实践。乘着这股风，"亚运绿"带来的绿色理念持续深入人心，绿色低碳生活必定会得到越来越多人的认同。

杭州亚运会的赛时只有短短十多天，但"亚运绿"带来的深远影响，不仅将改变我们居住的城市，也会赋能我们每一个人的生活。

何芳芳　钱伟锋　孔越　执笔

2023年9月18日

在见字如面中读懂宋韵

> 悠悠宋韵，历经时光的"淘洗"，在今天依旧流光溢彩、熠熠生辉。这是传统文化的生命力，也是传承发展传统文化的意义所在。

国学大师陈寅恪曾说："华夏民族之文化，历数千载之演进，造极于赵宋之世。"宋朝是中国古代文化的鼎盛时期，宋词、宋瓷、宋书、宋画……无论哪一个出场，都会引起不小轰动。

今年3月，一场齐聚"刘李马夏"南宋四大家的宋画大展成为杭城最热门的文化事件之一，"浙江宣传"也曾发文《穿越800多年的凝视》予以关注。时隔半年，9月17日晚，"意造大观——宋代书法及影响"特展又带着国内十余家顶级文博单位珍藏的宋代书法真迹与观众见面。

当主角从"宋画"变成了"宋代书法"，有哪些看点不容错过？透过这些跨越千年的字迹，我们又能读到怎样的悠悠宋韵？

一

据介绍，此次特展国宝云集、名作汇聚，不仅重磅，而且稀缺。加上宋代文化的高峰属性和极简审美的双向加持，称得上是一次"前所未有的经典书法的线下相聚"。

走进展厅，无论你是否是书法专业人士，都会被宋文化的风采神韵和中国传统文化的博大精深而深深震撼。

在这里，真迹之多令人惊艳。宋代距今已有近千年。俗话说，纸寿千年，一张纸片能保存到现在都弥足珍贵，更何况是饱含创作心血和艺术才华的书法作品。因此，现在能见到的传统书法真迹，大多是明清作品。

而在这次展览中，你可以近距离观赏到来自故宫博物院、辽宁省博物馆、吉林省博物院、天津博物馆、湖南博物院等国内众多顶级博物馆（院）的8件宋代书法真迹，还能看到遍布整整一个展厅的宋代书法拓片。一次性亲近这么多宋代珍宝，实属难得。

在这里，书法大家"组团登场"。这次展览中，当仁不让的C位应数爱国诗人陆游的代表作《自书诗卷》。嘉泰四年（1204年）正月，朋友送来一支好笔，80岁的陆游乘兴挥毫，写下了书法史上的名作——《自书诗卷》。460余字看似漫不经心，实则寓巧于拙。

除陆游之外，与杭州关系密切的"宋书四家"苏轼、黄庭坚、米芾、蔡襄都有真迹或拓片作品展出。来到展厅，赵孟頫、董其昌、文征明、唐寅、徐渭、朱耷（八大山人）、米万钟、郑板桥等人也在此次展览中罕见"相会"。看着这些名字，说一句"星光璀璨"实至名归。

在这里，一朝揽尽千年书法史。如今常见的书法展，大多以专题展或名家展为主。而这次展览不同，它针对宋代至清代的千年书法史脉络，进行了一次整体梳理和公开展示。在宋代书法之外，元明清历代受宋书法美学思潮影响的名家精品，如赵孟頫《洛神赋》卷、徐渭《昼锦堂记》等，也在展出之列。

二

清人梁巘在《评书帖》中曾说："晋尚韵，唐尚法，宋尚意，元明尚态。"短短13个字，概括了不同朝代书风的特点。其中，宋代书法的关键词是"尚意"。

这种"尚意"书风，在一定程度上是整个宋代思想文化的缩影，也成为了今天我们认识、感知和把握宋韵文化的一种维度。

蕴含独特的哲学思考。古人认为"诗言志""诗缘情"，书法也不例外。宋代"以文化成天下"，政治生态相对宽松，生活美学蓬勃发展。在这样的背景下，书写的目的不再只是简单地记录，也不是单纯地追求技巧和手法，而是着重表达书写时的思考和心绪。

苏东坡在《论书》中就曾说："书必有神、气、骨、肉、血，五者阙一，不为成书也。"这里的"神"指的是书法作品的"神采"，也就是作品中含有的意趣，通过书法的传神和写意来表达深刻的内涵。

呈现独到的文化品格。"尚意"使得宋代书法有了更多书写者个人的特质。黄庭坚曾在《题东坡字后》说："东坡简札，字形温润，无一点俗气。今世号能书者数家，虽规摹古人，自有长处，至于天然自工，笔圆而韵胜，所谓兼四子之有以易之，不与也。"可见，他认为书法应脱尽俗气，而脱俗的关键在于人的品格见识和内在修养，只有这样写出的字才具有高雅的气韵。

承载独有的真趣情感。宋代文人运笔多出于心意、任乎自然，于是笔端善于生出变化，被称为"真趣"。以陆游《自书诗卷》为例，其笔法随着心意和情绪而变，墨色变化和章法更是抑扬顿挫。观众通过观摩字的变化，就能体会到书写者的心境。

这份"尚意"，对今天国人的审美价值和艺术创造都有着深远影响。书法之外的绘画、诗文、器物，都能看到这种既重视规则法度又强调情感表达的审美表现，以及寄情于物、寄情于景、追求意境的"写意"理念。

三

宋韵文化传承千年，一头连接过去，一头面向未来。乘着"尚意"之风，宋人留下了传世佳作，也让今天的我们穿越千年，在见字如面中，触摸那个时代的印记，感受悠远绵长的文化韵味。

随着"意造大观——宋代书法及影响"特展的开幕，一年一度的宋韵文化节也在这个9月如期而至。

回望过去，自省委文化工作会议提出"宋韵文化传世工程"以来，一批批牵引性项目全面实施，一个个标志性成果逐渐显现：从"'中国历代绘画大系'成果展"广受好评，到音舞诗画《忆江南》亮相央视春晚；从温州朔门古港遗址发掘取得重要进展，到南宋德寿宫遗址博物馆"出圈"引流，宋韵文化的图景不断变得完整、立体。

接下来，如何让宋韵"今辉"绽放得更加绚烂？笔者认为，把握好三对关系是关键。

"神"与"形"的关系。"神",即精神气质、神韵风格;"形",即外形、形式。宋韵文化需要通过具象的形式和载体,将它所蕴含的学术思想的思辨之韵、文学艺术的审美之韵、发现发明的智识之韵、生产技术的匠心之韵等等,淋漓尽致地展示出来。

值得注意的是,在"神"与"形"之间,要更注重"神"的还原,而非追求简单的"形似"。比如,杭州国家版本馆,就巧妙地通过251樘青瓷屏扇,让参观者领会宋韵建筑的灵动之韵。

"古"与"今"的关系。宋韵文化是"古",宋韵文化的创造性转化、创新性发展是"今"。传承发展宋韵文化,要注重结合时代特点和当下生活,古为今用、以古鉴今。只有这样,才能让宋韵在新时代真正"流动"起来。像虚拟数字人"谷小雨",就是借助现代技术,以更符合现代受众习惯的表现方式和手段,来传播宋韵、转化宋韵。

"点"与"面"的关系。作为宋文化诸多要素之集大成,宋韵文化的内容极其丰富,范围不可谓不广。写好这篇大文章,说到底,靠的是一项项实实在在的举措、一个个落地见效的动作。

比如,今年宋韵文化节期间,除书法展之外,还将推出宋韵舞蹈《华灯上》,举办"梦溪杯"创新大赛、悦读宋韵节、诗词大会等一系列活动,由点及面、串珠成链推进,推动宋韵文化走进千家万户。

有人说,每一次对过去的回望,都是为了关照当下、开启未来。悠悠宋韵,历经时光的"淘洗",在今天依旧流光溢彩、熠熠生辉。这是传统文化的生命力,也是传承发展传统文化的意义所在。

李戈辉　刘向　执笔

2023 年 9 月 19 日

当"智能亚运"落进现实

> "@未来",我们期盼的不仅是智能亚运带来的新奇与便利,而是老百姓三餐四季里实实在在的获得感与幸福感,是对治理体系和治理能力的升级重塑,更是在加快实现高水平科技自立自强道路上久久为功的坚实脚步。

在亚运会的举办历史上,杭州亚运会预计将创下"三个最":一是规模最大,二是项目最多,三是覆盖面最广。"三个最"的背后,一方面代表着前所未有的影响力;另一方面,则是参赛人数的增长和办赛复杂程度的升级。

从千丝万缕间理出头绪,还会发现,杭州在"智能"上下了许多功夫。当你走在杭州西湖、拱宸桥、市民中心、良渚、青少年活动中心广场等五处倒计时装置处,动动手指,通过手机上的智能亚运一站通点开"AR服务",萌萌的数字化吉祥物"江南忆"突然闪现,向你致以欢迎,而你可以轻松进入虚拟现实,和它们畅快合影……

当"智能亚运"落进现实，我们不妨看看是怎样一番景象。

一

最直观的是解放了双手。科技发展的一大效应，就是节省了人力。智能科技在亚运会广泛应用，使得本该需要人手的地方，被机器所代替，从而优化人力使用的效率。

如拱墅运河体育公园体育馆内，有个形态各异的"机器人战队"。一走进场馆，智能服务机器人"笨小宝"就上前迎接，进行详细的场馆导览；不远处，智能警巡机器人"笨小逻"正在辛勤巡逻，发现问题第一时间拍照上传……工作人员通过云控平台完成机器人派遣、数据回传和智能管理，大幅提升了场馆运行效率。

最惊艳的是拓展了感官。可以说，智能科技打破了时间和空间的限制，带来了全新的亚运会观感。鼠标点一点，联通的是整个世界。

如亚运"元宇宙"的出现，让每个人的数字分身拥有了畅快遨游的"魔法"，你可以飞升到空中一览小莲花"旋转开闭"的屋顶设计，也可以穿越到宁波象山亚帆中心体验乘风破浪的帆船竞速，还可以在绍兴奥体中心体育馆来一场热血篮球赛，线上感受亚运会的无限精彩。

最便捷的是打破了数据壁垒。到外面旅游，吃、住、行的安排无疑是最为重要的，我们通常需要在不同的平台搞定这些事情。如何让数据多跑路、让人少跑腿，是数字化改革的方向，也是智能亚运的目标。

杭州亚运会上，以云计算技术打造的亚运核心系统，为运动员、工作人员、观众等构建了一个强大的数据处理平台。即开即用，在云上就可以获得算力，不用再重复建设传统的数据中心。

对观众而言，找到"智能亚运一站通"，可以在"食、住、行、游、购、娱＋票务"等多方面玩转亚运，可谓观赛游览的"最强攻略"。其中的"亚运 pass"功能，更是切中了多平台切换的痛点，顺利实现景区景点、文博场馆和公交地铁"一码通行"。

最深刻的是重塑了系统流程。2 万多名"村民"、100 余幢楼房、200 多万平方米的使用面积……作为比赛时面积最大、运行连续性最高的非竞赛场馆，杭州亚运村用"云上亚运村"应用，大大提升了数字化管理水平。

比如，在平台端，通过"智慧指挥平台"，就能一屏掌握亚运村管理数据，实现高效智能调度；在生活端，一个"云端生活社区"将亚运村餐饮、交通、商业等服务全面上"云"，随时产生的工作生活需求，都可以通过扫描随处可见的二维码得到快速响应。

二

智能办赛的理念，在亚运会历史上还是首次提出。在整个筹办过程中，众多创新科技融入其中，并通过杭州亚运会的大舞台，向亚洲、向世界逐一展现。

从数字火炬手到亚运"元宇宙"，亚运"黑科技"近期频受关注，也足以印证杭州将智能融入办赛理念的底气。

底气，一方面来自浙江长期对数字化建设的巨大投入和对改革重塑不畏阵痛的精益求精。智能亚运之于浙江、杭州，是水到渠成，也是理所当然。可以说，智能亚运正是"数字浙江"20 年建设成果的一次展示。

如针对亚运赛场上可能出现20多种语言的复杂"沟通环境","亚运钉"设置了实时翻译功能,并能迅速与翻译热线团队连线沟通。

底气,另一方面来自以人为本的科技创新理念,以及对细节体验的精准把握。杭州亚运会将人的主观感受作为智能的主要评价标准之一,以情感为媒,将技术进化为智能。

如本届亚运会用亚运史上首次"亚运数字火炬手"活动,改变了火炬传递的传统方式,让普通人参与其中的愿望得以实现。截至目前,已有超1亿人参与了杭州亚运会线上火炬传递活动;如为了解决8万余人在开闭幕式现场畅快发朋友圈的需求,创新采用了国内首创2.6G异频+4.9G同频双层高密度组网和超窄波束多频段赋型天线,让现场的精彩和欢乐能够通过小屏幕即刻向云端传达。

在惊艳之余,或许有人会发出疑问,"为亚运打造这么多的智能装备,值得吗?"笔者认为,这不仅仅是为亚运所用,更与我们的日常互融互通、息息相关。

比如,在城市里,一项项"黑科技"在杭州街头被人们发现,可以充电的公共座椅、能自动指路的智能路牌、能记录运动数据的智慧步道、随时抓拍精彩瞬间的识别杆……智能的风吹到了交通、文旅与消费等多个领域。

比如,在文明风尚上,"杭州市文明帮帮码"志愿服务数字平台已累计注册亚运城市志愿者148余万人。更多的人发觉,志愿服务原来如此简单而快乐,文明风尚随之成为处处可见的城市风景。

三

办好一个会，提升一座城。一直以来，对于杭州来说，所追求的显然不只是将智能运用于亚运会的一时一事，而是要努力将智能延续到"后亚运时代"的全时段、全领域。有三个方面值得一说。

一是打破"线性思维"，将智能转化为持续提升的城市能级。在众多"黑科技"的加持下，杭州和其他协办城市拥有了更智能的体育场馆、更完善的城市功能、更丰富的办赛经验。同时，我们也具备了更足的魅力，吸引更多国家级乃至国际性体育赛事落户浙江，擦亮"赛事之城""赛事强省"金名片。

格局再打开一些，跳出体育赛事的范畴，我们为此所做的准备，也将让城市在大型会展、演唱会等活动的承接保障上，更加游刃有余。

二是打破"昙花一现"，将智能转化为你我他的恒久幸福。智能不仅仅是技术层面的发展和创新，更多的是用智慧为市民创造美好生活的可能。

亚运会后，当老百姓走进亚运场馆、奔跑在城市绿道时，能亲身体验到智能设备的炫酷与便捷，能在尽情挥洒的汗水中享受全民健身的非凡乐趣；当八方来客游历西湖、探寻"诗画江南、活力浙江"时，线上一站式服务能成为"最贴心向导"，线下智能设施能"触手可及"，到了那时候，我们才能说，智能亚运已经融入城市的每个角落，可以与每个人不期而遇。

三是打破"发展瓶颈"，将智能转化为新技术发展的动力。高标准、高要求的亚运盛会，不仅是科技创新的受益者，也应该反向加速推进新技术的更新迭代。部分经由亚运会办赛实践验证的创新技术与应用，拥有被大规模量产、全方位应用的可能，让智能亚运的红利实现最大化。

"@未来"，我们期盼的不仅是智能亚运带来的新奇与便利，而是老百姓三餐四季里实实在在的获得感与幸福感，是对治理体系和治理能力的升级重塑，更是在加快实现高水平科技自立自强道路上久久为功的坚实脚步。

徐铭婕　钱伟锋　执笔

2023 年 9 月 19 日

"人文亚运"的五种打开方式

> 杭州亚运会打开了文化体验和交流互鉴的"窗口",让亚洲、让世界感受到中国的文化脉动,也敞开胸怀接纳亚洲各个国家和地区多元文化的独特魅力。

有人说,体育盛会是体育与文化交相辉映的舞台。将"人文"作为办赛特色亮点之一的杭州亚运会即是如此。亚运会尚未正式开幕,"人文亚运"就早已应"运"而生,体育与文化这对"CP"撞了个满怀。而随着亚运氛围日渐浓厚,其传递出的人文气息也扑面而来。

今天,我们一起探寻杭州亚运会的人文"密码",看看"人文亚运"有哪些打开方式。

方式一：品味亚运文创的精妙设计

每逢国际重大体育赛事,相关文化创意设计产品都会成为一道独特风景。比如,北京冬奥会吉祥物"冰墩墩"将熊猫形象与冰晶外壳巧妙结合，甚至出现"一墩难求"现象。

可见，在如今的大型体育赛事中，文创设计是不可或缺的"角色"。那么，本届亚运会有哪些文化创意设计元素？

比如充满想象的场馆设计。钱塘江畔的"大莲花"，其建筑体态源于钱塘江水的动态，给人以震撼的同时，也"盛放"出浙江的文化底蕴和艺术魅力；"水幔"环绕的手球馆，外观别具一格，"条条水幔"垂落很是吸睛；以"杭州伞"为造型的曲棍球场，则诠释出江南古典美学十足的浪漫韵味。

比如意味深长的亚运礼器。会徽"潮涌"上的赛道代表了体育竞技，互联网符号契合着杭州城市特色；吉祥物"三小只"是良渚、大运河、西湖三大世界遗产的幻化；奖牌"湖山"呈现出一幅在湖水涟漪与山峦起伏间徐徐展开的杭城画卷；火炬"薪火"设计灵感源自良渚文化中的玉琮，主干融合人文历史和山川风物，闪耀着"何以中国"的光芒。

亚运文创从中华优秀传统文化中汲取灵感，在贯穿古今的中国智慧上作文章，展现出传统与现代的对话。世界通过这些文化符号，看到一个充满文化自信的中国。

方式二：感受志愿服务的热情周到

联合国前秘书长科菲·安南曾说："志愿精神的核心是服务、团结的理想和共同使这个世界变得更加美好的信念。"通过参与志愿服务，各行各业的人相聚一堂，沉浸式体验亚运会筹备、开幕、竞技等全过程，在参与、见证、亲历盛会的同时，向世界展示"奉献、友爱、互助、进步"的志愿精神。

赛场内，赛会志愿者为杭州亚运会开闭幕式、各项竞赛及各类活动的顺利进行"保驾护航"。比如，经过层层选拔、专业培训的3.76万名志愿者"小青荷"已经准备好了，为亚运会的顺利进行提供充足、专业的服务保障，构建"最美风景带"。

赛场外还涌现着不同类型的城市志愿者，作为城市运行、平安和谐、通行有序的"后盾"。如，亚运青年V站已全面启动，521个点位上的1.37万余名志愿者为中外嘉宾、市民游客提供交通引导、语言翻译等服务；"武林大妈"等志愿服务队也当仁不让，身穿红马甲，穿梭于大街小巷。

相信在杭州亚运会期间，每一次嘘寒问暖、每一个真诚微笑、每一次答疑解惑、每一条信息回复，那些不易被察觉的细节，都将成为坚韧有力的枝蔓，保障亚运会有条不紊进行。而志愿者们的努力也将很好地回答：一场大型体育赛事何以"雕刻"一座城市向尚向上的风采。

方式三：邂逅诗画江南的"人文基因"

本届亚运会将"聚光灯"打在浙江，也为各代表团和游客感受"诗画江南"提供了绝佳切口。

比如，传递"薪火"，也传递风景。跟随"薪火"的"脚步"，浙江的绰约风姿一帧帧铺开。沿着南山路、湖滨路、北山街等，"薪火"将"三面云山一面城"的西湖美景尽揽其中；"薪火"经过的朔门古港遗址，那是"千年商港"的历史符号，生动演绎着"一片繁华海上头"的历史盛况。

比如，迎亚运，也看亚运。亚运吸引更多国内外游客来到浙江观光游览，各地推出的特色旅游线路都在"摩拳擦掌"。"日出江花数字之旅"串联起G20杭州峰会会址、世界互联网大会乌镇峰会会址；"烟柳画桥诗路之旅"带游客循迹天姥山、天台山，打卡唐诗之路；"映日荷花红色之旅"聚焦嘉兴红船、丽水革命遗址等精神坐标，也让人们看到浙江传统与时尚的交织、含蓄与奔放的共融。

比如，遇见赛事，也遇见城市。有人说，举办世界综合性运动会，也是推动城市文化传播、文化积淀以及城市走向现代化、国际化的一个重要抓手。乘着"亚运风"，之江文化中心如期"绽放"，浙江图书馆、博物馆新馆及非遗馆、文学馆、公共服务中心"集体亮相"，为市民和游客呈上"人文大餐"。

而漫步各古老街巷、历史街区，既能感受到文创产业的新潮之气，又能找寻到老底子生活的原初之味。这种烟火气与文艺范儿并重的特质，必将深深打动来到"浙"里的每一个人。

方式四：体悟文化交流的"美美与共"

从1951年第一届新德里亚运会起，亚洲人开始有了属于自己的体育盛会。在半个多世纪的岁月里，即便遭受战争炮火，时局动荡，亚运会始终连绵不辍，原因就在于体育盛会的强大黏合力，超越了阻隔、打破了壁垒，凝结成亚洲人心中共同的集体记忆。

从赛事内容上看，除了31个奥运项目外，杭州亚运会还设置了武术、龙舟等9个非奥大项，越来越多根植于民间的传统运动项目走进赛场，丰富着竞赛内容，也彰显着亚洲文化的独特魅力。

从体验项目上看，杭州亚运会以细腻饱满的表达方式，让文化之花精彩绽放。比如杭州亚运村的文化小屋内，精心布置的剪纸、制扇技艺、茶文化、古琴艺术等非遗项目和互动展示，增添别样风情。

从氛围营造上看，各类文艺作品的热播，都"升腾"起公众对亚运会的热烈期盼。比如，杭州亚运会主题曲《同爱同在》，早就在街头巷尾传唱；又如，亚运主题电影《热烈》，以新增项目霹雳舞为题材，让观众看到赛场的热烈、内心的热烈。这些作品，不仅展现出体育运动的力量之美，还挖掘出了体育背后的人文之美。

可以说，杭州亚运会打开了文化体验和交流互鉴的"窗口"，让亚洲、让世界感受到中国的文化脉动，也敞开胸怀接纳亚洲各个国家和地区多元文化的独特魅力。

方式五：感受体育精神的"薪火相传"

"人文亚运"还体现在竞技体育的精神内涵中。赛场上的体育精神是向身体极限的挑战，不仅考验着运动员的专业素质和技能，也是每个人意志品质的比拼。回顾亚运赛场上那些高光时刻，无不展现着勇于拼搏的体育精神。

也许有人还记得，1990 年北京亚运会上，初出茅庐的邓亚萍斩获了 3 金 1 银的战绩，昂扬着一股不服输的拼劲；沈坚强一人独揽游泳项目 5 枚金牌，并打破 1 项亚洲纪录、3 项亚运会纪录。这份精神也会随着杭州亚运会的举办，传递和鼓舞更多人顽强拼搏、超越自我。

赛场外，体育精神同样在延展，甚至在开赛前就已在接力传递。比如，前后火炬手之间的交接时间不过十几秒，但每个交接动作的设计、编排，必定会提前演练很多次，因为每个火炬手都希望传递出更多风采、更多能量。

2020年9月22日，在教育文化卫生体育领域专家代表座谈会上，习近平总书记指出，体育是提高人民健康水平的重要途径，是满足人民群众对美好生活向往、促进人的全面发展的重要手段，是促进经济社会发展的重要动力，是展示国家文化软实力的重要平台。这指引着体育与人文的深度融合，也指引着"人文亚运"的建设方向。

我们期待，9月23日晚，"人文亚运"将赋能"大莲花"绽放得更加绚烂；我们也期待，赛场上的力与美、勇敢与智慧，为人的自由全面发展写下全新注脚；我们还期待，一个体育强国、文化强国加速建成，东方力量为未来人类文明的发展作出更大贡献。

郑思舒　执笔

2023年9月20日

为什么说"八八战略"就在身边

> 20 年来时路上，它引领我们前进；未来前行大道上，它带领我们远航。

　　这几天，浙江展览馆内人潮涌动、热闹非凡，"大道之行——'八八战略'实施 20 周年大型主题展览"俨然已成宝藏打卡点。

　　说起这次展览的主题——"八八战略"，以及看到展览中丰富的内容，观众们都会觉得分外熟悉。一方面，这是因为，一项战略在一个省域能够坚持 20 年而始终富有蓬勃生命力，这放眼至全国乃至全世界都比较罕见；另一方面，是因为作为引领浙江发展的总纲领、总方略，"八八战略"跟浙江的每一家企业、每一个老百姓都有着千丝万缕的关系。

　　"八八战略"不在别处，它就在我们的身边。

——

　　说"八八战略"在我们身边，是因为它就产生于我们的身边，产生于热气腾腾的生活和实践。正如有人说，"八八战略"是在调查研究中孕育产生的，又在调查研究中不断深化发展、贯彻落实的。

2002年10月，刚来到浙江工作的习近平同志思考的中心课题就是浙江"干在实处怎么干？走在前列怎么走？"。带着这个课题，习近平同志马不停蹄地开始调研。

很多人都注意到，"大道之行——'八八战略'实施20周年大型主题展览"中有个细节，叫"3天行程1000多公里"。故事讲的就是2003年春节后上班不久，习近平同志安排了3天时间去台州、绍兴调研，从2月14日一早冒雨自杭州出发算起，3天下来，行程达到了1000多公里。

到浙江工作后，历时10个月，习近平同志走遍了全省11个市、69个县（市、区）和大部分省直部门。而在浙江工作的那些年，10.55万平方公里的浙江，他几乎跑了个遍。

如果说"多跑"是习近平同志调研的一个鲜明特点，那么"跑深跑透"就是另一个鲜明品格。习近平同志的调研从来不是走马观花，而是带有明确的主题，比如"加快欠发达地区发展""发展海洋经济""机关效能建设""党员先进性教育"等。

所以在"八八战略"主题展中，我们可以看到很多细节和画面，都是习近平同志在社区巷陌、乡野村社、工厂车间、港口码头等与群众在一起的情境。他跑到群众身边去、跑进群众家里头，通过与大家交流，听实话、摸实情，从而了解问题、发现问题、解决问题。

比如，浙江如何发挥区位优势，主动接轨上海，加快融入长三角，推动长三角一体化发展，就是习近平同志到杭州、宁波、舟山、嘉兴和湖州等地调研过程中提出来的；再如，如何加快山区、海岛等欠发达地区的发展，做好扶贫脱困工作，是习近平同志关心的事，这些方面的工作思路也是他到衢州、丽水、舟山那些偏远的山区、海岛调研过程中形成的。

正是因为习近平同志跑遍了浙江的山山水水，跑深了与浙江广大干部群众的真切感情，跑透了浙江的省情市情县情，"八八战略"才能在之江大地上深深扎根，在感知群众的温饱冷暖中得以绽放。

二

再把镜头拉近一步还会发现，说"八八战略"在我们身边，还因为它给每个人都带来了实打实的获得感、幸福感。

《向往的生活》有一期节目把拍摄地选择在浙江桐庐的合岭村，由此，这个风景秀丽、如诗如画的小乡村在各大社交平台上赚了一波眼球；而每隔一段时间，"这是浙江农村"等话题，就会在网上引发关注，网友们纷纷表示被浙江农村给羡慕住了，"人在村中走、宛如画中游"，"真的非常哇噻！"

而这些留言，也着实让浙江人自豪了一把。要知道20年前，大家对浙江农村还是另外一番评价："走过一村又一村，村村都是垃圾村；走过几十个垃圾村，才找到一个示范村。"这种前后反差的来源，就要追溯到习近平同志在浙江工作时，亲自谋划、亲自部署、亲自推动的"千村示范、万村整治"工程，改变万千乡村面貌、造福千万浙江农民的进程从此开启。

看完乡村蝶变，再看民生实事。2004年6月，习近平同志调研"八八战略"落实情况，一路上不忘关注各种民生"小事"：在长兴的福利院，他特意查看为老年人、伤残和复员军人、残疾儿童服务的综合性社会福利设施；在吴兴织里镇矛盾纠纷调解中心座谈，他又着重了解了当地就业再就业、社会保障、扶贫济困等举措。行程快结束时，他还抛出自己主持的关于建立健全为民办实事长效机制的课题。

后面的事情，就和广大浙江人都有直接的关系：很快浙江就提出要"突出抓好十个方面实事"。这项举措，一直延续至今，可以说给老百姓带来了肉眼可见的实惠。

走过20年，浙江交出了一份亮丽的成绩单：从2002年到2022年，浙江生产总值从8004亿元跃升至77715亿元，稳居全国第4位，成为最接近中等发达国家水平的省份之一；城镇居民人均可支配收入连续22年居全国省区第1位；农村居民人均可支配收入连续38年居全国省区第1位；城乡居民收入倍差持续缩小，是全国城乡差距最小的省份之一……

如果说数据比较抽象，那么当我们到浙江大地走一走，就更能直观体会到"八八战略"给浙江带来的深层次变革。去习近平总书记当年联系的淳安下姜村转转，听听村民讲讲这个"梦开始的地方"的故事，就能读懂强村富民的共富之梦；到安吉余村住住民宿，看看这个村庄今日迸发出的生机活力，就能感受到"绿水青山就是金山银山"理念所带来的福祉……总而言之，山更绿了，水更清了，天更蓝了，地更净了，老百姓的日子越过越好了。

可以说，"八八战略"带来的变化既是翻天覆地的，也是实实在在、可触可感的，关乎着每一个"你我他"。

三

说"八八战略"在我们的身边，更因为它不是"一句空洞的口号"，而是科学管用的方法论。

中国古人讲，"工欲善其事，必先利其器"，这里的"器"说的就是思想方法的重要性。"八八战略"既"授人以鱼"又"授人以渔"，不管对个人成长来说，还是对省域发展来说，它都是一份全方位的攻略指南。

比如，它告诉我们，要想工作做得好，调查研究少不了。很多人在工作中会碰到这样的情况："眼睛一看就会，自己一做就废。"之所以会出现这种现象，一个重要原因就是前期调查研究不深入、不充分，从而导致自己对实际情况掌握不全面、不透彻。

调查研究是我们党的传家宝。《习近平浙江足迹》中记载，在浙江工作时，习近平同志经常告诫身边的同志，"担负领导工作的干部，在对重大问题进行决策之前，一定要有眼睛向下的决心和甘当小学生的精神，迈开步子，走出院子，去车间码头，到田间地头，进行实地调研"。"八八战略"历久弥新的生命力也启示我们：练好调查研究的基本功，才能将工作做得更扎实。

比如，克服了困难、发挥了优势，就能开创新的佳境。"八八战略"的提出和实施，实际上就是抢抓机遇的产物。面对"烦恼"和"不足"，习近平同志鲜明指出："困难是压力，困难是挑战，困难中往往也蕴藏着机遇，克服困难也就意味着抓住了机遇，赢得了先机。"

机遇是一种极其重要的稀缺资源，同时也很"狡猾"，它总是装扮成"困难"的形式跑到你的面前，就看我们能否充分分析形势，把握、发扬自身优势，并不断把原有的劣势转化为新的优势，从而乘势而上抓住它。

比如，学会"十个指头弹钢琴"。"八八战略"是运用唯物辩证法弹好省域经济社会发展协奏曲的典范，在转变经济发展方式上用好"腾笼换鸟、凤凰涅槃""两只鸟"，在深化市场取向改革上用好"看得见的手和看不见的手""两只手"，在生态建设上用好"绿水青山就是金山银山""两座山"，在统筹城乡发展上要兼顾"农民与市民""两种人"……

一个人的角色从来都不是单一的，身上担负的任务也从来不会仅此一项，如何在繁杂的多角色和多责任中，找到突破口、寻得最优解，"八八战略"已经告诉我们答案。

还比如，说一千、道一万，归根结底靠实干。改革开放前，浙江被称为典型的"三无"省份，可就是这样一个"先天不足"的选手，在"八八战略"引领下，把手上的牌打出了"远超预期"的效果。

如今，浙江的同志已经形成了一种习惯：每当遇到新情况新问题一时找不出头绪时，每当在发展中碰到困难迟迟打不开局面时，每当需要作出重大抉择思想还不够统一时，首先就是把"八八战略"对相关问题的重要论述好好读一读、把习近平总书记对浙江的指示要求好好学一学，从中找到启发，找到办法与门道。

20年来，浙江人民忠实践行"八八战略"，深入推进改革发展的伟大实践充分证明：只有干在实处，才能走在前列。前进道路上，越是任重道远、越是滚石上山，越要把步子迈实，越是要以实干书写无悔青春。

正因如此，我们才说，"八八战略"在每一个人身边。20年来时路上，它引领我们前进；未来前行大道上，它带领我们远航。

王云长　陈培浩　黄刽元　执笔

2023 年 9 月 20 日

"简约亚运"不简单

办一届简约的亚运会，是时代所需、民心所向。

老体育馆改造翻新，变身亚运会竞赛场馆；旧座椅洗洗刷刷，重新"上岗"；亚运村运动员餐厅按照小学教学楼的设计建造而成，用完还要"变"回去……在杭州亚运会申办、筹办过程中，"简约"这个关键词被频频提起。

举办大型体育赛事，投入一直是社会各界关注的问题之一。当下，节俭办赛成为潮流，各国在办赛办会时都会不同程度考虑到这一因素；而从另一层面考虑，筹办综合性体育盛会，兴建场馆、提升城市基础设施，必要的投入不可或缺，这既是为了满足办赛需要，也是为了城市能级的提升和更长远的发展。

可见，办赛要做到简约而不简单并非易事，需要在多目标平衡中寻求最优解。不禁要问，举办亚运会这样的高级别体育盛会，该如何寻求"简约"和"精彩"之间的平衡？杭州又进行了哪些努力？

一

在奥林匹克历史上，1976年的蒙特利尔奥运会由于超额开支，导致当地市民交了30年的"奥运特别税"。为了不再重蹈"蒙特利尔陷阱"，控制办赛成本、实现可持续发展成为世界性课题。此后，降低成本更是在《奥林匹克2020议程》中作为重要改革措施之一被提出。

把目光聚焦到中国，北京冬奥会、成都大运会、杭州亚运会等，都是简约办赛理念的践行者，各大盛会在合理控制办赛成本的同时，全力以赴向世界呈现魅力与精彩。笔者认为，简约办赛，至少蕴藏着三重含义。

简约是一种力量，传递着可持续发展的价值理念。勤俭节约是中华民族传统美德，深深刻进中国人的"DNA"里。即便如今国家富强了，老百姓的生活水平提高了，勤俭节约的优良传统也不能忘、不能丢。践行简约，最直观的便是把钱花在刀刃上，不该花的不花，该花的掰着手指算着花，用更长远的目光来规划资源利用、衡量投入产出。

简约是一种时尚，洋溢着中华民族的美学追求。庄子在2000多年前就曾说："朴素而天下莫能与之争美。"中华民族崇尚简约之美、朴素之美、恬淡之美，这种追求早已渗入中国人的日常生活。而当洋溢简约之美的审美与体育盛会合二为一、美美与共，当场馆建设、标识设计之中都巧妙地将简约创意融入其中，赛事、城市也将更富有韵味。

简约是一种底气，彰显着新时代新亚运的自信自觉。从33年前的北京亚运会到今天的杭州亚运会，我们的综合国力和国民精神面貌已经有了质的跃升，这也让我们能够更自信更从容地举办国际性体育赛事。我们有底气相信，杭州亚运会是站在高起点上的自我实现，不用大拆大建、大操大办，赛事依然可以有序筹办、精彩纷呈，这是新时代新亚运应有的景观。

"办好一个会，提升一座城"，从筹办之初起，杭州亚运会的简约之风就吹至城市的角角落落。事实也将证明，杭州有能力通过资源要素的高度统筹整合，向世界呈现一场传统与现代交织、文化与运动相融的体育盛会。

二

"简约亚运"，最突出体现在节俭办赛上。历来"精打细算"的浙江人，为了算好这笔"亚运账"，可花了不少心思。

比如，场馆设施"能改不建、能修不换、能租不买、能借不租"。历届大型体育赛事，场馆建设、设施配备往往是占大头的投入。而经过统筹规划，杭州亚运会的56个竞赛场馆中，只有12个是新建场馆，其余44个都是临建或由原有建筑改造而来。像承担亚运会击剑及亚残运会轮椅击剑两项赛事的杭州电子科技大学体育馆，馆内5000多个座椅已有17年历史，进行一番清洗修复后重新投入使用；淳安场地自行车馆的标准赛道是租来的二手装置，用完可拆卸，馆内的座椅、照明系统、影像系统等，也都是非永久装置，能省下1600余万元成本。

事实上，杭州亚运会的省钱之道，省的可不只是明面上的金钱成本，还有土地、人力和时间成本。

比如，脑洞大开，以科技手段实现资源节约。如今，科技发展对资源的可持续循环利用起到越来越重要的作用，科技手段的使用也让亚运会实践简约理念有了更广阔的空间。杭州亚运会运用了一系列"黑科技"，实现了化繁为简、简而有质。

以杭州奥体中心体育馆和游泳馆为例，两馆内设置了210个导光管，通过顶部采光罩将自然光引入室内，具有无频闪、节能、寿命长、能开闭等优势，每年可节电约10万千瓦时。

比如，花一次钱办两样事，让更多人享受到"亚运红利"。杭州亚运会的大部分场馆在建设、改造之初，就谋划好了赛后"出路"，那便是"还馆于民"。像亚运村的运动员餐厅在规划时就被设计成一所小学，工程团队为它量身定制了"可逆施工"的改造方案，赛后只需要拆除部分设施，就能恢复原貌；临平体育中心的场馆改建了一个风雨操场，亚运会期间运动员用来热身，亚运会后供学生进行体育锻炼。

简约而不简单体现在方方面面。杭州亚运会力争在短期和长远、赛事和城市间实现双赢，以留白的减法让亚运之美、城市之美更显简约凝练、韵味悠长。

三

如今，亚运盛会开幕在即，前期筹备和投入已接近尾声。此后，如何进一步深挖亚运IP价值，让简约办亚运的理念延伸到赛后，是值得思考的后半篇文章。笔者认为，有三句话是当中的应有之义。

开源节流两手抓。巧做"减法"的同时，也要用好"加法"。

一场具有国际影响力的体育赛事，本身就自带流量，蕴藏着无限商机。着眼整体，这也将是这本"经济账"中的重要一环，是另一种形式的简约。

自1984年洛杉矶奥运会首次开展商业运作，成功扭亏为盈之后，每次国际体育盛会来临，办赛国家都会通过商业赞助、电视转播权、赛事门票、特许商品等方式进行市场化运作，以覆盖办赛所产生的开支。

这方面，杭州亚运会可以借鉴。比如，精心设计、研发文创产品，吸引世界各地运动员和观众把美好记忆带回家；再如，鼓励浙江企业抢抓亚运机遇、开展创意营销，借势借力将浙江制造、浙江品牌推向世界。

化"遗产"为资产。习近平总书记指出，"举办北京冬奥会、冬残奥会不是一锤子买卖，不能办过之后就成了'寂静的山林'"。事实证明，北京冬奥会最丰厚的"冬奥遗产"，便是带动了3亿人参与冰雪运动。

杭州亚运会也将留下许多看得见的和看不见的"亚运遗产"，将这些宝贵的"遗产"用好用活，是"简约亚运"更为深远的内涵。目前，浙江各地都在因地制宜展开探索。比如宁波探索以帆船运动为支点，撬动海洋经济发展；温州把城市闲置的边角地块改造成健身乐园，打造体育发烧友的"打卡胜地"；等等。

简约不止亚运。简约不仅是亚运的办赛理念，更是一种发展理念、生活观念。当前，我国经济发展和城市建设已经从外延式增长，转向内涵式、集约式的高质量发展。简约而不简单，将成为未来经济转型发展、城市有机更新的关键词。

同时，简约也代表一种新兴生活方式与价值观。我们每个人都可以从身边小事做起，比如在观赛时自带水杯、绿色出行等，于生活点滴中传播、践行"简约亚运"的理念。

办一届简约的亚运会，是时代所需、民心所向。杭州亚运会的简约之美，在为可持续发展探索新路、为世界贡献中国方案的同时，也将"大道至简"的生活智慧传递至五湖四海。

钱伟锋　谢滨同　苏畅　执笔

2023 年 9 月 21 日

"千万工程"何以点亮文化之光

> "千万工程"的"千万",不再只是具体的数字,而是千村千面、万村万象的万千气象,更是美丽人文、美好生活的万千形态。

最近,各式各样的"亚运旅游攻略"在社交媒体上热传,除了观看亚运赛事,像下姜村、小古城村、梅蓉村等美丽乡村也被列进不少攻略线路中。

这两年,浙江乡村旅游着实有些火,可谓既有"流量"又有"留量"。随着亚运和国庆长假的到来,浙江的万千乡村也将与海内外游客迎来一场"亲密接触"。

有网友说:浙江的乡村"村村有一样,却又村村不一样",一样的是绿水青山,而不一样的则是文化风情。这都得益于20年前,时任浙江省委书记习近平同志亲自谋划、亲自部署、亲自推动的"千村示范、万村整治"工程。

如何点亮文化之光,让美丽乡村各美其美、美美与共?透过"千万工程",我们能找到答案。

一

　　乡村，是农耕文明和乡土文化的摇篮，每一个村庄形态折射的是先人的深邃智慧。而所谓的"百里不同风，十里不同俗"，反映的是人们独特的生活方式和风俗习惯。历经岁月沉淀，这些传统村落不仅留存着久远的历史"现场"，记录着一代代人的生活轨迹，还成为承载人们乡愁乡恋的重要载体。

　　"千万工程"以生态起步，但不止于生态，文化建设也是题中之义。20年前，习近平同志就强调，实施"千万工程"，要正确处理保护历史文化与村庄建设的关系。要对有价值的古村落、古民居和山水风光进行保护、整治和科学合理地开发利用，使传统文明与现代文明达到完美的结合。

　　习近平同志还对推进"千万工程"提出了具体要求，"要防止盲目照抄照搬城镇小区建设模式，防止搞不切实际的大拆大建，防止搞劳民伤财的形象工程，防止贪大求洋，导致农村传统文化的失落"。

　　有人把传承历史文化与融入现代文明视为一对矛盾，认为现代化过程中需要破旧立新，这个过程难免会对传统乡村文化造成冲击。然而，一旦轻视文化个性，就容易导致文脉的断裂，造成"千城一面""千村一面"的现象。

　　在习近平同志看来，历史文化与现代文明是一个有机统一的整体。《习近平浙江足迹》一书中记录着这样一个故事：2005年，习近平同志来到乌镇古镇二期保护工程现场。骄阳似火，大家建议习近平同志先歇歇脚缓缓，他却说："到工地去，到现场去。"这次调研，习近平同志走了将近三个小时，当场提了三点要求：要尊重乌镇的历史遗存，要修旧如旧；要把环境尤其是水环境搞好；要做好传统文化创新的文章，给古镇植入现代的、年轻人喜欢的文化。

正是按照习近平同志的要求，乌镇文化遗存与江南水乡风光在精心保护中得到了传承创新。当然，不只乌镇，今天在浙江有很多乡村像乌镇一样，不仅成为旅游者心中的"网红打卡地"，还在传统文明与现代科技的交相辉映中焕发出新生机。

二

乡村造就文化。乡村是孕育和传承中华优秀传统文化的沃土，乡土文化当中蕴含着守护中华文化的密码。"千万工程"作为撬动城乡融合发展的龙头工程，不仅实现了绿水青山、田园牧歌的诗意回归，也深刻地改变了乡土文化在之江大地绵延生长的命运走向。

"千万工程"造就万千美丽乡村，成就万千美丽风景，也让万千乡土文化得到传承与振兴。如今，越来越多城市人与乡村发生连结，人们逐渐意识到，村有村味、乡有乡愁是何其珍贵。乡土文化成为反思片面追逐工业化、城市化的一面镜子，"乡土气息""乡村民俗"成为重要的文化资源和文化资本。

借助丰厚传统民俗文化与现代文明的有机融合，"千万工程"点亮了乡村文化，让一个个距离相近、景致相像、风物相似的美丽乡村有了鲜明的个性。

比如，在绍兴安昌古镇，人们能够原汁原味体会到鲁迅笔下绍兴民间特有的盛大春节祈福大典"祝福"；在德清新市镇，每逢清明都会举办盛大的蚕花庙会，"蚕花姑娘"巡游、祭拜蚕神、"轧蚕花"等活动轮番登场；在象山石浦渔港，"三月三，踏沙滩""祭海"等独特民俗成为引流爆款。

无形之中，文化也在塑造乡村。美丽乡村不仅要外修颜值，更要内炼气质。正是乡土文化和浸润在乡土文化中的人，赋予乡村独一无二的辨识度，为乡村振兴带来新的活力和方向。

近年来，诸如春节庙会、传统集市、民俗祭典等已成为各地美丽乡村的"标配"，龙泉青瓷、海宁皮影、余杭清水丝绵等非遗特色工坊遍地开花，"'非遗'＋直播""'非遗'＋旅游"等新业态不断解锁。

把乡村历史文化有机融入"千万工程"，是坚定文化自信的客观要求，也是创造性转化、创新性发展中华优秀传统文化的内在需要。在迭代升级、深入推进"千万工程"的过程中，推动乡村历史文化持续地融合与转化，既能为"千万工程"注入精神动力、增强人文底蕴，塑造新时代文明乡风，也能赓续历史文脉，助力文化传承。

三

"千万工程"之所以能够造就万千美丽乡村，关键就在于因地制宜、实事求是。点准"文化穴"，让"千村千面"更动人正是实施好"千万工程"的密钥之一。

在笔者看来，让乡村历史文化在"千村未来、万村共富、全域和美"的大场景中绽放更加绚烂的光芒，需至少做到以下三条：

用好支点。作为社会治理的基本单元，农村的事情千头万绪、纷繁复杂，想要办好这些事情并不容易，关键是找准"线头"。

20年前，浙江靠人居环境整治拉开了"千万工程"的序幕。在"绿水青山就是金山银山"理念已经达成共识的今天，可以尝试从乡村历史文化的保护发展入手，撬动乡村的文化价值，调整现代化进程中的城乡关系。比如浙江松阳，不急着把农村变为城市，而是实施传统村落保护项目与"拯救老屋行动"，大批老屋被修复改造成精品民宿、艺术家工作室、乡村博物馆。

发现亮点。不要把社会主义新农村建设变成新村建设，更不要在建设过程中把那些具有文化价值和地方特色的历史建筑通通扫荡了。今天看来，独特的历史文化就是未来乡村的价值增量，把历史文化最大程度挖掘出来，可以转化为乡村发展的独特IP。比如杭州的径山村，就通过"径山茶宴"非遗来发展茶旅游，让小茶叶成为大产业，富了一方百姓。

击破难点。实现乡村振兴，核心是人，归宿是人，难点也在人。"千万工程"对于乡村的变革，不只是环境的改变、颜值的提升，更重要的是重塑了人们对乡村的认知，激发了人们对乡村文化的自信与认同，在乡村文化的大场景里，农民也可以变身艺术家、画家、哲学家。调动人的积极性，激发人的创造力，依然是一道重要课题。

比如，义乌市李祖村，农创客、乡村职业经理人出现在乡村，他们在旧居老宅里开咖啡厅、办展览；衢州市余东村，村民们手握画笔，在独属乡村的艺术空间里泼墨，乡村也成了城市人向往的地方。

文化犹如一个个跃动的细胞，深入乡村发展的每一寸肌体，让"千万工程"犹如生命体一般持续地自我进化、更新迭代。正因如此，"千万工程"的"千万"，不再只是具体的数字，而是千村千面、万村万象的万千气象，更是美丽人文、美好生活的万千形态。

王人骏　沈於婕　丁珩　执笔

2023 年 9 月 21 日

亚运宣传片里的江南韵

> 宣传片的时间虽有长短之分，但江南的故事却醇厚似酒、历久弥香，铺染在这片土地上。

亚运临近，从气势磅礴到温柔空灵，不同风格的亚运宣传片轮番上场，好评如潮，刷屏朋友圈，登陆各大社交平台。

以"杭州写给你的情书"为主题的《爱之城》全网传播量破3亿人次；《丹青游》上演了一场古今相悦的丹青奇幻旅程；以水为引，传播人次过亿的视频《潮前》，讲述伴水而生的浙江何以兴起；乒乓配大鼓，游泳遇琵琶，《乐动无双》将国乐与亚运项目进行混搭，碰撞出激情涌动的火花；《杭州的路名藏着什么》揭开杭州路名里的中国式浪漫……

有网友说："这很杭州，也很江南，杭州找到了属于自己的文旅密码。"那么，杭州亚运宣传片里有什么样的江南？这种江南韵又从何处来？

一

如果要用一种色彩描摹江南的模样，不同人在这些亚运宣传片里看见的江南，或许会有不同的色彩，而江南恰似光谱本身，包容万生万象。

有人看见江南的自然美景，俯拾间如诗如画。"百里闻雷震"的钱塘江大潮，惊涛骇浪；"淡妆浓抹总相宜"的西湖，美得像打翻了调色盘。春天，法喜寺的古玉兰花开如皎月；夏天，苏堤两岸朦胧烟雨、垂柳依依；秋天，在孤山的林荫深处与漫天金黄的银杏撞个满怀；冬天，于断桥边静听雪落下的声音。

有人看见江南的人间风味，揽尽凡常热闹。那是穿梭于大街小巷的WE1314路公交车，德寿宫红墙前的不期而遇，宝石山上的浪漫日出。还有孤山路上拍婚纱照的情侣相拥一吻，捧花而来的老爷爷将花束放在一旁，坐在西湖边的长椅上静看西湖……阡陌之上、市井内外，江南就在朝夕与共间。

有人看见江南的弄潮精神，劈波斩浪敢争先。智能制造凝聚强大的驱动力，助推高质量发展。之江实验室里高速运转的计算机，未来酒店中提供无接触服务的机器人，还有万物互联的移动支付场景……敢想敢做的浙江人，用智慧与创新开辟出通往未来的道路。

有人看见江南的运动之魂，绽放无限活力。卸下生活与工作的疲惫，挥洒汗水，来一回主打随性的Citywalk；找几个合拍的骑行搭子，穿行在人间天堂；户外公园里男女老少你来我往，比拼"大球""小球"；自行车馆、钱塘轮滑中心、奥体中心，杭州的运动场馆在昼夜间充满人气……运动的激情与活力点燃杭城，人们在运动中享受触手可及的愉悦感。

二

江南之韵的着笔是一场关于创意与想象的盛宴，拨动我们感知美好的心弦。那么，宣传片里的江南韵从何处而来？

从自然与人文交织的底蕴里来。中国传统文化是破壁"出圈"的"传家宝"。精神文脉，在钟灵毓秀的江南里滋养出刚柔并济、雅俗共赏的精神气度与文化高度，这些都是宣传片创作汲取灵感的"沃土"。

譬如围绕水元素展开的《潮前》，开启一段回溯千年的文化航行，在江南之水中上下求索。短片用大开大合的镜头与震撼恢宏的音乐，串联起雕版印刷技艺、西泠印社篆刻、古琴艺术等文化遗产。又如用超长画卷打开五千年杭州的《什么是杭州》，提出"人间天堂"并非与生俱来，将良渚的古老、西湖的美、钱塘江的潮、大运河的繁华娓娓道来，感悟命运齿轮的转动离不开世代的积累。

从传统与现代融合的表达中来。"经典"融入科技，"诗画"才能更显活力。比如别具风格的《丹青游》，运用中国丹青这一具有高识别度的中华传统文化符号，将中国式浪漫与亚运的体育气韵融合呈现。从《四景山水图》到《清明上河图》，穿梭的一幅幅名画都是来自"中国历代绘画大系"的传世佳作。

创作团队还原名画场景，使用三维绑定技术让古画里的人跑起来，畅游了一把南宋御街、德寿宫、奥体中心等兼具宋韵和现代感的杭城地标。

从每一个人生活的点滴中来。烟火气是"流量"转"留量"的

"通关秘籍"。爱与浪漫是生活的能量，江南韵也是一种共通情感，正如《爱之城》中杭城与"我"的双向奔赴："你爱的这座城，恰好也在爱着你。"从北山路的交警与志愿者护卫小鸳鸯过马路，到运河边父亲绑着陪跑牵引绳陪伴盲人儿子跑步，短片里的镜头真实发生在杭州三餐四季的日常，让许多人在返璞归真中重拾温情与善意。

三

宣传片的时间虽有长短之分，但江南的故事却醇厚似酒、历久弥香，铺染在这片土地上。今天，我们如何去观江南韵？换言之，我们要如何讲好江南故事？

观江南要有大局观。从打造文化高地的角度来看，当凝听江南的脉动，在万年上山探寻"世界稻源"，在五千年良渚读懂中华文明史，从千年宋韵中感知东方之美，以百年红船致敬伟大精神，在新时代弄潮而上。

从走出国门的视角来看，江南故事的背后是属于中国的故事，应当把握住中华文明的突出特点，打造文化出海的"朋友圈"。像1954年闪耀日内瓦会议的经典越剧《梁祝》、20世纪90年代在东南亚热播的《新白娘子传奇》等，都让柔美又有力量的江南美学走出国门。

观江南要从小切口看。比如，深挖一层，捕捉大主题背后的细腻情绪。此前"诗画江南、活力浙江"全球短视频大赛中，《家住两岸·台湾龙仔玉环行》用微电影方式，以台胞龙仔的视角展开，讲述他为了缓解阿公的乡愁奔赴玉环拍摄风景的故事，传递两岸血浓于水的亲情。

又如保留生活本真的颗粒感，《爱之城》的创作团队为了贴近生活，从摄影、服装、灯光再到后期制作，不断强调"去广告化"的理念，避免刻意摆拍的精致感，在捕捉生活真实场景的同时，保持独特的审美风格。

观江南要不拘一格。越包容越有味，讲述江南的故事亦如是。无论是书籍、影视剧、流行音乐、纪录片、动漫、短视频，还是民间创作、官方出品，都应该做有网感的传播，鼓励有网感、懂传播的年轻人多参与多创作，让江南的故事借助青春的创新绽放魅力。

从《爱之城》到《杭州的路名藏着什么》，主创团队大多数是"90后"。《丹青游》从前期的策划、调研到后期制作，一批年轻人以空间交互打破次元壁的方式，结合动画技术，用潮流的Citywalk形式实现亚运与古画元素的趣味碰撞。而片中的"主人公"分别是"00后"陈喜悦和"95后"一青，他们正是此前火爆"出圈"的卖花姑娘和卖货郎。

江南忆，最忆是杭州。杭州亚运会已经准备就绪，等大家来。

胡群芳　吴思佳　周夏影　王超　执笔

2023 年 9 月 22 日

"惠民亚运"如何惠民以实

"亚运惠民"惠民以实，就需要惠及长久。

明天，杭州第19届亚运会就将正式拉开帷幕。连日来，不少竞赛场馆已经开启"出场时刻"。不过，在这些场馆服务来自亚洲各国的运动健儿之前，杭城市民们已经在其中留下了参与体育运动的矫健身影和欢声笑语。

一年多前，杭州亚运会竞赛场馆和训练场馆已陆续向公众开放，今年3月，杭州又发布亚运场馆"惠民十条"，进一步释放"亚运红利"。目前，进入亚运场馆参与健身的市民已超千万人次。

从世界赛事到全民健身，这还只是"惠民亚运"的冰山一角。借着亚运的东风，各地在便民、利民、惠民上下足功夫，街头巷尾、日常生活中出现了许多贴心的"惊喜"。如何通过"办好一个会"实现"提升一座城"，最终"惠及一方人"，扎扎实实把"亚运会"办成"亚运惠"，这无疑是杭州亚运会的重要落脚点。

一

体育的魅力，不只在于体育本身。一场成功的体育盛会，是一个国家向全世界展示开放包容形象、悠久灿烂文化和强盛富足国力的一扇窗口；也是举办城市抓住机会、乘势而上，改善公共设施和公共服务品质，给人民群众带来福祉的一次契机。

2008年，北京奥运会的举办为北京的城市发展按下了"快进键"。比如当年11条轨道交通线同时建设，这在世界大都市轨道交通建设中也是罕见的。如今，鸟巢、水立方、奥森公园等北京奥运会留下的有形资产，既成为一个城市的地标，也化身为市民健身运动的乐园，使当地居民长期受益。

去年的北京冬奥会则"带动3亿人参与冰雪运动"，延庆、崇礼等地更是尽享冬奥会红利，冰雪产业实现跨越式发展。其中，崇礼从原本的国家级贫困县华丽转身为一座现代化小城，超过3万人直接或间接进入了冰雪产业和旅游行业，靠着"雪饭碗"实现生活质量提升。

拉长时间的轴线，从一座城市发展进程来看，会发现无论是奥运会，还是亚运会、大运会，一届体育盛会的"高光时刻"总是短暂的，八方宾客来去匆匆。而热闹过后，生活还在继续，改善民生始终是一个城市永续发展的重要课题。

只有把办会的落脚点更多地放在利民为本、惠民以实上，才能获得更广泛的支持和认同。正所谓"办会惠民才是硬道理"。

二

亚运会的内涵是多元的，它既是一场全球瞩目的体育盛会，也是一次自信自强的大国外交。而对于1200多万杭州人、6500多万浙江人来说，亚运会也是一场惠及全民的"红利大会"。无论是基础设施的提档升级、城市颜值的加速"飙升"，还是城市文化内涵更加丰富，都在不断"刷新"群众的幸福指数。

从体育本身来看，"惠民亚运"不仅在于让更多人见证和分享亚运会的盛况，更在于将体育文化融入生活，让更多人能够参与和享受体育运动。

去年，杭州亚运各大场馆陆续向社会开放，开创了国内综合性体育赛事场馆赛前向全民健身和群众体育开放的先例。除了"还馆于民"，杭州还以亚运为契机构建更高水平的全民健身公共服务体系，一批运动场地融入市民生活圈，激活城市空间"边角料"，让群众"近"享运动乐趣。

数据显示，针对城市空置土地、废弃厂房、高架桥下等空间，去年杭州新建成"三大球"、"三小球"、门球等7类嵌入式体育场地设施2243片，人均体育场地面积提升到2.74平方米，这些都有助于带动全民健身的热潮持续涌动。

跳出体育来看，筹办亚运会的这8年时间里，杭州城市面貌的变化有目共睹，不仅为广大群众带来看得见、摸得着、真实可感的幸福，还将支撑未来一段时期内城市的跃升发展，让一代代人从中获益。

8年来，杭州快速路总里程突破480公里，"两环八横五纵八连"的城市布局加速形成；杭州地铁516公里全线网贯通，市民出行更加便捷；"城中村"改头换面，"老破小"修葺一新，累计开展300个未来社区创建；"推窗即见绿、开门就入园"的美丽生活也一步步成为现实……

什么是"一届成功的亚运会"？每个人心中或许都会有自己的答案。但赛会成果惠民共享的程度，无疑是一个重要指标。

三

在"惠民亚运"给城市和生活增色添彩的过程中，不少人心中也萌生出了一些朴实而美好的期待：亚运期间，我们对城市建设、环境整治等方面的投入不遗余力；亚运后，各方面的投入还能不能一如既往？亚运期间，越来越多的人成为体育运动爱好者；亚运后，这种昂扬向上的风尚能不能一直盛行……

"亚运惠民"惠民以实，就需要惠及长久。笔者认为，在后亚运时代，如何让亚运成果更大程度地惠民、持续释放亚运红利，有三点值得思考。

在亚运场馆的再利用上，兼顾"长续航"与"性价比"。由于竞赛场馆的体量庞大、维护成本高、开发难度大，其赛后运营一直是世界级难题。尝试引入市场力量，寻找优质"合伙人"，实现亚运场馆赛后可持续运营利用，推动亚运场馆惠民开放、活化利用、长远发展，是一种不错的选择。

比如北京冬奥会国家速滑馆"冰丝带"，保留了冬奥会比赛时使用的冰面，在可持续运营启动后，举办国际滑冰训练营、国际滑联速度滑冰世界杯分站赛等活动和比赛，还将带来首场冰上演出

《冰梦丝语》，打造成集体育赛事、群众健身、文化休闲等功能于一体的冰雪运动中心。

在城市建设和民生服务上，避免"后亚运低谷效应"。一般来说，亚运会举办后的2—3年期间被称为"后亚运时期"。曾有少数主办城市在亚运会后出现投资活动减少、总需求下降，旅游、建筑等行业衰退等现象，因此造成"后亚运低谷效应"。

城市的发展，最终的指向是让人民生活更美好，不会因为一个盛会的结束、一场比赛的落幕，就"喘口气""歇个脚"，而是充分总结提炼亚运期间的成功做法和经验，在城市品质建设、精神文明建设、公共服务提升等方面"不松劲"，为城市未来发展探索出更好的"杭州范例"。

在持续提升运动"热力值"上，打造赛事之城、健身之城。杭州亚运会汇聚了世界目光，抓住机遇、发挥优势、趁热打铁，有助于形成赛事品牌，逐步形成集聚效应，吸引更多国家级、世界级赛事落户。

同时，还可以大力发挥"体育＋"辐射效应，常态化开展体育惠民活动，推出更多就近就便、小型多样、时尚有趣的体育赛事，激发全民参与热情，营造全民健身的良好氛围。

当前，"惠民亚运"已经初现成果，全民共享的"亚运红利"正持续释放，主办城市杭州和各大协办城市也被赋予了更多的可能性与想象力。相信待赛事闭幕后，在让亚运遗产成为永久福利，让体育盛会永不落幕上，还有很多惊喜等待解锁。

彭善鹏　叶沁宇　杨奇　汤燕君　贾祥敏　执笔

2023年9月22日

开幕式点火，你是怎么猜的

> 真正体现全民参与的理念，展现"万里尚为邻"的友谊之情。

今天晚上，杭州亚运会的第一场重头戏——开幕式即将惊艳亮相。我们都期待着一场"简约、安全、精彩"的开幕式，为这届具有"中国特色、亚洲风采、精彩纷呈"的体育文化盛会开个好头。

而在整场开幕式的过程中，最激动人心、值得期待的，莫过于主火炬点燃的一瞬间。那么，杭州亚运会开幕式主火炬的点燃方式，又会有哪些可能？

一

在历届奥运会、亚运会历史上，有很多匠心独运的点火方式成就了不可复制的经典，也成为世界人民内心深处的深刻记忆。

有的点火仪式充满奥林匹克运动的力量与美感。

像1992年巴塞罗那奥运会的开幕式上，残奥会射箭奖牌得主雷波洛在轮椅上接过火种后起身，用火焰点燃箭枝，射向主火炬台，点燃了奥运会主火炬。这一幕既充满射箭运动的力与美，也展现了悠久的历史与传统，是现代体育与古代运动的完美结合。

有的点火仪式承载一个国家与民族的浪漫与自豪。

1990年北京第11届亚运会，一句"全国人民都是东道主"燃起民众对亚运的热情，一首《亚洲雄风》传唱大江南北，火热至今。开幕式现场，中国奥运金牌第一人许海峰高举火炬，在北京工人体育场绕场一周后，登上火炬台，点燃火炬塔，一时间礼炮齐鸣、白鸽飞舞，现场一片欢腾。

还有2008年北京奥运会的开幕式上，"体操王子"李宁手持圣火升至半空，奔跑在以祥云卷轴为背景的空中跑道上，最终点燃主火炬。在那一瞬间，夸父逐日、飞天神话等中国古典传说与"更快、更高、更强——更团结"的现代奥林匹克精神紧密相连，把一个民族悠久的历史文化和现代科技成就从容、自豪地展现在世人面前。

有的点火仪式充满艺术审美和深刻寓意。

在2000年悉尼奥运会开幕式上，"水火交融"的奇特一幕，令人惊叹不已。只见圣火台从水中冉冉升起，主火炬冲破瀑布，熊熊燃烧着升上火炬塔。水是一切生命的起源，象征着大自然；而火是人类文明的起源，这样的点火仪式，展现着文明与自然的交融，也彰显了奥林匹克运动和谐、平等的精神理念。

这些经典的点火仪式虽然形式各异，但都是主办国抒发自身奥运情感、诠释不朽奥运精神的独特方式，也是奥林匹克运动汇集体育、艺术、科技精髓于一体的展示舞台。熊熊火焰升腾而起的一刻，不仅点亮了夜空，也点燃了全世界的体育梦想与激情。

二

有人说"演出有好坏，点火是成败"，"一个构思精妙的点火仪式，往往意味着开幕式成功了一半"。因此，主火炬如何点燃、又会由谁来点燃，是最神秘、最考验创意的，是不到最后一刻一般都不被外人所知的重要环节。

越神秘就越让人好奇、越引发猜想。大型综合运动会开幕式前，如何点火往往是备受热议的话题，广大网民、很多媒体记者都会饶有趣味地参与其中，希望从主创人员的嘴里"撬"出"蛛丝马迹"，然后根据丝丝缕缕的联系，大胆猜想最有可能的方式。

比如，北京奥运会开幕式之前，网络上就出现了开幕式点火的十大猜想，其中有"火龙喷火""凤凰涅槃""漫天烟花""福娃点火""杂技点火"等等充满中国元素的奇思妙想，现在回看虽然与最终的方式相去甚远，但也趣味十足。

当然，并不是所有的猜想都是天马行空、不着边际的，从以往的经验来看，根据官方透露的信息，通过"抽丝剥茧"，再加上合理联想，猜出开幕式点火方式也并非完全不可能。

像北京奥运会开幕式当天，有媒体发出一则消息——"奥运开幕式大猜想：李宁或将吊钢丝点燃主火炬"。文中根据相关部门公布的文件以及一些旁证推测出，"体操王子"李宁将是点燃主火炬的最可能人选，又根据其他种种迹象推测出，俗称"吊钢丝"的威亚元素或许会运用到点火环节。事后看来这简直是"神预测"。

2010年，广州亚运会开幕前一天，组委会举行最后一次新闻发布会，根据发言人提到的"非常中国化，充满中国风情、中国元素，是广大的老百姓都非常喜欢和熟悉的方式"等信息，现场一名媒体记者就推测将通过燃放爆竹的方式点火。最后证明也是猜得"八九不离十"。

三

今晚，杭州亚运会开幕式就要如约而至了。关于点火方式，许多关心关注杭州亚运会的朋友们也给出了自己的猜想。

在此前浙江在线的一次街头采访中，不少市民开了一把"脑洞"，有说吉祥物点火、AI机器人点火的，也有说3D虚拟点火的。相关媒体还报道，杭州市某小学六年级学生研究和制作了自己心中的点燃装置，其中一位小朋友的设计很特别：只要扫一扫二维码就可以点火。

这些猜想有多大的可能性成为现实呢？其实，我们不妨从杭州亚运会开幕式总导演沙晓岚透露的信息中对点火仪式管窥一二。

前段时间，沙晓岚在接受采访时提到，此次开幕式将以"数实融合"的形式完成主火炬点燃，打造亚运史上首个数字点火仪式，向全球观众发出"共筑未来、点燃希望之火"的邀请。此次亚运会，将改变原有单个火炬手点燃主火炬的方式，用万众参与、数实互联的形式，让更多人参与其中。

而在前天的新闻发布会上，他还透露出这样的点火细节：9月23日晚，每个线上、线下火炬手都是一个小火苗、一个发光点，汇聚在钱塘江上，形成一个具象"数字人"，踏着钱塘潮涌，步履坚定，奔向"大莲花"上空，打破时空壁垒，跃入185米立体网幕，和第六棒火炬手相会，"数实融合"点燃主火炬塔，完成点火仪式，真正体现全民参与的理念，展现"万里尚为邻"的友谊之情。

在开幕式采取的点火方式上，主创人员都会费尽脑筋、挖空心思，力求做到有创意、有悬念。所以在以前，即使开幕式即将举行，点火方式也依旧"成谜"。但本次开幕式的主创人员却非常"慷慨"，提前透露了不少信息。在笔者看来，这很大程度上也是因为本次开幕式希望向全球观众发出"共筑未来、点燃希望之火"的邀请，通过万众参与、数字互联的形式，最大限度地让全民共同参与点火仪式，营造"世界共此时"的和美画卷。

我们每个人都可以做好准备，一起点燃杭州亚运会的主火炬，共同完成这历史性的一刻。

杭州亚运会的点火仪式还会有怎样的惊喜，现在还不得而知。但是我们相信背后的脑力激荡、其中的创新创意和最后呈现出来的独特效果，不会让大家失望。我们期待杭州亚运会开幕式主火炬点燃将以一种全新的方式创造新的历史。

今天晚上，让我们不见不散、一同见证！

金乘波　郑一杰　梁煜晨　执笔

2023 年 9 月 23 日

杭州，等待精彩绽放

> 唯有对标"干在实处、走在前列、勇立潮头"的殷殷嘱托，拿出十二分认真、付出百倍努力，才能铸就经典，留下历史印记。

今天晚上8点，杭州第19届亚运会就要在钱塘江畔拉开帷幕了。这是杭州历史上第一次承办国际综合性体育赛事，杭州也将成为继北京、广州之后，我国的第三座"亚运之城"。

今年8月，国家主席习近平复信美国华盛顿州"美中青少年学生交流协会"和各界友好人士时指出，"中国政府和人民充满信心，将在杭州举办一届精彩纷呈的亚运会"。

正值秋分，丰收的时节，"备战"8年的杭州迎来了最终检阅。这一刻，我们"喜看稻菽千重浪"，也期待运动健儿在亚运赛场上不断突破、收获累累；这一刻，每一位关心、关注杭州和亚运会的人，内心一定温暖又激动，这既是为肩负承办使命的自豪，也是对"亚运之花"在杭州绚烂绽放的憧憬。

一

　　我们常说，举办杭州亚运会是"国之大者"，这是因为：亚运会是亚运会，但又不只是亚运会；杭州是杭州，但又不只是杭州。

　　一直以来，举办重大国际体育赛事，是一座城市乃至国家综合实力的全面展示。相信大家对2001年北京申奥成功后举国沸腾那一幕，对2008年五星红旗伴随雄壮国歌声在鸟巢升起的那一幕，依然记忆犹新。因为那是中华民族的百年夙愿，承载着亿万中华儿女的热切期盼，通过奥运这个窗口，全世界看到了一个古老文明与现代文明交相辉映的中国。

　　杭州亚运会是史上规模最大、项目最多、覆盖面最广的一届亚运会，又是"后疫情时代"我国的一次重要的主场外交。杭州不仅代表着杭州，更代表着浙江、代表着中国。这也就不难理解，为什么杭州会"考前焦虑"，为什么要为此拼尽全力。

　　城市的每一次蜕变，都是在抓住重大机遇中完成的。办好一个会只是短暂预期，提升一座城才是长远考量。对于杭州来说，除了承办G20杭州峰会，在重大国际舞台上登台亮相的机会还不够多，尤其需要通过这次亚运会来提升城市综合竞争力和国际影响力。

　　杭州是历史文化名城、创新活力之城、生态文明之都，特别是良渚古城遗址、西湖、大运河三大世界文化遗产汇聚在这里，如何通过亚运会展示中华优秀传统文化、推动文明交流互鉴，让素有"人间天堂"之称的杭州更具美誉度，既是这次亚运会承载的重大使命，也是我们需要答好的时代考题。

二

上下同欲者胜，奋楫笃行者赢。8 年时间，杭州因亚运而凝聚，因凝聚而精彩。

自 2015 年 9 月 16 日亚奥理事会宣布"中国杭州获得 2022 年亚运会举办权"以来，杭州的各项筹备工作一步一个脚印走到今天。回望这 8 年时光，非常不易，百年变局、世纪疫情、大国博弈、俄乌冲突交织叠加，国内外形势复杂多变，特别是去年因为疫情影响推迟一年举办，这给亚运筹办工作带来了很多意想不到的挑战。

一边是只留经典、不留遗憾的期待，一边是面临的许多新情况新问题，唯有对标"干在实处、走在前列、勇立潮头"的殷殷嘱托，拿出十二分认真、付出百倍努力，才能铸就经典，留下历史印记。

正如郁达夫在《迟桂花》中所说，"因为开得迟，所以经得日子久"。8 年时间，我们建成 54 个竞赛场馆、30 个训练场馆以及 1 个亚运村和 5 个亚运分村，建成 4700 公里绿道，努力实现居民出行"300 米见绿、500 米见园"。516 公里的轨道交通，以及一条条快速路的通车，串起了城市的东西南北。老旧小区改造，高架空中花廊……这些场馆和基础设施的改善，既为举办杭州亚运会奠定了基础，也充分释放了亚运红利。

正是社会各界的倾心关注，城市建设者的倾力付出，广大市民朋友的倾情支持和配合，杭州才能兑现与亚洲人民的美好约定。

今天，我们终于可以说，杭州准备好了！

三

亚运之旅，开启的不仅是一段竞技征程，更是一场跨越国界的友谊之旅、文明之旅。此时此刻，杭州有太多的话想对世界说，有太多的故事想讲给世界听。

"江南忆，最忆是杭州。山寺月中寻桂子，郡亭枕上看潮头。"桂，寄托着收获和胜利的美好祝愿；潮，代表着勇敢和拼搏的精神力量。

在这满城飘香、钱潮奔腾的最美季节，我们将把内心的千言万语浓缩进"杭州时间"里，向世界展现一个生动、鲜活而别样精彩的杭州。

这里有山水之美，湖光山色、淡妆浓抹中总有你喜爱的那一款；有人文之美，古今荟萃的文化遗产、历史名人、传说故事无不展现着江南文化的无限风雅；有发展之美，绿色、智能、人文、简约、惠民等特色亮点贯穿亚运全过程，共同富裕新图景在这片土地上徐徐展开……

不论您是运动员、媒体记者，还是远道而来的游客和观众，都祝愿您在赛场之上体会竞技体育的激情，在赛场之外感受"诗画江南、活力浙江"的魅力，尽情触摸这座城市文脉的肌理。

让我们一起期待，"亚运之花"在杭州精彩绽放！

让我们共同见证，"人间天堂"在今夜惊艳登场！

倪海飞　云新宇　刘元　王艳颖　钱伟锋　执笔

2023年9月23日

亚运会开幕式的十个"为什么"

> 以文明交流、互鉴、共存，超越隔阂、冲突、优越，这是中华民族"美美与共，天下大同"的美好愿景。

刚刚，杭州第19届亚运会开幕式正式落下帷幕。虽然很多人没有在现场，但满屏可见的深厚文化、大国气质和江南韵味，以及演员和观众身上那种由内而外的自信从容，相信很多人为之动容。正如网友所说，"从奥运会到亚运会，你可以永远相信中国"，"这就是中国式浪漫"。

那些一闪而过的场景、画面和细节，其实每一处背后都是别具匠心的编排，我们一起来回顾下。

一、为什么选在秋分

秋分这一天，太阳直射赤道，全球各地昼夜等分。这正如同竞技体育精神——公平公正，不偏不倚。在中国传统二十四节气中，秋分也象征着收获，春日播种的期待、夏日劳作的辛勤，都在此时化作丰收的喜悦。

　　杭州亚运会在这一天开启，是对亚运健儿的深深祝福。那些淋漓的汗水，终将浇灌出累累硕果，等待敢于拼搏、辛勤耕耘的人们摘取。

二、为什么叫"潮起亚细亚"

　　钱江潮素有"天下第一潮"美誉。八月十八潮，壮观天下无，声驱千骑疾，气卷万山来。奔腾不息的钱江潮，孕育了"弄潮儿向涛头立，手把红旗旗不湿"的精神。在浙江，沿江百姓间就流传着这样一句俗语——"抢潮头鱼靠拼命"，意思是汹涌的大潮会把鱼拍上岸，敢于追浪的"弄潮儿"才能收获江海的馈赠。

　　让"潮"在"大莲花"奔涌，以"水"作为核心元素贯穿全场，展现国风国潮、科技新潮、时代浪潮，既体现了中国与亚洲的和谐交融，也寄寓着奥林匹克精神与中华文化和"弄潮儿"精神的共生共融。

三、为什么回溯五千年

　　这场无论是运动员报名人数还是比赛项目数量，均创历届之最的亚运会，既是亚洲人民的节日盛典，也是文明交流的一场盛宴。中华民族五千年文明从良渚走来，玉琮、玉鸟、神徽、古城……这些历经岁月洗礼的遗址与印记，至今依然熠熠生辉，灼灼其华，绽放出永恒的生命力。

　　知所从来，方明所去。我们希望，古老中国这道文明之光，能唤起构建人类命运共同体的决心，照亮亚洲的前行之路，也照进亚洲人民的幸福生活。

四、为什么使用超大网幕

随着五星红旗冉冉升起，蜿蜒群山怀抱的万里长城出现在巨幅网幕中。这块超大网幕由9个IMAX荧幕并排构成，却最大程度做到了"隐身"，配合地屏实现了裸眼3D效果，创造出一个神奇的演绎空间，时而是钱塘潮涌，时而是山水田园，时而是人间烟火，之江大地的万千气象跃然眼前。

数字与艺术的双向奔赴，让画面更加立体、生动、饱满，如梦如幻的光影勾勒出如诗如画的美景，让人在浙江的青山绿水间徜徉流连。

五、为什么偏爱江南

水墨入诗画，烟雨染江南。油纸伞、乌篷船、小桥流水，开幕式上这些浪漫典雅的画面，让人一眼就望见江南。也许在每个中国人心中，都住着一个"江南"。"江南忆，最忆是杭州"，杭州浸润着浓郁的江南气韵，又彰显蓬勃的时代活力。

相信来自世界各地的朋友，都能走进"诗画江南"里，看见不一样的亚运盛会，感受不一样的江南魅力。

六、为什么看台也是舞台

从开场起，看台上 3 万颗数控球装置流光溢彩，显示出中英文"杭州欢迎您"的热情呼唤，180 度滚动覆盖现场观众。每当歌声响起，在全场大合唱中，观众席中近百扇"门"璀璨开启。

"我们的家，住在天堂，碧绿的湖水荡漾着美丽的梦想。"这是杭州市民耳熟能详的歌曲《梦想天堂》。此时此刻，随着看台上"大门"开启，每一位观众都成了主角。正如在这座最美城市里，平凡人也是追梦人，是灿烂星河中那一颗颗耀眼的明星。

七、为什么不搞烟花表演

大型体育赛事开幕式往往少不了烟花表演，但杭州这次打破了惯例，利用三维动画、AR 等数字科技，在最重要的环节点燃"数字烟花"。

虽然没有实体烟花，但是现场和电视机前的观众，仍然能够感受到火树银花划破夜空的隆重热烈。这场独特的"烟花"表演，带来了视觉与听觉的双重体验，既是以情动人、以美动人、以人动人的生动体现，也是对"绿色亚运""智能亚运"的忠实践行。

八、为什么以"门窗"迎客

"花径不曾缘客扫，蓬门今始为君开。"各代表团入场的行进路线，就是网幕下独特的中式"门窗"。"门窗"物小而蕴大，寓意着中国始终敞开胸怀、敞开大门；也寓意着亚洲各国都打开门窗，看见今日之中国，拥抱今日之中国。

就像入场音乐《我们的亚细亚》唱的那样，"亲密的亚细亚，美丽亚细亚，光荣亚细亚。手拉手，我们是一家"。在亚运这扇"窗口"下，各国代表团走上"花路"，展现出独有的中国式浪漫和热情。

九、为什么主火炬这样点

主火炬装置"潮涌"伫立一旁，全世界都静待它被点燃的那一刻。此前，已经有一亿多名"数字火炬手"在线上传递亚运火炬。此刻，从线下到线上，每一位火炬手都是一个小火苗、一个发光点，打破时空壁垒，跃入立体网幕，"数实融合"点燃主火炬塔，献上了亚运史上首个数字点火仪式。

这是杭州这座互联网之城为世界准备的礼物，数字火焰点亮时代，也燃烧在每个人的心间，真正展现"万里尚为邻"的友谊之情。

十、为什么唱响《同爱同在》

在8万人的"大莲花"体育场，杭州亚运会主题曲《同爱同在》响彻云霄，由观众共同唱响："同呼吸同感受同梦想，同爱同在同分享"。这首歌朗朗上口，此前已经在公交地铁、广场舞等多种场合广泛普及传唱。在歌声中，开幕式也达到了最后的高潮。

正如这首歌表达的那样，我们的亚洲拥有同一片大海，拥有同一个天空。以文明交流、互鉴、共存，超越隔阂、冲突、优越，这是中华民族"美美与共，天下大同"的美好愿景。在这个纷争不断、裂隙加深的世界，这首歌唱出了中华民族的千年夙愿，唱出了亚洲人民的共同心声，也让在场观众再度共情。

开幕盛典已落下帷幕，精彩纷呈的亚运才刚刚开始。未来的十多天里，让我们共同见证这场无与伦比的体育盛会，共赴美好浪漫的杭州之约！

倪海飞　云新宇　谢滨同　执笔

2023 年 9 月 23 日

《采茶舞曲》有何"浙江味"

> 它回应了人们对江南之春和东方韵味的原始想象，也让全世界的听众跨越时间、地域和语言，感受到中国人积极向上的劳动力量，以及对美好生活的热爱与向往。

"溪水清清溪水长，溪水两岸好呀么好风光……"

杭州亚运会已经开幕，前两天，国际政要和外国代表团陆续抵达杭州。在机场，除了能看到仪式感拉满的欢迎队伍之外，还能听到一段熟悉的旋律——《采茶舞曲》。

半个多世纪以来，《采茶舞曲》被制作成100多种音像制品，在世界各地广为流传。杭州亚运会举办之际，它再度被唱响，吸引了海内外的目光。

这一曲茶歌与浙江有着怎样不解的渊源？它何以经久不衰，总在重要时刻代表浙江"单曲循环"？

一

一直以来，《采茶舞曲》都被视为是歌咏"诗画江南"的首选曲目。

2016年9月，出席G20杭州峰会的G20成员和嘉宾国领导人受邀观看《最忆是杭州》实景演出，其中第二个节目就是《采茶舞曲》。300名身穿江南传统服饰的"采茶女"手持草帽，在湖面上轻盈舞动，令无数观众深深陶醉。

此次杭州亚运会前夕，这首经典曲目再度出场，传递出浓浓的"浙江味"。曲有尽而意无穷，在动听的旋律中，关于浙江、关于江南的形象，变得立体而生动。

这是一种浙江的"生气"。歌曲中描绘的"东山西山"和"上畈下畈"，是我国社会主义建设初期生产劳动的火热场面。"你追我赶不怕累呀，敢与老天争春光"，展现了青年男女们的朝气蓬勃、干劲冲天，一幅充满生机的江南春景图出现在眼前。

如今的之江大地，处处涌动着新的生机与活力，与亚运会所展现的体育活力交相辉映。这首歌，恰如其分地体现出浙江人热情的一面，也洋溢着浙江人手持亚运之火、喜迎八方来客的喜悦之情。

这是一种浙江的"诗情"。从古至今，无数名人雅士将诗词歌赋都献给了江南。"不待清风生两腋，清风先向舌端生。"在浙江的春天里品新茶、赏春光，是"江南"生动鲜活的表达。歌曲中唱到"缕缕新茶放清香"，体现出的正是满满的江南风情和人文气质。

杭州亚运会深度融合"诗画江南"的文化底蕴，借由这一曲茶韵，将风流隽永的人文风貌、兼容并蓄的浙江气度、人与自然融合的生态之美，传递给更多来宾。

这还是一种浙江的"腔调"。《采茶舞曲》旋律朗朗上口，有着很强的"音乐磁场"。就算不是浙江人，只要跟着唱上两遍，很多人都能"哼"出来。这是因为这首歌以越剧的唱腔和音乐曲调为主，糅合了江南民间音乐"滩簧""走书""四明南词"等曲调，加上软糯婉转的浙江方言，浑然天成，最是动听。

"词意合着乐意，乐韵和着词韵。"可以说，《采茶舞曲》蕴含着浙江独有的"腔调"。它将浙江创新、包容、开放、融合的一面，通过歌曲的形式，大方地展示给所有人。

二

如今，《采茶舞曲》早已名满天下。鲜为人知的是，它最初诞生于浙江温州泰顺县东溪乡的一座土楼里，更倾注着周恩来总理的深情。

周总理说过，杭州山好、水好、茶好、风景好，就是缺少一支脍炙人口的歌曲来赞美。

1958年，作曲家周大风带着浙江越剧二团到浙南山区演出，同时寻找创作灵感。看到春季青翠的茶园美景和人人争先的劳动场景，他有感而发，连夜创作出了《采茶舞曲》。周总理听了这首歌后，亲自改写了其中"插秧插得喜洋洋，采茶采得心花放"两句歌词，此后，这首歌逐渐风靡。

在口口相传中，《采茶舞曲》开启了唱响全国、走向世界的"征途"。首次灌制唱片就发行了80万张，一举创造了当时国内唱片的最高发行纪录。

1959年国庆节晚上，天安门广场连续播放《采茶舞曲》，为群众伴舞。浙江歌舞剧院、中央歌舞剧院也把这首歌曲作为保留节目，在各地反复演出。茅盾文学奖获得者王旭烽感叹："浙江大地，凡有水井处，皆闻大风先生采茶声。"

随着时间推移，这股来自江南的茶风茶韵，乘着歌声"漂洋过海"。1983年，《采茶舞曲》被联合国科教文组织评为"亚太地区风格的优秀教材"，此后在全球发行了唱片、磁带、CD、VCD、DVD等100余种版本。1993年，《采茶舞曲》还被选为首届东亚运动会开幕式中国运动员代表入场曲。

一曲名动天下闻。2001年起，《采茶舞曲》多次跟着国家文化交流活动走出国门。比如，2017年春节，它就曾在克罗地亚首都唱响，得到当地观众的如潮好评。

在浙江灵秀山水中孕育而来的《采茶舞曲》，成为在国际上获得最广泛展示和最高声誉的中国茶歌。它回应了人们对江南之春和东方韵味的原始想象，也让全世界的听众跨越时间、地域和语言，感受到中国人积极向上的劳动力量，以及对美好生活的热爱与向往。

三

越是民族的，越是世界的。

如果说，欢迎仪式上的一首《采茶舞曲》，让人感受到扑面而来的江南韵味、民族文化和时代风貌，那么，嵌入亚运会的种种文化元素，将给人以震撼的视觉美感和回味无穷的韵味。

重大的体育盛会，既是动人心魄的体育竞技赛场，更是文化的"秀场"、美学的"盛宴"。此次杭州亚运会，正是一次文化交流互鉴的宝贵机会。随处可见的巧思设计、植入元素，让无形的文化得以有形具象地呈现。

比如，亚运会会徽的色彩灵感来源于白居易《忆江南》中的"日出江花红胜火，春来江水绿如蓝"，吉祥物"江南忆"融合了浙江具有标志性的文化元素。又如，亚运火炬"薪火"的设计展现五千年良渚文化，奖牌"湖山"勾勒出"三面云山一面城"的杭城画卷……

赛事是一时的，但它带来的长期影响将远远超过比赛本身。因此，在办好赛事之外，除了文化展示，更要注重讲好文化故事。

2005年第48届世乒赛上，除了比赛，组委会别出心裁地策划了一场"千台万人"乒乓球赛，在上海体育场火炬台广场上、东方明珠塔下，乃至学校、社区里，都摆开球台，吸引了全民参与，体现了深入人心的乒乓文化，一时传为佳话。

据统计，这次杭州亚运会迎来来自亚洲45个国家与地区的12000多名运动员、4900多名随队官员，是史上报名人数最多的一届亚运会。此外，还有数以万计的媒体记者。在他们驻留期间，如何讲好浙江故事、中国故事，充分展示"浙"里的欢聚与交融、新生与活力、拼搏与奋进，值得我们深思。

习近平总书记在文化传承发展座谈会上指出，中华文明的博大气象，就得益于中华文化自古以来开放的姿态、包容的胸怀。

借亚运东风，以文化为媒，与世界对话。我们期待在"亚运时间"里，有更多精彩、更多瞬间被书写、被记录、被留下。正如经典的《采茶舞曲》这般，带着"浙江味"和"中国风"，走向更广阔的世界舞台。

李戈辉　邵琼楠　厉晓杭　执笔

2023年9月24日

读懂大国领袖的体育情怀

> 体育强则中国强，国运兴则体育兴。

盼望着，盼望着，亚运来了！

昨天，在象征着丰收的农历秋分节气，国家主席习近平出席杭州第19届亚洲运动会开幕式并宣布本届亚运会开幕，全世界的目光汇聚"浙"里。

近年来，从南京青奥会到北京冬奥会，从成都大运会到杭州亚运会……体育强国梦的烙印深深地打在每一个中国人的心上。一批大型国际、国内体育赛事的成功举办，极大激发了中国人民对奥林匹克运动的热情，呈现了开放包容、活力澎湃、自信文明的大美中国，向世界集中展示了新时代中国发展的巨大成就，彰显着我国综合国力的大幅提升和社会文明的全面进步。

趁这个机会，笔者跟大家分享一下习近平同志的体育情怀。

一

俗话说，身体是革命的本钱。不管做什么工作，首先要有一副好身板。从赛马、摔跤等体育运动，到传统武术、围棋等体育项目，中国体育文化源远流长。热爱体育是中华民族的优良传统。

习近平同志对体育有着浓厚兴趣。《习近平在福建》记载，习近平同志在福建担任省长时，利用周末时间登鼓山。在登山过程中，他与学生、游客、私企老板、普通工人并肩同行，广泛了解他们的情况及面临的困难和问题，既锻炼了身体，又了解了民情。

《习近平在浙江》记载，习近平同志在浙江工作期间，在他的关心下，省里专门在体育局办的体育设施中设立了健身房、游泳池等健身设施，机关干部和群众都可以使用。同时，他要求机关干部多参加体育锻炼，多做有益于身体健康的活动。

在体育运动中，我们可以激发出更加昂扬的斗志，学习团结合作的精神，更加热爱生命。特别是置身于竞争激烈、节奏加快的现代社会，健康越来越成为幸福生活不可分割的一部分。面临工作和生活的压力，适当的体育运动可以让每个人锻炼体魄、培养情操。健康是1，其他是后面的0，没有1，再多的0也没有意义。

令人欣喜的是，如今，全民健身已然成为社会风尚。除了摘金夺银的竞技体育，广场舞、健步走等群众健身运动，同样展现着强国之路上的矫健身姿。开放的公园、免费的场馆、美丽的绿道……处处都是"健康中国"的旖旎风景。

在国内外多个场合，习近平同志都表达过自己对体育的喜爱。比如，2014年2月，他在北京东城区雨儿胡同调研时，亲切地同街坊们拉家常，说起小时候住在这一片，经常是放学回家一撂下书包就上什刹海滑冰。

而今借助体育，特别是北京冬奥会、杭州亚运会等大型赛事，中国向世界传递着友谊和善意，助推国之交、民相亲，不仅拉近了中国人民同世界人民的距离，更彰显出中国融入世界时开放包容的外交态度。

二

体育是促进人的全面发展的重要手段，体育事业事关人民健康。长期以来，习近平同志不仅是体育爱好者，还一直十分关心体育事业的发展。

20世纪80年代，全国各地都在强调经济建设，但习近平同志在正定工作时搞了一场全县全民运动会。此后，正定的群众体育活动蓬勃开展起来，还成了全国体育先进县。在福建工作时，在习近平同志的大力支持下，福建全省竞技体育实现了大发展，全民健身活动蓬勃开展。

据报道，在浙江工作的6个年头里，习近平同志专题调研体育工作4次，参加体育相关活动、对体育工作作出批示指示达16次。从2005年开始，浙江在全国首创性地启动省级"体育强县"创建工作，率先推进公共体育设施和学校体育场地设施向社会开放，有力改善了城乡体育面貌。

类似的事例还有很多。循迹溯源更见真义，透过以上这些事情，我们能够感受到大国领袖对人民群众的真挚感情和对体育事业的深厚情怀。

讲到底，体育不仅仅是体育。它是提高人民健康水平的重要途径，是满足人民群众对美好生活向往、促进人的全面发展的重要手段，也是促进经济社会发展的重要动力，还是展示国家文化软实力的重要平台。

党的十八大以来，体育事业被置于中华民族伟大复兴的历史坐标来推进。习近平总书记强调，体育承载着国家强盛、民族振兴的梦想。体育强则中国强，国运兴则体育兴。

截至2022年年末，全国体育场地数量达422.7万个，经常参与体育锻炼人数达到5亿人左右，人均预期寿命从2012年的74.8岁增加到2022年的78.2岁……一项项可喜的数据背后，是人民群众更加充实的幸福感、获得感。

三

一人健康是立身之本，人民健康是立国之基。

从党的十九大明确提出"广泛开展全民健身活动，加快推进体育强国建设"的目标，到"十四五"规划纲要明确提出到2035年建成体育强国，体育已成为中华民族伟大复兴的标志性事业。从"建设"到"建成"，一字之差却事关发展大局，意义深远重大。笔者想到三句话：

第一句话："三驾马车"齐发力才能跑出加速度。

众所周知，群众体育、竞技体育、体育产业就好比是体育事业发展的"三驾马车"，任何一项出现"崴脚""瘸腿"，都可能会影响整体奔跑速度。因此，要一体推进、共同发力、相互促进、协调发展，把群众体育搞得更亲民、更深入、更普及，把竞技体育办得更好、更快、更高、更强，把体育产业做得规模更大、产品更丰富。

第二句话：让"名赛"与"民赛"比翼双飞。

与大型专业体育赛事相比，"土味"十足的民间赛事虽然缺乏

"火星撞地球"的竞技比拼，但其"热力值"同样令人心潮澎湃。比如，火爆"出圈"的贵州"村BA""村超"和海南文昌的"村VA"引发人们热议，鼓舞了各地办好民间体育赛事的热情。实际上，借"名赛"之"东风"带动"民赛"，以"民赛"之"土壤"厚植"名赛"，让"国家队"与"民间队"手拉手、一起走，才能让永不闭幕的"好赛"天天见。

第三句话：人民是真正的"体育主角"。

习近平总书记强调："加快建设体育强国，就要坚持以人民为中心的思想，把人民作为发展体育事业的主体，把满足人民健身需求、促进人的全面发展作为体育工作的出发点和落脚点，落实全民健身国家战略，不断提高人民健康水平。"积极构建以人民为中心的"大体育"体制机制，充分调动人民群众参与体育的积极性、主动性和创造性，才能变"体育看客"为"体育主角"，让人民真正成为体育事业发展的参与者、建设者与共享者。

"我见过你最非凡的模样/用一万个日常　搏一刻热泪盈眶/那一定很难　也一定很酷/让拼搏和奔跑　带你去乘风破浪⋯⋯"歌曲《登场》既是为杭州第19届亚运会喝彩，也是为每一个平凡日子里登场的不平凡的你我喝彩。

心心相融，爱达未来，我们一起登场！

陈培浩　王斯恬　执笔

2023年9月24日

暖场表演，暖场更暖心

> 以不同方式、不同程度参与亚运会的普通人，展现出来的正是跨越国别、超越胜负的另一种体育精神。

单手拍、双手拍、运球、旋转……杭州亚运会开幕式留给大家的惊艳瞬间中，有一幕来自暖场表演。平均年龄超60岁的"浪花奶奶"们，都有一手行云流水的篮球绝技。她们并非专业演员，而是杭州萧山的普通村民。在开幕式暖场表演中，像她们这样的草根演员占了大多数。

亚运会开幕式的震撼，至今令人久久回味。除了备受瞩目的正式节目之外，一些精彩的暖场节目同样值得关注。相比而言，暖场节目更加体现出群众性，百姓的参与度更突出。今天，我们从暖场表演切入，来看"浙"里百姓如何情系亚运。

一

暖场表演，是大型国际体育赛会开闭幕式的"序曲"。虽说是正餐前的开胃小菜，却是展现主办国人文精神和主办城市地域文化的一个重要视角。

比如在 2022 年北京冬奥会开幕式前，男女老少跳起了各种风格的广场舞，传递出中国人民的热忱和激情；成都大运会上，以舞狮街舞、峨眉武术、川剧变脸等传统特色节目拉开开幕式序幕，上演了别具一格的"川式浪漫"。

杭州亚运会开幕式的暖场表演，共有 1000 余名演员参与。这是一次之江大地上的民间文化大赏，也是一场属于浙江老百姓的"嘉年华"。从中，我们可以看到——

地地道道的民俗之美。杭州小热昏、绍兴越剧、金华婺剧、台州乱弹、畲族鼓声、松阳高腔……11 个地市最具代表性的传统民俗文化，与摇滚乐、说唱等现代艺术跨界合作，展现出浙江悠久的人文底蕴、丰富多彩的民俗生态，也尽显东方美学意蕴。

热腾腾的民生之乐。"浙"里充满烟火气的生活，融入演出节目中，让观众感受到日常的诗意。嘉兴的少儿情景舞蹈《瞻瞻的脚踏车炫起来》，将水乡传统的纳凉"神器"蒲扇当作道具，描绘出江南儿童嬉戏的生动图景；舟山的《扬帆起航　鼓舞大海》以嘹亮的渔歌、锣鼓，烘托出渔民摇橹赶海的热闹场面。

活泼泼的民风之淳。舞台上，演员们用澎湃的热情、昂扬的姿态，彰显出浙江人民逐浪前行的精神气韵。一条条劈波斩浪的龙舟，化作温州商人手中的行李箱，成为"四千"精神的生动表达；在绿意盎然的江南美景中，朝气蓬勃的年轻人与百叶龙共舞，寓意着"在湖州看见美丽中国"的生动实践。

二

从去年9月开始，杭州亚组委就在浙江11个地市开展了亚运会开闭幕式暖场节目遴选，得到全社会的广泛响应，一个月就征集到了300多个节目。

一整年的准备过程，也是亚运的氛围感从"大莲花""小莲花"等比赛场馆渐渐向老百姓心中蔓延的过程。如今，随着开幕式落下帷幕，备赛备演过程中的酸甜苦辣、百转千回，仿佛一本生动鲜活的"日志"，在我们面前次第展开。

这本"日志"，记录了各地群众如何"为爱发电"。从稚龄儿童到银发老人，从渔港小村到大山深处，从高楼大厦到田间地头，演员们的年龄跨度很大，职业与地域的覆盖面也很广，大家都想为家门口的亚运会出点力，在亚洲大舞台上亮亮相。

衢州立春鼓社的成员，就来自各行各业。白天，他们是货车司机、外卖小哥、全职妈妈、银行职员；晚上，他们换上演出服，化身轻盈灵巧的鼓手。排练场地有限，就在家中用脸盆练习敲打动作；工作与彩排时间冲突，他们有的请了年休假，有的从外地连夜坐高铁赶来参加彩排，第二天一早再赶回去上班……最终，22名成员站到亚运舞台上，用声声竹鼓敲响了心中的热爱。

这本"日志"，烙印了江南文化的醒目痕迹。在节目遴选过程中，代表浙东海洋文化的宁波梅山红毛狮子、拥有千年历史的台州临海黄沙狮子，舞出跳跃腾飞等各种高难度动作，纷纷"请求出战"。而在亚运会200天倒计时的"村晚"上，六条来自浙江各地的"龙"同台"PK"，"舞"出活灵活现的地域文化，也让"艺"

起迎亚运的气氛油然而生。

事实上，这些姿态各异的"狮子"和"龙"，并不是都有机会站到亚运的表演舞台上。但正是一轮轮的展演与挑战，让浙江各地的文化有了交流与碰撞的可能。

这本"日志"，还照见了浙江儿女始终如一的乐观精神。"姐妹们，训练了！碗筷等训练完了再洗，马上集合。"这是"浪花奶奶"队长楼旭华在微信群中的日常留言。一开始排练的广场舞遗憾落选，奶奶们并没有丧气，立马重振旗鼓，"零基础"改练篮球，每日风雨无阻，骑着电动车赶去高架下的球场练习。

还有32名平均年龄6周岁的篮球"萌娃"，每天练习四五个小时，即使稚嫩的小手磨出了老茧，也从来不喊苦喊累。孩子们收获了体育运动带来的快乐，也感染了陪伴他们练习的家长们。

"我们的家，住在天堂，碧绿的湖水荡漾着美丽的梦想；我们的家，住在天堂，美丽的梦想期盼明珠耀眼在东方……"当这首创作于1995年的《梦想天堂》被全体演员在"大莲花"唱响，就像是浙江百姓向世界发出的一份邀约在这一刻得到了回音。笔者的朋友圈，瞬时被这首歌刷屏。

三

浙江百姓心系亚运，并不止步于开幕式。

不妨来看一组数据——杭州亚运会首创的"亚运数字火炬手"参与总人数突破1亿人，全省各地举办了5300余场亚运主题群众文化活动……一个个跳跃攀升的数字，代表着一个个情真意切的普通人，对亚运的期盼与热望。

所谓"情不知所起，一往而深"。从北京亚运会、广州亚运会，再到如今的杭州亚运会，30多年过去了，在老百姓心中，"家门口"办亚运为何仍旧有着巨大的吸引力与影响力？

正是一个个看似平凡的无名英雄，让亚运会得以跨越山海、如约而至。除了参与开幕式的演员们，还有为赛事保驾护航的3.76万名"小青荷"志愿者，穿梭在大街小巷微笑服务的"亚运青年""武林大妈"，甚至外籍志愿者……他们用发乎于心的亚运情怀，擦亮一片淡妆浓抹的盛景，向五湖四海的来客传递一份细致入微的温情。

也是一个个普通老百姓的参与，让亚运的氛围感拉满。无论是早早抢了票到现场观赛的体育迷、在街头唱响亚运之歌的市民，还是在电视机前为运动员喝彩的观众、在网络上时刻关注最新亚运讯息的网友，都是杭州亚运的最佳"气氛组"，让这场盛会真正成为全民狂欢。

我们更不能忘却，那些为亚运默默付出3000个日夜的工作人员。正是他们历久弥坚的共同信念，才能完美呈现"潮起亚细亚"这一"盛景"，让每一份温暖体贴抵达运动员与观众面前。为实现开幕式上"数字人"点燃主火炬时那一秒钟的浪漫，项目团队敲下20万行代码，"跑"了一场长达10个月的技术"马拉松"；在迎接这场"迟到"一年的盛会过程中，有人因升学、工作而离开，而更多的人却在日日夜夜的奋战中坚持下来……

不是每个人都可以成为专业运动员，但我们都能平等感受运动的快乐与激情。以不同方式、不同程度参与亚运会的普通人，展现出来的正是跨越国别、超越胜负的另一种体育精神。

或许是从30多年前那场万人空巷的"亚运之光"火炬传递开

始，抑或是从8年前杭州申亚成功时那潮水般的掌声开始，一种生生不息的情怀早已无声地叩动人们的心扉，深深根植于杭州的文化血脉中。

这场秋日里的盛会，会在每个人心中留下暖心的一笔、浓墨重彩的一笔，"浙"里百姓的这份亚运情怀，也将久久传续。

祝融融　茹雪雯　杨医华　执笔

2023年9月25日

"首金"的特殊意义

> 显然，举办亚运会带来了长尾效应，除了推动中国体育事业再上新台阶，更带动大众对体育运动的热爱更持续、更热烈，那是体育最美的样子。

9月24日9：06，富阳水上运动中心，杭州亚运会首金产生！

"00后"杭州姑娘邹佳琪和广东韶关姑娘邱秀萍，凭借强劲的实力和默契的配合，夺得赛艇项目女子轻量级双人双桨冠军。

百舸争流，奋楫者先。历届奥运会、亚运会的赛事中，首金总是最引人关注的。昨天，杭州亚运会一共诞生了31枚金牌，中国代表团一天狂揽20金。

那么，邹佳琪和邱秀萍拼命"划"出来的这枚首金，有何特殊意义？

一

无论是对运动员自身还是对国家来说，首金的意义在于破局，在于激励，更在于希望。有三个关键词值得一说。

实力。在亚运会这样的高水平竞技场上争金夺银，首先需要运动员在该领域具备过硬的实力。没有一场胜利唾手可得，每一块金牌的取得，都见证着运动员上场前不断训练，超越自我，在激烈竞争的赛场上不断迎战对手，更快、更高、更强——更团结，从而创造奇迹。

这是杭州亚运会开赛以来产生的首枚金牌，也是中国代表团连续六届在亚运会中摘得首金。邹佳琪与邱秀萍实力出众，她们最终不负众望，在首金大战中将金牌收入囊中。

士气。万事开头难，对体育比赛来说同样如此。好的开端是成功的一半，开门红中包含着美好的希望。首金顺利拿下，有利于激励其他队友发挥出最佳状态、最大潜能，提升整支队伍的士气。

按照亚运会惯例，东道主拥有一项特殊的权利，就是可以将优势项目放在首金的位置。如1994年广岛亚运会上，日本将优势项目——空手道女子个人比赛放在最前面，最终首金被日本选手获得。

精神。从1932年刘长春作为唯一的中国运动员站上奥运会的舞台，到1984年洛杉矶奥运会许海峰斩获中国奥运首金，首金被赋予了太多体育以外的意义。

体育强则中国强，国运兴则体育兴。中国运动员在国际赛场上的优异表现，更是中国综合国力的重要体现。尽管如今中国国力昌盛，国民早已不再以金牌论英雄，但人们对首金的特殊情感、特别期待，一直延续至今。

许海峰曾说："当奥运会上第一次奏响国歌、升起国旗的时候，我拥有的最高荣誉不仅是奥运会上的第一块金牌，更重要的是中华民族的尊严。"而这一次，当中国队的邹佳琪和邱秀萍以绝对优势夺得冠军时，我们又可以振臂高呼，"亚运首金，属于中国！"

二

天时地利人和，这枚首金，蕴含着太多的浙江元素、浙江力量。

一方面，杭州姑娘邹佳琪在自己的家乡夺得首块金牌，意义不一般。浙江的青山绿水为这枚金牌的诞生提供了最好的滋养。赛艇是一项高度亲水性的运动，对水环境的要求较高。而对赛艇运动员来说，日复一日的训练和比赛，都"漂"在水上。

水清景美的浙江，开展赛艇运动有着天然的环境优势。她们比赛的场馆富阳水上运动中心在设计时就将《富春山居图》和富春山水元素融入其中；而场馆往西南100多公里，在风景如画的千岛湖，有中国赛艇运动最重要的训练基地之一，在这泓碧水上，曾"划"出了孟关良、杨文军等奥运冠军。

家乡的山水，是陪伴也是寄托。正如邹佳琪赛后在接受采访时所说："我是喝富春江水长大的，在富春江上拿金牌，心情非常好，也非常激动。"同时，她表示："富春江水上运动中心的赛事保障是非常专业的，也是一流的，希望有更多的国际比赛能在这里举办。"亲水、爱水，让这对搭档完美配合，一举夺冠。

另一方面，本届亚运会在杭州举办，首金由杭州人与搭档一同拿下，意义更不一般。决定一场胜利的，最重要的还是人。运动员出色的身体天赋是一方面，但和众多体育前辈一样，能吃苦、不放弃的精神，才是邹佳琪和邱秀萍能够夺得这枚金牌的关键。当记忆回放，罗雪娟、周苏红、孟关良、占旭刚、朱启南、杨倩、陈雨菲……一个个响亮名字背后，是浙江体育健儿、中国体育健儿一次次的努力与突破。

通往荣誉的路上，有风景也有风雨。12年前，富春江边桐庐横村镇中心小学操场，正在踢球的邹佳琪表现出来的速度、耐力和爆发力，被教练一眼看中。此后的时光里，上午读书、下午训练、周末无休成了她的日常作息。

本届亚运会，浙江尽锐出战，由游泳奥运冠军汪顺、叶诗文和羽毛球奥运冠军陈雨菲等名将领衔，人数占中国亚运军团总人数的十分之一，98名浙江运动员参加23个大项、32个分项的角逐。

而在首个比赛日，在家乡的赛场上，除了邹佳琪，黄雨婷、韩佳予、汪顺等众多运动员的出色表现，也让亚运赛场上多次奏响国歌。他们代表了浙江，代表了中国。

三

昨天，与"邹佳琪和搭档摘得亚运首金"一起冲上热搜的还有"邹佳琪的双手"。年仅23岁的她，因为常年划桨，手上起满了厚厚的老茧。有网友感叹："看着心疼，没有人会随随便便成功。"也有网友感动："每一个茧子里，都是热爱在激荡。"

一场体育盛会，肩负着许多深刻的意义。而比夺金更重要的是享受亚运，这是十分重要的一点。体育的本质是快乐、是热爱。正如最近"出圈"的亚运会宣传片《丹青游》中，最后以"欢迎你和你的热爱一起抵达"结尾，戳中许多体育迷的心。

比如运动员的热爱，他们在赛场上的坚持与勇敢、执着与梦想，让看台上、赛场外的人们，感受到生命的激情与力量。乌兹别克斯坦体操运动员丘索维金娜，为了给患白血病的儿子挣钱治病，一次次地征战国际赛场。如今，儿子已经痊愈，已经48岁的她仍在继续着体育生涯，此次参加杭州亚运会，她说要为自己的热爱而战。

比如观众的热爱，让许多人欢聚于赛场，为每一次拼搏而欢呼。所有人的情感，在刹那间凝聚在一起，为全情投入的每位运动员送出掌声。前两天，黄龙体育中心的中国亚运男足队比赛过后，3万多名观众齐声高唱《歌唱祖国》，让许多人热血沸腾、心潮澎湃。现场的每一个人，都享受着亚运和体育带给我们的快乐。

唯有热爱可抵岁月漫长。随着"唯金牌论"的淡化，体育的价值也愈加显示出来，这也是举办亚运会带给我们的另一收获。

在杭州亚运会的开幕式上，浙江游泳运动员叶诗文作为火炬手领跑第一棒。曾越过巅峰、跨过低谷的她，在微博里写道："我还是我，是那个热爱游泳的我。"

显然，举办亚运会带来了长尾效应，除了推动中国体育事业再上新台阶，更带动大众对体育运动的热爱更持续、更热烈，那是体育最美的样子。

钱伟锋　吴大钟　执笔

2023 年 9 月 25 日

"武林大妈"们的志愿宇宙

> 其实每个人都可以是热心肠的"武林大妈",多参与关乎社会利益的"闲事""好事",让志愿服务在全社会蔚然成风。

　　杭州亚运会前后,在杭州的街头巷尾,有一支充满热情的志愿者队伍,被称作"武林大妈"。说是"大妈",其实也有不少大爷。这一群"闲不住"的人,忙于监督街头巷尾的卫生,开展文明劝导。

　　近年来,以"武林大妈"为代表的志愿服务品牌组成了一个庞大的志愿宇宙。他们扮演着怎样的社会角色?又如何影响人们的生活?

— 一 —

　　"没有一个人能逃过街头大妈的眼光。"当很多人对民间志愿者的印象还停留在爱管"家长里短"的时候,"武林大妈"早已不是当初的模样了。

2016年，G20峰会在杭州举办，武林街道18位大妈以"护航峰会，守护家园"为口号，身着统一服装，深入街巷小区拾捡垃圾、疏导交通、服务他人，引起了媒体关注。这就是"武林大妈"的起源。

数年过去，"武林大妈"的队伍愈加壮大，提供的服务内容日渐拓展。日常生活中，"武林大妈"穿梭于每一条街道弄堂，他们熟悉每一户人家，服务每一位需要帮助的邻里街坊。重大国际赛事到来时，"武林大妈"不断学习新技能，专业急救知识、常用英语口语等都不在话下。

如今，"武林大妈"不只是武林街道的大妈，15.8万名成员突破了性别、年龄、地域的限制，甚至还吸纳了不少外国友人。LOGO也迭代变化，从第一代慈祥的大妈，到第二代秀气的中年妇女，再到如今第三代萌萌的卡通人物，形象越来越年轻化。

经过多年发展，"武林大妈"的服务内容覆盖了日常生活、文明劝导、抢险救灾等方方面面，已成为参与基层治理的重要力量，是杭州乃至全省志愿服务的金字招牌。

其实在浙江省内，像"武林大妈"这样的志愿服务品牌还有很多，比如"德清嫂""乌镇管家""红枫义警"等等。

二

在浙江，为什么类似于"武林大妈"这样的志愿组织，如雨后春笋般诞生？

"老传统"开道。中国有着悠久而深厚的"我为人人""兼济天下"的观念，有着"老吾老，以及人之老；幼吾幼，以及人之幼"

的古训，这些牢固的观念能够转化为群众参与志愿服务的热情，群众一旦有所引导和规范，很快就能形成一股强大的力量。

比如，在"枫桥经验"的诞生地诸暨枫桥镇，有"红枫义警"等各类平安类社会组织56个，关键时刻一呼百应，"义警红"和"警察蓝"一同抗击风雨；平日里他们忙着岸边巡逻、矛盾调解、安全防范等工作，在新时代继续践行着"发动和依靠群众，坚持矛盾不上交，就地解决"的"枫桥经验"。

"领头羊"带队。几乎所有的金牌志愿者团队起初都是由几位热心人带头"攒"起来的，他们持之以恒的初心，指引了一支支队伍的航向。

如"武林大妈"18位创始人都是共产党员，其中，今年66岁的俞翠英阿姨依旧积极参加志愿服务活动，在亚运文明驿站值班，为歇脚的游客倒上一杯凉茶。又如"德清嫂"的称号，起源于一出以德清当地女性道德模范为原型的现代越剧大戏《德清嫂》。"德清嫂"从人民调解员做起，如今发展形成"德清嫂＋公安民警""德清嫂＋法官"等"德清嫂＋"模式，成为有上万人注册的志愿者团队。

"快哉风"借力。在互联网时代，志愿服务的组织形式发生了深刻变革，一些志愿者团队乘着数字化变革之风，实现了组织形态和技术的迭代。

比如，"乌镇管家"凭借乌镇不断完善的智慧网络基础设施建设，在安全隐患处理、矛盾纠纷调解等方面极大地提升了效率。有租户因洗手台劈裂问题与户主争吵要退租，通过"乌镇管家"云治理平台反映，平台立刻指派临近调解员上门，在一系列谈话沟通后双方握手言和。"人防"配合"数控"，实现了事事有回音、件件有落实。

三

随着"武林大妈"等志愿者队伍的扩大，怎样让与日俱增的志愿服务活动有序开展，更好地引导志愿者队伍参与到基层社会治理中去？

贵在"走心"，从自发走向自觉。有人认为，现代化城镇化的过程中，社会将趋向"原子化"，从传统几代同堂的大家庭变成"一家三口"，甚至许多人孤身一人来到大城市打拼。对门不认识，楼下不遛弯，参与社会交往与互动的热情减退。而志愿服务为公共活动的开展提供了平台，互相帮助的同时，还激发了人们的社会责任感。

"武林大妈"所代表的志愿精神，是志愿服务长远发展的深层因素。唯有破除"只管自家门前雪"的思想，形成"有一分热，发一分光"的共识，从"要我志愿"变成"我要志愿"，志愿者队伍才会有更加持久的内生动力。

重在"有恒"，变松散为常态。作为一个有成百上千甚至上万人的志愿服务组织，仅凭一腔热血难以持久，寻求科学管理、常态运行才是正道。一些地方为志愿者团队专门制定了管理制度和行为规范，明确信息收集、沟通协调、问题上报等工作职责。

如浙江省博物馆志愿者服务队，始建于2006年5月。为了规范志愿服务管理工作，为观众提供更好的讲解等服务，浙江省博物馆制定了《浙江省博物馆志愿者章程》等，明确了志愿者的权利和义务，志愿者招募需要经过面试、培训、笔试、实习、考核等一系列环节。

成在"细节",以专业促进高效。志愿服务常面对基层社会治理的一系列复杂情况，细化分工和规范流程既能让新人快速上手，又能提高效率、规避风险。一些志愿者队伍吸纳了"专业对口"的高手，他们来自教育、医疗、法律、心理咨询等多个行业，并定期组织开展培训。

以常见的关爱老人志愿服务为例，可细分为理发、护理、陪伴等项目，制定手册明确活动时的注意事项，安排合适的志愿者做合适的事情，可以充分展示每个志愿者的风采，让每个人都能真切感受到自己的善举于点滴中帮助了他人。

亚运赛场内外的"小青荷"，城市街头巷尾的"志愿红""银耀红"……如今我们已然习惯由志愿者组成的靓丽风景线。其实每个人都可以是热心肠的"武林大妈"，多参与关乎社会利益的"闲事""好事"，让志愿服务在全社会蔚然成风。

斯民娅　潘芳姗　陈佳婧　执笔

2023 年 9 月 26 日

小义乌何以为"大"

> 改革从来不等人，机会来了必须牢牢抓住。

在新中国的城市发展史上，有一座浙中小城留下了浓墨重彩的一笔，这就是义乌。

说到义乌，人们可能会想到这些词：滴水成河、聚沙成塔、蚂蚁雄兵、世界市场、自贸试验区……与一些块头大的县级市相比，总面积仅为1105平方公里的义乌算是一座小城，却连续32年雄踞全国专业市场榜首，从一个区域性市场成长为全球性市场。

这也是一座习近平总书记特别关心的城市。在浙江工作期间，习近平同志曾十多次到义乌调研，并多次深入小商品市场。9月20日，在亚运会开幕前夕这一特殊时刻，习近平总书记深入义乌国际商贸城，与商户们亲切交流。他强调，义乌小商品闯出了大市场、做成了大产业，走到这一步很了不起，每个人都是参与者、建设者、贡献者。

一

经济形势好不好？逛逛市场便知道。专业市场作为专门经营单一商品或某一大类商品的商品交易市场，是人流、物流、资金流、信息流的重要枢纽，常被视作商品经济的"晴雨表""风向标"。

有人说，"天下事，义乌知"。这话有一定道理，特别是在有了大数据的支撑之后，义乌的商贸动态可以为经济决策等提供参考。比如，凭借发往世界230多个国家和地区的210万种商品，义乌小商品的出货动向能够让很多人敏锐地感知国际局势和世界经济的风吹草动。再如，2022年卡塔尔世界杯上，显示各国球队周边产品出货量的"义乌指数"成为人们预测冠军的重要线索。

伴随亚运热潮的到来，义乌也充分享受了亚运经济的红利。今年上半年义乌体育用品出口额达35.2亿元，同比增长22.5%，来自亚洲国家的体育用品订单不断增多。今年前8个月义乌的出口额已达3360.4亿元，同比增长20.4%。

作为一座建在市场上的城市，义乌从"鸡毛换糖"走四方的敲糖人出发，到建立湖清门小百货马路市场，再到成为"一带一路"重要支点城市，历经六代市场更迭。在边争论、边发展、边繁荣中，义乌一步步成长为如今"买全球、卖全球"的"世界超市"，造就了市场与城市相伴而生、共荣共进的"义乌传奇"。

小小义乌何以把生意做遍全世界？2006年6月8日，时任浙江省委书记习近平来到义乌，用12个字为义乌发展经验作出最精辟和最生动的注解——"莫名其妙"的发展、"无中生有"的发展、"点石成金"的发展。

二

"小商品，大市场"是义乌引以为豪的世界名片，但也有许多人疑惑，小商品门槛低、附加值低，是专业市场竞争的红海，形形色色的市场起起落落、大浪淘沙，为何唯独义乌勇立潮头，成为全国改革开放的一面旗帜，乃至成为向世界展现中国市场魅力的一扇窗口？为何每逢转型节点，义乌总能成功"闯关"，作出正确选择？

世上没有平白无故的成功，义乌的光环是偶然之中存在必然。缺乏自然资源，缺乏工业基础，缺乏外资推动，缺乏优惠政策的义乌，其发展看似"莫明"，其实有"其妙"。在笔者看来，以持续改革破解发展难题，就是义乌奇迹背后的密码。

作为改革开放的一个典型，义乌的发展最初被总结为"义乌模式"，但习近平同志强调，不要用"模式"，因为所谓的"模式"是固定不变的，而改革创新是无止境的。他说应该叫"义乌经验"。

义乌是吃改革饭长大的。在改革开放之初，从基本县情来看，义乌人多地少、资源贫瘠，是被称为"一条马路七盏灯，一个喇叭响全城"的贫困县。但改革开放为义乌的发展注入了活水，特别是习近平同志在浙江工作期间推动实施"八八战略"，充分激活和释放了义乌人的创新创业精神。

进入新世纪，义乌的小商品市场逐渐达到了国际化水平。时任浙江省委书记习近平经过调研认为，这个地方的市场规模这么大，但地方的管理水平跟不上，就如同小孩子管大市场，有点力不从心。他就提出，要对义乌的体制机制进行改革，让义乌有更大的能力来管理好、发展好小商品市场。后来，省委办公厅、省政府办公厅印发《关于开展扩大义乌市经济社会管理权限改革试点工作的若干意见》，对义乌进行史无前例的扩权。

　　一路走来，义乌持续深化国际贸易综合改革、商事制度改革、营商环境改革等，打破体制机制束缚，释放经济社会发展活力，义乌便在"无中生有"的路上"一往无前"："无中生有"形成了进口出口、线上线下、境内境外融合的大市场，"无中生有"打造了"世界光明之都"、绿色动力小镇的大产业，等等，创造了从"一无所有"到"无中生有"，再到"无所不有"的新奇迹。今年8月16日，义乌在册市场经营主体已突破百万户，位居全国县域第二。

　　改革从来不等人，机会来了必须牢牢抓住。只有通过量体裁衣的持续改革，给成长快的孩子不断换上合身的"大衣服"，才能使其跑得更快、跳得更高、看得更远。

　　浙江的专业市场从无到有、从弱到强，自始至终都是改革主导下的"有为而治"。有效市场与有为政府的有机结合，不断激发着市场主体的发展活力、竞争活力和创新活力，产生了"1＋1>2"的效应。

三

　　市场瞬息万变，机遇稍纵即逝。现在先人一步，转身就可能落于人后。义乌作为市场先发者，既要承担"领先成本"，也容易陷入"先发劣势"。

　　一般认为，国内的专业市场在2012年前后发展到顶峰，然而十多年来的产业转型、城市化加速演进、互联网电商冲击等各种因素叠加,一大批体量不足的专业市场遭遇"洗牌"。劳动力价格上升、原材料价格上涨,加之越南、印度尼西亚、印度等东南亚国家制造业的崛起,让义乌一度陷入腹背受敌的境地。

在变革的十字路口,是坐吃山空继续维持现状,还是浴火重生蜕变出新模样?一场场生存突围战后,义乌小商品市场的传奇能否继续?

与其被动应战,不如主动出击,创新不能止步。早在2013年,当外界认为电子商务将使专业市场快速走向消亡时,义乌便以"电商换市"的魄力与行动作出回答,着手布局全球电商销售服务体系,电商直播基地、直播带货村、跨境电商园等引领全国。疫情期间,云采洽、海外分市场、海外仓、代参展等一批云端新业态实现逆势增长。而区块链溯源、知识产权上云、数字监管系统等数字化改革则让交易更规范、更透明。

插上"一带一路"与"互联网+"的翅膀,迈入新时代的义乌"跳出浙江发展浙江"的步伐也更稳健了。新疆阿克苏建起了浙产西进暨义乌小商品直销中心,援疆班列也加快了南疆地区产品进入长三角地区的步伐。"义新欧"中欧班列飞驰于欧亚大陆,辐射50多个国家和地区,出口货品从清一色的小商品,到如今越来越多的汽车零件、发动机、大型医疗器械、高端制造装备等高附加值商品。

从发展空间看,国内超大规模的市场需求蕴藏着无数新机遇,义乌选择主动拥抱新市场、新零售、新平台、新业态,在畅通国内国际双循环中继续担当起敢为天下先的"弄潮儿"。

回望义乌一路走来逆风闯关的曲折历程,这正是中国经济坚实底气、强大韧性、开放姿态与旺盛活力的缩影和写照。

　　时代不会辜负勇敢向前的人。如今我们跟随总书记的脚步，再次品味"莫名其妙、无中生有、点石成金"这12个字的深刻内涵，也再次感受到小传奇汇成大奇迹的奋进力量。

沈於婕　王琦乐　执笔

2023 年 9 月 26 日

解锁东道主的 N 种 "待客之道"

> 办好亚运会，当好东道主，每个人都是其中坚实的依托、强大的底气。

亚运会开幕式最打动你的是哪一个瞬间？你最喜欢的运动员是哪位？金牌诞生，全场高呼时，你在现场吗？

杭州亚运会各赛场比赛正酣，各国健儿逐梦钱塘江边、西子湖畔，一次次上演超燃瞬间。这些天，无数人的目光都聚焦在这场金秋盛会，或在赛场内，或从屏幕中，感受着亚运赛场的激情与魅力。

今天是杭州亚运会开幕后的第 4 个比赛日，一起来看看亚运会观赛有哪些要点，在赛场外我们又该注意些什么？

一、文明观赛礼仪须知晓

为了向杭州亚运会观众提供便捷观赛服务，今年 7 月，由浙江省精神文明建设委员会办公室编写的《文明亚运市民手册》在杭州发布，手册对入场退场礼仪、使用手机礼仪等进行了详细解说。杭州亚组委也已编制发布了《杭州亚运会观众指南》，对观赛礼仪、禁止行为和禁限带物品等作了详细指引。

比如，当现场升他国国旗、奏他国国歌的时候，观众应像尊重本国国旗、国歌一样肃立，行注目礼；观看田径项目时，裁判员发出"各就各位"口令后，应立刻保持安静；观看游泳项目，当跳水运动员走上跳板或跳台时，也应保持安静；体操项目动作结束，可以鼓掌但不宜持续过长……每个比赛项目的规则不尽相同，但比赛都离不开现场观众的支持和鼓劲。

体育盛会传递拼搏精神，也展现文明风貌。赛场上，运动员们奋勇拼搏，看台上、场馆内，市民观众进行的是另一场无形的"比赛"，比的是言行，拼的是素养。比如，亚运会开幕式结束后，7万人全部离场仅用时40分钟，现场干干净净，赢得广大网友称赞。

文明不止于竞技场。比如，为了筑牢空中安全防线，杭州、温州等6座办赛城市都对"低慢小"航空器及空飘物实施了临时管控。其中，杭州的管控还将持续至亚残运会结束。此类规定，也需要广大市民共同遵守。

二、把掌声送给各国运动员

481个小项，56个比赛场馆，超1.2万名参赛运动员……杭州亚运会是一个为亚洲各国与地区运动员撑起的自我展示、自我证明的舞台。在这个舞台上，不分国籍、种族和宗教，每位参赛的运动员进行公平公正的比拼；这个舞台，也需要我们每一个人来维护。

尊重各方运动员，以良好的形象迎接八方来宾，不管是对杭州人，还是对每一位浙江人而言，都是一份沉甸甸的责任。

比如，赛场上，在为中国队加油助威的同时，也记得为客队鼓掌。每一位奋力拼搏的运动员，都值得我们友好相待，我们应彰显出开放、真诚、包容。正如出席杭州亚运会开幕式的国际奥委会主席巴赫评说的："我印象最深的是中国人民的友好。"一届成功精彩的盛会，一届氛围和谐的盛会，需要你我的共同努力。

三、对比赛结果多一些包容

亚运赛事火热进行，不管是运动员还是观众，都渴望本国运动员能够赢得金牌、为国添光。在全媒体时代，除了现场近距离观赛，观众还可以通过各种媒体平台观看直播或回放，信息传播更快速，画面展示更精细，心情的跌宕起伏与网络上的激烈讨论也在所难免。

然而，比赛本身充满着不确定性，这是体育竞技的魅力之一。生理心理状态、天气变化等因素，都可能影响运动员的临场发挥，即便再顶尖的选手，也可能错失奖牌。对此，广大网友要客观看赛、理性发言。

2021年7月，奥林匹克格言进行了百余年来的首次修改，加入了"更团结"。"更团结"的赛会，需要更加和谐的比赛环境、更为友好的观赛氛围。文明观赛事，理智看输赢。让我们用真诚、包容的态度看待比赛，在为成绩优异的运动员们鼓劲的同时，也对比赛失利的选手报以诚挚敬意和温暖善意。毕竟，能走上亚运赛场，就已经非常了不起！

四、热度不能乱"蹭"

在全民皆可直播的当下，有人一定会问，可以在比赛现场进行个人直播吗？亚组委发布的观众指南提示，禁止观众在比赛现场进行个人直播，禁止20人及以上集体使用或穿戴有明显商业展示的物品或者服装等"蹭"热度行为。

随着亚运赛事高潮不断掀起，亚运会会徽，"心心相融，@未来"口号，吉祥物"三小只"等亚运元素被人们所熟知，一些商家试图通过"蹭一蹭"这些标志的热度，来为商业活动扩大影响力。事实上，杭州亚运会的会徽、吉祥物、名称和口号等都受《特殊标志管理条例》保护。杭州亚运会经公告保护的知识产权，共有特殊标志27件、外观设计4件、著作权（非软件作品）55件、域名1件，切不可乱用。在此前通报的杭州亚运会知识产权保护典型案例中，就有较多属于特殊标志侵权行为。值得一提的是，杭州亚运会共有特许商品17个品类千余款，提倡市民通过官方特许的渠道购买正版特许商品。

"亚运热"一波接一波，但"蹭"热度"蹭"热点须谨慎，我们更应以实际行动支持亚运，留住美好的亚运印记。

五、为"绿色亚运"加油

"绿色"是杭州亚运会重要办赛理念之一。2022年4月，杭州亚组委提出了打造首届碳中和亚运会的目标。想必大家都对前几天开幕式上主火炬的点燃方式印象深刻。使用绿色零碳甲醇点燃开幕式主火炬，杭州亚运会是首创。而对本地市民、各地游客而言，绿色出行、电子门票、垃圾分类等小小的举动，都是对"绿色亚运"与碳中和工作的一份贡献。

尤为特殊的是，本届赛程时间与中秋、国庆"超级黄金周"叠加，伴随着赛事通勤、抵离通行、物资运输、民生保障的交织影响，人流车流将迎来峰值。为"兜住"峰值考验，相关部门已采取各类措施，保障市民游客正常出行出游。交通层面"不掉链子"，有赖于每一位市民的实际支持。从最近比较火的"拼车搭子"话题来看，不少市民已经在谋划各类绿色出行方式。

从绿色出行、光盘行动、无塑购物，到节约一度电、一滴水、一粒米、一张纸等生活的方方面面，对"绿色亚运"的践行呼唤每个人的行动自觉。

如果说亚运是一场大考，那么从各级党委政府、各部门各单位，到各位市民，上上下下都是"考生"。办好亚运会，当好东道主，每个人都是其中坚实的依托、强大的底气。

当然，东道主的"待客之道"远不止这五种，我们能做的还有很多。无论是在赛事场馆，还是在公共场所，都需要我们以高度的主人翁意识，担当文明亚运的践行者、示范者、守护者。

正如亚运会主题曲《同爱同在》所唱："同呼吸同感受同梦想，同爱同在同分享。"亚细亚手拉手，亚细亚是一家。未来十几天，杭州亚运会将为47亿亚洲人创造更多惊喜。当亿万目光汇聚钱塘江畔，你我都值得拥有一份属于自己的掌声！

王娟　陈培浩　梁煜晨　执笔

2023 年 9 月 27 日

浙东运河"淌"出的文化长卷

> 运河是流动的文化。

中国大运河，贯穿古今、连通南北、跨越江河，是中国古代劳动人民创造的一项伟大工程。它是地理之河，更是文化之河。

9月20日下午，习近平总书记前往绍兴浙东运河文化园考察，他步行察看古运河河道和周边历史文化遗存，详细了解浙东运河发展演变史和当地合理利用水资源、推进大运河保护等情况。他强调，大运河是世界上最长的人工运河，是十分宝贵的文化遗产。大运河文化是中华优秀传统文化的重要组成部分，要在保护、传承、利用上下功夫，让古老大运河焕发时代新风貌。

浙东运河位于中国大运河的最南端，西起杭州西兴古镇，流经绍兴，东至宁波甬江并注入东海。它与京杭大运河、隋唐大运河一道，于2014年被联合国教科文组织列入世界文化遗产名录。

这条穿越时空、绵延不绝的人工运河从何而来？它又"淌"出了怎样的文化长卷？

一

浙东运河的标志性河段是山阴故水道。《越绝书》记载:"山阴故水道,出东郭,从郡阳春亭,去县五十里。"

早期运河的开凿,多出于军事征伐的战略需要,山阴故水道的开凿也不例外。公元前490年,越王勾践"熬"过了一段屈辱时光后,回归故里卧薪尝胆。他命范蠡围堤筑塘、蓄淡拒咸,建成了山阴故水道,为会稽绍兴城的经略打下了基础,为击败夫差、一雪前耻提供了可能。从那时起,开凿运河这一改造山河的交通水利活动,开始参与到中国历史的进程中。

当然,浙东运河的开凿不是一蹴而就的,是世世代代生活在这片土地上的人们,接续尊重自然、改造自然、"整理河山"的壮举。

东汉永和年间,会稽郡太守马臻筑鉴湖,改善了航运水利条件;到西晋时期,浙东运河迎来"关键一笔",会稽内史贺循主持开凿西兴运河,将郡城与钱塘江、曹娥江等自然河道相连通,浙东运河至此初具规模。

宋代,浙东运河迎来了辉煌时期。正如苏轼在《进单锷吴中水利书状》中写道:"两浙之富,国用所恃,岁漕都下米百五十万石,其他财赋供馈不可悉数。"可见在当时,它对国家漕运的重要意义。南宋时期,由于宋室南迁,浙东地区的重要性进一步提升,浙东运河因连通了临安与富庶的绍兴、明州等地,成为物资运输的重要通道。

新中国成立后,历经多次修建,在宁绍平原这片土地上,浙东运河在航运、泄洪、灌溉等方面依然发挥着重要作用。浙东地区地势南高北低，钱塘江、甬江等多数自然河流由南向北汇入大海，而浙东运河却突破了自然"局限"，让更多河流被连接、更多土地被整合，让自然的原野变成人们耕作的家园。

习近平同志在浙江工作时推动建设浙东引水工程，曹娥江大闸正是在那时开工兴建的。这也使浙东运河水更清、水量更丰沛，直至今日仍清波荡漾、流淌不息。

二

浙东运河，不仅是一条漕运通道，也是沿线经济、文化交流的重要通道，促进了商贸繁盛、人员往来，深深烙在浙东地区经济社会文化发展的肌理当中。

比如，孕育了"璀璨明珠"。其沿线许多城镇或因运河而兴，或因运河而盛，如明珠一般"镶嵌"在运河两岸的城邑，市井繁荣、百业兴旺。像西兴古镇，作为浙东运河的起点，南北客商、东西货物都在此中转；浙东运河流经的钱清镇、柯桥镇等市镇，或是交通要道，或是经济重地。可以说，浙东运河就像一条蜿蜒伸展的"藤蔓"，而沿线大大小小的古镇，就像是这些"藤蔓"上结出的丰硕"果实"。

比如，承载了"人文荟萃"。运河边的人们，与运河世代相伴，也使得众多古迹遗存、风物民情、诗篇传说，汇成了沉甸甸的运河记忆。绍兴黄酒的酒香，随浙东运河"漂"向远方；青瓷、绿茶和丝绸经由浙东运河、海上丝绸之路远播海外……这些，都在浙东运河的历史画卷上描绘出丰富色彩。

比如，铸就了"文化品格"。浙东运河不仅哺育了沿线城市，也赋予这片土地独特的精神气质。行走在运河畔，我们总会联想起越王勾践主持开凿山阴故水道的故事，也联想起先辈筚路蓝缕、艰苦创业的场景。"卧薪尝胆、奋发图强、敢作敢为、创新创业"的"胆剑精神"，已深深融入绍兴人的血液；而聪明能干、恪守诚信、心怀赤子之心的宁波人，也带着宁波商帮的人文因子，乘风破浪闯世界。

来自各地的人们，身份不同、装束各异，在这里居留、歇脚；四面八方的信息就这样"吹"进运河边人们的生活中，人们进而懂得世界的丰富多彩、和而不同，也就更具备了开放包容的胸怀、博采众长的能力。

三

运河是流动的文化。浙东运河是一条商贸交流之河，更是一条文化荟萃之河、古今交融之河，为我们理解"两个结合"提供了一个生动视角。

此次浙江之行，习近平总书记强调，浙江要在建设中华民族现代文明上积极探索。要更好担负起新时代新的文化使命，赓续历史文脉，加强文化遗产保护，推动优秀传统文化创造性转化、创新性发展。习近平总书记对大运河文化建设高度重视，曾多次对大运河的保护、传承、利用作出指示。

如何保护好、传承好、利用好这份宝贵的世界文化遗产，为马克思主义基本原理同中华优秀传统文化相结合提供生动注脚，为建设中华民族现代文明夯实文化根基，需要我们深入思考、认真作答。在这方面，各地已经作出了一些探索。

　　像爱护眼睛一样保护运河。大运河沿线，仍是浙江经济最为发达、文化最为繁荣、人口最为密集的地区之一。如何在继续发挥大运河航运功能的同时，以最高标准、最严要求加强对大运河文化遗产的保护？

　　比如，浙江自2021年1月1日起施行了国内首部关于大运河世界文化遗产保护的省级地方性立法——《浙江省大运河世界文化遗产保护条例》，出台《大运河国家文化公园（浙江段）建设保护规划》，划定运河流域生态红线，加强对运河沿线的文化遗址遗存、"非遗"和古村镇街区的保护修缮，全景再现古运河的千年风貌和独特魅力。

　　传承发扬好运河文脉。运河文化历经数千年不曾中断、不曾湮灭，它是古老的，也是年轻的。正如有专家说，"大运河集中体现了中华文明的连续性、创新性、统一性、包容性、和平性"，传承运河文化就是传承中华文脉。

　　比如，浙江将运河文化的传承保护纳入文化研究工程，推出《浙东运河史》《杭州运河丛书》等专著；谋划建设了浙东运河文化园，以"古韵今作"的建筑手法勾画"浙东古运河长卷"，呈现浙东运河2500多年发展演变史，展示其人文历史价值内涵；而从更好地演绎运河故事的角度，浙江还推出舞剧《遇见大运河》、电视剧《运河边的人们》等。

　　让文旅发展和运河保护双向奔赴。千百年间，大运河不仅发挥着通航运输的重要功能，更将运河两岸的自然风物与人文风俗更加紧密地结合在一起，提供了一座取之不尽、用之不竭的文旅富矿。

　　能否以运河带动文旅发展，以文旅发展促进运河保护？我们把视线北移，来到江苏扬州。近几年，扬州活态传承运河文化，加快推进文旅融合。比如，扬州古城中，各类传统"非遗"体验场所和咖啡店、文创店等新业态在老街上相互辉映、有机融合。

保护运河文化的征程没有尽头。如何多角度、多形式讲好运河故事？如何阐述好运河文化遗产的当代价值？如何让更多人亲近运河、品味运河，享受运河边的美好生活？这些问号，都需要我们一点一点地去拉直。

唯有如此，才能让在时间深处"开枝散叶"的大运河，赓续今世繁华。

郑思舒　刘向　王珂雨　执笔

2023年9月27日

科普如何更靠谱

> 科普在传授知识、解疑释惑的同时，更重要的是要培养每一个个体的科学思维和科学精神。

"人与香蕉的DNA相似度达到50%""速转家庭群，红壳鸡蛋比白壳鸡蛋营养价值更高""被雷劈中的概率，男性是女性的6倍"……当下，科普信息琳琅满目、真假难辨，令人应接不暇。

如今，随着新一轮科技革命和产业变革持续深入，社会各界对科普的需求进一步凸显。然而，网络上的科普信息鱼龙混杂，一些错误的科普甚至会误导大众，不少所谓的"科普信息"实际上并不靠谱。怎样才能真正让科普更靠谱、受众更有谱？

——

科普就在你我身边。从线下来看，中国科协最新数据显示，全国共有达标实体科技馆446座、流动科技馆657套、科普大篷车1764辆、农村中学科技馆1124所，服务受众超过10亿人次。从线上来看，某社交平台上的一条历史科普视频，播放量能超过5000万次，而"科普"相关话题的短视频播放量已超过5000亿次。但同时，科普也总以"纠错""雷人""忽悠"等受到诟病。

硬件很硬，但内容不够专业。去年7月，二年级小学生给天文馆纠错引来中国军工点赞，网友纷纷感叹"又是被小学生教育的一天""科普场馆在科普方面居然'翻车'了"。把长征三号运载火箭错写成长征五号，且分离顺序也存在错误，说明部分科普场馆虽然在硬件设施上越来越富有现代感、科技感，但是在一些专业内容的准确性上还没"跟上脚步"。

活动很多，但效果没有保证。伴随着研学热的兴盛，以科技馆、博物馆、知名学府、科研场所等为载体的知识科普型研学活动也乘势而上。但有不少家长吐槽，研学机构打着科普的幌子，收着高价的票子，却看不到成效的影子。有的以"到此一游"为准绳，研学内容粗制滥造、敷衍欺人；有的以"追名逐利"为目的，研学形式如同洋葱，层层外包。这样毫无诚意的科普研学无异于"披着羊皮的狼"。

流量很大，但质量参差不齐。互联网时代，人人都在被科普，人人也都可以做科普。但是有的人没有经过深入研究，只是道听途说就开始给他人科普，所以就出现了"一本正经胡说八道""看似科普，实则带货"等乱象。有研究表示，只有42%的短视频博主能做到"全部和大部分视频具备权威信源"。而且就算内容具备权威信源，但由于"二创加工"和平台时长限制等，科普知识也容易被简化、夸大或曲解。

二

有网友表示，观看科普纪录片是一个独立思考、辨别真伪的过程，千万不要因为对方打着科普的名义就照单全收。也有网友吐槽，短视频平台上一些所谓的"科普视频"看到最后才发现竟是"营销广告"，它们往往被冠以极其吸睛的标题，让人乘兴而来、失望而归。为何总有人会对科普产生疑问？

科普内涵不够，科学传播就会成为"无米之炊"。高质量的科普内容生产需要专业人才支撑，这样内容的"含科量"才有保证。有数据显示，2021 年全国科普专、兼职人员数量为 182.75 万人，存在较大缺口，不管是科普场馆内容的更新迭代、科普研学活动的组织策划，还是科普作品的制作传播，离开了专业人才的介入和把关，难免让科普缺少"底气"。特别是当下，为青少年、工农等特定群体量身定做的科普产品不多。

平台审核缺失，科普作品可能沦为"造谣工具"。科普内容能快速走进人们视野，短视频平台功不可没。但是平台由于审核人员或无暇进行海量内容的详细审查，或忽略了对内容创作者的资质审核，或缺乏相关专业知识及辨别能力，一些内容虚假、过度娱乐、贩卖焦虑的伪科普视频逃过"法眼"，这种"默许"和"纵容"也让不少内容生产者在"流量"与"质量"之间选择了标题党、夸张法，科普的权威性、真实性持续受到挑战。

发声形式单一，科普宣传难以飞入"千家万户"。科普想要达到"聚粉""吸睛"的效果，多样化、精准化、个性化的呈现形式是关键。B 站 2022 年度百大 UP 主获得者吴於人是同济大学退休教授，她通过抖音、B站等自媒体平台硬核科普物理知识，广受好评。反观一些科普活动，仅仅依靠几块展板、几条横幅、几张折页，就想让科普知识"飞入寻常百姓家"，那么其收效远不及预期也就不足为奇。

三

科普关系着全民科学素养，特别是青少年的成长。中国工程院院士顾诵芬，从小就看《科学画报》和各类航空书籍，后来成为新中国航空科技事业的奠基人之一，就有科普的影响。所以科普容不得半点马虎，也容不得一丝放纵，需要靠谱，也必须靠谱。

凭专业表达赢得尊敬。社会需要更多有能力并且有意愿的科研机构和人才加入科普队伍，不断推出专业性和趣味性兼备的科普作品。科普工作者也需要经常地获取自己所从事领域的科研进展和权威成果。比如，浙江省科普联合会打造的面向社会公众的"科小二"科普品牌，以活泼新颖的方式方法，汇聚各界专业力量，架起了连接公众与知识的桥梁。

与表现形式相互促进。一个好的科普作品既要在主题上有前沿性，又要在内容上有权威性，还要在表现形式上讲究舒适度、吸引力，这些都有利于激发大众特别是青少年崇尚科学、探索未知的兴趣。近年来，《流浪地球》《三体》等科幻影视作品热映，有力促进了科学普及，其作者刘慈欣不仅是一名科幻作家，同样也是中国科普作家协会会员。未来，应该鼓励更多科幻作家、科技工作者参与科幻影视创作，让广大观众既能享受到视觉上的冲击，又能感悟到科学的魅力。

同错误瑕疵反复较劲。科普错误和纰漏的出现有时在所难免，但是在展板上墙、作品推出、内容发布前，可以适当把节奏缓一缓，多一份敬畏之心，请相关领域的专家学者和资深爱好者作为"啄木鸟"来"问诊""找茬"。在相关科普内容推出后，也要畅通纠错反馈渠道，及时组织专业机构和人员进行论证核实，并对纠错者予以表扬和奖励，让科普既有深度，更有精度，始终保持展示内容的严谨性。

有天文学家说过："你无法教别人任何东西，你只能帮助别人发现一些东西。"科普在传授知识、解疑释惑的同时，更重要的是要培养每一个个体的科学思维和科学精神，让科普对象掌握更可贵的获取知识的方式方法，培养信息搜集、整合分析的思辨能力。这样，在知识大爆炸的信息时代，才能在科普内容的"狂轰滥炸"中擦亮双眼、寻得真知。

吾生也有涯，而知也无涯。希望更多靠谱的科普带领我们遨游知识海洋，奔赴星辰大海。

杨波　费辰昊　执笔

2023 年 9 月 28 日

"政绩冲动症"的六种表现

> 特别是要发扬"功成不必在我、功成必定有我"的精神,将心思和精力全部用在干事创业上,在舍弃"小我"中成就"大我",才能真正为民造福、为事业担当。

习近平总书记在浙江考察调研中强调,要"树立正确政绩观,坚持立足实际、科学决策,坚持着眼长远、打牢基础,坚持干在实处、务求实效,防止形式主义、官僚主义"。

实际上,解决好政绩观问题是习近平总书记反复强调的一个重大问题。今年全国两会期间,习近平总书记"下团组"审议时就指出,"任何时候我们都不能走那种急就章、竭泽而渔、唯GDP的道路"。这次主题教育中,又着重强调要"防止换届后容易出现的政绩冲动、盲目蛮干、大干快上以及'换赛道''留痕迹'等现象"。

从现实情况看,绝大多数党员干部都能够完整准确全面地贯彻新发展理念,坚持从实际出发,真抓实干、久久为功。但仍有一些党员干部政绩观还不够端正,甚至贪一时之功、图一时之名,搞"形象工程""政绩工程"那一套,犯了"政绩冲动症"。我们梳理了"政绩冲动症"的六种表现，用以警示和警醒。

一、频繁"换赛道"，没有一以贯之

有的不愿意"跑接力赛"，不甘心"为他人做嫁衣"，认为提新口号、新目标才能显出本事。在新官上任后另起炉灶，"烧自己的火，热自己的锅"，没有考虑政策的连续性和稳定性。

据媒体报道，某市一开始提出的是"工业兴市"战略，在主要领导调动之后就"另辟蹊径"，改提"旅游兴市"战略。随着班子的调整，又重新回到"工业兴市"战略。由于产业"走马灯"、政策"翻烧饼"，导致当地的发展迟迟不见起色。

任何一个地方的发展，都是一个持续深化的过程。只有"一张蓝图绘到底"，才能做成一番事业、造福一方百姓。如果"东一榔头西一棒子"，频繁变换方向、转换赛道，就容易贻误机遇、迟滞发展的脚步。

二、盲目"铺摊子"，没有量力而行

毛泽东同志曾指出："按照实际情况决定工作方针，这是一切共产党员所必须牢牢记住的最基本的工作方法。我们所犯的错误，研究其发生的原因，都是由于我们离开了当时当地的实际情况，主观地决定自己的工作方针。"

有的急功近利，为了凸显政绩，盲目铺摊子、上项目，没有从当地的客观实际出发，也没有遵循经济发展规律。有的在财政资金紧张的情况下，肆意举债融资，造成了严重的风险隐患。

消费的是现在，透支的是未来。如果"摊子"铺得太大，无异于寅吃卯粮、竭泽而渔。不仅如此，违背规律办事不但无法解决当下的问题，还会给地方发展埋下"定时炸弹"。

三、急于"出政绩"，没有深入调研

有的迫切希望在短期内迅速"脱颖而出"，急于推动新的工程尽快上马、显出成效，盲目大干快上，不管项目质量如何、合适与否，"捡到篮子里就是菜"。比如，某地一被查处的领导干部，为了在短时间内干出政绩，曾决定新建6座驿站，盲目决策之下，所建驿站现大多荒废。

想尽快干出一些成绩的心情是可以理解的，但是每个地区有自身的资源禀赋以及优势、短板，如果缺乏深入调查研究，没有充分听取意见和多方论证，仅凭个人经验主观臆断拍板，只会欲速则不达，导致南辕北辙。

四、热衷"搞形式"，没有真抓实干

抓工作是"花架子"还是"真实惠"，群众看得清清楚楚，实践也反映得清清楚楚。

现实中，有的领导干部将心思花在搞"形象工程""面子工程"上，华而不实、哗众取宠。大笔一挥看似颇具气势，仔细一看却是实实在在的资源浪费。前段时间，某县为了打造地方旅游招牌，花715万元建了一座牛郎织女雕塑，因为被网友吐槽"又丑又贵"上了热搜。

正如网友所言，"政绩工程没有政绩，形象工程只会毁形象""我们要里子而不是面子，要风景而不是盆景"。对此，必须将真抓实干铭记于心，要时刻想着"造福一方"，而不是"造势一方"。

五、一味"重显绩"，没有着眼长远

一些政绩观错位的人，往往重"显绩"轻"潜绩"，重短期轻长远。那些立竿见影、容易"看得见"的工作就抓得紧，那些费时费力、短期内又收效甚微的就不愿意抓。

习近平同志在《之江新语》中就写道，"潜"是"显"的基础，"显"是"潜"的结果，后人的工作总是建立在前人基础之上的。显然，从"潜绩"到"显绩"是一个量变引起质变的过程。如果只追求用力小、见效快的"显绩"，忽视时间长、见效慢的"潜绩"，痼疾就很难被根除，质变更不可能到来。

群众关切和长远发展才是最重要的，还是要俯下身子当"挖井人""铺路石"，多做那些当铺垫、打基础的工作。

六、数据"掺水分"，没有实事求是

成绩比拼，不是简单地比谁的数据更"好看"。如果在数据上"做文章"，掺杂水分、弄虚作假，必将因经不起实践检验而"翻车"。一些被通报的典型案例显示，有的地方就因给财政收入数据注水而被处理；有的甚至连规模以上企业统计这类数据也作假，实在令人觉得可笑又可恶。

统计数据是科学决策的重要依据，数据质量的高低，直接决定着信息的价值和政府的公信力。给数据"掺水分",掩盖了真实情况,容易误导决策判断。不仅如此,这种欺上瞒下、铤而走险的违法违纪行为,是我们决不允许的,必定会被严肃查处。

以上这些不良倾向和具体表现,虽然是少数的,但危害性大,根子都是政绩观出现了错位和偏差。究其深层次原因,是一些党员干部动摇了理想信念、放松了党性锤炼、丢弃了"为官一任、造福一方"的服务宗旨。如果政绩观上存在的问题不解决,不仅会影响工作与个人成长,还会贻误党和人民的事业。

习近平总书记深刻指出,"树立和践行正确政绩观,起决定性作用的是党性。只有党性坚强、摒弃私心杂念,才能保证政绩观不出偏差","为民造福是最大政绩"。为此,从思想深处弄清楚"政绩为谁而树、树什么样的政绩、靠什么树政绩"这一重大问题,然后真抓实干、做出实绩,特别是要发扬"功成不必在我、功成必定有我"的精神,将心思和精力全部用在干事创业上,在舍弃"小我"中成就"大我",才能真正为民造福、为事业担当。

在中国式现代化建设新征程上,每一个发展机会都十分宝贵,每一个阶段都不允许有闪失。所以除了思想认识的问题要解决好,还应力戒浮躁心理、急躁心态,尊重客观实际、发展规律,踏踏实实、扎扎实实地把老百姓关心的事办好,一步一个脚印地推动中国式现代化建设行稳致远。

倪海飞　陆家颐　执笔

2023 年 9 月 28 日

且到宋词中赏月

凡有大格局者，便会忘却无月无伴的小天地，进入"我将无我"的大境界，古今同理。

中秋佳节，最赏心悦目之事或许属赏月。有人说，月亮是挂在天上的一首诗。一轮圆月，古往今来，激发了文人墨客无限的遐想情思，或折桂赏月，或望月怀人，由此留下了无数名篇佳句。

唐诗中，写月色场景之大，是"长安一片月，万户捣衣声"；写月下亲情之深，是"今夜鄜州月，闺中只独看"；写月下潇洒纵情，是"举杯邀明月，对影成三人"。此外，"海上生明月，天涯共此时"等佳句，都适合中秋赏月时吟诵。

和唐诗相比，宋词里的月亮似乎要柔情很多，如柳永的"今宵酒醒何处？杨柳岸、晓风残月"、晏小山的"当时明月在，曾照彩云归"。当然，遍览宋词，中秋时节的吟月诗也是风格各异、气象万千，柔情似水者有之，豪气干云者也不少见。

中秋佳节，我们且到宋词当中去赏月。

一

有句诗说："此夜若无月，一年虚过秋。"但中秋时真若是天公不作美，碰上阴雨连绵，月亮躲着不见，也是常态。所以宋词里以"中秋无月"为主题的也不少。

如刘辰翁的这首《虞美人·壬午中秋雨后不见月》写道："湿云待向三更吐。更是沉沉雨。眼前儿女意堪怜。不说明朝后日、说明年今年十七望。当年知道晴三鼓。便似佳期误。笑他拜月不曾圆。只是今朝北望、也凄然。"碰到雨天，滴滴答答、湿漉漉的，总让人兴致不高。

而词人陈著比刘辰翁要幸运许多。中秋节早上虽下了雨，到了晚上竟然"云破天青雨过"了，他特意写了首《江城子·中秋早雨晚晴》。上片写"中秋佳月最端圆"，结果早上下了雨，"残雨如何妨乐事，声淅淅，点斑斑。天应有意故遮阑"，而到晚上雨消云散，他笔锋一转，"直待黄昏风卷霁，金滟滟，玉团团"，一轮明月破云而出。

在豪放派词人辛弃疾的《一剪梅·中秋无月》里，中秋节也碰到秋雨连绵。他只得回忆过往的中秋之夜，那时碧霄无云，皓月当空，倚桂伴花，把酒赏月，"花在杯中，月在杯中"，非常怡然自得。但今天却是"云湿纱窗，雨湿纱窗"，明月难见踪影。

在词的下片，他写道："浑欲乘风问化工，路也难通，信也难通。满堂惟有烛花红，杯且从容，歌且从容。"辛弃疾一生心系国家民族，一直期望收复中原，但却过着"路也难通，信也难通"的坎坷一生。他明里写的是"中秋无月"，实际叹息的却是报国无门。

此情此景下，他只得以红烛为伴，慢歌独饮。中秋虽无月，但还是"杯且从容，歌且从容"，这是宋人独特的雍容气度。

二

中秋正是阖家欢乐之时，无月会落寞，无伴会感伤。即便旷达如苏轼，在人生低谷期碰上了中秋节，情绪也是低落的。比如，他在《西江月·黄州中秋》里头，就写到了许多"愁"。

但苏轼总是苏轼，总会自我化解，能从无伴的无边落寞中走出来。写尽他旷达豪情的，还属《水调歌头·明月几时有》。这首词是中秋词的绝佳之作。南宋胡仔在《苕溪渔隐丛话》中对它更是推崇备至："中秋词，自东坡《水调歌头》一出，余词尽废。"

此词妇孺皆知，全篇朗朗上口，境界壮美、情韵兼胜。这首词是苏轼在密州当知府时写的，词前的小序交代了写词的过程："丙辰中秋，欢饮达旦，大醉。作此篇，兼怀子由。"苏轼一直在外为官，与苏辙分别后，七年未得团聚。皓月当空，银辉遍地，他乘酒兴正酣，一挥而就写了这首词。

可见，这一天，若是有情相伴、有人惦念，情境就不一样了，氛围会总是暖洋洋的。

二苏的兄弟情深并不到此为止。到了第二年的中秋，苏轼到徐州当了知州，苏辙便专门跑来徐州和他相见，两人游乐做伴，一起待了一段时间。

苏辙想着中秋之后两人又要各奔前程，也写了一首《水调歌头·徐州中秋》："离别一何久，七度过中秋。去年东武今夕，明月不胜愁"，"素娥无赖，西去曾不为人留。今夜清尊对客，明夜孤帆水驿，依旧照离忧。"

这比起东坡那首《水调歌头》要消沉很多。这时苏轼便担负起哥哥的责任，又和了一首《水调歌头·安石在东海》开导弟弟。词里写道："故乡归去千里，佳处辄迟留。我醉歌时君和，醉倒须君扶我，惟酒可忘忧。一任刘玄德，相对卧高楼。"

苏轼一生宦海浮沉，每每落难之时，苏辙便义不容辞地照顾哥哥一家老小、为其奔走呼号。网上有种说法，说"苏辙不是在捞哥哥，就是在捞哥哥的路上"，这说法虽然夸张，但很是形象。中秋之时，这对千古文豪兄弟，以三首《水调歌头》的中秋宋词，让兄友弟恭的情谊流传千古。

三

当然，关于中秋赏月的词里，还有很多展示无忧无我的豪放状态。

比如宋代书法家米芾。作为书法家，他的字极为豪放，写起文章来同样"为文奇险，不蹈袭前人轨辙"。他的《水调歌头·中秋》，就没有丝毫儿女情长。

上片写道："砧声送风急，蟋蟀思高秋。我来对景，不学宋玉解悲愁。收拾凄凉兴况，分付尊中醽醁，倍觉不胜幽。自有多情处，明月挂南楼。"下片写道："怅襟怀，横玉笛，韵悠悠。清时良夜，借我此地倒金瓯。可爱一天风物，遍倚阑干十二，宇宙若萍浮。醉困不知醒，欹枕卧江流。"米芾用笔空灵回荡，而又豪气十足，中秋里读这样的词，哪还有悲秋落寞之感？

而豪放的辛弃疾也不甘示弱，他的《太常引·建康中秋夜为吕叔潜赋》，整首词并不长："一轮秋影转金波。飞镜又重磨。把酒问姮娥：被白发，欺人奈何？乘风好去，长空万里，直下看山河。斫去桂婆娑，人道是，清光更多。"

从这首词看，辛弃疾明显胆子大，他是直接飞到月亮找嫦娥去了。不像苏轼，"把酒问青天"，问了老半天，最后感觉月亮上太冷了，"起舞弄清影，何似在人间"，就不愿乘风归去了。而辛弃疾直接是上帝视角，"乘风好去，长空万里，直下看山河"，最后豪迈地要把月亮上的桂花树砍掉，"斫去桂婆娑，人道是，清光更多"。

而张孝祥的代表作《念奴娇·过洞庭》里，这位南宋的状元郎写道："洞庭青草。近中秋，更无一点风色。玉鉴琼田三万顷，着我扁舟一叶。"他因受政敌谗害而被免职，从桂林北归，途经洞庭湖，即景生情，便有了这首词。词的结尾豪气干云："尽挹西江，细斟北斗，万象为宾客。"请天地万物作客人，舀尽西去长江的水，用北斗七星作酒器，低斟浅酌地招待天地万物，是何等豪迈！

米芾一生耿介清高，却仕途困顿；辛弃疾一生坚持报国，最后也未能得偿所愿；张孝祥爱国，主张北伐，为岳飞之死仗义执言，结果一生多次遭到罢黜……可他们在仕途跌落、人生困顿时并不消沉，在中秋之日对着这浩瀚月色，并不只作儿女呢喃之语，而是豪情万丈，纵情想象，留下了这些极为潇洒壮丽的中秋词篇。凡有大格局者，便会忘却无月无伴的小天地，进入"我将无我"的大境界，古今同理。

"人生代代无穷已，江月年年望相似。"千年已过，宋韵犹存，而月亮还是那轮月亮。今夜，豪情者"上天揽月"，孤独者"杨柳岸、晓风残月",多情者"人约黄昏后",落寞者"欲买桂花同载酒,终不似,少年游"。

不管今夜明月有没有出现,祝福所有人:"但愿人长久,千里共婵娟。"

赵波　执笔

2023 年 9 月 29 日

"一镇之计"何以上升为"长治之策"

> "人民满意是一条走不完的路，'枫桥经验'是一本读不完的书。"

"小事不出村、大事不出镇、矛盾不上交"。说起"枫桥经验"，这句朗朗上口的话早已深入人心。

9月20日下午，习近平总书记在浙江省绍兴市考察。他来到"枫桥经验"发源地诸暨市枫桥镇，参观枫桥经验陈列馆，了解新时代"枫桥经验"的生动实践。

今年，是毛主席批示学习推广"枫桥经验"60周年，也是习近平总书记指示坚持和发展"枫桥经验"20周年。作为一张基层社会治理的"金名片"，"枫桥经验"已走过整整一个甲子。

或许，有不少人会问，这一诞生于江南小镇的经验，为何历经半个多世纪而不被遗忘，还要始终坚持并传承发展？它的背后，究竟蕴含着怎样的精神力量？

一

郡县治，则天下安；基层治，则百姓安。从古至今，平安和谐，都是人们在追求美好生活过程中，不可或缺、极为重要的保障。

江南小镇枫桥"治"与"安"的故事，还得从20世纪60年代初讲起。1963年，中央决定在全国开展社会主义教育运动。当时，作为全省的试点，诸暨县枫桥区的干部群众就如何有效开展教育运动，进行了一场大辩论。

讨论十分激烈，一直持续了2个多月，最终大家统一了思想：发动群众、依靠群众，就地改造"四类分子"。按照这个思路，枫桥的干部群众依靠"说理"的方式做工作，圆满完成了任务，成为全国政法战线的一面旗帜。

毛主席十分肯定这一做法，之后还批示"要各地仿效，经过试点，推广去做"。由此，"发动和依靠群众，坚持矛盾不上交，就地解决，实现捕人少、治安好"的"枫桥经验"正式走出枫桥。

时间来到20年前。世纪之交的浙江处在经济大发展、社会大转型的关键期，面临着许多"成长的烦恼"。各类矛盾多样化、复杂化，一些老问题还没从根本上得到解决，部分新问题又不同程度地比其他地方先出现。

习近平同志一到浙江工作，就高度重视继承、创新和发展"枫桥经验"。《干在实处 走在前列——推进浙江新发展的思考与实践》记载，2003年11月25日，在纪念毛泽东同志批示"枫桥经验"40周年暨创新"枫桥经验"大会上，习近平同志指出，要根据新形势下维护社会稳定出现的新情况、新特点，把学习推广新时期"枫桥经验"作为加强社会治安综合治理的总抓手。

枫溪江畔，矗立着一座枫桥经验陈列馆，展示着"枫桥经验"的诞生、演进和创新的历程。在"枫桥经验"诞生40、50、60周年时，也就是2003年、2013年、2023年，习近平总书记两次开展实地调研，一次作出重要指示。

回望一甲子，"枫桥经验"不断被赋予新的思想内涵和时代特征。特别是党的十八大以来，新时代"枫桥经验"从乡村拓展到社区、网络等新空间，从社会治安领域扩展到政治、经济、文化、社会、生态等新领域，特色鲜明，应用广泛。比如，从"平安枫桥"到"平安浙江"，再到建设"平安中国"，"枫桥经验"从小镇走向全国，成为一面鲜红的旗帜。

二

枫溪潺潺，红叶胜火。"枫桥经验"为何经久不衰？许多人有不同的答案。笔者以为，其中蕴含的力量，可以从以下几个"密码"中解读。

人民密码。"好措施、好办法哪里来？答案是从群众中来。"《之江新语》中有一篇《办法就在群众中》，这是其中的一句。枫桥经验陈列馆中，有一面写满了"群众心目中的新时代'枫桥经验'"的墙，其中也有一句意味深长的话："人民满意是一条走不完的路，'枫桥经验'是一本读不完的书。"

群众是名副其实的主角。基层治理说到底是人做工作、做人的工作。坚持以人民为中心，发挥群众的力量解决问题、化解矛盾，正是"枫桥经验"的基本原则。枫桥的干部就是这么干的，他们在长期联系、服务群众的实践中，形成了"走得进家门、坐得下板凳、拉得起家常、建得了感情"的一套进村入户的标准。

党建密码。治理之要，在乎基层；基础不牢，地动山摇。党的工作最坚实的力量支撑在基层，关键在于始终依靠党的领导这一最大优势。正如有人说，"枫桥经验"不变的是"党的领导"这一政治灵魂，求变的则是化解人民内部矛盾的机制与方法。

"枫桥经验"也是对党员干部能力水平的一场考试。党建统领基层治理，把党的领导与群众自治有机统一起来，推动各级党员干部主动靠前一步，把群众诉求和矛盾纠纷解决在当时当地。

法治密码。一些矛盾纠纷激化，是因为法律服务离群众还不够近。一些矛盾纠纷，涉及较为复杂的法律关系，只有依"法"才能从根本上解决问题。因此，让更多的人知道去哪里找"法"很重要。

"枫桥经验"管用，不仅是因为它用最小成本解决百姓的"急难愁盼"，更因为它践行法治思维和法治方式，兼顾刚性和柔性，运用多样化的办法有效化解矛盾纠纷。在法治轨道上解决群众诉求和矛盾纠纷，有利于加强源头治理，在全社会形成明德守法的良好风尚。

文化密码。"和合"文化是中华优秀传统文化的精髓之一。"和"指的是和谐、和平、中和等，"合"指的是汇合、融合、联合等。在浙江工作时，习近平同志曾论述道："这种'贵和尚中、善解能容、厚德载物、和而不同'的宽容品格，是我们民族所追求的一种文化理念。"

诞生于基层实践的"枫桥经验"，在"乡田同井，出入相友，守望相助，疾病相扶持"的乡村，与"贵和尚中、善解能容，厚德载物、和而不同"的品格相结合，最大限度消弭负面情绪，既化解矛盾，又打开心结。可以说，"枫桥故事"满溢着文化印记和力量，回答着时代和实践提出的问题。

三

站在新的历史节点展望未来，该如何进一步擦亮"枫桥经验"这张"金名片"，使之永葆活力？

此次浙江行，习近平总书记为创新发展新时代"枫桥经验"指明了方向："要坚持好、发展好新时代'枫桥经验'，坚持党的群众路线，正确处理人民内部矛盾，紧紧依靠人民群众，把问题解决在基层、化解在萌芽状态。"

党建的引领作用一刻也不能丢。"枫桥经验"这套行之有效的基层治理方法，是党领导下人民创造的，党组织是"主心骨"，党员需想在前、冲在前、干在前，以党建引领促进基层治理，做到有机衔接、良性互动。

在这方面，创新做法层出不穷。如枫桥镇枫源村创新探索党建统领乡村治理，建立党员结对联系制度，让每个党员联系6户至7户村民，党员"入户问诊"、群众"开门请诊"，形成了心连心的基层社会治理场景。

要让更多主体参与治理。传统管理习惯于管理主体唱"独角戏"，现代治理要求各类治理主体协同。从单一主体转向多元协同，充足专业的治理力量、共建共治共享的治理模式，能够显著提升基层治理效能。

近年来，在浙江涌现出"红枫义警""乌镇管家"等一大批有影响力的"枫桥式"社会组织，这些"民间队"在基层社会治理中发挥了不可小觑的作用。越来越多的群众通过加入基层群团、社会组织，投身基层治理工作，人人有责、人人尽责、人人享有的社会治理共同体初具雏形。

手段方式需与时俱进。作为治理体系和治理能力现代化的生动实践，"枫桥经验"必须在探索现代化治理方式上走在前、做示范。比如预防化解矛盾，在坚持自治的基础上，强化以法治为保障、以德治为引领，三种治理方式融会贯通，很多矛盾、问题才能迎刃而解。

大道如砥，行者无疆。"枫桥经验"早已走出枫桥、绍兴、浙江，成为中国基层社会治理的经验。湖州德清的"乡贤参事会"、苏州吴江的"圆桌问计"、沈阳牡丹社区的"三零"工作法、福建明溪的"侨乡枫桥"解纷工作法……新时代"枫桥经验"遍地开花，展现出历久弥新的魅力。

"枫桥经验"从小镇实践中来，由"一镇之计"上升为"长治之策"，成为基层社会治理样板的它，也必将进一步推动我国基层社会治理体系和治理能力的现代化，并为世界各国特别是发展中国家提供基层治理的"中国方案"，成为一道新"枫"景。

秦德胜　王珂雨　黄振强　陈卓　屠春飞　执笔

2023 年 9 月 29 日

手谈亚运

围棋作为一项智力运动，不仅仅是棋手间的对决，更是文化的碰撞。

围棋，别称坐隐、手谈、烂柯、乌鹭等，有坐隐含遁世、烂柯叹时空、乌鹭喻黑白之意。其中"手谈"尤其形象：选手以手中黑白运筹帷幄、斗智斗勇，在方寸天地展开激烈较量。

近日，杭州亚运会围棋比赛激战正酣，位于钱塘江畔的杭州棋院（智力大厦）棋类馆内上演着一场场巅峰对决。本届亚运会围棋项目设有男子个人、男子团体和女子团体3个小项，在10个比赛日里决出3块金牌。

围棋，是游戏，是竞技，也是艺术。从智力博弈活动到体育项目，它究竟蕴藏着什么样的魅力？今天，就来聊聊这其中的渊源。

一

继2010年首次登上广州亚运会赛场之后，时隔13载，围棋作为正式比赛项目，再次回到亚运会赛场。

亚运会在设置项目时，除了传统的世界赛事项目，还会融入亚洲地区具备较好民众基础和浓郁地域特色的项目。围棋就是这样一项运动，因其独特魅力在亚洲地区具有广泛的接受度和传播度。

与很多体育竞技项目相比，围棋像个"异类"。动辄几个小时的对弈，都在沉默不语中进行。因而，当其他赛场上掌声雷动时，围棋赛场却鸦雀无声。可正是方寸之间的暗潮涌动与步步紧逼，让这项文雅的博弈展现出与众不同的激烈，那是智力思维层面对"更快、更高、更强——更团结"的追求。正如有网友说，"最安静"的亚运赛场最有杀气，于无声处听见金戈铁马。

不仅如此，围棋拥有广泛的群众基础。围棋在世界各国显现出了越来越强的存在感。据中国围棋协会相关负责人介绍，目前中国围棋人口超6000万人，其中有段级位者约1500万人；而在韩国，巅峰时期围棋人口达1500万人，相当于每4个韩国人中就有1个会下围棋；在围棋仅发展了30年的泰国，如今已有近百万人会下围棋。此外，近年来，一些线上对弈平台也如雨后春笋般涌现。

数据的背后，积攒着众多棋迷对围棋的热爱。不断壮大的"粉丝"队伍，令围棋保持着较高的热度和话题度，为围棋拿到亚运"入场券"营造了声势。

此外，人工智能推动围棋普及，也为围棋跻身世界性赛场加了分。2016年，AlphaGo横空出世，击败当时的世界围棋冠军李世石。这让人们开始意识到AI蕴藏的无限潜力并"为己所用"——职业棋手利用AI分析棋局、探索战术，初学者通过AI辅助教学、掌握要领。在打谱、做题、下棋、复盘的过程中，围棋的普及速度一定程度上得到了提升。

二

杭州亚运会吸引着各国顶尖棋手齐聚浙江，拿出最佳状态全力应战。浙江也通过亚运盛会，散发出"大揽天下棋士"的豪情。

在笔者看来，这场汇集了全亚洲围棋精英的盛大赛事得以花落钱塘江畔，并不仅仅是一场恰逢其时的缘分，往深层次探究，更与浙江千百年积蓄起来的悠久深厚的围棋文化底蕴十分契合。

一方面，回望历史，之江大地与围棋渊源深厚。王羲之在兰亭以文棋会友，谢安隐居东山引来棋手如云……古代文人士大夫们将才情雅趣寄于棋局之上，在你来我往间体悟人生的哲思，越地棋韵尽显风流。

在浙西大地衢州，"王质遇仙　观弈烂柯"的传说广为流传，烂柯山被认为是中国围棋发祥地，常昊、聂卫平、李昌镐、古力等众多国内外围棋名人都曾慕名而来。依托千年积淀，围棋文化已成为衢州地方文化发展的重要基因。

在浙北，有围棋发展史上不得不提的"当湖十局"。乾隆四年（1739），范西屏、施襄夏在嘉兴平湖鏖战10多局，两位高手下出了中国围棋登峰造极之作。近300年过去，"当湖十局"遗谱依旧备受推崇，被誉为我国围棋古谱中的典范。

另一方面，浙江为围棋的发展提供了肥沃土壤。浙江是围棋强省，围棋人才辈出。1995年，来自嵊州的马晓春成为我国首个围棋"双冠王"；2000年，天台的俞斌在LG杯世界围棋棋王战中战胜韩国选手刘昌赫，一扫中国围棋被"韩流"压制的颓势。此后，随着围棋复兴之路越走越宽，浙江棋坛更是涌现出了中国围棋史上最年轻的"八冠王"柯洁等一批领军人物。

此外，浙江也相继吸引了一批赛事落地。如2023年，"衢州烂柯杯"世界围棋公开赛掀起一大波"围棋热"；同时，浙江也是培养职业棋手的"重镇"，在今年7月的全国围棋定段赛中，杭州棋院和衢州葛玉宏道场就占据了70%多的定段名额。可以说，浙江积蓄多年的"内功"，是围棋项目重返亚运赛场的天然养分。

三

此次杭州亚运会，发出了"心心相融，@未来"的口号。这也意味着，这场体育盛会的意义，并不局限于竞技场上的输赢，更重要的是为亚洲各国各地区提供了紧密联系、相互交融的平台，寄托着构建人类命运共同体的希冀。

巅峰对决，推动不同国家间进行对话。当旖旎的杭州风光与千古棋脉交相辉映，"乌鹭"齐飞、火花璀璨，一场更深层次的交融随之而来。围棋作为一项智力运动，不仅仅是棋手间的对决，更是文化的碰撞。肤色不同、语言各异的人们在棋局前相对而坐，一招一式，都诠释着不同文化、思想、审美的交流。

正如有人说，相信像围棋这样具有亚洲特色的体育项目登陆亚运会后，能够进一步朝着职业化、规范化、健康化的道路发展，并将进一步吸引更多年轻人关注体育、关注亚洲、关注亚洲文化。

棋局交锋，助力围棋文化扬帆"出海"。一场赛事的开幕，往往也意味着一条文化传播通道的开启。近年来，中国围棋协会展开各种尝试，比如将围棋赛事办到欧洲、北美洲、大洋洲等地区；2021年9月，北京冬奥组委发行"围棋冬奥徽章"，"观弈烂柯"的故事被刻画在徽章上，成了围棋文化"出海"的一次新潮"试水"。

　　此次亚运赛场上，万众瞩目的博弈，将成为对浙江乃至全国围棋实力的一次"大练兵"。小小的黑白棋子，承载着丰富的哲学思想和文化精髓，成为中华文明深厚底蕴、独特韵味的一个缩影，也向更多人传递着古老的东方文明、深邃的东方智慧。

　　钱塘江畔，棋局再开，正是黑白棋子焕发新生的重要机遇。正因如此，我们说，手谈亚运，其时正好。

　　　　　　　　　　　　　　　　　缪艺璇　屠春飞　执笔
　　　　　　　　　　　　　　　　　2023 年 9 月 30 日

今天的我们该如何致敬英烈

> 如果说英雄的星光能帮助我们廓清迷雾、照亮来路，那么捍卫英雄就是保护光、向往光，然后成为光。追寻照亮民族复兴征途上的最亮的星，需要我们每一个人铭记于心、践之于行。

"胜利的时候，请你们不要忘记我们！"这一句满含不舍而又决然赴死的话，是1930年浙江烈士裘古怀牺牲前留下的遗言。牺牲时，他年仅20多岁。

浙江革命烈士纪念馆入口处的石壁上，镌刻着他的这句话。今天，我们可以告诉他，也告诉世人，千千万万个像他这样的革命烈士不会被忘记，一颗颗"征途上最亮的星"不会被忘记。

今年9月30日，是我国第十个烈士纪念日。今天上午，党和国家领导人同各界代表一起，在天安门广场向人民英雄敬献花篮，以国家的名义、最高的规格来缅怀烈士、致敬英雄。

在这个值得每一位中国人铭记的重要日子，我们来说说，该以何种方式去追寻"征途上最亮的星"，让尊崇捍卫英雄烈士的价值导向更加深入人心。

一

据不完全统计，近代以来，我国有约2000万名烈士为国捐躯，其中有姓名记载的只有196万名，有许许多多英烈在牺牲时，未曾留下自己的姓名；抗美援朝战争中，近20万志愿军英烈在战火中埋骨他乡……他们，在亿万中华儿女心中巍然矗立起一座座丰碑。

每年烈士纪念日，天安门广场都会举行向人民英雄敬献花篮仪式，全国各地举办公祭仪式。党的十八大以来，党和国家高度重视英雄烈士褒扬纪念工作，昭示对英雄烈士的崇尚与敬仰，传承红色基因、弘扬英烈精神。

而这份对先烈们的礼赞，要追溯到更早之前。74年前的今天，中国人民政治协商会议第一届全体会议决定，在首都北京兴建一座人民英雄纪念碑，并于当日举行了奠基典礼。为了表达对英烈的最高尊崇，这座纪念碑就被放在"整个中国心脏的心脏"——天安门广场。

2014年，在习近平总书记亲自倡导推动下，中国通过立法确定了烈士纪念日等国家纪念日。当年，习近平总书记首次在烈士纪念日这一天出席向人民英雄敬献花篮仪式。

那么，把烈士纪念日设在9月30日，有何特殊意义？有网友说："若无9月30日，何来10月1日？"

英烈，是为国家、为民族、为和平付出宝贵生命的人，是国家和民族的脊梁。把烈士纪念日定在国庆节的前一天，是一份在举国欢庆之日不忘革命先烈的情怀，是对新中国从苦难走向辉煌的艰辛历程的回望，是为了让我们牢记今日所有幸福都来之不易，更是为了能继承前人的事业，开辟明天的新道路。

二

李大钊曾说："历史的道路，不全是坦平的，有时走到艰难险阻的境界，这是全靠雄健的精神才能够冲过去的。"一路走来，无论面对多大困难、遭遇多少挑战，在中国共产党的带领下，中国人民始终发扬革命英雄主义精神，"不信邪、不怕鬼、不怕压"，知难而进、迎难而上，书写下可歌可泣的理想故事。

然而，近年来，诋毁英烈形象的丑恶行径时有出现，最有代表性的是鼓吹历史虚无主义的错误思潮。一些别有用心之人，打着"解密真相""还原历史"的幌子，编造谣言、戏谑恶搞甚至恶意中伤，丑化历史、诋毁英雄，产生了恶劣影响。如无限放大英雄人物的不足之处，以点概面、以偏概全否认其整体功绩，罔顾历史事实；如用现在的条件评判当时的所有决策，不客观不辩证；如把严肃的牺牲当作笑料与谈资，从心底里蔑视英雄、轻视生命。

他们的意图目的，无外乎否定党史国史军史，妄图割裂党与人民、英雄与人民的历史关系，削弱人民群众对中国共产党、对中国特色社会主义、对中国道路和中国发展的价值认同。

我们应该坚决反对和抵制，绝不放任历史虚无主义者对英烈的诋毁。在历史虚无主义见缝插针、频频冒头的当下，要警惕一些以学术名义让错误言论堂而皇之登台造势的现象，也要教育提醒普通群众对历史发展要有基本的是非曲直判断，对一些所谓的"野史""历史揭秘"要有自己的清醒认知。须知"灭人之国，必先去其史"，一点一滴渗透进生活的错误言论和思潮，会一点一滴蚕食人们的理想信念。

同时，也应看到，反对历史虚无主义是一场长期的斗争。随着互联网技术和新媒体的发展，历史虚无主义又衍生出一些"新马甲"，比如在游戏、网络文学以及个人社交平台中夹带"低级红、高级黑"的观点，错误言论传播方式更迂回、隐蔽，要进一步加强辨识和防范，保持坚定立场。捍卫英雄烈士荣光、传承英雄烈士精神的鲜明价值导向，应该深深植根在每个人的心里。

三

习近平总书记指出："一个有希望的民族不能没有英雄，一个有前途的国家不能没有先锋。"革命烈士被人们称作"征途上最亮的星"，正是因为他们告诉我们"从哪里来"，也指引我们"走向何方"。在笔者看来，捍卫英烈形象、守护民族信仰，至少需要进一步做好以下三个方面。

比如，修好"英雄烈士谱"。每一位烈士的姓名，都值得被铭记。每一个名字背后，都藏着一段鲜为人知的故事，都闪耀着英勇无畏的精神。

近年来，全国各地有关部门开展各类活动，发动社会各界人士为烈士寻找亲人、填补烈士资料的空白等，为精神树碑、为历史留传，这也是后人切实能做的、对先烈最好的纪念。如，浙江省首位全国"最美拥军人物"孙嘉怿，她和她的志愿者团队跋涉过国内25个省份和7个国家，收集整理烈士信息3万余条，帮助1338位烈士找到亲人。

比如，激活"红色基因库"。应当把革命博物馆、纪念馆、党史馆、烈士陵园等红色空间利用起来，进一步加强大中小学一体化英烈文化思政教育，让红色旧址遗迹、红色文物史料、革命烈士成为传承红色基因的"教室""教材""教师"。像浙江创设推出了"浙江省英烈文化思政课教学实践基地"、英烈文化"开学第一课"等，让学生在文化沉浸中全方位体悟、感受英雄风采与英烈精神，取得了较好的效果。

再如，借好"互联网东风"。当前，网络空间已经成为人们生产生活的新空间，事实上，网络空间也可以成为树立崇尚英雄、缅怀先烈良好风尚的新空间。

近年来，全国各地的革命遗址遗迹、革命博物馆等纷纷利用数字技术升级展陈方式，提升英烈文化教育的实效性和感染力。接下来，还可以多多利用现代化、科技化手段等复原影像资料，再现革命英雄的动人风采，重温激动人心的胜利时刻，让革命烈士精神"鲜亮"起来。

习近平总书记指出："崇尚英雄才会产生英雄，争做英雄才能英雄辈出。"如果说英雄的星光能帮助我们廓清迷雾、照亮来路，那么捍卫英雄就是保护光、向往光，然后成为光。追寻照亮民族复兴征途上的最亮的星，需要我们每一个人铭记于心、践之于行。

陈培浩　王娟　杨阳　执笔

2023 年 9 月 30 日